中国文化发展与和谐文化建设

主　编　赵维绥　王文章
副主编　韩永进　贾磊磊

Chinese Cultural Development and Harmonious Culture Construction

（上　册）

文化艺术出版社
Culture and Art Publishing House

本书收录的论文为全国艺术科学规划特别委托课题"中国文化发展战略研究"（立项号：06IG001）的资助项目与"中国文化发展战略研究与和谐文化建设"学术讨论会的报送论文。

图书在版编目（CIP）数据

中国文化发展与和谐文化建设/赵维绥、王文章主编.
—北京：文化艺术出版社，2007.9
ISBN 978-7-5039-3348-6

Ⅰ. 中… Ⅱ. 赵… Ⅲ. 社会主义－文化事业－建设－中
国－学术会议－文集　Ⅳ. G12-53

中国版本图书馆 CIP 数据核字（2007）第 096294 号

中国文化发展与和谐文化建设

主　　编　赵维绥　王文章
副 主 编　韩永进　贾磊磊
责任编辑　侯样祥
责任校对　李惠琴
封面设计　玲　子
出版发行　文化艺术出版社
地　　址　北京市朝阳区惠新北里甲 1 号　100029
网　　址　www.whyscbs.com
电子邮箱　whysbooks@263.net
电　　话　(010) 64813345　64813346（总编室）
　　　　　(010) 64813384　64813385（发行部）
经　　销　新华书店
印　　刷　北京晨光印刷厂
版　　次　2008 年 12 月第 1 版
　　　　　2008 年 12 月第 1 次印刷
开　　本　787×1092 毫米　1/16
印　　张　38.375
印　　数　2000 册
字　　数　600 千字
书　　号　ISBN 978-7-5039-3348-6/G·683
定　　价　85.00 元（上下册）

目　录

上　册

中国社会主义和谐文化建设与科学发展观

中国文化核心价值观的传承与重构

中国文化"走出去"战略与策略研究

下　册

中国国家公共文化服务体系的建构

中国文化产业的发展政策与策略

中国当代艺术与文化发展战略

Chinese Cultural Development and Harmonious Culture Construction

Table of Contents

VOLUME. 1

The Construction of Harmonious Chinese Socialist Culture and the Scientific Concept of Development

Inheriting and Reconstructing the Core Values of
Chinese Culture

The Research on the Tactic and Strategy
of "Exporting" Chinese Culture

VOLUME. 2

The Construction of Chinese National Service System for Public Culture

The Policy and Strategy for the Development of Chinese Cultural Industry

The Development Strategy of
Chinese Contemporary Arts and Culture

中国文化发展战略的时代思考^①

孙家正

　　加强中国文化发展战略的研究问题是十六大政治报告当中正式提出的，距今已快五年了。这几年来文化方面的研究成果累累，如中国艺术研究院出版了关于中国先进文化论的一些专著，还出版了邓小平文艺思想研究的一些文集等著作。中国文化发展战略问题虽也在研究但尚无定论，这属于国家战略。需要有一个相应的权威的机构以庄重的形式提出。

　　十多年前我在广电部工作，广电系统整天处于一种非常热的运行状态，紧急事情很多，大家的头脑每时每刻都处于忙碌之中。当时我提醒大家"热运行冷思考"。关于冷和热的辩证法，记得《西游记》中有一节"唐三藏初到火焰山，孙行者三借芭蕉扇"吧？孙悟空在火焰山问一个老农，"你们这什么鬼地方，怎么这么热"？老农答，"不冷不热，五谷不结。"冷和热交替是很自然的现象。在热的情况下，冷静的思考是非常重要的。在当今社会经济迅速发展的形势下，我们特别需要有一批人能够静下心来，潜心研究、认真思考我们的文化问题。

　　随着国家社会主义现代化事业的发展，对文化的关注越来越多。现在我国的国民生产总值是 26000 亿美元，比德国差一点点，而且很快会超过德国成为世界经济总量第三大国。我们现在回忆过去的发展，深感小平同志的伟大，邓小平理论支持着一个时代的开始。改革开放使国家发生翻天覆地的变化，并且 20 多年都是 9%、10% 这样的速度发展着，这在世界国家发展史上都是很罕见的。

　　财富的大量增加、经济的高速发展也带来了一些新的社会问题，如社会的发

---

① 本文是孙家正部长 2007 年 5 月 9 日在"中国文化发展战略研究与和谐文化建设学术讨论会"开幕式上的讲话。

展过程当中的失衡问题等等。以经济建设为中心、发展才是硬道理，这是直到现在我们必须要遵循的。但是需要研究新情况，解决新问题，一些政策也要不断完善。比如发展问题，上个世纪80年代又提出了可持续发展战略，这个理论一经提出立即得到全世界各个国家的响应，并把它引为自己国家的发展战略。主要解决两方面矛盾，一是经济的发展与资源可持续利用问题；另一个是经济的发展和环境有效的保护问题。可持续发展战略问题的提出是个很大的进步，但是这个发展战略也有它的局限性，它把经济的发展仅仅限在经济与环境、经济与资源方面。十六大以后，党中央提出以人为本的科学发展观，以人为本的科学发展观的提出可以说是中国人对世界发展理论的巨大贡献，以人为本的科学发展观是真正把发展回归到人的本体上来考虑。从把GDP当作唯一的目标，简单地把增长当作发展，到经济可持续发展，然后再到以人为本的科学发展观，是对于发展认识上的升华。虽然只有短短近30年，但已实现了从经济增长到社会发展的飞跃。而十六大以后，我国在发展战略问题上提出把经济、社会的发展和人类自身的发展，包括个体人的全面发展和完善结合起来，这是党具有深远意义的一个战略抉择。随着时间的推移，我们会越来越看到它的重要性及其意义。

近年来，党中央提出在科学发展观的指导下经济建设、政治建设、文化建设、社会建设四位一体，并且进一步完善了基本路线所确定的目标。应该说，建设富强、民主、文明、和谐的社会主义现代化国家使我们的发展目标更完整、更有针对性了。但是，只有将发展道路和发展目标完美地结合，我们才能说我们确定了发展战略。我们的发展道路是以人为本的科学发展观，是经过近30年的改革开放、现代化的实践，结合了全党全民的智慧确定下来的。中国共产党在认识论上的深化，从经济的发展扩展到以人为本的经济、政治、文化、社会的全面发展，这个意义重大而深远。雨后春笋般的高楼大厦、四通八达的高速公路、琳琅满目的商品，这并不是中国最伟大的变化，或者说这仅仅是看得见的变化。中国最伟大的变化是文化的变化，是人心的变化，是中国人文化心理的变化，是中国人的视野和胸怀的变化。整个民族的文化心理和文化氛围的变化，这是最伟大的变化。这种全民文化心理、文化氛围的变化和执政党的认识达到了高度的完美的统一，并且用一种具有巨大物质力量的形式把它表现出来，实现了国家发展道路和发展目标的有机统一，这是最伟大的变化。

文化发展战略研究放在国家发展的大局之下来思考。文化的发展战略应是和国家的发展战略相"接轨",同时文化发展的战略又有其相对的独立性。我们应从整个社会的文化思想、文化心理、文化氛围的全局视野来研究文化的发展战略,这是非常重要的。文化发展战略的研究,应着眼于发展道路和发展目标统一,使我们的文化发展思路更加明确,走向更加健康的道路。

文化发展战略研究制定的时机已经成熟了。当然,要把包容度这么庞大的一种文化现象和文化发展用简短的几个字来概括是很困难的,但是我们可以借鉴国家发展战略形成的过程,探讨我们在文化发展上有些什么经验,这些经验怎么上升为理论?文化发展过程当中有什么教训?这些教训如何会变成财富?更重要的是我们现在正面临一些什么问题,从何入手,如何解决?文化战略当然有待中央最终作出结论。但是中央的结论也不能凭空产生,中央也需要集中全党的智慧。

对于现在文化领域一些重大问题,我曾经把它梳理为八大关系,其中传统与当代的关系,民族与世界的关系很重要,并且经常碰到。这两大关系问题至今我们仍然没有透彻的分析。历史上我们曾经经历了文化大革命,这是比较严重的灾难性的破坏,对传统文化破坏比较严重,玉石俱焚。传统是一个民族的血脉所在,它是我们的根脉,我们对文化传统的重视的确不够。我们常号召下一代热爱我们的历史、热爱我们的祖先、热爱我们的国家,但是热爱的情感是从哪里来的,难道是从某些空洞的概念里面演变来吗?我认为不是。正像俄罗斯一个诗人说的,教会我认识自己父亲的是我的母亲,教会我认识祖国的是我的家乡。爱国主义及一切思想的教育都应与常人常理常情相结合。一旦把我们身边的东西、亲情的东西,都摒弃了,那么剩下来的只是空洞的政治口号。历史证明,那些空洞的政治口号很难令人信服。文化怎样从几千年的传统文化中汲取营养,把已经损坏甚至断裂的血脉连接起来,这个任务确确实实是非常重大的。但是在谈论保护传统文化的同时我们也面临着如何科学对待的问题。比如,该怎样认识复兴儒学的主张?怎样看待某些倡导穿长袍、马褂的现象?像这样一些恢复传统文化的做法可行吗?还有如何面对有些人对新文化的质疑及对鲁迅的否定?这些都是值得我们深思的。

中国的传统是两面的。中国人既有高度集权的传统,又有封建割据的传统;有一种民族自卑的心理,特别是在半封建半殖民地社会的时候,同时又有一种民族自大、自满的心理。我们现在进行爱国主义教育、中华民族自豪感教育时,已不再提民族劣根性的问题,但一个民族不能缺乏民族自我批判的精神。我们民族传统好的东西很多，坏的东西也不少，要防止坏的东西死灰复燃。传统像一条长河，依据历史的辩证法在发展着。我们的先辈为救国救民所做出的奋斗和努力，我们都不能以轻薄的态度来对待它们，包括新文化运动，错误和教训当然要面对，但必须要放到一定的历史阶段来看它。但是要争取民族的解放、使民族精神振奋起来，就必须要对传统中一些落后的东西进行批判。我觉得弘扬和批判、汲取与摒弃这两方面的任务都很繁重，任何将文化问题简单化的做法都是有害的，必须辩证地来看待这些问题。

关于民族与世界的问题，同样也值得研究。自有人类以来，文化从来都是双向交流的。如果人类没有交流，没有对话，就没有文化。文化的交流并不是简单的单方面的展示自己、宣传自己，文化是在交流当中激发新的创造力。只有以博大的胸怀面对世界的民族才是最有自信心的民族。

对外开放是我们的基本国策。那么，对外开放的初衷是什么？小平同志为什么要提出对外开放？是因为这个世界发展得太快了，我们在内耗的时候，世界已经在大踏步向前发展，要睁开眼睛看世界，所以才得出以开放促改革。改革开放的初期，中国人是如饥似渴地去了解世界，向世界学习。经过近30年的发展，我们如饥似渴的热情是持续下来了呢？还是淡薄了呢？我们当然有一个让世界了解中国的任务，但是我们对外开放的重点始终应放在了解世界、向世界学习来丰富发展自己。所有外国人对中国人的尊敬、了解和热爱是中国老百姓在党的领导下实实在在干出来的。小平同志说，归根到底要把我们自己的事情办好，这是最重要的。我们现在的文化需要继续把中国人的人心凝聚在一起，继续聚精会神地把我们的事情干好，继续保持如饥似渴地来了解世界、学习世界、融会贯通、发展自己。

现在，文化像国家一样在蓬勃发展，但是文化遇到的问题很多，需要冷静地思考。宏观概括非常必要，大家可以继续研究，但是要更加注重现实问题的研究。

中国历史长，登高望远是中国人的胸怀和思维，但是务实精神不够。美国人这点就值得我们学习。列宁曾说把俄罗斯人的魄力、雄心和美国人的务实精神相结合，才能建设更强大的社会主义。美国人非常实在，但是常常缺乏长远的眼光、历史的眼光，这是它的弱点。在民族交流过程中应该相互借鉴学习。在文化发展战略研究过程当中，难以回避的就是文化比较的问题，只有在比较当中才能更清楚我们的长处和短处。

总之，我们现在正处于一种满怀信心的时代，应当来促进中国文化的复兴。我们文化的发展确实是中华民族伟大复兴的一个重要组成部分，甚至它会引领中华民族的伟大复兴。文化问题太值得研究了，太需要研究了。现在有了研究的条件，对于我们的文化研究，我想提三点希望。

一是把文化发展战略研究置于国家发展战略上。国家发展战略现在没有黑体字把它表述出来，根据我的理解就是发展道路和发展目标的统一，发展道路就是以人为本的科学发展观。发展目标就是和谐社会，或者说富强民主文明和谐的社会主义现代化国家。在这种情况下，弘扬先进文化与和谐文化建设，文化发展才与国家发展真正融合在一起，才能推动一个国家的发展。

二是要从文化建设的实际出发，注意针对性。到底我们在文化建设上有些什么问题，这文化指大的文化，包括文化思想、宣传教育，思考问题可以大一点。我刚才讲宣传，宣传很重要，美国人也重视宣传，美国中央情报局有句名言，"最成功的宣传是最不像宣传的宣传"。宣传有自己的立场、功能和风格，针锋相对批判和斗争都不可少，比如发表人权白皮书都是必要的。但是不能简单地把文化当作宣传。文化如水，滋润万物，悄然无声。而宣传则是直接为政治服务，功能是不一样的。大文化概念当中虽然也有单刀直入的、针锋相对的辩论，但从整个文化范围来讲，它是民族成长的历程，滋润着这个民族，一般来说，不可能有立竿见影的效果。特殊形势下，文艺当然也有一种政治动员的作用，例如，过去，看了《白毛女》以后，战士拿着枪就上战场了，那是有的。像《汤姆叔叔的小屋》，林肯讲一个小妇人发动了一场大战争，这种情况，任何国家都有。但就整体而言，文化像水一样在滋养着我们的民族。我们的民族必须保持历史的延续，同时又需要生机勃勃的现代创造。

三是宏观上关于文化发展战略怎么概括，这是非常重要的。我们提出过一些分支的战略，包括人才兴文的战略、重在建设的战略、文化创新战略，都是分支战略。现在还不能概括出总的文化发展战略，大家可以敞开思想去概括。这概括不能离开党中央关于文化发展的两个方向，双百方针，还有面向现代化、面向世界、面向未来、民族的科学的大众的社会主义文化。

总之，文化发展战略的研究既要客观概括，又要实实在在，问题要切实，文风要平实，目标要现实，把中长期战略结合起来。战略不包括短期目标，战略从来都是中长期的。妥善考虑社会发展和文化发展的关系，真正发挥文化的凝聚力、亲和力、鼓舞力和引领力。进而推动国家的发展，使文化的社会目标和育人的目标的作用能够更好地发挥出来。

今天主要来看望大家，感谢大家从四面八方来参加这个研讨会，我讲这些话，目的并不是给大家宣示我的什么主张，我只是想了很多问题，需要研究、需要辩证地去思考。很多东西是否定我自己以前的讲话，后面的讲话也可以否定以前或者修正以前，都是很正常的。文化的思考在于解放思想，文化特别需要解放思想。

希望大家畅所欲言、各抒己见，使我们能够集中大家的智慧，在文化发展的战略问题上形成好的建议，可以给中央在制定文化发展战略的时候起到参考作用。同时对整个社会的文化发展，对学术界、理论界，通过我们的讨论起到积极的促进作用。

（孙家正　文化部部长）

关于建设和谐文化的几点认识

赵维绥

社会的和谐，需要培育和发展和谐的文化精神。建设和谐文化是我们党在新的历史条件下提出的重大命题和战略任务，体现了全党和中华民族高度的文化自觉和文化责任感。建设和谐文化是构建社会主义和谐社会的重要任务，是现阶段我国文化工作的主题。

社会主义核心价值体系是和谐文化的本质属性

核心价值体系是社会意识的本质体现，决定着社会意识的性质和方向。一个国家或者一个社会，要有序协调发展和保持团结稳定，必须形成自身的核心价值观念体系，为人们提供观察世界、判断事物的基本标准，增强社会成员的归属感和向心力。党的十六届六中全会提出建设社会主义核心价值体系的战略任务。核心价值体系的基本内容是：马克思主义指导思想，中国特色社会主义的共同理想，以爱国主义为核心的民族精神和以改革创新为核心的时代精神和社会主义荣辱观。这是我们党适应社会主义市场经济发展的要求，适应社会主义先进文化建设的要求，适应现阶段社会主义思想道德建设的要求，立足中国国情，把握时代脉搏，全面总结以往的思想道德建设经验而提出的重要论断。社会主义核心价值体系的内容，既突出了党和国家的指导思想，又强调了社会主义理想信念的重要作用；既继承吸收了中国文化的优秀传统，又结合当今社会主义精神文明的时代特征，指明了社会主义和谐文化的发展方向，社会主义核心价值体系体现了中国特色社会主义的主流价值取向。它的提出，不仅有着深远的历史意义，更有着重大的现实意义。

第一，进一步巩固马克思主义在意识形态领域的指导地位。马克思主义深刻揭示了人类社会发展的内在矛盾、本质和规律，是迄今为止最科学、最先进、最严密的思想体系。在我国经济体制深刻变革、社会结构深刻变动、利益格局深刻调整、思想观念深刻变化的新形势下，只有用马克思主义的立场、观点、方法来认识人类社会发展的规律，认识经济社会发展的大势，认识社会思想的主流和支流，用发展着的马克思主义指导实践，才能在错综复杂的社会现象中看清本质、明确方向。坚持以马克思主义为指导，就是要始终坚持、贯彻马克思主义中国化的理论成果——毛泽东思想、邓小平理论、"三个代表"重要思想和以人为本的科学发展观，这是我们立党立国之本，是把握和坚持社会主义先进文化前进方向的理论基石。

第二，更加坚定广大人民建设社会主义的信心。理想体现人们对美好生活的向往和追求，是一个民族、一个社会的灵魂所系。有了共同理想，社会成员才能把自己的理想与共同理想统一起来，从而推动一个国家和民族奋力前进。中国特色社会主义共同理想，把党在社会主义初级阶段的目标、国家的发展、民族的振兴与个人的幸福紧密联系在一起，把各阶层、各群体的共同愿望有机结合在一起，集中体现广大人民的利益和愿望。社会主义核心价值体系把中国特色社会主义理想作为重要内容，必将使人们更加坚定信心，投入到建设中国特色社会主义的实践中。

第三，促进民族团结、国家发展。民族精神和时代精神是一个民族赖以生存和发展的精神支撑。一个民族，没有振奋的精神和高尚的品格，不可能自立于世界民族之林。在五千多年的发展历程中，中华民族形成了伟大的民族精神，在推进社会主义现代化建设的伟大实践中，又形成了以改革创新为核心的时代精神。这是中华民族生生不息、薪火相传的精神血脉，是当代中国人民不断创造新辉煌的力量源泉。社会主义核心价值体系的提出，进一步把民族精神和社会主义价值观念相融合，必将促进民族团结、社会安定、国家发展。

第四，引领全体社会成员在思想上、道德上共同进步。荣辱观是世界观、人生观、价值观的重要内容，是判断行为得失、分清是非曲直、辨明善恶美丑、做出道德选择、确定价值取向的基本准绳。正确的荣辱观是形成良好社会风气的重要基础。以"八荣八耻"为主要内容的社会主义荣辱观，涵盖了人生态度、社会风尚的方方面面，体现了社会主义基本道德规范的本质要求，体现了中华民族传统美德、优秀革命道德与时代要求的有机结合。社会主义核心价值体系将其作为重要内容，有利于形成维系社会和谐的人际关系和道德风尚。

社会主义核心价值体系就像一面旗帜，彰示着和谐社会建设所需要的文化认同和价值追求，是社会主义制度的内在精神之魂。建设和谐文化，就是在牢牢把握社会主义先进文化前进方向的前提下，尊重差异，包容多样，在尊重差异中扩大社会认同，在包容多样中增进思想共识，最大限度地凝聚人心，集聚力量，齐心协力建设中国特色社会主义，推动中华民族的伟大复兴。

建设和谐文化必须立足于民族文化的根基

马克思说："人们自己创造自己的历史，但是他们并不是随心所欲的创造，并不是在他们选定的条件下创造，而是在直接碰到的、既定的、从过去继承下来的条件下创造。"（《马恩选集》，第八卷，第121页）这表明，一种新文化、新道德的形成、建设和发展，不是凭空创立的，是在原有基础上继承、借鉴并不断创新才能形成的。建设和谐文化，必须坚持民族文化的根基。民族传统文化是构成民族精神的基础和主干，是客观存在的民族特性和区别于其他文化的个性标志，是我们民族生存、发展的精神土壤，是我们的根脉，是民族发展的灵魂和思想源泉。中华民族历经沧桑、种种磨难，总是能够衰而再兴，压不垮，打不散，其中一个重要原因，就在于我们有着特殊而悠久的民族文化根基，这是历史演变所一再表明的客观事实。

坚持民族文化的根基与坚持马克思主义指导思想是一致的，并不矛盾。"马克思主义必须通过民族形式才能实现，没有抽象的马克思主义，只有具体的马克思主义。"因此，马克思主义必须中国化，使之在其每一具体表现中带有中国的特性，按照中国的特点去应用它。而不能是抽象、空洞的教条，应是新鲜活泼的，为中国老百姓所喜闻乐见的中国作风和中国气派。就文化发展来说，首先要与中华民族优秀传统文化相结合，这是推动和谐文化建设的必由之路，也是文化创新的关键。离开优秀民族文化传统的源泉，就失去了人民大众的认同和支持，也不可能为大多数人所理解和认可。

中华民族传统文化源远流长，博大精深，其中爱国主义和社会伦理道德观念应是我们深入挖掘和继承的重要精神财富。

1. 爱国主义是民族优秀传统文化中的重要内容

作为一个伟大的文明古国，中华民族创造了灿烂而不朽的文化，爱国主义精神就是其辉煌的一条主线。古往今来，文人志士表达和颂扬以至于身体力行的爱国、爱民、为国奉献的传统就是我们要继承和发扬的，是我们民族文化精神的核心和精华。

战国时期的屈原，是我国文学史上有文字记载的最早出现的伟大爱国主义诗人。他在《橘颂》中，热情赞美橘树"受命不迁，深固难移"的品质和节操。更在卓绝一世的《离骚》、《九章》、《九歌》中表达自己"亦余心之所善兮，虽九死其犹未悔"的爱国、爱民，不顾个人安危的爱国主义情怀。在国都沦丧、人民受难之际，投江而死，以身殉国，成为中华民族爱国主义生死观的楷模。他的爱国主义献身精神对于民族爱国主义传统的形成起到了巨大的推动作用，源于汨罗江畔广被于全国的端午节，表明其精神在全民族中的巨大影响。

汉代司马迁可称千古奇才，伟大的史学家，更是一位富于献身精神的爱国者。汉武帝天汉三年（公元前98年），因"李陵之祸"牵连，遭受宫刑，奇耻大辱，曾想"引决自裁"。但为了完成不朽之作，留下一部辉煌千古的巨著《史记》，而"隐忍苟活"，披肝沥胆，发幽抒愤，坚持在极端病苦中为国写史。正如清代包世臣在《艺舟双楫》中所言："史公之身，乃《史记》之身，非史公所得自私。"

"唐诗宋词"是传统文化中的高峰文学，在展现浪漫主义的同时，更突出表达了强烈的爱国主义民族精神。杜甫"安得广厦千万间，大庇天下寒士俱欢颜，……吾庐独破受冻死亦足！"陆游力主抗金，仕途坎坷，但他始终"位卑未敢忘忧国"，体现了爱国知识分子不以个人沉浮为念，终怀忧国忧民的高风亮节。

南宋民族英雄岳飞，精忠报国，屡建战功，为国家、为民族的利益而战斗，并为之付出宝贵的生命。他的一首《满江红》，表达了崇高的爱国思想，后人广为传唱。其后更有文天祥，卫国抗敌，兵败被俘，不屈被杀，年仅47岁。他的"人生自古谁无死，留取丹心照汗青"（《过零丁洋》）成为千古绝句。

纵观中国几千年历史文化，从屈原、司马迁到岳飞、文天祥，以至晚清的林则徐等，这些爱国主义代表人物体现了中华民族的核心精神；在一定意义上说，中华民族传统文化史也是一部爱国主义传统的发展史。

我们今天弘扬民族精神，首先要继承发扬存在于我们民族自身历史文化中的爱国主义传统。

2. 科学地对待中华民族传统道德思想

以"八荣八耻"为主要内容的社会主义荣辱观，涵盖了人生态度、社会风尚的方方面面，体现了社会主义基本道德规范的本质要求。我们推进社会主义道德规范的建设，首先要坚定不移地以马克思主义为指导，同时要科学地分析、继承中华民族已有的优秀道德传统，这是我们道德建设的重要基础。道德规范的形成具有其历史性，中国的传统道德观，基本上是以儒家伦理思想为核心的人伦道德。远在春秋时期，孔子根据当时血缘家族为本位的社会关系，创立了以家族伦理为主要内容的儒家伦理学说。对此我们应该科学地分析，既要摈弃其封建宗法、保守禁锢的一面，又要继承其稳定社会秩序，注重人的内在品格修养的一面。要两点论，既不能盲目照搬，也不可简单否定。从总体上说，儒家伦理道德作为中华民族重要的历史文化遗产，是人类历史上最早成熟的伦理文化之一。其历经几千年而不衰，说明这一传统道德观念在调整人心、亲和人群、稳定社会方面是有重要作用的。如"仁、义、礼、智、信"、"忠、孝、节、义"，科学地继承其中的精华内容是可取的。"己所不欲，勿施于人"，"己欲立而立人，己欲达而达人"，"责己严、责人宽"，讲道义、尚礼让、贵正直、尊师长等等，都是宝贵的优秀道德传统，应该继承和发扬。后人顾炎武（《日知录》）对传统道德的概括是："礼、义、廉、耻，国之四维；四维不张，国乃灭亡。""礼、义，治人之大法，廉、耻，立人之大节。盖不廉则无所不取，不耻则无所不为。"这些传统道德的思想观念，对于今天仍有很强的现实意义。传统道德重视人与人的关系，强调个人修养和人格、国格观念，注重道义原则和社会的整体稳定性，是中华民族巨大凝聚力、向心力的源泉。

借鉴中外文明成果，处理好民族与世界的关系

胡锦涛总书记指出，实现社会和谐，建设美好社会，始终是人类孜孜以求的一个社会理想，也是包括中国共产党在内的马克思主义政党不懈追求的一个社会理想。这表明，和谐的理念具有普世价值，是全人类几千年来共同追求的理想境界。从世界文化发展的源流看，和谐的思想在中外文化中都占有十分重要的地

位，而且是在不同文化的融合与交流中延续和发展的。

在中国传统文化中，和谐的思想理念可以说由来已久，源流不断。中国文化自古贵和，甲骨文、金文中都有"和"字。从源流上看，我们的传统文化有三个源头或组成部分，就是"儒、释、道"三家。儒、道两家是本土文化，代表人物是孔子和老子；而释即佛教学说是在汉代由印度传入的外来文化，但与本土文化相结合，演变为中国化的佛学思想。我们说人类包括每一个人的人生有三大矛盾关系：人与人、人与自然和人自身（身心）。传统文化中的儒、道、释三家思想恰恰是研究、解决这三大矛盾的。

儒家学说注重伦理纲常，解决的是人与人的关系定位。出发点是"礼之用，和为贵"，就是推崇和谐为上。在人与人之间关系上提倡"仁者爱人"、相互诚信，做到"老者安之，朋友信之，少者怀之"。实践中讲"中庸"，主张"施政使民，贵乎执中"；"天地万物，贵乎中和"；"君子言行，贵乎中庸"。如果有矛盾，孔子主张"君子和而不同"，就是求同存异，平衡和谐。在社会结构上首重"家和"，达至"国和"。国与国之间要"礼尚往来"、"协和万邦"、"和而不同"、"求同存异"。

道家思想是中国传统文化中自然主义的体现，探索的是人与自然的关系，《老子》说："知和曰常"，主张"人法地，地法天，天法道，道法自然"，同时用"道"这种哲学概念解释"天地人"三者和谐的理念，称"道生一，一生二，二生三，三生万物。万物负阴而抱阳，冲气以为和"。主张人要顺应自然的规律。

佛教由外来到本土化，成为中国传统文化的组成部分是有其合理性的。原因是中国传统文化中，儒、道两家的人本主义、自然主义思想，研究了人与人的关系，人与自然的关系，但没有深入探讨人自身的问题，就是人内心的烦恼、痛苦以至死亡问题如何解释？佛教则弥补了中国传统文化的这一不足，给人的内心提供了"出世"说的解脱主义理念，来解决人自身的内在矛盾。从文化意义上说，佛教也是一种精神哲学。佛教教义是两个字：一是"苦"，二是"空"；人生是苦，原因是有"三业"——"身、口、意"（行为、言论、思想）；"三业"导致"三毒"——"贪、嗔、痴"，所以要用"三学"——"戒、定、慧"来治疗"三毒"。"空"可以说是世界观，"诸行无常，诸法无我，涅槃寂静"，空不是什么都没有，是说一切现象都在变动之中、不真实，人应该追求真实的东西，那就是"空"，就是清净。所谓"佛在心中，我心即佛"（即心即佛），是寻求精神上的忘我，立足于内心安宁。佛教作为一种传统文化思想，要认清其唯心主义的一面，也要看到它的社会作用："净化人心"，净化社会，强调"诸恶莫作，众善奉行"，人生要解脱烦恼，心平气和，觉悟人生，奉献人生，这是其积极的一面。

古代中国传统文化关于和谐的思想源远流长，从孔子"和为贵"到陶渊明的"世外桃源"，一直延展到洪秀全"太平天国"、康有为"大同书"和孙中山的"天下为公"，以至老百姓喜闻乐见的"家和万事兴"，都体现了对和谐理念的不断追求。

和谐的境界是人类共同追求的理想，不仅在中国有，在西方文化中同样绵延不断。从古希腊哲学家们的论著中同样可以看到对"和谐"理念的追寻，柏拉图以"和谐"为指导原则提出"理想国"的概念，毕达哥拉斯第一个明确把"和谐"思想作为哲学的根本范畴，该学派有两句著名的格言——最高的智慧是数学，最美的境界是和谐。认为数字是万物本原，数之间的关系和比例产生和谐，因而才有万事万物的和谐。赫拉克利特更论述"差异导致和谐"，确立"对立和谐"观，认为"看不见的和谐比看得见的和谐更好"，并说明和谐的两个含义：一是差异与对立，二是平衡与协调。

近代德国哲学家莱布尼茨进一步提出了"预定和谐"的命题，黑格尔则提出"本质上的统一"、"具体的同一"是产生和谐的原因，表明"和谐是由不同的事物按照一定方式构成的"。到 19 世纪空想社会主义者更把建立和谐社会作为发展目标，傅立叶把他的理想社会制度称为"和谐制度"，欧文把他完美的共产主义实验叫做"新和谐公社"，魏特林更写下专著，名为《和谐与自由的保证》。19世纪法国经济学家巴斯夏著有《和谐经济论》，主张建立"一切正当的利益彼此和谐"的社会经济制度。当代西方一些社会学家也提出了种种有关和谐社会的主张，如"结构功能论"、"协和社会论"、"社会系统论"等等，目的是要解决"社会失衡"问题，建立"差别共存与相互尊重"的和谐机制。这些与中国民族传统文化中"和而不同"、"求同存异"的观念是相通的。

由此可见，建设和谐文化，既要坚持立足于民族文化的根基，又要始终保持宽广的世界眼光，勇于借鉴和吸收人类文明的有益成果，处理好民族文化与世界文明的关系。越是民族的越是世界的，这是个性与共性的辩证统一，没有个性的发展，就没有共性的丰富。民族文化的不同是产生世界文明共性的前提，共性的一致，又为民族文化个性发展提供了广阔空间。认识和吸收世界各民族文化的优长，是壮大和发展民族文化的前提之一。我们建设和谐文化，构建和谐社会，体现了人类文明的共同追求，具有广泛的凝聚力，充分体现出中华民族伟大复兴的自信心、责任感和使命感。

（赵维绥　文化部副部长）

中国社会主义和谐文化建设
与科学发展观

非物质文化遗产保护与国家文化发展战略

王文章　陈飞龙

内容提要　联合国教科文组织从维护世界文化多样性和坚持人类社会可持续发展的国际战略的高度，在世界范围内开展非物质文化遗产的抢救和保护，并使之成为一项极具世界战略眼光的文化传承工程，成为国际社会一项重大的文化战略举措，是维护世界文化多样性的重要战略手段，也是促进世界特定文化权利实现的重要战略措施。我国有着丰富的非物质文化遗产，我国政府积极参与了联合国教科文组织的文化遗产保护活动。在我国政府的高度重视和许多专家学者的积极参与下，非物质文化遗产保护意识今天已深入人心，整个非物质文化遗产保护工作也已上升到国家文化战略的高度。保护非物质文化遗产是国家文化发展战略的重要内容，也是实施国家文化战略的重要途径和实施方式。由于保护非物质文化遗产有利于保护我国传统文化和民族文化的多样性，有利于促进我国的文化创新和发展先进文化，有利于促进我国和谐文化建设，有利于促进我国文化事业和文化产业的发展，因此我们要从国家文化发展战略的高度，正确认识非物质文化遗产保护面临的主要问题及保护的紧迫性；要从国家文化发展战略的高度，总体把握非物质文化遗产的传承规律。

关 键 词　非物质文化遗产　保护　传承　国家文化发展战略

国家文化发展需要调动一切有利资源，尤其是传统文化资源。2002 年党的十六大明确提出，要"扶持对重要文化遗产和优秀民间艺术的保护工作"。为了中华文化的发展，为了在世界多元文化格局中保持中华文化的竞争力，我们必须重视对所有文化遗产包括非物质文化遗产的保护和创造性转化。从这个意义上来说，保护非物质文化遗产对于促进中华文化的不断创新、发展中国先进文化、构建社会主义和谐文化，对实现我国国家文化发展战略目标具有特别重大的现实意义和长远的历史意义。

我国有着丰富的非物质文化遗产，我国政府积极参与了联合国教科文组织的文化遗产保护活动。以 2003 年文化部、财政部、国家民委和中国文联联合启动实施的为期 17 年的"中国民族民间文化保护工程"为标志，我国的非物质文化遗产保护工作开始走上全面的、整体性的保护阶段。2005 年 3 月国务院办公厅印发了《关于加强我国非物质文化遗产保护工作的意见》，同年 12 月国务院颁发了《关于加强文化遗产保护的通知》。这两个文件的颁发，对于唤起全民族对祖先留下的宝贵的非物质文化遗产的保护意识，增强中华民族文化的认同感和自豪感，起到了重要的作用。2006 年元宵节，由文化部等国家九个部委联合主办、中国艺术研究院和中国国家博物馆承办的"中国非物质文化遗产保护成果展"大型展览在中国国家博物馆成功举办，社会反响热烈。2006 年 6 月 9 日我国成功地举办了第一个"文化遗产日"，引起了全社会的广泛响应。在今天，非物质文化遗产保护意识已日益深入人心，整个非物质文化遗产保护工作也已上升到国家文化战略的高度。

国际社会从世界文化战略的高度
倡导非物质文化遗产保护

20 世纪 60～70 年代，由于大兴水利工程和旅游业的兴起在世界范围内因此而毁掉的古迹要比两次世界大战对古迹的破坏还要多。埃及在尼罗河上游修建了阿斯旺水坝，致使两座千年神庙毁于一旦，就是其中一个突出的例子。为了保护人类文化与自然遗产免于毁灭，1972 年联合国教科文组织在巴黎通过了《保护世界文化和自然遗产公约》。该公约规定保护的对象是自然遗产和文化遗产。公约中提到的"文化遗产"只包括"文物"、"建筑群"和"遗址"三类，显然它并不包括非物质文化遗产。非物质文化遗产是人类通过口传心授、世代相传的无形的、活态流变的文化遗产。这种无形的、活态流变的文化遗产深藏于民族民间，是一个民族古老的生命记忆和活态的文化基因，它体现着一个民族的智慧和民族的精神，其内容和内涵要比物质遗产更为多姿多彩、更加博大深厚。2003年10月17日联合国教科文组织第32届大会通过了《保护非物质文化遗产公约》，该公约从维护世界文化多样性和坚持人类社会可持续发展的国际战略的高度，详细地界定了非物质文化遗产的概念以及它所包括的范围。从此，在世界范围内非物质文化遗产的抢救和保护，成为人类为保护自己的精神家园而展开的一项极具世界战略眼光的文化传承工程。

（一）保护非物质文化遗产是国际社会一项重大的文化战略举措

首先，保护非物质文化遗产有利于强化文化在人类社会发展中的战略地位和作用。发展是人类社会消除贫困、走向共同繁荣的根本途径；促进人类社会可持续发展是国际社会共同的战略目标和使命；解决好发展中的问题是国际社会也是每一个国家的政府所关注并努力加以解决的世界性难题。国际社会非常重视文化在人类社会发展中的战略地位和作用。1991年联合国教科文组织发起成立了以联合国前秘书长佩雷斯·德奎利亚尔为首的世界文化和发展委员会，着手研究文化与发展的关系。1995年秋，教科文组织发表了该委员会编写的题为《我们创造性的多样性》的报告。为落实该报告提出的有关建议，1998年3～4月联合国教科文组织与瑞典政府合作在斯德哥尔摩召开了"文化政策促进发展政府间会议"。这是联合国教科文组织继1982年墨西哥城文化政策会议以来，讨论文化问题规模最大的一次政府间会议。会议将文化视为发展的基础，对文化多样性、文化与发展的关系、文化权利、国际文化合作等问题进行了广泛讨论，通过了《文化政策促进发展行动计划》这一重要文件。《文化政策促进发展行动计划》就文化与发展关系提出了一系列战略性建议。

保护非物质文化遗产本意是在保护我们文化的多样性，它可以使得我们社会更具创造力，使得世界的发展更有活力，从而达到人类社会的可持续发展。因此2001年《世界文化多样性宣言》从国际文化战略的现实需要出发，认为文化和文化多样性是"发展的因素"，文化多样性增加了每个人的选择机会，是发展的源泉之一，它不仅是促进经济增长的因素，而且还是令人享有满意的智力、情感、道德精神生活的手段。人们普遍认为，文化和经济发展之间的关系体现在世界上所有文化中。经济发展是文化发展的目标，文化发展也是经济发展的目标。如果经济发展一直是人的文化的一部分，那么可持续发展将使得人类在新的千年出现新的世界文化。

但非物质文化遗产的脆弱性以及文化生态现实的严酷性，也使得一些人认为非物质文化遗产在促进世界发展方面不可能有什么作为。这些思想是不符合理论与实际的。《保护非物质文化遗产公约》关于非物质文化遗产的定义就明确强调，受保护的非物质文化遗产指的是那些能够"顺应可持续发展的非物质文化遗产"，这在范围上将保护对象限定在仍旧具有发展动力的非物质文化遗产范围内。这个定义说明，列入保护范围的非物质文化遗产自身和经济、社会的可持续发展具有本质上的同一性，保护那些能够顺应可持续发展需要的非物质文化遗产是与发展相协调一致的，它使得经济社会的发展建立在尊重文化特性、对文化差异持宽容态度的基础上，最终将促进世界实现持久和平与公正。

其次，保护非物质文化遗产有利于促进世界的合作与交流、有利于维护世界和平、有利于构建一个和谐世界。我们今天对文化的特性和普遍性有着深刻的认识。一方面，如 2002 年《伊斯坦布尔宣言》所说的，文化作为"多种表现形式从主要方面体现了各民族和社会的文化特性"。文化不仅是一个国家和民族历史成就的标志，也是许多民族、群体、社区的基本识别标志。另一方面，文化又具有普遍性，它是不同文明之间增进理解、促进交流的重要基础之一，尊重文化多样性和在不同文化间开展对话是世界和平与发展的重要保证之一。

如果我们只看到文化的特性，那么人们将更多地看到文化间的冲突和文化对抗的存在，看到更多的文化部落主义、文化保守主义和"文明冲突论"。相反，如果我们重视和充分认识到文化的普遍性，那么我们就将能够看到不同文化在促进世界交流和合作、维护世界和平方面大有作为。联合国前秘书长科菲·安南1998 年在联合国大会上指出："多样性不仅是不同文明之间对话的基础，而且是必须进行对话的现实。"1998 年联合国大会第 22 号决议《不同文明之间的对话》强调指出："人类不同文明的成就，体现了文化多元性和创造性的人类多样性"，重申"不同文明的成就构成人类的共同遗产，是全人类灵感和进步的源泉"。大会欢迎"国际社会集体努力，在第三个千年来临之际通过不同文明之间的建设性对话促进理解"。大会还宣布 2001 年为联合国不同文明之间对话年。联合国教科文组织于 2001 年 11 月通过《世界文化多样性宣言》之后，联合国大会在其 249号决议中表示欢迎这一《宣言》以及《行动计划》的要点，并宣布将每年的 5月 21 日定为"世界文化多样性对话和发展日"。世界文化多样性对话和发展日为我们加深理解文化多样性的价值和了解如何更好地"共存"提供了一个机会。2003 年通过的《保护非物质文化遗产公约》延续了加强不同文明之间对话的思想，进一步指出："非物质文化遗产是密切人与人之间的关系以及他们之间进行交流和了解的要素，它的作用是不可估量的。"正因为如此，联合国前秘书长安南把建立在文明和谐基础上的国际新秩序称为新的"全球伦理"。

1966 年联合国教科文组织通过了《国际文化合作原则宣言》。可以说，对于充满各种冲突和矛盾的当今世界，建立在文化普遍性认识和国际文化合作基础上的非物质文化遗产保护事业，将有利于消解文明冲突，增进不同文化之间的真正对话，增强国际团结与合作，维护世界和平。因此，我国今天保护非物质文化遗产工作本身就是国际文化战略中的一部分。

再次，保护非物质文化遗产有利于人类社会应对各种现代性危机以及严重社会问题。全球化和现代化在给我们的世界带来巨大变化的同时也带来了许多问题和危机。不断加剧的贫困、日渐扩大的收入差距、毒品枪支泛滥、艾滋病蔓延、极端国家主义和恐怖主义、环境污染和生态灾难、人口膨胀和老龄化、能源危机、地区冲突、城市巨型化、人道主义危机、军备竞赛等等，这些危机和问题遍布在人类社会生活的各个领域和方面。有学者把人类社会面对的这些危机概括为自然病态和生态危机、社会病态和社会危机、心理病态和精神危机、人际病态和道德危机、文明病态和价值危机等五大类。但不论作何种危机分类，现代化带给人类社会的主要危机是人的"异化"和"物化"，它使得人类的发展充满各种危险。

面对人类社会前所未有的全面危机，我们必须寻找和利用各方面的智慧以及资源，尤其是发掘传统文化所蕴涵着的丰富的思想资源，来解决经济全球化所不能解决的人类和谐生存、可持续发展和精神走向等问题。非物质文化遗产在本质上往往是价值理性和工具理性相结合的一种综合体：它一方面反映了非物质文化遗产所有者的价值理念，另一方面也反映了所有者对非物质文化遗产功利性的某种追求。它对其自身现实问题的关切往往是独特和独有的。因此，面对作为人类祖先世代相传智慧的结晶和宝藏的非物质文化遗产，"我们必须学习祖先的智慧，来创造一个更加美好的可持续发展的未来"①。

从理论上分析,作为"文化活化石"的非物质文化遗产同样具有一般文化的三个特性,即:作为全部生活方式的文化、作为资本的文化和作为创造力的文化。其中,在"作为创造力的文化"方面,非物质文化遗产与精英文化的创造性不同,它是大众创造能力的产物。在全世界所有的非物质文化遗产中,绝大部分非物质文化遗产都是各民族、族群、社区人民在自己特殊的生活生产方式中为解决某种特定的社会问题或规避某种可能产生的问题而创造形成的,它们有的在规范人类社会秩序方面、有的在处理人与自然和宇宙关系方面、有的在治病强身等方面有着自己独特的思维方式和问题处理技巧,显现出独特的智慧和创造力。同样,作为创造力的源泉,非物质文化遗产将激起人类社会新的创造的出现。从事实来看,非物质文化遗产已经在为解决各种严重的社会问题做出自己的贡献。事实也说明,非物质文化遗产是人类重要的智库之一,保护非物质文化遗产就是保护人类社会的创造力,它使得我们能从战略的高度来应对现代性危机以及严重的社会问题,开创一个和谐社会、和谐世界的新境界。

(二)保护非物质文化遗产是维护世界文化多样性的重要战略手段

从文化战略的视角来看,保护非物质文化遗产对于人类文化自身的存在和发展同样具有重要的战略意义,它将有利于我们树立全人类文化观和生态法则文化观,有利于捍卫文化多样性和保护文化传统,有利于文化创新。

从 1972 年制定《保护世界文化和自然遗产公约》起,国际社会一直强调在文化遗产保护方面坚持世界性、全人类的立场和"突出的普遍性价值"原则。公约强调:"保护不论属于哪国人民的这类罕见且无法替代的财产,对全世界人民都很重要","考虑到某些文化遗产和自然遗产具有突出的重要性,因而需作为全人类世界遗产的一部分加以保存"。1989 年联合国教科文组织《保护民间创作建议案》强调:"民间创作是人类的共同遗产。"1998 年联合国教科文组织《宣布人类口头和非物质遗产代表作条例》强调:文化遗产"是各国人民集体记忆的保管者,只有它能够确保文化特性永存"。2001 年《世界文化多样性宣言》指出:

---

① 理查德·恩高霍特(联合国教科文组织亚太地区文化遗产专员)为《中国高等院校首届非物质文化遗产教育教学研讨会》题词,见乔晓光主编:《交流与协作——中国高等院校首届非物质文化遗产教育教学研讨会文集》,西苑出版社 2003 年版,扉页。

"文化在不同的时代和不同的地方具有各种不同的表现形式。这种多样性的具体表现是构成人类的各群体和各社会的特性所具有的独特性和多样化。文化多样性是交流、革新和创作的源泉,对人类来讲就像生物多样性对维持生物平衡那样必不可少。从这个意义上讲,文化多样性是人类的共同遗产,应当从当代人和子孙后代的利益考虑予以承认和肯定。"2002 年《伊斯坦布尔宣言》强调:"无形文化遗产的多种表现形式从主要方面体现了各民族和社会的文化特性,无形文化遗产是全人类的共同财富。"

国际社会正是从世界文化战略的视野来强调文化的全人类价值。第一,从文化战略的视角来考察人类文化的形成、变迁、影响和传播,我们会发现,20 世纪 90 年代以来,令人瞩目的新经济的信息化、全球化与网络化特征促进了当代全人类文化的形成。由于信息技术的飞速发展,极大地推动了全球化的进程,缩短了时空距离,地球作为一个大社区已形成为一个无形的网络社会,而信息社会的同一性必然导致不同文化为全人类所共享,在这个基础上人们产生了文化共生共享的互动理念,认识到文化的整体性和普遍性价值。在后工业化时代,文化已经为全人类所有,全人类也在共同创造新文化。因此,在这个意义上,继续把"文化的马赛克"作为不同文化之间隔阂或偏好的比喻已经不合时宜了。第二,从文化战略的理论上讲,无论西方文化还是东方文化,无论传统文化还是现代文化,都是人类文化的构成部分。在今天,不论是以西方文化为主要内容的现代文化,还是丰富多彩的民族民间文化、非物质文化、土著文化,都可以成为所有地域所有人民的共同文化资源。处于地球村时代的我们,应该建立"人类文化"的意识,应该淡化文化接受过程中的异己感。从这个意义上说,国际社会倡导文化多样性、文化遗产保护理念,就是在强调文化的全人类性和世界性,强调任何文化都应视为现存人类的共同财富。每个人、每个民族都有权利获取它、享受它。

国际社会在强调非物质文化遗产的价值时还从文化战略的高度突出文化生态法则。文化生态法则和全人类文化观在以人为本和生态主义哲学理念上深化了对非物质文化遗产价值体系的认识。非物质文化遗产保护中的文化生态法则是以生态科学观、生态哲学观、生态伦理观为基础,重构人与自然、文化的关系,确定了非物质文化遗产的自然属性和自然权利。《世界文化多样性宣言》指出,文化多样性"对人类来讲就像生物多样性对维护生物平衡那样必不可少"。文化多样性和生物多样性之间有着必然的紧密联系。以土著人与生物多样性、文化多样性之间的关系为例，全世界有 3.5 亿土著人，居住在 70 多个国家中。据世界大自然基金统计，地球近 20% 的地表面积和 85% 的保护区由土著人居住着。有一半土著人居住在热带雨林中，而地球 80% 的生物生长于热带雨林。在世界 6000 多种文化中，有 4500 种是土著文化。根据世界大自然基金的一项研究，所有世界语言中有 60% 的语言集中在 9 个国家中，而这 9 个国家中有 6 个国家是生物多样性中心。在 12 个生物多样性巨型中心中有 10 个位于 25 个地方特有语言最多的国家。以上事实说明，文化多样性与生物多样性是密切相关、不可分割的。因此联合国教科文组织总干事在 1997 年 11 月第 29 届大会上指出："人类的身体健康离不开保护生物多元化，同样，人类的精神健康也离不开保护文化——语言、意识形态和艺术——的多元化。"

所以，全球经济越是一体化，就越要注意保持世界文化的多样性、多元化。如果全球经济一体化同时导致了文化的单质化，人类社会就会陷入单调、单一之中，丰富多彩的人类文化就会枯萎死亡。因此，重视非物质文化遗产的保护传承，发挥其历史文化价值，显示其文化多样性的资源和作用，对在全球经济一体化狂潮下保持文化的多样性、多元化、本土化、民族化具有十分重要的国际战略意义。

（三）保护非物质文化遗产是促进特定文化权利实现的重要战略措施

1950 年人权学家 T. H. 马歇尔将人权发展阶段描述为：18 世纪是公民权利的世纪，19 世纪是政治权利的世纪，20 世纪是社会权利的世纪。人们普遍认为 21 世纪是文化权利的世纪。文化权利在新世纪被重视主要有四个原因：（1）GDP增长、恩格尔系数下降，人们对文化消费需求增长；（2）现代化发展要求公民文化素质与之相适应；（3）民主政治使公共管理由权力理性走向权利理性；（4）知识经济对人创造能力的要求和尊重等。[1] 这四方面原因促进了文化权利在新的世纪受到普遍关注，促进了文化权利事业的发展。

"文化权利是属于特定文化的人的权利，因这些文化而形成。"[2] 所以从战略上来说保护文化多样性是我们保护非物质文化遗产的核心，保护文化权利是保护

① 艺 衡、任 珺、杨立清：《文化权利回溯与解读》，社会科学文献出版社 2005 年版，第 5～6 页。

② R. 斯塔温黑根：《文化权利：社会科学的视角》，载《经济、社会和文化的权利》，中国社会科学出版社 2003 年版，第 104 页。

文化多样性的有利条件。保护非物质文化遗产将促进文化平等权、文化认同权、文化经济权益等文化权利这些全球性战略目标的实现。

1. 文化平等权

人类文明是由各种不同文化组成的，全世界有数量众多的不同文化，不同文化有着自己独特的价值。但文化的存在价值和势力之间的关系是不平衡的。在人类历史的任何一个特定时期、任何一个特定地方，都可能存在着多数与少数、统治与被统治、霸权与屈从的不同文化群体。一般而言，非物质文化遗产是一种弱势文化。以2001年联合国教科文组织宣布的第一批"人类口头和非物质遗产代表作"19个项目为例，其中少数民族或部落的非物质文化遗产占有相当比重，它们多数是鲜为人知、未为人关注、极为珍稀的少数民族、少数族群、特定信仰群体或弱势群体的文化。

作为弱势文化，非物质文化遗产普遍面临着文化空间被挤压、甚至是被"文化灭绝"或"文化群体灭绝"的威胁。以世界语言为例，据联合国儿童基金会统计，目前世界上大约有6000种语言，其中2500种正濒临消亡，还有更多的语言正在丧失使它们作为实用语言存在的生态背景。针对这种情况，国际社会积极提倡文化平等和加强对弱势文化的保护，这对文化平等权利的实现起到了积极的作用。但20世纪90年代以来，文化歧视和文化压迫势头又有所发展。在这种观念和理论挤迫下，许多文化并没有获得应有的尊重和平等对待，其中一些文化（主要是西方文化）被人为地赋予了一种普世性的价值，而另一些文化（主要是弱势文化）则人为地被视为落后文化，造成了对某些文化事实上的歪曲、歧视和压迫。这种以宗教、地域、种族、经济发达程度来评判文化的立场与文化平等观念是背道而驰的。而国际社会在20世纪尤其是90年代以来大力提倡的保护文化遗产和保护文化多样性理念，是对文化帝国主义理论的一种批判，这在很大范围和程度上保护了不同文化之间应有的平等权益。

造成国际间弱势文化被排挤和被歧视的原因，从现代政治符号学的角度来看，还包括文化技术壁垒。在现代数字技术条件和全球化需求下，西方国家在文化商品和文化服务国际贸易中根据自己的价值观强制设置技术标准即准入门槛，使得许多弱势文化被排斥在国际交往之外，对一些弱势文化造成了事实上的不平等对待或歧视。而且这种文化的标准化发展趋势压制了文化个性，其实质也是文化帝国主义。

针对非物质文化遗产生存空间被挤迫的事实，联合国以及教科文组织通过的许多文件均从国际战略的高度，强调不同文化之间应该平等对待、互相尊重、相互交流和加强了解。1966年《经济、社会和文化权利国际公约》第15条载明：人人有权"参加文化生活"。1966年《国际文化合作原则宣言》第一条规定"各种文化都具有尊严和价值，必须予以尊重和保存"，"每一人民都有发展其文化的权利和义务"，"所有文化都是属于全体人类的共同遗产的一部分，它们的种类繁多，彼此互异，并互为影响"。2001年《世界文化多样性宣言》明确指出："每个人都应当能够参加其选择的文化生活和从事自己所特有的文化活动。"2003年《保护非物质文化遗产公约》在宗旨中强调：要"尊重有关社区群体和个人的非物质文化遗产"，"在地方、国家和国际一级提高对非物质文化遗产及其相互欣赏的重要性的意识"；《保护民间创作建议案》强调："保证各文化团体有权享有自己的民间创作。"可以说，保护非物质文化遗产、尊重不同文化价值观、加强不同文化之间的交流和对话，是促进文化多样性和文化多元化发展的基础，而要夯实这个基础，就必须树立平等的文化观。

当然，一个国家或一个社会内部同样存在着文化多样性，不同文化之间也存在歧视和压迫的可能，这是一个文化公正的问题。由于各种原因，一些非物质文化遗产在一国或一个社会内部常常面临着不公正的对待，而不公正的对待可能会导致严重的后果。这种例子很多，比如塞尔维亚－克罗地亚人因为语言和宗教上的文化冲突导致了南斯拉夫的崩溃。一国或一个社会内部要实现文化平等权并让人人享有文化尊严，又与政府政策密切相关。因此在保护非物质文化遗产等方面，制定基于平等的文化政策是至关重要的。所以，联合国《2002年世界文化报告》强调："在行政的各种关系中，不仅应坚持实施对平等尊严的承认，而且平等的尊严也应成为社会日常生活中的一部分。"

2. 文化认同权

文化不仅是一个国家和民族历史成就的标志，也是许多民族、群体、社区的基本识别标志。世界上原本存在着多种多样的文化，属于不同文化的人们在各自文化的熏陶下，在宗教、语言及生活样式等社会生活的基本方面形成基本一致的观念。这种一致的观念形成了不同文化的人们对自己文化的普遍认同。

人们普遍认为，人们对自己文化的认同权应该得到应有的尊重和维护。但国际社会对文化认同权的认识走过一个漫长的历程。早在制定联合国宪章时，由于一些政府存在着害怕承认各种不同文化认同的权利，承认弱势人群、尤其是少数民族和土著人民的文化认同权利将导致国家分裂、危害国家统一等原因，所以旧金山会议未能将文化权利写进联合国宪章。毕竟与世界上大约只有200个国家相比，世界上存在着主要基于语言差异的不同的民族群体有约10000个。因此，出于同样的原因和顾虑，《世界人权宣言》没有明确承认少数人群成员的文化权利。到1966年制定《公民和政治权利国际公约》时这些权利才在第27条中得到正式确立："在那些存在着人种的、宗教的或语言的少数人的国家中，不得否认这种少数人同他们的集团中的其他成员共同享有自己的文化、信奉和实行自己的宗教或使用自己的语言的权利。"这一情况到了1982年墨西哥城世界文化政策大会时有了进一步的好转。大会通过的《墨西哥城文化政策宣言》非常关注人们对自己的文化认同以及由此产生的多元主义，正式宣布了"文化认同的权利"。会议认为，无论就个人或就群体和国家而言，对文化认同权的肯定，对文化间、包括少数文化的相互尊重和日益增强的意识已经成为一种永久的要求。宣言还特别指出，文化认同是一笔财富，它鼓励各民族各群体从历史汲取营养，从外界吸收与自己相容的特点，不断创造，使人类永保自我实现的能力。宣言认为对文化认同的肯定有助于民族解放；反之，任何形式的控制和歧视都构成剥夺或破坏文化的认同。20世纪90年代以来发生的许多事件也表明，"承认少数人群成员的文化权利不是危险和冲突的根源，而是和平和稳定的一个重要因素。许多内部冲突都是起于旧认同产生危机，而建立新认同的时候否认或拒绝了不同的文化认同，起于拒绝保护少数人群的文化权利，在欧洲尤其如此"。今天的人们已经普遍认识到：如果不承认文化权利和文化多元，真正民主的社会就无法正常运行。非物质文化遗产与物质文化遗产一样，反映了一个民族、族群、社区和国家对自身特性的认同和自豪感以及被世界认可的程度，是维系一个群体或民族文化认同的重要纽带。毫无疑问，保护非物质文化遗产将有助于维护少数人群成员的文化权利，可增强非物质文化遗产在经济全球化过程中的竞争力，为维护少数人群体的文化认同权起到作用。因此《伊斯坦布尔宣言》指出：非物质文化遗产的"多种表现形式从主要方面体现了各民族和社会的文化特性"，它"是一个生动活泼以及实践、知识和表现可以不断再创造的整体，它可以使社会各层次的个人和社区都能够通过各种系统的价值观和伦理标准来表现自己的世界观"，它"在社会中产生归属感和连续性"。

当前少数人群体的文化认同面临着严重危机。一方面，经济全球化正在深刻地影响着人们生活的方方面面，使得一些人对自己文化身份的认同也出现了问题。与文化帝国主义的主观强迫性不同，经济全球化已经势不可挡。今天，信息化、商业化极大地影响全球文化的发展，给人造成一种假象，好像各国文化呈现出同一性的趋势。还有人误以为这种现象就是文化全球化或称之为全球文化同质化。我们必须承认，文化信息化和文化商业化急速地在全球普及是一个不争的事实，它们对传统文化和弱势文化尤其是非物质文化遗产造成了很大的影响，使得少数人群甚至是一些大的文化共同体出现文化认同危机。以 2001 年首批 19 项"人类口头和非物质遗产代表作"为例，中国昆曲、日本能剧、韩国皇家祭祖仪式和宗庙音乐、菲律宾伊富高人的哈德哈德颂歌、立陶宛十字架雕刻工艺、科特迪瓦塔克巴那人的横吹喇叭音乐等代表作濒危报告共同指出，现代化和全球化给世界文化带来单一性的发展，使得人们的生活方式、价值观念日渐趋同，使得民众尤其是年轻人在强势文化面前对自己的文化传统和文化身份失去兴趣或拒绝接受。另一方面，一些国家和地区——比如在拉丁美洲和日本、法国——往往出于自己的政治利益而强调自己民族的单一性，否认或曾经否认在其领土内存在少数人群体或土著人，不承认少数人群体所主张的文化权利。这同样在一定程度上加剧了少数人群体的文化危机。因此，在国际文化战略的视野下，保护非物质文化遗产毫无疑问将有助于保护少数人群体的文化认同权，有助于保护处于弱势地位的少数人群体的集体文化权利。

3. 文化经济权利

非物质文化遗产的保护在三个方面尤为重要：传承人的保护、非物质文化遗产本身的保护、相关的精神与经济权利的保护。非物质文化遗产往往是特定人群的集体性文化创造，比如传统医药、农业、技术技能、生态知识以及传统音乐、故事和设计等文化表达形式，是具有经济价值或潜在经济价值的——这就必然产生了非物质文化遗产经济权益保护的内容。前些年我国东北赫哲族某乡因《乌苏里船歌》著作权归属的权益问题起诉某著名歌唱演员案，就是深刻反映非物质文化遗产经济权益保护内容的一个典型例子。

而从当前国际情况来看，文化资源作为一种经济资源，已经出现了一股掠夺潮。一些西方人在世界各地民族地区或村寨大肆收集文化资源，然后制成文化商品或申请专利，再凭借着知识产权保护的旗帜，反过来向文化资源原产地倾销，在大肆破坏文化资源和获取巨额利润的同时，将一些非物质文化遗产地沦为其文化殖民地。这是后殖民主义的一个时代内容。

因此，从文化战略的角度来看，保护非物质文化遗产必然要重视保护非物质文化遗产的经济权利。1989 年联合国教科文组织《保护民间创作建议案》指出，非物质文化遗产是人类的一种智力成果，对它的保护应该纳入知识产权保护体系："民间创作作为个人或集体的精神创作活动，应当得到维护，这种维护应和精神产品的维护相类似。这一保护十分必要，通过这种手段可以在本国和外国发展、保持和进一步传播这种遗产，而同时不损害有关的合法利益"，"除民间创作维护中的'知识产权'方面外，在有关民间创作的资料中心和档案机构里，有几类权利已经得到维护并应继续受到维护，为此，各会员国应：（a）关于'知识产权'方面：吁请有关当局注意教科文组织和世界知识产权组织在知识产权方面开展的重要工作，但同时也承认，这些工作只触及维护民间创作的一个方面，故在各方面采取不同的措施是保护民间创作的当务之急；（b）关于包含的其他权益：（1）保护作为传统代表的消息提供者（保护私生活和秘密）；（2）通过注意使收集的材料完好合理地存档的方式维护收集者的利益；（3）采取必要措施，使收集的材料不致被有意无意地滥用；（4）承认档案机构有责任注意对收集之材料的使用"。《实施教科文组织世界文化多样性宣言的行动计划要点》第 13、16 条强调："制定保护和开发利用自然遗产和文化遗产，特别是口述和非物质文化遗产的政策和战略，反对文化物品和文化服务方面的非法买卖"，"为了当代创作工作的发展并使创作工作得到合理的酬报，保证著作权及其邻接权得到保护，同时捍卫《世界人权宣言》第 27 条所规定的公众享受文化的权利"。

从当前文化战略的现实来看，保护非物质文化遗产或民间文化权益是大多数发展中国家的愿望，联合国教科文组织和世界知识产权组织所确定的保护原则未能得到一些发达国家在国内立法方面的支持。典型的例子是 2005 年联合国教科文组织第 33 届大会通过《保护和促进文化表现形式多样性公约》时，占据世界文化产业头把交椅的美国对该公约持强烈的反对意见，主张文化产品及其服务领域应纳入到世贸组织自由贸易规定的范畴，并对该公约投下反对票。① 从文化战略的高度来看，这也说明非物质文化遗产知识产权保护之路将是非常漫长的。

---

① 该《公约》获赞成票 148 票，美国和以色列持反对票，澳大利亚等 4 个国家投了弃权票。

保护非物质文化遗产是国家文化发展战略的重要内容，也是实施国家文化战略的重要途径和实施方式

从国家文化战略的角度来看，我们强调保护非物质文化遗产的世界性立场和"突出的普遍性价值"原则，这并不与坚持保护非物质文化遗产的民族立场尤其是民族国家立场相冲突、相矛盾。非物质文化遗产是一个和民族与民族国家紧密联系的概念，保护非物质文化遗产对我国文化发展具有重要的战略意义。

联合国教科文组织非常强调和重视非物质文化遗产的民族性。《伊斯坦布尔宣言》认为：对于许多民族，非物质文化遗产是本民族的识别标志，是维系社区生存的生命线，是民族发展的源泉，"无形文化遗产的多种表现形式从主要方面体现了各民族和社会的文化特性"。《宣布人类口头和非物质遗产代表作条例》在申报规定中明确指出："列入《名录》的作品必须是……突出代表民族文化认同，又因种种原因濒于失传的文化表现形式"；民族性是评审非物质文化遗产的重要标准："其是否具有确认各民族和有关文化社区特性之手段的作用，其是否具有灵感和文化间交流之源泉以及使各民族和各社区关系接近的重要作用，其目前对有关社区是否有文化和社会影响"。所以说，越是民族的就越是世界的、越是全人类的。

在保护非物质文化遗产方面，我们坚持保护非物质文化遗产世界性和民族性立场的统一。我国现在处在一个由农耕文明向现代文明的转折时期，是发展中国家的代表，中国人口、地域和历史的特性决定了中国非物质文化遗产存在和保护情况具有一定的代表性。对于中华民族而言，非物质文化遗产是"中华民族的情感基因"，是我们集体记忆的根源，也是"我们今天与过去的沟通渠道"。[①] 因此，在国家一级保护非物质文化遗产对于我们的国家发展和民族复兴具有非常重要的意义。概括而言，保护非物质文化遗产将有利于我们借鉴先人的智慧和创造力、掌握文化发展主导权、促进文化创新和民族文化现代化；有利于社会主义文化和经济社会的协调、可持续发展；有利于维护国家文化安全和文化主权，进一

---

① 戴廉：《非物质文化遗产保护的困惑》，载《瞭望新闻周刊》2005 年第 30 期。

步拓展文化空间；有利于促进全社会正确认识世界遗产的意义和价值，承担起保护人类文明的国际义务；有利于促进我国人权和文化权利事业的发展、促进公民文化权利的实现，以满足不同群体、尤其是非物质文化遗产参与各方的文化需求；有利于带动我国对历史文化遗产的全面保护，全方位地弘扬传统文化，维系文化命脉；有利于扩大世界对中国传统文化（特别是对丰富的民族民间文化）的了解，改变或破除世界对中国陈旧的、落后的负面印象，重塑中国形象；有利于促进世界各地华人（特别是大中华文化圈）对中国文化的了解与传承，提高他们的文化认同感和自豪感，进一步增强民族文化的凝聚力，增强民族自尊心和自豪感，促进中华民族的伟大复兴，等等。正因为此，对于为什么要保护非物质文化遗产，"大多数中国学者在谈论这个问题时主要还是从民族利益出发的"①。换句话说，主要是从国家文化战略的现实需要来认识非物质文化遗产保护意义的。

（一）保护非物质文化遗产有利于保护我国传统文化和民族文化的多样性

丰富多彩的非物质文化遗产是文化多样性的生动体现。保护非物质文化遗产的核心内容就是保护传统文化、保护文化多样性。

今天，我们的传统文化和多样文化生存面临着普遍危机。孙家正部长在《人类口头与非物质文化遗产丛书》总序中指出："现代化进程的加快发展，在世界范围内引起各国传统文化不同程度的损毁和加速消失，这会像许多物种灭绝影响自然生态环境一样影响文化生态的平衡，而且还将束缚人类思想的创造性，制约经济的可持续发展及社会的全面进步。"这概括地揭示了传统文化和多样文化所面临的危机、危机产生的原因及其后果。

国际上，保护非物质文化遗产国际文书非常强调要面对这一现实危机。2002年《伊斯坦布尔宣言》强调："主要因冲突，不宽容，极端重商主义，无控的城市化或乡村的衰败等原因，无形文化遗产面临消亡或边缘化的危险。"人们普遍认识到，导致传统文化和文化多样性危机的原因是多方面的。第一是社会历史原因。在全球化、信息化、商业化经济社会环境下，一些传统文化或部族、土著、社区文化所赖以生存的社会结构和形态、功能和性质发生了很大的变化或不再存在，作为传统社会文化表达方式的传统文化由于不能适应这种变化而逐渐走向消亡。新出现或形成的文化大体上是与市场经济、消费社会的经济社会形态相适应

---

① 戴　廉：《非物质文化遗产保护的困惑》，载《瞭望新闻周刊》2005 年第 30 期。

的，是与个体主义和自由主义的价值观念和交往方式、与市场经济或法治经济所要求的民主主义的法治、民权主义的政治、平等正义的分配原则和道德观念相适应的。反过来，传统文化正因为不具备这些适应性而失去生存和发展的活力，它的消亡是必然的。第二是外来文化影响，这在全球化进程中表现尤为明显。由于传统文化和现代文化之间力量对比悬殊，不同文化之间往往是一种单向交流，弱势文化虽然可以接受强势文化的合理影响，但现实社会的发展不可能给一个文明几百年甚至上千年的时间来接受这种影响并调整自己的文明，因此在不同文化之间相互影响产生作用形成新文化之前，传统文化就已经在加速消失了。第三是传统文化自身的原因，如某些非物质文化遗产通过家族亲缘关系传承或师徒关系传承的特点加剧了传统文化的生存危机。

在我国，传统文化面临的这种整体性危机是可预见的。以我国基诺族为例，云南省社会科学专家通过研究指出：基诺族服装可能在 10 年内消失，基诺族口碑史、民族歌舞可能在 20 年内消失，基诺族语言可能在 30 年内消失。2005 年 7 月，在文化部、江苏省人民政府联合举办的"中国非物质文化遗产保护·苏州论坛"上，孙家正部长指出，"断层和失根的文化可能使我们游荡的灵魂难以找到精神的家园"，但他也同时指出，"我们的祖先远比我们更有创造力"。[①] 我们今天所进行的非物质文化遗产保护事业，实质就是在延续我们祖先的创造力，它将帮助我们能够积极、有效、从容地应对我们在发展中遇到的各种困难和问题。

在我国，虽然保护传统文化和文化多样性的重要性、紧迫性已经为大家接受，但传统文化和非物质文化遗产保护工作在方式方法上存在着许多问题，保护工作存在着"形似神失"、"空壳化"的趋势。一些地方割裂非物质文化遗产自身存在的合理性，剥离传统文化特有的情感特性和形式的庄严特性，单纯对非物质文化遗产的形式进行保护，使得保护工作失去其意义。

我国政府非常重视非物质文化遗产保护和发展之间的重要关系，将非物质文化遗产保护工作纳入国家文化战略。这是因为，一方面，保护那些能顺应可持续发展的非物质文化遗产对于落实科学发展观，实现可持续的经济、文化全面协调发展具有重要意义，它能进一步推进经济、政治、文化、自然协调发展，促进社

---

① 孙家正：《〈人类口头与非物质文化遗产丛书〉总序》，见王文章主编：《人类口头与非物质文化遗产丛书》，浙江人民出版社 2005 年版。

会全面进步和人的全面发展，促进我国社会主义现代化建设。另一方面，保护非物质文化遗产在促进文化认同和爱国主义教育方面也同样具有重要作用。2005年3月国务院办公厅发布的《关于加强我国非物质文化遗产保护工作的意见》强调，要充分发挥非物质文化遗产对广大未成年人进行传统文化教育和爱国主义教育的重要作用，广泛开展非物质文化遗产的宣传展示和普及教育活动。从国家战略的现实需要出发，《意见》充分表明了我们党和政府对保护中华民族非物质文化遗产的高度重视，将有力促进我国年轻一代对我国文化的认同，极大地推动年轻一代对我国非物质文化遗产的了解、保护和传承。

（二）保护非物质文化遗产有利于促进我国的文化创新和发展先进文化

保护非物质文化遗产的核心目的之一是为了促进人类社会的文化创新。《保护非物质文化遗产公约》在前言和定义中强调，尊重和保护非物质文化遗产是为了促进文化多样性和人类的创造力，是为丰富文化多样性和人类的创造性做出贡献。非物质文化遗产是一种人类的创造，其有益于世界发展的普遍价值更是世界和人类社会发展的重要动力和精神源泉。

在一个文化系统内部，文化创新是文化发展的生命之源，而文化遗产又是文化创新的源泉。2001年《世界文化多样性宣言》第7条"文化遗产：创作的源泉"指出："每项创作都来源于有关的文化传统，但也在同其他文化传统的交流中得到充分的发展"；2002年《伊斯坦布尔宣言》指出：非物质文化遗产"被认为是创造性和文化创作的主要源泉之一"。文化创新的内涵十分丰富，包括文化思想和观念、内容和形式、体制与机制、领导方式和管理模式等等。保护非物质文化遗产将在这些方面促进各民族文化和世界文化的创新。

我国文化创新和发展先进文化的性质是社会主义的。我们要掌握当代文化发展的主导权。"在当代中国，发展先进文化，就是发展面向现代化、面向世界、面向未来的，民族的科学的大众的社会主义文化。"① 2002年党的十六大明确提出，要"扶持对重要文化遗产和优秀民间艺术的保护工作"。而我们时代的文化遗产是中华民族优秀文化的重要体现，也是我们时代文化创新的重要源泉。我们

---

① 江泽民：《全面建设小康社会，开创中国特色社会主义事业新局面——在中国共产党第十六次全国代表大会上的报告》，载《中国共产党第十六次全国代表大会文件汇编》，人民出版社2002年版，第37页。

对传统文化和非物质文化遗产的保护实质是一种创造性的转化，就是"用中国特色社会主义的先进文化所具有的价值取向、思维方式、道德观念和行为方式来改造、更新传统文化，使之符合现代化的要求，使之在自我超越中获得新的生命力"①。因此，为了中华文化的发展，为了在世界多元文化格局中保持中华文化的竞争力，为了文化创新和发展先进文化，我们必须重视对文化遗产的保护和创造性转化。所以，保护的目的就是为了创新。从国家文化战略实现途径来看，只有做好非物质文化遗产的保护工作才能有力地促进我国社会主义先进文化的发展和中华文化的不断创新。

（三）保护非物质文化遗产有利于促进我国和谐文化建设

在新世纪新阶段，我国确立了建立社会主义和谐社会的伟大目标。促进和谐文化建设，可为构建社会主义和谐社会提供强大的思想道德力量。中国的非物质文化遗产在历史上为中华民族传统文化的形成和发展做出过重要的贡献，它也是我们今天建设社会主义和谐社会，树立和落实科学发展观的重要思想资源。与国家文化战略的功能和性质相统一，保护非物质文化遗产将有利于促进我国现阶段国家整体发展战略目标的实现。

和谐思想是中华文化固有的价值观、世界观和人生观。构建人与自然、人与人（特别是人与群体）、人与自我的和谐是我国传统文化和绝大部分非物质文化遗产的思想基础和核心价值理念。而以"和谐"为思想内核和价值取向，奉行和谐理念为主要内容的文化形态、文化现象，都可以统称为和谐文化。和谐文化在思想观念、价值体系、行为规范、文化产品、社会风尚、制度体制等各个方面有多种存在方式或表现形态。和谐文化最核心的内容，就是崇尚和谐理念，体现和谐精神，大力倡导社会和谐，坚持和实行互助、合作、团结、稳定、有序的社会准则。

非物质文化遗产中蕴含着大量的和谐思想以及行为规范。前面我们提到，非物质文化遗产在本质上往往是价值理性和工具理性相结合的一种综合体，它对其自身现实问题的关切往往是独特而有效的。绝大部分非物质文化遗产都是各民族、族群、社区人民在自己特殊的生活生产方式中为解决某种特定的社会问题或规避某种可能产生的问题而创造形成的，它们在规范人类社会秩序、构建"公序

---

① 王文章主编：《中国先进文化论》，文化艺术出版社 2004 年版，第 185 页。

良俗"的社会环境等方面有着自己独特的思维方式和问题处理技巧，它的存在为历史上一定范围内的和谐社会的存在和发展起着决定作用。

当前，要建设和谐文化，离不开对中国非物质文化遗产中和谐思想观念的继承和发扬。非物质文化遗产中的许多积极因素可以直接作用于和谐社会的建设，人们通过遵循非物质文化遗产中的一些规定性要求来适应和谐社会的要求，来帮助我们解决人类的和谐生存、可持续发展和精神走向等问题。另一方面，非物质文化遗产本身就是一个稳定的文化系统，我们可以在思想观念、价值体系、行为规范、文化产品、社会风尚、制度体制等方面向非物质文化遗产汲取有益的东西，使得我们的和谐文化建设更具有民族性和大众性。

非物质文化遗产本身作为一个和谐文化系统，虽然并不能与我们今天所要建设的社会主义和谐文化直接画上等号，但是我们一定要从国家文化战略的实际需要来对待非物质文化遗产，从建设社会主义和谐社会、树立和落实科学发展观的长远眼光，在充分认识非物质文化遗产保护在建设和谐文化、构建社会主义和谐社会中的作用的基础上，让古老而鲜活的非物质文化遗产在今天的和谐文化建设中发挥重要作用。

（四）保护非物质文化遗产有利于促进我国文化事业和文化产业的发展

非物质文化遗产的保护水平与一个国家的经济水平尤其是文化产业发展水平有着密切关联。一般来讲，非物质文化遗产保护程度离不开一个国家文化产业发展程度和文化政策制定与执行水平情况。因此在非物质文化遗产保护方面，联合国教科文组织非常重视和强调缔约国在国家一级保护工作层面应注重提高文化政策制定执行水平和积极发展文化产业。这些要求对实现我们国家文化发展战略、保证国家文化的协调与可持续发展有着非常积极的现实意义。

首先，保护非物质文化遗产有利于促进我国文化立法，提高文化政策制定与执行水平。政府拥有权势和公共资源。政府文化政策的制定和实施直接影响着非物质文化资源的配置和使用，直接决定着保护非物质文化遗产的成效。促进成员国文化政策发展和政府文化权力的合理科学运用是联合国教科文组织工作的一项重要内容。1982 年《墨西哥城文化政策宣言》、1998 年《文化政策促进发展行动计划》都对文化政策发展问题给予了专题讨论。国家一级保护非物质文化遗产需要配套的国内法律、政策和行政环境。2001 年《世界文化多样性宣言》提出："每个国家都应在遵守其国际义务的前提下，制订本国的文化政策，并采取其认为最为合适的行动方法，即不管是在行动上给予支持还是制订必要的规章制度，来实施这一政策。"

在保护非物质文化遗产政策方面，我国有许多工作要做。在法律方面，如果缺少完整、配套的法律环境，保护非物质文化遗产将是没有保障的。我国目前只有《文物保护法》，而《非物质文化遗产保护法》、《民族民间传统知识产权保护法》尚在拟议之中。在文化管理体制和行政方面，政府文化行政部门所应对和管理的主要是精英的、上层的、艺术的、见之于文字的、物质的和可视的部分，对民间的、大众的、生活的、非文字的、非物质的和无形的文化遗产不行使管理职能。这说明，多数的非物质文化遗产恰恰存在于文化管理体制之外。此外，我国的非物质文化遗产保护涉及到文化、旅游、文联、民族、宗教、教育等多个政府管理部门和社会团体，没有一个高效和统一的管理机制，这使得保护工作效率和成效低下。这些情况都是需要调整的。在文化政策方面，保护非物质文化遗产重在基层和社区，但我国缺乏相应的政策可供执行，这使得保护工作缺乏基础。因此，保护非物质文化遗产需要我们在立法、政策制定和文化行政方面加强工作。

其次，保护非物质文化遗产有利于提高我国文化产业的发展水平。目前世界上文化物品和文化服务的流通和交换存在着严重的失衡现象，文化产业发达国家对发展中国家具有明显的贸易和服务优势，这对文化多样性和发展中国家的文化主权构成了很大的威胁。针对这种情况，国际文书强调发展文化产业。1998年《文化政策促进发展行动计划》指出："鼓励文化合作，尤其是合办文化产业项目（生产、投资和权利转让）的文化合作。考虑到社会经济、技术与文化变革的迅速发展进程和国家与国际一级现存的日益增大的差距，以及正视文化产业发展和文化产品交易所造成的各种危险与重大问题，尊重著作权和知识产权的重要性。"2001年《世界文化多样性宣言》提出：文化服务和文化物品"不应被视为一般的商品或消费品"，而"文化政策应当在确保思想和作品的自由交流的情况下，利用那些有能力在地方和世界一级发挥其作用的文化产业，创造有利于生产和传播文化物品和文化服务的条件"，"面对目前世界上文化物品的流通和交换所存在的失衡现象，必须加强国际合作和国际团结，使所有国家，尤其是发展中国家和转型期国家能够开办一些有活力、在本国和国际上都具有竞争力的文化产业"。《实施教科文组织世界文化多样性宣言的行动计划要点》要求："帮助发展中国家和转型期国家建立或加强文化产业，并为此合作建立必要的基础结构和培养必要的人才，促进建立有活力的当地市场，并为这些国家的文化产品进入世界市场和国际发行网提供方便。"

我国在世界文化物品与服务的流通和交换中同样处于被动地位。一方面是大量的西方文化产品销往国内，另一方面是大量的文化资源流往国外。目前后一种情况比较严重。"许多外国人借商贸、旅游、学术交流之机进入我国民族地区，大量采集、收购、纪录和使用少数民族民间文学艺术，甚至通过非法渠道买卖少数民族文物，形成了一股变相文化掠夺的浪潮，造成了文化资源的大量流失。在西南、东北等少数民族文化艺术丰富的地区，许多外国人深入村寨，低价收购民族服装、头饰、配饰，而且有的专门收购年代久远的工艺品，或者收录歌曲、舞蹈等民间艺术，制作成光盘，或出版作为自己的研究成果。"① 要改变这种状况，则需要大力发展文化产业。概括而言，对非物质文化遗产的合理保护和产业化开发利用，可提高非物质文化遗产开发利用的产业化程度，增强文化国力，还可进一步保护文化遗产当事人权益。这方面好的例子很多，比如四川自贡灯会产业就是一个典型例子。

当前而言，我国非物质文化遗产保护中文化产业的发展有些情况又确实令人堪忧。一些人或地方将非物质文化遗产商品化、碎片化、拼盘化（如有些地方把当地老百姓用来祈祷、祭祀的傩戏搬上戏台，京剧表演选段化等），或者将非物质文化遗产非民间化（如将民间老艺人集中起来培训或者将民间艺术演出形式舞台化②）等，这种所谓产业化的运作实际上在加速非物质文化遗产的消亡。对这些问题或现象，我们应该通过在实践中提高保护非物质文化遗产政策制定和执行水平、提高我国文化产业的发展水平来解决。

需要特别提到的是发展文化产业、实现我国在世界文化物品与服务的流通和交换中的平等地位，必须重视数字技术的发展。联合国教科文组织注意到：要树立平等的文化观，必须消除非物质文化遗产交流和对话之间的"数字鸿沟"；只有技术上的进步才能消解不平等的"游戏规则"或歧视性的技术壁垒。1998 年联合国教科文组织《文化政策促进发展行动计划》"在信息社会的范围内并为信

---

① 王鹤云：《浅论保护中国少数民族民间文学艺术的有效方式》，见张庆善主编：《中国少数民族艺术遗产保护及当代艺术发展国际学术研讨会论文集》，文化艺术出版社 2004 年版，第 89 页。
② 有报道称：有些地方将原本几十个为当地农民所喜闻乐见的业余道情皮影班组升格成正式剧团，还计划修建一个大剧场。见戴廉：《非物质文化遗产保护的困惑》，载《瞭望新闻周刊》2005 年第 30 期。

息社会促进文化和语言的多样性"的目标中，要求各国在文化政策层面关注文化遗产保护的技术问题。2001 年联合国教科文组织在《实施教科文组织世界文化多样性宣言的行动计划要点》中倡导缔约国："促进'数字扫盲'，将信息与传播新技术作为教学计划中的学科和可提高教学工作效率的教学手段，提高掌握这些新技术的能力"，"促进数字空间的语言多样化，鼓励通过全球网络普遍地利用所有的公有信息"，"与联合国系统各有关机构密切合作，向数字鸿沟宣战，促进发展中国家利用新技术，帮助这些国家掌握信息技术，并为当地文化产品的数字化传播和这些国家利用世界范围的具有教育、文化和科学性质的数字化资源提供方便"。到了 2002 年，联合国教科文组织《伊斯坦布尔宣言》在仍旧强调全球化和数字技术带给世界文化单一化严重威胁的同时，已经乐观地看到："通过新信息和传播技术的利用有利于无形文化遗产的传播，同时新信息和传播技术也创造了值得保护的数字化遗产。因此，全球化有利于形成一套全人类共同的参照标准，从而推动更好地了解他人和尊重多样性的团结和宽容。"所以，我国应该在保护非物质文化遗产方面充分利用全球化和数字技术带来的优势，积极创造数字化遗产，以强有力的数字化手段来保护自己的非物质文化遗产，扩大自己的文化在国际交往中的话语权。

从国家文化战略的长远目标出发，
保护好非物质文化遗产

明确了保护非物质文化遗产的战略意义后，进一步了解我国非物质文化遗产保护工作的现状，正确认识我国保护非物质文化遗产面临的主要问题及保护工作的紧迫性，积极借鉴国外保护经验，在总体掌握现代条件下非物质文化遗产传承规律的基础上，遵循正确的保护理念和保护原则，是我们做好非物质文化遗产保护工作的关键所在。只有把保护工作做好做实，才能有意义地发挥非物质文化遗产在实现我国文化发展战略中的重要作用。

（一）我国的非物质文化遗产保护已上升为国家文化战略的重要环节

中华民族历来有保护非物质文化遗产的优良传统，从我国古代《诗经》的采集、整理、传承到上世纪初兴起的民族、民间、民俗文化的搜集、保存，特别是民俗学建设的成就，都为丰富中华文明延续的灵魂——不竭的文化传统和文化精神做出了贡献。新中国成立特别是新时期以来，我国在保护非物质文化遗产方面做了大量的工作，进行了积极的探索，积累了有益的经验。20 世纪 50 年代初期，国家组织有关部门和专家对少数民族的文化遗产进行调查记录；之后，采取措施，保护和扶植传统工艺美术行业生产，保护了一大批传统工艺品种，命名了 200 余名"工艺美术大师"。国家对传统戏曲剧种、剧目的挖掘和保护，对民间传统艺术、中医中药及少数民族医学的保护，大量的民间艺术博物馆的建立，都为非物质文化遗产的保护起到了重要作用。上世纪 80 年代以来，文化部、国家民委、中国文联共同发起被誉为"文化长城"的"十部中国民族民间文艺集成志书"的编纂，抢救、保存了大量的珍贵艺术资源。

2003 年文化部、财政部联合国家民委和中国文联，启动实施了旨在全面推动我国非物质文化遗产保护工作的系统工程——中国民族民间文化保护工程。这项工程计划从 2003 年到 2020 年用 17 年的时间，创建我国非物质文化遗产保护的有效机制，初步建立起比较完备的我国非物质文化遗产保护体系，基本实现我国非物质文化遗产保护工作的科学化、规范化和法制化。这一工程的启动和实施，标志着我国非物质文化遗产的保护，已由以往的项目性保护，开始走向全国整体性、系统性的保护阶段。

近几年来，立法保护的进程也加快了步伐。2003 年 11 月全国人大教科文卫委员会形成了《中华人民共和国民族民间传统文化保护法草案》，2004 年 8 月十届全国人大常委会第十一次会议批准我国加入联合国《保护非物质文化遗产公约》，成为较早批准加入该公约的国家之一。据此，全国人大教科文卫委员会将《中华人民共和国民族民间传统文化保护法草案》名称调整为《中华人民共和国非物质文化遗产保护法》，并成立了专门小组，协调各方加快该部法律的立法进程。[①] 2005 年 3 月国务院办公厅颁发了《关于加强我国非物质文化遗产保护工作的意见》。这是国家最高行政机关首次就我国非物质文化遗产保护工作发布的权威指导意见，明确指出了保护工作的重要性和紧迫性，提出保护工作的目标是："通过全社会的努力，逐步建立起比较完备的、有中国特色的非物质文化遗产保护制度，使我国珍贵、濒危并具有历史、文化和科学价值的非物质文化遗产得到

---

① 朱 兵：《我国非物质文化遗产的立法：背景、问题与思路》，载《非物质文化遗产》2006 年第 1 期。

有效保护，并得以传承和发扬。"保护工作的指导方针是："保护为主、抢救第一、合理利用、传承发展。"保护工作的原则是："政府主导、社会参与，明确职责、形成合力；长远规划、分步实施，点面结合、讲求实效。"《意见》并明确提出，要建立名录体系，逐步形成有中国特色的非物质文化遗产保护制度。同年12月国务院颁发了《关于加强文化遗产保护工作的通知》。《通知》指出，当前我国文化遗产保护面临着许多问题，形势严峻，不容乐观，要充分认识保护文化遗产的重要性和紧迫性；为进一步加强文化遗产保护，决定从2006年起，每年6月的第二个星期六为我国的"文化遗产日"。《通知》提出了加强文化遗产保护的指导思想、基本方针和总体目标，并要求着力解决物质文化遗产保护面临的突出问题。《通知》还明确提出，要积极推进非物质文化遗产保护：（一）开展非物质文化遗产普查工作；（二）制定非物质文化遗产保护规划；（三）抢救珍贵非物质文化遗产；（四）建立非物质文化遗产名录体系；（五）加强少数民族文化遗产和文化生态区的保护。

正是在国务院办公厅文件的推动下，2005年6月我国开始进行第一批国家级非物质文化遗产名录申报与评审工作。经过专家评审委员会评审确定首批国家级名录501项初选项目，于2005年12月31日向社会公示。在听取各方面意见基础上，由文化部、国家发展改革委员会、教育部、国家民委、财政部、建设部、国家旅游局、国家宗教局、国家文物局九部委联席会议调整为518项正式报国务院申批，于2006年5月20日获得国务院批准，正式向全国公布。

当前，我国非物质文化遗产保护工作的重要内容主要有下列4项：第一，组织全国非物质文化遗产项目普查，在各省、自治区、直辖市及地、县级普查的基础上，基本摸清我国非物质文化遗产在当代的遗存状况，做到心中有数。第二，在普查基础上，通过制定评定标准并经过科学认定建立国家级和省、市、县级非物质文化遗产名录体系及四级保护制度。第三，加强非物质文化遗产的研究、认定、保存和传播。第四，建立科学有效的非物质文化遗产传承机制，在动态整体性保护中使非物质文化遗产焕发生机。

我国是一个多民族的国家，在悠久的历史发展进程中创造了丰富的非物质文化遗产。它们有的是具有突出价值的人类创造的天才代表作，有的是在历史、艺术、宗教、人类学、社会学、语言学、文学或手工技艺方面具有突出价值并曾广为流传的传统文化的表现形式，这些遗产有不少是世界文化的精粹。各个国家、各个民族的非物质文化遗产是全人类共同的文化财富，但首先还是属于自己的国家和民族的，都应当根据自己国家不同的实际情况，制定抢救和保护的法律、政策和措施，科学、全面、系统地抢救和保护现存非物质文化遗产。胡锦涛主席在致联合国教科文组织第28届世界遗产委员会的贺信中指出："加强世界遗产保护已成为国际社会刻不容缓的任务。这是历史赋予我们的崇高责任，也是实现人类文明延续和可持续发展的必然要求。"以上可以看到，我国近几年来的非物质文化遗产保护工作已经上升为国家文化战略的高度，成为组成国家文化战略的重要内容之一，也是实现国家文化战略的重要途径和实施方式之一。

（二）从国家文化发展战略的高度，正确认识非物质文化遗产保护面临的主要问题及保护的紧迫性

就世界范围而言，非物质文化遗产保护面临的主要问题，正如联合国教科文组织《宣布人类口头和非物质遗产代表作申报书编写指南》中指出的那样："在世界全球化的今天，此种文化遗产的诸多形式受到文化单一化、武装冲突、旅游业、工业化、农业人口外流、移民和环境恶化的威胁，正面临消失的危险。"这些问题，对非物质文化遗产生存的影响，在发展中国家表现得更为突出。一些发达国家由于更早开始认识和着手解决非物质文化遗产保护的问题，尽管问题呈现程度不那么严重，但全球经济一体化和现代化进程对非物质文化遗产的冲击和消解的问题，在这些国家也一样程度不同地存在着。

目前我国非物质文化遗产保护面临的问题和困难主要是：第一，一些依靠口传心授方式加以传承的文化遗产正在不断消失；许多传统技艺濒临消亡；大量有历史、文化价值的珍贵实物与资料遭到毁弃或流失境外；随意滥用、过度开发非物质文化遗产的现象经常可见。第二，法律法规建设的步伐不能与非物质文化遗产保护的紧迫性相适应，由于保护工作不能纳入国民经济和社会发展整体规划，与保护相关的一系列问题不能得到系统性解决。保护标准和目标管理以及收集、整理、调查、记录、建档、展示、利用、人员培训等工作相对薄弱，保护、管理资金和人员不足的困难普遍存在。第三，一些地方保护意识淡薄，重申报、重开发、轻保护、轻管理的现象比较普遍。少数地区进行超负荷利用和破坏性开发，存在商业化、人工化和城镇化倾向，甚至借继承创新之名随意篡改民俗艺术，损害了非物质文化遗产的原真性。第四，适合我国保护工作实际，整体性有效性的工作机制尚未建立，尤其是政府主导的有效性亟待体现。文化遗产对象分割，由

政府不同部门分别实施管理，与实际的保护工作不相适应。

在保护工作存在的问题中，有两种倾向尤其应引起我们的注意。一种是建设性破坏，一种是保护性破坏。非物质文化遗产的保护正在全社会范围内引起人们广泛参与的兴趣，由于认识不正确，或出于良好愿望或出于经济目的，以及历来存在的赶风头的现象，建设性破坏和保护性破坏，常常是在加强保护和开发利用的名义下进行，更具有危害性。现在，新农村建设正在全国农村展开，对农村进行新的建设，这本身是件好事，但是由于非物质文化遗产大部分都保存在农村地区，如果建设不当，很容易对其造成不可挽回的损失。拆旧村建新村，不对蕴含历史文化内容的有形遗存加以认真保护，承载这个村庄历史文化记忆的载体也就荡然无存。过去几十年来，这一方面已经造成了很大的损失。

保护性破坏的危害也很明显。一些项目被确定为保护对象后，一些人片面地去开发它的经济价值，如对古老村落的过度旅游开发和一些手工艺项目的大量机械复制，使这些项目显现的某种人类文明以及这种文明成长的过程，因我们的保护而中断。在服务于旅游开发的目的下，原生态的歌舞，按照当代肤浅时尚的审美趣味加以改造；传统的民间手工艺制作大量机械复制；古老村落成了喧嚣的闹市。从表面上看，似乎是被保护项目的繁荣，实际上是对非物质文化遗产的一种根本性伤害。

对非物质文化遗产保护面临的不容忽视的状况，我们在实施保护工作中要更加明确地、有针对性地加以避免和调整。2005 年 3 月国务院办公厅颁发的《关于加强我国非物质文化遗产保护工作的意见》指出："随着全球化趋势的增强，经济和社会的急剧变迁，我国非物质文化遗产的生存、保护和发展遇到很多新的情况和问题，面临着严峻形势。"正如以上分析，当代文化生态的改变，正在使非物质文化遗产逐渐失去赖以生存和发展的环境基础，许多非物质文化遗产正处于生存困境或已处于消亡状态；而另一方面，保护工作的困难及保护方式的不当，也形成非物质文化遗产承续的更多问题。我们一定要高度重视开展非物质文化遗产保护工作的紧迫性，以对国家和民族以及人类社会可持续发展的高度责任感，以科学和务实的态度与精神，切实做好我国非物质文化遗产的保护工作。

（三）从国家文化发展战略的高度，总体把握非物质文化遗产的传承规律

保护是为了发展。没有保护，难以发展；而没有弘扬，保护也就失去了重要的意义。非物质文化遗产本身存在形态的复杂性，决定了抢救与保护工作的复杂

性和其特殊的规律性。

1. 界定非物质文化遗产概念及内涵的原则

非物质文化遗产概念的形成是个复杂的过程，这可看出非物质文化遗产存在形态的复杂性。联合国教科文组织通过的《保护非物质文化遗产公约》，从5个方面对保护对象作了划分。国务院办公厅《关于加强我国非物质文化遗产保护工作的意见》的附件《国家级非物质文化遗产代表作申报评定暂行办法》，对非物质文化遗产的范围作了6个方面的划分。《非物质文化遗产概论》第七章归纳概括的分类体系中，将非物质文化遗产分为13个类别。这种划分既是以国际公约关于非物质文化遗产的定义为基础，又充分考虑我国自身社会特点和文化特性而概括的。它基本包涵了我国各民族、群体、地域现存的非物质文化遗产中一切传统知识、文化现象和表现形式。

人们对非物质文化遗产概念和内涵的认识，有不断丰富和深化的过程，表现出经验性、实践性、可操作性及开放性和衍生性。任何界定和划分都不会是凝固不变的，随着认识的深化，我们会发现更多现存文化事象的历史、艺术、科学和精神价值，也就会有新的种类进入非物质文化遗产的类别系列。正因为如此，我们在当前的普查和保护工作中，不必拘泥于某些定义的限制，而要注重实际，在实践中不断总结和深化我们的认识。

2. 对非物质文化遗产项目认定要坚持科学性

准确科学地认定非物质文化遗产项目，是进行正确、有效保护的基础。特别是在确定各级保护名录时，要坚持科学认定该项目的确定性、自身价值、濒危性和保护主体保护行为的规范性，以及项目公布后应该具有的项目保护工作的示范性。

联合国教科文组织《宣布人类口头和非物质文化遗产代表作条例》和《保护非物质文化遗产公约》都提出了认定非物质文化遗产项目的标准；国务院办公厅《关于加强我国非物质文化遗产保护工作的意见》也制定了具体的评审标准。国际公约文件和我国政府的文件制定的认定非物质文化遗产项目的标准，大体可归纳为如下几项：（1）具有杰出价值的民间传统文化表现形式或文化空间；（2）具有见证现存文化传统的独特价值；（3）具有鲜明独特的民族、群体或地方文化特征；（4）具有促进民族文化认同或社区文化传承的作用；（5）具有精粹的技术性；（6）符合人性，具有影响人们思想情感的精神价值；（7）其生存呈现某种程度的濒危性。

在认定非物质文化遗产项目时，正确科学地坚持认定标准，才会知道"我们要保护什么"。我们在撰写古琴艺术向联合国教科文组织申报人类口头和非物质遗产代表作的申报文本时，首先阐明认定古琴艺术为"代表作"，是从对古琴艺术具有的"历史、发展，以及社会性、象征性和文化性的功能"，对古琴艺术"与相关社区的文化传统或文化史的渊源关系及程度"进行科学认定，所谓正本清源是十分重要的。只有这样，才有可能辨清真伪，才能正确判定其价值。韩国入选联合国教科文组织公布的世界首批人类口头和非物质遗产代表作的项目——"皇家古代礼仪和礼乐"，其申报文本中这样介绍该项目：在汉城的皇家孔祠举行的纪念朝鲜王朝祖先的仪式。包括歌曲、舞蹈和音乐。礼仪以中国古典文献的记载为基础，由皇帝的后代于每年 5 月的第一个星期天组织举行，祈求祖先灵魂永远平安。——这样一种求实的对项目历史渊源的揭示，并没有伤害民族尊严或文化主体性及其它，而是表达了一种文化真诚和文化尊重。这种延续和保存人类文化财富的努力，不也是值得我们学习的吗？在我国各地申报评审项目中，受外在因素的影响而编造或创造项目生成、发展史的现象是存在的，韩国"皇家古代礼仪和礼乐"项目的申报体现的科学精神，我们应引为借鉴。

非物质文化遗产项目认定中存在两个方面的问题。第一个问题主要是方法方面的问题。表现在四个方面：第一，从民俗旅游开发的角度认定文化保护项目；第二，用保护物质文化遗产的标准认定非物质文化遗产项目；第三，把文化表现形式仅仅理解为艺术表现形式，不敢于也不善于认定其他文化表现形式的项目；第四，不能正确把握文化空间项目的认定，往往将其分解为几种文化表现形式分别认定，割裂了完整统一的文化空间形态。① 第二个问题是思想观念方面的问题，具体有这样几种表现：第一，"泛文化遗产论"。认为凡是传统文化现象，不问其价值，不管是否具备独立存在的本质特性，甚至对近年来出现的模仿形态项目，也都认定为非物质文化遗产加以保护。第二，把普查挖掘非物质文化遗产，当成再造遗产项目。比如一些地方戏曲声腔，本来早已融入其它戏曲剧种，现在也要独立建立演出团演出，作为遗产项目保护。第三，简单化对待某些非物质文化遗

---

① 参阅乌丙安：《非物质文化遗产保护的科学管理及操作规程》，载王文章主编：《非物质文化遗产保护国际学术研讨会（2004）论文集》，文化艺术出版社 2005 年版，第 11~12 页。

产项目。由于非物质文化遗产的活态流变性，使人们对它的评价标准，往往受到特定社会、时代、环境、审美的影响。同一个项目，在不同的时期不同的社会环境中，人们对其往往会有完全相反的价值判断。因此，今天我们在认定项目时，要持一种特别慎重的态度。过去多少年来不少我们认为是愚昧落后的东西，今天来看，却蕴含了许多珍贵的价值。今天我们的判断，仍要受时间的检验。对待非物质文化遗产项目，弘扬宜慎重，但在认定上既要反对泛文化遗产论，也要坚持保护、保存、保留面要宽的原则。比如有一些具有独立存在本质特性的项目，即便表达一种唯心主义的愿望理想，也不妨作为纪录先人认识事物的一种方式保留下来，就是作为文化现象研究，也是有益的。

3. 非物质文化遗产保护的基本方式与原则

以什么样的方式和原则来保护，这是面对非物质文化遗产的一个核心问题。我们要以正确的方式和原则，从实际出发，科学、全面、系统地抢救、保护和发展现存的非物质文化遗产。

保护的基本方式，主要有如下几项：第一，建立保护名录制度。非物质文化遗产代表作名录体系的建立是保护工作的基础，既是抢救保存的前提，也是传承、弘扬的依据。第二，将非物质文化遗产转变为有形的形式。通过搜集、记录、分类，建立档案，用文字、录音、录像、数字化媒体等手段，对保护对象进行全面、真实、系统的记录，并积极搜集有关实物资料，予以妥善保存。比如20世纪50年代著名音乐理论家杨荫浏先生等对阿炳演奏的民间二胡曲《二泉映月》的录音记录。第三，在它产生、生长的原始氛围中保持其活力。如一些礼仪、仪式。第四，转化为经济效益和经济资源，以生产性方式保护。比如剪纸、年画以及其他很多手工艺制作项目，都可以作为艺人生产、生活方式延续传承。甚至可以通过资源重组，以产业运作扩大生产规模，扩展销售市场，从而使这些项目得到弘扬和传播。很多民间手工艺制作项目的繁荣，是与文化生态的生成紧密关联的。比如传统民族节日仪式的恢复，会大大增加民间艺术品（如年画、剪纸）的需求。随着全社会保护非物质文化遗产氛围的整体性养成，更多的非物质文化遗产项目的生存、发展环境会得到改善。第五，保护传承人。非物质文化遗产作为活态文化，其精粹是与该项目代表性的传承人联结在一起的。对项目传承人的保护应该是保护工作的重点。要以传承人为核心主体，通过传授、培训以及宣传，使非物质文化遗产项目得到传承，传承人的地位得到尊重。非物质文化遗产内涵的丰富性，以及它体现的民族性、独特性、多样性，决定了保护方式也是多样的。以上列举的几种保护方式，实施的基础是立法保护。立法保护是根本性的保护，只有健全的立法保护，才会使行政保护、财政支持、知识产权保护等得到保证。

保护非物质文化遗产应坚持的原则与保护方式是密不可分的。第一，无形文化遗产的不可再生性和脆弱性，决定了我们必须把抢救和保护放在第一位。第二，坚持积极保护的原则。非物质文化遗产活态流变性的特点，决定了我们要尽可能避免以静止、凝固的方式去保护。在既不改变其按内在规律自然衍变的生长过程，又不影响其未来发展方向的前提下，尽可能寻找生产性保护的方式及与旅游开发等的良性互动结合。第三，坚持创造整体性社会保护的环境。任何民族、社区或地域群体，非物质文化遗产的遗存都不会是单一的。因此，从保护方式和形成保护生态两方面创造整体性保护的环境十分重要。只有如此，众多非物质文化遗产项目才会在交互的影响中得到更好的延续和发展。

以上我们可以看出，保护非物质文化遗产在我们国家文化战略中具有非常重要的地位和作用。保护好非物质文化遗产符合我国文化发展战略的效益原则、可持续发展原则、系统开发原则。我们只有从国家文化战略的长远目标出发，高度重视非物质文化遗产保护对于我国文化发展战略目标的实现、对于我国文化发展战略措施的选择都具有特殊的意义。在国家文化发展战略的宏大构想下，我们应该脚踏实地、扎扎实实做好非物质文化遗产的抢救和保护工作。

（王文章　中国艺术研究院院长、党委书记、研究员）

（陈飞龙　中国艺术研究院马文所所长、研究员）

新的文化发展观解读

韩永进

内容提要 党的十六大以来，党中央提出了新的文化发展观。新的文化发展观是在继承基础上的创新，它探索和解决了在发展社会主义市场经济条件下，什么是与之相适应的先进文化，如何建设先进文化的问题。新的文化发展观主要可以归纳为十个方面，既有新观点——建设和谐文化、解放和发展文化生产力、提高建设先进文化的能力、保障人民群众的文化权益、三贴近，又有新内容、新阐述——文化突出地位作用论、文化创新论、文化安全论、文化产业论、文化体制改革论。

关 键 词 新的文化发展观 和谐文化 三贴近 文化创新 文化安全 文化产业

新的文化发展观的提出

（一）2006 年的下半年，在中国文化发展的历程中有三件标志性的大事：一是 9 月份，中共中央办公厅、国务院办公厅印发了《国家"十一五"时期文化发展规划纲要》。这是新中国成立以来由中央制定的第一个专门部署文化建设的规划纲要，它以马列主义、毛泽东思想、邓小平理论和"三个代表"重要思想为指导，以科学发展观为统领，牢牢把握先进文化前进方向，充分体现了以胡锦涛同志为总书记的党中央对文化建设的高度重视和文化自觉，它的制定和颁布是我国文化建设中一件具有标志性意义的大事。《纲要》立足现实，着眼长远，涵盖广泛，内容丰富，阐述了"十一五"时期文化发展的重大意义，明确了文化建设的指导思想、方针原则、发展目标和重点，规划了理论和思想道德建设、公共文化服务、新闻事业、文化产业、文化创新、民族文化保护、对外文化交流和人才队伍等八个方面的建设任务，提出了实现文化发展目标和任务的组织保证和政策措施，具有很强的前瞻性、针对性和操作性。二是 10 月份，党的十六届六中全会作出了《中共中央关于构建社会主义和谐社会若干重大问题的决定》。这是以胡锦涛同志为总书记的党中央站在时代和历史的新高度，深刻分析新世纪新阶段党和国家面临的新形势新任务，科学总结了新中国成立以来特别是党的十一届三中全会以来党领导社会主义建设的实践经验，从中国特色社会主义事业总体布局和全面建设小康社会全局出发，深入贯彻"三个代表"重要思想和党的十六大精神，全面落实科学发展观的重大战略举措。实现社会和谐，既需要雄厚的物质基础、可靠的政治保障，也需要有力的精神支撑、良好的文化条件。《决定》着眼于打牢全党全国人民团结奋斗的思想道德基础，提出了建设和谐文化的重大观点，强调要建设社会主义核心价值体系，树立社会主义荣辱观，坚持正确导向，营造积极健康的思想舆论氛围，广泛开展和谐创建活动，形成人人促进和谐的局面。三是 11 月 10 日，胡锦涛总书记在中国文联第八次全国代表大会、中国作协第七次全国代表大会上发表了重要讲话。讲话深刻阐述了文艺工作在党和人民事业中的重要地位，热情赞颂了中华民族悠久而丰富的历史文化，充分肯定了广大文艺工作者为推动我国社会发展进步作出的重要贡献，明确指出了现阶段我国文化工作的主题和广大文艺工作者的庄严使命，为新世纪新阶段文艺事业的发展指明了方向，是指导社会主义先进文化发展、建设和谐文化的纲领。

这三件事如果从文化建设的角度去观察，特别是联系我国文化建设的实践，可以看出一条主线，这条主线就是中国共产党人在建设中国特色社会主义的历史进程中、在全面建设小康社会的历史进程中新的文化发展观。

（二）新的文化发展观提出的背景：一是十六大以来我国改革开放和现代化建设的实践，特别是文化建设与改革的实践；二是科学发展观的提出。新的文化发展观就是科学发展观与中国文化建设实践相结合的文化结论；三是国际文化交流的发展。

新的文化发展观，从根本上解决了在发展社会主义市场经济条件下，什么是社会主义先进文化，如何发展社会主义先进文化的问题。

新的文化发展观，指导我们逐步探索社会主义先进文化、和谐文化与社会主义市场经济的结合，逐步解决艺术与市场的矛盾，逐步实现艺术与市场的和谐。发展社会主义的先进文化，必须立足于改革开放和现代化建设的实践，探索和实现社会主义先进文化与社会主义市场经济的结合。这是一项艰巨的历史使命，也是我们当今构建社会主义和谐社会、建设和谐文化必须要破解的难题。1992年，党的十四大确定了建立社会主义市场经济体制的改革目标。1996年党的十四届六中全会通过的《中共中央关于加强社会主义精神文明建设若干重要问题的决议》中提出了一项艰巨的历史使命——"在发展社会主义市场经济和对外开放条件下建设社会主义精神文明，是中国共产党人和中国人民一项艰巨的历史使命。"要实现两个结合——社会主义市场经济体制"同社会主义基本经济制度政治制度结合在一起"，"同社会主义精神文明结合在一起"。第一个结合，是深化改革中的重要理论和基本原则，强调社会主义市场经济体制同社会主义基本制度结合的目的，仍然是大力发展生产力，充分发挥社会主义制度的优越性，以使社会主义的本质特征得以全面体现。第二个结合，"是长期的、复杂的"，"是对全党同志的一个重要考验"。胡锦涛总书记在中国文联第八次全国代表大会、中国作协第七次全国代表大会上的讲话指出了先进文化、和谐文化与社会主义市场经济结合的原则："我们要坚持以马克思列宁主义、毛泽东思想、邓小平理论和'三个代表'重要思想为指导，全面贯彻落实科学发展观，促进经济社会协调发展，促进人的全面进步；要加强社会主义思想道德建设，弘扬以爱国主义为核心的民族精神和以改革创新为核心的时代精神，形成符合传统美德和时代精神的道德规范和行为规范，反对拜金主义、享乐主义、极端个人主义，培育有理想、有道德、有文化、有纪律的社会主义公民；要坚持为人民服务、为社会主义服务的方向和百花齐放、百家争鸣的方针，弘扬主旋律、提倡多样化，大力发展先进文化，支持健康有益文化，努力改造落后文化，坚决抵制腐朽文化，促进全社会形成积极向上的共同精神追求。"

在社会主义条件下发展市场经济，是前无古人的伟大创举，是中国共产党人对马克思主义发展作出的历史性贡献。由计划经济体制向社会主义市场经济体制的转变，实现了改革开放新的历史性突破，打开了我国经济、政治和文化发展的崭新局面。实践已经证明，发展社会主义市场经济有利于解放和发展社会主义社会生产力，增强社会主义国家的综合国力，提高人民的生活水平。社会主义市场经济的发展，特别是文化产业的发展，激发了文化发展的无限生机和活力，也有利于增强人们的自立意识、竞争意识、效率意识、民主法制意识和开拓创新精神，使社会主义的优越性进一步发挥出来。同时，市场自身的弱点和消极方面也会反映到精神生活中来，出现了某些不和谐的文化。

繁荣社会主义先进文化，建设和谐文化必须在理论和实践上破解三个难题：一是一般市场经济理论（原理）与社会主义先进文化、和谐文化的矛盾；二是市场经济本身缺陷与社会主义先进文化、和谐文化的矛盾；三是物质和精神产品生产异同与社会主义先进文化、和谐文化的矛盾。新的文化发展观使我们对这些矛盾和问题有了新的认识，也有了解决的新的方法。

（三）新的文化发展观的主要内容。可以从多方面进行分析，可以从文化发展的目标、原则、途径、动力、文化体制改革等方面分析，也可以从新观点、新内容、新阐述方面分析。本报告从新观点和新内容新阐述两个方面进行分析：一是新观点。根据实践的发展提出了新观点，如"建设和谐文化"、"解放和发展文化生产力"、"提高建设先进文化的能力"、"保障人民群众的文化权益"、"三贴近"，等等。二是新内容新阐述。例如，"文化突出地位作用"、"文化创新"、"国家文化安全"、"发展文化产业"、"文化体制改革"，等等。

新的文化发展观的内容

（一）建设和谐文化。党的十六大以来，以胡锦涛同志为总书记的党中央高举邓小平理论和"三个代表"重要思想伟大旗帜，坚持解放思想、实事求是、与时俱进，从新世纪新阶段党和国家事业发展全局出发，提出了科学发展观。科学发展观的第一要义是发展，核心是以人为本，基本要求是全面协调可持续发展。科学发展观深刻反映了我们党对发展问题的新认识，反映了当今世界经济政治文化发展的新情况，反映了我国经济社会发展进入关键时期的新要求。科学发展观是马克思主义关于发展的世界观和方法论的集中体现，是推进社会主义经济建设、政治建设、文化建设、社会建设全面发展必须长期坚持的指导方针；党的十六届六中全会对构建社会主义和谐社会作出了全面部署，并把社会主义现代化建设的目标扩充为建设富强民主文明和谐的社会主义现代化国家，更加明确将中国特色社会主义事业的总体布局由经济建设、政治建设、文化建设三位一体发展为社会主义经济建设、政治建设、文化建设、社会建设四位一体。强调社会和谐是中国特色社会主义的本质属性，是国家富强、民族振兴、人民幸福的重要保证。我们要构建的社会主义和谐社会，是在中国特色社会主义道路上，中国共产党领导全体人民共同建设、共同享有的和谐社会。和谐文化既是和谐社会的重要特征，也是实现和谐社会的精神动力。建设和谐文化是构建和谐社会的重要任务，也是构建和谐社会的重要条件。特别是在《决定》中提出要"建设社会主义核心价值体系"。核心价值体系是一个国家和社会的精神支柱，在我国经济社会发展中，经济体制转轨和社会结构转型同步进行，社会的生活方式、就业选择、利益诉求、价值取向、思想观念等出现多样化趋势，不同区域之间、阶层之间、代际之间的认识差异日益明显，统一思想和形成共识的难度加大，在这种情况下，建设具有广泛感召力的社会主义核心价值体系，对于加强社会团结和睦、对于建设和谐社会至关重要。社会主义核心价值体系是建设和谐文化的根本。社会主义核心价值体系主要包括四个方面：马克思主义指导思想，这是我们立党立国的根本指针，是先进文化的灵魂；中国特色社会主义共同理想，这是实现中华民族伟大复兴的必由之路，是全国各族人民团结奋斗的强大动力；以爱国主义为核心的民族精神和以改革创新为核心的时代精神，这是中华民族生生不息、薪火相传的精神支撑，是当代中国人民不断创造崭新业绩的力量源泉；以"八荣八耻"为主要内容的社会主义荣辱观，这是中华民族传统美德、优秀革命道德与时代精神的完美结合，是市场经济条件下判断行为得失、确定价值取向、作出道德选择的基本标准。

（二）解放和发展文化生产力。2004 年，中国共产党十六届四中全会通过的《中共中央关于加强党的执政能力建设的决定》明确提出解放和发展文化生产力这一命题，强调要"深化文化体制改革，解放和发展文化生产力"。这是中央正式文件中第一次出现"解放和发展文化生产力"的提法，它反映了我们党对文化发展和文化体制改革的认识更加深入，认识到事物的本质。

解放和发展文化生产力的根本途径是深化文化体制改革。文化生产力是社会生产力的重要组成部分。推进文化体制改革的目的就是解放文化生产力，要根据社会主义精神文明建设的特点和规律，适应社会主义市场经济的要求，进一步革除制约文化发展的体制性障碍。必须尊重人民群众的创造精神，通过深化改革、创新体制，调动一切积极因素，激发全社会的创造活力。

解放和发展文化生产力，必须把文化发展的着力点放在满足人民群众精神文化需求和促进人的全面发展上。要大力加强社会主义文化建设，不断提高全民族的思想道德素质和科学文化素质，努力铸造中华文化的新辉煌，要不断满足人民群众日益增长的精神文化生活需要，要为发展生产力提供强大的精神动力和智力支持。发展先进文化的根本目标是不断丰富人们的精神世界，增强人们的精神力量。

解放和发展文化生产力，必须要积极发展文化事业和文化产业，促进文化事业的全面繁荣和文化产业的快速发展，增强我国文化的总体实力。要正确把握文化事业与文化产业的区别，坚持一手抓公益性文化事业，一手抓经营性文化产业，做到"两手抓、两加强"。要促进文化事业和文化产业协调发展。要把深化改革同调整结构和促进发展结合起来，积极推进文化领域资产重组，优化文化资源配置，提高集约化经营水平，运用高新技术促进产业升级，推动文化产业实现跨越式发展，逐步提高文化产业在国民经济中的比重。要加强规划，合理充分利用好现有文化资源，防止重复建设。

解放和发展文化生产力，必须坚持把社会效益放在首位，实现社会效益和经济效益的统一。在社会主义市场经济条件下，大多数文化产品既具有意识形态属性，又具有商品属性，意识形态属性是特殊性，商品属性是普遍性，要把两者统一起来，不能用特殊性否定普遍性，也不能因为普遍性忽视特殊性。要创造更多的思想性、艺术性、观赏性俱佳的优秀作品，最大限度地占领市场，赢得群众，实现社会效益和经济效益的内在统一。早在1985年邓小平同志在中国共产党全国代表会议上的讲话就提出了："思想文化教育卫生部门，都要以社会效益为一切活动的惟一准则。"（《邓小平文选》第3卷，第145页）我国提出建立社会主义市场经济体制之后，江泽民同志又指出："在发展社会主义市场经济条件下，处理好社会效益与经济效益的关系，是精神产品生产的一个很重要的问题。"（《十四大以来重要文献选编》［中］，第1680页）随着社会主义市场经济体制的逐步建立，随着文化事业和文化产业的发展，我们多次强调发展各类文化事业和文化产业都要贯彻发展先进文化的要求，始终把社会效益放在首位，努力实现社会效益和经济效益的有机统一。目前在两个效益上存在的主要问题不是认识上的，而是没有相应的制度设计和体制机制保证，没有完全形成有利于把社会效益放在首位的环境和条件。社会主义文艺是人民大众的文艺，衡量精神文化产品，最终要看人民满意不满意，人民喜欢不喜欢。

解放和发展文化生产力，必须实施精品战略，坚持弘扬主旋律，提倡多样化。从我国文化发展的实践看，要努力打造经得起时间和市场检验，思想性、艺术性和观赏性统一的、社会效益和经济效益并重的精品力作。因为没有精品就没有正确的导向，精品是一个国家、一个时代精神文化水平的集中反映，对精神产品生产具有重要的影响和示范作用。同时，要注重文化产品品位的提高和大众鉴赏的引导，使社会主义先进文化建设规律、精神文明建设规律、市场经济规律和两个效益统一于质量，实现于市场。所谓精品包涵着三个方面的要求：就其政治性讲，必须是为人民群众服务的，为人民群众欢迎的。同时，在社会主义市场经济条件下，广大群众的文化消费与市场密不可分，他们是市场消费的主体，面向市场是贯彻"二为"方向的一条重要途径。就其艺术层面来讲，文化精品必须有鲜明的个性与风格。在物质产品生产中，产品的个性化程度决定了产品的影响力度。在文化产品中，由于其独特的审美价值，更是如此。文化产品的个性风格越突出，其经营价值和审美价值越大。文艺家最可贵的品质之一就是鲜明的个性，具有鲜明个性的人才能创造出具有鲜明个性的作品。具有鲜明个性的作品才具有独特的艺术和市场的魅力，不同的创作个性才能衍生出不同的风格与流派。就其经济层面来讲，产品必须是可以计算投入产出的，在生产创作前，要进行市场分析和评估，根据市场行情进行市场预测，生产中进行成本核算，减少浪费，增加效益，最后要实事求是地进行投入产出分析。为了创作出文化精品，我们的艺术家们在创作和演出的时候，一定要想到观众，一定要在思想内容和艺术上下功夫，既有思想性，又有艺术性、观赏性。否则，就谈不上社会效益和经济效益。反映主旋律的精神产品不仅思想内容要健康向上，艺术表现也应多种多样、生动活泼、精益求精，具有强烈的吸引力和感染力，在文化市场竞争中赢得优势。目前，在实施精品战略中有一个精品的局限性问题。不可能所有文化产品都是精品，精品是一个追求的目标，同时，也可以是品牌文化产品。

坚持弘扬主旋律，提倡多样化的原则。弘扬主旋律，就是要在建设中国特色社会主义的理论和党的基本路线指导下，大力倡导一切有利于发扬爱国主义、集体主义、社会主义的思想和精神，大力倡导一切有利于改革开放和现代化建设的思想和精神，大力倡导一切有利于民族团结、社会进步、人民幸福的思想和精神，大力倡导一切用诚实劳动争取美好生活的思想和精神。激发人民群众全面建设小康社会的巨大热情。主旋律内涵丰富，范围很广，一切歌颂真善美，给人以启迪，给人以鼓舞，给人以美的享受的作品都是弘扬主旋律的。提倡多样化，就是要欢迎和鼓励生产一切能使人民群众得到教育和启发，得到娱乐和美的享受的文化产品。弘扬主旋律与提倡多样化是相辅相成的，不能因为强调弘扬主旋律而忽视多样化，也不能强调多样化冲淡主旋律，要把两者有机结合起来。

（三）提高建设先进文化的能力。2004 年，中国共产党十六届四中全会明确把坚持马克思主义在意识形态领域的指导地位，不断提高建设社会主义先进文化的能力作为加强党的执政能力建设的五项重要任务之一。提高建设社会主义先进文化的能力，既是实现党的执政目标的需要，又是增强党的执政能力的重要方面。要努力做到在领导方式上有新转变，在繁荣发展上有新思路，在实现途径上有新手段，在破解难题上有新举措，在推进工作上有新成效，不断提高建设社会主义先进文化的能力。

提高建设先进文化的能力，就要积极推进理论武装和理论创新，不断提高巩固马克思主义在意识形态领域指导地位的能力；牢牢把握正确舆论导向，不断提高引导社会舆论的能力；大力弘扬民族精神和时代精神，不断提高社会主义市场经济条件下思想道德建设的能力；坚持解放和发展文化生产力，不断提高满足人民群众日益增长的精神文化需求的能力；加强对外宣传和文化交流，不断提高推动中华文化走向世界的能力；坚持"三贴近"原则，不断提高创新工作的能力。

提高建设先进文化的能力，必须坚持科学执政、民主执政、依法执政。十六大以来，党中央把文艺工作放到国际国内的大背景下，从提高建设先进文化能力的高度强调对文艺工作的领导，要坚持科学执政、民主执政、依法执政。科学执政，就是要以科学的思想、科学的制度、科学的方法领导文艺工作，把握文艺方向，谋划文艺战略，制定相关政策；民主执政，就是要始终关注人民群众呼声，善于集思广益，把基层干部群众创造的新鲜经验和社会各方面的正确意见转化为工作的方针政策；依法执政，就是要适应依法治国的要求，通过依靠和支持政府依法行政实现党的主张，善于运用法律手段、行政监管手段处理文化领域的问题。从尊重文艺规律到科学、民主、依法执政，表明我们党对文艺工作的领导更加符合客观实际，更加符合文艺本身规律，更加成熟，充分展现了中国共产党人新的文化自觉。胡锦涛同志在中国文联第八次全国代表大会、中国作协第七次全国代表大会的讲话可以说是最好的归纳和总结："各级党委要高度重视文艺事业，把加强和改善党对文艺工作的领导作为提高党的执政能力的重要内容，热心服务，大力支持，不断提高领导文艺工作的能力和水平。"

提高建设先进文化的能力，必须要加强宏观管理，转变政府职能，理顺政府和文化企事业单位的关系。经济调节、市场监管、社会管理和公共服务，是社会主义市场经济条件下政府的四项主要职能。当前政府工作中履行社会管理和公共服务职能是薄弱环节。要不断完善公共文化政策，加快公共文化基础设施建设，健全公共文化服务系统（文化上的公共服务就是提供公共文化产品和服务），为社会公众文化生活和参与社会文化活动提供保障和创造条件，努力建设服务型政府。伴随着文化事业发展和文化体制改革，文化管理部门也要进行自身的改革，要逐步形成一个以提高行政效率和透明度为主要目标的依法行政、依法管理的文化行政管理体系；逐步实现从微观管理向宏观管理、从直接管理向间接管理、从传统的行政管理向依法管理转变；逐步实现由抓审批、抓活动为主向以抓宏观调控、抓政策研究制订、抓社会监督和公共服务转变。

提高建设先进文化的能力，体现在党和政府领导和管理文艺的方法进一步改进，更符合文艺规律了。首先，这种新的文化发展观体现在探索和初步解决了在社会主义市场经济条件下发展先进文化的问题，解决了文化与市场的矛盾。在此之前，我们主要是解决文艺与政治的关系。进入社会主义现代化建设的新时期，邓小平同志根据文艺工作环境和任务的新变化，明确提出，不要求文学艺术从属于临时的、具体的、直接的政治任务。不继续提文艺从属于政治这样的口号，因为这个口号容易成为对文艺横加干涉的理论依据，长期的实践证明它对文艺的发展利少害多。同时他又根据马克思主义唯物主义的原理和社会主义文艺的特点，强调文艺不可能脱离政治。围绕实现四个现代化的共同目标，文艺应当在描写和培养社会主义新人方面付出更大的努力，取得更丰硕的成果。邓小平同志总结了建国以来特别是"文革"的经验教训，对文艺与政治的关系进行了全面深刻系统的论述，理清了文艺与政治的关系，既坚持了社会主义文艺的根本方向和原则，又体现了与时俱进、顺应时代的发展要求。进入20世纪90年代以来，以江泽民同志为核心的第三代领导集体，高举邓小平理论的伟大旗帜，结合新的实践，进一步探索了文艺与政治的关系。他在中国文联第六次全国代表大会、中国作协第五次全国代表大会上的讲话中进一步阐明了文艺与政治的辩证关系，强调十一届三中全会以后，我们党已经不再使用文艺从属于政治的口号，但政治具体存在我们的社会生活中，存在于文艺工作者的思想感情中。在文艺工作中坚持党的基本理论、基本路线和方针政策，坚持正确的创作思想，多出精品，把美好的精神食粮贡献给人民，郑重地考虑作品的社会效果，旗帜鲜明地反对资本主义和一切剥削阶级腐朽思想文化的侵蚀，反对一切向钱看，旗帜鲜明地鼓舞人们为壮丽的社会主义现代化建设事业而奋发进取，这就是马克思主义政治对文艺工作者的基本要求。如果说以前我们对文艺工作的领导是解决了文艺与政治的关系，那么，十六大以来我们领导文艺工作的一项最主要的成果，就是解决了文艺与市场的关系，提出了一系列正确的文艺方针和政策，体现在对文艺规律的尊重和对文艺批评的重视上。文艺是社会意识形态，有自己独特的形象思维方式，有自己独特的审美视角，有自己独特的情感激发魅力，有自己的生产、流通、消费规则，一句话有自己独特的规律。党要实现对文艺工作的正确领导，必须尊重文艺自身的发展规律。关于这个问题，邓小平同志有许多精彩的论述，例如，他指出，党对文艺工作的领导，不是发号施令，而是根据文学艺术的特征和发展规律，帮助文艺工作者获得条件来不断繁荣文学艺术事业，提高文学艺术水平，创作出无愧于我们伟大人民、伟大时代的优秀文艺作品和表演艺术成果。以胡锦涛同志为总书记的党中央继承发展了邓小平理论，提出了"要全面贯彻党的文艺方针政策，充分发扬艺术民主和学术民主，坚持社会责任和创作自由的统一、弘扬主旋律和提倡多样化的统一，加强调查研究，不断认识和掌握文艺规律，尊重文艺工作者的创造性劳动，以符合文艺规律的方式领导文艺工作"。

积极开展文艺批评是文艺的重要规律。从大的方向上讲，文艺批评可以从时代的要求出发，以马克思主义为指导，科学总结文艺创作等活动的经验和规律，批评错误思潮和不良的文艺倾向，引导和推动文艺工作者坚持先进文化的前进方向。从文艺工作者自身讲，文艺批评通过对文艺工作者的作品和表演等精神产品的分析评价，可以帮助文艺工作者本人正确评价和看待自身，明确哪些是优点长处，需要进一步发扬，哪些是缺点、不足，需要进一步努力改进。虚心倾听各方面的批评，接受有益的意见，常常是艺术家不断进步、不断提高的动力。从观众读者欣赏者讲，文艺批评通过对作品的思想意义和艺术成就的分析，可以帮助他们正确理解作品，正确领会作品的思想价值和艺术价值，培养和提高他们的审美和艺术鉴赏力。以前，邓小平同志和江泽民同志都对开展积极的文艺批评发表过重要意见。邓小平同志指出了文艺批评的重要性，强调在文艺队伍内部，在各种类、各流派的文艺工作者之间，在从事创作与从事文艺批评的同志之间，在文艺家与广大读者之间，都要提倡同志式的、友好的讨论，提倡摆事实、讲道理。允许批评，允许反批评。要坚持真理，修正错误。他还提出了"最好的精神食粮"这一标准，要求实现作品的思想成就和艺术成就的统一，作品要反映生活的本质，要塑造有血有肉、生动感人的艺术形象，题材和表现手法要敢于创新，丰富多彩，要具有民族风格和时代特色的完美的艺术形式，评价标准应由人民来评定。江泽民同志特别强调文艺批评的作用，进一步明确了"文艺评论是文艺发展的重要推动力"的地位和作用，他生动形象地把文艺创作和评论比喻成孪生兄弟，优秀的文艺创作和科学的文艺评论，杰出的作家艺术家和杰出的文艺评论家，仿佛孪生兄弟。文艺批评的任务是要在探索文艺规律和促进文艺繁荣、推荐优秀作品、批评错误的文艺倾向方面，在帮助人们区分真、善、美和假、恶、丑方面，发挥积极作用。胡锦涛同志以新的文化自觉提出："要积极推进马克思主义文艺理论研究，充分发挥文艺评论的作用，为繁荣社会主义文艺营造良好氛围。"

提高建设先进文化的能力，要牢固树立人才资源是第一资源的思想，坚持党管干部、党管人才的原则。繁荣文化，关键在人才。要尊重劳动，尊重知识，尊重人才，尊重创造。根据马克思主义的观点，人是生产力诸因素中最活跃的因素，在文化生产力的发展中，这个特点更加突出。我国广大文艺工作者为推动我国社会进步、弘扬民族精神和时代精神、满足人民群众的文化需求、促进人的全面发展付出了辛勤劳动，作出了重要贡献。胡锦涛同志提出了新时期新阶段文艺工作者的历史使命和具体要求：在当代中国，繁荣社会主义先进文化，建设和谐文化，是我国广大文艺工作者的庄严使命。文艺工作者要坚持先进文化的前进方向，按照建设和谐文化的要求，自觉投身亿万人民创造幸福生活和美好未来的伟大实践，用自己熟悉和擅长的文艺形式，努力生产出为人民群众喜闻乐见的文艺作品，努力创作出符合时代要求的精品力作，积极推进我国文艺创新和繁荣，为全面建设小康社会、构建社会主义和谐社会作出自己的贡献。一切有理想有抱负的文艺工作者，都要担当起时代赋予的神圣使命，积极投身讴歌时代的文艺创造活动，都要密切同人民群众的血肉联系，积极反映人民心声，都要大力发扬创新精神，积极开拓文艺的新天地，都要做到德艺双馨，积极履行人类灵魂工程师的职责。

（四）保障人民群众的文化权益。党的十六届六中全会强调，构建社会主义和谐社会，必须坚持以人为本的原则，不断满足人民群众日益增长的物质文化需要，切实尊重和保障人民群众的文化权益。坚持把社会效益放在首位，坚持把发展公益性文化事业作为保障人民群众文化权益的主要途径，推动文化事业和文化产业共同发展。加强公益性文化设施建设，鼓励社会力量捐助和兴办公益性文化事业，加快建立覆盖全社会的公共文化服务体系。优先安排关系人民群众切身利益的文化建设项目，突出抓好广播电视村村通工程、社区和乡镇综合文化站（室）工程、全国文化信息资源共享工程，加强文化遗产保护。《国家"十一五"时期文化发展规划纲要》中也突出强调了公共文化服务的地位和作用。首先，《纲要》提出"十一五"时期我国文化发展要坚持以人为本的原则，保障和实现人民群众的基本文化权益，使广大人民群众共享文化发展成果。提出了坚持继承和弘扬优秀民族文化传统，吸收和借鉴世界各国优秀文化成果，坚持把社会效益放在首位，实现社会效益和经济效益的统一，最大限度地发挥文化引导社会、教育人民、推动发展的功能，坚持城乡、区域文化的协调发展等方针原则。其次，《纲要》提出了"十一五"时期文化发展的重点是公共文化，抓好基层文化建设，加大力度改善农村及中西部地区公共文化基础设施条件，完善公共文化服务体系，保障农民和城市低收入群体的基本文化权益。抓好塑造国家文化形象的重大项目和工程建设，推出一批体现民族特色、反映时代精神、具有国际一流水准的文化艺术精品，创作生产更多更好适应人民群众需求的优秀文化产品。第三，《纲要》强调了政府公共文化服务的责任、原则。积极推进政府职能转变，实行政企分开、政事分开、政资分开和管办分离，切实把政府的职能由主要办文化转到社会管理和公共服务上来。要从现阶段经济社会发展水平出发，以实现和保障公民基本文化权益、满足广大人民群众基本文化需求为目标，坚持公共服务普遍均等原则，兼顾城乡之间、地区之间的协调发展，统筹规划，合理安排，形成实用、便捷、高效的公共文化服务网络。第四，《纲要》强调了发展公共文化的具体项目和措施。如要求加大政府对基层公共文化服务阵地的扶持，在巩固县县有图书馆、文化馆的基础上，基本实现乡镇有综合文化站，行政村有文化活动室，加强各级广播电视无线发射转播台（站）的维护，更新设备，保障正常运行。在中西部及其老少边穷等地广人稀的地区配备流动文化服务车，建设流动服务网络。实施"国民艺术教育推进工程",推动文学、戏剧、音乐、舞蹈、曲艺、雕塑、绘画等到农村、到工厂、到军营,以提高全民族文化素质等等。

理论上的认识是以实践为支撑的。近年来公益性文化建设有了很大进展。一是文化基础设施建设进一步加强,初步形成了较为完备的公共文化服务网络。要发展文化事业,必须加快公共文化设施的建设,特别是要按照建设社会主义新农村的要求,加快农村公共文化服务体系建设。二是以重大公共文化服务工程为带动,进一步增加了公共文化的投入。如国家通过实施政府主导的文化信息资源共享工程、国家重大出版工程等重大文化工程,加大对公共文化的投入力度。三是创新公共文化服务方式,切实提高公共文化服务能力。通过大力发展基层群众文化,发展社区文化、村镇文化、企业文化、校园文化、广场文化,不断丰富基层健康的群众文化生活。国有的博物馆、美术馆的免费开放,推动更多的公共文化设施免费或优惠向弱势群体开放,让尽可能多的公众享受到公共文化服务带来的福利。四是明确政府的公共文化服务和管理的责任。其中,特别把加强文化遗产保护,弘扬民族优秀文化作为政府的重要职责,政府负责的公益性文化事业是继承创新中华民族优秀文化的基础,中华民族拥有光辉灿烂博大精深的文化传统,对人类文明做出过巨大贡献,要继承发扬传统,在继承基础上创新,就必须依靠发展文化事业,保护我们的文化遗产。目前由政府组织实施的中国民族民间文化保护工程,就是对非物质文化遗产的最好保护与发展。国家设立了"文化遗产日",公布了第一批518项非物质文化遗产保护名录。非物质文化遗产是中华传统文化的重要组成部分,它通过传说、故事、音乐、戏剧、美术、节庆、礼仪等多种载体,充分展现了我们的民族性格和审美理想,凝聚着中华民族深层文化基因和鲜明文化主题,以独特方式影响人们思维方式和价值观念,形成了全国各族人民共同的思想文化基础。在全面建设小康社会的历史进程中,在构建和谐社会中,需要弘扬非物质文化遗产中所体现出的以爱国主义为核心的团结统一、爱好和平、勤劳勇敢、自强不息的民族精神,弘扬非物质文化遗产中所体现的中华民族的传统美德。五是大力发展文化产业。建设和谐文化,必须加快发展文化事业和文化产业,满足人民群众文化需求。而文化事业与文化产业的性质不同,决定了繁荣文化事业主要靠政府,发展文化产业主要靠市场。文化产业的基本性质在于其市场性,以营利为目的的文化艺术的生产经营是文化产业的特征,要在市场中公平竞争,优胜劣汰。文化产业具有经济功能,通过满足人们的文化消费需求，创造出经济效益，起到增加就业、刺激消费、涵养税源等经济作用。文化产业具有文化功能，可以更好地满足人民大众的多层次多方面的文化需求，在文化普及促进高雅艺术走近大众方面发挥独特作用。发展先进生产力和先进文化是实现最广大人民群众根本利益的基础和前提，实现最广大人民群众根本利益则是发展先进生产力和先进文化的目的和归宿，人民群众既是先进生产力和先进文化的创造者，又是其成果的享有者。坚持以人为本，就要在经济发展的基础上不断满足人民群众日益增长的物质文化需要，促进人的全面发展；就要切实保障人民群众的经济、政治和文化权益，让发展的成果惠及全体人民。

要切实尊重和保障人民的文化权益。一方面要通过文化发展来不断保障人民群众的文化权益；另一方面要坚决克服现实生活中存在的侵害人民群众文化权益的现象。

国家支持和保障文化公益事业，支持构建公共文化服务体系。国家坚持和完善支持文化公益事业发展的政策措施，扶持党和国家的重要新闻媒体和社会科学研究机构，扶持体现民族特色和国家水准的重大文化项目和艺术院团，扶持对重要文化遗产和优秀民间艺术的保护工作，扶持老少边穷地区和中西部地区的文化发展。公益性文化事业是社会主义文化建设的重要组成部分。发展公益性文化事业，要坚持把社会效益放在首位，坚持把为全社会提供更多更好的公共文化服务作为重要目标，坚持以政府为主导，增加投入，深化改革，增强活力，改善服务，努力形成覆盖全社会的比较完备的公共文化服务体系。

加强基层文化建设是发展社会主义先进文化的基础工程。要坚持两手抓、两手都要硬的方针，大力加强基层文化建设，大力发展社区文化、村镇文化、企业文化、校园文化、军营文化，不断满足人民群众日益增长的精神文化需要。要广泛开展群众性精神文明创建活动，积极发展健康向上、各具特色的群众文化，弘扬科学精神，传播科学知识，树立社会主义基本道德规范，倡导健康文明的生活方式，帮助人民群众提高识别和抵制封建迷信和伪科学的能力，提高抵御资本主义腐朽思想文化侵蚀的能力。要加强文化基础设施建设，提高基层文化服务能力。加强对基层文化设施的管理和利用，使其真正成为传播先进文化、塑造美好心灵、弘扬社会正气的重要阵地。实施爱国主义教育基地建设工程，把爱国主义教育基地与开展红色旅游结合起来，寓教于乐，寓教于游。

高度重视农村文化事业的发展。国家今后每年新增文化事业经费，主要用于农村，逐步缩小城乡文化事业发展的差距。要扶持乡镇文化站建设、农村广播电视"村村通"工程和农业节目进村入户工程，提高农村文化服务能力。广泛开展"文明村镇"、"文明户"等群众性精神文明创建活动，大力倡导科学、文明、健康的生活方式，继续搞好文化、科技、卫生"三下乡"活动，传播先进思想，普及科学知识，丰富农民群众的文化生活。

思想道德建设是发展先进文化的中心环节，是构建和谐社会的重要条件。要加强理想信念教育，弘扬以爱国主义为核心的民族精神和以改革创新为核心的时代精神，弘扬集体主义、社会主义思想。大力弘扬民族精神和时代精神，是发展先进文化的永恒主题。实施以为人民服务为核心、以集体主义为原则、以诚实守信为重点的公民道德建设工程，弘扬民族传统美德，倡导基本道德规范，引导人们树立正确的世界观、人生观和价值观，丰富精神世界，增强精神力量。

未成年人是祖国未来的建设者，是中国特色社会主义事业的接班人。要从确保党的事业后继有人和社会主义事业兴旺发达的战略高度，从全面建设小康社会和实现中华民族伟大复兴的全局高度，从树立和落实科学发展观，坚持以人为本，执政为民的高度，充分认识加强和改进未成年人思想道德建设的重要性和紧迫性，适应新形势新任务的要求，采取扎实措施，努力开创未成年人思想道德建设工作的新局面。大学生是中国特色社会主义事业的建设者和接班人，要进一步加强和改进大学生思想政治教育。要为青少年健康成长创造良好的文化环境。

进一步治理党政部门报刊散滥和利用职权发行，减轻基层和农民负担，事关党和政府的形象，事关人民群众的切身利益，事关文化事业的健康发展。要压缩总量、调整结构，解决散滥问题；采取切实有效措施，坚决制止党政部门报刊利用职权摊派发行；改进党报党刊发行工作，进一步减轻基层和农民的负担。

（五）三贴近。"三贴近"是党的十六大以来精神文明建设工作的重要指导原则，在实践中发挥了重要作用，在群众中产生了广泛影响。只有坚持"三贴近"，才能面向全面建设小康社会的实践，进一步巩固马克思主义在意识形态领域的指导地位，不断丰富人们的精神世界，满足人们的精神文化需求。一定要从这样的高度深刻认识坚持"三贴近"的极端重要性。

贴近实际，就是立足于社会主义初级阶段这个最大的实际，始终坚持解放思想，实事求是，与时俱进，紧跟时代步伐，适应现阶段经济、政治、文化发展的实际状况和要求，适应不断发展变化的客观现实，真实反映改革开放和现代化建设的实践，坚持把发展作为第一要务，更好地为党和国家的中心工作服务。贴近生活，就是深入到火热的现实生活中去，深入到社会经济、政治、文化生活和人民群众的日常生活中去，反映客观现实，把握社会主流，解决具体矛盾，更好地融入生活、服务生活、引导生活。贴近群众，就是深深扎根于群众之中，想群众之所想，急群众之所急，办群众之所盼，充分体现群众意愿，满足群众需求，把握群众脉搏，说群众想说的话，讲群众能懂的话，为群众提供想看爱看、健康向上的精神文化产品，更好地代表最广大人民群众的根本利益。

"三贴近"体现了辩证唯物主义和历史唯物主义的世界观和方法论，是用"三个代表"重要思想统领社会主义文化建设的必然要求，是必须长期坚持的工作原则。要不断深化对"三贴近"重要意义的认识，大力倡导"三贴近"，积极鼓励"三贴近"，自觉贯彻"三贴近"，努力实践"三贴近"。要以"三贴近"为工作的重要突破口，从"三贴近"入手，抓住"三贴近"，不断增强工作的针对性、实效性和吸引力、感染力。

要把"三贴近"的要求贯穿到各个方面，理论研究工作、新闻宣传工作、文艺出版工作、思想政治工作、精神文明创建工作都必须坚持"三贴近"。加强和改进未成年人思想道德建设贯彻"三贴近"，就是要坚持贴近实际、贴近生活、贴近未成年人的原则，既要遵循思想道德建设的普遍规律，又要适应未成年人身心成长的特点和接受能力，从他们的思想实际和生活实际出发，深入浅出，寓教于乐，循序渐进。多用鲜活通俗的语言，多用生动典型的事例，多用喜闻乐见的形式，多用疏导的方法、参与的方法、讨论的方法，进一步增强工作的针对性和实效性，增强吸引力和感染力。

（六）文化突出地位作用。对于文化的重要地位和作用，从新民主主义革命时期，到社会主义革命和建设时期，直到改革开放时期，我们党一贯高度重视。十六大以来，结合新的国际国内情况，我们党进一步深刻阐述了文化建设的重要性，不断深化对文化地位和作用的认识，强调要充分认识文化在综合国力竞争中的地位和作用越来越突出，繁荣发展社会主义先进文化具有全局性、战略性意义。强调要把发展社会主义先进文化放到十分突出的位置，充分发挥文化启迪思想、陶冶情操、传授知识、鼓舞人心的积极作用，努力培育有理想、有道德、有文化、有纪律的社会主义公民。2003年党的十六届三中全会通过的《完善社会主义市场经济体制若干问题的决定》提出了以人为本，全面协调可持续的科学发展观。科学发展观的内涵极为丰富，涉及经济、政治、文化、社会发展各个领域，既有生产力和经济基础问题，又有生产关系和上层建筑问题；既管当前，又管长远；既是重大的理论问题，又是重大的实践问题。文化是经济和社会可持续发展的重要保证，文化发展是社会发展的重要领域；文化建设既是落实科学发展观的重要方面，又是实现科学发展观的文化保证。2004 年党的十六届四中全会通过的《中共中央关于加强党的执政能力建设的决定》提出了提高党建设社会主义先进文化的能力问题。做好文化工作既是提高执政能力的要求，同时也是提高执政能力的重要手段。强调要坚持马克思主义在意识形态领域的指导地位，不断提高建设社会主义先进文化的能力，这是加强党的执政能力建设的一项重要任务。在胡锦涛总书记的工作报告中还指出："中央政治局认为，必须牢牢把握先进文化的前进方向，牢牢把握舆论导向，贴近实际、贴近生活、贴近群众，进一步探索和把握新形势下宣传思想工作的规律和特点，大力增强吸引力、感染力和针对性、实效性，为改革发展稳定提供有力的思想保证和舆论支持。"2005 年党的十六届五中全会通过的《中共中央关于制定国民经济和社会发展第十一个五年规划的建议》，站在历史的新高度，从战略全局出发，明确了我国今后五年经济社会发展的指导方针、奋斗目标、主要任务和重大举措，是全面建设小康社会、加快推进社会主义现代化的纲领性文件。《建议》明确要求，要加强社会主义精神文明建设，使全体人民始终保持昂扬向上的精神状态。要深化文化体制改革，积极发展文化事业和文化产业，创造更多更好适应人民群众需求的优秀文化产品。胡锦涛总书记在工作报告中指出："中央政治局认为，在改革开放和社会主义现代化建设的全过程中，必须充分认识加强社会主义先进文化建设的战略意义，始终坚持马克思主义在意识形态领域的指导地位，大力繁荣发展社会主义文化，贴近实际、贴近生活、贴近群众，创新内容、创新形式、创新手段，加强和改善党对思想文化工作的领导，不断提高建设社会主义先进文化的能力。"2006年党的十六届六中全会总结历史经验，站在新的时代高度，对构建社会主义和谐社会作出全面部署，通过了《中共中央关于构建社会主义和谐社会若干重大问题的决定》，强调建设和谐文化，巩固社会和谐的思想道德基础。综合上述可以看出，党的十六大以来，文化建设与全面建设小康社会、与加强党的执政能力建设、与树立落实科学发展观和构建社会主义和谐社会等重大战略思想形成了内在有机联系，形成了一个统一整体，文化建设在发展中的基础性和战略性地位更加突出了，文化的地位和作用大大提升。

特别是 2006 年 11 月 10 日胡锦涛总书记在中国文联第八次全国代表大会、中国作协第七次全国代表大会上的讲话，是指导新世纪新阶段社会主义文艺繁荣发展的纲领性文献，是马克思主义文艺理论中国化的最新成果，集中体现了中国共产党人新的文化自觉。讲话明确了文化的地位作用："当今时代，文化在综合国力竞争中的地位日益重要。谁占据了文化发展的制高点，谁就能够更好地在激烈的国际竞争中掌握主动权。人类文明进步的历史充分表明，没有先进文化的积极引领，没有人民精神世界的极大丰富，没有全民族创造精神的充分发挥，一个国家、一个民族不可能屹立于世界先进民族之林。""历史和现实都告诉我们，要实现我国社会主义现代化建设和中华民族伟大复兴的宏伟目标，必须大力加强文化建设，坚持用社会主义先进文化引领全国各族人民奋勇前进。""文艺工作，是党和人民事业的重要组成部分，在党和人民事业发展中具有十分重要的地位。"讲话明确了文化的任务和现阶段文化工作的主题："着力培育民族精神、提高国民素质、激发奋斗热情，为改革开放和社会主义现代化建设提供强有力的思想保证、精神动力、智力支持，更好地把全国各族人民的意志和力量凝聚起来，万众一心为实现全面建设小康社会的宏伟目标而奋斗。""繁荣社会主义先进文化，建设和谐文化，为构建社会主义和谐社会作出贡献，是现阶段我国文化工作的主题。"

（七）文化创新。进行文化创新必须要做到：立足于改革开放和现代化建设的实践，着眼于世界文化发展的前沿，发扬民族文化的优秀传统，汲取世界各民族的长处。

进行文化创新，要坚持解放思想，实事求是，与时俱进，始终高扬改革旗帜，增强发展意识，树立创新观念，发扬优良传统，用改革的精神激励自己，用发展的要求审视自己，用创新的办法完善自己。要根据新形势下社会主义文化建设的特点和规律，按照文化事业和文化产业的发展要求，不断推进文化体制和机制创新。要通过理论创新推动制度创新、科技创新、文化创新。

进行文化创新，要创新内容，创新形式，创新手段，创新管理体制和工作机制。要大力推进创新观念，坚持从社会主义初级阶段的国情出发，从新的工作实际出发，在继承和发扬优良传统的同时，自觉破除一切不合时宜的落后观念和主观偏见，树立与时代要求相适应、与实践发展相符合、与人民呼声相一致的新观念。要创新内容，使内容随着时代的发展不断更新，随着实践的深化不断丰富。要创新方法手段，总结和推广基层创造的新途径新方法，充分运用高科技手段，推动各种传播方式的融合，更好地适应群众的需要和接受能力。要创新体制机制，探索和完善新形势下宏观管理体制和微观运行机制，建立健全各方面的工作机制，保持宣传文化事业的蓬勃生机和旺盛活力。努力使文化工作体现时代性、把握规律性、富于创造性，不断增强中国特色社会主义文化的吸引力和感召力。

进行文化创新，要进一步改进报刊、广播、电视的宣传，进一步改进会议和领导同志活动的新闻报道，把体现党的主张和反映人民心声统一起来，把正面宣传为主和积极开展舆论监督结合起来，提高新闻宣传的效果，增强吸引力和感染力。要完善新闻发布制度和重大突发事件新闻报道快速反应机制。要加强和改进舆论监督工作，使舆论监督有利于问题的解决，有利于党和政府改进工作，有利于社会稳定。要加强和改进思想政治工作，面对新情况新问题，既要坚持过去行之有效的好传统好办法，同时又要努力探索新方式新方法，把继承与创新统一起来。要紧密结合改革开放和现代化建设的实际，紧密结合人民群众思想的实际，区分层次，多用疏导的方法、群众参与的方法、群众欢迎的方法。坚持尊重人、理解人、关心人，有针对性地解决不同群体的思想问题，既要鼓励先进又要照顾多数，既要统一思想又要尊重差异，既要解决思想问题又要解决实际问题。

进行文化创新，要高度重视互联网等新型传媒。抓紧制定和完善互联网宣传工作的法律法规，加快建立以互联网行业管理部门为主体、专项内容管理部门密切配合，法律规范、行政监管、行业自律、技术保障相结合的管理体制。办好重点新闻网站，加强网上宣传队伍建设。有效治理网上有害信息。提高时效性，扩大覆盖面，增强影响力，形成网上正面舆论的强势。

（八）发展文化产业。2000 年，党的十五届五中全会通过的《中共中央关于制定国民经济和社会发展第十个五年计划的建议》中，第一次在中央正式文件中使用了"文化产业"这一概念。2002 年，党十六大第一次在党的全国代表大会报告中把文化区分为文化事业和文化产业，并详尽论述了发展文化产业的意义、作用、发展要求、目的。十六大以来，随着文化产业的实践日益丰富，理论上也有很大发展，对文化产业的地位作用、发展目标目的、发展手段、文化产业与文化事业发展的辩证关系的认识又有了新的发展。

2002 年，党的十六大第一次将文化分成文化事业和文化产业，强调要积极发展文化事业和文化产业。十六大以来，我们陆续提出了要正确区分文化事业与文化产业，坚持文化事业和文化产业协调发展，坚持一手抓公益性文化事业，一手抓经营性文化产业，做到"两手抓、两加强"。根据文化事业和文化产业的不同特点，提出不同要求，设计不同的体制，制定不同的政策，提出了文化事业和文化产业的改革方向和目标：发展公益性文化事业要以政府为主导，增加投入，转换机制，深化劳动人事、收入分配和社会保障制度改革，增强活力，改善服务，实现和保障广大人民群众的基本文化权益。发展经营性文化产业要创新体制，转换机制，面向市场，壮大实力，满足人民群众多方面、多层次、多样性的精神文化需求。文化事业与文化产业的区别在于价值目标不同、机构性质不同、经济来源不同、运行机制不同、管理方式不同。文化事业和文化产业这种板块性分开也有一些局限性，因为公益性文化也有充分利用市场规律的问题，经营性文化产业更有一个讲社会效益的问题，再加上有些文化本身按板块结构是无法分开的。

进一步明确了文化产业的地位和作用：发展文化产业是市场经济条件下繁荣社会主义文化、满足人民群众精神文化需求的重要途径。进一步明确发展文化产业的手段和途径：要完善文化产业政策，支持文化产业发展，壮大文化产业，创造更多的思想性、艺术性、观赏性俱佳的优秀作品，最大限度地占领市场、赢得群众，实现社会效益和经济效益的内在统一。进一步明确了发展文化产业的目标。促进文化产业的快速发展，增强我国文化产业的整体实力和竞争力。

发展文化产业，要鼓励多渠道资金投入。发展文化产业，要促进各类文化产业共同发展。要坚持以公有制为主导，形成以公有制为主体、多种所有制经济共同发展的文化产业格局。要支持引导民营文化企业依法经营、公平竞争、积极发展，共同繁荣中国特色社会主义文化。发展文化产业，要形成一批大型文化企业集团。

（九）文化体制改革。十六大以来，伴随着文化体制改革的步伐明显加快，关于文化体制改革的理论成为先进文化理论中最为丰富的一个方面。

深化文化体制改革的根本目的是解放和发展文化生产力，增强文化发展活力，推动文化创新。改革必须要根据社会主义精神文明建设的特点和规律，适应社会主义市场经济的要求，进一步革除制约文化发展的体制性障碍。改革要确保党对宣传文化事业的领导，确保正确导向，确保宏观控制力。深化文化体制改革要注重发挥市场机制的作用，引入竞争机制；要对公益性文化事业和经营性文化产业实行不同的管理体制；要强化政府的社会管理和公共服务职能。

深化文化体制改革的目标是逐步建立党委领导、政府管理、行业自律、企事业单位依法运营的文化管理体制；逐步建立有利于调动文化工作者积极性，推动文化创新，多出精品，多出人才的运行机制。

深化文化体制改革要以体制机制创新为重点，增强微观活力。这个微观既包括文化事业单位也包括文化企业。公益性文化事业单位要深化劳动人事、收入分配和社会保障制度改革，加大国家投入，增强活力，改善服务，培育形成一批文化事业主体。经营性文化企业，要遵循市场运行规律，创新体制，转换机制，面向市场，增强活力，壮大实力，要通过公司制、股份制改造，加快形成一批真正意义上的文化企业，塑造一批文化产业主体。当前，深化文化体制改革最紧迫的就是要重塑国有文化市场主体，难点就是解决国有文化事业单位转企改制问题，关键是推动经营性国有文化事业单位尽快转变为企业，培育一批国有或国有控股的大型文化企业和企业集团，使之成为文化市场的主导力量和文化产业的战略投资者，推动我国文化产业持续健康快速发展。深化文化体制改革，要重视文化投融资改革。

深化文化体制改革，要建立健全两个体系。要按照一手抓繁荣一手抓管理的方针，依法规范文化市场秩序，健全文化市场体系，完善文化市场管理机制，推进文化市场综合行政执法，逐步形成以公有制为主体，多种所有制成分共同发展，法律规范、行政监管、行业自律、企事业单位依法运营的文化市场格局。深入开展"扫黄打非"斗争，有效保护知识产权，净化文化市场环境；要按照宪法关于加强社会主义精神文明建设的明确规定，积极发展文化事业。加强文化法制建设，加快文化立法步伐，逐步形成有利于文化事业和文化产业发展的政策法规体系，不断推进国家文化生活的法制化、规范化。

文化体制改革的艰巨性和复杂性要求我们不仅要有敢为人先的勇气，同时要有科学的态度和方法，为此就必须先搞好试点。试点要立足实际，着眼实践，先易后难，由浅入深，稳步推进。然后在试点的基础上再推广，条件成熟了再全面推开。

（十）国家文化安全。在国际国内形势的深刻变化中，必须坚决维护国家的文化安全。当前，国际形势正发生深刻变化，世界多极化和经济全球化的趋势在曲折中发展，西方敌对势力千方百计对我实施"西化"、"分化"的政治图谋，渗透与反渗透的斗争将是长期的，意识形态领域的斗争日趋复杂。随着我国社会的深刻变革，随着社会主义市场经济的发展和对外开放的扩大，社会经济成分、组织形式、就业方式、利益关系和分配方式日益多样化，人们的思想道德观念、价值取向也出现多样化的趋势，人们思想活动的独立性、选择性、多变性和差异性进一步增强，在总体上发生积极变化的同时，社会上不可避免地会产生一些消极、模糊甚至错误的思想观念，存在世界观、人生观、价值观扭曲和道德失范、诚信缺失的现象，各种非马克思主义的思想意识也在滋长。今后一个时期既是我国的"发展机遇期"，又是"矛盾凸显期"。要进一步加强维护国家文化安全工作，坚决防范和抵御西方敌对势力的文化渗透，坚决防范和打击各种敌对势力的颠覆破坏活动。

维护国家文化安全，必须在开放的环境中发展先进文化。当今世界，文化赖以发展的物质基础、社会环境、传播条件发生了深刻变化，要深入研究新形势下我国文化建设面临的新情况新问题，善于在更加开放的环境中发展先进文化。要始终高扬引导中国社会前进的社会主义文化旗帜，不断发展社会主义文化，不断丰富人民群众的精神世界，不断增强人民群众的精神力量，有力地抵御各种腐朽落后的思想观念对我国社会的渗透和侵蚀。要继承传统，发扬与时俱进的时代精神，坚持古为今用，推陈出新，大力发扬中华文化的优秀传统，大力弘扬中华民族的伟大精神，使中华民族的优秀文化成为新的历史条件下鼓舞我国各族人民不断前进的精神力量。

维护国家文化安全，必须要借鉴国外经验。要坚持从我国国情出发，坚持以我为主、为我所用，辩证取舍，择善而从，积极吸收借鉴国外文化发展的有益成果，更好地推动我国文化的发展繁荣。一切有利于加强我国社会主义文化建设的有益经验，一切有利于提高我国人民精神境界的文化成果，一切有利于发展我国社会主义文化事业和文化产业的管理方式，都要积极研究借鉴。要高举社会主义文化旗帜，在文化观念上决不照抄照搬，在发展模式上决不简单模仿，坚决防范和抵御各种腐朽落后的文化观念的侵蚀，确保国家的文化安全。

维护国家文化安全，必须要始终坚持新闻媒体是党和人民喉舌的性质不能变，党管新闻媒体的原则不能变，正确的舆论导向不能变。坚持政治家办报、办刊、办台。必须要加大文化阵地和文化市场管理力度，严格纪律，严格把关，绝不给错误的东西提供传播渠道。

维护国家文化安全，必须加强和改进新形势下对外宣传工作，整合对外宣传资源，健全工作机制，推动形成全方位、多层次、宽领域的大外宣格局。要紧紧围绕党和国家的工作大局，及时准确地宣传党和国家的方针政策，全面客观地向世界介绍我国的真实情况，生动形象地展现我国各族人民的良好精神风貌，让世界更好地了解中国，进一步形成有利于我国发展的国际舆论环境。积极开展对外文化交流，让世界更好地了解中华文化，展示中华民族的凝聚力和中华文化的亲和力，推动中华文化更好地走向世界，提高国际影响力。实施走出去战略，制定扶持政策，鼓励文化产品出口，努力改变文化产品进出口逆差严重的现状。

（韩永进　文化部教科司司长）

我国文化事业的性质、
功能、分类及其发展战略

王能宪

内容提要 长期以来，对文化事业没有一个科学而明晰的界定。本文就我国文化事业的性质、功能、分类及其发展战略作了宏观的分析研究。将其性质概括为公共性、原创性、人民性，对其功能作用作了归纳，把我国的文化事业大体上分为三种类型，并对我国文化事业的发展方向及具体措施提出战略性意见。这对于开展文化发展战略研究，促进我国文化事业在新的历史条件下更好更快地发展是不无意义的。

关 键 词 文化事业 性质 功能 分类 发展战略

新中国成立以来，文化事业作为社会主义建设事业的重要组成部分，得到了应有的重视和较快的发展。尽管长期以来受到极左思潮的干扰与影响，特别是文化大革命这一灾难性的浩劫，使我国的文化事业遭受了严重的摧残，但总体上仍然曲折地前进，艰难地发展。

改革开放以来，由于社会转型的急遽变化和外来文化的冲击，曾经出现过经济建设与文化建设"一手硬"、"一手软"的情况。特别是文化产业作为一门新兴产业在全球范围内迅速发展，面对这一大潮的到来和五光十色的时髦口号，我国的文化事业曾一度迷失①，文化事业建设尤其是公共文化事业建设受到了一定

---

① 当时，曾有人提出文化要"走产业化的道路"，还有人提出文化要"断奶"等等，这些违背文化发展规律的时髦口号，一度十分流行，给我国文化事业的发展带来了不利的影响。

程度的忽视与削弱。

党的十五届五中全会通过的《中共中央关于制定国民经济第十个五年规划的建议》（2000 年 10 月）第一次及时而科学地区分了"文化事业"与"文化产业"的不同。[1] 党的十六大进一步要求"积极发展文化事业和文化产业"。以胡锦涛同志为总书记的党中央提出了科学发展观，坚持"以人为本"，强调人的全面发展和经济社会的协调发展，构建社会主义和谐社会。在科学发展观的指导下，我国的文化事业发展越来越受到重视，外部条件越来越好，形势发展令人振奋。

然而，对文化事业至今没有一个科学而明晰的界定，为了促进文化事业在新的历史条件下更好更快地发展，对我国文化事业的性质、功能、分类及其发展战略作一个宏观的分析研究是必要的。

我国文化事业的性质

"文化事业"这一概念，在世界各国似乎没有完全对应的语汇，但这并不能否认这一概念存在的合理性与科学性。因为，客观上"文化事业"在世界各国都是存在的。诚然，由于社会制度和历史文化的不同，各个国家制定的文化政策也各不相同。但有一点是相同的，那就是必须依靠国家财政或者制定相关的赞助法规来扶持和促进文化的繁荣发展。因为从事文化工作的团体或个人，许多情况下是不可能盈利的，也就是说不能自负盈亏来进行文化的生产和再生产。2004 年，我在太原参加第二届文化产业国际论坛，一位美国学者同时也是奥斯卡的评委，他说，世界各国所有的艺术表演团体，包括国办和民营的各种类型的剧院团的全部收入的 57% 来自政府和社会捐赠。连经营性很强的艺术表演团体尚且如此，其他公共性更强的文化团体对政府的依赖性更不待言。如图书馆、博物馆之类文化机构，世界各国都是完全由国家财政支撑的，有的国家还将其员工列为公务员。从这个意义上讲，世界上任何国家都有"文化事业"，只不过各国不使用这

---

① 此前，笔者曾在《人民日报》发表《简论文化产业与文化的关系》，认为文化产业与文化事业既有联系又有区别，二者具有不同的属性和特点。发展文化产业替代不了文化事业，我们既不能把文化事业和文化产业完全割裂开来，也不能把两者混为一谈，笼统地提"文化产业化"。见《人民日报》2000 年 5 月 13 日，当年《新华文摘》第 8 期全文转载。

样的称谓而已。通常，许多国家都用是否"以营利为目的"加以区分，所谓"以营利为目的"，实际上就是文化产业；而"不以营利为目的"，则具有文化事业的属性。

我国是社会主义国家，我国的文化事业具有社会主义的本质属性。因而，我国的文化事业与其他国家的"不以营利为目的"性质的文化，既有共同点也有不同之处。从我国的社会制度和社会现实出发，我认为我国的文化事业具有以下性质。

（一）公共性

公共性，过去长期以来称之为"公益性"，二者属于同义语。在社会主义市场经济条件下，为了区别于"私人产品"，一般把具有公共性的精神文化产品等称为"公共产品"或"公共服务"。《国家"十一五"时期文化发展规划纲要》①（以下简称《纲要》）专门列出了"公共文化服务"一章，温家宝总理在今年（2007）的《政府工作报告》中也提出了"建立覆盖全社会的公共文化服务体系"的任务。

公共性的本质就是全体公民共同享有，全社会普遍受益。因此，不仅图书馆、博物馆、文化馆（站）、美术馆、文化宫、科技馆等面向社会公众提供文化服务的文化设施具有公共性，报社、电台、电视台、出版社、演出团体等精神文化产品生产部门也具有一定公共性。这是由精神文化产品的特点所决定的。譬如，一部小说、一部电影、一出戏、一首歌，对社会产生了积极影响，它所焕发出来的精神力量所带来的物质财富是不可估量的。而这些精神文化产品的生产者（创造者），无论是团体还是个人，都无法直接享有这部分物质财富，只能得到少量的稿酬或门票收入。这少量的稿酬或门票收入，既不是精神文化产品的生产者（创造者）应得收入的全部，也难以维持生产和再生产。因此，必须通过社会二次分配，即利用从物质产品生产中征得的税收，在财政预算中划分适当的比例，对精神文化产品的生产者（创造者）进行必要的补偿②，因为精神文化产品焕发出来的精神力量所带来的物质财富是全社会共同

---

① 载《人民日报》2006年9月14日第10~12版。

② 这种通过社会二次分配进行的补偿，通常以财政拨款的方式下拨给文化单位，单位再以工资的形式分配给个人。其次，补偿的方式还有基金会资助以及奖励等多种形式。

受益、共同享有的。正是从这个意义上说，以生产精神文化产品为主要目的的文化事业具有公共性。

在社会发展领域，文化属于典型的公共产品。教育、科技、文化、卫生、体育等社会发展领域当中，教育和科技对国家和民族的发展起着基础性的作用，其公共性当然是十分明显的。改革开放以来，在科教兴国战略方针的指导下，教育和科技事业得到了大力加强，一直是公共财政投入的重点。随着社会主义市场经济的不断完善和改革的不断深入，教育与科技都发生了一些新变化。民办教育得到较快的发展，学龄前教育和高中后教育的个人支出部分在逐步加大，国家投入部分则相应减少。科技体制在"产业化"改革的推动下，绝大多数科研院所转制为企业或与企业合并，国家只负担基础理论研究和重大科研项目的经费投入。卫生也具有公共性，但不是严格意义上的公共产品。"非典"疫情之后，政府加大了对公共卫生的投入，但老百姓看病用药主要依靠个人支付，现正逐步探索建立个人缴费和政府补助相结合的基本医疗保险制度。体育的公共性更弱，除了政府组织的体育比赛和用于群众健身的体育器材和设施之外，许多体育赛事和活动都已商业化，俱乐部制、转会制等市场化运作方式早已通行。文化体制改革在党中央、国务院的统一部署下，正在深入展开，但由于精神文化领域的特点（已如上述），文化行业能够完全转制为企业的单位实际上很少。在科学发展观的统领下，坚持以人为本，构建和谐社会，文化的公共性将会越来越突现出来。

（二）原创性

国家繁荣发展文化事业的目的是创造和积累精神财富。精神创造的成果，既是对传统文化和已有成果的继承，更是一种前所未有的创新。这种原创性文化创新体现了一个国家的综合国力，也体现了一个民族的文明水准及其所达到的文化高度。这是国家发展文化事业的神圣职责和光荣使命。

文化事业与文化产业的不同，最本质的区分就是前者属于公共产品，后者属于私人产品；还有一个重要的区分，就是文化事业促进原创性精神文化产品的繁荣，文化产业促进复制性、工业化文化产品的发展。繁荣文化事业，是一种政府行为，目的在于文化创新和公共服务；发展文化产业，实质上是一种经济行为，目的是为了赚取利润，当然同时也能起到满足人民群众不同层次的文化消费需求的作用。只有在原创性文化产品充分繁荣的基础上，作为一种工业化、标准化的文化产业才有可能发展起来。前者是"源",后者是"流";前者是"创新",后者是"传播",如果没有原创性的文化创造,批量化、机械化的文化产业就只能是无源之水、无本之木。譬如,没有原创性的小说、戏剧、音乐等,要发展出版、音像、动漫等文化产业,岂不是一句空话。因此,繁荣文化事业是发展文化产业的前提条件。

历史的经验证明,在精神文化领域,过度的商业化和市场化无疑是不利的。邓小平就曾经愤怒地斥责:"有些混迹于文艺界、出版界、文物界的人简直成了唯利是图的商人。"① 这种"唯利是图的商人",奉行拜金主义,一切向钱看,绝不可能创作出什么有价值的东西。只有不计名利,不问得失,为了崇高的理想和追求,呕心沥血,精益求精,才能创造出高质量、高水平的原创性作品来,才能把美好的精神食粮奉献给社会和人民。而国家举办的文化团体则为创作这类原创性的优秀作品提供了条件和可能,如红色经典《白毛女》、《红色娘子军》、《长征组歌》,钢琴协奏曲《黄河》,小提琴协奏曲《梁祝》等都是有力的证明。因此,国家有必要办好具有导向性、示范性、代表性的高水平的以政府投入为主的各级各类艺术表演团体、艺术院校等文化事业,以促进高水准、高质量的原创性文化的繁荣,为国家和民族不断创造和积累精神财富。

(三)人民性

中国共产党领导的民族民主革命和社会主义建设,根本宗旨就是为人民谋幸福。毫无疑问,文化事业如同其他各项事业一样,都是为了广大人民群众的根本利益而兴办的,具有广泛的人民性。早在新民主主义革命时期,毛泽东同志《在延安文艺座谈会上的讲话》就提出了文艺为什么人的问题,明确要求"我们的文学艺术都是为人民大众的"。邓小平在第四次文代会的祝辞中认为"我们的文艺属于人民",并进一步指出:"人民是文艺工作者的母亲。一切进步文艺工作者的艺术生命,就在于他们同人民之间的血肉联系。忘记、忽略或者是割断这种联系,艺术生命就会枯竭。人民需要艺术,艺术更需要人民。自觉地在人民的生活中汲取题材、主题、情节、语言、诗情和画意,用人民创造历史的奋发精神来哺育自己,这就是我们社会主义文艺事业兴旺发达的根本道路。"小平同志深刻阐述了文艺与人民的关系,不仅要为人民服务,还要向人民学习。

---

① 邓小平:《党在组织战线和思想战线上的迫切任务》,见《邓小平文选》第三卷第43页。

在长期的文化建设的实践中，我党总结出了"百花齐放、百家争鸣"的"双百"方针，和"为人民服务、为社会主义服务"的"二为"方向，这是我国文化事业繁荣发展的根本指针，也是社会主义文化建设人民性的集中体现。以胡锦涛为总书记的党中央提出科学发展观，构建和谐社会，坚持"以人为本"、"执政为民"，强调文艺工作"源于人民、为了人民、属于人民"。① 社会主义文化事业有如此鲜明的人民性，应当实实在在地体现到实际工作和社会生活之中，让人民群众真正成为文化创造的主人，让人民群众充分享受文化建设的最新成果。

我国文化事业的功能

我国文化事业的功能和作用是多方面的，例如我们经常提到的教育功能或教化功能、宣传功能、舆论功能、娱乐功能、审美功能等等，这里仅从以下三个主要方面加以阐述。

（一）保障公民的文化权益

我国《宪法》规定，国家发展各类文化事业以满足公民的文化需求，公民享有进行科学研究、文艺创作和其他文化活动的自由。温家宝总理在刚刚结束的"两会"所作《政府工作报告》（2007 年 3 月 5 日）中特别提到了"保障人民文化权益的问题"，要求"逐步建立覆盖全社会的公共文化服务体系"，并具体列出了一系列关系到公民文化权益的文化建设工程，如广播电视村村通工程、社区和乡镇综合文化站建设工程、全国文化信息资源共享工程、农村放映工程、农家书屋工程，以及网络文化和文化遗产保护等等。这在以往的《政府工作报告》中是不多见的，表明国家对文化建设和公民文化权益的重视。《纲要》还特别强调"切实维护低收入和特殊群体的基本文化权益"的问题，要求"采取政府采购、补贴等措施，开辟服务渠道，丰富服务内容，保障和实现城市低收入居民、残疾人、老年人和农民工等群体的基本文化生活需求"。

这就是说，发展文化事业，搞好文化建设，是各级政府的重要职责。让每一

---

① 胡锦涛：《在中国文联第八次全国代表大会、中国作协第七次全国代表大会上的讲话》，见 2006 年 11 月 11 日《人民日报》。

个公民都充分享有公共文化服务和基本的文化生活，应当如同人人享有义务教育和人人享有初级医疗保健一样，作为公民的一项基本权利得到切实的保障。各级政府都要十分重视繁荣发展文化事业，努力提供公共文化产品和文化服务，不断满足人民群众日益增长的精神文化需求，改善全体公民的文化生活质量，从而提高全民族的思想道德素质和科学文化素质，为经济社会的可持续发展提供精神动力、思想保证和智力支持。

（二）保障经济社会的协调发展

改革开放以来，我们党一贯坚持物质文明和精神文明一起抓，两手都要硬，不能一手硬一手软。邓小平同志曾强调："不加强精神文明建设，物质文明建设也要受破坏，走弯路。"① 他还说："经济建设这一手我们搞得相当有成绩，形势喜人，这是我们国家的成功。但风气如果坏下去，经济搞成功又有什么意义？"② 江泽民同志也多次提醒全党："任何情况下，都不能以牺牲精神文明为代价去换取经济的一时发展。"③ 邪教法轮功的出现，固然有其复杂的背景和原因，但其中一条深刻的教训，就是我们在一定程度上忽视了思想文化建设。积极的、健康的、正面的思想文化得不到弘扬和发展，消极的、落后的、负面的东西必然就会乘虚而入。因此，忽视和削弱文化事业和文化建设，社会就会畸形发展，经济建设也不可能搞好。

党的十六届三中全会做出的《中共中央关于完善社会主义市场经济体制若干问题的决定》提出科学发展观，要求"坚持以人为本，树立全面、协调、可持续的发展观，促进经济社会和人的全面发展"。科学发展观以人的全面发展和社会的协调发展为旨归，就是要努力满足人们在具有了物质需求之上的更高层次的精神需求，达到人与社会的和谐发展，文化与经济的协调发展。因此我们要大力发展各项文化事业，形成全民学习、终身学习的学习型社会，促进人的全面发展，提高人的综合素质。因为，没有人的全面发展，就不可能有社会的全面发展；没有人的现代化，就不可能有国家的现代化。

---

① 邓小平：《在中国共产党全国代表会议上的讲话》，见《邓小平文选》第三卷第 144 页。
② 邓小平：《在中央政治局常委会上的讲话》，见《邓小平文选》第三卷第 154 页。
③ 江泽民：《正确处理社会主义现代化建设中的若干重大关系》（1995 年 9 月 28 日），见《江泽民文选》第一卷第 474 页。

（三）保障中华文化的传承与创新

中华民族具有辉煌灿烂、博大精深的古代文化，对人类文明做出过重大贡献，是世界上最伟大的民族之一。今天，我们要实现中华民族的伟大复兴，决不仅仅是经济的强盛和 GDP 的增长，而是经济、政治、文化的全面复兴。江泽民同志曾指出："一个民族只有在努力发展经济的同时，保持和发扬自己的民族文化特色，才能真正自立于世界民族之林。建设有中国特色社会主义文化，这是事关中华民族振兴的大问题。"[1] 胡锦涛总书记《在中国文联第八次全国代表大会、中国作协第七次全国代表大会上的讲话》进一步指明了加强文化建设对于民族复兴和现代化建设的战略意义："要实现我国社会主义现代化建设和中华民族伟大复兴的宏伟目标，必须大力加强文化建设，坚持用社会主义先进文化引领全国各族人民奋勇前进。发展社会主义先进文化，是建设中国特色社会主义的应有之义，是马克思主义政党思想精神上的旗帜，是推动我国经济社会发展的必然要求，是实现中华民族伟大复兴的显著标志。"并预言和期待："中华民族的伟大复兴必将伴随着中华文化的伟大复兴。"[2]

要实现中华文化的伟大复兴，必然要重视中华民族优秀传统文化的继承、弘扬与创新。新中国成立以来特别是改革开放以来，文化部门为此做出了不懈的努力。如传统剧目的改编，地方剧种的保护，京剧、昆曲的振兴，古籍整理，善本再造，文物保护，以及近年兴起的非物质文化遗产保护等等，都取得了令人瞩目的成就。但毋庸讳言，这方面的工作还做得很不够，还需要长期艰苦的努力。特别是文化创新方面，虽然科学技术的许多领域我们能够走在世界前列；但在人文社科领域，真正深刻反映时代精神、具有精湛艺术魅力，能够传之久远的精品力作还不多，有待我们的作家艺术家和专家学者们不断努力。

我国文化事业的分类

我国的文化事业门类众多，情况复杂。我们既要尊重历史，实事求是；又要根据"市场失灵"的原则（能够交给市场解决的问题尽可能交给市场，只

---

① 江泽民：《在全国宣传部长会议上的讲话》，见 1996 年 1 月 25 日《人民日报》。
② 载 2006 年 11 月 11 日《人民日报》。

有市场解决不了的问题才由政府解决），尽量减轻国家负担。根据以上分析，我认为，凡是具有事业属性和功能的文化部门和文化单位都应纳入文化事业的范畴，故而我国文化事业的分类应当宽泛一些。因为许多文化部门和单位，如出版社和表演团体，从其经营和营利的性质看，应当属于文化产业；但他们同时又承担着文化事业的功能，更何况多数情况下难以做到自负盈亏，因而它们同时又具有文化事业的属性。所以，文化事业与文化产业有时候并不是绝对对立和截然分开的，往往是你中有我，我中有你，从不同的角度可以有不同的划分。本文采取从宽的原则，除完全独立自负盈亏的民营文化企业不在此列，相当一部分需要政府扶持的"不以营利为目的"的经营性文化单位，都列入到文化事业的范畴。

据此，我国的文化事业大体上分为以下三种类型。

（一）向社会提供公共文化产品的机构

这类机构大都是向全社会和全体公民无偿提供公共文化产品和服务的机构，这类机构的经费一般全部由国家财政支出。其中有的机构有一定的门票收入，则采取收支两条线的办法，门票收入上缴国库。有的机构有一定的经营项目，但所得收入数量很少，一般用来补充国家拨款之不足，不采取收支两条线的办法，以鼓励其多创收，减轻财政负担。如果以经营为主，且能盈利，则不具备事业性质，不在此列，如各类商业性的会展中心。

在社会主义市场经济条件下，这类机构应当从严掌握。

这类机构大体包括如下细目：

1. 公共图书馆、博物馆、文化馆（站）、美术馆、纪念馆、科技馆、少年宫、文化宫等（此类机构中如有经营项目较多、公共性较弱者，则应列入第三类第 5 项，即以经营性为主的场馆类）；

2. 公共电台、电视台（目前我国尚无区分）、重要党报（机关报）、文化信息资源共享机构等；

3. 国家重点文物保护单位；

4. 为少数民族、残疾人等特殊群体服务的文化机构；

5. 列入政府拨款的学会、协会等文化机构；

6. 其他相关机构。

（二）教育与科研机构

教育与科研机构以培育人才和学术研究为宗旨，凡是国家兴办的这类机构与前一类机构相同，其经费全部由国家财政支出。大学的学费收入，按国际惯例，许多国家的国立大学学费收入全部上缴国库，支出由财政拨款，收支两条线。我国目前没有采取这种办法。

这类机构性质确定，范围较广，大体包括如下细目：

1. 各级各类国办幼儿园、小学、中学、中专、大学等；

2. 各级各类国办自然科学、人文社会科学研究院（所）等；

3. 各级各类党校、行政学院和干部教育培训机构等；

4. 其他相关机构。

（三）从事文化产品生产经营但不以营利为目的的机构

这类机构为数最多，情况最为复杂。其共同点是都具有经营性，本质是不以营利为目的，因此列为事业机构。但其经营的范围、方式和效果千差万别，因此国家财政对它们的支持应区别对待，或多或少；或采取固定拨款的方式；或采取基金会资助方式；或采取免税与税收返还方式，等等。

这类机构大体包括如下细目：

1. 各类国办出版社、杂志社、报社（重要党报、机关报除外）等；①

2. 各类国办电台、电视台（公共电台、电视台和商业电台、电视台除外）等；

3. 各类国办艺术表演团体等；

4. 各类国办电影制片厂、电视剧制作机构、音像制作机构等；

5. 各类国办影剧院、剧场等；

6. 各类国办画院；

7. 各类国办文化交流、信息咨询机构等；

8. 各类国办网络机构；

9. 文物商店（根据《文物保护法》规定，文物商店具有事业属性）；

10. 其他相关机构。

---

① 如出版社等经营性较强的机构转制为企业亦可，但其前提是国家应有出版基金或其他形式的资助。譬如，对学术著作等难以盈利的出版物和重点出版项目予以资助，尤其对古籍、辞书、盲文、少数民族语言文字等专业类出版社予以重点支持。

我国文化事业的发展战略

（一）把文化事业发展作为国家战略，不断增强国家软实力

党的十六大报告指出："当今世界，文化与经济政治相互交融，在综合国力竞争中的地位和作用越来越突出。"这是对当今世界发展趋势的准确判断。由于"二战"之后世界没有爆发大规模的战争，半个世纪以来相对和平稳定，经济持续增长，文化问题在世界范围内越来越受到关注和重视，文化的作用和价值，越来越被世界各国政治家和有识之士所认同。联合国教科文组织从上个世纪 80 年代开始，组织实施了一项"世界文化发展十年"（1988—1997）活动，提出了一些新的文化与社会发展理念，对世界的发展产生了重要影响。"世界文化发展十年"活动是根据 1982 年在墨西哥城举行的世界文化政策会议的建议，由联合国大会在 1986 年批准的。在"世界文化发展十年"的文件中提出了"将文化置于发展的中心位置"的重要命题，认为"任何不考虑某个特定人群的自然和文化环境的项目就有失败的危险。这个提法包含了出席墨西哥城会议的代表在世界文化发展十年方面所建议的战略的根本之点。这个战略包含了一系列的协作行动，其目的是在经济和技术发展中将文化和人的价值恢复到中心的位置上"。因而倡导形成一种新的思想方法，"这种方法应对发展的质量和人的因素予以更多的重视，而且能在社会和经济发展各种措施中建立起对文化方面的重要性的认识"。[①] 在联合国的推动下，许多国家特别是一些西方发达国家，都把文化发展作为提升国家"软实力"的战略高度予以推进，日本、韩国还提出了"文化立国"的口号。总之，世界范围内，包括科学技术、文化产品和思想观念等文化竞争日益加剧。因此，十六大报告要求："全党同志要深刻认识文化建设的战略意义，推动社会主义文化的发展繁荣。"现在，需要把这一战略思想化为实际行动，使"文化建设的战略意义"像"科教兴国"等战略思想和基本国策一样深入人心，不仅成为全党的共识，也成为全国人民的共识，只有这样，才能"推动社会主义文化的发展繁荣"，才能不断增强我国的软实力。

---

① 参见联合国教科文组织编：《世界文化发展十年实用指南》，北京大学出版社 1989 年版。

（二）切实贯彻"双百"方针，提高全民族的创造能力

《纲要》在"序言"部分提到"民族创造力"的问题，这是一个非常重要的战略思想。一个民族的创造力和想象力，决定着这个民族的未来和兴衰。十六大报告提出"四个尊重"，即"尊重劳动、尊重知识、尊重人才、尊重创造"，要求"放手让一切劳动、知识、技术、管理和资本的活力竞相迸发，让一切创造社会财富的源泉充分涌流"。要形成这样一种千舟竞发、万木争荣的创造局面，归根结底要认真贯彻"百花齐放、百家争鸣"方针，努力营造一种宽松、自由、健康、和谐的有利于文化创造的环境和氛围，切实保护全民族的创造生机和活力。要尊重、爱护和培养优秀人才，对于杰出的奇才更是要倍加珍惜，因为离开了人才就谈不上创造。尊重和保护人才，就是尊重和保护民族创造力；反之打击和埋没人才，就是打击和埋没民族创造力。只有充分发挥每一个公民的创造力和想象力，各显其能，各尽所能，才能真正实现文化（主要包括科学与文艺）的繁荣，保障国家创新能力和创新水平的不断提高。

（三）继承弘扬传统文化，大力培育民族精神

十六大报告提出了弘扬和培育民族精神的问题，这是关系到中华民族未来的重大战略问题。报告指出："民族精神是一个民族赖以生存和发展的精神支撑。一个民族没有振奋的精神和高尚的品格，不可能自立于世界民族之林。"明确要求"必须把弘扬和培育民族精神作为文化建设极为重要的任务"。培育民族精神，毫无疑问离不开对传统文化的继承与弘扬。如果不能很好地继承弘扬中华民族优秀的传统文化，还说得上是民族精神吗？回首近一个世纪以来中华民族传统文化的历史命运，如果说"五四"新文化运动对传统文化的冲击具有一定进步意义，那么"文革"对传统文化则是一场空前大劫难，到了改革开放时代，外来文化大量涌入，鱼龙混杂，泥沙俱下，许多人特别是一些年轻人奉西方文化为神明，弃传统文化如敝屣。这一个世纪以来，我们的传统文化遭受了前所未有的严重戕害。中华民族优秀传统文化在当今社会的缺失，及其在相邻国家与地区的相对保存较好，已引起许多有识之士的深刻反思与忧虑。如何实现中华文化的传承、整合、重建与创新，是摆在每一个炎黄子孙面前的严肃而重大的课题。因此，中央提出弘扬和培育民族精神，这是一个极其重要的战略思想，也是一项十分紧迫的、长期而艰巨的历史任务。

（四）扩大对外文化交流，学习借鉴世界各国的优秀文化

我们所处的时代，是一个全球化的时代，也是一个信息化的时代。经济的开放，科技的发达，交通和通讯的便捷，使得人类居住的这个地球迅速变小。这样的时代，要求我们的文化建设必须具有全球视野和世界眼光。我们要积极开展对外文化交流，大胆学习、借鉴和吸收世界各国的优秀文化；同时坚决"走出去"，向世界人民展示、传播中华文化。近年来，我们与美国、法国、英国、意大利、俄罗斯等西方大国互办"文化节"、"文化周"、"文化月"、"文化年"等活动，取得了十分显著的成效和丰硕的成果。我们在一些主要国家开办的文化中心、孔子学院，适应了世界各地兴起的学汉语热，成为传播中华文化的友好使者。不仅如此，我们还应当积极参与世界文化事务，参与或主导有关国际规则的制定，增强我国在国际文化交往中的话语权，在世界上树立我国作为负责任的大国形象，为维护世界文化多样性做出应有的贡献。

（五）文化事业与文化产业并重，优先发展文化事业

十六大强调"积极发展文化事业和文化产业"，说明文化事业和文化产业都非常重要，两方面都不可忽视，但这并不是说二者可以等量齐观，平分秋色。从战略的角度看，发展文化事业和文化产业，对于经济社会发展和国家文化安全，对于满足人民群众日益增长的精神文化需求都具有十分重大而深远的意义，且二者具有一定的互补性，有时还难以截然划分。但是，文化事业与文化产业毕竟又各有不同的属性和不同的侧重，毫无疑问应当优先发展文化事业，理由已如前述。有人只看到文化产业诱人的经济效益，看不到文化事业的基础性作用和长远意义，片面强调发展文化产业，而忽视发展文化事业，这是一种缺乏战略眼光的急功近利、本末倒置的短视行为。

（六）加大投入力度，完善有关文化经济政策

文化事业是社会事业的一个重要领域。在公共财政框架中，公共文化支出是非常重要的组成部分。然而，目前国家财政对文化事业的投入与其所承担的责任极不相称，严重影响到文化事业的发展。早在20世纪80年代初，邓小平同志就

曾指出，教育、科技、文化、卫生的投入太少，在经济社会发展中不成比例。[①]
经过近30年的改革开放，我国的经济实力特别是财政收入有了显著增强，教科
文卫社会发展领域的财政投入逐年加大，但同时又出现了新的"不成比例"。[②]
教育、科技作为"科教兴国"的基本国策和国家发展的战略重点，其财政投入不
断加大，比例不断提高，这无疑是必需的，也是正确的。但文化的投入，虽然总
量上逐年有所增加，但比例却一再下降，在国家财政总支出中所占的份额少得可
怜。[③] 党的十四届六中全会《决议》对宣传文化事业投入"总量偏少、比例偏
低"的分析判断，至今不仅没有得到改变，反而进一步加剧。《决议》要求"中
央和地方财政对宣传文化事业的投入，要随着经济的发展逐年增加，增加幅度不
低于财政收入的增长幅度"。这一规定除了少数地区在一定时期内得到了落实，
绝大部分地区及中央财政均未得到落实。同时，有关文化的税收、信贷、赞助等
方面的经济政策还应进一步得到完善。为了落实党的十六大精神和科学发展观的
要求，必须尽快扭转文化投入太少的现状，较大幅度调整公共文化支出在公共财
政框架中的份额，以保证各类文化事业的繁荣发展。

（七）加强文化法制建设，以法兴文

从大文化的角度说，教育、科技和卫生方面的立法是比较充分的，而相对狭
义的文化领域则相对滞后，目前仅有《中华人民共和国文物保护法》和《中华

---

① 1980年1月16日，邓小平在《目前的形势和任务》一文中指出："经济发展和教育、科学、文
化、卫生发展的比例失调，教科文卫的费用太少，不成比例。甚至有些第三世界的国家，在这方面也比我
们重视得多。印度在教育方面花的钱就比我们多。像埃及这样的国家，人口只有四千万，按人口平均计
算，他们在教育方面花的钱，也比我们多几倍。总之，我们非要大力增加教科文卫的经费不可。"见《邓
小平文选》第二卷第250页。

② 据文化部计划财务司编《2002中国文化统计提要》、《2003中国文化统计提要》（均为内部资
料），2001年，国家财政总支出为18103.61亿元，当年的教育经费为2208.13亿元，占国家财政总支出的
12.2％；科技为223.08亿元，占1.23％；卫生为569.3亿元，占3.14％；文化仅有70.99亿元，占国家财
政总支出的比例仅为0.40％。在当年教科文卫领域财政拨款的总盘子中，教育占到64.5％，依次为卫生占
17.9％，科技占6.9％，文化占2.5％，通讯和广播占1.9％，体育占1.5％，此外还有计划生育占2.4％，
其他占2.4％。由此可以看出，国家对文化的投入在整个教、科、文、卫等社会发展领域所占比例过低。

③ 据文化部计划财务司编《2006中国文化统计提要》（内部资料），国家对文化的财政投入（包括
中央财政和地方财政）进入"九五"时期以来，历年的总额及其占国家财政总支出的比例如下：1996年，
38.77亿元，占0.49％；1997年，46.19亿元，占0.50％；1998年，50.78亿元，占0.47％；1999年，
55.61亿元，占0.42％；2000年，63.16亿元，占0.40％；2001年，70.99亿元，占0.40％；2002年，
83.66亿元，占0.38％；2003年，94.03亿元，占0.35％；2004年，113.66亿元，占0.40％；2005年，
133.82亿元，占0.39％。虽然投入的绝对数在逐年上升，但占国家财政的比例却基本上是逐年下降，除了
1997年略有增长外。而这一年之所以略有增长，是因为前一年党中央召开了十四届六中全会，全会《决
议》对增加文化的投入有明确的要求。

人民共和国著作权法》两部法律。这不仅跟不上整个国家民主法制建设的步伐，也严重影响到文化事业的发展和公民文化权益的保护。依法治国，文化领域不应当有例外和特殊。相反，只有贯彻依法治国的方略，大力加快文化立法，使公民的文化创造和文化生活、公共文化服务体系建设、科学研究、文学艺术等方面都有法可依，才能切实保障公民的文化权益不受侵害，才能切实保障各类文化事业健康发展。

（王能宪　中国艺术研究院副院长）

文化事业发展中的
区域不平衡及其政策倾斜

吴琼　徐晶

内容提要　社会主义市场经济既给文化事业的发展带来了机遇，也带来了挑战。随着区域间经济发展差距的拉大，其文化事业发展中的区域不平衡现象也日益突出，而造成这种不平衡的原因体现在许多方面。我国的经济、社会、政治现状为缩小区域间的差距提供了发展机遇。本文就文化事业发展中的区域不平衡问题提出了切实可行的解决对策与根本出路。

关 键 词　文化事业发展　区域不平衡　政策倾斜

中国是一个具有悠久历史文化传统的国家，曾为人类文明的发展作出过重大贡献。新中国建立以来，政府十分重视文化事业的建设，努力继承和弘扬民族优秀的传统文化，吸收世界各国的进步文化，创建有中国特色的社会主义新文化，以满足人民群众日益增长的精神文化需求，提高全民族的思想道德素质和科学文化素质。

新中国文化事业的发展，是与我国社会主义建设的历史进程紧密联系的，在计划经济时代，文化事业由国家和政府统包统管，所有的文化机构和文化单位，都是国家统一管理的事业单位，由中央政府或地方政府按计划拨付经费。各种文化艺术活动，也都是由政府组织进行。在这种由政府大包大揽的带有"大锅饭"性质的体制下，文化事业发展中的区域不平衡的矛盾被一定程度地掩盖起来了。

改革开放以后，随着社会主义商品经济的不断发展、社会主义市场经济体制的逐渐完善和促进区域协调发展战略的相继实施，我国区域经济总体上呈现出增长加快、活力加强、趋于协调的良好态势，各地区的经济发展皆有明显提升，人民的物质生活水平大幅度提高。文化与经济是相互依存、紧密相联的，文化促进经济，经济推动文化的发展。社会主义市场经济既给文化事业的发展带来了机遇，也带来了挑战。在这种体制下，文化市场迅猛壮大，各文化单位培养了一大批既懂文化又懂经营的综合性人才，竞争机制大大促进了文化生产力的发展。但是，由于受到自然、社会、历史、政治及经济基础等各方面因素的影响，各地区文化发展的速度快慢不一，文化事业发展中的区域不平衡现象日益突出，东中西部在文化设施、文化人才、文化投入等各方面的差距有逐渐扩大的趋势，地区发展差距已成为实现全面建设小康社会宏伟目标和构建和谐社会过程中必须认真研究解决的重大问题。

区域发展的不平衡及其成因

全面建设小康社会就是要建设一个惠及十几亿人口的更高水平的、更全面的、发展比较均衡的小康社会。应该看到，我们现在达到的小康还只是低水平的、不全面的、发展不平衡的小康。所谓低水平，就是虽然我国经济总量已经达到一定规模，但人均水平还比较低。所谓不全面，就是目前的小康基本上还处于生存性消费的满足，而发展性消费还没有得到有效满足，社会保障不健全，环境质量还有待提高。所谓发展不平衡，主要是指地区间社会经济综合实力水平的差距，包含了地区间经济、社会以及影响经济和社会发展的各方面要素的差距。

文化事业发展中的区域不平衡主要是指不同区域在文化事业与文化建设上的差距。由于文化事业的发展总是与经济的发展紧密联系着，因而，文化事业发展中的区域不平衡与经济发展中的区域不平衡呈现出相同的格局，即经济发展相对落后的区域，其文化事业的发展也相对滞后。例如在经济发展上，不平衡的格局基本为：西部落后于东部和中部，农村落后于城市，这一格局也同样体现在文化事业的发展中。尤其是改革开放以后，随着区域间经济发展差距的拉大，其文化事业发展的差距也日渐明显。例如西部12个省区市是我国少数民族最为集中的地区，但一直以来也是经济欠发达地区，在我国的整体经济发展布局中，西部省区市的经济总量和整体实力与东部地区乃至全国平均水平相比，都还存在较大的差距，而这一差距也同样存在于文化事业发展的方面。

总体来说，文化事业发展中的区域不平衡有如下几个方面的表现。

第一，文化基础设施严重短缺。与东部地区相比，西部地区的文化基础设施还不完善，建设和管理存在许多方面的问题和制约。随着市场经济体制的建立，许多地区特别是经济较发达地区的文化事业开始日益受到政府的重视，人们对文化的需求日渐增强，人民参与文化活动的热情日渐高涨，就连农村也兴起了学文化、学知识、学科技的新风尚，地方政府的文化机构开始越来越有效地运转，文化事业的硬件也日益改善。但在经济欠发达的地区，由于资金、人员的不足，导致文化事业的硬件建设陷入停滞不前的状态，尤其农村乡镇的文化工作站几乎是名存实亡，有许多村庄连最简易的体育场地都没有，还有一些地方至今没有广播。至于图书馆、文化馆这样的硬件设施更是奢谈。实际上，早在"七五"规划期间，国家就已提出县县要有图书馆和文化馆，但在西部仍有一些县没有达到这一目标，即便有了图书馆和文化馆，也会因为经费缺乏，无钱购进图书，而使图书馆成为一个空馆，文化馆也由于经费短缺而不能正常开展工作。有些地方甚至把场馆出租给个体户经商。

第二，文化事业的经费严重不足。一直以来，我国文化事业的经费都是由政府统筹拨款，但越是经济欠发达的地区，文化事业所需经费其实越多，可地方财政又无力支付，这就造成了经费的严重不足。有些地方用于文化事业发展的经费甚至连支付人员工资都不够，极大地影响了文化事业单位的正常运转。

第三，文化事业建设的人才匮乏，尤其是基层文化干部队伍整体素质不高，专业结构极不合理，难以适应基层文化事业发展的需要。有许多地方的文化干部普遍没有受过相关专业的教育和培训，业务知识缺乏。在农村，由于缺少经费，乡（镇）文化干部不得不身兼数职，没有能力和精力组织开展群众文化活动，因而出现了文化体育设施管理不善，设备、图书等丢失严重，文化活动不能经常开展等问题。

那么，是什么造成了这种不平衡呢？这其中的原因有很多，具体来说，造成文化事业发展中的这种区域不平衡的原因主要体现在以下几个方面。

第一，经济发展的不平衡当然是主要原因之一。人类社会发展的历史实践证明，经济发展是整个社会发展的重要基础，文化事业的发展也不例外地会受到经济发展的制约。据国家统计局的统计：1995 年，东部、中部、西部地区的国内生产总值分别为 33615.40 亿元、15867.64 亿元和 8149.74 亿元，占全国的比重分别为 57.70%、27.20% 和 14.00%。按人均国内生产总值计算，东部为 6408元，中部为 3691 元，西部为 2945 元。从农民人均收入来看，东部为 2346.06元、中部为 1422.34 元、西部为 1033.01 元。经济上的差距必然会影响到文化的发展水平，一方面，经济的不发达制约着文化事业的发展，另一方面，文化事业的落后又影响着经济的进一步发展，这两者互相制约又相互促进。

第二，政府对文化事业的资金投入比例失调。文化事业同样是关系到人民生活质量高低的公共性事业，但一直以来，政府对文化事业的资金投入本来就比例失调，这是一个全国性的问题，而在经济欠发达地区，这种投入的不足要比经济发达地区严重得多。例如，2005 年全国文化事业财政拨款达 133.77 亿元，比2004 年增加 21 亿元，增长幅度为 18.60%。财政拨款超亿元的有 27 个省区市，只有海南、西藏、青海、宁夏四省区的文化事业费未过亿元。若以人均计算，2005 年全国人均文化事业费 10.23 元，扣除中央财政拨款，全国地方人均文化事业费 9.37 元。2005 年人均文化事业费超过全国平均水平的只有 13 个省区市（当然大都集中在经济较发达地区）。尽管这几年政府在文化事业上的投入额都在持续增长，文化建设较之往年有所改善，但由于西部地区地广人稀，财政困难，历年对文化欠账多，文化事业费基数较低，因此，尽管文化事业费增幅较大，但增加的绝对额并不足以彻底改变困扰文化事业发展的经费拮据现象，而只能在局部有所改善。

第三，产业结构不合理也是制约文化事业发展的因素之一。一般来说，经济欠发达地区"三农"问题较为突出，城乡居民收入差距大，而且还在进一步扩大。农业持续发展能力不强，农民增收长效机制尚未形成，城乡壁垒明显存在，影响农村稳定因素不少。再加上长期的自然及历史等原因，造成了这些地区产业结构不合理。例如西部欠发达地区，第一产业比重过高，第二产业发展滞后，第三产业发展不充分，呈现高投入、低产出、高消耗、低效益的"二高二低"状态。虽然从地区的文化资源本身的状态看，西部有其独特的特色和吸引力，但受到经济整体结构势态的影响，导致了产业结构不合理，发展水平低，即便是被开发的文化资源，也都是粗放式经营，经济效益较差。

第四，文化产业发展的步伐比较慢。没有经济给文化事业充电，文化事业也就不可能孕育出经济。统计资料表明，2004 年我国文化产业发展与经济发展格局基本相同，呈现东高西低的势态。从文化产业单位数量、从业人员数和拥有资产的地区分布看，东部地区分别占全国总量的 66%、69% 和 78%，远高于西部地区；从收入情况看，东部地区的营业收入占全国总量的 82%，而中西部仅占 18%；从实现的增加值看，东部占 74%，中西部占 26%；从对 GDP 的贡献看，东部地区实现的增加值占 2.56%，中西部地区分别为 1.28% 和 1.35%。省际文化产业的发展尤其不平衡。文化产业从业人员数超过 50 万人的有广东、浙江、山东、江苏、北京和上海，六省市占全国文化产业从业人员的 56%；年营业收入超过 1000 亿元的有广东、上海、北京、山东、江苏和浙江，六省市占全部收入的 72%；实现增加值超过 100 亿元的有广东、北京、山东、浙江、上海、江苏、福建、湖南和河南，九省市占全国文化产业增加值的 73%。而这里没有一个是西部省市。

第五，区域内经济社会发展不平衡。西部属于欠发达地区，与东部、中部地区存在差距，但在西部各欠发达地区之间，甚至是各省内部也存在经济社会发展的不均衡。以四川为例，成都平原、川南和攀枝花市等省内较发达地区，面积占全省 10%，人口占 1/3，而生产总值和地方财政收入却占全省的 60%。青海的经济发达地区主要集中在西宁、海西，西宁、海西的人均 GDP、财政收入等指标远高于其他地区。经济上的这种不平衡同样体现在文化事业发展的方面。在西部的许多落后地区，文化事业作为一种公共性事业的开展无法落实到实处，许多地方，连基础性的公共文化设施都不具备，社会发育程度低，社会资源分配不合理，对社会和文化事业的投入比例低，历史欠账多，这都制约了文化事业的发展。

当前的机遇

虽然我国现行的文化事业发展存在着区域的不平衡，且这种不平衡在全国市场经济步伐加快的总形势下有扩大的趋势，但文化事业的发展并不单一地取决于经济因素，相反，全国经济的高速发展在推动整体文化事业发展的同时，也会给经济欠发达地区的文化事业发展提供各种新的机遇。

第一，在市场经济条件下，发展文化事业和文化产业与发展经济有着相辅相成的互动关系，以文化推动经济，以经济促进文化，文化建设已成为全面建设小康社会进程中的助推器。近年来，随着改革的深入和经济的发展，我国整体的文化事业和文化产业都取得了长足的发展，尤其是在经济欠发达地区，把发展文化事业和文化产业当作了提升经济竞争力的重要手段，许多省区市纷纷出台文化产业发展纲要，提出建设文化强省和文化强市，打造山水文化名片，以文化包装重塑地区形象。

第二，我国是一个地域广阔的多民族国家，丰富多样的地貌地理环境，各民族悠久深厚的文化传统、宗教信仰及生活习俗，都构成了我国多姿多彩的文化资源的一部分，为各地区文化事业的发展提供了基础。虽然在经济发展上，我国东部、中部和西部之间还存在着区域的不平衡，甚至随着市场经济步伐的加快而使这种不平衡有扩大的趋势，但在文化事业发展中，区域间的文化多样性应当给经济欠发达地区的文化事业发展提供新的机遇。各地区充分发挥文化资源在经济发展中的后发优势，变文化资源优势为经济优势，以扩展地区的文化实力和竞争力来提升地区的经济实力和竞争力。

第三，实际上，经济欠发达地区的文化事业发展在最近几年已经有很大的飞跃。例如，2005 年，西部省区市的文化事业发展就有巨大进步，计划经济体制下的文化事业正在市场导引和政府推动下向着产业化方向迈进，文化及相关产业的增加值正在提高，正逐步成为西部地区经济新的增长点和支柱产业。以西部文化产业排名第一的云南省为例，2005 年文化及相关产业实现主营业收入 274.72 亿元，比上年增长 40.16%；营业利润 8.89 亿元，增长 50.93%；增加值 183.58 亿元，增长 36.57%，文化及相关产业从业人员 33 万人。"十五"期间，云南文化及相关产业发展速度很快，在 2001 年文化及相关产业的主营业务收入还是 118.03 亿元，2005 年便达到了 274.72 亿元，增长了 1.33 倍，年均增长 23.52%；文化及相关产业增加值也由 2001 年的 69.43 亿元增加到 2005 年的 183.58 亿元，占 GDP 的 5.29%，增长 1.64 倍，年均增长 27.52%，远比 GDP 增长速度快。这表明，文化事业的发展固然很大程度上有赖于经济实力，有赖于政府的资金扶持，但经济和资金并非唯一的推动文化事业发展的因素，因为文化事业属于精神文明的范畴，我国是一个多民族的国家，丰富多彩且独具特色的地域文化的共存恰好是地区文化事业发展的基础性资源，全国经济的飞速发展恰好为这种资源的有效开发和利用提供了机遇。

第四，近年来，随着国家大力实施西部大开发、中部大崛起的战略，也为中西部地区的文化事业发展带来了良机，从政府到民间，都对发展文化产业十分重视，许多地方甚至政府出面直接推动，为文化产业的发展形成了良好的氛围和政策环境，通过培养文化品牌和抓项目建设，大大促进了地区文化事业的发展。在农村，国家建设新农村的规划不仅意味着政府对发展农村文化事业将有更大的投入，而且意味着政府将更加积极主动地介入到农村的文化建设中。

解决文化事业发展区域不平衡问题的根本出路与对策

文化事业发展中区域不平衡的问题看起来首先是经济发展水平的问题，而实际上观念和体制才是问题之核心，因此，改革创新才是加快区域文化发展的根本出路，其中改革是文化发展的动力，创新是文化建设的灵魂。

由于文化体制和机制是文化发展长期性、稳定性和制度性的规范框架，文化发展所存在的一些矛盾和问题的根源是文化体制机制的不适应、不健全、不完善和不规范。只有冲破传统体制的束缚，才能使文化资源得到有效利用，才能使广大文化工作者的积极性、主动性、创造性得到充分发挥。文化发展迫切要求加快改革创新步伐，革除制约文化发展的体制性障碍，建立科学合理、灵活高效的文化管理体制和文化产品生产经营机制，以体制的先进性和机制的灵活性来增强文化发展的张力和扩展文化发展的空间。

推动文化的发展，体制机制是重点、是关键，而文化自身在观念、内容、形式、手段和方法上的改革创新则是文化发展的基本手段和现实途径，其中最重要、最核心的是推动文化发展观念的转变和创新。要树立新的文化发展观，不断深化文化对发展方向、发展动力、发展思路、发展格局、发展模式和发展目标等一系列重大问题的认识，准确把握新时期文化发展的规律和要求，从而用新的理念、新的境界和新的办法解决文化发展面临的新矛盾和新问题。创新文化内容、文化形式、文化生产手段和方式，就是要适应广大人民群众新的文化需要和审美需求，充分发掘我国丰厚的历史文化资源，借鉴利用国外有益文化产品表现形式及其生产制作方式，以生产出更多思想性、艺术性、观赏性俱佳的精品力作，打造一批具有核心竞争力的文化品牌，实现中华民族文化发展的新飞跃。

除需要认清文化事业发展的根本出路外，解决文化事业发展中区域不平衡问题还需要采取一系列的措施，具体来说，有如下几个方面。

第一，转变政府职能，构建公共文化服务体系。在社会主义市场经济条件下，政府和市场是推动文化发展的两个主要力量。政府是市场规则的制定者，不应是市场竞争的参与者。我们要按照建设法治政府和服务型政府的要求，进一步明确政府的职责，理顺政府与文化企事业单位的关系，实行政企分开、政资分开、政事分开、政府与市场中介组织分开，推动文化行政管理部门实现从"办文化"向"管文化"的转变，从面向直属单位的微观管理向面向全社会的宏观管理转变，从以行政管理为主向综合运用经济、行政、法律等手段管理转变，更好地履行政策调节、市场监管、社会管理和公共服务的职能。加快政府职能转变，要大力推进依法行政，完善行政许可，推行政务公开。同时，政府必须承担起构建公共文化服务体系的重要职责，通过增加投入、转换机制、增强活力、改善服务，构建结构合理、发展平衡、网络健全、运营高效、服务优质的覆盖全社会的公共文化服务体系，切实保障人民群众基本文化权益。

第二，文化有市场才能发展，有消费才能增值，文化事业的发展与文化产业的推进是息息相关的。在今天的市场经济条件下，发展文化事业，最主要的还是要依托经济手段，积极培育文化市场，发展文化产业，推动文化经济。对于经济欠发达地区，发展文化事业的一个重要途径就是：深入挖掘地方文化，发扬区域文化的特色，利用区域文化资源和自然资源，发展旅游、休闲等产业，打造区域文化品牌。例如，我国西部地区是少数民族最为集中的地区，在数千年的发展历程中孕育了丰富的民族文化，是我国文化资源的"富裕区"，而且越是交通不便、贫困的地区，越保存着古老丰富的原生态文化，有的地方蕴藏着丰富的民族民间文化宝库，急待加以保护、整理和开发。如果把文化产业发展和贫困地区脱贫致富连接起来，则既能传承传统文化，又能发展地方经济。一定意义上说，发展文化产业乃是我国经济欠发达地区实现社会发展、缩小与经济发达地区的贫富差距的必然选择。而有了文化产业的支撑，这些经济欠发达地区的文化事业的发展也必定能步入新的台阶。

第三，重塑文化市场主体，增强企业活力和竞争力。在经济欠发达地区，常常出现的局面是：守着丰富的文化资源，文化产业却发展不起来，这其中的一个重要原因就是对文化市场主体的认识不清。市场主体是产业发展的基础。实现文化资源的市场化配置，必须依靠文化市场主体来有效整合各种文化生产要素，形成现实的文化生产力。当前，重塑文化市场主体是深化文化体制改革最为急迫的任务，其中心环节是加快推进经营性国有事业单位转企改制，培育国有文化企业，增强微观主体的活力，并积极调整结构，真正做到创新体制、转换机制、面向市场、增强活力。尤其要着力激活文化市场，完善现代文化市场体系，发挥市场在资源配置中的基础性作用。文化市场作为一个整体统一、运行有序的系统，除了文化产品和服务市场外，还包括各类文化生产要素市场，如文化资金市场、文化设施市场、文化人才市场、文化产权市场以及版权市场等，及其与产品流通、市场中介、人才培训等方面的结构性配套。完善文化市场体系，要打破按部门、按行政级次、按行政区划分配文化资源和产品的旧体制，打破条块分割、地区封锁、城乡分离的市场格局，形成统一、开放、竞争、有序的现代文化市场体系。

第四，政府需加大资金投入的力度，并通过各种途径吸收社会资金参与到文化事业的建设中。虽然国家对"老少边穷"地区一直实行扶助政策，有专项的扶贫资金和建设资金帮助经济欠发达地区的社会经济建设，但这些资金比较少用于发展文化事业。文化事业同样是公共事业，在新社会、新农村的建设中，其作用将越来越重要，因此，从中央到地方政府，对于经济欠发达地区的各种扶助资金，应按适当比例由文化部门统筹安排，用于文化事业的发展。各级地方政府也应增加对文化的投入，将一部分资金用于文化基本建设，保证现有文化设施设备充分发挥作用。各级地方政府尤其应当把农村电影放映、广播电视和文化体育设施维护、文化活动开展、民族民间文化遗产保护、农村乡土人才培养等必须的经费纳入财政预算，每年安排一定的资金用于购进电影拷贝、设备维护、图书报刊、组织活动、各类人才的培训等，以提高现有设施设备的利用率，保证农村文化活动能够经常性地开展起来。

文化事业的资金投入仅靠政府是不够的，尤其对于地方财政本身就不足的经济欠发达地区来说，健全多元化投入机制、完善文化投融资体系就显得尤为重要。对于公益性文化事业和经营性文化产业，应根据需求层次、市场类型和经营模式的多样性特点，采取多元化的资金投放方式，逐步建立和完善新型文化投融资体系。在公益性文化事业领域，应逐步加大政府投入，尤其是要加大公共文化领域的财政投入。对于那些为社会提供公共产品和服务的公益性文化项目和行业，应加大扶持力度，还要鼓励其与社会资本通过项目合作、项目融资等方式吸收社会资本。要逐步建立公共文化项目评估体系，对公益性文化项目以"政府采购"的形式来实现政府的资金支持。要推动事业单位内部经营机制的转换。要结合文化领域国有资产管理体制改革，塑造一批以国有资本为主的投融资运营主体，并发挥其在文化市场资源整合方面的积极作用，逐步改变以政府为主体的文化投融资格局。

第五，人才建设是当务之急。如同经济建设一样，文化事业的发展同样需要人才，对于经济欠发达地区而言，人才的匮乏已极大地制约了地区的社会经济发展及文化发展。要解决这一问题，除需要采取一定力度和措施吸引外来人才而外，更重要的是在本地区培养自己的人才，大力发展教育。对于农村，应按照社会主义新农村建设的需求，加强农村文化干部队伍的建设。各级党政及文化主管部门应从农村文化建设的需要出发，制定农村文化人才培养计划，每年有计划地对农村文化干部进行培训，不断提高农村文化干部的思想和业务素质。各级文化主管部门，要建立专业文化干部到基层工作的制度，经常组织专业文艺团体、文化事业单位的干部深入农村，开展文化下乡活动，培训农村文化干部和文艺骨干，指导基层开展文艺创作和文化活动。党委和政府要重视农村文化干部队伍建设，切实解决乡（镇）文化站的人员编制、干部培训、经费保障等方面的问题，并保持干部队伍的相对稳定。各级政府和文化部门要大力加强农村乡土文化人才的培养，注意发现和选拔优秀的农村乡土文化人才，通过制定农村乡土文化人才的职称评定、使用管理等办法，解决农村乡土文化人才的资质认定、职称评定及其他社会待遇问题，为乡村文化人才的成长和发挥作用提供政策支持和服务保障。

第六，加强公共文化基础设施的建设，以大型公共文化设施为骨干，以社区和乡镇基层文化设施为基础，逐步建成布局合理、门类齐全、功能完备的公共文化基础设施网络，不失时机地发展社区文化、集镇文化、民俗文化，使广播站、文化站、文化馆等成为为居民提供文化大餐的基础阵地。并且要结合地方的特点，因地制宜，组织开展形式多样的社区文化活动，丰富和活跃广大人民群众的精神文化生活。例如农村文化活动要结合农村的特点，突出节假日文化活动，引导农民群众自娱自乐。同时，还要组织开展一些群众喜闻乐见、富有特色的文化活动，比如趣味运动会、文艺汇演、文化夜校等，要在群众文化活动的基础上注意形成一些固定的活动形式，并做到经常化。

（吴　琼　中国人民大学教授）

（徐　晶　中国人民大学硕士研究生）

信息对称与和谐社会建设

林　琳

内容提要　在现代信息社会的大背景下，关注和研究信息对称问题对我国现阶段构建和谐社会大有裨益。信息对称是民主政治中有关政治信息持有者与政治信息接受者之间的供求关系问题，是和谐社会民主政治所追求的一种稳定和谐的动态平衡，它的实现与否直接影响着整个社会主义民主政治的过程，影响着社会主义和谐社会的实现发展。然而，由于当前我国社会主义初级阶段民主制度还不健全的基本国情，在现实生活中仍存在着相当的信息不对称现象，并对我国社会主义和谐社会发展造成了不良影响。因此，现阶段我们必须正确认识和把握信息对称的涵义及作用，了解社会主义和谐社会对信息对称的基本要求，以中国共产党十六届六中全会的《决定》为重要指导，健全民主政治制度，力求信息对称，促进社会主义和谐社会的发展。

关 键 词　信息对称　和谐社会　民主政治　知情权

我们常称现代社会为"信息社会"，这在一定程度上反映了现代社会发展对信息的依赖关系。政治领域亦如此，信息作为一种有用而稀缺的资源，它大部分掌握在政府手里，而政治系统必须借对信息的获取、加工和利用来实现自身的政治目的。就构建和谐社会而言，完善社会主义民主法制、健全社会主义民主政治体系必须通过政治信息的传递和反馈来维持系统的稳定。只有当政治信息绵延不断地发送和反馈进而保持适当的平衡时，才能使整个政治系统充满生机和活力，才能使整个社会和谐稳定。信息对称是社会主义民主政治勃勃生机所需的平衡状态，是实现社会公正所需的和谐状态。

民主政治中的信息对称

（一）信息对称的界定

在政治领域，信息对称是有关政治信息持有者与政治信息接受者之间的供求关系问题，是民主体制涉及和研究的对象，是民主政治过程所追求的一种动态平衡状态。

1. 信息对称是有关政治信息供求关系的问题

政治信息系统总是由三部分构成，即：信源（信息的发生者）、信息媒介（传送信息的中介物）和信宿（信息的使用者）。信源就是我们通常说的政治信息持有者，信宿就是政治信息接受者。由于信宿一方对信息的欲求使得信源与信宿之间产生了联系，这种欲求可能基于民众寻求安全的需要，可能基于不同个体或组织对事物进行认知或判断的需要，还可能基于政府部门决策的需要等，这样信源能否通过中介满足信宿的要求直接关系到政治过程产生的效果，要达到保持社会良性发展的政治效果就要求信源与信宿之间形成一种相对平衡的供求关系，这种相对平衡的供求关系就是我们这里讨论的信息对称问题。值得注意的是政治系统中的信息对称是一个连续的过程而不是信源与信宿之间的一锤子买卖，它是指政治信息从发送者传递到接受者，接受者再把其理解和接受后的政治信息传递给发送者的连续往复过程中的动态平衡。而这种状态只被民主政治所期待，也只在民主政治中才可能被实现。

2. 专制体制没有信息对称，信息对称只存在于民主政治中

信息对称问题只存在于民主政治中，专制体制无所谓信息对称。对称顾名思义绝对不是单级问题，然而专制主义、集权主义统治对信息的要求却从来都是单向的，控制信息成了统治的法宝，统治者们垄断、控制信息的搜集、发布、流传，信奉并实施"民可使由之，不可使知之"的治术。从政治系统输入输出的过程来看，专制体制中这一过程表现为：政府创设制度，驱使社会化和互动，从而引起社会的变化。因此，在这里政府便是输入，社会的变化便是输出。[1] 由此可

---

① 俞可平：《权利政治与公益政治》，社会科学文献出版社，2001年1月版，第15页。

见，单一中心的专制主义信息系统意味着一个"封闭的系统"，更确切的说，封闭越严密，功效也就越大。在封闭的系统中，新闻封锁或无拘无束地撒谎是完全可能的，[①] 信息对称则完全是不可能的，在这里政治信息是分级次、按有限的渠道进行传播的，正式的传播渠道由统治者控制，为他们所用。专制体制是"一鸟入林，百鸟压音"的世界，那里只有一种声音，只有一家之言，而对于民众而言要么哑然无声接受所谓的"唯一真理"并保持彻底的寂静，要么通过政治民谣、传说、小道消息、谣言、宗教或政治笑话等形式传播着可怜的政治信息。专制体制没有信息对称，信息对称只能存在于民主政治中。

3. 信息对称不等于信息对等，而是民主政治中的动态平衡

由于政治信息本身的受控性，传播过程的过滤和接受者的个体差异等因素，民主政治只能要求政府给予公民尽可能多的信息，从而在信息的交互运动中追求一种和谐平衡的状态。

首先，在现实社会中政府的保密性质和技术优势以及公众的分散性都注定它拥有相当的信息优势。政府掌握的信息不仅量大，而且常常比一般的信息更有价值，直接关系到国民经济和社会发展的状况和水平。在政府掌控的信息中可以划分为能够完全对社会公开的信息，只在指定的系统或部门之间共享的信息，只在本系统或部门内部共享的信息和只对某一或某些特定的个体开放的信息。[②] 也就是说一些政治信息要求政府进行保密，由此可见信息对等不但是不可能的而且是不必要的。

其次，信息的传播必定借助一定的载体，无论是新闻媒介民意机构还是基层人际交流都避免不了对信息的过滤，换言之，信息在其传播过程中或多或少要经过加工筛选甚至篡改，当然这也并不是绝对的，不过即便是对一条信息的单线传播在终极接受者那里也未必可以不折不扣。

再次，更为重要的是一个稳定的社会必定拥有一个得到公众认同的主流政治文化，这一主流政治文化依赖于信息传播的一贯性，用政治学术语讲则在于政治社会化。由于"每个政治体系都有某些执行政治社会化功能的结构，它们影响政

---

① 参见［美］乔·托利：《萨民主新论》，冯克利、阎克文译，东方出版社，1998 年 12 月版，第113 页。

② 马费成、李　纲、查先进：《信息资源管理》，武汉大学出版社，2000 年 4 月版，第281 页。

治态度，灌输政治价值观念，把政治技能传授给公民和精英人物"①，因而主体信息传播机构必须执行政治社会化功能以促进政治系统的稳定，这必然要求剔除危害或违背主体政治文化的信息。在我国它表现为政治舆论的一个方向，多种声音，即坚持正确的方向和提倡多种声音。

最后，从信息的接受者角度来讲政治信息的分配就像其他利益领域的分配一样，在人口中会成为不平衡和不连续的分配。造成这一现象主要缘于政治资源控制权的不均匀分配，它包括社会分工专业化，个体的先天素质及社会地位的差异，接受者动机和目标的差异等因素。可见信息在政治系统中要追求的对称状态绝不是也不可能是信息对等，而只能是与主流政治文化相一致的动态的和谐与平衡。

（二）信息对称所指向的对象

1. 政府与公众之间信息的供求关系

首先信息对称指向的对象是政府机关和公众。这两者互为主客体，即是说在这里信息对称既包括政府对公众的信息下放也包括公众对政府的舆论蒸腾。从政府机关对公众的信息下放角度讲，由于政府机关是政治生活中可以影响其他政治主体的主导力量，拥有足够的政治资源（如权力、权威和机构），因此政府掌握的政治信息比政府之外的公众多许多倍，就好比公司董事掌握公司市场、前景和技术信息要比普通股东多许多倍，比消费者多得更多一样。而在一个民主国家里，公众有效的政治参与有赖于对政治信息的掌握和了解，公众有对国家政治生活有关政治信息的知情权，这就要求政府做到上情下达。上情下达包括对国家法律、规章、制度、政策的公开和解释，政府公开（政务公开和涉及公共利益的政府官员的私人生活的公开），及对有利于公民实现其权利的各种信息资源的公开等。政府进行信息公开的方式一般分为两种，一种是以国家或官方政府的名义主动通过公报、出版物、官方网站等方式公开信息，一种是根据申请人的申请，对申请人进行公开。政府对公众的信息下放过程通常以正式的组织、合法的程序和公开的渠道进行的，具有权威性并受法律保护。我国是一个人民当家作主的法治国家，党和国家的政治经济社会活动及与人民利益息息相关的政府信息，依据一

---

① ［美］阿尔蒙德等著：《比较政治学》，曹沛霖译，上海译文出版社，1987 年 2 月第一版，第 91 页。

定的法律程序在一定范围内要做到公开、透明,这既是人民参与管理国家的前提,也是人民政治监督的基本条件。从公众对政府的舆论蒸腾角度讲,公众不是简单的受众,它需要自己的利益表达从而影响政治管理过程,也就是我们所说的下情上达。下情上达的渠道多种多样,它可以通过多元的大众传媒,也可以通过简单的语言传递,甚至可以通过申诉、控告、检举、揭发等激进的方式。我国宪法规定政权是人民的政权,从本质上讲,党和国家的路线、方针、政策的制定首先考虑的就是人民群众的根本利益。这也表明了下情上达在我国整个政治生活的重要地位。从群众中收集政治信息主要有几种方式:通过新闻媒体倾听公民个人及集体的呼声;群众来信(群众将自己的想法、议论、评判写信或打电话给有关单位表达自己的意见);民意测验;协商对话;走访调查。这样民众能对国家事务进行批评,利于及时修正决策和行动中可能存在的失误,保持国家政治行为的正确性,利于民众参与国家的监督管理。

2. 政府机关之间信息的供求关系

信息对称不仅反映在政府与公众之间还反映于政府机关内部上下级之间和平级各部门之间的信息供求关系。政府机关之间的信息交流通常借助正式的政治沟通如汇报、指示、决议等并按规定下达、上呈或转发有关的政治信息。纵向看它被视作上下级组织机构之间的信息传递和反馈过程,包括自上而下和自下而上双向交流。具体表现为上级对下级下达指示、规定计划或教育宣传、刺激鼓励等内容,以及下级对上级的指示和各种管理活动做出的回馈反应或对上级修正指示和为制定新的指示提供参考资料。这一过程主要由上下级对话完成,或者由下级主动向上级反映情况,提出批评建议。横向看政府机关之间的信息对称表现为平级政府各部门之间的信息协调。平级政府机关内部各部门彼此存在着一定的相互联系、依赖和互动作用,同时又具有其独特的结构功能和意义。各部门之间通过信息交流达到相互协调合作,从而保持同一政治系统内部行为的平衡,并同步完成政治目标和任务。①

(三)信息对称与否的衡量标准

1. 信息真实性、可靠性、时效性的满意度

有人曾经这样诠释政治信息,说它"是减少政治主体对政治环境的不确定性

---

① 李景鹏主编:《政治管理学概论》,高等教育出版社,1991年5月版,第176、177页。

（不了解的程度）的东西"，"是提高完成政治目标的可能性的东西"，① 这话不无道理，不过扭曲的政治信息不但做不到这一点反而会适得其反。"充分知情的民主"是有其实现条件的，需求者手中的信息要具有一定的效用，这首先要求接受者手中的信息要真实准确及时可靠。先来看信息的真实性，信息的真实性也可以称为信息的准确程度，准确是信息的生命，它是对事物本身客观情况和特征的尊重，是对事物准确真实的反映，它既包括对客观事实静态特征（状态）的描述，也包括对客观事物动态行为（变化）的把握，有时候还包括对其进行权威性的释惑，这要求信息供给方从实际出发，如实地向需求方提供信息。再来看信息的可靠性和时效性，信息的可靠性可以用信息的可信度来衡量，它要求信息的来源可靠具有一定的权威并可以进行核查；而"所谓时效性，是指从信息发生到利用的时间间隔和应用效用"②，一条超出其利用时间和应用效用的信息再准确可靠也是毫无意义的，所以及时是实现信息价值的条件。总的说来，信息在质的层面反映的是自身的价值问题，信息需求者要求信息准确可靠及时以便借以认知、判断和决策，当然准确可靠及时并没有绝对的严格的界定，而只是需求者相对的满意程度，不过要实现这种相对的满意程度要求拥有完备的信息系统和健全的沟通机制。单渠道信息沟通系统想保持信息的真实可靠十分困难，打个比方说，单渠道信息传递好比信息传送元件的串联，随着级次的增加真实性随之下降，与此相反，多渠道的信息系统则相当于元件的并联，无论级次的多少仍然能保证很高的真实程度。除了多元的传播媒介外，还必须保证沟通渠道的畅通和信息传播的清晰有序，这样才能使各类信息传递得准确、快捷。

2. 信息充分性、全面性、适度性的满意度

信息需求者对信息的要求不但体现在质的层面还体现在量的层面，即是说要保证信息的充分、全面、适度。充分和适度是对信息数量上的要求，有获得某种信息的欲望，并获得了足够的某种信息就做到了充分。适度是指传播的信息量不宜过多也不宜过少，多则泛滥少则不足，都会对民主政治产生不良影响。全面性强调的则是信息应当被多角度、多侧面、多层次、多方位地提供，从宏观到微观从表层到深层完整地反映客观事物的全貌。这要求传送信息的通道拥有相应的负

① 吴大英、杨海蛟主编：《政治意识论》，山西教育出版社，2001 年 1 月版，第 111 页。
② 吴大英、杨海蛟主编：《政治意识论》，山西教育出版社，2001 年 1 月版，第 114 页。

荷能力，也就是承载信息容量的能力。由此可见，要做到信息对称对信息的传播媒介沟通渠道的要求可见一斑。

和谐社会对信息对称的基本要求

社会主义和谐社会是"民主法治、公平正义、诚信友爱、充满活力、安定有序、人与自然和谐相处"的社会，社会公正是和谐社会的基石和本质特点，也是和谐社会的基本条件，社会是否和谐或在什么程度上实现了和谐首先取决于社会成员关系的平等程度，尤其是政治平等程度，而政治平等则要求信息对称。

（一）政治信息下放的公开性、客观性和效用性

政治信息下放的公开性主要指的是政治公开化。就是要在现有的传播媒介帮助下增强政治生活的清晰度和透明度，彻底消解政治的封闭性和神秘色彩。除涉及国家机密外，大量的政治活动，都应尽可能地公开，消除因政治过程中程序上、技术上和地域上的限制，使广大人民群众能够更好地了解政治过程，更好地知政、议政和参政。进而通过政治的公开化保证政治民主化和政治清廉化，推动社会主义民主不断前进发展。

政治信息下放的客观性主要是指下放的信息要具有一定的权威性，它要求信息的来源可靠，内容真实，传播渠道要保证原原本本地反映事物全貌，不得任意删减，所筛选的信息要具有典型性和代表性，要注意信息的质量与时效，不得为抢新闻、凑头条猎取怪诞的不严肃的信息。让信息真正能够实现决策价值（信息对领导的决策直接起作用，成为决策的依据）、认知价值（向领导和公众提供一些前所未知的信息，扩充其耳目，增长其见识）、联想价值（信息引起联想，使其从中举一反三、触类旁通，有助于开阔思路）和参考价值（信息可提供决策以参考，从中受到启发，得到借鉴）。

政治信息下放的效用性是指利用政治信息化达到政治高效化的目的，就是要使政治主体特别是国家、政府和政党等政治主体有较高的信息能力、能量，政治活动要有高效率和高效益，从时效、适效、实效等方面能够适应瞬息万变的国内外形势，把握和利用每一个时机进行调整和创新，以便促使广大社会成员政治效能感的增强，进而介入政治过程，促进政治民主化的发展。

（二）政治信息接收的公民性

政治信息接收的公民性主要是指政治信息传播的普遍性和信息受众的平等性。但是由于现阶段我国经济发展水平的不平衡状况，造成了相当程度上的信息传播手段和媒介的地域性差异，于是这种差异便成了信息接收的公民性的一大阻力。为保障广大公民的知情权利，保证公民获得信息的平等机会，在现有的技术设备条件及传播途径下，我们应尽可能地使政治信息普及化，政治文化世俗化，让政治文化具有参与性、开放性、共识性和进步性，建构政治意识的核心价值体系，并通过政治信息社会化，形成共同的价值取向、规范体系和行为标准，为实现政治文明提供精神支柱和核心灵魂。

（三）政治信息流通的互动性

单纯的信息下放和单纯的信息接收显然还不能构成社会主义民主政治对信息的要求，信息的互动才真正体现了民主的涵义。政治信息发送者与政治信息接收者的双向互动是实现信息对称的基本要求，也是社会主义民主政治对政治信息沟通的基本要求。它涉及到政治信息传播和反馈两个环节，它要求政治信息传播者和接受者的及时沟通实时互动，并借此对自身进行调整，保证民主权力的顺利行使，并通过互动让信息穿梭于整个政治过程系统，循环往复运动，使社会主义民主政治机体永葆青春活力。

（四）政治信息体系的规范性

社会主义民主政治除了在上述方面对信息对称提出了基本要求外，在日益强调电子政务的今天，规范政治信息体系越来越受到格外关注。为了保证政治信息的真实性，政治信息体系需要进一步规范政治信息沟通渠道，保证政治参与合法化，加快制定政治信息化规范和标准，推进信息化管理体制改革，建立健全信息化法律法规体系，加强信息化人才培养与培训，加强网络与信息安全保障体系建设，为和谐社会民主政治的信息对称提供良好的外部环境。

现实生活中信息不对称现象对
构建和谐社会的不良影响及成因

（一）信息不对称现象及后果

信息不对称现象在现实生活中主要表现为暗箱操作（一方得不到信息）的行

为，信息不足解释匮乏（信息的供不应求）以致谣言肆起、无端猜测的行为，信息泛滥（信息的供过于求）以至于难以抉择、盲目无序的行为。这些信息不对称的现象有碍于社会主义和谐社会的建设，有碍于人民民主权利的有效行使，甚至会造成社会管理的成本上升和社会资源的极大浪费。

1. 暗箱操作的危害及后果

暗箱操作是信息不对称的重要表现，是腐败行为得以实现的工具，是指权力委托人利用绝对的信息强势，垄断信息、拒绝公开，在保密的情况下行使权力的行为，相对于公众而言权力的执行和分配、政治系统的运作过程就变成"黑箱"不得而知了。暗箱操作可以有多种表现形式，一方面它表现为一些政府机关编造假数据、假经验、假典型、欺上瞒下、好大喜功、弄虚作假、吹捧浮夸、沽名钓誉，从而导致信息失真，误导上级领导脱离实际、盲目乐观，使地区发展受阻；另一方面它突出地表现为政府官员的以权谋私行为，其中包括在机构设置、人员安排上的任人唯亲、权权交易、权钱交易、权物交易、权色交易、贪污腐化，进而使人民群众的利益严重受损，使社会资源浪费现象屡见不鲜，使社会主义民主政治发展进程受阻；在司法和执法领域暗箱操作还表现为司法者和执法者的贪赃枉法、徇私舞弊等腐败行为，从而造成了执法不严、违法不究、以权压法的严重后果，破坏了法律的尊严和形象，阻碍了社会主义民主法治进程。

在各种垄断信息暗箱操作的行为中，对社会资源造成损失最大的莫过于"寻租行为"，这种行为是指权力主体进入市场，利用自己的垄断地位干预经济，创造经济租金，从而诱使经济主体从事寻租活动，通过行贿获得经济租金的过程。[①]这一过程依靠政府对经济发展的干预调控权力与只有政府才能掌握而公众无法获得的信息的紧密相联，进而为公共部门的官员或他们的亲朋好友通过牺牲公共利益来获取自己的私利提供良机，利用权力具有对稀缺资源进行权威性分配的功能完成寻租和腐败行为。[②] 在公共利益领域，这种寻租行为突出表现为：本应出于社会利益并适当考虑公共部门效率和可靠的政府管理而做出决策，但实际上则以私人利益为基础，很少注意到这些决策对社会产生的效应，受腐败影响的决策行

① 王寿林：《当代中国社会主义民主论》，中共中央党校出版社，2002年5月版，第368页。
② 参见毛寿龙、李　梅：《有限政府的经济分析》，上海三联书店，2000年8月版，第371页。

为扭曲了公共支出过程，导致资金流向不适当的重大项目。

2. 信息不足、解释匮乏的危害及后果

"阳光政治"下，信息的公开和解释是政府的义务，是公民的权利，政府有义务向社会公开与公民自身利益密切相关的重要信息，有义务公开其决策过程并公开对决策的解释，有义务负责为新闻界提供官方活动的详细资料，如果政府不适当地封锁重要的信息或对决策的解释匮乏，就势必出现谣言漫天飞，人心惶惶，危及社会稳定的不良状态，从而严重降低政府信用，容易诱发社会动荡。

谣言肆起、小道消息盛行是信息不足、解释匮乏的重要表现和结果，尤其出现在人事任命领域，重大政策的调整变动之时，重大突发事件的发生过程之中，由于正式的政治沟通渠道信息不足或是对情况没有适当的解释，而导致信息的传递过程中噪音和被扭曲的出现，形成"大道难言小道言"的局面，人们就会根据自己的猜测联想和自己的方式对信息进行加工并迅速地进行传播。这种谣言现象是社会危机的表现之一，它能够造成社会原有结构的失衡和恐慌，是外界环境变动时，由于正常渠道的意见传播迟缓而使上层的信息功能被下层取代的结果，这是一种长期以来一直存在、危害性极强的社会现象。

3. 信息泛滥的危害及后果

信息泛滥是信息供过于求的不对称状态，在信息量过大的条件下，常常会降低信息使用者的判断能力，将决策者和管理者置于难以抉择、茫然不知所措的境地，进而增加管理成本，减缓行政效率。例如，在收集信息的代价问题上，可以说信息量越大，收集足够信息以做出决策的成本就越高。还有信息量过大还会导致拥塞通道，造成大量信息得不到及时有效的处理，使原本有价值的信息失去自身的效力，或者造成垃圾信息占据效用信息空间，导致信息利用率的降低，决策质量的下降。另外，信息量过大还可能为信息滥用提供方便，为腐败寻找机会。最后，信息泛滥的状态在网络发展迅速的今天比较容易出现，如果轰炸似的权威信息塞满公众的头脑就会影响公众做出正确的抉择，甚至使信息成为政治欺骗的手段。

（二）阻碍信息对称的因素探寻

信息不对称主要缘于当前我国社会主义初级阶段民主制度还不健全的基本国情，受过去高度集权的政治体制和封建文化的影响，信息对称在权力过于集中及官僚主义的条件下难以实现，公开透明的阳光政治急切要求政治体制改革，尽可能消除权力过于集中及官僚主义的现象。

1. 封建专制的政治文化传统有碍于信息对称

中国是一个有着几千年封建专制历史的国家，在传统的政治文化中，政治生活具有突出的神秘色彩。比如，历代统治者为了向民众表明自己的合法性，都要宣告自己合乎"天意"，无论是初摄王位的"受命于天"，还是揭竿而起的假托天意，都是向天下宣告自己的统治"承天运，合民意"，这种合法化方式就具有极强的神秘性，这造成了人们心中的政治生活的"神秘之幕"，[①] 再加上人们的言论经常受到干涉，统治者一贯奉行"民可使由之，不可使知之"的愚民政策，在这种政治文化的影响下，现代的一些行政机关往往把信息公开看成是由自己决定的权利而不是应履行的义务，从而阻碍信息对称的实现。另外，中国的政治文化中人性奴化成分根深蒂固，这使得公民的政治参与意识、权利意识都比较弱，更不用说什么监督意识，由此会影响公民对政治信息的关心程度，使信息对称的实现缺乏内在动力，阻碍信息对称的进程。还有，观念上的"抹黑论"也有害于信息对称。在陈旧思想的束缚下，一些人片面地认为对负面信息的公开和揭露有损于社会主义权威，家丑不可外扬，负面报道有悖于社会主义形象、给社会主义抹黑，这些都是愚昧的面子观。"报喜不报忧"式的光明不是民主政治需要的光明，它只能弱化公共机构的权威，减缓社会主义民主政治的进程。

2. 我国民主法制建设不健全的现状有碍于信息对称

我国的社会主义政治制度是在长期的革命与建设实践中逐步建立起来的，两千多年的封建专制统治使中国缺少民主法制的传统，战争时期高度集中的领导体制在改革开放之前形成了高度集权的政治体制模式。受此影响，长期以来，传统的政府管理不靠法律靠政策，人治色彩浓厚，长官意志、个人决策的习惯一直是民主政治的破坏因素，是暗箱操作的承载媒介。在市场经济的条件下，由于法制不健全、政治体制改革严重滞后，权力集中、官僚主义、家长制时有发生，严重妨碍了信息对称的实现。

权力过于集中的现象，邓小平同志讲就是"权力过于集中于个人或少数人手里，多数办事的人无权决定，少数有权的人负担过重，必然造成官僚主义，必然要犯各种错误，必然要损害各级党和政府的民主生活、集体领导、民主集中制、

---

① 沈远新：《政治谣言：界定、生存机制及其控制》，载人大复印资料《政治学》，2000 年第三期。

个人负责制等等"①。它是制造寻租腐败的绝佳条件，是官僚主义的土壤，是利用信息进行暗箱操作的手段。官僚主义是信息对称的又一大敌，它主要表现在：高高在上，滥用权力，脱离实际，脱离群众，好摆门面，好说空话，思想僵化，墨守陈规，机构臃肿，人浮于事，办事拖拉，不讲效率，不负责任，不守信用……欺上瞒下，专横跋扈，徇私行贿，贪赃枉法等等。② 家长制就更不用说，"一言堂，个人决定重大问题"，"个人凌驾于组织之上"，③ 哪里谈得上信息对称。显然这些专制传统影响下的现象常常使权力使用者具有一种抵制行政公开的冲动，他们常凭借信息优势和特殊地位拒绝公开某些公众本可了解的情报，使公众陷于"无知"状态，成为信息对称的极大障碍。

3. 政治信息沟通渠道不畅有碍于信息对称

政治信息的沟通在实践中存在着多方面问题，从而导致信息流通的受阻，造成信息不对称状况的出现。一是信息沟通网络还不健全。整个信息沟通体系基本还只是单向性沟通和垂直性沟通为主。横向信息因为地方保护主义的原因或者政府部门间的各自为政和职责不明引发的相互扯皮而难以沟通，自下而上的信息也因为信息传递通道经常被人为割断而无法沟通，整个政治系统的信息沟通基本上还只是以层层传达高层领导指示为主。二是政治信息沟通渠道经常受阻。政治信息通道堵塞的影响往往是双向的，一方面中央的政策、政令得不到有效贯彻执行，另一方面中央也得不到正确决策所需要的信息。三是政治信息通道不规范。除了政治系统内部自上而下的信息渠道因为行政层级的有序具有法制因素外，政治系统与其环境的交流包括政治系统内部自下而上的沟通渠道都因缺乏法律依据而非规范化，也即关于这些通道的设立没有硬性的规定，软约束成分较多。由于政治信息沟通渠道的非规范化因素，政治系统控制中心难以得到充分的信息实现信息对称，往往是等到问题发生了再总结教训，不能预先控制，结果不仅增大行政成本，也造成社会资源的浪费。④

---

① 《邓小平文选》，第二卷，人民出版社，1994 年 10 月版，第 309 页。
② 《邓小平文选》，第二卷，人民出版社，1994 年 10 月版，第 327 页。
③ 《邓小平文选》，第二卷，人民出版社，1994 年 10 月版，第 330 页。
④ 参见吴大英、杨海蛟主编：《政治意识论》，山西教育出版社，2001 年 1 月版，第 140 页。

力求信息对称，促进和谐社会建设发展

在中共十六届六中全会《中共中央关于构建社会主义和谐社会若干重大问题的决定》的指导下，力求信息对称、实现社会公正、建设和谐社会，要求完善各项社会主义民主政治制度，深化政治体制改革，健全监督机制，加强社会主义法律制度建设，加强对政府行政人员和普通民众的信息教育。

（一）完善各项社会主义民主政治制度，为信息对称提供畅通的渠道

首先，坚持完善人民代表大会制度，保证人民代表大会及其常委会依法履行职能，保证立法和决策更好地体现人民的意志。坚持和完善共产党领导的多党合作和政治协商制度。保证人民政协发挥政治协商、民主监督和参政议政的作用。巩固和发展最广泛的爱国统一战线。人民代表大会制是当代中国政治信息与沟通的一大特色，我国的政治信息收集、分析、处理及沟通的机制以人民代表大会制度为核心，通过人民代表大会来集中人民的意志，集中行使人民的权力。人民政治协商会议制度是人民代表大会制度的必要补充，是沟通党和各阶层民主关系的重要渠道。充分发挥各类人民团体的作用，加强党和政府与人民群众的信息沟通，发挥统一战线信息纽带和桥梁的作用。

其次，坚持完善以民主集中制为原则建构政治信息的分析处理系统。加强集体领导制度，集思广益，在充分占有信息的基础上通过集体讨论对政治信息进行科学地分析与处理，进而使决策最大限度地反映人民的利益。加强协商制度和参谋咨询制度，通过政治协商进一步收集政治信息，通过参谋咨询更好地进行分析处理信息。完善决策机制，建立社情民意反映制度，建立与群众利益密切相关的重大事项公示制度和社会听证制度，完善专家咨询制度，以信息对称推进决策民主化、科学化。

再次，扩大基层民主，健全基层自治组织和民主管理制度，完善公开办事制度，保证人民群众依法直接行使民主权利，管理基层公共事务和公益事业，对干部实行民主监督。

另外，要畅通信息的正常交流渠道，改进和完善沟通网络的结构，要注意提高新闻媒介的权威公正，使人们有信心通过其获取真实全面的信息资源，要注意权威部门对信息的公开解释，消除信息的模糊性，增强政府信用，保证社会心理的健康稳定。

（二）深化政治体制改革，积极推进政务公开

深化政治体制改革，破除信息对称的障碍，积极推进政务公开。进一步转变政府职能，改进管理方式，提高行政效率，降低行政成本，形成行为规范、运转协调、公正透明、廉洁高效的行政管理体制。我们知道官僚主义、权力过于集中、家长制作风都是信息对称的天敌，都是暗箱操作的保护伞，政治体制改革的重点就是要深化机构改革，以转变政府职能、理顺关系、精兵简政、提高效率为目标。要按照政企分开的原则，把企业的自主权切实下放给企业，把属于市场调节的职能切实移给市场，只有这样才能防止权力使用者利用信息优势进行的寻租腐败行为。加大政府行政行为的透明度，实行政务公开，彻底破除行政神秘主义色彩，增强政治生活的清晰度，实现政务的公开、公正、透明。除涉及政府秘密之外的信息以及政府各部门的信息都要进行公开，公开的内容包括经济、政治、文化、生活和其他社会活动中与人民利益密切相关的各个领域，公开的形式既包括结果的公开，也包括过程的公开，以信息公开确保信息对称的实现。

（三）健全各种监督机制，使信息表达多元有效

民主监督是信息表达的主要方式，是防止信息不对称的主动机制，是权力体制民主化的关键。因此要努力做到江泽民同志指出的那样：要深化改革，完善监督法制，建立健全依法行使权力的制约机制。坚持公平、公正、公开的原则，直接涉及群众切身利益的部门要实行公开办事制度。把党内监督、法律监督、群众监督结合起来，发挥舆论监督的作用。加强对宪法和法律实施的监督，维护国家法制统一。加强对党和国家方针政策贯彻的监督，保证政令畅通。加强对各级干部特别是领导干部的监督，防止滥用权力，严惩执法犯法、贪赃枉法。要加强和完善政治舆论监督的方式，拓宽各种信息回馈渠道，重视群众来信来访，鼓励各种社会讨论形式，开展民意测验活动，积极推进协商对话。要健全人民代表大会的监督，重视民主党派的监督，重视利用群众信访、举报形式进行的监督，重视利用报纸等新闻舆论进行的监督。要确立民主监督的权威性，不断提高各级权力机关和领导干部接受监督的自觉性，制定相应的监督法规，充分发挥民主监督的威力。要使各种监督机制真正成为信息对称的守护者，成为承载人民利益的信息平台。

（四）加强社会主义法制建设，规范信息活动行为

一方面，信息对称首先要求法律自身具有透明性，这包括立法过程要有公众的广泛参与，法律要为公众所知，不能把法规当成自己的私有信息外人不知道其

具体的内容，要明确在法治社会不为公众所周知的法律是不生效的法律，要使公民对自己行为的法律后果有可预见性。另一方面，信息对称要求法律保障人民享有的知情权、表达权及监督权等政治参与的权利，要建立健全信息情报公开制度的法律模式。科学界定信息情报公开的义务主体；明确规定享有知情权的权利主题及其基本权利；严格规定信息情报的范围和内容，对长远目标实行长期公开，对固定内容实行定期公开，对急需公开的按群众的要求随时公开，对应当提前让社会和群众了解的应事先公开，对只需知道事项结果的实行事后公开；要明确法律责任，在信息情报公开上，政府有责任向公民提供相关的政府信息，增强其透明度，公民有获知情报的权利但必须履行相应的义务（依法获取、依法使用、依法参与政治决策等）。

（五）加强信息教育，提高信息化意识

加强对政府行政人员和普通民众的信息教育，提高人们的信息化意识。要加强政府行政人员的信息素养，从而提高政府的反应能力和对社会回应能力。也就是要使政府行政人员，党政领导干部具有合格的信息素养，使他们有能力确定所需信息的类型和范围，有效地访问和获取信息，批判地评估信息及来源，将所选择的信息与自己的知识及价值体系结合，有效地利用信息完成特定的目标，了解与信息利用信息访问相关的法律社会方面的各类知识，合理合法地利用信息。同时，要重视普及社会公众的信息技术水平，提高他们对获取政治信息和接受服务的能力，要重视信息社会的公平问题，积极消除数字鸿沟，让每个公民都具有获得政府信息的权利和能力，公平地参与政治过程，行使自己的民主权利。

综上所述，信息对称是我们社会主义民主政治追求的动态平衡的理想状态，它关系着整个社会主义民主政治的运行过程，影响着社会主义和谐社会的建设发展，而现阶段的中国国情告诉我们信息不对称现象已经对和谐社会的建设造成了不良影响，因此了解信息对称的涵义及作用，把握社会主义和谐社会对信息对称的基本要求大有裨益，我们必须在《中共中央关于构建社会主义和谐社会若干重大问题的决定》的指导下，健全和完善各项民主政治制度，力求信息对称，推进社会主义和谐社会不断向前发展。

（林　琳　中国社会科学院哲学所博士研究生）

中国文化核心价值观的传承与重构

构建社会主义和谐社会与国家文化建设

齐勇锋

内容提要　"科学发展观"和"构建社会主义和谐社会"理念的提出，是在我国社会主义现代化建设和经济、社会转型进入关键时期，我党对有中国特色的社会主义道路和党的执政理念认识的新飞跃。本文就构建社会主义和谐社会对国家文化建设提出的新要求进行分析，并对构建新型文化体制的基本框架，与建立高效、覆盖全社会的公共文化服务体系提出建议。

关 键 词　和谐社会　国家文化建设　新型文化体制　公共服务体系

党的十六大以来，"科学发展观"和"构建社会主义和谐社会"理念的提出，是在我国社会主义现代化建设和经济、社会转型进入关键时期，我党对有中国特色的社会主义道路和党的执政理念认识的新飞跃。经济建设、政治建设、文化建设、社会建设四位一体，互为支撑，构成全面建设小康社会和有中国特色的社会主义的新格局，表明我国的社会主义现代化建设已从经济优先发展战略进入到全面、协调和可持续发展的新阶段。

构建社会主义和谐社会对国家文化建设提出了新要求

"构建社会主义和谐社会"是对马克思主义社会发展理论的新发展，是"科学发展观"的精神实质的体现。首先，它是一种价值观，即对马克思主义"以人为本"价值观的中国化表述，把追求公平、正义、文明、法制，实现人的全面发展作为我国改革开放和现代化建设的基本目标，这正是社会主义的本质之所在；其次，它是把"科学发展观"贯彻到社会发展领域的一种全新表述，即要求在经济、政治、文化发展的同时，实现社会的全面进步，实现人与人、人与社会、人与自然环境的和谐发展；再次，它也是对一种新型的社会文化形态的构想，即在继承中华民族传统的"天人合一"、"和为贵"等儒家思想和道德文化精髓的同时，汲取民主、科学和法制等当代人类公认的价值准则，建立在市场经济基础上的一种新型的社会文化形态和人类文明成果的结果；最后，它还是一种新型的执政理念和治国理念，是我党着眼于我国正处于人均 GDP 从 1000 美元向 4000 美元跃迁，经济、社会急剧转型时期社会各个群体和阶层利益多元化，各种社会矛盾错综复杂的实际情况，为实现经济发展、政治民主、文化繁荣、社会进步，顺利完成经济、社会转型而提出的一个全新的、具有浓郁的民族风格的执政理念和治国理念。

"构建社会主义和谐社会"理论的提出，不仅为国家的经济建设、政治建设和社会建设增添了新的内容，而且也对国家文化建设提出了新要求。在我看来，国家文化建设是涵盖了目前我国正在进行的文化体制改革、文化产业和公共文化事业发展在内的一项宏大的系统工程，其内涵至少包括了以下四个层面的内容：

1. 文化思想理论和文化价值体系建设。通过对民族传统文化思想理论的继承、创新和发展，文化价值趋向的构建，以及在文化价值趋向指导下的民族精神塑造和公民思想道德建设，构造国家文化思想理论和文化价值体系的创新机制。

2. 文化制度体系建设。通过文化市场微观主体的塑造，文化市场体系建设，包括文化市场监管制度改革、文化政策的调整、文化立法、党和政府主管部门的职能配置在内的文化宏观管理体制的改革和制度安排，形成适应社会主义市场经济要求而又具有中国特色的国家文化制度体系。

3. 文化基础设施建设和文化事业、文化产业发展。即物质文化层面的各类文化场、馆和文化设施建设，民间、民族文化资源的整理和开发，包括社区文化、群众文化在内的文化生态建设，文化产业的产品开发、技术进步、结构优化和生产力布局安排，建立高效率的覆盖全社会的公共文化服务体系，形成市场化、产业化的文化产品生产机制和布局合理、产业和产品链条完整的具有较强竞争力的文化产业体系。

上述 3 个层面的内容既相互联系、相互渗透而又相互支撑、缺一不可，构成国家文化建设的完整框架体系。这一框架体系既和国家的经济建设、社会建设、政治建设相衔接，同时也和国际上的文化资源、文化要素在不断流动中优化整合。因而，它不是一个封闭性的结构，而是一个发散型、开放性的系统。

从国际经验看，从传统的农业社会向工业社会、信息社会转型的现代化过程，不仅是一个工业化、信息化和城市化的过程，也是社会结构和文化形态的转型过程。所谓文化形态的转型，从我国的具体情况来看，不仅是指观念文化形态的转变，即从传统的以农业文明为基础的宗法文化、贵族文化向以市场经济为基础的现代契约文化、大众文化的转变过程，而且也是文化制度形态从建国以来国家单一投资主体，管办不分、政企不分、政事不分、条块分割，以行政手段配置资源和要素为特征的传统体制向建立在现代市场经济基础上的多元投资主体的混合结构转变的过程。同时也是物质文化形态，即文化产品和文化服务的生产、传播和消费方式从传统的手工生产、纸质媒介向现代复制工业、数字化传媒手段的高科技方式，以及多元化、多样化的文化消费方式的转变过程。

应当指出，由于我国经历了两千多年漫长的封建社会，封建传统文化的积淀十分深厚，文化形态转型和重构的任务本来就很繁重，加之近代以来在列国外强的长期凌辱下，包括建国以来西方资本主义的长期封锁，我国在面临"启蒙和救亡的双重变奏"，救亡压倒一切的形势下，尽管有关文化建设的讨论从来就没有停止过，但由于种种主客观条件的局限，一直没有可能把全面、系统地进行文化建设的工作提上日程，甚至在激进和左倾思潮的推动下，还出现了"新文化运动"① 和"文化大革命"两次影响深远的文化断层，因而更加重了文化建设的任务。改革开放以来，在以经济发展为优先目标的思路指导下，我国文化建设也取得了一定的成绩，但总体滞后于经济建设的情况仍十分明显。近几年来，随着经济体制改革的日益深化，国家经济和财政实力的增强，城乡居民收入水平和文化

---

① "新文化运动"对引进西方资本主义文明和批判封建传统文化无疑具有积极的作用，但同时也存在着激进的"全盘西化"和否定一切传统文化的倾向。诸多学者早已指出这一点，故不赘述。本文不是对"新文化运动"的全面评价，只是从一个长时期的文化形态演进的角度指出"新文化运动"在后一方面所导致的文化断层。

消费需求的大幅度增长，以及国际环境的改善，把文化建设提上国家战略决策的高度，从而实现我国文化建设从近代以来以"破"为主到"破""立"并重，并逐步过渡到以"立"为主的历史性转变的时机已经成熟。实现这一历史性的转变，既是我国在 21 世纪新的历史条件下向全面小康社会迈进，构建社会主义和谐社会的长远需要，同时也是解决当前在经济、社会和文化转型期所出现的诸多群众反映强烈的深层次问题的迫切要求。如包括青少年在内的全社会普遍存在的"信仰危机"问题，区域和社会群体之间的收入差距拉大问题，政府官员"寻租"与腐败问题，教育和学术腐败问题，由于农村文化的"荒漠化"而引发的一些地区"黄、赌、毒"泛滥问题，社会治安问题，生态环境日益恶化等问题，已经成为我国当前必须正视和亟待解决的突出问题。国际经验和我国当前经济、社会转型期出现的问题表明，单纯追求经济增长而忽视文化建设、政治建设和社会建设而导致的发展不平衡，可能引起的后果将是灾难性的。20 世纪日本军国主义的形成，"拉美现象"的出现，前苏联和东欧国家的迅速瓦解，其原因虽然是十分复杂的，但从根本上说，都与文化和价值观的导向发生偏差，从而在制度选择方面出现重大失误直接相关。

文化是民族精神的升华，是一个民族国家赖以生存和发展延续的精神基础。文化建设首先是为国家的现代化建设和长远的和谐、可持续发展提供思想理论、价值观的导向和支撑，整个国家和民族的思维水平和创新能力将因此而大大提高，从而增强经济、社会发展的动力和活力；其次，文化建设在满足人民群众日益增长的文化消费需求，落实公民的文化发展权力的基础上，可以提升公民的科技文化素质、道德修养和文明程度，为国家的现代化建设和长远的和谐、可持续发展提供源源不断的高素质的人力资源；再次，文化建设可以提升公民对集体、民族和国家的认同感和归属感，增强全社会的向心力和凝聚力，从而不仅有利于化解社会矛盾，加强民族团结，保持社会的和谐与稳定，而且由文化建设所提升的中华文化也是瓦解"台独"分裂主义势力，最终实现国家和平统一的强大武器；最后，文化建设所形成的文化基础设施和文化氛围也是一种文化的生态环境，能够对公民的文化修养和健康人格产生积极的影响，也是经济发展、政治民主和社会进步所赖以实现的重要条件。事实上，随着科学技术的迅速发展和经济全球化的浪潮，文化与经济、文化与政治、文化与社会已经融为一体，密不可分。如电影、传媒、演出、娱乐游戏、设计和展览等创意文化产业已构成当代第三产业的重要成分，是世界公认的朝阳产业。公共文化服务事业既有文化的特点和属性，同时也是社会公共服务事业不可或缺的组成部分。以现代文化形态的科学、民主、法制为理念的公民社会的构建，也是政治建设和政治文明的重要内容。因此，文化建设所形成的无形和有形的动能，其所积累的精神和物质财富也是生产力。在一定意义上可以说，在现代市场经济条件下，文化生产力是推动经济发展和社会进步的强大的动力。

从历史上看，我国自秦汉进入统一的封建社会以来，已经出现过三次值得称道的鼎盛时期。第一次是西汉，第二次是盛唐，第三次是清代的康乾盛世。这三次鼎盛时期有一个共同的特点，就是在经济发展、社会安定、国力强盛的同时，实现了文化的发展和繁荣，从而使中华文明走在世界的前列。如今，经过近30年的改革开放，我国迎来了又一次强国富民的发展机遇。从1840年以来，无数志士仁人和革命先烈为之奋斗、梦寐以求的中华民族的伟大复兴时代已经拉开了帷幕。可以预见，在"以人为本"的"科学发展观"和"构建社会主义和谐社会"理念的指导下，伴随着我国经济的快速发展，必将出现一个文化建设的新高潮，中华民族在21世纪实现和平崛起，在全球现代化进程中发挥负责任的大国作用，从而为人类发展和世界进步做出积极贡献的时代已经来临。

构建新型文化体制的基本框架，
为国家文化建设与和谐社会奠定制度基础

国家文化建设既是一项规模宏大的系统工程，也是一个需要几代人不懈努力才能完成的渐进的积累过程。"千里之行，始于足下"，那么，在"十一五"期间，我们应当确定什么样的工作重点和工作目标呢？我们认为，在前述文化建设3个层次的逻辑结构中，制约我国当前文化建设和文化生产力发展的主要因素是在制度层面，即建国以来以国家单一投资主体，管办不分、政企不分、政事不分、条块分割，以行政手段配置资源和要素为特征的传统文化体制已经不适应社会主义市场经济发展的要求和城乡居民对精神文化产品消费的需要，严重束缚了文化生产力的发展。因此，必须通过深化文化体制改革，为解放文化生产力，加快文化产业、文化事业发展和整个国家的文化建设提供坚实的制度条件。

党的十六大以来，尽管文化体制改革已经在电影、出版、广电等一些领域取得了突破性的进展，但离改革的目标还有很大的距离。目前的基本情况是：新体制已经在一些方面开始发挥作用，但旧体制还远远没有退出历史舞台，甚至在一些领域仍然占据着主导地位，继续束缚着文化市场微观主体的生机与活力，制约了文化生产力的发展。因此，我们认为，"十一五"期间，文化体制改革的基本目标是：在总结试点工作经验的基础上，抓紧制定国家文化发展战略规划和文化体制改革整体方案，力争通过几年的努力，在"十一五"期间，能够突破目前改革中的一些难点和传统文化体制的若干主要环节，把适应社会主义市场经济要求的新型文化体制的基本框架在 2010 年前初步构建起来。

关于构建新体制的基本框架，按照党的十六届三中全会提出的"党委领导、政府管理、行业自律、企事业单位依法运行"的改革目标要求，我觉得至少应当包含三个层面的内容：

1. 构造适应社会主义市场经济要求的文化市场微观主体。要以建立现代企业制度为目标，加快国有经营性文化单位的改革步伐。同时进一步放开投资准入门槛，积极鼓励社会资本、产业资本进入文化产业，对国有经营性文化单位进行嫁接改造。继续深化国有文化产业集团改革。最终形成以公有制为主导，以股份制为主要形态的文化市场微观主体的混合经济结构。

2. 建立统一开放、竞争有序的文化市场体系。积极发展文化产品市场，加快培育著作权市场、人才市场、资本市场等文化要素市场。加快发展文化市场中介组织。打破长期以来严重存在的以"条块分割"为特点的文化市场壁垒，促使文化资源和生产要素自由流动，实现优化组合，不断培育新的经济增长点，为文化产业和文化事业的快速发展提供良好的市场环境。

3. 构建新型的文化宏观管理和市场监管体制。要加快文化法制建设。坚持和改善党对文化事业的领导，调整党和政府文化主管部门的职能，形成科学、合理的党政职能分工，切实解决党政之间、政府文化主管部门之间的职能交叉问题。完善文化经济政策。积极、稳妥地推进文化市场监管体制、国有文化资产管理体制、文化投融资体制的改革，为加快发展文化事业和文化产业，提高国家文化建设的整体水平提供持续、稳定和健康发展的制度保证。

从目前进一步深化文化体制改革的主客观条件来看，我们认为通过几年的努力，在"十一五"期间初步建立起新型文化体制的基本框架是可能的。第一，文化体制改革和当初经济体制改革的外部环境不同。上世纪70年代末我国的经济体制改革是在"文革"刚刚结束的封闭环境中起步的，而文化体制改革则是在我国已经加入WTO的全方位开放的条件下进行的。加入WTO对我国既是机遇也是挑战，从目前的总体情况看，应该是机遇大于挑战。然而如果不能通过几年的努力突破传统文化体制若干主要环节的束缚，在"十一五"期间建立起新体制框架的话，我们可能在市场不对称开放中丧失很多发展的机会，届时对我有利的形势则可能发生逆转；第二，我国已经有近30年经济体制改革的经验和教训可资借鉴。今天，无论是市场环境、政府效率还是人们的观念、人才队伍都比上世纪80年代改革开放初期成熟得多，基础要好得多。尽管文化体制改革的理论准备不足，改革的复杂性甚至超过经济体制改革，但这并不能成为拖延改革的充分理由。应当看到，我们是在改革开放的一个更高的起点上开展文化体制改革的。"科学发展观"和"构建社会主义和谐社会"理论的提出，已使经济、政治、社会和文化体制改革融为一体，有了明确的理论指导和比较清晰的改革方向，不必要再经过长时期的"摸着石头过河"的探索过程。因此，经过各方面的努力，在"十一五"期间构建新型文化体制的基本框架应该是可以实现的。在此基础上，可以设想，再用5～10年的时间（2020年前），结合经济体制改革、政治体制改革和社会体制改革的深化，来发展和完善文化新体制的框架。否则，传统体制的惯性可能会大大拖延文化体制改革的进程，延误发展文化产业和文化事业，提升我国整体文化竞争力的最好时机，甚至于在一些领域使我们由主动而变为被动。在这方面，我国经济体制改革是有过沉痛的经验教训的。

这里，我想着重谈谈文化市场微观主体的改革问题。这一方面有这么几个问题要梳理一下：

一是要按照分类改革的原则，积极推进国有经营性文化事业单位向企业体制转变，建立现代企业制度。为什么按照分类指导原则呢？因为各个文化行业不同，存在着很大差别。比如广电、出版和演出、电影的情况就不一样。所以必须按照分类指导的原则，首先把一大批可以实行市场化、产业化的国有文化事业单位分离出来进行转企改制，使之尽快进入市场而发展壮大。

二是要转变国家财政对文化事业和文化产业的投资机制，综合运用多种投融资手段，促进文化市场微观主体的改革和机制转换。目前，国家财政正在从建设型财政向公共型财政转变，这就意味着，国家财政对于文化产业的投资只能是少量的、引导性的。因此，必须要和投资体制改革结合起来，综合运用多种投融资手段，大力引进社会资本，通过多元投资主体的介入来推进国有经营性文化单位的改革，加快文化产业的发展，提高文化产业的竞争力。

三是要有计划、有步骤地将一大批有竞争力的国有和混合经济的文化企业，包括民营文化企业推向资本市场，利用资本市场的投融资功能和结构调整功能促使它们尽快做强做大。1996 年，原国家体改委曾经做过一个规划，提出用五六年左右的时间，把我国上市公司从 300 家增加到 800 到 1200 家，当时还担心实现不了，结果到 2001～2002 年就实现了。现在我国深、沪两市全部上市公司已达 1400 多家。微观市场主体的改革也是一个系统工程，与资本市场结合，不一定就能够做强做大；但不和资本市场结合，想做强做大则是不可能的。最近，国资委提出鼓励中央企业利用资本市场的投融资平台进行重组，优化结构，发展壮大。所以，我觉得可以考虑首先把一批具备条件、有竞争优势的文化企业通过股份制改造推向资本市场。如果在"十一五"期间，有 80 到 100 家具有竞争优势的民族文化企业到境内外资本市场上市，那么我国文化产业的竞争力就会大大提高。

四是要进一步深化国有文化产业集团的改革。目前，全国各类国有文化产业集团有 80 多家，但都是"事业体制、企业化运营"的管理经营模式。我觉得对国有文化产业集团的改革也应该分类指导，可以考虑拿出少数集团来进行整体转企改制的试点。由于一些文化产业集团属于传媒行业，或多或少地涉及到意识形态等敏感性问题，所以在产权结构、治理结构、监管制度等方面要做出特别的制度安排，以确保国家文化主权和文化信息安全。例如，在产权结构方面可以依据不同情况，做出国有资本"独资"、"控股"，或采用国际通行的"黄金股"、"优先股"、"AB 股"等制度安排，保证这些媒体控制在党和政府的手里。我觉得如果在这几个方面做出一些特别制度安排，在其他方面国有文化产业集团的改革就和一般企业没有太大的差别。因此，经过试点以后如果条件成熟，一大批国有文化产业集团就可以整体转为企业，成为文化市场真正的微观竞争主体。

建立高效、覆盖全社会的公共文化服务体系，
为提升国家文化建设水平、构建和谐社会提供良好条件

公共文化事业是指与经营性文化产业相对应，主要着眼于社会效益，以非营利性为目的，为全社会提供非竞争性、非排他性的公共文化产品和服务的文化领域，涵盖了广播、电视、电影、出版、报刊、演出和哲学社会科学研究等诸多文化领域。公共文化事业作为国家整个社会公共服务事业的一个重要方面，在积累、传承、创新和发展民族文化，满足城乡居民日益增长的精神文化需求，提高全民族的思想和科学文化素质，发展和繁荣社会主义先进文化，构建社会主义和谐社会，以及促进国际文化交流等方面都发挥着不可替代的重要作用。

公共产品和公共服务是随着社会生产力发展到一定水平，由于剩余产品的日益增加而出现社会分工，在私有制、阶级和国家的形成过程中产生的，随着生产力发展水平而日益提高，这是马克思主义经典作家曾经论述过的一般政治学和经济学的常识。从国际经验看，发展中国家的现代化进程，也是一个与工业化、信息化和城市化相适应的社会服务领域的"公共化"过程。包括公共文化事业在内的整个社会服务事业的"公共化"，既是公共服务数量、公共服务质量、公共福利水平的大幅度提高，而且也是社会服务结构、社会服务组织体制的巨大变迁。因此，包括公共文化事业在内的整个社会公共服务事业的发展水平，在一定程度上也是一个国家的文明演进和社会进步的标志。

党的十六大以来，按照对"公益性文化事业"和"经营性文化产业"实行分类指导的方针，我国文化体制改革有序推进，取得了积极的进展。其中，对于在经营性文化领域引入市场机制，实行企业化、产业化经营，无论是党和政府主管部门，还是学术界和文化企事业单位等各个方面，已经达成了广泛的共识。随着文化体制改革试点工作的全面展开，国家对演出、出版、电影和广播、电视等行业实行经营性业务分离、转企改制，逐步开放投资准入门槛，允许社会资本进入等一系列市场化的改革措施出台，我国文化产业所蕴涵的巨大潜能在短短几年间迅速释放，出现了蓬勃发展的大好局面。然而，与文化产业领域取得的突破性进展相比，我国公共文化事业方面的改革发展步伐却显得有些迟缓。目前，公共文化事业投入不足，文化基础设施落后，城乡之间、东西部之间文化发展的差距

日益拉大，国有文化事业单位机制不活、效益低下，以及公共文化服务供给不足，难以满足城乡居民的文化需求和国家文化建设的基本要求，已经是一个不争的事实。

在 1978 年改革开放以前，我国的公共产品和公共服务事业是典型的具有计划经济特点的政府选择、政府供给和城乡"二元结构"的短缺形态。此后，在以经济发展为优先目标的渐进式改革思路的指导下，随着经济体制改革的日益深化和国家财政实力的增强，我国在公共服务事业领域也进行了有益的改革探索。近几年来，国家财政明显加大了对科技、教育、文化、卫生、体育、民政、社会保障和环境保护等社会公共服务事业的投资。但总体来看，由于长期以来国家财政投资重点是向交通、通讯、能源、水利等公共工程"硬件"方面倾斜，对包括公共文化事业在内的整个社会公共服务事业的"软件"投资一直不足，因而，迄今为止，我国仍未建立起与社会主义市场经济要求相适应的公共服务事业体系，[①]以致在绝大多数私人消费品已处于结构性过剩的情况下，公共产品和公共服务短缺的状态仍十分严重，由此所造成的种种负面影响和可能出现的社会震荡，对我国的经济发展、社会进步，乃至整个现代化建设和社会主义和谐社会的构建都形成明显的约束条件。为此，我们认为，在"十一五"期间，在国家文化建设和构建新型文化体制基本框架的过程中，应当把公共文化事业的改革发展作为重中之重，初步形成与社会主义市场经济体制和精神文明建设相适应、高效而又覆盖全社会的公共文化服务体系。

在市场经济条件下，公共产品和公共服务普遍采取由政府和市场混合提供的方式。公共产品和公共服务主要由市场提供，存在着消费者"搭便车"的"市场失灵"问题，致使其供给不足；完全由政府提供，则又矫枉过正，不仅纳税人的税负和政府的财政负担过重，而且容易产生政府和公共服务部门效率低下的"政府失灵"问题，以及由于"寻租"而滋生的腐败问题。从西方经济史的发展历程看，自由主义和干预主义两大派别实际上在交替发挥作用的过程中，出现了相互吸收、逐步合流的趋势。无论是自由主义还是干预主义，都既不否认政府和公共部门的作用，也不否认市场机制配置资源的基础性作用，只不过其强调的侧重点不同而已。事实上，公共产品和公共服务因其"公共性"和"受益范围"

---

① 参见于海峰、姚凤民主编：《公共财政学》，华南理工大学出版社 2005 年 1 月版，第 79 页。

而与一定的组织有关。任何公共产品和公共服务都不是独立存在的，而是同某一组织相联系的。公共产品是组织内部成员共享的产品，对内部成员具有"消费的非竞争性和非排他性"，而对于组织的外部成员则具有"消费的竞争性和排他性"。这种组织构成从极小（可以由两个人组成）到极大（由超国家的全球性组织），其间存在着各种规模。

因此，代表公共利益、提供公共产品和公共服务的公共机构是一个多元的体制，政府并不是唯一合法的机构和单一的提供者。在公共服务领域引入市场机制，采取中央政府和地方政府，以及政府与非政府公共服务机构分权的形式竞争性地提供公共产品和公共服务，已成为目前国际上普遍的做法。

公共产品和公共服务也没有单一的生产者。特别要注意的是，不能将公共产品和公共服务的提供与生产相混淆，提供者和生产者可以是同一个单位或机构，也可以不是。公共产品和公共服务的提供是解决谁付费的问题，但是谁生产的问题还要通过公共政策的选择机制做出决策。重要的问题是，既要抛弃传统的以国家财政作为公共物品与服务的唯一付费者、生产者和提供者的观点，也要抛弃公共机构既提供同时也生产公共产品和公共服务的观点。公共机构提供公共产品和公共服务，但是不一定必须介入生产事务，可以采取多种方式，如政府采购、委托私营部门生产等方式，同时，还可以在不同公共机构之间展开竞争来降低成本，提高服务质量。因此，市场经济的发展使得公共产品和公共服务体制在具体的运营形式上有了更大的灵活性。①

从国际经验看，英美等西方发达国家包括公共文化事业在内的整个社会公共服务事业，是在自由市场经济发展过程中，首先确定生产和服务单位的一般市场微观主体地位，后来才根据其产品公共性的特点发展出特殊的制度安排，简单说就是"从一般到特殊"。我国则由于长期受到计划经济体制的影响，形成由国家垄断的文化生产和服务的事业型管理体制，近几年来才根据市场经济发展的需要在公共文化事业领域引入市场机制，同时逐步将经营性文化事业单位从公共文化事业中分离出来，向一般商业性文化企业转型，简言之就是"从特殊到一般"。

---

① 参见（美）埃莉诺·奥斯特罗姆：《公共事物的治理之道：集体行动制度的演进》，转引自《中国财政理论前沿Ⅲ》，第33~64页，社会科学文献出版社2003年12月出版。

总体来看，我国公共文化服务体制改革的特殊性在于与西方发达国家改革的背景和历史发展的逻辑不同，因而解决问题的重点和难点也就不同。西方发达国家是在存在比较发达的私营部门的条件下考虑公共文化服务问题，解决的主要途径是政府如何通过干预来解决"市场失灵"问题。中国的历史起点是计划经济体制下政府包办文化生产和服务事业，要解决的主要是"市场缺位"问题，解决的主要途径是政府如何逐步退出经营性文化产业的投资领域，通过引入社会资本，使市场在资源配置中发挥基础性作用。同时，由于我国目前正处于经济、政治、社会和文化转型过程中，因而，也面临着如何科学地界定政府干预公共文化服务的范围和作用，提高公共服务的质量和数量，建立高效率的覆盖全社会的公共服务体系的问题。在政府干预的具体方式上，发达的市场经济国家由于本身具有相对健全的自发性的社会组织资源，较易于实现分权和建立各种不同公共机构的竞争与合作关系，中国传统的集权型政府体制和"单位社会"形态则缺乏这种资源。[①] 因而，通过制度创新，构造与社会主义市场经济体制和精神文明建设相适应、高效而又覆盖全社会的公共文化服务体系，就成为我国文化体制改革的一项重要内容。

首先，要构造国家文化思想理论和文化价值体系的创新机制。在逐步增加国家财政对文化思想理论和文化价值体系建设的投资力度的基础上，尽快改变文化理论研究准备不足的现状，发挥哲学社会科学的多学科优势，对文化建设和文化体制改革中提出的重大理论和实践问题进行综合研究，尽快拿出一批新的研究成果，为文化建设和文化体制改革提供理论指导。

其次，要大幅度增加国家财政对公共文化事业的投资总量，积极探索公共财政对公共文化事业投资的新机制。要以公共财政投资为主渠道，综合运用多种投融资手段和多种形式的税收优惠政策，促使各类社会资金和生产要素向公共文化领域合理流动，尽快改变农村和中西部地区文化基础设施和文化生态建设的落后状态，形成公共文化产品和服务由政府与市场混合提供的互动创新机制。

再次，要加大国有文化事业单位的改革力度，深化干部人事制度、收入分配制度和社会保障制度改革，积极探索引入市场机制，转换传统的事业体制的运行机制，提高公共文化服务的数量和质量，从而踏上可以取得良好的社会效益和经

---

① 参见《中国文化事业单位改革课题总报告》，张晓明、齐勇锋执笔，未刊稿。

济效益的新途径。

最后，要改革政府对公共文化事业的监管体制。目前，政府在监管方面既有干预过多的"越位"问题，同时也存在着由于政府主管部门职能交叉而出现的监管"缺位"问题。因此我们认为，在时机成熟时，按照党的十六大提出的"宏观调控、市场监管、社会管理、公共服务"的政府改革目标，把政府文化宏观调控部门的改革提上日程，建立机构统一，职能科学、合理配置的文化宏观管理和监管机构，应当是文化体制改革的题中应有之义，也是加快国家文化建设，构建和谐社会的迫切要求。

（齐勇锋　国家发改委经济体制与管理研究所

文化产业研究中心主任、研究员）

重塑国家的文化形象

郭运德

内容提要 国家的文化形象作为国家文化传统、文化创造、文化实力的集中体现，反映出一个国家的国民素质和精神风貌，反映出一个国家的文化消化力和创造力，也是一个国家国际影响力的重要标志。关注"文化中的国家形象"是当下国际交往中不容轻视的时代话题。

关 键 词 国家形象 文化传统 文化创造力 对外传播

文艺在反映社会生活的同时，也在不经意、不察觉中塑造着一个特定国家和地区的公众形象。尽管这种"形象"是长期强化且在不经意间完成的，但"形象"一旦定型，就会在人们心目中打下深刻的烙印，成为人们对于某一特定地域评判的挥之不去的固定印象。

在我们通过文艺作品读出有关法国人的浪漫、英国人的高傲和美国人的强悍之时，好莱坞的导演们却从中国作品中仅仅读到了有关中国的功夫、带神秘色彩的蒙昧东方之类的东西，以致在大英博物馆这样的科学殿堂，中国人依然保持着留长辫穿马褂的形象。著名演员陈冲在经历好莱坞近 20 年的打拼之后，曾深有感触地发现："在好莱坞，包括李连杰和成龙，片商只会看到你的东方特征——男的要会打，女的要有东方魅力。""会打"指的武功，而"东方魅力"无非是些"打女"、妖女、妓女、小妾之类。陈冲的感慨告诉我们一个事实，除了洋人对中国社会与文化的无知和浅薄之外，还有他们关于中国社会形象的扭曲的把

· 129 ·

握。这其中，排除政治偏见和种族歧视的因素，文化传播中有关中国形象的"塑造"也难辞其咎。

一

关注"文化中的国家形象"（或者说"国家的文化形象"），是当下国际交往中不容轻视的时代话题。

国家的文化形象作为国家文化传统、文化创造、文化实力的集中体现，反映出一个国家的国民素质和精神风貌，反映出一个国家的文化消化力和创造力，也是一个国家国际影响力的重要标志。良好的文化形象不仅是国家经济形象和政治形象的精神支撑，是国家宝贵的无形资产；而且还是展示自己的窗口，是加强国际交流与对话、提升国家形象的平台。处在全球经济、政治、军事和文化激烈竞争的历史时期，一个国家不能靠贴牌生产、加工贸易走进世界强国之列。作为一个有着五千年历史的文明古国，我们不能满足于做人家的"硬件加工厂"的角色，要彻底改变对外文化传播的严重赤字和文化入超局面，在开拓国际经济市场的同时，积极开拓国际文化市场，推动中华文化走向世界，努力塑造与国家经济实力、国际地位相适应的文化形象。

目前，中国的文化实力特别是对外展示的文化实力仍然比较弱小。与中国对世界的了解相比，世界对中国了解却远远不及。北京大学教授汤一介在多次访问欧美大学后常常感到吃惊，除学习和研究中国文化的学生外，其他专业的外国大学生几乎对中国文化一无所知。在绝大多数西方人那里，中国文化无非是舞龙舞狮、踩高跷、扭秧歌，或者是"大红灯笼高高挂"之类。好吃的中国餐加上非常模糊的孔夫子代表了西方人对中国普遍的皮毛的了解——在许多人眼里，中国要么很落后，要么很富有；要么很文明，要么很愚昧；要么很强大，要么很怯懦；要么很可怜，要么很可怕……无论是正面的还是负面的，无论是友好的还是敌视的，其实都不是真实的中国。英国前首相玛格丽特·撒切尔在《治国方略——应对变化中的世界》谈到所谓"中国威胁"时说，中国不会构成冷战时期苏联那样的挑战。理由是中国现在还不是一个军事大国，今后也不太可能成为军事大国；因为中国没有那种用来推进自己的力量，从而削弱西方国家的具有国际传播影响的学说；中国出口的是电视机而不是思想观念。作为一个叱咤政坛几十年的老牌政治家，她的话虽然有些尖刻，但确也比较客观。中国虽然不会在军事、经济和政治上谋求世界霸权，但有一个定位准确、与国家经济社会相称的良好文化形象，无论如何都是中国人千方百计向往、梦寐以求实现的。

毋庸讳言，在全球文化交往中，中国文化资源还未能很好地转化成真正意义上的软实力。因为许多文化资源还只是潜在的能力资源，尚未能表现为较为普遍的对世界文化的吸引力，未能在国家政治、外交及价值观方面表现为普遍的价值认同和道德权威。这里既有对中国文化的过去、现在和未来缺乏清醒认识的问题。特别是经历过五四运动和文化大革命冲击后，国人对传统文化的认知依然十分模糊，也缺少较为明确的传统文化与时代发展相结合的具体方略，人们经常听到的多是些似是而非的语言表述，少了些切实可行的行动。我们对外文化推介抑或是现代文化展演，普遍存在把传统文化等同于中国文化的问题，以古典文化和古代题材居多，现当代令世人耳熟能详的文化较少，特别是对现实世界人类面临的许多难题能给予令人信服解答的东西更少。而且，即便是世界公认的传统文化，我们能够站在当下历史高度给以新的诠释，使之转化为现实文化品牌者同样是凤毛麟角。传统文化的传承在一片加强声中淡化，许多文化宝藏遭遇蒙尘甚至流失；传统艺术中的琴棋书画沦为某些人沽名钓誉的工具，其中的风采、个性和奥妙被忽略。同时，还有对现当代文化的对外传播，既没有完整的规则，也缺少系统的归纳、界定和强有力的推广与介绍。总之，如何发掘、整理、弘扬传统文化，如何繁荣并推广当代文化，如何在对外开放中实施中国文化客观务实的自我定位，我们仍然缺乏系统扎实的战略研究和切实可行的具体规则。这就是我们在经济实力大幅攀升的同时，文化形象相对软弱的症结所在。

要重塑中国在世界上的文化形象，首先应当坚持立足现实、面向世界、着眼未来的原则，有计划地系统而深入地审视、发掘、转化民族传统文化的优秀成分，发展、提高其中富有价值的进步内容，克服、剔除其中不利于社会发展的落后内容，吸收世界一切优秀文化成果，并结合社会实际和时代发展，对传统文化以创新阐释和价值重建。中国传统文化是一个宏富的整体，承载着中华民族的基本价值追求，蕴含着中华民族的民族精神，有着独特的民族特质。从发展的阶段性来看，中国传统文化是一个不断发展、丰富并自我更新的过程。就中国古代传统文化而言，刚健有为、自强不息、厚德载物、贵和尚中、仁民爱物、修己安人、天人合一、整体为上等，都反映了当时的文化精神；就中国近代传统文化而言，爱国主义、民族主义、科学精神、民主精神、自由精神等，反映了新的时代的文化精神，是古典文化精神的更新和进步。值得注意的是，无论中国古代的传统文化还是中国近代的传统文化，有些基本价值理念是贯穿始终的，比如，崇尚民族气节："天下兴亡，匹夫有责"，"苟利国家生死以，岂因祸福避趋之"；对自己："自强不息"，"先天下之忧而忧，后天下之乐而乐"，"三省吾身"，诚信，廉洁奉公，"慎独"；对别人："己所不欲，勿施于人"，"己欲立而立人，己欲达而达人"，"和而不同"，"三人行，必有我师"；看待周围的事物："天道有常"，"物极必反"，"否极泰来"，"祸兮福之所倚，福兮祸之所伏"等等。这些基本价值理念，体现了中国传统文化主流价值，反映出中华民族文化特质。当然，中国传统文化作为一个复杂系统，在其数千年发展中，也逐渐积淀了某些不良因素，已经成为社会发展的阻力。例如，个人专断、宗法亲情、道德至上、反对竞争、轻视效率、贬斥利益等等，都是应当批判和剔除的。①

一个新时代不可能建筑在旧文化之上，文化若不随时代变化而加以改造和转换，则会拖延新时代进程。文化的改造和转换要汲取人类一切有益的文化成果，特别是西方文化中的科技理性、社会理性和人文理性精神。让科技理性为科学技术进步提供基础；让社会理性为民主和法制建设提供依据；让人文理性为民族品格完善、人文精神重塑提供保障。用科学和理性的方法来审视周围的一切，用民族精神的重铸为道德和理想迷失的当下找到精神家园。因而，我们既要防止把民族文化复兴变成对缺少"求真"、"批判"、"实证"科学理性精神内核的儒学文化的复古，也要防止后现代主义泛滥，不能一味地把对现代科技批判当作文化建设的依据。在与世界文化的对话交流中，在尊重并吸收那些为国际社会大多数国家和民众认同的文明准则、价值观念，将它们作为建构新价值共识的重要资源的同时，凸显中国文化主体性，从传统文化与历史经验中引申发展出新的价值观，熔铸出具有现代性新质的文化来。罗素早在1922年来中国考察后，就在《中国问题》一书中说过：20世纪里，中国人要急于改变自己的落后现状，不可能摆脱西方文化的影响。如果中国完全屈服于西方文化，将是人类历史的悲哀！解决中国问题要靠中国人自己。今天的中国对于世界的关怀已不再是当年那种饥渴盲目的冲动，而将秉持一种更智慧、理性和负责任的态度，承担起建设文化的中国

---

① 参见《现代视野中的传统文化》，载《人民日报》2005年2月4日。

和中国文化的历史重任。

二

要加强规划，明确目标，从维护我国文化传统、文化利益和文化安全，保持民族文化的独立的高度，加强国家当下的文化创造，不断提升国家的软实力，在全球交融中不断创新和发展博大精深的中华民族文化。

面对群雄并起、全球竞争的社会格局，作为一个历史悠久的发展中国家，绝不能沉醉于历史的辉煌。一提起文化就回到过去，历数祖先的卓越超群，历数传统的源远流长，历数本民族文化怎样具有世界影响，而对于如何把自身的传统文化资源变成现实的文化竞争力，既缺乏认识，又缺乏行动。像那位永远沉湎于过去唠叨不休的祥林嫂，甚至是那个"老子也曾发达过"的"精神胜利"的阿Q。这种满足于已有历史辉煌、躺在祖宗功劳簿上自我陶醉的做法，都是没出息、没出路的行为。"如果我们不能把从先辈那里继承来的东西传递下去，我们所能传给后代的东西就所剩不多了；而一旦全球化腐蚀掉我们传递传统价值的能力或意愿，我们将坐吃山空，变得蜕化，成为那种面向收视率、广告收入和销售指标并追求大众效应的低水准伪文化的牺牲品。"① 因而，赢得别人尊重、赢得自身话语权的惟一途径，就是要有融会中外、贯通古今、标领时代风骚的崭新文化创造。

实现与时俱进的、有自主知识产权的历史性创造，需要一种海纳百川的恢宏气度和勇往直前的拼搏精神，需要站在全新的时代高度上实现民族文化长足发展的战略设计。在这里，祖宗的遗产需要保护、继承和弘扬，但不能一味地在文史典籍的博大精深、古代园林的超尘脱俗、丝绸瓷器的绰约风姿、绘画戏曲的绮丽隽永上孤芳自赏。一切优秀的外来文化精华都要勇于接受，但接受不是顶礼膜拜式的自我臣服，不能在亦步亦趋中成为别人文化的二传手。既不重复古人，也不重复洋人，在寻访历史胜迹，解读先贤智慧之时，需要一种发自内心的文化自觉，而不是附庸风雅的作秀，要善于从民族文化资源和传统文化遗产中开掘新内涵，重新发现中华文化的当代价值；在采取"拿来主义"，感悟外来文化魅力的

---

① ［德］施密特：《全球化与道德重建》，社会科学文献出版社2001年版，第62页。

时候，善于从别人的经验和教训中找到自己创新的路径，学着从自己智慧里寻找未来，意在知己知彼的基础上实施自身的文化超越。

赓续历史文脉，创造更加辉煌的民族文化，更需要脚踏实地的辛勤劳作和系统而务实的自我定位。要增强文化的自觉意识和文化自信心，最大限度地把原有文化资源转化为现实的文化创造力。要有计划、有步骤地提高全社会的人文素养和健全人格，培育全民族的想象力和创造力，独立思考，大胆开拓，在文化的宽广领域里探索尖端知识，营造最新创意，建立学术规范，引领时代潮流。要进一步增强文化人的社会责任感，要抵制那些一味地戏说经典、歪批圣贤，一味搞下半身写作、宣扬滥情，一味渲染暴力、追求感官刺激，一味搜奇猎异、迎合不健康文化需求的恶俗化创作倾向，深刻反映波澜壮阔的现实生活和人民群众创造历史的奋发精神。从思考人类的现状与未来、解决当下面临难题、拓宽发展思路的创造活动中展现智慧的火花，创造出属于既能为13亿人民所认同又能代表我们这个时代的标志性产品，向全世界展示一个伟大民族在新世纪焕发新生机的精神风貌。在对外文化交往中，要防止一味地投洋人所好、按照别人设定的路数去生产文艺产品的做法，决不能让那些荒蛮古拙的原始生态、勾心斗角的宫廷斗争、江湖儿女的恩怨情仇和以打打杀杀为主的"中国功夫"，在不自觉中向世界展示着另类的中国社会的文化形象，印证甚至助长西方社会对于中国的偏见。要善于跨越一切人为障碍，敢于用自己独具感染力与亲合力的方式树立人类公认的文化标准，用全新的民族品牌推销国家的竞争实力，用崭新的文化形象展示民族的文化风采。

在遭遇此起彼伏的"中国威胁论"的国际背景下建设民族文化，加强本土文化的吸引力和感召力，为和平发展铺平道路，决定了中国文化形象建设的道路，既是进取式的，也是被动与守势的；既要注重自身的特殊性，又要着眼于人类的共同性，兼顾普世的原则。要深入开掘已有文化资源的现实价值，既要开掘中国古典文明传统，又要开掘现代社会主义文明传统；既要肯定中国超越宗教的世俗文化具有的高度包容性和强大净化能力，又要让新的社会价值取向给没有宗教传统的人们提供切实的行为约束；既要旗帜鲜明地宣示自己的和平发展，又要令人信服地阐明自己的崛起无意于威胁他人的生存与发展；既要学习西方大国崛起的经验，又要大张旗鼓地宣扬中国发展模式为更多发展中国家摆脱穷困提供的独具魅力的选择；既要追求文化的崛起，树立自己独特的文化品牌，又注重用这种文化来规范自己的国际行为，让更多的人看到自己的国际行为对他国来说是可预期的，以减少他人的担心和误解。为自己创造一个良好国际舆论氛围，巩固作为一个负责任的大国应有的国际地位。

三

要积极发展和壮大中国的文化产业。文化产业作为一个新兴产业，一方面是社会化大生产和文化生产力发展的结果，另一方面表现为各行业中文化资源的充分利用。它是在市场化程度发展到一定阶段时，将文化资源转化为可交换的文化商品的现代市场经济的必然产物。人类一切优秀文化成果，只有获得它的当代形态，通过并借助文化产业的媒介系统才能实现其价值存在和有效传播。而发展文化产业不仅是一般性满足经济文化发展需要，而是对一种新型战略资源、战略市场的掌握，是新一轮全球范围内文化主权的争夺战。

产业化的生产方式把创作、生产和经营的各个环节连接起来，通过文化价值向商品价值的转换，从而将商品价值的实现过程再次转化为文化价值传播和实现的过程。在这个过程中，文化创造的实力以及独特品格固然十分重要，但是，把文化产品进行批量化生产且传播出去的产业手段同样十分重要。复制与传播的能力和水平，同国家的经济、政治、外交和科技实力成正比。文化产品的制作、营销、传播的文化底蕴和科技含量的高低，显示着一个社会总体生产力发达的程度，也标志着一个国家文化产业的发展水准。它不仅直接影响着这个国家文化产品在全球市场上的份额，而且也决定着这个国家在世界上的文化号召力。

由于我国文化产业起步晚、规模小，在质与量上均处于弱势，这势必削弱中国在国际上的话语权和影响力。因而，发展文化产业要有战略思维，既要发挥后发优势，又不能操之过急、浮躁冒进；要立足现实，从实际出发，注重在本土文化中开发出适应现代市场需求的文化产品，用具有自主知识产权的中华品牌，把文化产业做大做强。一是完善文化产业政策，制定产业发展战略。要集中力量开发具有国际竞争力的高质量的文化产品，重点培育战略性文化产业，迅速形成国家的优势产业。要加大国家资金扶持力度，鼓励国有和民营资金对文化产业的投资，按照经济规律和商业化运作模式，按照产权明晰、责权明确、政企分开、管理科学的现代企业制度，建立以文化企业为核心、以法律为基础的文化产业发展机制，放手让企业自主进行相关文化产品项目开发和制定相关的生产、营销的市场策略。改变我国文化产业资源配置过于分散、行业集中度不高、市场份额过分狭小的状况，通过有效的产业政策，引导文化产业进行深度整合，特别是对容易整合、容易形成规模的产业给予优先考虑，要利用具有比较优势的文化资源，把资源优势转化为产品优势和产业优势，并最终形成文化产业的优势竞争力。二是坚持以市场为基础配置文化资源，努力扩大文化产业的市场份额。市场经济必须重视市场、研究市场、占领市场，让资源占有方式主导文化产业的发展模式。只管生产不管消费的现象再也不能继续下去了。必须增强文化产业开拓市场的能力。同时，促进文化产业领域对外开放，利用好国内国际两个市场、两种资源，借鉴引进国际先进的文化产业营销管理经验、技术、资金、人才和项目，大力开发和积极鼓励具有优秀民族特色、具有市场竞争能力的文化产品和项目走向国际市场。三是推动科技开发，提升文化产业科技含量。文化产业不同于单纯制造业，它实际上是个"头脑产业"，核心竞争力就是它的创造性文化。而实现核心竞争力的动力在于人才和科技。要培养和吸引一大批有文化、懂市场、富有创新能力的专业人才，充分发挥新兴媒体、创意产业、动漫游戏等产业优势，力争不断推出一批引领产业潮流的原创性文化产品占据世界文化市场。要把扩大开放、引进技术与引进资金、调整文化产业结构结合起来，坚持以市场换技术，加大先进适用技术的引进力度，带动整个行业技术水平的提高。要加紧开发数字化网络化技术，组建一批整合多种文化资源于一体的大型网站，建立大型中文信息平台，扩大网上中文信息量，抢占网络媒体制高点。采用高新技术手段，丰富舞台表演、影视制作、音像出版、展览广告的艺术表现和制作水平，最大限度地提高文化产品质量和市场竞争力。四是加快文化产业的立法进程，完善文化市场法规制度。通过规范的文化法规，建立配套有序的文化管理体制、投融资体制和市场准入、市场调节制度等，减少人为的即兴的随意操作，实现政府依法管理，企业依法经营，使文化产业逐步走向自律的、健康的、良性发展的轨道。

当然，发展文化产业不能只重产业而轻视文化，把文化产业仅仅看作是个经济问题，而应视为一个关乎民族、国家的文化身份、文化形象和文化安全的问题，关乎一个民族文化原创力的大问题。如果单纯受纯粹的经济利益驱动，不重视文化基础理论研究和文化的原创性建设以及民族优秀传统文化保护与发展，大量的优秀人才、优秀文化资源就会造成严重浪费，文化产品的附加值就会大大降低，民族文化大师的培养和国家文化事业的可持续性发展就会化为泡影。如果过于放纵文化产业化中的消费主义和享乐主义倾向，过分倚重文化的娱乐功能，无端推崇那些暴富人群骄奢淫逸的炫耀性、夸饰性和奢靡化的文化消费，任由各种毫无档次的娱乐、选秀、游戏、恶搞、戏说等恶俗文化的流行，引诱文化大众特别是青少年群体追求极端享乐主义的文化消费方式，就会导致全社会价值观念的迷失，进而导致全民文化素质乃至道德素养的滑坡。世界范围内，某些国家推行文化商品化带来的商品拜物主义思潮，暴力、黑幕、犯罪、纵欲和"娱乐至死"带来世风日下，创意消失带来的心智枯萎和官能肥大等，正在成为破坏人际和谐、阻碍社会进步的精神海洛因，其惨痛教训值得汲取。因而，在发展文化产业时，必须始终不渝地把文化产业中的"文化"作为产业的主题，须臾不可或缺地注重产业中文化的创造，注重创造中的产业运作，注重消费中的文化品牌和文化内涵，不断推动文化与产业良性互动，推动文化产业的健康发展。

四

坚定不移地实施中国文化"走出去"战略。"走出去"包括两个方面的内容：一是政府、行业和民间的各种文化往来，二是文化的对外贸易与民族文化的国际认可。一个国家的文化能否走出国门，产生国际影响，直接关系到国家文化形象的建构和传播，在国家文化形象的评价体系中占有重要地位。

文化要展现民族的良好形象，对其他国家受众发挥作用，首先必须进入其主流文化市场。仅就文化贸易而言，现阶段全球文化市场容量达12000亿美元，主要集中于电影、音乐唱片、动画和电脑游戏等大众娱乐项目，各国不惜血本争夺这一市场。美国在世纪初文化产品出口达700多亿美元，它所属的某些大型国际传媒公司产值就超过我国全部文化产业总产值，相当于一个中等国家的GDP。由此造成发展水平、创造产值和市场开放领域的不对称。发达国家与后发国家在文化市场上形成低位势反差，特别是直销、租赁、进口、分销制度的实施，让发展中国家面临文化市场被外来文化占领的危机。跨国文化企业的垄断，使越来越多的高附加值、低成本的文化产品向发展中国家倾销，控制着全球文化产品消费市场。他们不仅控制着国际文化产业的发展趋向，而且代表其利益的国际投机商还操纵整个国际文化市场。毕加索、凡高的油画动辄八九千万甚至上亿美元，而东方艺术家的写意画、陶艺品和非洲艺术家的木雕等却没多大价位，这是由西方对世界文化谱系的扭曲设计决定的。

那些以经济科技作后盾的文化倾销，目的更在于文化的灌输和市场的占有，它对发展中国家文化生态、资源乃至整个国家的文化安全构成极大威胁。文化生态作为一个国家长期形成的生存与发展的全部外在文化条件的总和，是维系民族社群存在的生命线，一旦遭到毁灭性破坏，那么失去的不仅是文化生物链的有机性，而且也使民族存在失去了文化基因的谱系依据。这些不可再生的文化生态一旦被打破，文化多样性就会消失，民族危机在所难免。而文化资源作为国家和民族全部文化积淀，是解释一个国家和民族文化身份、显示文化个性的依据，是一个民族自尊自信的精神归宿。对本民族文化资源的开发利用，不仅涉及文化保护，更重要的是对意义世界解读的话语权。① 在全球化条件下，各民族文化资源可以全球共享，但共享的前提是尊重和借鉴，决不能演变成对别国文化资源的曲解。联合国教科文组织 1998 年颁布的《世界文化发展报告》，针对后发国家在文化遗产数字化过程中面临的危险指出：由于后发国家缺乏对文化资源有效的保护，依赖于国际资本实现其文化遗产的数字化，从而在知识经济时代的国际格局中，再一次成为文化资源的廉价出口国和文化产品的高价进口国，他们失去的将不仅是自己文化的解释权，而是整个文化遗产基本含义发生变异，从而使一个民族迷失最基本的文化认同感，从文化的根部彻底动摇它存在的依据。

发展中国家由于投资不足、政策落后、缺乏对文化原创激励机制、市场发育不成熟、且缺少必要促销手段等，仅靠市场自发调节来保护文化多样性、同世界跨国公司进行所谓"公平竞争"，那是不可能的。如果仅受纯粹商业利益支配，许多弱小国家的文化产业很快就会被跨国公司挤垮或被其替代。所以，除了发展中国家要提高文化自觉意识，加强本土文化维护、建设和对外传播以外，还必须动员国际社会一切力量来保护发展中国家的文化产品、文化价值和文化身份，绝不可受眼前蝇头小利的诱惑，置民族文化长治久安大计于不顾，拱手做了世界商业性的流行文化的俘虏。

所以，中国文化"走出去"，要立足现实，放眼全球，加强对国内外文化产业的市场调研，制定出一整套与中华民族历史、现状及未来相适应且又符合国外

---

① 胡惠林：《在积极的发展中保障中国的国家文化安全》，载《文艺报》2002 年 10 月 10 日。

受众接受口味的文化传播战略。文化的对外传播和受纳，说到底是个个性展示和魅力征服的过程，是个潜移默化、润物无声的过程。惟有那些有着深刻文化蕴涵且又适应他人接受心理的文化，才能真正深入人心并获得持久的作用和影响。对外文化推介要强化内功，努力增强民族文化的感染力和吸引力，增强民族文化的品牌意识，从具体的文化产品和文化观念、标识、品牌入手，脚踏实地、循序渐进地开展对外文化交流和文化贸易。我们既要展示雍容大度的大国风范；还要懂得适应别人的接受心理，学会用灵活和易于被人接受的方式与外国人打交道，最大限度地增加人们对于中国社会和中国文化的认同感。

而加强对外文化传播，重塑民族文化形象，决不是一朝一夕的事件，必须从长计议，拿出足够的韧劲和耐心。目前，一些部门和单位在没有经过严密科学论证和制定可行方案的情况下，一蜂窝地搞对外文化展演推销，盲目地大数量兴建文化推广设施，其用意固然不错，但类似的缺乏文化底蕴的廉价推销、硬性搭配，是不切实际的贪大求全、急于求成的做法，不仅不利于对外文化传播，而且还可能产生适得其反的结果。只有充分利用政府或民间、与主流文化部门合作或商业运作等方式，进一步搭建起国际文化交流的平台，通过各种途径向世界介绍中国的历史、文化和国家对外方针，介绍中国人的思想、情感和行为方式，介绍中国社会的价值观、审美观，才能让世人尽可能全面深入地了解中国的过去、现在与未来。只有着眼世界文化前沿，通过促进文化的发展创新增强文化的整体实力和国际竞争力。坚持文化的自主发展战略，用大量的真正富于原创性的文化产品去开拓民族文化品牌的国内国际市场，对内激励体现民族价值观的文化消费，对外提供具有国际竞争力的文化产品和文化服务，解决文化交流中的"逆差"问题，才能不断增强民族文化在全球市场的竞争力，不断提高中华民族文化的吸引力、感召力和全球影响。

（郭运德　人民日报社文艺部主任、研究员）

和谐·仁爱·自然

——中国传统文化的核心价值观

贾磊磊　潘　源

内容提要　文化的核心价值观是一个民族、一个国家、一种文化整个价值体系中处于中心地位、具主导作用的价值取向，它集中体现着人们关于个人、家庭、国家乃至人类社会的终极理想，左右着人们在政治、社会、伦理、审美、历史领域对于是非、善恶、美丑、正邪的基本判断。作为中国传统文化的核心价值观，"和谐"、"仁爱"、"自然"反映了中华民族对世俗生活的现实要求以及对未来前景的美好憧憬，这种终极理想分别体现在哲学、社会、政治、伦理、审美等不同精神领域。它既是中国文化代代相传的历史基因，也是建构社会主义核心价值体系的重要文化资源，是推进中华文化不断发展的无形力量。

关 键 词　核心价值　和谐　仁爱　自然

今天，在全球化历史语境中，我们寻求文化多样化发展、谋求不同文化之间求同存异、和谐共处的同时，也应注意到一个社会的和谐进步与稳定发展，除需建立多元化的文化对话机制之外，还需建构一种文化的核心价值体系。这种核心价值体系的建立，对外可以确立中国自身的文化品格，构成与异域文化进行对话、交流、互动的基础，进而改变单一的意识形态话语机制，为中国文化走向世界搭建更为宽阔的交流平台；对内可以实现不同利益群体间的相互认同，消解利益分配中可能形成的价值观分化与对立，从而确立一种全社会普遍信守的文化理念，以实现对中国文化精神的集体认同，为社会主义核心价值观构筑坚实的文化根基。

文化的核心价值观是一个民族、一个国家、一种文化整个价值体系中处于中心地位、具主导作用的价值取向，它集中体现着人们关于个人、家庭、国家乃至人类社会的终极理想，左右着人们在政治、社会、伦理、审美、历史领域对于是非、善恶、美丑、正邪的基本判断。文化的核心价值观是人们在长期实践活动中逐渐形成的一种主流社会意识形态，它主导着人们普遍的文化认同倾向，所以，文化的价值观并非只是经典文献中的理论学说，而是绵延在普通百姓世俗生活中的思维方式与行为方式，它具有广泛的社会基础和恒久的历史传承性。

一、和谐，是中国古人在长期社会实践中逐渐意识到的人与自然、人与社会、人与人之间相互依存的一种理想状态，是万物生生不息、繁荣发展的内在依据。中国文化中，以"和"为本的宇宙观，以"和"为善的伦理观，以"和"为美的艺术观，共同构成了中国文化核心价值观的重要内容。

中华文化的和谐理念滥觞于尧舜时代。《尚书》就有"协和万邦"①、"燮和天下"②的记述，《周易》中也贯穿着"天下和平"的政治理念。先哲们的目光遍及万邦，所向天下，反映着中国上古时期人们对普天之下芸芸众生"协和"、"和平"生活的美好憧憬，对国家社稷安定繁荣的无限期望和对万邦归顺、诸侯称臣的和谐天下的向往。时至春秋初期，管仲明确提出"和合故能谐"③的和谐观念。他认为只有协调、合作才能达到和顺、和睦、和谐，反之则会失度、失衡。作为农业文明时代的思想家，管仲特别强调"四者俱犯，则阴阳不和，风雨不时"④，灾害横生。管仲在对自然界客观规律的认识与把握的基础上，提出他的"察和之道"。他把君臣之间、上下之间、百姓之间的和睦相处看作是国家政令通畅、政治昌明的文化标志。在法律制度并没有建立的古代社会，《管子》中

---

① ［汉］孔安国传［唐］孔颖达疏：《尚书正义》，《十三经注疏》，中华书局1980年版，第119页。
② ［汉］孔安国传［唐］孔颖达疏：《尚书正义》，《十三经注疏》，中华书局1980年版，第240页。
③ ［汉］刘　向：《管子校正》，《诸子集成》第6册，岳麓书社1996年版，第114页。
④ ［汉］刘　向：《管子校正》，《诸子集成》第6册，岳麓书社1996年版，第355页。

提出的和谐之道不仅具有引导国家政治的社会意义，而且这种推及家庭伦理倡导父母、夫妇"不失其常"、"中和慎敬"① 的和谐思想，在客观上也为中华民族的和谐文化价值观的实现敷设一条从个人到家庭、直至社会的基本架构。

在《管子》提出人与自然和谐共存的自然观，人际之间和睦相处的伦理观，社会和谐发展的历史观之后，道家哲学以"道生万物"为核心理念，对中国和谐文化的价值体系进行了丰富和延展。老子认为"万物负阴而抱阳，冲气以为和"②，在阴阳两极对立基础上提出有无相生、难易相成、长短相较、高下相倾、音声相和、前后相随等一系列具辩证思想的基本命题，扩充了中国传统文化的和谐观，将和谐从一般社会层面提升至哲学高度，赋予和谐理念更为普遍与深邃的哲学内涵。以孔子为代表的儒家学说是中国传统文化和谐观的重要组成部分。在古代儒家的思想体系中，无论是讲人类社会，还是讲客观世界，都是建构在"中""和"的基础之上。在儒家的自然哲学中，"中"是"天下之大本"；"和"为"天下之达道"，只有"中""和"一致，才能实现"天地位焉，万物育焉"的和谐天下③。在思维方式上，孔子一贯秉承"执两用中"之道，反对偏执、极端的思维方法，倡导在相互对立的两极状态中保持一种不偏不倚的中间状态，以达到和谐完美的境界。需要强调的是：中国传统文化中的和谐观并非以取消事物个性差异为前提的。实际上，孔子所谓的"和而不同"强调的正是在保持自我个性精神基础上的和谐与统一。《国语》中记载的"和实生物，同则不继。以他平他谓之和，故能丰长而物归之；若以同裨同，尽乃弃矣"④，强调的也是不同事物之间只有在保持多样化前提下，才能生存发展。如果完全趋同，和谐就失去了相互协调、共存的基础。

中国古代哲人还特别善于把精深玄奥的哲学理念通过日常生活中的具体事物来进行生动的阐释。如《左传》所说"和如羹焉，水火醯醢盐梅以烹鱼肉"⑤。这看似讲的是最寻常不过的饮食烹饪，实际上是以烹饪为例，强调众多差异性事物的中和汇聚实是和合的基本要义，进而明确了事物之间各自的差异性、个性是

① ［汉］刘　向：《管子校正》，《诸子集成》第6册，岳麓书社1996年版，第402/314页。
② ［三国］王　弼：《老子道德经》，《诸子集成》第3册，岳麓书社1996年版，第20页。
③ ［春秋］孔　丘：《礼记》，中庸。
④ 薛安勤等：《国语译注》，吉林文史出版社1991年版，第662页。
⑤ ［汉］荀　悦：《申鉴》，《诸子集成》第9册，岳麓书社1996年版，第13页。

和谐共生、相互发展的基础。所以，和谐并非要取消原有事物的自身品格，而是在相互认同基础上中和、融会。东汉史学家荀悦《申鉴》也认为君子应当"食和羹以平其气，听和声以平其志，纳和言以平其政，履和行以平其德"①。"和"在此讲的并不是二者相加之和，而是和谐、和顺、和美、和睦之和。这表明中国的和谐观念是古代哲人有感于对现实生活的切身体验而作出的理性升华，是东方民族在社会生活中群体智慧的结晶。同时亦表明，中华民族的"和谐"观并非局限在国家政治、艺术美学与伦理道德等形而上的观念层面，也体现在普通百姓的世俗生活之中。中国传统文化的和谐价值观本身便是多种观念形态的多元统一，是中华民族理性思维与生活智慧的集中体现，它反映了中华民族对和谐社会的真诚憧憬和不懈追求；成为中华民族思想宝库中的一笔精神财富，具有承传与弘扬的历史意义与恒久价值。

通观中国古代美学史，我们会发现其中蕴涵着一种一以贯之的审美理想，即以"和"为美。以"和"为美不仅涉及艺术的表现形态与艺术风格，还关涉文艺与自然、社会、政治、伦理等相互联系的重要问题。在《中国美学史》中，李泽厚、刘纲纪曾将中国古代美学思想的基本特征概括为高度强调"美与善"、"情与理"、"人与自然"的统一，可以说揭示出中国古代美学思想的精神主旨。但是，中国古代美学思想强调的所谓"统一"，并非仅指对应物间的交融、汇合，而是始终强调在对立两极中持不偏不倚的中间取向。由此探寻下去，我们还会发现，以"和"为美的美学观与中国传统文化中的宇宙观和人生观也翕然相通。《周易》曰："乾道变化，各正性命，保合大和，乃利贞"②。其"大和"意指和谐的最高境界，正是古人对自然世界与人类社会的由衷憧憬。荀子曾说："万物各得其和以生"；西汉哲学家董仲舒亦云："和者，天之正也，阴阳之平也，其气最良，物之所生也。"③ 他们都把自然万物的生衰兴灭视为"和"的最终结果，认为"和"是整个宇宙发展的根本规律。在古代思想家心目中，"和"已成为一种具普遍意义的本体论命题，是万物生生不息、繁荣发展的内在依据。

中国古代哲学家认为，"大自然及人类社会按其本性来说就是和谐的，而最

---

① ［汉］荀　悦：《申鉴》，《诸子集成》第9册，岳麓书社1996年版，第13页。
② 《周易》，上经。
③ ［西汉］董仲舒：《春秋繁露》，循天之道第七十七。

高意义上的美就在这种和谐之中"。① 在此基础上，古人还推导出一套立身行事的行为准则和价值尺度，提倡以中庸之道为核心内容的人生哲学，从而在中国传统文化价值体系中赋予"和"以主体的人格意义。孔子说："君子和而不同，小人同而不和"②。"和"即成为区分君子与小人的内在尺度。《论语·述而》中记载"子与人歌而善，必使反之，而后和之"，"和"又指通过音乐而达到的人际之间亲善友爱的人伦关系。孙家正部长曾以北京故宫的核心建筑为例，说明它们集中反映了中国传统文化以和谐为核心的价值观。太和殿：天地祥瑞，喻人与自然和谐；中和殿：中庸平和，喻人世和谐；保和殿：心态和顺，身体安适，喻人的身心和谐。这三个大殿反映了中国传统文化以和谐为本的价值观③。所以，在中国传统文化中，以"和"为本的宇宙观，以"和"为善的伦理观，以及以"和"为美的艺术观，在文化精神上一脉相承，在思想方法上相互一致。和谐是以中国哲学观念为支柱、以普遍的社会心理认同为根基的核心价值观。

二、中国传统文化中的"仁爱"观为儒家首倡，后来人们把"仁爱"的思想观念提升为世俗社会应当共守的一种人伦秩序，使"仁爱"思想从经典文献的字里行间走向民间世俗生活，"仁爱"的价值观即变成一种躬身践行的生活方式，能够与家庭生活、社会生活密切相关的现实活动。

中国文化的核心价值观来源于中国特定的社会历史传统，来源于中华民族几千年来的社会实践活动。同时，文化的核心价值观又对人们未来的社会实践具有引领与导向作用。所以，对于文化核心价值观的研究、承传，不能脱离具体的社会实践，不能脱离人们具体的思维方式和生活方式。千百年来，仁者所以为人所仰慕、仁学所以被人所敬奉，首先在于仁学就本质而言是一种"爱人之学"。据考："仁"是人字的复体，与任、妊同源。古时怀孕称"仁"。"仁"即引申为育人、养人、助人、爱人之意。阮元说："仁之意，人之也"。就是说仁的本意即以人的方式待人。

---

① 李泽厚、刘纲纪：《中国美学史》第一卷，中国社会科学出版社 1984 年版，第 91 页。

② ［春秋］孔　丘：《论语》，卷七·子路第十三。

③ 孙家正：《当代中国文化的追求与梦想》，《文化发展论坛 2005 年度文集》，文化艺术出版社 2006年 1 月第一版，第 2 页。

　　"仁"的概念早在商周时代即已出现，《尚书》便有"克宽克仁，彰信兆民"①的记载，说的是统治者如果能宽能仁，便能够昭信于万民；周代的政治哲学普遍认为"仁"与"和"是相辅相成的。《礼记》指出"发号出令而民说，谓之和。上下相亲，谓之仁"，"义与信，和与仁，霸王之器也"②。那时的人们把和、仁、信、义、德、贤看作是社会道德规范在生活不同层面的具体映现。事实上，中国古代倡导的社会和谐、人际和谐总是以"仁"为基础。所谓"为政在人，取人以身，修身以道，修道以仁"③，就是说为政、修身、修道均要以"仁"为根为本。然而，作为"天下之表"的"仁"与"天下之制"的"义"，以及柔如杞柳的人性，在诸侯纷争的岁月里怎么能够抵得住"争夺相杀"的刀枪剑戟，怎么能挡得住"驰骋疆场"的金戈铁马？所谓"终身之仁"和"数世之仁"④只能是身处战乱中的人对伦理化良辰美景的无限憧憬。就连孔子也不得不惊呼"君子之所谓仁者，其难乎!"⑤孟子亦慨叹"仁之胜不仁也，犹水胜火。今之为仁者，犹以一杯水，救一车薪之火"⑥。正因如此，"仁爱"的理想境界才令人们备加珍惜，分外向往，"仁爱"也就成为人类对现实世界进行文化救赎与道德重构的理想之途。

　　中国传统文化中的"仁爱"观为孔子首倡。孔子认为"唯仁者能好人，能恶人"⑦，他在《礼记》中特别阐述"爱人之仁"的重要地位与核心价值。他认为"不能爱人，不能有其身"、"不能成其身"⑧。这种"仁者爱人"的思想一直为后人所敬重与承传。孟子说"仁者爱人，有礼者敬人。爱人者人恒爱之，敬人者人恒敬之"⑨，这样就把"仁者爱人"的观念提升为世俗社会中应当人人共守的伦理秩序和价值准则，使"仁爱"思想从经典文献的字里行间走向民间的现实生活，把"仁爱"的价值观变成了一种躬身践行的行为模式，能够与家庭生活、

---

① ［汉］孔安国传［唐］孔颖达疏：《尚书正义》，《十三经注疏》，中华书局1980年版，第161页。

② ［春秋］孔　丘：《礼记》，经解第二十六。

③ ［春秋］孔　丘：《礼记》，中庸。

④ ［春秋］孔　丘：《礼记》，表记第三十二。

⑤ ［汉］郑玄注［唐］孔颖达等疏：《礼记正义》，《十三经注疏》，中华书局1980年版，第1641页。

⑥ ［清］焦　循：《孟子正义》，《诸子集成》第2册，岳麓书社1996年版，第533页。

⑦ ［春秋］孔　丘：《论语》，里仁。

⑧ ［汉］郑玄注［唐］孔颖达等疏：《礼记正义》，《十三经注疏》，中华书局1980年版，第1642页。

⑨ ［清］焦　循：《孟子正义》，《诸子集成》第2册，岳麓书社1996年版，第397页。

社会生活密切相关的现实活动。此后，荀子也提出了"仁者爱人，义者循理"①的观点。在他看来，历史上的兵戈相见是由于"仁者爱人，爱人故恶人之害之，义者循理，循理故恶人之乱之"②。所以，兵戈之战，常是"禁暴除害"之战。汉代董仲舒在承袭《礼记》中"仁以爱之，义以正之"③思想的基础上，进一步提出了"春秋为仁义法，仁之法在爱人，不在爱我；义之法在正我，不在正人"④的思想，揭示出爱人与律己的内外关系，并把仁爱思想与主体的自我道德修养相互联结，升华出"仁者爱人，义者尊老"⑤的社会伦理观念。

统而观之，中国古代历史中，墨家提倡的"兼相爱则治，交相恶则乱"⑥的社会历史观，董仲舒强调的"忠信而博爱，敦厚而好礼"的"圣人之善"⑦；唐代韩愈提倡的"博爱之谓仁"⑧，柳宗元推崇的"柔仁博爱之道"⑨，宋代欧阳修标举的"大仁博爱"⑩，苏轼盛誉的"博爱临民"⑪，苏辙赞许的"温良博爱"⑫，朱熹呼吁的"以博爱为仁"⑬，包括近代维新派政治家谭嗣同提出的"仁以通为第一义"⑭的思想，共同构筑了中华民族延绵千古的"仁爱"思想体系。尽管诸位论述的意旨并非完全一致，但就其思想价值取向而言，都表现出对"仁爱"思想的承传与信守，进而可能成为一种推进社会和谐发展、延展中国文化版图的精神力量。

中国传统文化的核心价值观除了体现在社会政治、历史哲学、艺术美学、伦理道德等方方面面，最终也呈现在世俗生活之中，即与人伦纲常及基本的生活规范与文化习俗密切相关。不论是儒家的"爱人者人恒爱之，敬人者人恒敬之"，还是道家的"老吾老以及人之老，幼吾幼以及人之幼"，都从不同角度对仁爱思

---

① ［清］王先谦：《荀子集解》，《诸子集成》第3册，岳麓书社1996年版，第204页。
② ［清］同上。
③ ［春秋］孔　丘：《礼记》，乐记第十九。
④ ［西汉］董仲舒：《春秋繁露》，卷第八，仁义法第二十九。
⑤ ［西汉］董仲舒：《春秋繁露》，卷第十三·五行相胜第五十八。
⑥ ［清］孙诒让：《墨子间诂》，《诸子集成》第5册，岳麓书社1996年版，第77页。
⑦ ［西汉］董仲舒：《春秋繁露》，卷第十·深察名号第三十五。
⑧ ［唐］韩　愈：《韩愈全集》，卷十一·杂著一《原道》。
⑨ ［唐］柳宗元：《柳宗元全集》，卷五·古圣贤碑。
⑩ ［宋］欧阳修：《欧阳修全集》，卷九十二·《乞出第二表》。
⑪ ［宋］苏　轼：《苏轼全集》，《代普宁王贺冬表三首·太皇太后》。
⑫ ［宋］苏　辙：《栾城集》，卷二十二，《上枢密韩太尉书》。
⑬ ［宋］朱　熹、吕祖谦：《近思录》卷一·道体。
⑭ ［清］谭嗣同：《仁学·界说》。

想进行生动表述。固然，"仁"在传统文化中包涵多重涵义，但"仁"最核心的价值意义乃在于"爱人"。

事实上，作为一种文化的核心价值观，孟子提倡的"不以仁政，不能平治天下"①，不仅在于省刑罚、薄税敛，还在于力主以德服人。"以德服人者，中心悦而诚服"②。司马迁在《史记》中以极大的热忱描述了五帝时代帝喾高辛的"仁而威，惠而信，修身而天下服"的盛景；帝尧"其仁如天，其知如神"的佳境；禹"其德不违，其仁可亲，其言可信"的政德；周初文王"笃仁，敬老，慈少"的仁政。被司马迁称誉的"盛景"、"佳境"、"政德"，其实都是"仁政"的代称，"仁爱"之治是他们共同的政治美德。这种"仁政"的治国思想与西方马基雅维里在"君主论"所崇尚的治国观念截然不同。显然，在源远流长的中国传统文化中，作为一种被普遍认同的文化价值观，"仁爱"精神反映了中华民族对世俗生活的现实要求以及对未来前景的美好憧憬，并体现在哲学、社会、政治、伦理、审美等不同精神领域。它既是中国文化代代相传的历史基因，也是社会主义核心价值体系构建的重要资源，成为推进中华文化不断发展的无形力量。

三、在中国经典文献中，"自然"并非仅指客观自然界本身，而是指天地万物自在的生命状态和变化规律，是与"天地之道"、"天下之道"相对应的事物自身的内在属性。所以，中国传统文化中体现的道法自然、崇尚自然、皈依自然的思想，不仅指人类对自然界的敬奉，更重要的还在于对自然规律的遵守与对自然状态的顺应。

作为中国传统文化的核心价值观，"自然"与中国古代哲学中"天"的观念具内在逻辑联系。在中国古代，天意是超越任何法度之上的最高道德范畴，天是世界的最高主宰："顺天意者，兼相爱交相利，必得赏；反天意者，别相恶交相贼，必得罚"③。而"天"又与"人"相通、相合，正所谓"天人合一"。所以，中国传统文化核心价值观强调的自然，不仅指客观自然界本身，还包括"天地万

---

① [清] 焦　循：《孟子正义》，《诸子集成》第 2 册，岳麓书社 1996 年版，第 315 页。
② [清] 焦　循：《孟子正义》，《诸子集成》第 2 册，岳麓书社 1996 年版，第 147 页。
③ [清] 孙诒让：《墨子间诂》，《诸子集成》第 5 册，岳麓书社 1996 年版，第 149 页。

物"运动的必然规律，是与"天地之道"相互联系的客观法则。中国古代道家代表人物老子曰："人法地，地法天，天法道，道法自然。"就是说人类社会的发展归根结底要遵循天地运行的自然法则，并把对事物自身规律的把握程度作为衡量社会发展是否合理的标准。西汉董仲舒还提出"为仁者自然为美"观点，把仁爱视为美的自然呈现。基于对"道法自然"价值体系的尊崇，魏晋时期的思想家也提倡"崇尚自然"的哲学观念，珍重生命的个性价值。明代思想家李贽挣脱传统观念的桎梏，提出"以自然之为美"的观点，强调艺术创作要"发于情性，由乎自然"，使"性格清彻者音调自然宣畅，性格舒徐者音调自然疏缓，旷达者自然浩荡，雄迈者自然壮烈，沉郁者自然悲酸，古怪者自然奇绝"[1]。他的美学主张对明清美学和明清小说创作的发展产生积极而深刻的影响，同时也是中国文化核心价值观的延展与演变。

由此可见，崇尚和顺、自然之美，注重文艺作品表现的和谐、兼容、相济、自然而然，无疑是中国古典美学的重要思想，也是文化价值观在审美领域的集中体现。中国古代的艺术美学蔑视雕琢、造做、堆砌的艺术，崇尚自然、流畅、完美的艺术。"自然"是艺术的最高境界。道法自然，皈依自然，崇尚自然既是中国古典美学的重要思想，也是中国文化核心价值观的根本。

所以，在中国经典文献中，"自然"指的是天地万物自在的生命状态和变化规律，是与"天地之道"、"天下之道"相对应的一种事物的客观属性。所以，我们在追溯中国传统文化核心价值观时，应特别注意道法自然、崇尚自然、皈依自然的思想不仅是人类对自然界的敬奉，更重要的还在于对自然规律的顺应。"自然之道"是顺应客观规律的自然宇宙观和文化价值观。

从道法自然、皈依自然到崇尚自然，中国传统文化的自然观在不断传承、通变、更新过程中日臻完善，体现出顺应事物自身规律和历史必然趋势的价值观念。可见，中华民族的传统文化荟萃了历代朝野的精神与智慧，又在历史发展中不断吐故纳新，其精湛部分代代传承，从而获得了恒久性与普适性的文化价值，成为新世纪中华民族文化复兴的宝贵资源。

当历史跨进 21 世纪时，中国共产党深刻认识到和谐是社会发展、国家富强、

---

① 〔明〕李 贽：《焚书》，卷三，《杂述·读律肤说》。

民族振兴、人民幸福的重要保证,适时地提出构建社会主义和谐社会的奋斗目标。现在,我们构建社会主义和谐社会,既依赖社会生产力总体发展水平的提升,又需要社会公平、正义、民主制度建设的保障,同时还取决于有益于巩固社会稳定、和谐发展的思想道德体系,需形成全社会共同敬守的理想信念和道德规范。为此,建设和谐文化也就成为构建社会主义和谐社会的首要任务。

中国传统文化的"和谐"、"仁爱"、"自然"思想,所以能够成为中华传统文化的核心价值观,就在于这些思想既符合中国社会发展的客观要求,也反映了人们的普遍愿望及基本诉求。因此,这些价值观念是中国文化代代相传的内在动因。同时,在社会主义和谐社会的构建过程中,在继承与弘扬民族优秀文化传统的过程中,将这些具有历史意义和现实意义的文化理念转化为符合传统美德与时代精神的道德规范和行为规范,使其成为实现民族伟大复兴的文化基因,无疑是当代社会思想建设的一项重要工作。

现在,我们需要利用各种大众传播媒介将其进行广泛、深入的传播,强化公民对传统文化核心价值观的集体认同。正如美国人都理解自由、平等、博爱的意义一样,我们每个中国人也应了解和谐、仁爱、自然的文化意义,并使其成为我们共同敬守的精神信念,共同践行的文化理想。否则,沉睡在古代历史文献中的思想文化资源,即便再宝贵也将失去其自身存在的真正意义与价值。

(贾磊磊　中国艺术研究院院长助理、
文化发展研究中心主任、研究员)

(潘　源　中国艺术研究院博士研究生)

艺术作品中的国家形象

刘伟冬　居其宏　方　仪　沈义贞

内容提要　国家一直是国际社会一个历史的和现实的政治、经济、军事和文化存在，并且成为古今中外艺术家之精神召唤、文化皈依、艺术抒咏的诗意家园。对于国家概念、国家意识、国家形象的呼唤以及艺术作品塑造国家形象诸范畴的讨论，是基于全球经济一体化、文化多样性这一国际语境下提高国家软实力、对内增强全民的国家认同感和凝聚力、对外弘扬国家形象的现实需要，更是提升一个国家的国际竞争力的迫切需要。

关　键　词　艺术作品中的国家形象　舞台艺术　造型艺术　影视艺术

马克思主义认为，在终极意义上，国家必然消亡。然而在人类历史上，自国家出现直到可见的未来，国家一直是国际社会一个历史的和现实的政治、经济、军事和文化存在，并且成为古今中外艺术家之精神召唤、文化皈依、艺术抒咏的诗意家园。因此，当前学术界对于国家概念、国家意识、国家形象的呼唤以及艺术作品塑造国家形象诸范畴的讨论，是在全球经济一体化、文化多样性这一国际语境下提高国家软实力、对内增强全民的国家认同感和凝聚力、对外树立国家形象的现实需要。在这场讨论中，我们提出"中国艺术与艺术中国"这个命题，意在通过中国艺术塑造"艺术中国"，在当代各类艺术中自觉承担起艺术地塑造中国形象的神圣使命，从而以更强烈的国家意识和更精湛的艺术创造，参与到当代中国全面构建国家形象的宏伟任务之中。

艺术作品与国家形象的现实思考

在当前关于全球化语境中世界各国、各民族的文化传统、文化资源、文化个性、文化走向等诸问题的讨论中，有两种意见较有代表性。一种认为，随着全球化所推进的全球经济一体化，世界各民族文化也将相应地趋向同化，甚至认为，由于美国在世界各领域的霸权地位，所谓全球文化的一体化实即美国化；另一种意见由美国当代学者亨廷顿所提出，在他看来，未来世界文化的总体格局应以世界各国的文化冲突为主导特征，并且，这种文化冲突还将愈演愈烈。

对于上述这两种意见，我们的基本立场是，所谓全球文化的一体化，实质昭示的是世界各民族的文化传统、文化资源以及文化个性正在以美国文化为导向的全球化浪潮中迅速地、大面积地流失，而亨廷顿所谓的文化冲突加剧说其实是针对世界各民族文化在全球化浪潮中为维护本民族文化所作的各种努力，站在美国文化的立场上，为美国文化的霸权地位所作的理论辩护并为之出谋划策。也正因为如此，作为有着悠久的历史、正处于发展中国家的中国，如何在全球化语境中保持住自己的文化传统、资源与个性，如何在世界文化的交流与碰撞中彰显和发展自己的文化特色、伸张自己的文化诉求，以及如何在与世界各民族文化平等对话的同时为整个世界文化的建设做出自己应有的贡献等，已经越来越成为中国文学艺术急需研究的关键问题，而有关"艺术作品中的国家形象"的探讨以及"中国艺术与艺术中国"这一命题的提出，也正是中国艺术家从理论和实践两方面对这一问题的积极回应。

所谓"国家形象"，自 20 世纪 90 年代以来，理论界已有若干探讨，综合考察各家的学说，关于国家形象的阐述，较早也较有影响的观点是，"国家形象是一个综合体，它是国家的外部公众和内部公众对国家本身、国家行为、国家的各项活动及其成果所给予的总的评价和认定。国家形象具有极大的影响力、凝聚力，是一个国家的整体实力的体现"[①]；在其后的探讨中，认为国家形象是"国际社会公众对一国相对稳定的总体评价"[②] 的意见比较普遍；另外也有学者认为，构成国家形象的基本要素应包含物质要素、制度要素和精神要素三个方面：

---

① 管文虎：《国家形象论》，成都科技大学出版社 2000 年版。
② 杨伟芬：《渗透与互动——广播电视与国际关系》，北京广播学院出版社 2000 年版，第 25 页。

所谓物质要素，"是指支撑国家生存和发展的自然物质基础和各种物质要素的总和。其中既包括疆域、人口、自然资源，也包括在此基础上形成的国家的经济、科技、军事、体育等综合国力要素"；所谓制度要素"包括国家的经济制度、政治法律制度、文化制度，实行上述制度的各种机构设施以及个体对社会事务的参与形式等"；所谓精神要素"包括民族的文化心理和社会意识两个层面的内容，它是国家形象在国内民众的文化心态及观念形态上的对象化"。①

综合上述意见，结合"艺术作品中的国家形象"这一具体论域，我们认为，所谓"国家形象"是指以该国的物质要素（包括自然、地理、民族及物质生产等）、精神要素（包括政体、国防、教育、科学、历史、文化及价值观念等）为内在基础、能引起关于一个国家整体想象的特定的具象符号。

作为备受世界瞩目的东方文明古国和当代世界最大的发展中国家，我国的国家形象在国外公众心目中已经形成了某些特定的形象符号。

根据不少学者的考察，国外尤其是西方国家对中国形象的认知，经历了一个不断变化的过程。有论者认为，"早期（14 至 16 世纪）英国文学里的中国形象多半是传奇和历史的结合，人们心目中的东方（中国）世界是一个神秘、奇幻、瑰丽的乐土"；17 至 18 世纪，"耶稣会士的中国报道，展现在欧洲人面前的首先是一个令人向往的文明之邦，遂成为启蒙思想家们理想的天堂"。然而就在这一时期，英国作家笔下出现了另一种否定性中国形象，"在他们看来，中国无异于一个野蛮、愚昧、异教的民族"②。20 世纪 90 年代以来，国外尤其是西方主流媒体对于中国形象要么缺乏了解，要么就是出于其战略利益需要，有意丑化中国形象。如英国媒体在编辑方针上往往带有浓厚的政治色彩，常常"将中国描绘成落后、缺少民主、腐败成风、问题成堆的国家"③，而美国媒体的中国报道也"一直是消极、负面的，还经常用容易引起美国人敌意的标题、词汇或漫画"④。

针对西方社会对中国形象的隔膜甚至歪曲，我国学术界也曾从多方面予以批驳并提出过种种认识或设想。如有论者认为，目前对我国的形象定位大致应包括："一、改革开放的形象；二、社会主义的形象；三、安定团结的形象；四、

---

① 张　昆：《国家形象传播》，复旦大学出版社 2005 年版，第 182～185 页。
② 葛桂录：《"中国不是中国"：英国文学里的中国形象》，载《福建师大学报》2005 年第 5 期。
③ 江和平：《英国媒体上的中国形象》，载《国际新闻界》1998 年第 2 期。
④ 武曼今：《试析美国媒体塑造的中国形象及对策思路》，载《洛阳师院学报》2005 年第 4 期。

'独立自主，不信邪，不怕鬼'的形象；五、爱好和平的形象。"① 另有学者指出："中国国家形象最具代表性的侧面聚焦为'和平崛起'四个字，这正是中国国家形象塑造的战略目标所在。"②

国外特别是西方公众对于中国形象的隔膜和误解，从一个特定侧面强化了通过中国艺术塑造"艺术中国"这一宏大使命的重要性和紧迫性。因为，真正的艺术创造和艺术经典足以超越意识形态偏见及民族、语言和文化隔阂，把一个"艺术中国"的诗意形象袒露在世界人民面前；这样的艺术魅力是不可抗拒的和潜移默化的，在它面前，善良人类对我国国家形象的种种偏见、隔膜和误解之逐渐被感化、被消融、被澄清，犹可期也。

如何在国际上树立良好的中国形象，需要中国政府以及中国社会各阶层在所有的领域做出持续不懈的努力。严格地说，近年来我国对"国家形象塑造"的理论研究与具体操作更多集中于政治、经济、军事和新闻传播领域，而对文学与艺术这两个重要方面则有所忽略。事实上，塑造国家形象，在某种意义上已经成为我国今后的一切文学艺术不可回避的、首要的、长期的使命。

之所以这样说，是因为，自古典中国向现代社会转型，一直到新中国的诞生，近现代知识分子关于中国形象的塑造也曾有过一些言说，比如梁启超在《少年中国说》中就曾提出过"少年中国"的主张。但总的说来，在现代艺术实践中关于"中国形象"的构建实质一直处于自在自为的阶段。即这一阶段的艺术作品虽然也在某种程度上呈现了中国形象，却并没有有意识地追寻国家形象的构建。

既往艺术实践中的国家形象塑造

从古到今数千年来，我国各族人民和艺术家在运用舞台艺术、造型艺术等艺术形式塑造历史悠久、文化灿烂、民族团结的古代中国形象以及欣欣向荣、生机勃勃、积极进取、勇于创新、和平发展、团结和谐的现代国家形象方面，表现出巨大的热情和创造天才，涌现大量艺术精品，其成就堪称辉煌。

---

① 王仲莘：《论邓小平的中国形象观》，载《福建论坛》1994 年第 6 期。
② 韩　源：《全球化背景下的中国国家形象战略框架》，载《当代世界与社会主义》2006 年第 1 期。

（一）舞台艺术中的国家形象

本文所说的"舞台艺术"，包括音乐、戏曲、话剧、舞剧等以舞台作为主要展示平台和传播空间的艺术样式。

1. 传统舞台艺术经典中的国家形象

由古代先民创造并传承至今的传统舞台艺术经典，例如已被联合国教科文组织列入《人类口头及非物质文化遗产名录》的古琴艺术、昆曲和新疆十二木卡姆艺术，以各自的久远传承历史和辉煌艺术成就而在世界文化多样性格局中展示了中国"多元一体"传统文化的博大精深及其艺术哲学、表现体系和艺术构造上的鲜明独特性。此外，作为我国国剧的京剧以及具有重要国际影响的川剧、粤剧、豫剧、越剧、黄梅戏、皮影戏、提线木偶等地方剧种，作为我国"国乐"的传统民族器乐，特别是其中的琵琶艺术、二胡艺术、古筝艺术以及江南丝竹和广东音乐等民间器乐合奏艺术，在其本体形态中无不透见出中国文化的精髓，在国际交往中已被当作中国形象的艺术符号。

即便是一首短小的民歌，也会由于它本身的音乐魅力或某种传承的机遇而被赋予了某种国家形象的寓意。例如《茉莉花》，不仅在国内各地广泛流传并有各种不同的变体，而且也被意大利作曲家普契尼用为歌剧《图兰朵》音乐的主要主题而在全世界广为人知，成为"中国"的代名词。同样地，云南民歌《小河淌水》之所以被称为"东方小夜曲"，乃是因为其动人的悠长旋律结构中，浸透了"痴情的等待、凄美的思念"这一人类最美好最纯净的情愫而感动了不同时代、不同肤色的人们，并将它与遥远的东方古国联系起来。

2. 现代国家以立法形式所确定的国家形象

在现代艺术中现代国家通过立法确定的指代国家的诗词和音乐，这便是国歌。国歌凝聚了一个国家的政治、历史、文化、宗教、地理诸多特征，是一国之国家理念、民族性格和人文精神的集中表现。与国旗、国徽一样，在国际社会中，国歌是国家识别和国家形象的主要标志；在国内生活中，是民族认同和国家形象的主要标志。

中华人民共和国成立之初，就通过立法形式确定田汉作词、聂耳作曲的《义勇军进行曲》为国歌。从那时起，它那战鼓般的节奏、号角般的音调和铿锵激越的诗情，不但激励全国各族人民居安思危，万众一心地建设社会主义新中国，而且每每回荡于国际交往的各种重大礼仪场合，在世界人民心目中一直是中华人民共和国国家形象的重要标志。

3. 现代中国音乐家所创造的国家形象

现代中国音乐家创作的某些经典作品，因其对中华民族精神气质的高度凝练和概括以及令人神往的音乐艺术魅力，而在全国人民中享有崇高的声誉和地位。例如歌曲《歌唱祖国》（王莘词曲）的词情曲意充满对新中国、对五星红旗的由衷赞美和无比自豪，道出了广大人民群众对伟大祖国的热爱，常在国内各种隆重场合被万众咏唱，因此自诞生以来便有"第二国歌"的美誉。

此外，冼星海的《黄河大合唱》，郑律成的《中国人民解放军进行曲》，李焕之编配的合唱《东方红》，吕其明的管弦乐《红旗颂》等，由于它们深刻表现了不同时期中国人民的精神面貌，抒发出全民族内心最深切的情感，因此亦在某种程度上具有国家形象的寓意。

4. 代表当代中国文学艺术整体发展国家水平的舞台艺术作品

更为大量的优秀舞台艺术作品，因其积极的主题内容与较为完美的艺术形式的有机结合达到了当时我国同类艺术体裁的最高境界，不仅受到国内受众的热烈欢迎，而且在文学艺术国际交往中代表着中国文学艺术整体发展的国家水准，由此具有某种国家形象的寓意。

这类舞台艺术作品，如贺绿汀的钢琴曲《牧童短笛》、何占豪和陈钢的小提琴协奏曲《梁祝》、大型音乐舞蹈史诗《东方红》、长征组歌《红军不怕远征难》、钢琴协奏曲《黄河》、陆在易的音乐抒情诗《祖国，我可爱的母亲》、朱践耳的《第十交响乐》，芭蕾舞剧《红色娘子军》、《白毛女》，以及舞蹈《红绸舞》、《荷花舞》、《孔雀舞》，话剧《日出》、《雷雨》、《茶馆》等，京剧《智取威虎山》、《红灯记》、《沙家浜》以及越剧《梁祝》、豫剧《穆桂英挂帅》、黄梅戏《女驸马》，民族歌剧《白毛女》、《洪湖赤卫队》和《江姐》以及歌舞剧《刘三姐》和严肃歌剧《原野》等等，都从不同侧面把中国人民的斗争和生活化为精湛的代表各个历史时期国家水准的舞台艺术精品，国内外观众在欣赏它们的同时，产生关于中国国家形象的美好联想是再自然不过的事情。

近几年来，文化部、财政部实行的"国家舞台艺术精品工程"，实际上也是舞台艺术之国家形象的塑造工程，是通过生动感人的舞台艺术形象在国内国际舞台上展示中国当代文化的创造成果、在全国和世界人民面前树立并强化我国国家形象的重要平台。在近四年的评选中诞生了大批优秀的舞台艺术精品，其中川剧

《金子》，话剧《商鞅》、《黄土谣》、《立秋》，越剧《陆游与唐琬》，豫剧《程婴救孤》，桂剧《大儒还乡》，京剧《贞观盛事》，大型原生态歌舞集《云南映象》，舞剧《红梅赞》、《妈勒访天边》、《红河谷》，歌剧《苍原》，以及杂技歌舞《依依山水情》，悬丝傀偶《钦差大臣》等，堪称现阶段各种舞台艺术形式的国家最高水准的杰出代表。相信经过艺术家的精心打磨和市场检验，一定会从中产生能够引起国家形象联想的真正艺术精品。

（二）造型艺术中的国家形象

本文所说的"造型艺术"，包括绘画、雕塑、建筑、书法、工艺美术及设计等不同艺术品种。

1. 传统视觉艺术经典与现代国家形象符号

五千多年灿烂的中华文明史创造了许多视觉艺术的经典，它们充分地体现了古代中国人民的勤劳和智慧，承传至今，在国际范围内，它们最能引起对中国古代文化的联想和崇敬，同时，也最能起到强化对现代中国国家形象的宣传和认同的作用。事实上，它们已经成为我们民族的文化符号和国家形象的象征。在这方面，中国龙、长城、远古的青铜器、秦代雕塑的兵马俑、敦煌壁画中的飞天、北京故宫、传统建筑中飞檐穹顶和红墙碧瓦、我国的象形文字及历代书家的书法、传统工艺产品的瓷器和漆器等最具代表性。

以中国龙为例，它在"朕即国家"的中国封建社会，既是皇权的象征，也是国家形象的象征，它以雄壮威严、腾云驾雾的气势凸现了皇权的至高无上和国家的强大昌盛。但随着社会的发展，中国龙的象征意义也在发生着变化。对当下的我国民主社会和国家体制而言，中国龙原有的政治内涵和政体意义已经消解，取而代之的是它在文化、历史等领域中对现代国家形象的诠释。必须强调的是在对待传统文化的问题上，我们既不能采取虚无主义的态度，也不能以西方中心论为判断标准。不能因为龙在基督教文化中具有恶的属性，就来否定中国龙形象和内涵中的积极意义。值得注意的是在国际文化交流的过程中，我们不能只会用自己的语言来了解别人的思想，我们更应该借助别人的语言来传播自己的思想。

再以天安门为例，天安门无疑是传统建筑艺术中的光辉典范，更因为它是新中国成立的最为重要的历史场所，进而也富有了特殊的政治意义和时代精神，将它作为图案运用在国徽设计中更是在法律上对这一意义和精神的确立。现在，天安门作为新中国的形象在世界范围内可以说是已经深入人心。大凡到过天安门广场的人，无论老少，无论中外，当他们面对这座雄伟壮丽的建筑时，都会对它以及它所代表的国家产生崇敬之情。

2. 专门为确立和打造国家形象而创作的艺术作品

在专门为确立国家形象而创作的造型艺术作品中，国旗和国徽可以说是最为典型的代表，它们也是国家形象最为集中的表现，其形式与内容都蕴含着一个国家的国家理念、意识形态、社会制度、民族性格、历史文化和地理环境等诸多因素。在国际和国内社会中，国旗和国徽是国家识别、国家形象以及民族认同的最主要标志。

人民币也是国家形象在经济领域中的一种体现，它的意义不仅在于货币本身所传递的数字和图像信息，同时也是国民经济的发展、国家经济结构的调整以及金融政策调控的风向标。尤其是改革开放以来，中国的经济得以持续稳定地发展，人民币在国际经济生活中的知名度以及作用越来越大，中国作为一个负责任的经济大国的地位得以确立和巩固。

2008 年北京奥运会标志——中国印以及申奥标志也是国家形象的一种体现。前者以中国传统艺术中的印章与奥运五环完美组合，后者则将奥运五环作为巧妙的变体，将中国古老的传统体育项目——太极拳融入其中，从而使传统与现代、中国与世界得以完美结合。一枚印章，一个变体，尽显国家形象。

此外，中国旅游标志中的长城和天坛等图案，同样也具有国家形象的寓意。

3. 现代中国美术家所创造的国家形象

在现当代许多的视觉艺术作品中，有一些作品的创作目的是非常明确的，即专门为树立国家形象而创作，最典型的代表即为董希文的《开国大典》。这幅作品以恢弘的气势描绘了新中国成立时的宏大场面，将毛泽东主席宣布中华人民共和国成立这一庄严的历史瞬间定格在画布上，并以写实的手法刻画了开国领袖们的神采和广场上的群众游行队伍。整个作品的红色基调也具有象征意义，预示着新中国的欣欣向荣和繁荣昌盛。在这幅作品中，新中国的国家形象不仅在领袖人物身上得以体现，同时在飘扬的彩旗、整齐的游行队伍以及雄伟的天安门城楼等方面也得以充分地体现。

同类的作品还包括人民英雄纪念碑以及碑体上的浮雕——虎门销烟、金田起义、武昌起义、五四爱国运动、五卅运动、八一南昌起义、胜利渡长江和解放全中国，以纪念在创建新中国的漫长历程中牺牲的民族英雄和人民英雄的方式来显现国家的形象。

现当代的美术家对祖国和人民怀有深切的热爱，将他们对于国家强盛、民族复兴的高度的责任感和政治自觉艺术地化为绚丽的色彩、昂扬的线条和气势恢弘的画面，其中，徐悲鸿的《奔马》总是蕴含着一种激越向上的精神，而齐白石的《祖国万岁》则用万年青来祝福祖国的生日。傅抱石和关山月的《江山如此多娇》、刘海粟的《黄山云雾》、李可染的《万山红遍，层林尽染》、陈之佛的《松林鹤寿》、钱松喦《锦绣江南鱼米乡》等作品用饱含深情的画笔来描绘祖国的壮丽河山；王盛烈的《八女投江》塑造了八位视死如归的抗联女战士，赵延年的《鲁迅像》、汤小铭的《永不休战》则刻画了民族魂——鲁迅的形象，而罗中立的《父亲》精心描绘了一位吃苦耐劳、坚忍不拔而又富有乐观精神的陕北老农民形象。这些作品不仅具有积极的社会意义和巨大的艺术价值，同时也从不同角度和不同层面反映出我们的民族精神和国家形象，因此在很大程度上也就蕴含了国家形象的寓意。

（三）影视艺术中的国家形象

本文所说的"影视艺术"有别于一般的"影视产品"概念，其实际所指是以电影银幕和电视银屏为媒介演绎一个完整故事情节的艺术作品，即电影中的故事片和电视剧。

1. 十七年电影中的国家形象

从1949年中华人民共和国成立，到1966年文化大革命爆发，这段时期，文艺史家一般称作"十七年时期"。根据资料记载，这一时期，新中国一共拍了507部电影。从国家形象塑造的角度看，这一时期呈现在世人面前的中国形象主要包括：

经过历史唯物主义观念重新审视的古典中国形象。代表作有反映历史人物、历史事件的历史片《林则徐》、《甲午风云》、《李时珍》等，反映封建社会古代劳动人民的生活与斗争的"戏曲片"《天仙配》、《梁山伯与祝英台》、《野猪林》、《杨门女将》、《十五贯》等。这些影片展示的古代中国，不再是消极、颓废、落后挨打的形象，而是勤劳、善良、智慧、敢于反抗强暴、抨击黑暗势力、抵御一切外侮的不屈形象。

用阶级斗争理念重新审视的"旧中国"形象。代表作主要有反映旧社会人民生活的、根据名著改编的"改编片"：《祝福》、《林家铺子》、《家》、《早春二月》、《我这一辈子》、《白毛女》等。这些影片大多通过那一时代劳动人民的苦难与悲剧，揭示旧中国的黑暗，从而从相反的角度向观众揭示着新中国形象的光明。

表现中华民族的脊梁形象。代表作主要有反映红军长征、抗日战争、解放战争的战争片《红色娘子军》、《地道战》、《地雷战》、《南征北战》、《东进序曲》、《回民支队》、《永不消逝的电波》、《红日》、《红旗谱》、《苦菜花》、《烈火中永生》、《林海雪原》、《铁道游击队》、《平原游击队》、《渡江侦察记》、《冰山上的来客》、《柳堡的故事》、《董存瑞》、《刘胡兰》、《小兵张嘎》、《鸡毛信》等；反映抗美援朝战争的战争片《上甘岭》、《英雄儿女》等；反映建国初期我公安干警同潜伏的美蒋特务斗争的"反特片"《秘密图纸》、《羊城暗哨》、《霓虹灯下的哨兵》、《铁道卫士》等。这些电影塑造了一大批或为了新中国的诞生，或为了保卫新中国而浴血奋战、抛头颅、洒热血的英雄群像，如洪常青、江姐、杨子荣、董存瑞、刘胡兰、小兵张嘎、王成等，这些人就是鲁迅先生曾经说过的，"我们从古以来，就有埋头苦干的人，有拼命硬干的人，有为民请命的人，有舍身求法的人……这就是中国的脊梁"。

展示洋溢着乐观主义、集体主义的新中国形象。代表作有反映农村社会主义改造的"农村片"《李双双》、《我们村里的年轻人》、《老兵新传》、《刘巧儿》等，反映社会主义新人新事新面貌新风尚的歌颂片《今天我休息》、《大李、小李和老李》、《满意不满意》等，反映少数民族边疆风情的"风情片"《阿诗玛》、《刘三姐》、《五朵金花》等。从这些影片中可以看出，虽然当时的物质生活并不富裕，但是"真正站立起来了"的中国人民正以一种饱满的激情、崭新的、公而忘私的精神风貌积极投身到新中国的各条战线的建设之中，从而展现出一种前所未有的质朴、健康、积极、昂扬、向上的国家形象。

2. 新时期以来电影中的国家形象

以 1976 年"四人帮"被粉碎、十年动乱结束为标志，中国电影伴随着中国社会进入了一个前所未有的新的历史发展时期。从 1976 年到 2006 年，随着科技进步、经济发展和文化繁荣，中国人的生活方式、价值观念可以说发生了翻天覆地的变化。这一时期的中国电影也可以说是包罗万象、变化多端，在国家形象塑造方面不仅从自在走向了自觉，而且呈现出多姿多彩的面貌。其中包括：

理性透视"文革"中充满动荡的中国形象。代表作有《巴山夜雨》、《天云山传奇》、《牧马人》、《被爱情遗忘的角落》、《芙蓉镇》、《许茂和他的女儿们》等。这些影片一方面呈现了十年动乱时期整个中华民族陷入了无理性的疯狂盲动之中，社会遭到巨大破坏，人民生活也遭逢了各式各样的悲剧，另一方面也表现了劫后余生之后的中华民族理性的复苏，可以说形象地展现了中国国家形象之上的"伤痕"以及伤痕痊愈的过程。

重回"五四"起跑线，以"五四"精神重新拼贴的近现代中国形象。主要作品有《老少爷们上法场》、《城南旧事》、《包氏父子》、《子夜》、《骆驼祥子》、《边城》等。这些作品大多能跳脱出阶级斗争的框架，从人性的、美学的角度展现出相对客观的近现代中国形象。

通过当代农民和农村生活所展现的国家形象。如《老井》、《人生》、《野山》、《被告山杠爷》、《乡音》、《凤凰琴》等。这些影片在展示乡村田园风光之美丽、乡土人情之优美温馨的同时，也揭示了当代农村生活与现代文明之间的差距，并从一个侧面反映了中国的国家形象从乡土中国向现代化中国转型的轨迹。

通过当代都市生活所展现的国家形象。如《庐山恋》、《人到中年》、《本命年》、《都市里的村庄》、《顽主》、《红衣少女》、《甲方乙方》、《没完没了》、《一声叹息》、《手机》、《爱情麻辣烫》、《没事偷着乐》等。这些影片所反映的时代背景和所言说的问题不同，但都共同揭示了当代城市生活、观念的演变，在一定程度上成为国内外观众了解中国国家形象的窗口。

主旋律影片所构建的中国形象。如《开国大典》、《开天辟地》、《西安事变》、《风雨下钟山》、《南昌起义》、《焦裕禄》、《孔繁森》、《离开雷锋的日子》、《生死抉择》、《张思德》等。这些影片一方面回顾了中国共产党的光辉历程，另一方面则从不同的角度歌颂了中国共产党人在不同的历史时期所创下的丰功伟绩，很大程度上反映出中国作为一个社会主义国家所具有的重要的形象特征。

第五代导演视野中的"文化中国"形象。以张艺谋、陈凯歌为代表的第五代导演所拍摄的《红高粱》、《大红灯笼高高挂》、《菊豆》、《活着》、《秋菊打官司》、《有话好好说》、《我的父亲母亲》、《幸福时光》、《英雄》、《十面埋伏》、《满城尽带黄金甲》、《黄土地》、《一个和八个》、《黑炮事件》、《霸王别姬》、《无极》等，不管题材是古典的还是现代的，都能够以一种文化眼光展示"文化中国"的形象。当然，这些作品所呈示的"文化中国"，其中不少具有积极意义，同时也包含某些消极因素。

"新生代"导演所着力构建的民间中国形象。代表作品主要有贾樟柯等人导演的《小武》、《站台》、《任逍遥》、《世界》、《三峡好人》、《苏州河》、《十七岁的单车》等。这些作品大多反映边缘生活与边缘人物，从另一个侧面展示着当今中国形象之中的某些不完美、不完善的部分。

3. 电视剧中的国家形象

一般说来，中国的电视连续剧起步于20世纪80年代初期，自80年代中期以后进入稳步增长的阶段。在近30年的发展过程中，中国电视剧可以说产量惊人，也涌现出一大批思想性、艺术性俱佳的作品。从国家形象塑造的角度考察，中国电视剧在这一阶段所呈现的国家形象主要有：

改革开放、经济腾飞的国家形象。主要代表作品有《新星》、《人间正道》、《中国制造》、《至高利益》、《绝对权力》、《省委书记》等。这些作品多以中国经济体制改革为题材，在反映中国经济腾飞的同时，也再现了中国各级政府在改革开放过程中所碰到的问题，以及为解决这些问题所采取的种种积极有效的措施。

法制意识不断普及、法制建设不断深化的"法制中国"形象。在大陆电视剧创作中，警匪题材一直是一个热点，但与香港警匪片不同的是，大陆的警匪电视剧除了展示正义与邪恶的较量之外，更多地还是向观众灌输着一种法制意识，从而向世人展现了一个法制正在逐步健全的中国形象。代表作主要有《燕赵刑警》、《大雪无痕》、《刑警队长》、《中国刑警》、《红蜘蛛》、《中国大案录》、《12·1枪杀大案》、《黑洞》、《黑冰》、《案件追踪》、《绝对控制》、《谁为你作证》等。

在商品经济大潮中坚守中国传统美德的国家形象。如果说根据中国四大古典名著改编的电视剧《红楼梦》、《水浒传》、《三国演义》、《西游记》在对传统中国文化形象的塑造方面并无太大突破的话，那么，90年代初期，一部《渴望》引起了无数中国观众的关注。剧中所塑造的贤妻良母刘慧芳可以说集中国传统美德于一身，这一形象的出现，不仅揭示了中国传统文化中光彩的一面，而且为社会转型时期价值观念纷纷趋于拜金主义或享乐至上的中国人的头脑上贴了一剂良药。然而令人遗憾的是，这类弘扬传统美德的优秀电视剧并不多见，这才导致同样以中国人的传统美德为题材的韩国电视剧反馈到中国大陆并流行开来。

当前我国艺术实践中的国家形象塑造策略

在当代艺术中从事国家形象的塑造，通过我们的艺术创作，在当今世界格局中塑造生气勃勃、欣欣向荣的国家形象，既是我们必须承担的一份光荣崇高的政治责任，更是一项严肃艰苦的艺术创造使命。因此，无论是从事艺术创造的艺术家，还是担负艺术生产领导责任的宣传文化主管部门领导者，责任意识和使命意识断不可少。

可惜，少数艺术家和宣传文化主管部门的领导者，在从事艺术生产时却发生了某些值得注意和警惕的不良倾向。而这些倾向性问题的存在，不但损害了当代艺术自身，同时也在广大群众和国际社会中损害了我国的国家形象。

（一）国家形象塑造中存在的问题

标语口号式和概念化倾向，借不同的艺术形式简单地、直白地演绎政治概念，进行干巴巴的、枯燥无味的宣传说教，在许多艺术作品中仍然存在。

而理论评论及某些评奖中的"题材决定论"、"主旋律作品优先论"，把粗制滥造的某些平庸之作吹上天，授予各种奖项，则助长、强化了艺术创作中的这种标语口号式倾向。

在艺术创作中要求对某些政治理念的简单配合，一些地方和部门的领导人违反艺术规律瞎指挥的现象有所抬头。例如，南方某省省委宣传部置交响乐的创作规律于不顾，以高额稿酬相许诺，硬性规定作曲家必须以某几首群众歌曲的音调作为不同乐章的主题创作一部交响曲，便是典型一例。其结果可想而知——花了纳税人几十万元巨款创作出来的作品，交响性很差，根本算不得交响曲，在国内音乐界传为笑谈。这样的作品如果登上国际乐坛，必将对我国国家形象产生负面影响。

在当前的艺术实践中，一些优秀的艺术作品在各种国际评奖活动中获得了各种各样的奖项，为祖国争得了荣誉，也为西方社会了解中国、了解中国形象做出了巨大的贡献。然而不可否认，也有一些艺术家在创作之初，并没有考虑如何向世界传播中华民族的正面形象，或创造出为中国观众喜闻乐见的作品，而是揣摩西方某些评委的趣味，过分迎合西方的某些理念或价值观念，钟情于揭示中国社会的落后面。如电影中的伪造民俗现象，部分所谓独立创作的 DV 作品中对社会阴暗面的有意夸大，当前学术界有人明确提出废止"中国龙"形象的主张，另有人将孙悟空的形象处理成西方漫画中的怪兽形象，等等。表面看来，上述现象似乎具有某种创新意图，而其实际效果却是对中国传统文化资源的糟蹋。

自20世纪80年代大众文化在中国大陆崛起之后，在所谓"后现代"思潮的推波助澜下，一股消解崇高、媚俗、将娱乐化、游戏化视为创作的最终最高目标的风气在创作界弥散开来。譬如，文学界就有人公开声称"不谈爱情"、不读鲁迅；而在电影、电视剧领域，近年来"戏说"成风，许多著名的历史人物如秦始皇、武则天、康熙、乾隆、雍正、慈禧、包拯等等都遭到了不同程度的形象改造。其结果，不仅不能给予观众对这些历史人物的正确认识与评价，甚至颠倒是非，混淆黑白，在津津乐道于中国传统文化中某些糟粕的同时，整体地回避、遮蔽了一直贯穿于我们民族文化之中的崇高因素；更有甚者，一些编导或因个人水平低下，或为了追求所谓的"商业性"，竟在当前的"红色经典改编热"中打起"创新"的旗号，居然对革命历史题材也"戏说"起来，例如《林海雪原》竟然胡编乱造杨子荣与座山雕的女儿谈恋爱，这无疑是对红色经典、对英雄人物的亵渎。所有这些，不仅软化了我们的民族精神，而且也导致了观众对中国形象的误解。

一些作品投资巨大、场面宏伟、制作豪华，在珠光宝气、歌舞升平的场景下掩盖不了思想苍白、内容空洞，不但在艺术上毫无价值和感染力，而且助长骄奢靡费之风，与建设"节约型社会"背道而驰，在国内外对国家形象造成较大的负面影响。国家文化部早在多年前就发文对各种名目的大型综艺晚会进行严格限制，但事实上此类耗资巨大的大而空的综艺晚会不仅屡禁不止，而且正以迅猛的势头向其他艺术品种蔓延。例如在部队和地方某些歌舞团中流行一种所谓"歌舞诗"形式，其中虽有一些较好作品，但更多则是这种金玉其表、败絮其中的绣花枕头，最终成了过眼烟云。多年来的事实证明，在这些大而空作品中非但不可能诞生传世之作，而且对内败坏文艺界风气，对外损害国家形象。

（二）当代艺术塑造中国形象的对策和建议

通过中国艺术塑造"艺术中国"，在国内外建构我国的国家形象，有效克服其中的不良倾向，是一项战略性的系统工程，需要与此相关的各级领导、各个部门和各专业领域艺术家认识上的高度自觉和实践中的协同动作。非如此，便不能达成这一战略任务。基于此，我们提出如下对策和建议。

1. 树立国家形象意识

对宣传文化主管部门各级领导进行艺术创作与国家形象塑造相互关系及其战略意义的教育和研讨，在文艺方针政策制定、重大艺术创作立项与决策中树立国家形象意识和公仆意识，尊重艺术创作规律和艺术生产规律，在国家形象修复与塑造中坚持正确导向，发挥国家宣传文化主管部门的宏观调控作用，在各级领导中坚决反对利用艺术创作创建所谓"形象工程"和"政绩工程"，减少乃至根本杜绝艺术创作立项和决策中的主观主义、急功近利等不良倾向，特别要警惕在"保护"、"开发"等新型名义下对传统文化遗产所造成的"保护性破坏"和"开发性破坏"。

对专业艺术家进行艺术创作与国家形象相互关系及其战略意义的教育和研讨，在文艺创作实践中树立国家形象意识和公民意识，充分认识自身的重要创作活动事关国家的对内对外形象，兹事体大，必须抱以一颗敬畏之心，胸怀神圣使命感。特别是在通过"主旋律"作品塑造国家形象的过程中，不仅要自觉承担起这项意义重大的政治使命，更要把它当作一项光荣艰巨的艺术使命来完成，努力提高自身的文化素养和艺术功底，力戒浮躁和浮华，在创作中追求思想精深、艺术精美、制作精良的高度统一，坚决反对粗制滥造、简单配合、标语口号、主题先行等不良倾向。同时，必须全面把握、深刻理解艺术作品塑造国家形象这一战略任务的实质和内涵，在艺术创作中始终对国家前途、民族命运保持爱国热忱、赤子之心和忧患意识，密切关注国计民生中的现实问题和紧迫问题，通过我们的作品来展现当代中国人对此的哲理思考深度和多方面探索的艰辛。而那种将艺术创作的人文理想和终极关怀弃之如敝屣，专门沉湎于卿卿我我和歌舞升平的浅薄倾向，正是有使命感的艺术家所不屑为的。

对各类宣传媒体及其从业者进行艺术创作与国家形象相互关系及其战略意义的教育和研讨，在宣传、报道、评论实践中树立国家形象意识和公民意识，把是否有利于国家的对内对外形象塑造作为正确舆论导向的重要尺度，反对迎合西方眼光、消解崇高、无原则追捧庸俗趣味和流行时尚等不良倾向。

2. 发挥评奖对于国家形象塑造的导向作用

对各类文艺评奖及其主办者进行艺术创作与国家形象相互关系及其战略意义的教育和研讨，在评奖实践中树立国家形象意识和公民意识，规范评奖操作，以是否有利于我国对内对外的国家形象塑造作为评奖的重要尺度，大力奖掖那些真正塑造积极进取的国家形象而又有思想深度和巨大艺术价值的精品力作，为在各类艺术品种中体现中国精神、中国形象的当代经典的更多出现提供精神和物质鼓励。为此，必须在评奖实践中坚决反对"题材决定论"、"主题先行"等陈腐观念及庸俗吹捧、"平衡学"、"关系学"、"暗箱操作"等错误做法。

3. 传统文化资源的充分发掘和利用

中华民族有着两千多年悠久的历史与灿烂的文化，中国历史上有许多优秀的人物与令人感佩的事迹值得向世人推荐，尤其是在与世界文化的交流和对话中，中华文化有许多珍贵的价值、理念可以融合到世界文明的进程之中，因此，有必要从历史、地理、哲学、文学和艺术等各个领域或传统与现实的角度，分析、整理我国的文化遗产在塑造国家形象方面可资利用的资源，使之成为当代艺术塑造国家形象之题材和创作灵感的重要源泉。

4. 借鉴国外国家形象塑造的先进经验

在艺术作品中塑造国家形象，欧美尤其是美国起步较早，且已积累了一整套经验。"二战"期间，百老汇音乐剧《俄克拉荷马》不但在国内而且在欧洲战场上对于宣传美国文化和美国精神起到了巨大作用。再以美国电影为例，其常常在貌似客观、公正的外表下灌输着自己的国家理念，树立自己的国家形象。如其电影中常常将美国人处理成世界警察或世界领袖的形象，其电影中涉及国家机关的场景总是会出现美国国旗，其对现实生活中所出现的能够反映国家形象的人物与事件常常会及时地给以艺术的表现："9·11"之后，关于伊拉克战争以及"反恐"题材影片的数量之多有目共睹。在这方面，近年来我国的艺术创作中除"非典"之后及时地出现过一部《38度》之外，其余的均很少见了。所以，今后在国家形象的塑造方面，我们还有必要充分借鉴国外艺术实践的经验。

5. 在全球化视角中塑造中国形象

尽管中国自 2000 年才加入 WTO，可以说才部分地与世界经济进程接轨，但全球化作为一场席卷全球的浪潮，不仅已经给 20 世纪 90 年代的中国文化语境投下了巨大的阴影，而且必将在不久的将来把中国也裹挟进去，并将深刻地影响中国政治、经济、军事、科技、外交、教育以及现实生活的方方面面和千百万中国人的命运，进而要深刻影响到作为中华民族的话语资源（其一旦产业化则将成为中华民族赖以生存的经济资源）与身份认同的重要标志：文化。也正是在这个意义上，中国艺术家从现在开始必须树立全球化观念，把国家形象的塑造置于全球化视野之中，作品的内容和形式既要有地方性、民族性，也要具有全球性，用外国受众熟悉和乐于接受的艺术语言塑造中国形象。唯其如此，我们才不仅能从比较的角度借鉴国外的某些文化资源，而且能够建立起一条为国内外社会成员普遍认可的中国文化与世界文化对话、融合的路径。

以中国艺术打造艺术中国，通过艺术作品构建中国形象，无疑是一个宏大命题。我们提出的几点对策和建议，当然不是包医百病的灵丹妙药，但如能把上述诸点落实到位，使之成为相关人等的共识和自觉，我国艺术家就有可能创造出更多从不同角度构建我国国家形象的精品力作和当代经典来，让世界各国人民在喜爱这些作品的同时，也正确认识中国，由衷喜爱中国，对中国的昨天、今天和明天保持一颗尊重、向往和平等友好之心。

（刘伟冬　南京艺术学院副院长、教授）

（居其宏　南京艺术学院音乐研究所所长、教授）

（方　仪　南京艺术学院科研处处长、研究生处处长、研究员）

（沈义贞　南京艺术学院电影学院副院长、教授）

中国国家文化安全的
历史境遇及现实问题

贾磊磊　肖　庆

内容提要　传统意义上的国家安全概念，主要是指国家的政治、经济领域出现的安全问题，其中包括国家主权的沦丧、自然疆域的分割、经济市场的侵吞等等。从现代意义上讲，文化安全主要从空间和时间两个维度来展开分析。从空间的横向维度上看，西方强势文化的浸透影响是造成当前中国文化安全危机的直接原因；从时间的纵向维度上看，中国历史上的、传统的、民族的文化在传承中出现的断层与缺席，也是影响文化安全的重要因素。本文从这两个方面分析了全球化背景下中国当前国家文化安全所存在的现实问题及历史境遇。

关 键 词　全球语境　文化安全　文化价值

国家文化安全的命题范围

目前，中国经济持续、高速的发展，使整个国家处于一种昂扬、振奋的上升状态，而越是处于经济发展的繁荣时期，越应当关注在繁荣、发达的社会历史中潜在的种种问题。古人讲："君子安而不忘危，存而不忘亡，治而不忘乱。是以身安而国家可保也。"[①] 我们应当看到，国家文化安全当今在不同领域正凸显出

---

① 《周易·系辞下传》。

它与以往不同的时代症候。

对于"国家文化安全"通常的解释是指外族、外地域的文化对本民族、本地域的文化构成的威胁，使本族、本地域的文化难以得到正常的延续、传承和传播。在这种意义上使用"国家文化安全"概念及命题范围，主要有以下四种观点：

1. 文化安全就是指一个主权国家保证文化性质得以保持，文化的功能得以发挥，文化利益不受威胁和侵犯的功能状态。文化安全的核心是意识形态与价值观念。[①]

2. 文化安全是指国家防止异质文化对本民族文化生活渗透和侵蚀时，保护本国人民的价值观、行为方式、社会制度不被重塑和同化的安全。文化安全是相对于"文化渗透"和"文化控制"而言，是一种相应的"反渗透"、"反控制"、"反同化"的文化战略。[②]

3. 文化安全主要是一国精神财富的安全，其中包括一国的民族信仰、文化传统、道德、精神和文化遗产等方面的内容。[③]

4. 文化安全是一国在文化、精神生活方面不受外来文化的干扰、控制或同化，从而保持本民族的价值观念、生活方式的民族性以及本国意识形态的自主性。[④]

总而言之，国内学术界所谈及的"文化安全"的命题，主要是指由于受到来自西方发达国家的文化冲击和压制，中国的文化不仅难以向外界进行文化辐射，而且难以在国内得以顺利传播与传承，甚至文化精神出现了濒临消亡的"生存危机"。应该说，这是一种以民族和地域为界限划分"敌"与"我"的思路，或者说，主要是从空间的维度来解释"文化安全"的。

国家文化安全的战略向度

从文化战略的范畴上考虑国家文化安全问题，首先必须立足于其时间的久远性与空间的延展性。只涉及一时一地的问题，只限于此时此地的得失都不是战略

---

① 朱传荣：《试论面向 21 世纪的中国文化安全战略》，见《江南社会学院学报》1999 年第 1 期。
② 张守富：《经济全球化与中国三大安全》，见《党政干部论坛》2000 年第 12 期。
③ 许 嘉：《国际经济与国家安全概念的重新界定》，见《解放军外语学院学报》1998 年第 6 期。
④ 朱阳明主编：《亚太安全战略论》，军事科学出版社 2000 年版，第 225 页。

意义上所关注的命题。特别是涉及国家的发展战略，更是一个关乎百姓安危、民族荣辱、国家兴衰的重大问题。所以，从战略的范畴看文化安全，必须兼及时间与空间的双重向度。

从空间——横向的维度上看，西方文化的影响是造成当前中国文化安全问题的直接的重要原因。西方发达国家借助其娱乐性的大众消费文化传播西方意识形态、生活方式和价值观念。他们借助于文化，以其经济、科技、传播等方面的巨大优势，使其自身的文化全球化，同时使不发达国家和地区的文化趋于边缘化。面对这种历史境遇，对西方文化采取抵制与防范策略，以实现对本国文化的维护和拯救就具有某种历史的必然性。

从时间——纵向的维度上看，"文化安全"问题应该是指历史上的、传统的文化在本民族、本国家（地域）的传承中出现了断层或者缺失甚至消亡。这和历史发展的客观进程密切相关，同时，也和文化传承过程中人为的主观因素有关。

从一个国家、民族内部来看，文化传承的历史规律体现为文化的新陈代谢，人为的力量则体现为因为具体的历史语境而在文化传承的过程中所发挥的正面或负面的效应。首先，生产力的发展推动了历史的前进，同时也带来了文化类型的更迭，不同时代的文化总是和这个时代的生产力水平息息相关，体现出对以往文化内容的扬弃，这样的规律必然导致一种结果，即：随着历史的前进，如果从量上进行计算的话，原来的传统文化将呈现出一种逐渐减少的趋势。其次，人为的力量，作为每一次在历史上对文化的自然传承施加影响的具体行为，其正面的影响通常是缓慢的、隐性的、微小的，而负面的影响则经常是剧烈的、显性的、巨大的，甚至会使文化的自然传承和新陈代谢遭到毁灭性地打击，如中国近代的"鸦片战争"以及"文化大革命"对文化传承的影响。

由此，从严格意义上而言，由于历史和人为的原因，就文化的传承来看，文化安全问题是一直存在于每一个国家和地区内在的基本问题。当然，这样说，是取"文化安全"这一概念的广义，即从文化新陈代谢的历史规律和历史进程中的人为因素而言。

国家文化安全的历史缘由

从历史的层面上谈及"文化安全"问题，实际上主要是指中国传统文化的价值观的承传出现的问题。造成这种局面的深层原因既包括西方强势文化的冲击，同时也包括中国文化在内部的传承中本身就出现的问题。

20世纪以来，借助先进的科技手段进行传播的大众文化作为一种新的文化力量开始兴起，并体现出对传统文化的抵触和颠覆。如今，西方主流文化已经通过其科技触角深入到人们生活的各个角落，在实际上已经建立起其全球的文化霸主地位，对全球的传统文化都起到了巨大的消解和颠覆作用。

在当代，全球比较一致的两个文化转变趋势是：第一，科技文化取代传统人文文化成为文化领域的主导；第二，商业文明以及以其为基础的思维方式和观念意识进一步取代农业文明。这两种大的转变从实践领域突入意识领域，自外而内地重新塑造着人类新的精神世界。传统文化在全球范围内纷纷告急，根本原因就在于人类意识领域的转变远远跟不上现实领域变化的步伐。

然而，中国的问题又另有其他的原因。其一，中国商业文明的根基是极其薄弱的，直到今天，农业文明的影响在中国仍然根深蒂固，不仅体现在物质领域，而且体现在精神领域。现代性是物质和精神的双重现代化，西方学者普遍公认的其三个基本特征是市场经济、个人主义和社会民主，而这每一个特征在目前都与中国的现实不能完全重合。其二，由于中国没有经历西方近代资本主义的发展历程，直接从封建社会过渡而来，这就注定了我们的传统文化在面向现代和未来的人类文化发展时，先天性地呈现出一种免疫力缺失的状况。由于缺少历史所必然要求的发展环节，中国传统文化对于现代文明就缺乏必要的抵御能力、吸收能力和转化能力，这种跳跃式的发展极易使我们的传统文化在迅猛发展的时代文化中被遗忘、忽略和边缘化。其三，在20世纪，中国的传统文化又分别经历了人为的力量所导致的贬抑和打压，如"文化大革命"，它对中国人思想走向的一个巨大的负面影响就在于：历史虚无主义开始在人们的意识之中蔓延。这甚至是今天中国传统文化告急的潜在的心理根源。随着儒家文化逐渐淡出中国人的思维方式和生活方式，中国的文化传统也越来越多地退出国人的心理舞台。青年一代则更多地表现出对西方生活方式和价值观的喜爱。他们穿西方的名牌服装，用西方的香水、化妆品，听摇滚音乐，看好莱坞电影，吃西式快餐，许多青年人在生活方式上已成为西方文化的俘虏，同时，在思维方式上，开始不加区分地接受西方的价值观，这些都制造了民族虚无主义的思想温床。

相反的是，由于西方国家的商业文明由来已久，而且普遍经历了比较完整的思想领域的文艺复兴和经济领域的工业文明、商业文明阶段，所以其传统文化在面对当今由科技生产力所塑造的新的经济和文化面貌的时候，就能够表现得比较从容，把传统文化纳入到新的文化格局中来，加以改造和融合，将传统文化的流失减小到最低限度，同时把这种经过整合以后的文化再度输出。比如，美国好莱坞的电影至今在内容的核心价值观上从来没有变过，其塑造的主要人物形象几乎都是勇敢坚毅、自我主义、乐观自信、爱好冒险等品质的化身，这和当年的"西部片"如出一辙，是美国理想主义精神的象征。这些作为传统文化的因素却能够很好地一直保留在最新的好莱坞电影之中，包括利用最先进的数字手段制作的电影之中。

从文化的横向影响上来看，内部的危机又会进一步导致外部危机的加剧。正是因为中国当前内部的文化力量相对薄弱，而西方的文化力量相对强大，所以才造成了目前中国文化在整体上对西方的交流"逆差"。因此，中国的文化安全问题并非只是针对于西方而言的危机，更主要的是因为自己的文化本身在传承的过程中出现了问题，而这样薄弱的链接恰恰在全球一体化的大语境中，更容易危及到我国的文化安全。

国家文化安全的现实问题

（一）文化认知的历史断裂

当前，中国国家文化安全问题中最紧迫、也最根本的问题就在于：中国人对自己本国的文化认知的程度很低，国民普遍对传统文化具有陌生感，这导致了国人的民族文化自觉性低、整体文化凝聚力不强以及对民族文化的保护意识淡薄等问题。造成这些问题的主要原因是中国跳跃式的发展历程使自身的传统文化对于现代文明缺乏必要的抵御能力、兼容能力和转化能力。这给中国文化的顺利传承和延续制造了巨大的障碍。与此同时，全球化浪潮进一步加剧中国人对民族文化的隔膜，并主要在两个方面对中国的国家文化安全制造了威胁。

首先将中国纳入物质与精神发展不平衡的世界轨道。全球化在很大程度上就是以西方主流文化为导向的所谓"西化"。在一系列国际化的评奖、贸易、交流机制中，基本上都是以西方发达国家的利益和价值观念为基准而设立国际标准，这就把西方现代科技文明率先塑造的重视物质财富的积累、重视科技的发展、重视经济指数的增长，而忽视社会和谐的不平衡传送给全球。这对于经济本来处于落后地位又急于寻求发展空间的国家和地区具有现实利益的诱惑力。但物质文明从来就不仅仅是物质的产物，在追求一系列物质化的标准同时，其民族文化必然面临一次历史性的解体和重构。

中国在19世纪末期被纳入马克思所说的"世界历史时期"① 的轨道，历史的力量不可抗拒地使中国开始接受西方文明。随着"西学东渐"，中国的古典文化开始急剧地式微。其根本原因在于，"西学"的精髓是现代自然科学，而科学是推动生产力发展的第一动力，对社会的发展而言，具有直接的经济利益和物质指向性。中国沿此轨迹的发展脉络实属必然。

自20世纪以来，中国在建立现代化民族国家的过程中不断遭遇各种形式的现代性危机，包括直至改革开放后中国该往何处去的彷徨以及90年代社会主义市场经济改革后所带来的文化困惑等。进入21世纪以后，经济的快速增长与人文精神的提升之间的矛盾日益激化，严重地影响到中国整体上可持续发展的战略。长久以来，不仅是中国单个的经济实体、个体，而且整个国家的发展方向和最主要的精力都放在了经济建设和提高生活水平这个物质层面，而对于精神层面的关注则仅仅满足于与主流意识形态相符即可。于是，不论从整体的国家宏观政策的制定上，还是在建设过程中的资源分配上，都出现了一种忽视文化建设、忽视精神家园建构的现象。这是造成今天中国文化安全问题的现实背景。

其次，西方国家利用其政治、经济、科技等方面的强势资源作为依托，大力向全球推广文化产业，不仅在全世界获取现实的经济利益，而且通过出售文化产品，向其他国家输送文化和价值观，使文化产业链延伸到无形的未来，同时，也通过吸引其他国家的文化受众而在很大程度上直接"阉割"了后者的民族文化。

亨廷顿（Samuel Huntington）早在1993年美国《外交》季刊上发表的长文《文明的冲突》中就指出："……新世界的冲突根源，将不再侧重于意识形态或经济，而文化将是截然分割人类和引起冲突的主要根源……文明的冲突将左右全球政治，文明之间的断层线将成为未来的战线。"② 英国社会学家吉登斯（Antho-

---

① 《马克思恩格斯选集》第1卷，人民出版社1972年版。
② 亨廷顿（Samuel Huntington）：《文明的冲突》，见《二十一世纪》（香港中文大学）1993年10月号，第5页。

ny Giddens）指出："从文化上说，全球化倾向于生产出文化散播（cultural dias-poras）。趣味、习性和信仰的共同体常常显得偏离了本土和民族的限制。"① 如今，从中国青年人的兴趣爱好、日常用语、穿着打扮、价值取向等方面可以很明显地看出，这一代人越来越倾向于"西化"，而与此同时，也日渐对中国的传统文化产生疏离感。"全球化时代是高风险社会，信息、科技、物资、制度、人口等在高度紧密的空间中快速流动，自然、社会、文化遭到巨大的变化压力，世界充满着不确定性。"② 而这高风险和不确定性对于包括中国在内的文化贸易逆差极大的国家而言，必须予以高度关注。

目前，中国文化可以说处在内忧外患的双重夹击之下，它造成了中国文化核心价值观的颠覆与瓦解，将直接对中国的文化安全造成釜底抽薪的危害，因此，对于中国文化自身价值的重新确立是文化安全问题最根本而又迫切解决的问题。

（二）文化传承的"意义真空"

从某种角度上讲，中国当前的文化安全问题来自于中国当前一种文化领域的"意义真空"状态。首先，以源于科技文明的大众文化和后现代文化为代表的现代文明正在逐渐地消解传统文化；其次，由于中国特殊的历史和国情，传统文化在传承的过程中又出现过断层；再次，与西方相比，具有竞争力的文化体制和市场体制有待健全，成熟的文化产业链有待形成。传统文化没有被充分利用，新的文化体系尚未形成，中国人的文化生活就出现了"真空"地带。自 20 世纪 80 年代以来，单在电影、电视剧领域，日本文化、港台文化、美国文化、韩国文化在中国大陆相继流行、各领风骚就是一个明证。

目前，填补"文化真空"的"治本"之策在于从最基础的地方做起，弥补中国在一个世纪以来所欠下的"文化债务"，那就是国家要大力弘扬、普及中国文化，首先要做的事就是让广大的中国人去熟悉、了解，进而欣赏、喜爱自己的传统文化，建立以中国文化为核心的价值体系和文化模式。

大力普及中国传统文化的教育是重中之重。在中国目前的教育体制中，中国传统文化的正规教育只是限于从小学到高中阶段，在大学和研究生阶段，这种教育则极其弱化。同时，在大学之前的文化教育在实践中往往又只是应试教育，很

---

① Anthony Giddens, A., Beyond Left and Right, Cambridge: Polity, 1994, P. 81.
② 吉登斯（Anthony Giddens）:《失控的世界》，江西人民出版社 2001 年版，第 16～32 页。

难谈得上是审美教育和素质教育，学生只是为了一次又一次的升学考试而被迫地从语文课本中死记硬背中国的古典文籍和文化知识。这样就造成脱离了审美教育的文化教育从本质上有悖于"文化"这个词所必然要求的内在规律，当这些文化因素和巨大的升学压力以及"填鸭"式的灌输联系在一起时，文化自身的魅力就被遮蔽了，而且在学生的心目中，那往往会成为一种难堪痛苦的记忆，这反而导致了一种希望尽快脱离这种受教育氛围的逆反心理。在大学以后的阶段，学生的身心趋向成熟，价值观和人生观取向开始定型，而恰恰在这个时期，他们大多接受了西方现代科学知识与学术思维，中国传统文化教育的缺席直接地导致民族文化在中国年轻的群体中被集体遗忘。

此外，目前对于中国传统文化、各种民间文化的非教育性的扶持力度也是远远不够的，而这在实际上等于让很多文化遗产自生自灭。少林寺的武僧和俗家弟子在离开寺庙以后，通常的出路是去一些公司当保安；中医仍然没有和现代传媒密切地结合，虽然中医在日常保健方面有着西医所无法比拟的优越性，但是绝大多数人对于中医几乎一无所知；中国佛教、禅学的推广力度远远不及西方基督教的全球推广，基督教近年来在中国兴建了大量教堂，而佛教的寺庙还远远不足；中国的很多民间艺术和手艺只是在靠着从事这些职业的人自身的一腔热血惨淡经营，而如果它们失去了政府的扶持和社会的关注，则必然在现代社会的发展进程中逐渐消失……

近年来，关于拯救民族文化、扶持民间文化、复兴民族文化的提法很多，但是落实到实践中，多年来的成果和变化却是微小的。时至今日，文化安全的问题并没有得到缓解，而是进一步加剧了。虽然，文化普及是一个长期的系统工程，而中国的文化安全所面临的问题又包括内外两种忧患，对于成果较长时间的等待是必然的，但是，在整体战略的制定、具体策略的实施、普及方式的完善等方面仍然存在很大的改善空间。

当今世界的文化竞争似乎很完美地遵循着物理学上的"扩散原理"，文化总是从浓度高的地方向浓度低的地方扩散。这其实给了人们一个很大的方法论上的启示。当人们的文化和精神空间不能够被本国的文化产品所填充满足时，就必须要由他者的文化产品来满足。在社会意识形态范畴内的所指"文化侵略"，其实在传播学的范畴内更为准确的说法应该是"文化影响"。侵略是指主观上有敌意，客观上也不会受到欢迎的某种强制性行为，但文化毕竟不是刀剑，接受这种外来文化影响的中国人也通常是对其持喜爱态度的。文化毕竟要落到受众身上，受到受众的拥护才可以产生真正的影响和效益。

就目前而言，中国在保护本国文化方面的某些强制措施是必要的，但并不是长久之计。比如，限制美国影视剧在中国市场的发行这样的行为就只能是在短期内有效。中国的家庭一般都无法通过电视收看美国电视剧，但是却可以买到碟片，也可以通过网络收看一些美国的电视节目。限制黄金时段播出进口电视剧只是权宜之计，17 点~20 点的时段即便空出来给国产动画片，我们也不会在一夜之间成为动漫大国。在当今的网络时代，思想和意识的疆域已经没有国界和限制，科技手段几乎已经赋予了文化传播在实际上彻底自由的可能性。在这种语境之下，让受众发自内心地喜爱一种文化才是保留和延续一种文化的最佳手段，因为这将是面向未来的、可持续的策略。

（三）文化产业的"价值脱节"

如果说，以前对于经济建设的关注远远大于对于文化建设的关注所造成的失衡是中国在快速发展的过程中必须要承担的某种代价，因而是可以被谅解的，那么，在当下，如果再只是关注短期的、有形的物质经济利益，则不仅是短视的，而且是灾难性的。

在全球化和消费时代到来的语境下，文化和精神领域的价值本身可以转化为现实的财富，精神－文化消费以及由它所带动的需求成为经济发展的新兴空间，满足人们精神－文化需求已经成为经济增长的极其重要的原动力。在有效地维护并保留中国的传统文化的过程中，立足长远的策略应该是在创新中继承，着眼于整体中国文化的普及和传播效果，对每一类具体的文化样式进行改造。

文化内容的传承必然要借助媒介和载体，单纯的内容可能恒久不变，但是承载这种文化的载体则处于时代的流变之中。如何有效地利用当代的形式载体去承载历史积淀的文化内容，应该是在创新中保留一种文化的主要着力点。具体而言，中国的文化内容应该力求通过技术包装，与物质文明、科技文明、商业文明联姻，才能不断地通过新的技术和操作手段长久地保持本国传统文化的新鲜和新奇性，并通过这种刺激激发受众的文化欣赏和消费的神经，在不断变幻的面貌之下保留着不变的文化本质。

鲍德里亚（Jean Baudrillard）曾以"面部化妆"和消费品生产来比喻媒体对

"现实"的生产,① 这就是说,经现代传媒中介化处理过的社会现实不再是现实的纪实见证,而是虚拟的、可操纵的和作审美塑造的。这其实说明了技术形式对于文化内容包装的重要性,因为形式在很大程度上决定着内容是否能够引起受众的兴趣。在"信息时代"和"眼球经济"时代,形式甚至对一种文化内容有着"生杀予夺"的权力。韩国影视文化正是借助技术手段和商业手段,以充分体现出时尚性和超前性的形式审美推动了整个韩国文化的车轮滚滚向前。当一个国家或民族的文化内容被受众接受和喜爱时,其文化产业才真正具备了经济上巨大的可开发的潜力。在中国,文化和商业意识经常是脱节的。第一种行为往往认为要以给观众带来审美和艺术享受为己任,而第二种行为则不考虑经济效益的长远性。

中国拥有丰富而悠久的历史和文化资源,但是对于这些资源的开发却往往十分粗糙,有时候甚至是重复的、低质量的开发,不仅没有收到应该具有的效果,反而在重复的劣质操作中逐渐使受众失去了对本国文化的兴趣。一部《勇敢的心》和《角斗士》可以唤起中国观众对苏格兰文化和古罗马文化的向往,而《无极》和《夜宴》里那日本幕府时期会议的造型以及日本忍者的形象却让人对中国的古典文化感到一头雾水。就历史题材的电视剧而言,《雍正王朝》、《康熙大帝》、《汉武大帝》都算是成功的电视剧,但是,这只是对每一部具体的电视剧而言的"成功"。我们的电视剧只是把着眼点放在展示历史的宏大、事件的曲折和皇帝的威严上,那么,这些电视剧就会像过眼云烟一样很快地从观众的脑海里淡出,因为它们没有塑造出像威廉·华莱士和恺撒大帝那样有足够魅力的历史英雄和文化偶像,没有塑造出能够长久地活在观众的记忆和理想的人生观之中的活生生的人物形象。做不到这一点,传统的文化就会因为缺乏具体的形象载体而为人淡漠甚至遗忘。当一种文化只是成为一种文字记载上的抽象的存在时,这种文化就难以与世推移,更无法吸引代表着未来的青年观众。

把文化当产业来做,首先就应该是从产业的逻辑出发来看待文化,继承也要求站在创新的逻辑起点上来继承,而创新的最大着力点就是通过形式创新实现内容的更新,具体而言,就在于利用具有时代气息的现代科技手段和传播手段对文化内容进行包装、传播,并通过这样的行为给传统文化注入当代的审美意趣。

中国的医药、武术、儒家文化、道家文化博大精深,但是这些文化在我们的

---

① 鲍德里亚（Jean Baudrillard）：《消费社会》，南京大学出版社 2001 年版，第 135 页。

影视剧、音乐、文学读物中则鲜有具备商业意识的体现。当一种文化载体展现某种文化内容时取得了成功，则这种成功就不仅仅限于此文化载体上，而是因为这种文化内容会受到欢迎而辐射到其他承载此内容的媒介上。换句话说，从整个国家的文化利益出发，各种媒介其实应该相互扶持、相互依赖，而不仅仅是相互竞争。当然，单纯地依靠市场和商品规律难以实现这种配合，这就需要由国家和政府参与，从宏观上制定各种政策对各种参与竞争的文化载体进行资源的配置和利益的协调，将整个国家的文化产业看成一盘棋，而不是任由这些竞争实体各自为战。从长远来看，把政府和国家的力量主要地用在调整内部的文化体制和市场机制上，要比简单地制定限制外国文化的流入的政策上要有效得多。

在全国的文化产业总体建设中，政府应该充当方向的指引者、利益的协调者和基础的扶持者的角色。文化产业不能单靠政府，而是要越来越依靠民营资本去运作，然而在初创时期，政府需要给民营企业提供政策上、基础设施上和资金上的援助。这也是很多西方国家在发展文化产业初期几乎都采取的一项措施。

不论是各种文化载体之间的相互协调，还是民营企业的成长壮大，只有政府参与其中，并做出建设性的举措，才能真正地把社会力量集聚起来，共同打造规模性的大文化产业链，从而起到全国上下一盘棋的效果。

国家/民族文化资源的保护

在多元文化博弈于全球一体化的舞台之上时，致力于保护本国的文化资源，已经超出了民族情感和经济的范畴，提升到政治的高度上来。20 世纪 90 年代初，美国哈佛大学肯尼迪学院院长、美国国防部前助理部长约瑟夫·奈明提出"软实力"（soft power）的理论，认为相对于军事、经济等物质性的"硬实力"，"软实力"指国家的凝聚力、文化的生产和文化的全球性普及以及道德等精神性力量，而一个国家的综合实力就是"硬实力"和"软实力"的相加。西方学者安德森（Benedict Anderson）指出，现代意义上的民族是一个"想象的共同体"（an imagined community），它意味着成千上万的未曾谋面的同胞之间的一种共同感的可能性。这种共同感就是通过文化、符号和意识形态等所体现出来的某种共同的归属感，而这样的归属感只有在面临全球化或外部世界的文化时才会出现。① 在此意义上而言，民族文化的自觉意识甚至民族国家的概念，都是全球化的一个结果，全球化更加突出了民族文化和国家文化标识的重要性。英国著名社会学家费尔斯通（Featherstone）也认为："（民族）文化的形成过程不能只作为一种对民族国家内各种力量的反应来理解，而必须依据它和外部的各种力量的关系来理解……"② 全球化一方面造成了外来文化对本土文化的广泛影响，但另一方面，这个过程又导致了本土文化对自己民族身份或同一性（identity）的自觉与反思。这恰好说明了全球化的两种相反相成的作用力。

在这种历史语境下，当今的世界各国无不致力于保护本国本民族的文化。对中国文化资源的保护，大致可以从以下四个方面展开。

第一，对非产业化资源的保护。从文化资源保护和文化产业发展的关系来看，很多文化资源不能产业化，如文物保护、特定的史迹维护等。在以文化资源为基础来发展文化产业的时候，一定要考虑到资源不可再生的特点，要将保护传统历史文化资源和发展文化产业二者协调好。当二者发生冲突时，一定要首先保护文化资源。

第二，通过大力加强中国文化的普及和教育，加深中国人对民族文化的了解，使民族文化深入人心，进而加强文化的凝聚力，提高民族文化本位意识和自觉的民族文化保护意识。这是长期的保护策略。

第三，发展文化产业，使中国历史文化资源获得新生，使其不仅成为国民收入中的重要组成部分，而且能够在全球化的背景下具备与西方强势文化竞争的魅力和能力，在与时代前进的同步中有效地保留、延续和发扬民族文化。这是当前对于中国文化最直接有效的一种保护措施，是中期的保护策略。

第四，增强对外来文化冲击的抵制意识，强化对外来文化的过滤机制。这是短期内直接有效，对于长中期策略起到有力支持的必要补充和弹性策略。

从本国、本民族的立场出发，一方面加强维护、推广自己的文化，一方面又抵制外来文化的进入和影响，这几乎是当前每个国家都在紧锣密鼓所进行的事

---

① Anderson, B., Imagined Communities: Reflections on the Origin and Spread of Nationalism, London: Vers, 1983.

② Featherstone, M., "Global and Local Cultures", on Bird, J., et al, (eds), Mapping the Futures: Local Cultures, Global Changes, London: Routledge, 1993, p. 173.

情。在影视跨国贸易中，如果完全让自由市场调节，那么好莱坞电影公司很可能垄断全球电影市场。因此，不仅 WTO 仍然维护民族国家电影保护条款，而且欧盟和不少西方国家也继续程度不一地实行电影国际贸易保护政策。1999 年 2 月，文化产业部国际贸易咨询小组（SAGIT）提交给加拿大外交及国际贸易部的报告（文化产业 SAGIT）中指出："文化是'民族的灵魂'……加拿大的书籍、杂志、歌曲、电影、新媒体、广播和电视节目反映了我们是一个怎样的民族。文化产业塑造了我们的社会，使我们能够理解自己以及他人，并赋予我们民族自豪感。加拿大的文化产业在加拿大社会中所起到的作用是及其重要的……新的文化体制将不会强迫任何国家采取文化保护措施，但会给予各国自主权决定采取何种措施以保护本国文化多样性的权利。"（文化产业 SAGIT 1999：31）①

虽然，全球化并非是指世界上所有的一切都一体化，尤其在涉及文化、精神领域的地带，全球化将是一个比较漫长的过程，人类在很大程度上和长期的阶段里，仍将处在"区域历史阶段"，但是，必须意识到，这一过程却有着根本的决定意义，将最终确定某种文化绝对的主导地位或者彻底的从属地位甚至消亡的结果。因此，对外来文化的抵制和过滤是一种必然的行为，只是同时要清楚地认识到，在整个中国文化建设的过程中，这只是一种辅助策略。韩国已经发出呼声：到 2010 年，要争取占据中国文化商品市场 10% 的份额。据悉，目前中国已经不再从韩国进口电视剧。但问题是：即便中国全面叫停"韩流"，"华流"也难以呼之欲出。中国真正缺少的是文化的自我认知能力，市场经济意义下的系统的文化自觉能力，以及文化与资本的结合意识与能力，而这些则不是靠短期的抵制策略所能解决的根本问题。

文化核心价值观的传承与推广

当今世界的一个主流趋势是合作、交流，而不是对抗和对立。因此，在面对国家文化安全的保护问题时，首先要注意防止一种偏激的思维方式。这种思维貌似正确，但在实践中则倾向于引发一种秉持中西文化对立的"敌我"观念和激进

---

① 金冠军、郑　涵、孙绍谊主编：《国际传媒政策新视野》，上海三联书店 2005 年 12 月版，第 193 页。

地对抗西方的思维。任何文化不会在封闭中强大，只会在极端的"自我"中倾向衰微。

如果说国家文化安全问题就像是国家间的战争，那么，任何参与其中的国家都应当采取的姿态就是既防守又进攻。即使对于在文化竞争中处于劣势的国家而言，也决不可以一味地采取防守和抵制的策略。在新的时代条件下，资本形式已经发生了重大变化，单一的货币资本逐渐转化为货币资本、文化资本、社会资本和象征资本等多元资本形式。从一个国家或地区来说，文化资本表现为文化资源累积的厚度和文化资源开发的能力，它已经成为衡量一个国家或地区的综合实力的重要指标。虽然，文化资本的加入，使西方国家的意识形态、价值观念等思想领域的东西也成为在其他国家获取经济利益的内容，但是，也应该看到，这对于那些经济资本相对较弱而文化资源相对丰富的国家来说，则是提供了新的发展机遇。

在世界经济、文化甚至政治一体化的全球化趋势下，国家对待文化安全和文化推广的一种超前思维至关重要，即"万物皆备于我"（整个世界文化为我所用），并非首先是民族的，然后才是世界的，而是因为是世界的，所以也属于各个民族。美国对于世界各个角落的历史文化资源的充分开发就是一个明证。而在亚洲，韩国和日本也已经开始向全世界的文化寻求内容支持，发展自己的文化产业。美国的电影和纪录片且不说，单是韩国的电视剧《大长今》对于中国文化资源的利用和开发就足以令人震惊，而西方观众对于中国古典名著《西游记》的了解却首先是通过日本的电视剧《猴王》（"Monkey"）开始的，刚刚获得奥斯卡大奖的美国电影《无间行者》几乎是原封不动地对中国电影《无间道》进行了一番修饰和包装……

作为一种长期有效而又覆盖面极广的文化政策，它的制定必须立足于长远，要能透过历史和当下看到社会发展的趋势，从而使自己的政策符合一种必然的规律。在全球化背景下，世界文化资源也倾向于一体化，虽然中国的历史文化资源很丰富，但也决不能满足于只开发自己的领地，而放弃对外的寻求和拓展。与世界文化广泛地交流、对话，同时注意吸收外来文化，并根据中国的文化特色进行加工，这是文化产业之所以能创新的原点之一。也正是通过这样的举措，中国的文化在向外推广的过程中才能够更加顺利地被接受、认可和欣赏。

从社会转型的角度看，随着中国的经济改革和经济发展，人们生活水平普遍提高，这直接导致了社会消费结构的变化和恩格尔系数的下降，文化消费需求从消费的边缘走入消费结构的核心。在这种情况下，产业结构必然要调整，文化产业必然兴起。当中国的社会正在由政治社会向市民社会悄悄转型，中国经济行进到工业化中期时，传统文化复兴的需求也就必然提到议事日程上来。

近百年来，中国不断地否定、贬低甚至妖魔化自己的古典文明传统，当意识到这样下去十分危险时，一种本能的反应就是再颠倒过来，大力弘扬文化传统，不加分辨地把历史文化都加以吹捧、赞美、甚至歪曲以达到赞美的目的。

"为了配合2000年前后整个社会开始弥漫的'盛世中国'的民族主义热情，集中发掘、再现中国历史上的几大'盛世'成为历史剧从业者非常自觉的文化策略。于是，勾践和夫差刚走，嘉靖与海瑞又到；才走了顺、康、雍、乾，又来了太宗、武帝；清宫剧才退烧，汉唐戏又升温……当人们日复一日地以臣民心态死死地纠缠着帝王情结和强权暴力时，当诸多传统文化里最具封建腐臭、最泯灭人性光芒的弊端，依然被作为审美趣味青睐、张扬时，文化的'崛起'和'复兴'也许正在和我们擦肩而过。一种狭隘的民族历史视野，缺少普遍深刻的人类文化视野的观照，对于皇权的淫恋和对于至尊权力的渴望，正通过不胜枚举的历史剧渗透至中国人灵魂的最深处。"①

从目前中国影视业的实践来看，很多对于中国文化资源的利用往往只是出于迎合政治口味和追求短期的经济利益的目的，而没有从大的文化产业链的观念出发，没有考虑到长远利益和文化产业的可持续性发展，因而对中国的文化资源的开发只是小农式的作坊行为，甚至是浪费和糟蹋的行为。

国家文化安全是一个很宽泛的概念，因为一个国家的文化所包含的内容太多，如果对于国家文化的核心竞争力资源没有正确的定位的话，就必然造成大量的人力、物力和资金的浪费，而且有可能还会起到负面的作用。上述一些影视剧中很多就是打着中国文化的旗号，但实际上却损害了中国文化，因为它们不仅没有把中国文化中最有魅力、最有价值的东西展示出来，反而在一定程度上以丑为美，把已经被淘汰的封建文化中不符合当下时代精神的东西加以展示。这样的文化如何能担当起复兴中国文化的重任？历史的发展有其自身的规律，文化新陈代谢的沿革也同样如此。在历经时代洗练的文化资源中，有些在根本上已经不适合现代文明，只能存在于历史典籍、博物馆和人们的记忆当中，有些仍然有着历久

---

① 王　丰：《中国电视剧在等待哪一环》，http：//www. sina. com. cn/2007. 3. 15。

弥新的恒久价值，而我们需要做的就是发现那些在当今仍然可以充满活力的文化资源，并以其作为文化产业的核心竞争力。

在整合和创新文化资源时，要首先对文化资源进行细分和评估，认识到哪些是"边缘文化"，哪些是"核心文化"。比如：儒家文化以人伦日用为其理论的根本，这是它受官方青睐的主要原因，所以，儒家学说为人所了解最多的就是其伦理道德、家族制度、君臣长幼之礼等世俗性的知识。然而，这些封建道德中的大多数是不符合现代文明的生活观念和方式的，过多地把这些作为主要的展示点并不能很好地代表中国文化，反而会把中国古典文化中真正美的东西遮蔽。诸如这些就应该作为文化产业中的次要项，不予关注或者少加以关注。而儒家学说中具有超越性的、形而上的思想成分如"修身养性"、"天人合一"等观点，道家学说中讲究性灵、追求虚空、明净的精神境界等观点，以及中国佛教禅宗学说中所体现出来的对人"本性"的哲学领悟，对于生活在高科技、数字化所构成的高速发展的现代社会中的人而言，对于物质和精神的发展严重不平衡的世界和人类而言，则是亟需的精神抚慰剂。与此相关的还有中医、武术、茶道等等。因为这些文化资源在当代社会可以凸显出它们莫大的价值，而这一价值也是建立在对人本身的关注之上的，因此不仅可以实现社会效益和经济效益的双赢，而且还是可以向全世界推广的，具有普世意义的东方文化精髓。这些则应该是文化建设和产业化开发中值得花大力气扶持、培育的文化资源。

对于中国文化核心竞争力资源的准确定位是对外推广中国文化的起点，在这项工作完成之前，其他仓促开发的行为只是假想的繁荣，必将付出沉重的代价。

结　　语

亨廷顿认为"可口可乐文化"在世界范围内的广泛传播，并不表明西方文化的胜利，"文化的核心涉及语言、宗教、价值观、传统和习俗。……那种以为通俗文化的消费商品的传播表明西方文明取得了胜利的看法低估了其他文化的力量，同时也把西方文化浅薄化了"①。字里行间中，可以看出西方对于向全球推广其文化、价值观和意识形态的冷静和决心。

---

① 见1996年12月2日《参考消息》。

当前,文化全球化与边缘化的关系呈现出冲突与对话兼容、多元与一元共存、扬弃与创新结合的特点。在这样的大潮中,不进则退,很多区域和民族文化正在这种激烈的对抗中走向消亡。以人为本,构建和谐社会的口号的提出,是深谋远虑的,但是在具体政策的制定上,则必须要考虑到时间——纵向和空间——横向这两个维度,做到在总体上符合历史前进的大趋势,同时协调好长期、中期和短期的目标。以此作为分析中国国家文化各个具体问题的逻辑起点,才能更加科学合理地制定中国的文化安全战略,更好地迎接挑战。

(贾磊磊　中国艺术研究院院长助理、
文化发展战略研究中心主任、研究员)
(肖　庆　中国艺术研究院
文化发展战略研究中心)

加强文化遗产保护
防止国家文化安全危机

胡光宇

内容提要 中国不仅存在城乡发展不平衡、地区发展不平衡、经济社会发展不平衡，也存在着硬实力与软实力发展的不平衡，不仅社会建设滞后于经济建设，文化建设特别是中国传统文化建设同样滞后于经济建设。实际上，软性的同化权力与硬性的指挥权力同样重要。这种同化权力更多的来自文化、制度以及价值观念，来自对一个国家历史、传统乃至社会氛围的认同，是一个国家真正崛起的必备条件。大遗址作为国家文化传统的重要传承载体，研究和部署大遗址保护工作，对于提升国家的文化安全和软实力具有重要意义。

文化遗产与大遗址是一种独特的文化资源，也是重要的国家财富，这不仅体现为物质财富，更重要的是，其中蕴涵的文化价值以及由此对国家意识、民族意识的召唤。本文从文化遗产和大遗址保护的现状分析与面临的挑战入手，详细分析了大遗址保护的五大现状特点，提出文化遗产和大遗址保护的指导思想和原则，并指出我国的大遗址保护工作既面临着前所未有的机遇，也面临着前所未有的挑战，要在古迹遗址的保护和经济增长这两个要素中间寻求一种平衡。

关 键 词 文化遗产 大遗址 保护 国家财富 软实力 文化安全

改革开放 28 年的历程，是中国经济快速增长的历程，也是中华民族伟大复兴的历程。一系列的数字昭示着中国在世界舞台上的迅速崛起：按照可比价格计算，2006 年中国的 GDP（国内生产总值）比 1978 年增长了 12.2 倍，1978 - 2006 年间 GDP 年均增长 9.65%；如果按照 PPP（购买力评价）计算，中国 GDP 占世界总量比重由 1978 年的 4.9% 上升到 2006 年的 13% 左右。这样持续的增长速度、增长规模不仅在中国的历史上是空前的，在世界各国的发展史上也是少有的。中国的改革路径正在成为一种经验、一种模式，甚至是一种"时尚"；"中国经验"、"中国道路"、"中国模式"、"北京共识"，这些词汇无一不在试图构筑一个后发国家的崛起图景。

到目前为止，中国的崛起更多的是一种硬实力的崛起。① 中国不仅存在城乡发展不平衡、地区发展不平衡、经济社会发展不平衡，也存在着硬实力与软实力发展的不平衡，不仅社会建设滞后于经济建设，文化建设特别是中国传统文化建设同样滞后于经济建设。实际上，软性的同化权力与硬性的指挥权力同样重要。② 这种同化权力，不是来自 GDP，不是来自枪炮，也不是来自资源能源，而更多的来自文化、制度以及价值观念，来自对一个国家历史、传统乃至社会氛围的认同。与硬实力相比，软实力更难以培育，难于成长，但却更富有长久的生命力、感召力和吸引力，是一个国家真正崛起的必备条件。

在这样的背景下，讨论大遗址保护问题显得既非常必要又迫在眉睫。大遗址是我国近 10 年来从遗产保护和管理工作角度提出的一个重要概念。③ 通常来讲，大遗址由遗存本体与相关环境组成，具有遗存丰富、历史信息蕴涵量大、现存景观宏伟，且年代久远、地域广阔、类型众多、结构复杂等特点。在我国各类文化遗产中，大遗址突出的历史内涵与文化价值几乎贯连了中华民族的文明起源和发展鼎盛期的大部分重要文化遗产，是中华民族文明与文化发展史的珍贵物证，在整体价值上可谓我国几千年文明发展史的主要载体，具有不可再生、不可替代的

---

① 当然中国硬实力的发展也面临着巨大的挑战。在经济增长取得巨大成就的同时，政治、社会以及经济领域都出现了越来越多的问题。资源、能源的约束，城乡之间、地区之间、不同人群之间的发展差距，社会保障体系不健全，环境污染、政治腐败以及社会矛盾冲突等，都成为中国长期可持续发展的忧患因素。

不过，危机之处都孕育着契机。发展过程中出现的种种问题已逐渐引起了人们关注，并且提出了因应之道。在"科学发展观"的指引下，中国政府陆续提出了"全面建设小康社会"、"社会主义和谐社会"、"社会主义新农村"等发展目标，努力实现中国的全面发展、协调发展、绿色发展、和谐发展、和平发展。

② ［美］约瑟夫·奈：《硬权力与软权力》，门洪华译，北京大学出版社 2005 年版，第 107 页。

③ 按照《大遗址保护专项经费管理办法》的规定，大遗址主要包括反映中国古代历史各个发展阶段涉及政治、宗教、军事、科技、工业、农业、建筑、交通、水利等方面历史文化信息，具有规模宏大、价值重大、影响深远特点的大型聚落、城址、宫室、陵寝墓葬等遗址、遗址群及文化景观。

价值与地位。可以说，大遗址是国家文化资源的精髓部分，是文物展示和文化传承的重要平台，研究、部署大遗址保护工作是保障我国文化安全、提高国家软实力的必要举措。

本报告主要讨论以下问题：为什么要强调保护大遗址？大遗址具有哪些独特的经济特性？目前我国大遗址保护的情况如何？存在哪些困难和问题？产生这些困难和问题的原因是什么？大遗址保护的主体是谁？如何认识不同的利益相关者之间的矛盾关系？如何认识保护与发展之间的关系？如何才能更好地做好大遗址的保护工作，保障中华民族的文化安全？

文化遗产和大遗址是一种独特的文化资源和国家资源

文化遗产是我们国家非常宝贵的国家财富，它们是我们民族千百年来发展脉络的历史记忆，是强大的国家软实力的重要体现。文化遗产的保护和传承，既能够增强中华民族的民族凝聚力和自信心，也能够吸引其他国家、民族对我们的认同，提高国家的软实力。实体的文化遗产与文字记载相比，后者是写在书上的，显得抽象而单薄，其准确性也往往需要考证；而前者是一部部活生生的实物历史，信息量极大，一旦发现，其具有不可辩驳的真实性和震撼性，它们唤起了我们中华民族各地区人民千百年发展脉络的历史记忆。如果不慎破坏了，可以说，我们民族的历史记忆也就支离破碎了。

本报告所要讨论的大遗址既是一种文物资源，但又不同于一般的文物资源。对大遗址的保护，不是简单的技术问题，而是涉及到政治、经济、社会、文化的系统工程，因此，我们必须从科技进步、经济发展、政策安排等方面综合考虑大遗址保护问题。在这里，我们首先讨论一下大遗址的经济学属性，以为下文分析大遗址保护面临的问题和对策提供理论基础。

（一）文化遗产和大遗址是重要的国家财富

大遗址首先是一种文物，是人类社会活动中遗留下来的具有历史、艺术、科学价值的遗物和遗迹，是历史上物质文化和精神文化的遗存，不仅是重要的文化遗产，更是一种重要的国家财富。大遗址能够代表所在历史时期的文化、艺术、科学等，现代人类要了解历史，除了通过历史教科书和其他历史文献资料以外，最好的方式就是通过对参观文物遗址来缅怀和感悟历史，获得对人类历史的直接认识。这不仅是我们获取历史知识的重要途径，也是人类文化延续的重要方式。

与其他文化遗产一样，大遗址具有不可再生性，一旦减少或损坏便是永远的消失，因而需要长期的持之以恒的保护管理。如果保护不善、抢救不及时，大遗址就会濒临灭绝的危险，即永远从地球上消失。从某种意义上说这种资源的价值是难以用经济指标来衡量的，其供给成本趋于无穷大。在我国历史上，不乏重要的文化遗产顷刻间永远消失的例证。比如噶丹寺，这座具有 600 多年历史的寺庙曾是西藏拉萨著名的三大寺庙之一，可是在 1969 年却被夷为平地，这一珍贵的古迹资源永远从地球上消失了。但同时，大遗址也是一种特殊的文化遗产，其本身具有不可移动性、不可复制性和不可替代性，不能像一般的文物一样进行异地保护（如建立博物馆），在区域经济发展过程中具有不可跳跃性，其开发和利用必须在原地进行。当然，文化遗产保护要切合社会文明的发展以及人本身的发展进步。文化遗产的功能作用，不是暂时的而是持久的、长期受惠的，它在物质文明和精神文明建设中的作用地位愈显重要。

近年来社会上流行的单纯的物质消费观导致了对城市传统面貌的彻底放弃，许多城市都用"现代化"这个单一体系取代中国文化在数千年文明发展过程中形成的区域文化包括城市文化的多样性。不同城市应慎重考虑选择自己的文化传统构建发展模式，文化多样性不仅仅是国际口号，更要在中国实施，而文化多样性恰恰是文化遗产保护的思想基础。因此，大遗址的国家财富性质不仅体现为物质财富，更重要的是，其中蕴涵的文化价值以及由此对国家意识、民族意识的召唤。诚如梁永安等人对文化遗产的描述：文化遗产实际上是文化未来，对自然与文化遗产的保护意味着对人类未来的理性选择。[①]

（二）文化遗产和大遗址是全国性的公共产品

公共产品具有两个本质特征：一是非排他性（non-excludability），一是消费上的非竞争性（non-rivalrous consumption）。非排他性指的是不可能阻止不付费者对公共产品的消费，对公共产品的供给不付任何费用的人同支付费用的人一样能够享有公共产品带来的益处；消费上的非竞争性指一个人对公共产品的消费不会影响其他人从对公共产品的消费中获得的效用，即增加额外一个人消费该公共产

---

① 梁永安、王雨吟：《文化自然遗产不是下金蛋的"母鸡"》，载《文汇报》2003 年 10 月 26 日。

品不会引起产品成本的任何增加。

　　根据微观经济学原理，市场通过"看不见的手"的作用，在一系列理想的假设条件下，是实现文物大遗址保护和利用协调的有效机制，可以实现保护利用资源配置达到帕累托最优状态。但是，在现实的经济活动中，这些理想的假设条件往往不能满足，市场机制不能有效协调保护与开发利用的关系，进而导致市场失灵。大遗址的公共产品性质是导致保护利用不足的主要原因。文化遗产作为一种公益性很强的社会资源，保护的主体理当是政府。在西方发达国家，作为公共资源，文化遗产在参与市场运作的时候还负有传播人类文化的社会责任与目标，在对具有普遍代表价值的文化遗产进行开发利用的时候，通常是由国家提供资金支持，开发出来的旅游产品自然属于纯公共产品。如美国华盛顿的一些博物馆、纪念馆都是可以供大众免费参观的纯公共品。

　　公共物品的"市场失灵"现象非常普遍，但同时也存在"政府失灵"的情况。就大遗址保护而言，首先表现为宏观政策失灵，即对地方政府政绩的考量主要是对区域经济发展水平的考量，而后者又往往只是对经济总量的考察，这种核算体系和核算方法存在一定的缺陷。从文物大遗址保护来看，没有将文物保护和破坏成本纳入存量资本，这就促使人们单纯追求经济产值和经济增长速度，而不顾文物大遗址的过度开发和因此而造成的遗址破坏，并最终导致文物大遗址价值的不断降低，甚至完全消失。新一届政府成立以来，伴随"科学发展观"的提出，政府也逐渐转向追求"科学的政绩观"，从经济增长型政府转向公共服务型政府。因此，我们认为，对文化遗产保护来说，政府应该尽快从遗产开发型政府转向遗产保护型政府；对大遗址地区来说，能够保护好这一重要的历史文化遗产，就是最大的政绩。文化遗产保护应该像计划生育、教育发展一样，作为我们国家的基本国策。其次是微观政策失灵。改革开放以来随着经济的发展，大遗址破坏不断加剧，国家采取了一系列文物大遗址的保护政策。然而，哪些活动不破坏或较少破坏遗址，哪些活动既可以保护遗址又可以发展当地经济，谁也说不清楚。而生活在遗址区的群众必须要发展经济，提高生活水平，因此文物大遗址破坏可以在发展的口号下畅通无阻。

　　（三）文化遗产和大遗址具有高度的经济价值

　　大遗址作为一种文化资源，承载了很多人类文化和文明的信息，是人类文明传承发展的佐证，因此，大遗址具有文化价值，具体表现为美学价值、思想与宗教价值、历史价值、文化人类学与民族学价值、科学与技术知识价值、原创性价值、符号价值等。当这些文化价值通过旅游、观赏、娱乐、体验、休憩等方式被人们享用时，就形成了消费意义上的经济价值。因此，文化的经济价值可以被看作是文化价值的外化。大遗址对现代社会的作用，也可以概括为：1. 促进对历史的了解，增强民族凝聚力，这是四项综合国力之一；2. 有助于恢复昔日繁荣和美好的生态环境；3. 促进现代旅游业的可持续发展。[①]

长期以来，国有文物被视为非盈利性的国有资产，因此，文化保护是防止国有资产流失和实现其保值、增值的重要内容。如果按照文物交易市场中同类等级文物的交易价格作为参照价，进行估算汇总，则可以得到我国可移动文物的总价值约为 201657.1 亿元（见表1）。按照中国社会科学院金融研究所的估算，我国不可移动文物的价值约为 50 万亿元。两者加总，我国现有文物的总价值大约为 70 万亿元。这一数字相当于 2006 年我国国内生产总值（20.96 万亿元）的 3.4 倍。实际上，这一估算结果仍然偏低，特别是不可移动文物的价值采取了较保守的数据，并且随着人民收入水平的提高、国际交往的活跃，可移动文物和不可移动文物的价值都会继续提高。

表1　我国可移动文物的估算价值（2005 年）

文物类别	文物数量（件）	参考价值（亿元）	估算价值（亿元）
一级品	53701	0.1	5370.1
二级品	923661	0.05	46183.05
三级品	2656218	0.02	53124.36
其　他	19408518	0.005	97042.59

资料来源：作者根据《全国文物业统计资料》（2005 年度）第 5 页数据估算。

由于缺乏必要的数据资料，我们暂时还无法准确地估计大遗址的经济价值。但可以肯定的是，文化大遗址作为一种经济资源，存在稀缺性的经济属性，特别是一些珍贵的文化古迹随着社会经济的发展变得越来越稀缺和唯一。从经济学角度而言，资源越稀缺，其价值就越大。由于大遗址是历史时期人类

[①]　孟宪民：《梦想辉煌：建设我们的大遗址保护展示体系和园区——关于我国大遗址保护思路的探讨》，载《东南文化》2001（1）。

各种活动在自然环境中的遗迹，这些活动的痕迹保存至今经历了相当长的时间，大部分已经被自然和人类所破坏，留下的只是其中很少的一部分，其数量是有限的；并且，随着时间推移、自然风化、人类经济活动的影响，大遗址保存的完好程度不断下降，数量不断减少。正是由于稀缺性的存在，就产生了大遗址利用和保护的机会成本问题，即地方政府或群众在选择一种利用方式、获取一定数量的利益时，是以放弃用同样的资源来获取其他利益作为代价的。而只有通过科学合理的保护，才能使文物古迹资源不断增值。文物古迹最本质的属性是文化资源和知识资源，其价值主要体现在社会教育、历史借鉴和供研究、鉴赏上，经济价值则是其历史、艺术、科学价值的衍生物。因此，大遗址地区的文化遗产并不排斥开发，但是应该建立在对人类精神回归的理性思索之上，要能真正体现文物古迹的多元文化价值，实现其多元价值的回归和文化的可持续发展。

我国文化遗产和大遗址保护的现状分析

一直以来，中国政府都非常重视文物保护工作，并将其作为文化建设的重要组成部分。1939 年 11 月 3 日，陕甘宁边区政府训令各分区行政专员和各村村长调查保护古物、文献及古迹。1947 年 9 月 13 日，中国共产党全国土地工作会议通过的《中国土地法大纲》规定：名胜古迹，应妥为保护。之后相继成立了胶东文物管理委员会、山东古代文物管理委员会和东北文物管理委员会，并颁布了《东北解放区文物古迹保管办法》。1949 年，在中国人民解放军即将南下进军的时候，华北人民政府高等教育委员会印发了《全国重要文物建筑简目》，提供部队，注意保护，以免这些古建筑毁于战火。

新中国成立以后，在中国经济水平还非常落后的情况下，周恩来就曾提出经济建设和文化建设的"两轮论"，即"经济建设和文化建设，好像一辆车子的两个轮子，相辅而行"。[①] 他认为，通过对于历史文物的了解，可以提高人民群众对于我们民族的自信心，激发爱国热情，乃至进一步提高全民族的文化素养。20 世纪 50 年代初中央人民政府政务院颁布了《禁止珍贵文物图书出口暂行办法》，

---

① 《周恩来教育文选》，教育科学出版社 1984 年版，第 71 页。

制止了 1840 年以来中国大量珍贵文物外流的现象。同时，在中央和地方都设置了负责文物保护管理的专门机构，在中国科学院设置了考古研究所。1956 年 4 月 2 日，国务院批准并颁发了《关于在农业生产建设中保护文物的通知》，第一次提出建立文物保护单位的要求，进一步加强了文物保护管理工作。1959 年，周恩来指示王冶秋起草了《文物保护管理暂行条例》，经过两年的试行，1961 年由国务院正式颁发，随之颁布了第一批 180 处全国重点文物保护单位，并为此发布了《关于进一步加强文物保护和管理工作的指示》。

文化大革命期间，中国的文化保护工作一度造成严重干扰，关于文物保护的各种法律、法规遭到弃置，大批珍贵的文物古迹被毁损，造成了不可挽回的巨大损失。但改革开放以后不久，政府对文物古迹的保护工作重新重视起来。目前看来，我国的大遗址保护工作主要有以下特点①：

第一，文化遗产和大遗址的保护力度不断增大，数量不断增多。

随着国家对大遗址保护的重视程度不断提高，考古工作的不断深入，大遗址的数量明显增加。在国务院公布的全国重点文物保护单位中，属于遗址类的数量不断增加。1982 年的第二批全国重点文物保护单位中，古遗址类只有 10 处，占总数的 14.4%；2006 年公布的第六批中，古遗址类增加到 220 处，占总数的 20% 以上（见图 1）。目前，在我国 2351 处全国重点文物保护单位中，属于大遗址的约 506 处。

第二，文化遗产和大遗址的地区分布不均衡，主要集中在中部地区。

由于中部地区是中华文明最为集中的地区，因此，各种遗址古迹的数量较多。目前公布的国家重点文物保护单位中，大遗址的地域分布亦极不均衡，最多的是河南省（63 处），其后依次是陕西省（42 处）、内蒙古自治区（41 处）、山东省（35 处）、河北省（32 处），而天津市、上海市都只有 1 处，西藏自治区也只有 3 处。如果按照东、中、西的划分方式，可以发现，在全部 506 处大遗址中，中部地区 9 个省份有 223 处，占总数的 44.1%；东部地区有 142 处，占总数的 28.1%；西部地区 141 处，占总数的 27.9%（见表 2）。

---

① 由于大遗址相关的数据有限，有些特点的概括是基于文物业的总体情况。

图1　大遗址数量的变化（1961—2006）

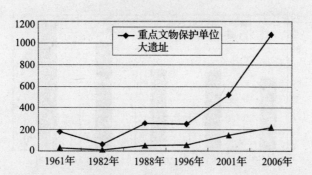

表2　大遗址的地区分布

	全国	东部	中部	西部
全国重点文物保护单位（处）	2351	855	854	642
所占比例（%）	100	36.4	36.3	27.3
大遗址（处）	506	142	223	141
所占比例（%）	100	28.1	44.1	27.9

　　注：东部地区包括北京、天津、河北、辽宁、上海、江苏、浙江、福建、山东、广东、海南；中部地区为黑龙江、吉林、内蒙古、山西、安徽、江西、河南、湖北、湖南；西部地区为四川、重庆、贵州、云南、西藏、陕西、甘肃、青海、宁夏、新疆、广西。

　　资料来源：见国家文物局编《第一至六批全国重点文物保护单位统计资料简册》，第8页。

　　第三，文物保护资金有所增长，但国家财政支出仍然不足。

　　从2001年到2005年的数据来看，文物单位的收入有了明显的增加，2001年为43.3亿元，2002、2003、2004年分别为47.2亿元、47.7亿元、63.2亿元，2005年增加到75.8亿元，比2001年增加了75%。2001—2005年间每年平均增长15%。

　　同时，国家对文物工作的财政拨款也有所增加，2001年为20.6亿元，2002、2003、2004年分别为21.4亿元、25.1亿元、27.4亿元，2005年增加为30.9亿元，比2001年增加了50%。2001—2005年间年均增长10.7%（见图2）。

图2　文物单位收入与文物财政拨款（2001－2005）

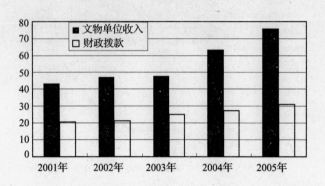

　　但是，政府在文物保护方面财政支出能力仍然不强，不能适应国家在现代化中文物保护工作的实际需要，这主要表现为两个比例没有上升反而有所下降：

　　一是政府财政拨款占文物单位总收入的比重。2001年，国家对文物单位的财政拨款占文物业总收入的比重为47.6%，2003年达到一个高峰，为52.6%，但随后快速下降，2005年政府财政拨款仅占文物业总收入的40.8%（见图3）。这一方面是由于文物业的收入增加速度较快，但另一方面也由于政府对文物保护的重视程度不足，导致文物部门更多地依靠事业收入、经营收入等来提高文保工作的可利用资金。

　　二是政府对文物业的财政拨款占国家财政总支出的比重有所下降。一直以来，这一比重都处在一个非常低的水平，2001年，文物业的财政拨款占国家财政总支出的比重为1.10‰，之后一直处于下降趋势，到2005年仅为0.92‰（见图3）。

　　根据国家文物局统计，目前我国有31处文化与自然遗产被列入世界遗产名录，已公布历史文化名城103座，历史文化名镇（村）80处，全国重点文物保护单位1271处；现有不可移动文物点近40万处，全国文物单位（包括博物馆和文物保护管理机构等）有馆藏文物2300多万件，珍贵文物363万多件，博物馆文物藏品1200余万件，而且随着文化遗产调查和考古发掘工作的开展，数量仍在继续增加。随着经济活动加剧和各地建设浪潮的掀起，越来越多的大遗址处于被破坏的危险境地，需要十分庞大的资金进行保护。《人民日报》2004年12月1日消息：仅长城、十三陵、天坛、周口店、故宫等6处遗产，据有关部门测算，为落实"人文奥运"规划，它们的保护、维修等费用将超过 30 亿元。如果这样计算下来，政府对文物保护的资金投入是远远不够的。

图3　国家财政对文物保护支出的相对比例下降（2001—2005）

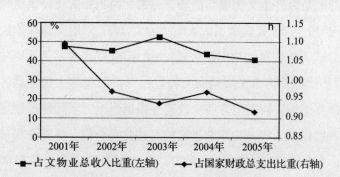

＝■＝占文物业总收入比重(左轴)　＝◆＝占国家财政总支出比重(右轴)

资料来源：国家文物局办公室编印《全国文物业统计资料》（2001—2005 年度）。

第四，文物业从业人员数量逐渐增多，并且中高级人员人数也在不断增加，但相对国家事业和机关单位总数的比例仍然偏低。

从 2002 年以来，文物业机构数和从业人员数量逐年提高：文物业机构数从 2002 年的 3867 个，增加到 2005 年的 4030 个，增加了 163 个；从业人员数量 2002 年为 66125 人，到 2005 年增加为 82988 人，增加了 26%，其中具有中高级职称的人数从 2002 年的 13133 人增加到 2005 年的 15062 人，增加了 15%（见表3）。

表3　我国文物业机构数和从业人员数量（2002—2005）

	文物业机构数（个）	从业人员（人）	中高级职称（人）	中高级职称占从业人员比重（%）
2002 年	3867	66125	13133	19.9
2003 年	3903	66676	13477	20.2
2004 年	3965	77101	14124	18.3
2005 年	4030	82988	15062	18.1

但总的来说，文物业从业人员占全国事业和机关单位从业人员的比例非常之低，以 2005 年为例，全国事业和机关单位就业人员总数为 3786 万人，文物业从业人员仅占其中的 2.2‰。

第五，文物保护的法制体系基本建立，但法律执行情况不甚理想。

1982 年 11 月 19 日，在总结建国以来文化保护正反两方面经验的基础上，全国人大常委会通过了《中华人民共和国文物保护法》；1991 年，全国人大常委会对其中的刑事处罚和行政处罚，追究行政责任或者刑事责任这两条又进行了修改，主要目的就是为打击文物破坏活动、打击文物犯罪活动提供更加有力的法律依据。2002 年 10 月 18 日，全国人大常委会对 1982 年的文物保护法进行了大幅度的修订，通过了新的《文物保护法》，由之前的 33 条扩展为 80 条。

《文物保护法》是对各个级别的文物进行保护的根本大法，是各级政府和各个部门都必须遵循的。同时地方各个政府还根据当地的实际情况制定地方文物保护法，地方政府作为文物古迹旅游景区的直接监管单位，有责任保证文物保护法的顺利执行。但是在现实的操作过程中，由于很多地方政府或群众法制观念不强，在具体的利益面前，容易形成一些行政命令大于法律规定、领导意志高于国家意志的情况，法人违法甚至法人犯法的现象经常出现。典型的例子就是很多城市的建设规划，并未经过文物相关部门的审批，甚至有意避开文物部门。

另外，地方政府对于旅游景区在执行文物保护方面的管理能力差，强制措施少，地方政府与景区之间缺少沟通与交流，不了解景区的实际需要，文物保护的执法力度不强。一些旅游开发商为了维护既得利益，想方设法地进行寻租，以保持甚至放宽政府制定的标准，将自己的内在成本社会化，加大了旅游资源保护的难度。

目前看来，对大遗址的破坏有两个主要因素：一是自然因素，二是人为因素。相比前者，人为因素对大遗址的破坏程度可能更为严重。一个重要原因就是大遗址具有明显的区域特征，保护和利用工作往往与遗址所在地域的社会经济发展具有直接、明显的利益关系，与区域内居民的保护行为关系重大。以地处西安市北郊的汉长安城遗址保护区为例，它在我国大遗址保护区中具有明显的代表性和典型性，已被列入我国申报世界文化遗产的名单中。该遗址面积 36 平方公里，保护区内居民 5 万人，1995 年保护区内居民人均收入较相邻非保护区居民少 400 ~700 元/年，2003 年遗址保护区内人均国民生产总值约为西安市的 1/3。因此，保护区内居民与政府的保护行为有较为强烈的抵触行为，出现了大量对遗址的破坏活动，主要包括：道路对遗址的破坏；农民盖房对遗址的破坏；种植业对遗址的破坏；荷塘、鱼池对遗址的破坏；工业企业对遗址的破坏；城墙外围的水体对遗址的破坏；以及居民的日常生活对遗址的破坏等。① 同时，盗掘、偷盗、劫掠，有些是规模极大的，长期屡禁不止，遍及全国。如出土有精美玉器的江浙一带的良渚文化墓葬，出土彩陶的甘青地区的古墓葬，出土各类艺术珍品的商周至汉唐的墓葬，赤峰及周边的辽墓等。不仅精美文物流失，而且大量遗迹及景观遭到破坏。作为一些遗址重要组成部分的田野石刻甚至一些寺庙塑像，也惨遭洗劫。自20 世纪 80 年代中期以来，文物走私活动非常猖獗。据公安部门统计，近年来，盗掘古墓葬、盗窃文物、非法倒卖文物等违法犯罪活动在全国各主要文物分布省份蔓延，达到了高潮。大量珍贵文物和艺术品被走私出境。近几年海关查获的走私文物触目惊心。据不完全统计，自 1993 年至 1999 年，公安机关在全国范围内破获的文物案件 4947 起，缴获各类文物 5 万多件。仅 1997 年全国海关查获的走私文物就有 600 多起，缉获文物 11200 多件。

总的来说，我国的大遗址保护工作既面临着前所未有的机遇，也面临着前所未有的挑战。经过长期的探索和实践，我国在大遗址保护方法、保护规划以及具体保护对象、保护技术手段等方面都取得了显著的成绩。但是，大遗址因其占地面积规模较大，保护与利用工作往往与遗址所在地的社会经济发展具有直接的、显著的利益关联，特别是它的背景环境保护，是我国遗产保护领域中保护措施综合性最强、经费需求最多者，也是受我国社会发展和人口、资源、环境问题影响最大者。因此，在文物大遗址地区容易形成保护与破坏、追求发展与限制发展之间的对立，也容易造成国家保护政策失灵和文物大遗址破坏加剧的恶性循环。

文化遗产和大遗址保护面临的若干挑战

国家文物局局长单霁翔指出，就中国文化遗产及其环境保护总体情况而言，面临着前所未有的重视和前所未有的冲击并存的局面。② 这种最重要的一组矛盾就是文物保护与经济增长之间的矛盾。特别是，"GDP 至上"的发展观和政绩观，导致了某些地方政府的短视行为，片面地强调经济增长的重要性，出现了许

---

① 张祖群等：《大遗址保护中的破坏因素》，载《建筑知识》2005（2）：5 - 8。
② 王乐文、罗春华：《大遗址保护：在经济增长中寻求平衡》，载《人民日报》2005 年 10 月 21 日第五版。

多为了追求 GDP 而破坏大遗址文化遗产，或者过度开发利用大遗址资源的行为。上文提到，我国大遗址的分布以欠发达的中部地区居多，这些地区大多面临着相当的发展压力。因此，正如国际古迹遗址理事会高级规划师摩里·米勒所言，全世界各国在古迹遗址保护方面所面临的问题和挑战几乎都是相同的，那就是在古迹遗址的保护和经济增长这两个要素中间寻求一种平衡。

从短期来看，文物遗址保护和区域经济发展确实存在着一定的矛盾，主要是因为存在着遗址区内群众、文物管理部门、当地政府和社会等不同主体；存在着群众经济利益、国家文物保护、地方社会经济发展等几种需求（见图4）。大遗址的保护通常不仅包括某个大遗址内所包含的各类考古遗迹，同时还包括遗址范围内我们所能观察到的山川、植被、地形等有形物体，乃至遗址氛围，比如空间视觉效果、置身其中的心灵感受、当地民众固有的原生生产生活状态等内在神韵。这就对一些主体的利用造成了制约甚至是短期的抑制作用。这些不同的主体分别拥有相对独立又相互联系的利益，这些利益之间同时又存在此消彼长的关系。因此，遗址保护与区域经济发展之间的关系，最核心的是要找到一种既可以保护文化大遗址，又可以促进文化大遗址地区社会经济发展的双赢模式，即在文物保护与区域经济发展之间寻求协调与均衡。

图4 大遗址保护利用的博弈关系示意图

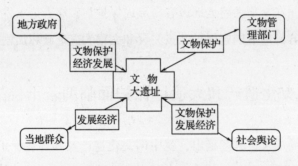

文物遗址的保护和区域经济的发展之间存在着不同的主体和不同的利益诉求，这些不同的主体就可以做出不同的选择，同时，不同的利益诉求也有不同的实现机会。对不同的利益主体而言，大遗址区的群众既可以保护文化大遗址，也可以破坏文物大遗址；文物主管部门既可以绝对保护文物大遗址，也可以允许适当利用文物大遗址；当地政府既可以充分保护文物大遗址，也可以积极发展区域经济；社会舆论可以要求合理保护文物大遗址，也希望遗址区的居民生活水平得

以提高。这显然是一个利益博弈的过程，在这个博弈中，文化保护是必需的，因为文物遗址是不可再生的资源；区域经济发展也是必需的，因为文物遗址区的居民也享有自身的生存权和发展权。

城市文化遗产的管理者和决策者必须不断提高自身历史文化素养，本着对历史、对城市、对人民负责的态度，组织开展对所在城市发展的历史和现状的分析和调查，明确城市未来发展的定位，合理设计城市传统历史区域和新兴现代区域，制定符合科学发展的城市发展规划和文化遗产保护规划，在文化遗产得到有效保护的前提下，通过合理利用，使文化遗产为城市发展服务，为人民群众服务。要探索区域整体协调发展战略，通过实施区域规划，缓解在城市性质、规模、布局方面过于集中的压力。文化遗产及其环境不是城市发展的包袱，而是城市发展的财富、资本和动力。要通过整合资源，在继续加快发展的同时，促进文化遗产及其环境的保护，将文化遗产及其环境保护的理念和要求贯彻到城市规划的各个层面。

通过以上的博弈关系，我们可以根据不同主体，进一步分析大遗址保护中存在的几组重要的矛盾关系（见表4）：

表4　大遗址文化遗产保护的问题矩阵

主体

		地方政府	旅游企业	游客	遗址区居民
影响因素	观念	经济利益为先	重开发、轻保护	文物古迹保护意识薄弱	缺乏相关知识
	行为	疏于管理、多头管理、寻租	超前开发、重复开发、过度开发	超范围活动、任意破坏文物古迹	不正当的商业行为、破坏文物、盗卖文物
	体制	政府、规制性条款缺乏	管理制度混乱、不明晰	游客限制性条款不完善、执行力度差	利益分配、社区参与机制不完善

（一）中央与地方政府目标的不一致性造成文化遗产和大遗址古迹的破坏

文物古迹资源是体现公众利益的国家共同财产，国家承担主要的保护职责，与地方政府的利益和职责是有差别的。但是，我国目前实行多重管理体制，容易导致不同级别政府对文物资源的保护和开发管理目标的扭曲和冲突。在文物古迹的保护与利用问题上，中央政府的目标是在合理开发获得经济利益的前提下，有效促进文物古迹的保护，最大限度地实现文化遗产的传承；而地方政府最重要的目标是在满足保护文物最低水平的前提下，最大限度地通过开发来发展经济、提供就业。由此中央政府与地方政府在文物保护与利用问题上出现了较大的偏差，地方政府实际工作中易导致旅游资源经济开发最优行为。同时由于政府管理控制幅度过大，对代理人绩效评价难度较大，对代理人违约监控和执行惩罚的费用过高，某些地方政府利用国家对旅游资源管理和监督机制的不完善，打着保护的幌子进行无尽无休却并不违法的旅游开发行为，造成资源的严重破坏。这里还存在另一个问题，即一些大遗址地区文物古迹不明显、可观赏性较差，对一般的游客来说，难以体会其中的文化价值，因此，用于旅游开发的经济价值不高，即便进行开发也需要支付高额的前期成本。一些地方政府基于治理政绩的考虑，更倾向于进行短期内能够见效的短线投资，对大遗址地区的保护意识明显淡薄，甚至想方设法地逃避上级政府监督，这就给大遗址地区的保护增大了难度。

（二）多头管理造成文物古迹资源的破坏

对文物古迹的管理通常涉及文物、城建、环保、旅游等多个职能部门，同时也涉及不同级别的政府和不同利益团体与个人。工商、税务、公安、安全、环保、民政、农业、交通、水利、电力、电信等相关行业在文物保护工作上缺乏政策法规的规范，而与遗址保护相关的行政审批权限又分散在这些部门手中，而且，这些部门皆有各自的法律法规作依据。还有个别基层政府和职能部门贯彻国家文物保护的法律法规不力，对有关文物保护及利用的方针政策认识不足，以至在遗址保护工作中，越权审批、推诿扯皮的现象时有发生。更有甚者，少数人从地方和单位的局部利益出发，对违反文物保护法的行为公然迁就袒护，甚至对污染企业大开绿灯，任其在遗址内落户、生产，严重危及遗址安全和自然风貌协调。这一局面如不迅速扭转，将严重阻碍遗址保护利用工作的发展。而文保部门在协调和执行方面亦显得心有余而力不足。结果是，上述部门之间不能进行有效的协调和沟通，从而形成"谁都想管，谁都不管"的畸形状态，造成众多文物古迹资源自损式地破坏，极大地影响了大遗址地区正常的保护和开发工作。

（三）文化遗产和大遗址保护缺乏坚实的社会基础，当地居民的文物保护意识不强

由于某些地方政府不能及时做好社会基础工作，一些群众寻求短期的个人收

益，特别是在经济欠发达地区，群众容易受到外界各种经济物质的诱惑，急于改善自己的经济生活处境，造成对文物古迹的破坏。另外，很多时候也会因为群众不了解文化的价值，而在不经意间造成不可挽回的损失。地方政府如果不能进行有效的教育和引导，文物工作特别是大遗址保护就缺乏必要的社会基础，文物古迹就可能因为居民的无知或短期行为而被破坏。

（四）不少地方政府将城乡发展建设置于比文化遗产和大遗址保护更重要的地位

随着地方经济的发展，各个城市都在大力开展城乡建设，广泛开展的旧城改造建设给文物古迹带来了破坏。首先是实体环境的破坏，大量的遗址、古建筑被拆除；其次是文物所储存的环境被破坏，这种破坏更加严重。从某种意义上说，有效的文物保护是对文物实体及其依存环境的整体性保护，它包括了文物及其所在环境的经济、社会和文化等方面的所有内容，然而城乡建设抹去了文物古迹生存与发展的空间，使文物古迹失去了生存土壤与灵魂。这与地方政府没有看到文物古迹的重要性以及不可再造性相关，也与地方政府片面追求"政绩工程"相关，文物保护规划让位于城乡建设规划，走在城市的某一端，随处可见在一处环境优雅的文物景区周围，到处林立着高楼大厦以及色彩浓抹的现代化住房。文物古迹的文化氛围被严重破坏了。

文化遗产和大遗址地区保护的指导思想和原则

（一）树立"保护＞＞建设"的指导思想

从短期来看，遗址保护和经济发展之间出现了一种彼此矛盾的现象。实际上，遗址保护和经济发展之间并不一定是一组矛盾体，如果关系处理得当，完全可以形成相互促进、相互补充、相辅相成的良性循环。首先来看，两者在空间上并不完全对立，不是说要保护文物古迹就不发展经济、不搞城市建设，文物密集区不搞大规模经济建设，没有文物的地区还是可以搞经济建设、建高楼大厦的；老城区要保护，那么我们可以开辟新城区来大力建设。

另一方面，在发展的不同阶段，文物保护和经济建设的主次位置应该是有所不同的。初期来看可能是经济建设让位于、服从于文物保护工作，但后期文物保护工作可以对经济建设产生巨大的促进作用。这是因为：一是文物保护实际上是一种对文化传统、民族意识的投资，归根结底是对人的素质的投资。长期来看，它可以通过对人们科学知识、历史知识、革命知识的宣传和普及，提高人的思想文化水平，提高人的人力资本，是国家"软实力"的重要体现，对国民经济的持续增长有重要意义。二是遗址保护可以带动地方的旅游业发展，拉动地区消费，直接贡献于当地的经济增长和居民生活水平的提高。三是经济发展又可以反过来对遗址保护提供更多的经济资源和物质支持。

实际上，从经济学上来看，与一般的经济资源"边际收益递减"的原理不同，文物保护的边际收益递增：一方面，如果文物保护工作能够系统化、工程化，就能够产生足够大的规模效应；另一方面，也是更重要的一方面，随着经济发展水平的提高，人们对文化品质的诉求会提高，因而文化遗产的价值就会随之提高。简单地说，文化遗产的价值与一个国家或地区的经济发展水平呈正相关关系，即经济发展水平越高的地区，文化遗产的价值就越大，因此破坏文化遗产的损失也就越大，文化遗产保护的收益也就越大。

经过 28 年的改革开放，我国的经济发展取得了举世瞩目的成就，如果按照"一个中国，四个世界"的划分，现在越来越多的地区开始进入"第一世界"。就像北京、上海、广州这些地方，现在缺的不是 GDP，不是高楼大厦，而是更强的历史认同，更深的文化底蕴和更高的人文素质。文物遗址具有唯一性、不可替代性、不可再生性等不同于其他资源的独特性质，一旦破坏了就再也无可挽回。因此，对于许多地区而言，现在到了"经济建设服从文物保护"的时候了！少建几栋高楼大厦无关紧要，但如果破坏了某处或某几处文物古迹，其损失将是不可估量、不可挽回的。因此，对大遗址保护来说，首先要树立正确的保护观念，从长期利益、未来利益和子孙后代的利益着眼，当经济建设与文物保护出现冲突时，经济建设应该让位于文物保护工作。

（二）明确政府在文化遗产和大遗址保护中的主导地位

1992 年 5 月李瑞环代表中央在全国文物工作会议上提出"保护为主，抢救第一"的方针。1995 年李铁映提出了"有效保护、合理利用、加强管理"的十二字方针。2002 年《文物保护法》修订时把文物保护的方针和原则进一步归纳概括，形成"保护为主、抢救第一、合理利用、加强管理"的十六字方针。这里面当然提到了各类主体在文物保护中的作用，但总体上来讲，要建立一个明确的认识，即政府在遗址保护中必须居于主体地位，这包括四层含义：

一是政府是遗址保护政策的制定主体，应该按照国家关于遗址保护的法律法规，结合大遗址地区的实际情况，制定切实可行的保护政策。

二是政府是遗址保护资源的投资主体，应该建立健全遗址保护的投资保障体系，一方面对遗址保护的技术层面进行全面投资，另一方面也通过转移支付体系切实解决遗址区居民的生产生活问题。

三是政府是遗址保护执行的监督主体。遗址保护会涉及不同的利益主体，既包括政府自身，也包括企业、社会组织以及社区居民等。政府在遗址的保护过程中要做好相应的监督工作，一方面是政府内部的监督，包括上级政府对下级政府的监督、文物保护部门对建设等其他部门的监督，另一方面政府要做好对企业、社会组织以及社区居民的监督。

四是政府是遗址保护效果的责任主体。政府对遗址地区的保护应该树立全面的责任意识，既要确保政府行为不会对遗址造成破坏，也要对其他利益群众的破坏行为负责。

日本和法国采用国家与地方立法相结合的方式。比如，在日本，中央政府负责的保护对象往往只是确定为全国历史文化遗产的最重要的部分，而更广大的地区由地方政府通过地方立法确立保护。以日本1966年著名的《古都保护法》为例，其保护的对象限定为京都市、奈良市、镰仓市以及奈良县的天理市、樱井市、橿原市、班町和明日香村，京都市的非历史风土保存区域则不受《古都保护法》的保护，由京都市地方政府另行制定的法规如《京都风貌地区条例》进行补充。同样，其他城市的类似地区通过城市自己制定的《历史环境保护条例》、《传统美观保存条例》等进行立法保护。这些被保护地区的名称、范围、保护方法、资金来源等都是由地方政府自行制定的地方法规予以确定。日本《文物保护法》中传统建造物群保存地区的情况也如此，地方政府可以自己设立传统建造物群保存地区，制定保护条例、编制保护规划，而国家在此基础上通过选择重要地区作为重要传统建造物群保存地区纳入中央政府的保护范畴。

做好文化遗产和大遗址保护工作，
防止国家财富流失，防止国家文化安全危机

与经济建设、政治建设乃至社会建设相比，文化建设更是一种长期的系统工

程。这是一个难于衡量、难于评估的历史过程，但对一个国家、一个民族而言却是一个极其重要的过程。一个缺少历史传承、文化底蕴的国家，不可能成为真正强大的国家。做好大遗址保护工作，是我们这一代人肩负的时代责任与历史责任，要利用全体人民、全社会的力量来做好。

改革开放 28 年以来，随着中国经济保持持续快速健康发展，综合国力不断增强，大遗址保护工作已经迎来了一个重要的机遇期。通过启动和实施重点项目，完成一批重要文化遗产保护的示范工程，逐步形成文化遗产保护良好的自然、人文和生态环境，促进区域社会生态的和谐与可持续发展。

目前来看，要切实做好大遗址保护的制度建设，建立健全包括规划机制、投入机制、监督机制、评估机制在内的系统的制度框架，在政府部门特别是中央政府的主导下，夯实大遗址保护的社会基础，努力协调好大遗址地区遗址保护与区域发展之间的关系，让大遗址真正成为全国、全社会的公共产品。2005 年，国家为大遗址保护设立了每年 2.5 亿元的专项保护资金，加大了大遗址的保护实施力度。近两年，有关部门及地方政府先后实施了高句丽遗址、殷墟遗址和大明宫遗址的保护和环境整治，取得了一些宝贵的经验。这些实践使我们更加坚信，保护的成果完全可以为所在城市创造良好环境，改善当地人民生活，发挥文化遗产保护的综合效果。

（胡光宇　清华大学公共管理学院国情研究中心博士后、
国家文物局文物研究所兼职研究员）

中国文化"走出去"战略与策略研究

中国文化"走出去"战略中的
政府行为与民间行为

吴卫民　石裕祖

内容提要　本文通过深入研究近年来在经济全球化和文化全球化条件下，中国政府及部分省市自治区与世界各国不同文化类型之间的交流与冲击、渗透与融合、碰撞与竞争的发展态势，解析了中国文化"走出去"战略中的国内外政治经济、文化背景，通过具有代表性和规律性的案例总结了其"走出去"的行为模式、经验教训。并就如何贯彻落实中国文化"走出去"重大文化国策等若干问题，深入探讨，提出了具有针对性的、可行性的和创造性的研究思路和可持续发展的一系列战略对策。

关 键 词　中国文化　"走出去"　政府行为　民间行为　现状　路径

中国文化"走出去"战略提出的背景

改革开放近 30 年来，中国在经济发展方面取得了令全世界瞩目和惊叹的成绩。随着中国在国际事务当中扮演的角色越来越重要，在世界经济生活中所占据的份额不断攀升，中国从政府到民间都注意到这样一个事实，那就是中国文化在世界文化格局里的影响与中国悠久灿烂的文明发展史、与中国的国际地位、与中国对世界的经济影响力完全不相称。一个重要命题应运而生：中国文化走出去如同中国经济走出去同样重要，经济走出国门，文化流布世界，都是中国国家利益的现实要求。建设和谐社会与睦邻环境，不仅仅是经济贸易渠道的利益制衡，还需要文化交流的沟通理解，情感亲和的文化环境。在全球化浪潮汹涌之际，我国要屹立于世界民族之林，就一定要推动中华文化更加主动地走出国门、进入国际市场，将一个发展的、开放的、文明的全新中国形象展示给世界；以中国文化对世界的新贡献维护人类文明的多样性，促进不同文明、不同社会制度和发展道路的国家相互交流、取长补短、和谐共处，这是文化和文化工作者肩负的历史重任，也是中国进一步发展的重要战略抉择。

在这样的认识背景下，中国政府从 20 世纪末以来采取了一系列的政策，倡导中国文化"走出去"，促进国际视野的文化交流。

"走出去"作为战略，是在 2000 年 10 月 11 日中国共产党第十五届中央委员会第五次全体会议通过的《中共中央关于制定国民经济和社会发展第十个五年计划的建议》中提出来的，"实施'走出去'战略，努力在利用国内外两种资源、两个市场方面有新的突破"。2002 年 11 月，江泽民同志代表第十五届中央委员会向党的十六大所作的《全面建设小康社会，开创中国特色社会主义事业新局面》的报告中再次强调："实施'走出去'战略是对外开放新阶段的重大举措。鼓励和支持有比较优势的各种所有制企业对外投资，带动商品和劳务出口，形成一批有实力的跨国企业和著名品牌。"2004年 9 月，中国商务部长薄熙来宣布：我国从事跨国经营的各类企业已发展到 3 万多家，一批实力较强的中国企业，如海尔、华源、中石油、中石化、万向、TCL 等纷纷在国外开展跨国经营并取得良好成效，43 家中国企业进入美国《工程新闻记录》评选的世界最大 225 家国际承包商行列。我国"走出去"战略已初见成效。① 显然，"走出去"战略首先是从经济贸易、企业竞争开始的。在思考扩大和巩固经济成果的时候，中国政府意识到"走出去"单靠经济力量不够，后劲不足，缺乏可持续性。

"走出去"战略从"经济层面"扩展到"文化艺术层面"的标志，应该聚焦于文化部于 2004 年 6 月就文化产业"走出去"所举行的研讨会。这次研讨会不仅注意了"产业"，而且注重了"文化"，将中华民族悠久历史中

---

① 《商务部长薄熙来称中国"走出去"战略已初见成效》，见 2004 年 9 月 9 日 www.xznqnews.com，中新网。

丰富的文化艺术资源作为开发与创造的产业内容纳入了"走出去"的认识框架，在对外交流活动中与国内"两个文明一起抓、两手都要硬"的建设方略高度吻合起来。①

"走出去"战略，事关国家利益，更切实关乎行业自身在全球化进程中的生存和发展，在这一点上，形成共识并不困难，而且，在实践层面进行了初步探索。据报道，中国音像制品目前年出口额已超过 1 亿元。文化部市场司提供的数据显示，自 2002 年 11 月起，仅广东音像城每月音像制品的出口额都在 150 万元以上，2003 年出口总额高达 2100 万元。这些音像制品主要销往北美、东南亚和港台等地，电视连续剧、老电影、戏曲民乐、文艺百科以及武术、风光、医药、书法等与中国传统文化紧密相关的音像节目最受欢迎。一些音像企业还通过不同形式在美国、加拿大以及欧洲等地建立音像连锁、租赁营销网络，租售中国音像制品；自 1998 年起，与享誉全球的"维也纳新年音乐会"同时亮相的中国新年（春节）民乐会，采用市场化运作方式，由中央民族乐团、中国广播民族乐团、上海民族乐团、解放军红星民乐团、香港中乐团、南京民乐团等国内一流的艺术团体，以售票演出的方式在金色大厅展示艺术精品，现已成为维也纳音乐会的一个响亮品牌；2005 年落幕的法国"中国文化年"应算做中国文化走出去战略的经典之作。被业界称作"决策层次高、时间跨度大、交流领域广、覆盖面积大、项目质量精、合作程度深"的此项活动，以"古老的中国、多彩的中国、现代的中国"为主题，多侧面展示了中国悠久、灿烂的古代文化，绚丽多彩的民族民间传统和艺术以及不断创新发展的当代文化精神，以大文化的视角诠释了中国，反映了中华民族精神，在法国乃至欧洲引起了广泛的反响。

改革开放以来，特别是社会主义市场经济体制的确立，我国经济快速发展，综合国力明显增强，为中华文化"走出去"，创造了必要的条件，提供了强有力的支持。目前，我国已与 166 个建交国中的 145 个国家签订了文化合作协定，签署了 752 个文化交流执行计划，与近千个国际文化组织和机构有着不同形式的文化往来。2005 年对外文化交流量 1360 起，与 10 年前相比增长了 5 倍。我国在驻 80 个国家使领馆设有 95 个文化处、组，在法国、韩国、埃及等多个国家建有中国文化中心。我们与法国互办"中法文化年"，在美国举办"中国文化节"，与

---

① 《文化部召开中国文化企业走出去研讨会》，见 2007 年 1 月 5 日 www.ccmedu.com。

荷兰共同推出"中国文化节",产生了重大影响,形成了示范效应;举办国际文化高层论坛,参与国际间文化对话,宣传我国"维护世界和平,促进共同发展"的对外宗旨和"和而不同"的文化思想,倡导世界文化多样性,赢得了世界的尊重;每年在纽约、巴黎、伦敦、悉尼和曼谷等国际大都市开展"春节品牌"活动,举办艺术展览、文艺表演、讲演会、民俗展示、电影周等活动,集中展示了中华文化的活力、魅力和潜力,扩大了中华文化的影响;利用国庆日、建交日等契机,举办各种文化交流活动,既宣传了当代中国,也拉近了中国与世界各国的关系。① 现在,"中国热"正在许多国家逐渐形成,学习汉语、了解中华文化,已成为他们一项自觉的选择。可以说,文化外交已经成为我国继经济、政治外交之后的第三大支柱。值此盛势,我们理应及时总结经验,把握机遇,继续创新,进一步扩大对外文化交流的成果。

然而,我们看得更多的是"走出去"的步履艰难。

根据联合国教科文组织提供的资料,在过去 20 年中,文化商品的国际贸易额呈几何级数增长。在 1980 – 1998 年间,印刷品、文学作品、音乐、视觉艺术、摄影、广播、电视、游戏及体育用品的年贸易额,从 953 亿美元激增至 3879 亿美元。但是,这些贸易的绝大部分是在很少一部分国家之间进行的。1990 年,日本、美国、德国和英国是世界上最大的出口国,占当年全部出口额的 55.4%;进口也高度集中于美国、德国、英国和法国,占总进口额的 47%。在 90 年代,文化商品的进出口高度集中于少数几个国家的现象减弱了,但并没有根本性改变。② 在这种强弱对比如此明显的贸易背景下,"硬"文化与"软"文化的输出都注定是步履维艰的。据统计,2003 年北京地区版权贸易虽然引进和输出图书版权均位居全国第一,但引进图书版权 8798 种,输出图书版权 321 种,引进与输出之比为 27:1,贸易逆差严重。国内影视音像业也是如此。影视业是产业化特征比较明显的行业,但真正打入国外主流市场的产品屈指可数。虽然《三国演义》、《英雄》、《大宅门》等影视剧在开拓国际市场方面进行了有益的尝试,也取得了较好的业绩,然而,其影响主要还是集中在港台地区、东南亚以及深受中

① 张敬伟文、王 凯编辑:《中国文化在西方的登堂入室》,见 2006 年 1 月 5 日美国《侨报》、中国侨网:www.chinaqw.com.cn。

② 李怀亮:《贸易模式对中国影视产业国际化市场策略的影响》2003 年 10 月 10 日,见www.ccmedu.com 新浪娱乐。

华文化影响的日本和韩国。而在世界三大影视节目交易市场上，目前还很少能看到中国出版商和发行商的身影。音像市场的产品进出口差距也相当大，2003 年，尽管通过种种努力，出口额达到了 1 亿元人民币，然而，其进出口比例却维持在 9∶1 左右。① 国内其他地区、其他领域的文化及其产品的出口也大多还处在起步阶段，进多出少是共同特征。

文化是综合国力的重要方面，是国际竞争中备受关注的"软实力"。加强民族文化自主创新，大力提高社会主义市场经济条件下推动中华文化走向世界的能力，既是发展中华文化、弘扬民族精神、增强民族自信心与自豪感、构建社会主义和谐社会的需要，也是向世界展示当代中国人的精神风貌、维护民族文化独立性和国家文化安全、促进世界和平发展的需要。

中国文化"走出去"的基本路径

近年来，国内对中国文化"走出去"的路径研究极为关注，希望在从各类成功案例的总结中得出一些经验，并给各省民族文化艺术有序和有效地实施"走出去"战略带来更多的借鉴和指导意义。

考察我国实施文化"走出去"战略的现状，其主要有效路径有：

1. 政府主导模式

这种模式在我国主要是通过中央政府、各省市自治区政府、各州县政府三个层面垂直领导、协调配合、有序实施。这是一种大部署、大计划、大协调的"大兵团作战"的方式。

这类由政府主导的文化"走出去"的主体行为具有极其强大的文化影响力和文化轰动效应。例如由江泽民、胡锦涛等党和国家领导人亲自确定和支持的"中法文化年"、"中俄文化年"项目，由于决策层次高、时间跨度大、交流领域广、覆盖面积大、内容主题突出、合作程度深，并能以国家大文化的视角诠释中国，反映中华民族精神。这种作为我国政府的重大文化国策，能最大限度地调集全国的各路精兵强将和优势文化资源，因此，更能体现党和政府关于"走出去"的战略意图。

---

① 《三大障碍制约文化国货"走出去"》，见 2006 年 7 月 15 日《中国文化报》。

以中国政治、经济、文化为中心的北京为例，首都气派的文化"走出去"，大都有着浓重的官方色彩和外交意识。大型演出，首脑访问，国际峰会，乃至奥运会的承办，都能够成为宣传中国政治文化影响力的焦点大事。早在1999年，江泽民主席和希拉克总统就共同倡议中法互办文化年。2001年4月李岚清副总理访问法国期间与法国外交部长韦德里纳签署了关于中法互设文化中心和互办文化年的《会谈纪要》。双方商定，2003年10月至2004年7月，中国在法国举办文化年。在签署备忘并积极筹备之后，2003年至2005年间，中法两国如期分别在对方国家成功举办文化年活动。此后，这种政府主导的文化交流活动更是频频举办。2006年在中国举办了"俄罗斯年"，2007年在俄罗斯举办了"中国年"。"2006中国意大利年"意大利政府在中国北京为主的城市举办了系列活动，而中国文化也在意大利各城市频频亮相，意大利政府决定开设一个中国学院、一个中国高等研究中心，并把当年的威尼斯狂欢节的主题确定为"龙腾狮舞"。此外，中国陆续在西班牙、德国、意大利、比利时、匈牙利、以色列等国举办中国文化节，积极参与在英国、挪威、瑞典、冰岛等国举办的中国文化节活动，这一切都显现了中国文化走出去的强大态势，并且是一种政府文化外交的积极举措。这些典型的国家元首缔约、政府主导文化外交的行为，在宣传本国文化、加强交流力度上，都起到了民间交流所无法达到的广泛传播、深入影响的重要作用。

2. 政府扶持，民间运作模式

在民族文化艺术"走出去"的实践中，中国的许多社会团体、文艺家、文化企业和企业家都感受到：政府的积极支持，官方的牵线搭桥，民间团体出面运作的"走出去"行动，是切实有效的途径。

就经济发展一直属于国内领军者的广东省来看，支持本地企业和民间团体宣传介绍岭南文化已成为政府的主要任务之一。据广东省统计局公布的《"十五"时期广东文化事业发展综述》中介绍，进入新世纪以来，广东省委、省政府制定一系列的政策措施，积极推进广东文化事业的发展。仅"十五"期间，进出境的各类文化交流团体4242批、58396人次，总批数与人数均为全国之首。2000年以来，广东文化交流层次和质量有了较大提高，各文艺单位都在政府鼓励下，积极参与"中国文化年"、"中国文化周"、"中华文化北非行"等活动。2002年，广东省在波兰成功举办了"广东文化周"活动，2004年又分别在法国、西班牙、突尼斯成功举办了"广东文化周"活动，并创建了中国（广东）国际音乐夏令营。[①] 此外，广州交响乐团、广东现代舞团和深圳天才少年演奏等艺术团体和演出节目已进入欧美主流社会的高雅艺术殿堂，绚丽多彩的岭南文化已被越来越多的西方国家接受。2005 年，由文化部门协调组派的首批深圳市 20 家民营文化企业及其产品和龙门农民画等也顺利走出国门，在韩国等地成功进行了展销。[②]

这种模式当然并非广东独有，而是全国各地比较普遍，也是文化"走出去"战略中的一种主导形式。由中国对外文化交流协会和西藏自治区对外文化交流协会主办的"中国西藏文化周"于 2005 年在比利时的布鲁塞尔以及加拿大的多伦多、渥太华和温哥华 4 个城市举行。文化周通过图片、唐卡、电影、电视和歌舞演出、藏学家活佛交流等综合表现方式，全方位地展示西藏古老悠久的历史文化及其浓郁独特的风土人情。西藏自治区打出的是"厚重的历史、强势的宗教、多姿的艺术"的牌。

《云南映象》这台少数民族原生态舞蹈诗的演出就是"企业运作、政府扶持，国内开花、国际溢彩"的典范。《云南映象》策划于 2001 年，编排于 2002 年底。文化企业介入后，按"风险共担、利益均摊"的纯商业运作模式，复排于 2003 年初，当年 8 月 8 日在云南昆明隆重公演。2004 年初，《云南映象》在第四届中国舞蹈"荷花杯"大赛的决赛中荣获"舞蹈诗剧目金奖"、"最佳编导金奖"等 5 个奖项。同年 4 月，云南省委、省政府特别安排《云南映象》作为云南赴北京"云南文化宣传系列活动周"的重头戏。《云南映象》在京专场演出时，有 9 位党和国家领导人、近 50 位中央和国家有关部门的负责同志以及来自 100 多个国家和国际组织的 300 多位驻华使节及代表先后观看了这台演出。此外，英国 BBC、美联社、意大利安莎社、日本共同社、西班牙埃菲社、德国电视一台、澳大利亚广播公司等 10 余家外国重要新闻媒体的记者也都到场观赏了演出。演出获得了极大成功，当场有多位国外驻华使节、国际组织驻华首席代表邀请或推介

① 刘 丽、刘 林：《"十五"广东文化硕果累累 对外文化交流全国第一》，见 2005 年 8 月 16 日 gd. sina. com. cn 新浪广东站。

② 刘 丽、刘 林：《"十五"广东文化硕果累累 对外文化交流全国第一》，见 2005 年 8 月 16 日 gd. sina. com. cn 新浪广东站。

《云南映象》到自己国家演出。① 2004 年 11 月，国务院新闻办委派《云南映象》剧组配合胡锦涛主席出访南美洲。该剧组分别在巴西、阿根廷演出了 9 场，在两国引起了轰动效应，民营文化企业也通过此次"借大船出海"，获得了初次"走出去"的成功经验。2005 年 11 月，《云南映象》剧组以美国的辛辛那提市为首站，拉开了中国民营文化企业到世界各国商业巡演的序幕，并与之签订了未来 5 年中商业巡演 800 场的经济合同（每场获净收益约 15 万美元）。从此，《云南映象》剧组开始了大踏步地跨进 5 大洲各国的艺术殿堂之旅，可谓是政府扶持下的民营演出的成功典范。

3. 民间交流模式

纯粹以民间文化交流的形式"走出去"的路径，是近年来才逐渐形成的一种新的行为模式。主要是一些文化企业主动寻找交流时机，推广介绍本地文化，在与国外进行文化交流的同时，也获得了经济上的较好收益。

上海作为我国最具国际竞争力和最有国际影响力的开放城市，各式各样的文化企业可谓风云际会，五光十色的文化产品琳琅满目，并且都有比较敏锐的市场意识。近年来，国外音乐剧、芭蕾舞、现代舞、古典音乐、流行音乐的演出在上海频繁不断，市场运作远比中国内地包括北京在内的任何一座城市都要成熟完善，具备了与国际文化产业接轨的条件准备与人才队伍。1998 年上海举办了首届"上海国际小剧场戏剧节"，此后每三年一届的这个项目已变成了一个国际文化看台，既看别人的文化，也展示自己的文化，成为"拿来"与"送去"兼顾并举的良好项目。上海各企业也主动走出国门，派出系列文化团队，如赴美国巡演的展示中华民族服饰文化的大型晚会《金舞银饰》，展示了中华文化的现代活力，也提升了上海文化的国际影响力。

除了企业的积极参与，也有一些归国华侨、民主党派人士主动通过"以侨搭桥，以文搭桥"的多种民间形式，将各地的民族文化艺术推介到海外。如昆明市侨联副主席李希麟女士，曾经在泰国第二大城市清迈举办了为期 26 天的荟萃了昆明、大理、侨乡腾冲、茶马古道、傣族泼水节、傈僳族刀杆节等云南民俗风情的个人摄影展，展出吸引了泰国各界众多名流，获得较高评价。后经李女士牵线

---

① 张敬伟文、王　凯编辑：《中国文化在西方的登堂入室》，见 2006 年 1 月 5 日美国《侨报》、中国侨网：www.chinaqw.com.cn。

搭桥，四川、云南的艺术团连续两次应邀到泰国进行了为时近一至三个月的巡回演出。泰国《世界日报》、《中华日报》、《星暹日报》、《新中原报》等华文报刊对此进行了专访报道。将其誉之为"祖国之花、艺术之花系五洲"、"中泰文化交流的使者"……①这种由归国华侨、民主党派人士"以侨搭桥，以文搭桥"促成的中国文化"走出去"的纯粹民间形式，无疑是对以政府为主导或"企业运作、政府扶持"形式的一种必要补充。

这种纯粹以民间文化艺术交流为主，兼有小额贸易、旅游推介的民间"走出去"形式，具有规模小、频率高、适应性强、政治色彩不明显等特点，所以更能贴近所到国家及地区的广大普通民众，也极容易被各社会阶层所接受。他们给所到国家及地区带来的文化影响和所造成潜移默化的政治影响的确不可低估。

4．其他模式

除了上述三种模式之外，通过教育界的学术交流活动、各类国际艺术节、旅游节等渠道也是中国文化"走出去"的有效途径。

中国高等教育的学术交流活动是中国文化"走出去"中极为突出的一股力量。据悉，近年来，全国高等院校中约有 70% 以上的院校均积极汇入到这中国文化"走出去"的大潮中。其发展态势呈现出与其他形式相得益彰的良性互补状态。云南大学、云南师范大学、大理学院、红河学院等普通高校在东南亚国家已经建立了 3 个孔子学院、8 个汉语教学点。孔子学院的建立，汉语教学网点的撒开，留学生数量的增加，都极大地改观了云南省乃至中国文化在东南亚国家的影响状况，与"东盟"、"湄公河、次湄公河区域"活跃的经济贸易发展态势呈相得益彰的良性互补状态。上海交通大学与韩国高丽大学、汉阳大学、韩国工业技术学院等 6 所韩国高校和研究所签订了校际协议。近几年来，韩国的留学生在该校留学生中的比例一直超过三成。② 国家研究机构、跨国大型企业联合项目、学校科研机构、教育机构和地区政府文化研讨等形式多样的学术交流与研究互动行为，也成了"走出去"的一种有效行为。

而名目繁多的国际艺术节和国际旅游节也为中国文化的"走出去"提供了条

---

① 丹　增：《文化慧眼读云南》，云南人民出版社 2006 年 8 月版，第 232～233 页。
② 《上海交通大学与韩国教育文化界良好的合作关系》，见 2007 年 1 月 5 日 news. eastday. com 中国新闻东方网。

件。东北三省配合国家总体外交战略，努力增进我国与俄罗斯、朝鲜、日本、韩国、蒙古的睦邻友好合作关系，积极促成了一批文化合作项目，推动了本地区经济发展。文化贸易对中国文化"走出去"也推波助澜，显现了一种特殊的有效性。广东、福建的文化企业通过文化产品的贸易交往"走出去"，积累了丰富的经验。如中国大陆、台湾、香港、澳门两岸四地的"华文戏剧节"是一个有政治高度的文化交流项目。1996 年，文化部批准，中国艺术研究院主办的华文戏剧节首次在北京举办后，其意义和影响得到了祖国内地、台湾、香港和澳门两岸四地戏剧界、文化界乃至世界华语人群的热烈回应与强烈认同。接下来，1998 年、2000 年、2002 年、2004 年和 2007 年分别举办了在香港（第二届）、台湾（第三届）、澳门（第四届）、昆明（第五届）、香港（第六届）华文戏剧节。"同根同源的文化，血浓于水的亲情，两岸四地的聚会，炎黄子孙的节庆"成为了媒体宣传的舆论核心与两岸四地的认同话语。更重要的是 6 届戏剧节，每一届都有来自日本、新加坡、韩国、美国、加拿大、越南等国际戏剧界、学术界的学者参加，炎黄子孙的节庆，四海来贺的聚会，就在一种文化节庆与学术讨论的氛围当中认同了。而且，两岸四地乃至世界华人戏剧艺术家们聚会之时，让宣传机构把祖国统一的大势表现出去，让国际友人参加我们的聚会后带着我们的文化意识"走出去"。

总之，目前中国文化"走出去"的意识已自上而下达成共识，并形成政府鼓励、民间参与、渠道广泛、形式多样的良好氛围。无论是政府，还是文化企业都充分利用本地文化资源优势、历史人文优势，以及以本省市自治区在国际间特有的影响和关系，在中央政府职能部门的领导和协调下，有序自主实施区域文化"走出去"战略。

对中国文化"走出去"的思考

尽管中国文化在积极"走出去"，但文化贸易逆差大仍是无奈的事实。有关部门提供一组数字：2004 年，仅北京市派出 61 批演出团体，计 658 人次；引进 83 批演出团体，计 1190 人次。表面看来，进出口批次相当，但中国演出团体出国演出收入，一般平均每场不到 3000 美元；国外同等团体来华登台，每场酬金多在三四万美元，而像多明戈一类的大腕儿，酬金要几十万美元。

《中国出版年鉴2004年》显示，2003年中国出版类引进与输出比为6.84∶1；版权贸易20世纪90年代上半期，中国的引进与输出比约为4∶1。1996年后版权引进以年均57%速度增长，输出则迟缓增长，到2002年引进与输出比约为10∶1，到2003年引进与输出比上升为10.3∶1。巨大逆差还反映在结构上，以图书版权为例，2003年中国引进12516项，输出版权仅为81项。

2003年底，贝塔斯曼通过媒体渲染，该公司对北京21世纪锦绣图书连锁有限公司增资扩股，获得新公司40%的股份。2004年该公司又正式提出了全面进军中国市场的规划：在全国范围内推广以贝塔斯曼书友会会员中心为蓝本、倡导"新生活时尚"理念的小型图书连锁会员店，将在华读者由现在的150万增加到500万。

与贝塔斯曼声气相通的是另一国际传媒巨头——新闻集团。此前一直为在中国拥有自己的频道资源努力的鲁伯特·默多克，如愿以偿地使星空卫视抢滩广东，紧跟着又开始为节目制作、数字电视、2008年北京奥运会、2010年上海世博会等方面的合作运筹帷幄，南北奔走，咄咄逼人，形势变化远比我们想象的要快。

问题正在于此：与国外相比，我们差在哪里？造成文化逆差的原因究竟是什么？哪些才是解决问题的关键所在？

不可否认，我们还没有一个强健的文化市场来配置自己的文化产品和文化销售；我们还缺少国际文化市场眼光与铁腕的经纪人和操盘手；我们还缺少将民族文化资源变为民族文化产品、品牌和名牌的创意者、生产者和资源整合者；我们很多环节上还没有挣脱一个多世纪以来的民族文化自卑情结与价值自弃心态，这就成为严重阻碍中国文化大踏步"走出去"的一种心理羁绊和文化交流时拜倒在西方文化脚下的媚外本能……凡此等等，都完全有可能是造成文化"走出去"步履艰难的原因。

1. 充分认识战略重要性，确立和稳固文化自信，是中国文化"走出去"的前提

通观中国文化"走出去"的种种经验与不足，我们更加深刻地体会到：世界文化经济一体化的发展趋势需要我们的党政部门和系统行业的组织领导者审时度势，及时调整以往习以为常的涉外常态文化政策，摈弃那种例行公事的工作习惯，认清文化交流和"走出去"战略的实质是提升民族文化创新能力和影响力的

意义。要认清天下大势，认清在这样的大势下我们必须提高国家和地区的文化"软实力"的迫切性，认清由此维护国家文化安全、聚拢民族文化精神的现实性和紧迫性。

要从根本上确保中国文化"走出去"战略的有力有效，关键还在于提高和加深各级干部乃至我国国民整体对中国文化的自信心和自尊感。全民族的理性的文化自信与充分的价值自尊的建立建设，其实是民族文化建设和中国文化"走出去"矫健雄壮身姿的基本前提。对中国文化独异而优良的精神特质，要有坚实旺盛的内在生命力的价值构建，要有价值核心教育与民族价值基础教育，没有这些，可能很难在经济全球化速度加快、多元文化的保持变成了难题的环境中保持文化清醒，"走向哪里"成了问题，"立于何处"都一片模糊，"走出去"战略就成了空谈。

中国文化在发展演进的过程中不断吸纳、融合其他文化系统的优良成分，为其增添了新的生命力。在长期的发展过程中，中国文化对外来文化一直保持了颇为开放的心态。在一定意义上可以说，一部中国文化的发展史，也是一部中外文化的交流史。正是在对外来文化系统优良成分的融合、吸纳中，中国文化不断增强了自身的内在生命力。立足于对中国文化基本精神特质、自立自新自足的能力及其发展历程的理性反省，我们完全有理由对中国文化所具有的内在生命力保持足够的信心。当然，我们并不否认作为一个迄今为止仍然处在由传统向现代转变过程中的文化系统的中国文化有其自身的内在局限。然而，面对经济全球化进程中人类文化多元发展的走势，只要我们在保持对中国文化自信的基础上，以开放的心态面对以西方文化为代表的多民族文化，始终不懈地走综合创新之路，中国文化一定会在中华民族伟大复兴的进程中，成为人类现代多元文化中具有重要影响力的一元。

2. 发挥本土优势，重视市场调研，是中国文化"走出去"的关键

"走出去"，就是要将人无我有的东西展示给别人看。因此，进行资源整合，发挥本土优势，彰显民族艺术特色，对中国文化的"走出去"至关重要。中国瑰丽多彩的少数民族文化资源及其建国以来少数民族文化、民族艺术教育"走出去"的实践，是国家实施"让中华文化走向世界"战略的重要组成部分。通过众多专家学者、各种媒体对近十年来云南、广西、新疆、西藏、内蒙各省区文化艺术、教育部门、民间文化、企业团体与东南亚、南亚、西亚等国家之间的民族

文化、艺术教育交流实绩分析报道,进而对交流的文化特点、历史价值、现实意义及其重点难点等规律性的内容进行基层考察、综合研究、解剖分析和科学论证,充分证明这些省市自治区所具有地缘优势、资源优势和强大的文化竞争力。国家应对类似云南、新疆、西藏、内蒙这种颇具地缘优势、民族文化艺术资源优势、特色教育优势及在"走出去"中有良好开端、有成功实践经验和强大的文化竞争力的省市自治区,予以高度关注和重点培育扶持,并使之沿着健康、可持续发展的方向不断开拓、创新和发展。作为经济欠发达省份的云南、西藏、内蒙、新疆、广西等省区,文化却不弱。要充分发扬民族文化资源优势、开发民族文化市场潜力、整合民族国家文化的整体竞争力,去构成中华民族文化在国际文化格局中的整体文化形象。

在"走出去"的实际操作中,相关部门还缺少对国际化传播渠道与国际文化市场的调查研究,忽视了对国际间不同国度的文化兴趣、价值敏感与中国文化的可融性、互补性之类的要素研究。往往不是想当然地"走出去"交流,就是仅仅把注意力集中在个别热点、项目或团体上,忽略了不同国度人群和文化市场对中国文化的不同兴趣和真正需求。

这些不可回避的现象和问题,应引起国家相关主管部门的高度重视,协作配合、齐抓共管,并及早深入研究制定中国民族文化"走出去"的战略及应对目前所发现的亟待研究解决的若干当务之急的问题。怎样才能让中国文化更为有效、有序、持久地"走出去"?怎样集民族国家整体之力,有计划、分步骤、讲配合地"走出去",使中华文明在世界民族文化舞台上占据更大的区域市场份额,发挥更有效的影响作用?这些都是急需思考与解决的问题。

3. 制定有力的长效机制和切实的长远规划,是中国文化"走出去"的保障

在提高和加深各级干部和我国国民对中国文化的自信心和对中国文化独异而优良的精神特质和坚实旺盛的内在生命力价值认识的同时,更需要及早深入研究制定具有长效机制和长远规划的中华民族文化"走出去"战略对策及相关配套法规。

中国文化"走出去"作为国家重大战略政策,是一个涉及众多党政部门和系统行业的全国性的整体规划。所以,首先必需坚持、改善和加大各级党政主管部门对"让中华文化走向世界"的组织领导和扶持培育的力度。在所采访、调研的调查对象中,几乎都众口一词地企望得到各级政府主管部门对自己的各种扶持,

亟待进行全国一盘棋，实施总体统筹、不断完善其机制和功能，充分挖掘文化资源潜力，增加其深度与内涵，树立长远观念，做到分类指导、逐步推出，成熟一项、扶持一项，见效一项、保护一项，以示范带动一片。为今后在更大范围组织动员创造一个既宽松良好又健康有序的和谐空间大环境，制定更加完善的配套政策和法规，使"让中华文化走向世界"的战略决策更加有法可依、健康有序地持续发展。

当然，所有的前提、关键与保障，只有付诸实际行动中，才能发挥其应用的作用。中国文化的"走出去"，任重道远，仍需不断努力。

一些对策与建议

通过对各类"走出去"实践活动的调查报告和相关信息分析研究后，我们认为，及时制定好处理当今中外交流的关系所急需的配套政策法规与应对策略，是中国文化"走出去"战略中的当务之急。

1. 建立和完善对外文化的法律法规。我国应尽早制定出台一部既符合中国国情，又适应新时期国际惯例，并能为世界各国所广泛接纳的对外文化政策、法律法规。有了科学完善的对外文化的法律法规，才能使中国文化"走出去"的战略发展规划得到国家法律法规的最大程度的保障。

2. 转变思想观念，深化对中华民族文化"走出去"现实意义的认识，提高贯彻落实胡锦涛主席关于"让中华文化走向世界"的战略地位、意义和作用的自觉性。加强和改善对传统的外向型文化的管理模式，始终坚持政府主导、地方统筹、企事业自主，原则严把关、专业宽放手等行之有效的做法。但是要强化作为一个国家面对国际文化竞争时的主导统筹、宏观调控和力量调配的能力，改变我们文化企业单个面对国际竞争的弱势局面，必要时集中优势力量选点突破，抢滩夺点，跟进补充，扩大战果。以此彰显国家主导的积极意义与强力支持。

3. 突出体制机制改革创新，制定中华民族文化"走出去"的战略发展规划。在充分听证和论证的基础上，协同相关主管部门制定一部中国民族文化"走出去"的战略发展规划。既要做到"统筹规划，分批示范，分步实施"，又能使之"有所管，有所不管，统而不死，活而不乱"。

4. 制定外向型文化交流活动的道德规范与行为准则，以及相应的奖惩办法。规范参与中国文化"走出去"人员的基本道德行为，严把道德底线关，塑造中华民族文化使者的全新形象，做致力于与各国和谐相处，为人类和平与发展的崇高事业的文化使者。

5. 大力发展和巩固与周边国家的文化艺术与教育科研合作。扩大与放开西部省区与毗邻国家在文化艺术、教育科研方面的交流合作及其文化艺术、教育"走出去"的步伐。重点支持经济欠发达的西部省份，选择其中具有"走出去"基础或有一定代表性的省、市、区，作为中国民族文化"走出去"的战略示范区，并对示范区予以科学、全面的规划。

6. 经费上对经济欠发达的西部省份予以较大的倾斜。切实转变经济资助方式，增加对西部省份国有、非国有单位和基层文化艺术、教育单位经费资助的力度，逐步推进其自我发展能力，实施重点扶持与分类指导相结合，重点宣传与一般推介交替运作相结合的方法和措施。在对云南民族文化"走出去"的民间类型艺术团体调查问卷中，也普遍反映出一些经费不足、受到资金制约所导致的文化优势、资源优势和强大的文化竞争力无财打造，以致难以"走出去"的窘迫困难。这种情况在非国有单位和基层文化艺术、教育单位尤显突出。

7. 强化和凸显中华民族精神是强化中国文化自身文化话语权的根本所在。政府、地方部门、企事业单位的所有领导和组织人员务必在业务交往中始终坚持和强化外向型文化活动及专业中的中华民族精神是中国文化话语的依据与本源。

8. 加强国际文化人才队伍建设，大力培养善于开拓、营销中国文化的国际文化人才。完善和创新国际文化人才机制，焕发国际文化人才活力，以国际文化人才的作用推动中国文化"走出去"的步伐。

9. 稳步扎实地推进中国文化"走出去"的步伐，提高整体水平和综合能力。加大扶持、宣传和推介那些有国际文化市场需求、有特色文化优势的地区和部门。对内千方百计开掘国内的文化资源优势，推动中华文化走向世界的巨大勇气，对外加大拓展中国文化的国际文化市场的力度。

在经济全球化和文化多元化的时代，要保持清醒和立于不败，最重要的是有效有力地维护自身文化的话语权和价值的独特性，维护和强化自身文化的话语权才能在世界范围产生深刻的影响，进而更为有效地维护我国的文化安全，成为中国制定新的涉外文化传播策略与文化立法所必须面对的一个首要问题。胡锦涛主席在中国文联第八次代表大会上的重要讲话，明确指出："当今时代，文化在综合国力竞争中的地位日益重要。谁占据了文化发展的制高点，谁就能更好地在激烈的国际竞争中掌握主动权。"

我们要通过"走出去"文化竞争掌握好这个主动权！

（吴卫民　云南艺术学院院长、教授）

（石裕祖　云南艺术学院学术委员会委员、教授）

中外文化贸易中的逆差现象
及应对策略的原则思考

高新生

内容提要 中国在对外文化贸易中存在着巨大的逆差，这一现象在长期顺差的中国国际贸易及发达国家迅猛发展的文化经济的映衬下尤显突出。文化产业发展的滞后不仅影响着中国经济发展的速度，还严重地局限了中国文化在当今世界的传播。面对巨大的逆差，本文提出三条应对策略：一、结构原则。从全球范围看，中国对外文化贸易的逆差发生在与发达国家的文化交往的范围之中，是先发国家的强势文化向后发国家的弱势文化倾轧的后果之一。由此，增强国力是扭转文化逆差，取得国家和民族文化高势能的首要前提。二、资源原则。现代中国的文化理念应当是对外文化贸易的主要资源。传统文化中一些与现代世界理念和价值相契合的元素和成分经过筛选和改造可以转化为现代文化的组成部分。现代中国文化脱胎于传统文化，但不等同于传统文化。因此，在对外文化贸易中，如果主要以中国传统为主要成分，不但不能完成传播现代中国文化形象与理念的任务，而且还会使国际社会对中国文化发生误读。三、主体原则。文化经济在当代和未来全球经济中扮演着越来越重要的角色，成为世界经济新的增长点。与之相适应，文化产业在现在和未来的经济和精神生活中发挥的作用也越来越大，成为文化传播最主要的渠道之一。大力发展文化产业，是当今文化发展最重要的战略任务。

关 键 词 文化经济 文化逆差 文化资源 现代民族国家

进入 21 世纪以来，中国在国际关系中的文化传播和文化产品国际贸易中出现的巨大逆差已经成为一个公共关注的问题；近年来，国家文化高管层多次在公开场合指出文化逆差现象的严重性。中共中央政治局常委李长春同志、国务委员陈至立同志提出要大力发展我国对外文化贸易，支持和鼓励我国文化产品的出口，形成一批对外文化交流的文化品牌，不断扩大我国文化产业的国际文化市场份额，逐步改变文化产品出口严重逆差的局面。

厘清文化逆差现象的现状，认识问题的性质，确定其症结所在，制订解决这一问题的战略方向和主导原则，已是一项刻不容缓的且具有重大实践意义的课题。

现状：形势严峻　影响深远

近年来，中国的国际贸易顺差持续增长，中国日用商品对世界各国的经济和社会生活发生了越来越重大的作用，引起了全球的广泛关注。

然而，当人们为迅猛增长的贸易顺差可能会给中国产品出口带来更多的壁垒和阻碍担忧时，中国文化产品的国际贸易却持续逆差，其颓势至今未见阻遏。

中科院公布的《2007 年我国进出口形势分析与预测》[①] 的报告预测，2007 年中国贸易顺差将达到 1918 亿美元。中国在 2006 年就攀升到世界第二大贸易顺差国的位置。而在文化贸易方面，文化产品出口不到 1%。

以下是主要文化部门和领域出现的对外贸易中的文化逆差现象：

出版业

国务院新闻办前主任赵启正指出，与国际同行相比，中国传媒在资本、经营网络、经营理念、管理体制和人才素质方面还有较大差距。特别是文化贸易方面，我国对美国等西方国家的逆差是以 5～10 倍的数字来呈现的，中国书刊版权贸易上的逆差更高达 10～15 倍。[②]

国务院新闻办负责人吴伟在"2005 北京国际出版论坛"上说，西方发达国家流向发展中国家的信息量，是发展中国家流向发达国家信息量的 100 倍。文化

---

① 《中科院预测 2007 年中国顺差将达 1918 亿美元》，《扬子晚报》2007 年 1 月 5 日。
② 《财富》论坛：《中国文化产业吸引财富目光》，《羊城晚报》2005 年 5 月 19 日。

产品贸易上的巨大逆差，正阻碍世界了解中国。①

多年来，中国图书进出口贸易大约是 10:1 的逆差，出口的图书主要是到一些亚洲国家和中国的港澳台地区，面对欧美的逆差则达 100:1 以上。

这些数字可以从《中国出版年鉴》上得到印证：2004 年，中国从美国引进图书版权 4068 种，输出 14 种；从英国引进 2030 种，输出 16 种；从日本引进 694 种，输出 22 种。2005 年，对美版权贸易逆差有所减小，但仍然是 4000:24。

"2006 北京国际出版论坛"公布，我国目前每年进口出版物种类超过 1400 多万种，用汇额超过 1.5 亿美元；而出口的数量只有 800 多万种，收汇只有 2000 万美元左右。②

影视业

世界电影市场年销售总额约 200 亿美元，美国占 150 亿美元，占 75%；好莱坞每年大约拍摄 300~400 部影片。电影业给洛杉矶县的经济直接或间接带来的好处加起来有 960 亿美元。

总部位于英国的国际联合影业公司是美国派拉蒙和环球两大电影公司的全球独家代理。该公司自 1995 年进入中国市场以来，曾代理 24 部西方大片打入中国，8 年中在华票房总收入高达 9000 万美元。像《泰坦尼克号》和《指环王》在中国获得了巨大的效益，而中国电影的出口却很少，特别是在美国，很难得到广泛传播。

从 2000 年到 2004 年，我国进口影片 4332 部，而出口影片却屈指可数。

演出业

2002 年加拿大太阳马戏团的年收入超过 10 亿美元③；而 2003 年中国全国 2577 个中央省地县各类演艺团体总收入 36.7 亿元人民币④。全中国所有文艺演出团体一年的总收入不及太阳马戏团年收入的一半。

英国近年来访华的表演艺术项目，却呈现出官方交流和商业运作并举，高雅、通俗并重，种类繁多、形式多样的格局。纯商业性演出有陈美乐队，英国邦德古典辣妹乐团，莎拉·布莱曼独唱音乐会，音乐剧《西区故事》、《猫》等等。

---

① 2005 BIBF 新闻发布会资料。

② 《文化产品贸易逆差警示文化品牌危机》，新华网 2006 年 9 月 1 日。

③ 《中国杂技出口面临困境》，《光明日报》2005 年 4 月 28 日。

④ 《中国文化文物统计年鉴年鉴》，北京图书馆出版社 2003 年版，第 84 页。

这类访华商演项目数量很大，很多小型团组更是多得无法一一列举。这些项目票房上都很成功，影响也不小，有些在人民大会堂演出，而演出团受到的接待规格也是中国访英杂技团所不敢攀比的。

从 1999 年到 2002 年，仅俄罗斯就有 285 个文艺团体到中国演出，同期中国到俄罗斯演出的文艺团体只有 30 个，相差近 10 倍。

中国对外演出长期以来都处于廉价交易的状态，一些艺术团出去演出一场的收入只有几百美金，最高几千美金。作为中国文化对外输出的"龙头"，杂技一直令中国人引以为骄傲。可是中外文化交流开展多年，几乎所有的对外杂技演出都由外国经纪人把持，中国提供的只是廉价劳动力。但是，"由于缺少像样的品牌，杂技演员平均一天在外面只挣 30 美元，是相当少"。在不久前召开的"第四届中国文化产业新年论坛"上，国家商务部服务司司长胡景岩对此也表示了关注。与此对比强烈的是，"世界三大男高音"来中国演出的出场费动辄数十万美元，欧美四大音乐剧、世界十大交响乐团等来华演出的最高票价卖到 5000 元，每次演出都赚了个盆满钵满。

在文化演出中心上海，2005 年引进海外演出和派出项目之间的贸易逆差达到 3000 万元。

展览业

我国大部分展览很少是纯商业运作，门票收入一般只能抵销开支的 10% 至 20%，大部分费用要靠企业赞助和政府拨款。

台湾的柏杨先生说：在马来西亚，华人占百分之三十几，有次我去博物馆参观，里面有马来文，有英文，就是没有华文。

建筑业

现代化成为城市发展的主导方向。在这样的情况下，境外建筑师和规划师全面介入了中国各城市的城市规划、城市设计和建筑设计，甚至成为中国城市现代化的主力军。目前国内也形成了一种趋势，凡重要项目，都邀请国际上的明星建筑师来设计。中国建筑以及中国建筑师、规划师在国际城市规划与建筑领域却面临着边缘化。中国当代建设成为强势，吸引着全世界的建筑师参与设计。与此同时，中国文化在许多方面却处于弱势。

一位荷兰建筑教授亚历山大·楚尼斯指出："近年来在国际设计领域广为流传的两种倾向，即崇尚杂乱无章的非形式主义和推崇权力至上的现实主义。这股思潮已经由境外建筑师引入中国，中国已经成为他们设计思想的试验场，甚至奇特思想的试验场。"① 今天的许多建筑追求新颖，超乎现实的"完美"。

语言教学和传播

英国财政大臣布朗2003年来中国时说，英国从中国进口的越来越多的家电、服装和其他东西可以用出口的一样东西来平衡，这就是英语。英语教学作为一项出口项目，它的价值在5年里已经从65亿英镑增加到了103亿英镑，大约占英国GDP的1%。② 目前，我国上网用户已逾亿户，可是网上95%以上是英语信息。

网络业

我们在互联网上的话语权极其有限。文化贸易逆差仍然很大，2004年我国网络市场共有74款韩国网游，占我国网游市场44%，盈利占我国网游利润总额的68%；国产60款，占36%，但盈利仅占28%左右。

巨大的文化产业与贸易的逆差态势，决定了文化与思想传播的逆差。以好莱坞CBS、NBC、ABC为代表的影视文化，以摇滚乐、爵士乐、乡村歌曲为代表的流行音乐，以《读者文摘》、科幻小说、侦探小说、言情小说为代表的通俗书刊，以麦当劳、肯德基、可口可乐为代表的餐饮文化，以美式橄榄球、棒球、NBA为代表的体育文化，以圣诞节、情人节、万圣节、感恩节为代表的节日文化，以迪斯尼为代表的娱乐文化，以及汽车文化、广告文化、歌舞剧、肥皂剧、广播剧等等，征服了大量国人，尤其是年轻人。以美国为首的西方国家正在向第三世界大量输出文学作品、影视作品、艺术品、广告等等，从而潜移默化地输出西方国家的文化观念、伦理道德、生活方式和行为准则，这些西方文化的时尚，逐渐为世界各国的人们所熟知、羡慕，并可能形成竞相模仿之势。许多国家的民族文化正面临着被同化、瓦解的危险，保存和发展民族文化将成为一道世界性的世纪难题。而在全球大多数国家和地区的人民对中国还知之甚少。

中国文化对外输出工作虽已开展了20多年，可是仍然步履艰难。

巨大的文化逆差不仅损害了经济贸易中的国家利益，而且阻碍着中华文明精神的传达，妨碍着世人对中国的认识，妨碍着建立良性的国际关系。

---

① 《2005年住城市别墅》，深圳房地产信息网论坛。

② 《中国文化现象：五个领域逆差惊人》，whbbs. soufun. com.

视角：南北对峙　实力角逐

从人类文明发展的全球视角来审视中国与西方国家在文化贸易之间的巨大逆差，可以发现这种文化逆差的发生不是一个特殊的个案，而是一个发生在已发国家与后发国家之间的普遍现象，是一个构成世界南北两极的一个基本事实。

2002 年 4 月 25 日《参考消息》报道：目前"美国、日本和欧盟控制了全球90% 的媒体。1980 年世界上每发布 5 条消息，就有 4 条来自美国。每天的情况与之类似，但在新科技和图像领域内的垄断更加明显，例如世界上 80% 的视听节目是美国制作的"。

以阿根廷为例，作为一个发展中国家，阿根廷同样在工业产品的国际贸易中实现顺差，而文化产品的贸易却出现巨大逆差。2000 年，阿根廷进口贸易总额252 亿美元，出口贸易总额 264 亿美元，顺差 12 亿美元。而文化产品出口 14640万美元，进口 224200 万美元，逆差 209550 万美元。

各种流派的社会学尽管众说纷纭，但对于这一个现象认定却是高度一致，并基于这一现象归结出一个描述性的原理：强势国家和弱势国家之间的文化流动是单向性的，即强势国家向弱势国家的流动，是西方文化向其它文化的漫溢，而不是相反。

根据莱斯特·布朗的《世界观察研究所》每年发布的世界状况可以看到，世界经济一体化正在造成一个 20：80 的社会，世界上 1/5 的最富裕国家决定着全世界 84.7% 的社会总生产，占世界贸易总额的 84.2%，占世界各国国内储蓄额的85.5%。并且，自 60 年以来，最富有国家和最贫穷国家间的差距扩大了一倍，被贴上公平发展标签的发展援助已经破产。

经济全球化的后果在文化方面的表现就是，占据经济优势地位的文化实体通过商品的形式向弱势地区输出价值观念、艺术准则和生活方式。全球文化格局在理论上尊重多元文化的差异和文化的多样性；但在现实中弱势文化却是不断受到损害，它存在的意义常常只作为西方文化参照系中的某个坐标，被唤做"他者"。"跨国资本主义使各种文化更加接近，通过传媒互相交流、渗透乃至融合，改变文化的原有特点"①。后发国家的本土文化与本体生长根源被人为隔断，文化发展的自然态势受到影响甚至中断。

例如，在全球互联网语言运用上，英语内容约占90%，法语占5%，其它世界上众多不同语系只占5%，《数字化生存》的作者声称，英语是国际互联网上的标准语言。目前"美国、日本和欧盟控制了全球90%的媒体。1980年世界上每发布5条消息，就有4条来自美国。在影视传媒领域内的垄断更加明显，例如世界上80%的视听节目是美国制作的"。② 法国总统希拉克曾经说"当今世界正面临着单一文化的威胁"，越来越多的现象加重了他的担忧。这是一种"新形式的殖民主义"，尤其是对相对落后的发展中国家，他们只能成为被迫接受信息的群体，其唯一的选择是无奈地面对发达国家的文化"侵略"。

弱势民族文化越来越受到倾轧性同化，它的文化如果不能作为商品出售，就只能面临被淹没、覆盖和全面改写的严峻现实，聊以充当无条件接受强势文化产品（商品）的倾销地，并逐渐失去自我更新的创造力。

因此，中国文化贸易中出现的"文化逆差"现象，应当被看作是全球经济一体化所引发的文化趋同潮流中的一个个案。

落差：强势记忆　重振实力

1. 历史记忆中的大国心理延伸

在世界近现代文明的格局中，发展中国家和贫困地区一直处于世界食物链中的末端，已经威胁到他们的正常生存方式；经济和文化上的弱势迫使他们时时感到强烈的生存忧患，并对自己的存在处境和权利网中的地位极为敏感。后发国家的近现代史上充斥着殖民半殖民的记忆，军事力量的侵入不仅中断了民族经济增长的自然趋势，动摇了政权统治的合法性，而且生生地切断了民族文化的自身传承。当古老文明不足以担当起救亡图存的使命时，它自身的价值就遭到否定。

世界经济、文化格局中的边缘地位使那里的人们常常心存忧虑，以疑虑甚至

---

① 王逢振：《全球化、文化认同和民族主义》，王　宁、薛晓源主编：《全球化与后殖民批评》，中央编译出版社1998年版。

② 《参考消息》2002年4月25日。

是抵制的心态来看待西方文化对本民族文化的渗透。其表现是，发展中国家和落后地区的意识形态在外来文化与本土文化的冲撞中，极其关注自己的文化身份。一些具有民族情感的知识分子自觉地在当代殖民话语与被殖民话语之间的冲突及其权力消长关系中，寻找自我的文化身份，为本土文化在世界文化中的地位终日忧虑，担心自己会沦为西方世界后殖民的对象，担心本民族的文化生存。强势文化在面对文化交流时往往显得大度而自信，而弱势文化则是小心谨慎，同时有带有一点自悲。人们总是把它上升到民族尊严或是文化身份的带有政治色彩的层面来看。面对巨大的文化逆差，如何处理本民族文化与西方文化之间的关系无疑成为当代南北关系中的重大课题。

中国还是一个具有特殊历史文化背景的发展中国家，这些特点使得中国社会对于文化逆差问题有着更高的敏感度和更为强烈的情绪反应。

任何一个民族的自尊、自信和自豪，都源自本民族深厚灿烂的文化，具有特色的民族文化，是一个民族的灵魂、形象和本质特征。我们必须看到，勤劳、勇敢、智慧的中华民族拥有数千年光辉灿烂的文化遗产，她对人类的文化发展曾经做出过伟大的贡献，其成就足以使世人为之倾倒。

中国社会从一个在农业文明中领先的帝国转型为近代世界中的迟发国家，其民族心态经历从自我中心的封建大国的惟我独尊到近代史中落后挨打的弱国心态的巨大落差。因此，在这个古代文明大国的国民普遍有着极其强烈的的历史记忆和民族骄傲感。春秋诸子、大汉雄风、盛唐景象、明清理学、康乾盛世等等，这些伟大的历史元素构成了国民的民族记忆，而20世纪抗美援朝战争的和平签字结局，五六十年代的核大国形象建立和对非洲经济援助也使整个民族产生了世界强国的想象空间。因此，当上世纪八九十年代，国门洞开后，认识到中国尚身处发展中国家的地位，认识到与发达国家存在着巨大落差后，人们的社会心理受到重挫；尤其看到头号发达国家创造的神话般的发展速度，当好莱坞式的大众文化与崇尚"自由、平等"的价值观念以强势的姿态对我们长期以来引以为豪的文化形态和历史价值观产生了冲击，我们的许多传统文化在西方文化的进入大势中毫无生气，日益式微时，我们民族自尊心遭受重创的感受会更加深刻。

面对西方强势文化进入，以巨大忧患意识来激励民族文化的自强的发展是需要的。但必需认识到民族文化的重新振兴并不是情绪化、意气用事的结果，而应依靠理性自觉的认识、抉择和行动。

2. 文化表达权的理性维护和运用

文化表达和传播，是每个民族和国家与生俱有的基本权利。全球化进程对于文化的强力影响可能促进这种基本权利的发展，也可能造成很大伤害。全球化使得文化传播交流变得迅疾，经济上的全球一体化同时伴随着西方以经济为后盾的强势文化对发展中国家弱势文化的深刻影响。在经济全球化进程中，西方文化正以其经济实力为基础形成一种文化帝国主义，对发展中国家进行文化上的外部扩张和内部改造，威胁着全球文化的多样化格局。

20 世纪 90 年代柏林墙倒塌后，全球格局的单边主义兴起，引发了全球的认同危机，人们看到，几乎在每一个地方，人们都在问"我是谁？"，"我们属于哪儿？"以及"谁跟我们不是一伙？"等。①

单边化的文化霸权在世界范围内已经引起一场文化和宗教复兴运动："印度化"、东亚的"亚洲化"、"斯拉夫化"、"伊斯兰化"等等。尤其是宗教文化复兴直接表现为对宗教价值观的肯定，以至于有人指出，世界的非世俗化是 20 世纪末占主导地位的社会事实之一。亨廷顿认为，随着冷战时代的结束，全球文明不仅没有发生趋同，反而日益分裂为相互冲突的七大文明或八大文明，即中华文明、日本文明、印度文明、伊斯兰文明、西方文明、东正教文明、拉美文明，还有可能存在的非洲文明。他认为，冷战后的世界，冲突的基本根源不再是意识形态，而是文化方面的差异。他还预言非西方社会面对西方文化的强大攻势将回归本土文化。②

然而，这种与强势文化的对抗，甚至不惜以拼死一搏的姿态捍卫自己的文化生存权和表达权，是难以改变全球一体大潮和贫富不均、强弱对峙的现实世界格局的，难以改变自己的文化弱势。暴力和武力不可能赢得和维护最终的文化生存权，相反则可能破坏和平与文化，塔利班武装炸毁巴米扬大佛就是一例。

或者说，从人类社会享有的平等的普适原则来说，人人具有天赋的文化表达与传播的权利，但是在现实的国际权力格局中，这一普适权利难以充分实现。处于实现这一平等的漫长过程之中。在当今世界，文化的表达与传播，存在着强势与弱势的区别，文化表达权的实现需要以国家的经济和政治的实力作基础。一些

---

① 亨廷顿：《文明的冲突与世界秩序的建构》（中译本）第 129 页，新华出版社 1998 年。
② 亨廷顿：《西方文明：独特，但并不普遍》，《现代外国哲学社会科学文摘》，1997 年第 6 期。

极端势力由于在现实的国际关系中失去表达的权利，转而企图用"人肉炸弹"方式赢得发言权，这条道路当然损害了人类的基本生存权，破坏了世界安全，是不可取的。在当今世界的国际关系格局中，一个民族国家维护自己的文化表达和传播权是要依靠其强大实力的。这一现象已经成为一种规则。

由此，我们必须清醒地看到，没有经济的高速发展、国家实力的迅速加强，中国要扭转文化弱势的地位、改变文化传播和贸易的逆差，将无从谈起，即使拥有丰富的传统文化资源。一个古代的文明强国，可以是当今世界中一个文化弱国。

结构原则：经济搭台　文化唱戏

文化逆差是世界南北对峙格局中的一个普遍现象，因此中国力图改变这一状况的努力的意义也超越了国界，它也是发展中国家维护和发展文化生存权、文化发展权、建立平等国际生活秩序的愿望表达和探索实践。

改变文化逆差的被动局面，实际上是维护民族文化生存权与表达权的一个组成部分，这一要求必然产生在中国与国际社会的互动之中，只有在全球化背景中当代中国在现代化、工业化和国际化的道路上迅速进步的过程中去寻找答案。

为此，我们要从全球国际关系的角度出发，来思考扭转文化逆差的方略。面对中国的国力和地位的提升，我们应该如何调整自身文化与国际社会的关系？如何适应一体化的全球格局？要在可预见的时间内达到一个什么战略目标？

2007 年初《中国现代化报告 2007》在北京发布。报告显示，2005 年中国第一次现代化实现程度达到 87%，香港、澳门和台湾已经完成第一次现代化；北京等 7 个地区第一次现代化实现程度超过 90%，福建等 14 个地区第一次现代化实现程度达到 80% ~89%。第一次现代化指从农业时代向工业时代、农业经济向工业经济、农业社会向工业社会、农业文明向工业文明的转变过程及其深刻变化。其特点是工业化、城市化、福利化、民主化、世俗化等。这意味着中国的香港、澳门和台湾已经达到世界发达国家水平，北京、上海和天津等已经达到世界中等发达国家水平，中国地区现代化的前沿已经进入第二次现代化的发展期。

中国近年来的经济建设成就举世瞩目，得到了发达国家的承认。2006 年，美国新任财政部长汉克·保尔森说"中国已经是全球经济领袖之一"。① 2007 年 1 月，伦敦皇家国际问题研究所所长维克托·托马斯发表《2020 年，世界将有中美两个超级大国》一文，并在结尾写道："人们需要不断提醒这两个超级大国，它们的责任已扩大到整个地球。"②

被誉为新自由制度主义国际关系理论宗师的罗伯特·基欧汉教授说：要给予中国在国际体系中发出更大的声音的机会。很明显的，中国已经日益强大。如果替代性的方法是不给予中国发表其声音的机会，那是错误的。③

在日益强大的经济实力基础上，国家对自己的国际关系战略作了重大调整。2000 年 10 月 11 日，中共十五届五中全会通过了《中共中央关于制定国民经济和社会发展第十个五年计划的建议》。文件说："实施'走出去'战略，努力在利用国内外两种资源、两个市场方面有新的突破。"这一方略有力地支持了中国文化的对外交流，尤其是在那些有较深汉文化基础的地区发展势头可喜。2006 年 10 月，中国全国政协委员韩方明在新加坡《联合早报》上发文指出，从中国的发展看，过去 20 多年的持续发展，为当前的海外华文热，特别是为东南亚地区华教的正常化奠定了基础。④ 可见，正是在国家实力大幅提升的基础上，使民族文化的生存权、发言权、传播权突显出来，长期以来存在的文化逆差现象，此刻成为一个醒目乃至刺目的问题。

从全球文化格局来看，后发国改变文化逆差的要求，是对强势文化倾压的应战。所谓强势文化，包含了两方面的内容：一、强大的国家经济、政治实力，为文化流动和传播提供了动力和载体；二、文化的核心价值取向与现代工业社会、后工业社会的全球秩序相契合，这种文化将有力促进国家和民族的现代化进程。强势文化与古代传统文化不是一个概念，强势文化需要从古代文化中汲取养料，正如西方文化也是吸收了希腊文化、犹太文化、日耳曼文化等，通过模仿攀比，消化吸收而形成的一种新的文化格局。但是，古代传统文化不一定是现代的强势文化。

实际上，今天中国提出文化逆差，指的是对强势文化的逆差，即是对西方文

---

① 《美专家指点 25 年后世界格局》，2007 年 1 月 11 日 09 时 1 分星辰在线。
② 《英方持续吹捧中国要求中国解决全球经济问题》，2007 年 2 月 25 日 09：30 中国新闻网。
③ 星辰在线 2007 年 1 月 11 日 09 时 1 分。
④ 中新网 2006 年 10 月 3 日电。

化的逆差，是对发达国家的文化逆差，其座标系是美欧强国；而不是非洲、东南亚的后发国家，在与后发国家的文化交流与互动中，中国并不存在文化逆差的问题。所以，严格地说所谓文化逆差，是一个南北问题，是一个实力强弱的问题，而不是一个民族和传统的问题。那些"民族的就是世界的"说法，是一种一厢情愿的幻想，没有实力根基的民族文化与传统文化是难以在现实世界中长久生存和广泛传播的。

正因为此，要从根本上改变中国文化逆差状况，不是一个眼睛向内，靠文化自身就可以解决的问题。首要的问题是提高国家的现代化、工业化程度，增强国力，而不是文化的民族性、传统性问题。在现实的国际社会中，没有国家实力作后盾，一切维护传统或本土文化生存和发展的努力都会落空。

当今中国提出了改变文化逆差的状况，提出了改变百余年来文化积弱的现象，这是整体国家经济实力复苏与上升的必然结果。

既然国家的现代化进程，对于维护和传播一国文化有着决定性的意义，那么我们在制定一国文化发展战略的时候，就必须对中国经济、政治、社会的未来发展进程有所把握，有所预测。唯此方能确定文化发展的阶段性战略目标。离开了对中国未来社会的认识，就没有文化发展战略。

《中国现代化报告2007》在对有关数据进行分析后预计，如果按照中国1980年至2004年的速度估算，中国第一次现代化实现程度达到100%大约需要8年。也就是说，中国可能在2015年前后完成第一次现代化，达到1960年发达国家的水平。2006年10月，韩方明根据中国建设的发展情况对中文在东南亚的传播作了预测：从中国的发展看……中国能否在未来20年持续发展，是决定华文能否成为区域性通用语言的关键。在东南亚非英语国家上升为第一大外语，也至少需要50年。

本文建议中国的文化高管层根据中国社会发展的这一态势制定系列化的战略目标，定量化的检测指数。对改变文化逆转现象的工作亦然，以到2015年完成我国的第一次现代化的8年时间为一个阶段，参照发达国家1960年的文化交流与贸易数值，对出版、电影、戏剧、歌舞、展出、传媒等各个领域拟定一系列目标和指数，作为指导和督查工作的依据。

在努力建立现代化文化强国的同时，应当充分重视发展对第三世界国家和地区的文化交流与贸易关系。一则是建设和谐世界的使命使然，一则是与这些国家和地区有着深厚的友谊，再则是在已有国力的支持下发展和加强与后发国家的文化交往是切实可行的。

资源原则：现代理念　传统文化

拿什么来扭转文化逆差？或者说，什么是中国进行国际文化交流和贸易的资源？流行的回答是：拿中国特色。什么是中国特色？流行的回答是：中国传统文化。

用富于特色的中国传统文化与国际社会进行交流与贸易，以博大精深的中国传统文化博取世界各国人民的喜爱，赢得对中国的尊敬，提升国威。这种思想以一边倒的态势风行于国内各界，并溢出至海外华人，成为一种无须论证的定理，影响着学人治学、工商业主的产品设计，及政府的文化事业管理。传统文化成为中国对外进行文化交流与产品贸易的主要资源。

然而，这种看似无可厚非的文化资源选择结果果然是顺理成章、不言自明的吗？这是顺的什么理呢？

回溯百年，近年来的传统文化热时间并不长。"五四"新文化运动对中国传统文化价值采取了全盘否定的姿态，原因是它严重阻碍中国现代化的进程。到"文化大革命"中，传统文化更被激进地彻底打倒。在 80~90 年代中国的经济改革显见成效，人民生活逐渐富足，精神上民族自豪感日渐强烈；然而，长期对文化传统的破坏，使国民的文化身份和文化认同出现了极大的缺口，于是人们把眼光转向了传统，力图从传统文化中找出支持民族自豪的资源，而中国又是一个传统文化资源大国。于是传统文化价值出现了全面反弹，出现了传统文化热。在 2006 年的非物质文化遗产保护运动中，以在三四个月中创造了 1800 多个保护项目的奇迹达到沸点。这次传统文化热是现实社会生活的需求推动下发生的，而没有对传统文化正负价值作非常认真的理性清理。其后果在非物质文化遗产保护项目的审定时彰显无遗，那就是缺乏判定艺术、思想、哲理及社会等内涵的尺度，无从认定对象的文化价值。

正是这样一种传统文化热的思潮影响了目前的对外文化交流与贸易的资源选择。这样一种决策的理性化程度难免会令人生疑。

那么，什么是当代中国文化交流与贸易的核心资源呢？

　　当代中国脱胎于传统文化，是一个正在经历着现代化重构的现代民族国家；在这个重构过程中，传统文化本身是被反思和被重建的对象。当代中国文化有别于传统文化，当代中国文化才应该是国家进行文化交流与贸易的主要资源。文化不是化石，化石可以凭借其古老而价值不衰。文化是活的生命，只有发展才有持久的生命力，只有传播才有影响力。只有有影响力，国之强大才有持续的力量。

　　当然，当代中国文化是一个庞大的概念，本文无法逐一论及，而只简述当代中国文化的核心价值理念。

　　从社会学的视角看，现代民族国家作为一个文化共同体，不是一个以传统文化为基础的共同体，现代民族国家的文化建设主要取决于与现代经济和现代政治建设的诉求。即现代民族国家作为一个经济共同体是以向工业化方向发展为特征的；作为一个政治共同体是以人民主权为特征的，作为一个文化共同体是以崇尚理性精神为特征的。中国作为迟发国家正在各方面完成或经历着自身的社会转型。在经济上，是从农业社会向工业社会的转型；在政治上，是从君权社会向民主社会的转型。毫无疑问，这种巨大的社会转型将对传统文化的价值判断和现代文化的建设发生重大的影响，当代的中国文化应该是一个经历了凤凰涅槃充满活力的文化，而这种文化应当成为中国对外文化交往的主要资源。

　　建国以来乃至改革开放以来，中国社会由经济、政治生活的变化而引发的文化价值的变化是巨大的。在经济建设中，从"割资本主义的草"到认同现代资本主义的先进生产力，从"宁要社会主义的草，不要资本主义的粮"到"小康社会"现代化目标的提出；在政治制度中，从"以阶级斗争为纲"到"和谐社会"的倡导，从"解放全人类"，到对民主制度建设、对人权的尊重；在国际关系中，从一个着眼于打仗而"广积粮"的战备国家，成为一个相信第三次世界大战可以避免而与世界全面合作的国家。从斗争哲学到和谐理念，数十年间，中国国家的文化价值观发生了或正在发生着巨大的变化。而这些变化主要是在参与全球现代化进程的互动中发生或完成的。这种互动，是今天中国社会对国际秩序的认同、参与。新的文化价值系统正也在这种互动过程中建立起来。国务院新闻办前主任赵启正在回答西方记者有关中国传媒走向世界的提问时表示，中国媒体成为世界主流媒体，还需很长时间，甚至要 10～20 年。其中主要原因不在语言的障碍，而是文化差异。这表明了中国政府对国际主流文化的认同。中国提出的"和谐世界"的理念和人类普遍认同价值观、发展观是一致的。美国在《独立宣言》中提出了生命、自由和追求个人幸福的权利；加拿大的学人提出了和平、秩序和善治的方略；德国前领导人则回溯到社会民主党的《哥底斯堡纲领》，则重申了自由、公正和团结的精神。所有这些代表人类普遍意愿的词汇是相通的。今天，当中国提出和谐世界的口号，意味着对本民族文化和世界主流文化价值的再度肯定和确认。

罗伯特·基欧汉教授认为："中国对国际体系的基本立场经历了一个从局外人到构建者的过程。在过去近 30 年中，中国得益于全球化和改革开放。"[①] 不同传统的文化价值观已经在深刻地影响着当代中国社会生活和心理等诸多方面。今天中国国民普遍的民族自豪感就是来自于对中国高速发展的现代化建设成就的认同，其中已经暗含了对全球秩序的认同。人们在全球的视野中重构了民族认同、重新塑造了国家形象，重新确立了中国在国际社会中的位置。这是一个完全崭新的中国和充满生机的崭新的中国文化。

然而，在今天的现实中，一个不容忽视的问题依然是相当一部分掌握文化话语权的人看不到中国社会对人类普适价值和全球秩序的认同，而不加甄别地全盘照搬传统文化。将《三字经》纳入到学校教学计划，作为对当代儿童启蒙内容，就是触目惊心的实例。《三字经》作为古代的"启蒙书"，以其丰富的传统文化内涵，琅琅上口的韵文形式而影响深远，是一份应该继承的文化遗产。但《三字经》毕竟是封建时代的产物，其中包含有不少糟粕，已经不适合再让儿童学习。如"三纲者，君臣义"，就是主张对君权、父权、夫权要盲目服从，没有任何独立人格存在的空间，即便是其中较有积极意义的劝学部分，也是在宣扬"扬名声，显父母。光于前，裕于后"，把个人的飞黄腾达当成学习的惟一目的。《三字经》的最大问题，是只强调人的道德义务，对权利付之阙如。而现代公民和传统"臣民"、"子民"最大的区别恰恰就在于，现代公民不仅应该是一个义务的主体，也应该是一个权利的主体。所以，在《三字经》被进行脱胎换骨的清理之前，不适宜进校园。[②]

先进的文化必然要通过与世界各国文化尤其是先发国家的文化交流才能发展。通过文化互动，才能受益与发展，不能因为学习了别人的，就认为是丧失自

---

① 星辰在线 2007 年 1 月 11 日 09 时 1 分。
② 郭松民：《〈三字经〉不宜进中小学校园》，载《新京报》2007 年 5 月 29 日。

尊的事，是屈从权威的事。公元前 4 世纪，希腊亚历山大帝国东征，席卷了从爱琴海到印度河流域的广大的亚欧大陆，这次东征是人类历史上一次大规模的东西文化融合，其影响可以说是不可估量。希腊文化凭借这个机会走向世界，与其它文化一起孕育出更为高级的文化，从而使希腊文化成为几乎整个西方文化的源头；而埃及文化虽然古老，但由于缺乏这种"横向发展"，难以和世界文化融为一体，到后来自然也就销声匿迹了。美国的文化大部分是外来文化，中国传统文化的建设更是吸收外来文化，融会贯通的典范。

马克思、恩格斯在《德意志意识形态》中指出："各个相互影响的活动范围在这个发展进程中越来越扩大，各民族的原始闭关自守状态由于日益完善的生产方式，交往以及因此自发地发展起来的各民族的经济交往与文化交流促进了世界历史的横向发展，使人类文明从原始闭塞的状态走向文明开放的状态，没有这一过程的经历，世界也就不能发展为世界历史。"

在对国际事务的参与过程中，不光是汲取营养，还要作出自己的贡献。"一个民族的最大光荣就是在全球价值的形成中增大自己的份额，全球化的未来将是全球价值形成并发挥主导作用的局面"。①

在参与全球文化互动和进行国际文化交流与贸易中，应当注意文化全球化的悖论性，不把文化全球化视为一体化和同质化，变全球化和本土化间的尖锐对立为平等对话，在保有和维系本土文化发展运行的同时，参与全球价值的形成，由此构成相谐共生的文化大语境，取消恃强凌弱的文化霸权主义，改变被动无为的文化犬儒主义，建构新文化。

以中国来看，中华文化就在与西方文化的交流中受益非浅。中国人在西方那里学到了科学的精神，学到了民主思想，学到了逻辑思辩的思维方式……这些本身就是中华文化所缺少的，学习也是应该的。如果畏首畏尾，那么，也许中国至今还处于闭关锁国的状态里，至今还完全生活在前工业社会，生活在封建专制的统治之下。

文化越来越成为经济社会发展的战略资源，成为一个国家综合国力的重要组成部分，文化的矛盾冲突也越来越成为国际竞争和冲突的重要因素。一个国家和民族强大与否，也取决于文化实力。现代中国的民族文化应当以全球性视野，汲

---

① 李慎之：《全球化的发展趋势及其价值认同》，俞可平、黄卫平编：《全球化的悖论》，第 15 页。

取全人类的科学和人文知识，重新整理传统文化进行建构，她是在工业文明及全球文化与中国传统文化的对话中发展起来，她才是中国对外文化交流的主要资源。这种文化才能传达当代中国人民的心声，而不是被人把玩的古董玩意儿。只有这样中华文化才能成为中国对外文化交流和贸易中的主要资源。没有这一资源，中国的对外文化交流与贸易就是无源之水、无本之木，扭转文化逆差也将无从谈起。仅靠展现和推销传统文化的做法，永远无法改变被人猎奇把玩的旁落地位。

建设中国的现代文化是一项重要的战略任务。

主体原则：文化经济　文化产业

在全球范围内，一种新的经济形态——文化经济（cultural economy）正在迅速崛起。文化经济改变了传统的经济形态，对世界市场格局、经济发展趋势、可持续发展产生了重要影响。成为推动经济增长、培育创新能力及增强国家、地区和城市综合竞争力的重要因素。

1998年，联合国教科文组织和世界银行分别出版了《世界文化报告：文化、创造性与市场》和《文化与可持续发展：行动框架》，这两份文都强调了文化在当前经济和社会发展过程中的重要性。1999年10月，在意大利佛罗伦萨会议上，世界银行提出：文化是经济发展的重要组成部分，文化也将是世界经济运作方式与条件的重要因素。

许多国家、地区和城市对文化产业的重要性予以了充分的重视，纷纷将文化经济、文化贸易设定为战略目标，将文化产业定位为国家战略产业。

美国的文化产业是同军事工业一样，成为主导美国经济的两大产业之一，美国的视听产品已经成为仅次于航空航天的主要换汇产业，占美国总出口额的13%。在1996至2001年，美国的经济增长率为3.6%，而媒体娱乐产业增长率达到了6.5%。

2003年，美国纽约联邦储备银行经济学家雷·罗森说："经济已经陷入困境以后，我们的经济将向前发展，什么能够带动我们前进呢？——文化。"①

---

① Martha Hostetter, "the Cultural Economy".

英国政府成立了以定化大臣为首的文化产业行动小组，其成员包括了外交部、英国文化委员会、财政部、贸易和工业部、教育和就业部、科学和技术部、环境交通和区域部、苏格兰事务部、威尔士事务部、北爱尔兰事务部、妇女部、唐宁街 10 号政策研究室等部门首长、政府高官以及与文化产业有关的重要商业公司的负责人和社会知名人士。

韩国在受到亚洲金融风暴沉重打击后，为了寻求新的经济发展，提出"文化立国"的方针，将文化产业作为 21 世纪发展国家经济的战略性支柱产业。

从世界范围来看，文化经济作为一种新兴的经济形态发展迅猛，文化在国民经济中的地位越来越重要，对世界、国家和地区经济发展起着强大的推动作用。经济学家阿伦·斯科特说："在当前时代中，产品的文化形式和文化内涵变得至关重要，甚至成为生产战略的主导性因素。在这种情况下，人类文化作为整体正在变得越来越商品化。"[1]

面对这样的国际经济和文化的发展态势，要想扭转我国对外文化交流和贸易逆差，在政策制定上需要认真研究，调整思路。大力发展我国的文化产业，鼓励民间文化企事业的对外文化贸易，改变我国的文化输出主要以非营利的国家交流行为为主的局面，势在必行。这也是扭转对外文化交流与贸易逆差的的必由之路。

近年来，在中国的民间资本中对文化产品的对外贸易已经起步，并有了一些成功的探索和经验的积累。

首先，经过近 3 年的努力，我国文化产业的"家底"终于摸清。在深圳举行的"第二届文化发展战略论坛"上，国家统计局首次发布了我国文化产业的统计数据。业内人士指出，尽管由于统计工作有个时间滞后性的问题，这次统计反映的主要是我国 2004 年文化产业的发展情况；但是，这次统计首次用成规模、成体系的数字说话，使文化产业统计无据可依、靠模糊描述的状况成为历史。

文化部 5 月 19 日发布了《中国文化产业 2006 投融资项目手册》，涉及全国 20 多个省、自治区和直辖市，分为出版发行、影视传媒、演艺娱乐、工艺美术、文化旅游等七大类，集中了 921 个文化产业投融资项目，总价值 700 多亿元。这

---

① Allen Scott, "The cultural production sector in Manchester research and strategy" P. 16.

是文化部首次发布此类《手册》。

在对外文化贸易中，张艺媒执导的武侠故事片《英雄》第一次取得成功的商业业绩。2003 年 11 月中央芭蕾舞团《大红灯笼高高挂》剧组在伦敦演出 6 场，近一万张票全部售罄。这是我国派往英国的文艺团体中人数最多的一次，也是历来影响最大、最为成功的一个对英文化交流项目。但"大红灯笼"热过后，我们又面临着缺少好节目向外推介的难题。有人说"大红灯笼"是一个不具备普遍意义的个案。

由民间资本组建的天创公司，自 1999 年成立 7 年来，目标始终针对国际演出市场，并取得可喜的成绩。2005 年，由天创公司投资的《功夫传奇》赴北美商业巡演 5 个月，演出 150 场次，观众人数 11 万，总收入 300 万美元。舞蹈评论家麦克尔·克莱比认为它可以与最好的百老汇和拉斯维加斯的演出媲美。在运作中，天创公司与国际知名的加拿大演出公司合作，共同投资、联合制作推广，遵照国际化合作经营的方式，费用共摊，风险共担，利润共享。依此原则，加方演出公司作为巡演剧目的联合制作者和全球总代理，与天创签订了未来 5 年的世界巡演合同，开创了中国演艺企业全面与国际接轨的先河。

2005 年 11 月，由民间资本运作的《云南映象》赴美国辛辛那提做推介演出，中美双方投资制作的花费高达 1000 万人民币，仅在美国的宣传推广费就高达 480 万元（60 万美元）。[①]

但从整体上看，文化产品"走出去"，依然举步维艰。国际演艺市场的大门并不好进，京剧、歌剧和民乐等表演艺术通过市场机制运作的出国演出在欧美市场上乏善可陈，就连过去一直包揽了中国出国商演的表演艺术——杂技在海外市场也危机重重。[②] 国家文化高管层应当充分认识这些民间探索的意义，加大扶持力度，这对于发展中国文化产业，扭转文化贸易逆差局面具有战略意义。

先发国家政府对文化产业大力支持，对这一产业的发展产生了重要作用。加拿大太阳马戏团 1987 年在美国成功巡演后，获得了加拿大艺术理事会的资助，加拿大通讯部长亲自批准颁发的 200 万加元的特别资助。除了从政府银行得到无

---

① 2005 年 11 月 16 日《北京晚报》。

② 徐　彤、马小茹：《中国杂技出口面临困境》《光明日报》2005 年 4 月 28 日。

息贷款之外，政府对太阳马戏团的最重要的奖励是以一加元的价格将城市消防队的原址卖给太阳马戏团，作为其办公大楼，使太阳马戏团从此落地生根。政府的支持给予了太阳马戏团在国际市场上起飞的巨大推动力。

发展文化产业，加强对外文化贸易还有着诸多重大的意义。首先，对我国经济发展和可持续发展意义重大。从世界经济发展的态势中已经看到文化产业的巨大经济潜力。上世纪末，人类社会迎来了知识经济时代，文化商品和文化服务的社会需求和市场需求越来越大。文化经济将成为人类生活中最重要活动之一。

发展文化产业，可以更广泛地传播中国文化，树立国家良好的形象，在世界文化发展中赢得应有的发言权，加强中国的国际影响力，为人类的文化和文明建设作出更大的贡献。

发展文化产业意义重大，因此建设和发展国家和民间的文化产业应当列入最重要国家文化战略任务。对外文化传播的主渠道应从政府间的交流向民间贸易逐步转移。

结 论

中国在对外文化交流与文化贸易中存在着巨大的逆差，这一现象在长期顺差的中国国际贸易及发达国家迅猛发展的文化经济的映衬下尤显突出。文化产业发展的滞后不仅影响着中国经济发展的速度，还严重地局限了中国文化在当今世界的传播。

面对巨大的逆差，本文提出三条应对原则：一、从全球范围看，中国对外文化贸易的逆差发生在与发达国家的文化交往的范围之中，是先发国家的强势文化向后发国家的弱势文化倾轧的后果之一。由此，增强国力是扭转文化逆差，取得国家和民族文化高势能的首要前提，并需与国家的经济发展策略相配套。离开了国家实力的坚实基础，扭转文化逆差就是一句空话。二、现代中国的文化理念应当是对外文化交流与贸易的主要资源。传统文化中一些与现代世界理念和价值相契合的元素和成分经过筛选和改造可以转化为现代文化的组成部分。现代中国文化脱胎于传统文化，但不等同于传统文化。因此，在对外文化交流与贸易中，如果主要以中国传统为主要成分，不但不能完成传播现代中国文化形象与理念的任务，而且还会使国际社会对中国文化发生误读，只能沦落于把玩猎奇的对象，而被边缘化。三、文化经济在当代和未来全球经济中扮演着越来越重要的角色，成为世界经济新的增长点。与之相适应，文化产业在现在和未来的经济和精神生活中发挥的作用也越来越大，成为文化传播最主要的渠道之一。大力发展文化产业，是当今文化发展最重要的战略任务。

（高新生　中国艺术研究院文化发展战略

研究中心副主任　研究员）

全球化语境下中国文化的传播策略

谭泽宏

内容提要 目前，"全球化"浪潮正席卷全球，文化领域也不例外。在"全球化"语境下中国文化对外传播策略的有效制定，至关重要。对此，有八个方面的关系显得特别重要。其中，有的是认识问题，有的是实践问题。有的问题中国政府已经认识到了，有的问题中国政府正在实践。在国家大力倡导"科学发展观"的今天，"全球化语境下中国文化的传播策略"显得更加具有现实意义和普世价值。

关 键 词 "全球化"语境 中国文化传播策略

自 20 世纪 80 年代以来，"全球化"（Globalization）这一术语在世界上加速流行，到 90 年代出现了高潮，进入 21 世纪后更是广为人知。正如澳大利亚学者马尔科姆·沃特斯（M. Waters）指出的，"就像后现代主义是 80 年代的概念一样，全球化是 90 年代的概念，是我们赖以理解人类社会向第三个千年过渡的关键概念。"①

这场始自经济领域的"全球化"浪潮也波及到了社会和文化等诸多领域。随着资本、信息、人员的自由流动，跨国、跨文化的身份认同和文化建构已经成为全球传播的重要组成部分。"全球化"已成为当今时代的一个关键词，成为中国

---

① M. Waters, Malcoln, Globalization, London：Routledge 1995，P. 4，转引自刘建明：《全球化的终极与国际传播架构》，《国际新闻界》2002 年第 3 期。

文化置身其中的宏大现实语境。

在"全球化"语境下，文化传播的单向性特征日益明显，双向性诉求被忽视，民族文化的主体性和独特性受到削弱。面对以美国为首的西方强势文化的冲击，一些曾在人类文明发展史上留下辉煌篇章、对世界文化传播做出过杰出贡献的古老文明，面临着被边缘化的境地。正如国家文化部部长孙家正所说："物质产品的贸易，美国总是强调逆差大，但是，就文化产品的贸易来说，中国的逆差更大。我作为文化部长的日子也不好过啊。我这里有几个数字：2000 年至 2004 年，中国从各种渠道进口的影片 4332 部，其中，美国影片占到 40% 到 50%；其中，中央电视台和各地电视台播放的外国影片 4000 余部，40% 以上是美国的；在电影院放映的 211 部进口影片，53% 是美国片。这五年当中以分账方式进口的影片是 88 部，美国影片为 70 部，占 80%。在座有哪一位能回答我现在在美国播出和放映的中国影片有多少？美国市场上的中国文化产品有多少？可以说寥寥无几！"①

在"全球化"语境下，中国文化如何走向世界？中华五千年古老文明如何发扬光大？笔者认为，中国文化对外传播策略的有效制定，至关重要。对此，有八个方面的关系显得特别重要。

对外文化传播策略应当与国内文化政策相协调

中国对外文化传播是国内文化政策的延伸，它应当与国内文化政策相协调。只有向国际社会发出统一的国家声音，呈现统一的国家形象，才能在世界范围内获得统一的认知。

2006 年 10 月召开的中共十六届六中全会，总结历史经验，站在新的时代高度，对构建社会主义和谐社会作出了全面部署。社会和谐是中国特色社会主义的本质属性，是国家富强、民族振兴、人民幸福的重要保证。我们要构建的社会主义和谐社会，是在中国特色社会主义道路上，中国共产党领导全体人民共同建设、共同享有的和谐社会。要更好地构建和谐社会，就必须在社会主义先进文化引领下，大力建设和谐文化，广泛动员人民群众投身和谐

---

① 《当代中国文化的追求与梦想》，参见《新华文摘》2005 年第 23 期。

社会建设。

和谐文化是指一种以和谐为思想内核和价值取向，融思想观念、理想信仰、社会风尚、行为规范、制度体制于一体的文化形态。和谐文化为社会主义和谐社会提供精神动力、思想保证、舆论支持和文化条件。和谐文化既是和谐社会的重要特征，也是实现社会和谐的精神动力。建设社会主义和谐文化，发挥文化对经济和社会发展的巨大内驱力，不仅是适应塑造当代中国精神形象的需要，也是推进我国社会和谐发展的必然要求。

在新的形势下，以胡锦涛为总书记的中国新一届领导集体在总结迄今为止内外历史经验的基础上，提出了对内构建和谐社会，对外建设"和谐世界"的主张。2004 年，中国共产党在十六届四中全会上首次提出构建社会主义和谐社会。2005 年，中国在印度尼西亚雅加达举行的亚非峰会上首次提出"和谐世界"理念，胡锦涛主席发表了重要讲话，呼吁"共同构建一个和谐世界"①。和谐社会与"和谐世界"，反映的正是"全球化"背景下中国发展与人类社会发展的辩证统一关系。从"和谐中国"到"和谐地区"、"和谐世界"，中国向世界展示出一个文明古国选择的和平发展之路。和谐社会的建立已经从探讨阶段进入到具体实施阶段，其实践也从中国内政延伸到了外交。

"和谐"是中国的核心理念，指一种"配合得适当而匀称"的关系，包括人与自身、人与自然、人与社会的和谐及世界的和谐。《周礼》曰："以和邦国，以统百官，以谐万民。""和谐中国"和"和谐世界"事实上都是对中国古代传统思想的发扬。

与此同时，"和谐"思想也为世界所认同。《联合国宪章》提出，为"欲免后世再遭今代人类两度身历惨不堪言之战祸"，"促成大自由中之社会进步及较善之民生"，要"力行容恕，彼此以善邻之道，和睦相处"。这里的"宽容"、"和睦相处"，都是"和谐"理念在国际事务中的体现。

中国是世界文明古国，有着极为丰富的精神、智慧资源，其中的很大一部分具有普世意义，符合人类文化或文明的共性要求，比如"和而不同"的文化价值理念，"民本主义"、"人道主义"的精神，以及人与万物和谐相处的可持续发展

---

① 参见 2005 年 4 月 22 日新华网，《与时俱进，继往开来，构筑亚非新型战略伙伴关系——胡锦涛主席在亚非峰会上的讲话》。

观等。中国政府关于和谐社会的提法，就是从我国的传统文化中提炼出来的，它已经开始对我国的社会发展以及国际舆论产生影响。中华文明能够为中国的现代化提供坚实的文化资源，同时能够对当今世界的和平与发展作出贡献。

近代中国的衰落，中华文化"走出去"的可能性大受影响。

新中国成立后，中华文化发展很快。改革开放以来，国家鼓励中华文化"走出去"，努力扩大国际文化市场份额，并为此出台了很多政策措施。正如文化部副部长孟晓驷在接受记者采访时所说："中国文化走出去，是时代赋予中华文明和中国文化新的历史责任，它要求我们以卓有成效的工作，尽快形成自尊自信、开拓进取的对外文化发展战略，提高中华文化的国际地位和影响力。"随着我国综合国力的增强，中华文化自然而然就会要求"走出去"，取得其应有地位。

应该说，中华文化"走出去"是国内文化政策的自然延伸。随着经济的大发展，国内文化政策正在进行调整，中华文化"走出去"也是其必然要求。这是大势所趋，人心所向，任何人也改变不了。

整合资源，形成合力，打造有效的对外文化传播机制

对外文化传播或国际文化传播是政府控制、主导下的文化传播，政府在对外文化传播长效机制的建立方面，无疑可以发挥重要作用。建立何种文化传播机制，形成怎样的文化传播模式，开放程度如何把握等，应该由政府根据国家文化发展战略作出整体性的考虑。

2006年9月中国政府发布的《国家"十一五"文化发展战略规划纲要》要求，"积极开展对外文化交流。积极参与相关国际规则的制定，增强我国在国际文化活动中的话语权，维护世界文化多样性。""发挥多元载体的文化传播作用。把文化'走出去'工作与外交、外贸、援外、科技、旅游、体育等工作结合起来，把展演、展映和产品销售结合起来，充分调动各方面力量，形成对外文化交流的合力。"①

笔者认为，在对外文化传播方面，需要进行资源整合。目前，中国的政府主管部门有文化部、教育部、外交部、国务院新闻办公室、广电总局、新闻出版总

---

① 参见2006年9月13日人民网。

署、体育总局、中国对外友好协会等部门，它们各负其责，分工协作，密切配合。但是，国家没有建立统一的对外文化传播长效机制，相关举措也不健全，对外文化传播并未形成合力。据了解，有关联席会议制度并未建立，互通信息的基本要求有时都难以达到。

2004 年以来，教育部在海外广泛建立孔子学院，发展速度非常迅速。为给各国汉语学习者提供方便，中国政府在世界上有需求、有条件的国家和地区建设孔子学院，进行汉语教学。据国家汉语国际推广领导小组办公室（以下简称"国家汉办"）统计，全球第一所孔子学院于 2004 年 11 月 21 日在韩国汉城挂牌，截止 2006 年底，我国已在 30 多个国家和地区启动了 60 多所孔子学院。据介绍，孔子学院并不是一般意义上的大学，而是推广汉语文化的教育和文化交流机构。中国有关方面通过中外合作的方式，近年内将在全球开办 100 所孔子学院。①

近年来，通过签署各种文化协定，文化部在海外建立了十几个文化中心，它们分别是汉城、马耳他、贝宁、毛里求斯、埃及、巴黎等，近期计划与德国、印度、俄罗斯等互建文化中心。因为种种原因，国外中国文化中心建设进展缓慢。

根据有关规定，文化部外联局国外中国文化中心的主要职责是：

（1）研究、拟定在国外设立中国文化中心工作的方针政策和管理模式；

（2）研究、拟定国外中国文化中心的建设规划，并承办文化中心相关筹备工作；

（3）指导、联络国外中国文化中心的具体业务工作；

（4）负责拟定国外中国文化中心的筹建、改造、维修、设备购置计划及图书、外宣品供应计划；

（5）负责外国在华设立文化中心或类似机构的有关法规、政策拟定和监督管理等工作。②

不管是孔子学院，还是文化中心，笔者认为，其性质都是一样的，都是我国的对外文化传播阵地。随着孔子学院和文化中心的不断推广，两者之间需要进一步磨合。笔者甚至认为，可以合二为一，通过资源整合，更好地发挥其文化传播作用，树立中国的整体对外形象。

---

① 参见国家汉办网站 http：//www. hanban. edu. cn 中的"汉办新闻"。
② 参见文化部政府网站"对外文化"司局频道。

长期有效的对外文化传播机制的制定，有一个过程。资源的整合，合力的形成，都不是一件容易的事情。但是笔者认为，只有这样去做，才有利于中华文化的对外大传播。

形成有利于文化信息传播的语言环境

正如国务院新闻办公室原主任赵启正所说，文化传播实际上是一种信息传播。而信息传播的基础是语言，语言是衡量一个国家"软实力"大小的重要指标。语言是沟通工具，更是文化载体。语言教学，是了解、理解进而喜爱彼此文化的有效途径。美国之所以能够将各种文化产品连同其价值观念与生活方式行销全世界，除了国力的支撑之外，主要依靠的就是语言优势，这也是美国软实力"依然强大"的一个重要象征。

为了维护自己的语言文化利益，扩大在国际传播中的份额，目前许多国家都在有计划地实施各自的语言战略，并努力扩大其语言的国际影响。法国努力协调有 34 个国家和 3 个地区构成的法语区的语言问题；西班牙利用"西班牙语世界"这一概念向世界进行语言传播；日本、韩国建立基金会不遗余力地推进日本语、韩国语的国际传播。

作为世界上使用人数最多的语言，汉语的发展空间很大。据"国家汉办"统计，除中国人之外，目前世界上通过各种方式学习汉语的人数已经超过 3000 万，国外汉语教学机构数量快速增长，100 个国家的 2300 所大学和上万所小学开设了汉语课程，其中周边国家的发展速度尤为突出。汉语学习在不少国家正形成一股热潮。[①]

然而令人尴尬的是，汉语虽然是世界上使用人数最多的语言，但她却不能算作强势语言。目前将汉语作为国家通用语言或工作语言的国家和地区不多，汉语在国际社会重要交际领域中的使用也十分有限。在这方面，汉语自然不如英语、法语、西班牙语，甚至不如日语。

究其原因有多种，其中汉语的规范化、标准化程度低，缺乏一致性是不可忽视的一个重要方面。比如中国香港、澳门地区的汉语或中文标准，包括所谓的法

---

① 参见国家汉办网站 http：//www. hanban. edu. cn 中的"汉办新闻"。

律语言本地化等，都是以粤语为主；而在国外华人社区，绝大多数都是以汉语的某种方言为主要交际工具并作为通用标准。近些年来这种差异虽然开始缩小，但华文媒体同文不同体、同字不同音的现象仍然普遍存在。这不仅不利于华人社会的融合，也直接影响当地社会乃至国际社会对汉语和中华文化的认知与认同。因此，在"汉语热"不断升温的今天，在促进汉语的标准化、规范化使用，提高汉语的国际声望，实现中文信息的全球性传播与分享方面，中国政府有必要进行长远规划，并将其作为国家发展的战略性目标。

近年来，通过中国政府的努力，中文简体的推广力度加大。根据联合国决定，从 2008 年后，在联合国使用的中文一律用简体字。现在联合国正在准备，所有的中文文件都会用简化字，因为用两种字体是没有必要的。专家还透露，根据 2005 年世界主要语言实力调查报告，汉语排名世界第二。

在对外文化传播中体现中国的价值观念

价值观念属于文化范畴，在此基础上形成的执政理念、发展模式、体制特征等则属于意识形态范畴。意识形态影响力是国家软实力的重要组成部分，也是衡量一个国家软实力强弱的重要指标。以美国为代表的西方国家一方面借助国家激励性的文化推广政策和系统的推广战略，将自己的影视文化产品连同其中蕴涵的价值观念和意识形态内容推销到世界各地，引发了一波接一波的"崇美"、"崇洋"浪潮，同时通过"胡萝卜加大棒"政策，对一些发展中国家进行意识形态导入。

在中国的对外文化传播中，应当突出我们的一些价值观念或理念，将其纳入国家形象构建的整体战略中，一以贯之，求累积效果。只有这样，我们的价值观念或发展模式才能在更大的范围内获得认同。

中国是社会主义国家，马克思主义在意识形态领域的指导地位不可动摇，对外文化传播同样需要马克思主义的原则指导，否则就会失去方向。但在对外文化传播中，意识形态的东西应尽可能地遮蔽，尽量讲究方式方法，否则就会影响传播效果。

中国是发展中国家，"和平发展"是中国的主旋律。所谓"和平发展"，就是利用世界和平的有利时机实现自身发展，又以自身的发展更好地维护和促进世界和平，不树敌，不称霸，不强加于人。胡锦涛"和谐世界"思想理念的提出，将有助于近邻各国之间友好相处，不同社会体制之间和平共处，不同文明之间和谐共存，从而有利于地区及世界的和平与发展。

中国具有五千年的文明史，在对外文化传播中要注意传播中华优秀传统文化的价值观念。中国的儒学对中国、亚洲乃至世界文明的发展产生了重要影响，中国独立自主和平外交政策的历史渊源中，也有儒学源远流长的和平理念的积淀。"和"推展到对外关系上，主张"亲仁善邻"，"以德为邻"，"近者悦，远者来"。中国传统文化讲"和"，主张"和为贵"，面对冲突时强调"以德服人"、"不战而屈人之兵"；中国传统文化讲"仁"，主张以仁爱之心待人，反对强权，同情弱者。曾提出"全球化时代'软实力'愈发重要"观点的美国前助理国防部长、哈佛大学肯尼迪政府学院院长约瑟夫·奈（Joseph Nye）在评价中国传统文化时说过：中国传统文化中有很多非常吸引人的地方，譬如说中国的孝道，与之相关的尊重权威，以及集体主义等理念。

与此同时，中国传统文化的诸多优秀成分，已经得到了国际认同并被运用于国际关系的处理之中。中华文化的吸引力正在增强，中国在国际事务中的话语权正在扩大，特别是对亚洲事务的影响力显著增强。美国威斯康星大学中国问题专家爱德华·弗雷德曼（Edward Friedman）说："中国软实力改变了整个世界，尤其是亚洲。"

在重大国际事务中磨砺我文化传播策略

国家在国际事务中影响力的大小，也是软实力强弱的重要表现。一个国家在国际社会中的声音越大，它的影响力和号召力也就越大；而一国的影响力和号召力越大，它的声音才会更多地受到注意和重视，进而产生更大的影响力。对外文化传播离不开国际事件，而事件又分大小，重大国际事务则是对外文化传播的好机会，也是检验和磨砺我对外文化传播策略的好机会。

在很长一段时期里，国际事务中的话语权一直由西方大国主宰，它们利用国力和传播上的强势，将本国的执政理念和原则强加于他国，决定着外交事务中的"议程"。强国可以通过国际传播系统将它们的文化价值观念，包括新闻价值、社会道德和政治经济观念，强加给比较落后的国家。在这方面，包括中国在内的发展中国家一直处于劣势。

近年来，随着中国经济的快速发展和传播力的增强，我国开始在国际舞台上发出自己的声音，将和平发展的理念，互信互利、平等协商的新安全观，以及在联合国框架内解决国际问题的主张向国际社会广为传播，同时在一系列重大国际事件中公开表明自己的态度、立场，从而使我国的外交影响力不断扩大。在过去几年里，中国在外交上实施了"软力量"。2003年11月，中印海军首次举行海上联合搜救演习，这在5年前几乎是难以想象的。在朝鲜核危机问题上，中国采取了中间路线，促成六方会谈并在其中起到应有作用。上海合作组织峰会2006年6月在上海圆满举办，中国在中亚的影响力继续上升。一名分析家指出，在短期和中期战略上，中国已成为亚洲地区非常负责任的大国。

但是与发达国家相比，我国在国际事务处理和国际规则制定中的声音还相对弱小，这固然与我国"硬实力"的不够强大有关，同时也因为我们缺乏完善的对外文化传播策略。

为了进一步扩大中国在国际事务中的话语权，使国家利益能够在未来的国际规则中得以体现，我们应当制定与外交政策相配合的对外文化传播策略，通过长期有效的信息传播对国际社会产生影响。在这方面，中国还有大量的文章可做，应充分利用各种重大国际事务的机会，检验和打磨我对外文化传播策略。

改进对外文化传播，增强了解和友谊

以前的对外文化传播，积累了一定的经验，收到了较好的效果。今后的对外文化传播，在此基础上，需要改进方式方法，增强了解和友谊，以求取得更大成效。

要达到文化传播的预期效果，必须加强对传播主客体基本的文化认知，要对我方和目标群体方拥有准确的文化认识和把握，从而为文化传播策略的制定提供信息储备。不仅要准确判断目标群体的核心准则和价值信仰，同时还必须明确各自的文化共性和特性，如民众思维习惯、民族心理、宗教等社会组织以及基本的社会制度、意识形态等。

在明确了主客体的文化现状后，就必须针对具体的目标群体和预期的目的，进行信息的筛选和重新整合。筛选的范畴主要在文化领域，要尽可能地选择那些体现民风民俗、语言习惯、艺术表现形式等进行整合，确保有效信息进入传播渠道，争取与目标群体在文化上的最大贴近性。

在对外文化传播中，要想吸引读者，首先要抓住读者共同的"软肋"——偏好情节、喜欢故事、寓高深于轻松。在宣传形式上要尽量缩短与世界传媒之间的距离，说出标准的"国际新闻语调"，不管是文体还是语气都要"入流"，切忌自说自话，闭门造车。不管是说事还是说理都要娓娓道来，丝丝入扣，潜移默化地让世界接受，在适当的时机还要调动我们的传媒和利用国外的传媒设施，抓住主动权主动出击，影响对象国。同时要充分理解对象国的政策和价值观念，尽量避免引发冲突。

其次，对外文化传播要与时俱进，改进方式。中国戏曲文化博大精深，源远流长。如何将其介绍给世界，则需要动动脑筋。有的同志把流传几百年的剧种与当代生活对接起来，这既是流行时尚报道，又是对传统剧种的介绍和宣传，深受外国人的喜爱，效果很好。应充分利用文化所具有的隐蔽性、柔和性等特点，多做人的工作，争取人心，积极开展文化外交工作。

总之，对外文化传播，应着力于增进彼此欣赏，直达对方心灵。在对外宣传报道中，面对中西文化差异，我们要尽量挖掘中西文化中作为共同的"人"所共通的东西，从人性化的角度来探讨东西方之间的差别，求同存异。中国人喜欢群体，在乎亲情，西方人强调个体，欣赏独立。如果从单纯报道的角度，这种差异会招来完全不同的受众，但仔细分析就会发现，中国人的群体观念，是尊重个体基础上的群体观念，而西方人的特立独行，也是在一个大的群体环境下的特立独行。这样，我们在报道中就会中规中矩，不会失之偏颇。

随着中国的不断发展，中华文化的吸引力正在增强。我们要更加智慧地向世界介绍中国，通过文化传播，让世界更多地了解一个真实的中国、文化的中国、开放的中国。既了解中国取得的成就和进步，也了解我们存在的困难和问题。笔者相信，通过改进方式方法，我对外文化传播策略一定会取得更大的成绩。

注重草根文化，强化全民的外宣意识

正如《草根的力量》所诠释，草根文化是一种本土文化、一种土生土长的原生文化，而正是这种文化，让草根自身感觉到了快乐。草根是相对于主流、精英而来的，草根文化，是相对于御用文化、殿堂文化而言的。草根文化即平民化、大众化的文化，它生于民间，长于民间，没有经过主流意识的疏导和规范，没有经过文化精英的加工和改造，充满着乡土气息，涵蕴着丰富的生活共识，充满鲜活的生命力。在不少"草根文化"粗粝的表面下，隐藏着深妙的文化精髓和思想内涵。由于草根文化天生的特质，使得"草根们"没有登堂入室的机会。

互联网，却给"草根们"提供了一个机会。"草根们"可以通过网络，发表自己的想法，展现自己的个性，草根文化在互联网上找到了真正展示自己的舞台。网络成为了草根民众张扬个性、表现自我的最佳场所。即使"妖媚"如芙蓉姐姐这样的普通女孩，只要敢于张扬、勇于表达，也可以一夜成名。数不清的人在为这个前所未有的自由空间提供着智慧，互联网时代的草根民众显示出了前所未有的力量。今天的互联网已不仅仅是信息传播媒介，更是一个新型的娱乐场所。

古今中外，这方面的例子不少，很多还是基层民众在政府的推动下促成的。在日本，从青年到成人，不同的年龄阶层都有属于自己年龄段的漫画，民众对动漫的狂热，加之政府对"原生态"漫画创作的鼓励政策，催生出全国范围内"平民漫画"大面积地涌现与蔓延，即使是孩子，也可以挥舞手中的笔"创造"自己心目中的"机器猫"。在"动漫外交"的策划中，麻生太郎外相更是大胆建议设立"漫画诺贝尔奖"，以此奖励来自日本和外国的漫画创作者。这一提议将动漫的平民化发展推向了登峰造极的地步，彻底打破了只有大师才能创造动漫精品的神话。可以说，日本的大众文化倾销策略无疑成为日本宣扬民族文化、提高国际影响力、增强价值观认同感的"倍增器"。

中国文化博大精深，源远流长，可是传承到今天，除了绵延几千年并在我们的日常生活中发散以外，大多数文化载体都因时代的变迁有受众减少之虞，有的甚至已经失传，不禁让人扼腕痛惜。中华传统文化的瑰宝，如京戏、书法、文房四宝、剪纸、面人等，最初都是草根文化的典型代表，都烙有炎黄子孙特有的价值观和人生观的印记。如何把它们更好地介绍给外国朋友，需要仔细斟酌和推敲。单纯介绍这些文化载体的形态和故事并非没有吸引力，但如果能把传统从遥远的年代引入今天的生活就更能打动今天的外国人。中国人已经意识到了延续传统的重要性。近年来，新排昆曲《牡丹亭》、《桃花扇》等纷纷亮相舞台，赢得了中外观众的叫好。这些大戏原汁原味的传统唱腔，加上现代的舞台包装，为当代文化传承创造了新的接受视野。笔者认为，如果发动人民群众参与其中，效果肯定不错。在这方面，很多地方存在不少鲜活的例子，值得总结推广。

《国家"十一五"文化发展战略规划纲要》有一个显著特点，就是强调"文化属于人民"，离开了人民群众，文化就长久不了。因此，要增强中国文化的影响力，其"着墨"一定要植根于广大的人民群众，要唤醒民众的参与意识，强化民众的外宣意识，不断壮大草根文化的力量，以文化优势等"软实力"来弥补综合国力"硬实力"的不足。

建立健全中国文化出口奖励制度

建立健全中国文化出口奖励制度，对于中国文化"走出去"，具有十分重要的现实意义。目前，我国正在做这方面的工作，取得了一定成效。

中国的民营文化企业相对比较弱小，没有足够的资金和经验来做出口，急需政府的扶持，主要是资金、税收等政策扶持。近年来，我国有关部门开拓进取，在政策扶持方面做了一些工作。如文化部建立了国产音像制品出口奖励基金，广电总局建立了国产电影出口奖励基金，建立了相关的规章制度，在一定程度上促进了中国文化产品和服务的出口。

（一）中国音像制品出口奖励制度初见成效

为推进国产音像制品出口，实施民族音像"走出去"战略，文化部实施了中国音像制品出口奖励制度。文化部与商务部、海关总署等部门多次沟通，建立了联席会议制度，简化出口环节，完善出口政策，规范出口秩序，并于 2004 年 7 月联合下发了促进国产音像制品出口的通知。同时，立足北美、东南亚和港澳台地区三大主要消费市场，进一步建立海外营销网络，为我国音像制品进入当地主流渠道奠定基础。同时对具备出口实力或已在出口方面取得较大成绩的企业加大政策扶持力度，实行出口奖励。

据文化部文化市场司介绍，近年来，我国音像制品出口快速增长，国产音像制品年出口额已达 1.2 亿元人民币，主要出口至美国、加拿大、日本、澳大利亚、东南亚国家以及我国港澳台地区，涌现出像中国国际电视总公司、北京三辰卡通、广州俏佳人等一批年出口额在 1000 万元以上的音像企业，呈现出国有、民营企业共同开拓海外市场的良好格局。在财政部的积极支持下，2005 年设立了中国音像制品出口专项资金。同年 7 月，经专家评选，16 家音像企业的 27 个出口项目，获得了当年度出口专项资金补助。

针对资助额度由 200 万元增加到 500 万元的情况，按照《国产音像制品出口专项资金管理办法（试行）》的规定，国产音像制品出口工作委员会办公室对 2006 年专项资金的使用作出了相应的调整：由原来的项目补贴为主调整为以奖励优秀为主，按照音像出口企业的海外发行量和版权交易额进行级别评定，积极探索和完善"以奖代补"的机制，同时继续加强节目译制、海外宣传推广、出口业务培训和涉外版权登记等基础性工作，加强对补助项目的后期监管和宣传推广力度等。为此，对于 2005 年出口业绩比较扎实的企业，专家评审委员会采取"继续扶持、企业分级、兼顾多数、不分国有和民营"的原则进行了评审。获得资助的既有广东杰盛唱片、中国国际电视总公司、北京普罗之声、广东俏佳人等知名企业，也有新参评的企业如北京创盟音乐、北京吉神文化等新秀。2006 年共 20 家企业的 70 个项目获得资助，其中出口项目增加了一倍多。

通过奖励和资助，一些有实力的音像企业在产品研发、制作、包装等方面正在确立起一种国际化的理念，自觉或不自觉地通过出口导向策略，逐步实现企业的升级改造。从产业链的角度看，出口音像企业更加注重产业上游的内容研发，显示出对于具有自主知识产权的原创作品更加重视的姿态，民族的、本土的、传统的、优秀的价值取向正在成为这些音像企业制作产品的自觉选择，从而为避免出口产品的同质化提供了可能。对于民营音像企业占据多数的情况，专家认为这一奖励政策完全符合《国务院关于鼓励和引导个体私营等非公有制经济发展的若干意见》（国发［2005］3 号）的精神。[①]

客观地说，对于中国文化"走出去"，目前国家的财政支持力度远远不够。今后，还需要建立中国演出展览出口奖励制度、中国电视剧出口奖励制度、中国图书出口奖励制度等一系列出口奖励制度，加大资金投入，促进更多中国文化走向世界。

———————————

① 参见文化部政府网站"综合新闻"、"文化市场"司局频道及"中国文化市场网 http：//www. ccm. gov. cn"之"音像电影"频道下"中国音像制品出口专题"。

（二）许多地方政府在促进中国文化产品和服务出口方面进行了有益的探索

为促进中国文化产品和服务出口，很多地方政府出台了一些政策，进行了有益的探索。近年来，江苏、浙江、上海、广东、湖南、云南等省市相继出台有关文件，积极推动本省文化事业和文化产业的发展，效果很好。

2006 年 11 月，北京市政府在充分调研的基础上，出台了《北京市促进文化创意产业的若干政策》。政策规定，北京市政府将设立两个专项资金，支持文化创意产业的发展。同时要求拉动市场需求，促进内外贸易。一是鼓励和支持文化创意产品和服务出口业务。具有自主知识产权和自主品牌文化创意产品和服务的出口，按照国家税法规定享受出口退（免）税政策。对在境外提供文化劳务取得的境外收入，不征营业税、免征企业所得税。二是市政府对文化创意产品和服务出口业绩突出的企业予以奖励。市政府在国际市场开拓资金中，对企业在文化创意产品和服务出口过程中所发生的境外市场推广费用，经核定后给予支持。引导商业银行对有效益、有还贷能力的文化创意自主创新产品或服务出口所需的流动资金贷款优先安排、重点支持。三是培育辐射国内外的文化创意产业营销网络体系。支持文化创意企业实施收购国际营销渠道和传媒等战略性境外投资项目，市政府给予资金配套或贴息补助，并支持企业获得国家开发银行的股本贷款以及金融机构的其他优惠贷款。四是改善文化消费环境，促进消费结构升级。统筹规划，支持和引导经营性文化设施的建设。鼓励经营性文化设施打破分割，发展电影院线和剧院院线。发展书报刊、影视产品、音像制品、电子出版物、艺术品、演出剧目的现代市场营销系统。①

（三）文化经济政策正逐步完善

《国家"十一五"文化发展规划纲要》要求，完善文化发展的经济政策。在认真贯彻落实现有的宣传文化经济政策的同时，根据文化发展的实际情况，研究制定扶持公益性文化事业、发展文化产业的相关政策。主要体现在文化产品和服务出口退税及相关优惠政策，宣传文化单位实行增值税优惠政策，鼓励对宣传文化单位捐赠的经济政策，设立国家文化发展专项资金和基金等。

财政税收优惠政策的出台和完善，有一个过程，我国在这方面已经进行了有益的探索，取得了积极的成效。随着实践的发展和文化体制改革的深入，我国的

---

① 参见 2006 年 11 月 9 日《北京日报》。

文化经济政策将逐步完善。

　　总之，笔者认为，以上八个方面的关系都很重要，均有利于中华文化的对外大传播。但是，相比较而言，我觉得"建立健全中国文化出口奖励制度"，与"全球化语境下中国文化的传播策略"关系最紧密、最直接，应当置于中心地位。因为篇幅原因，笔者仅作了简要论述，今后将进行补充完善。

　　　　　　　（谭泽宏　　中国艺术研究院文化发展战略研究中心）

改革开放以来
中外文化传播渠道的建设与发展

陈犀禾 刘宇清

内容提要 本文对新时期以来的中外文化传播渠道建设的实绩进行总体性的考察与研究，对纷繁复杂的文化传播渠道进行归纳和总结，并将其纳入两个主要的渠道范式：人员交流渠道和媒介交流渠道。通过对这两种主要交流渠道的描述和分析，介绍了新时期以来中外文化传播渠道建设的概貌。

关 键 词 中外文化 传播渠道 人员交流 媒介交流

"要努力掌握和发展各种现代传播手段，积极推进先进文化的传播。"[①] 现代世界的文化交流与融合，已经不再局限于文学、音乐、绘画等特定领域，而是涵盖了从哲学思想到大众文化的方方面面，跨越了国别和种族的界线，形成文化门类、文化区域之间的连锁化和全球化效应。同样，当代中国社会的发展，也不可能脱离世界的总体发展轨道而独立运行；世界上任何一种文化思潮或者文化现象的出现都或多或少、直接或间接地会影响中国社会文化的内在构成和发展趋向；中国的先进文化建设工程必须以海纳百川的胸怀吸收外来优秀文化的精髓。吸收优秀外来文化离不开畅通的文化传播渠道，推广先进文化成果也离不开畅通的文化传播渠道。深刻理解传播与文化的关系，树立现代传播意识；利用现代传播手段，拓展传播渠

[①] 江泽民：《庆祝中国共产党成立八十周年大会上的讲话》，2001 年 8 月 1 日。

道，成为中国当代先进文化建设、吸收世界文明成果的必经之路。换言之，中外文化传播渠道的建设与拓展，正是中国先进文化建设过程中关键环节。

改革开放以来，我国文化传播渠道的建设呈现出多样化、多层次的繁荣格局：既有政府间的友好互访，也有民间层面往来；既有业务部门之间的专业考察，也有城市之间的友好结盟。随着中外文化交流迅猛发展、民间文化交流的规模和数量不断扩大，各种文化交流组织如雨后春笋般涌现：比如 1986 年 7 月成立的"中国对外文化交流协会"，它是全国性的民间文化交流组织，主要任务是同世界各国和地区的文化艺术机构、学术团体以及文化界知名人士进行交流与合作；另外，还有中国人民对外友好协会、中国国际文化交流中心、中国国际友谊促进会等多家民间机构及其附属组织。当然，文化交流机构的增多的确反映了文化交流渠道繁荣的一个方面，但是，并不能深入了解文化传播渠道的实质性拓展。

为了对新时期以来文化传播渠道建设的实绩进行总体性的考察与研究，本文将对纷繁复杂的文化传播渠道进行归纳和总结，并将其纳入两个主要的渠道范式：人员（交流）渠道和媒介（交流）渠道。人员交流、媒体交流，涵盖了以往使用"官方"、"民间"所指称的文化交流渠道的范畴。人员交流指的是依靠人员的往来和交流达到文化传播目的的传播方式，它主要涉及：中外人员互访、国际文化活动（包括学术研讨、艺术观摩、文艺演出等）的召开与参与、出国与来华留学生情况等等；媒体交流则主要指人们通过借助文字媒体、音像媒体、电子媒体、网络媒体等媒体工具进行文化传播与交流的方式，具体渠道可包括译著出版、音像制品的进出口、电影拷贝的进出口、电视频道的落地和节目交流、国外报刊的中文版本等。本文重点以人员交流中的留学工作，媒介交流中的印刷媒介和音像媒介为例，来描述和分析新时期以来中外文化传播渠道建设的概貌。

人员渠道与留学工作

人员交流作为中外文化传播中最直接、最活泼、最丰富的文化交流形式，对我国先进文化的影响也最深远。其中以留学生工作、国际学术交流与科研合作、文艺演出与艺术展览三部分最为重要。

留学生资源对于中国的发展具有特殊的意义。世界近代史表明，任何国家和民族的现代化都离不开对外部文明优秀内容的吸收和借鉴。离我们最近的典范就是日本。近代日本的崛起离不开明治维新以来全面学习西方的过程。但是外部文明的先进思想与知识只有在经过本民族的学习、消化、传播、并结合自身的实际情况加以充分运用之后，才能对民族的现代化产生效应。在这个过程中，留学生是学习者、理解消化者、传播者，许多人同时也是实践者。由于他们对于外部文明的学习从一开始就带有强烈的针对性，并以振兴本民族为终极目的，他们对于外部知识的传输和运用效果强烈，影响深刻。这点已为近代中国现代化运动的历史所证明。① 自1872年清政府官费派出30名幼童到美国留学至今，中国学生出洋求学已有124年的历史了。② 在这百年的历史长河里，中国的政治发生了多次重大的转变，但中国人留学海外、从外国吸取先进知识和理论的过程却从未中断过。留学生在中华民族摆脱帝国主义列强的统治、争取民族独立、追求现代化的斗争中做出了不可磨灭的贡献。

1978年6月23日，邓小平在听取教育部工作汇报时做出扩大派遣留学生的指示："留学生的数量要增大，主要搞自然科学……我们一方面要努力提高自己大学的水平，一方面派人出去学习，这样也可能有一个比较，看看我们自己的大学究竟办得如何。教育部要研究一下，花多少钱都值得。"③ 小平同志的指示开启了中国留学运动的一个全新的时代。1978年12月26日，中国首批52名赴美留学人员前往华盛顿，随后进入全美各地的高等院校。之后，国家教委陆续与英国（1979）、埃及（1979）、加拿大（1979）、荷兰（1979）、意大利（1980）、日本（1981）、联邦德国（1981）、法国（1981）、比利时（1981）、澳大利亚（1986）等国政府达成交换留学生协议。在改革开放的政策下，被接连不断的政治运动和文化大革命中断和抑制了20多年的留学渴望迸发成为中国历史上最大的一次留学潮。

我们可以对留学工作内部的各个方面进行深入比较分析，来显示这条重要渠道的进步。通过对1978年到2005年间留学生工作数据的抽样统计与分析，可以看到如下特征：

---

① 王　希：《留学生资源的开发、利用、保护和发展》，《当代中国研究》1996年第三期（总第54期）。

② 中国第一位留美学人是1854年获得耶鲁大学的学士学位的容闳。他也是"幼童留美"计划的倡导人，但真正以政府出面组织并资助的派遣学生到西方接受教育的运动应以1872年的"幼童留美"算起。胡绳：《从鸦片战争到五四运动》，人民出版社1983年版，第254～255页。

③ 靳晓明：《邓小平与中美科技合作——纪念小平诞辰100周年》，《科技日报》2004年8月20日第2版。

1. 留学生人数迅猛增加

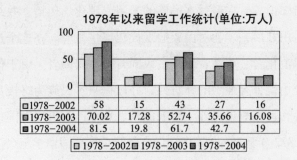

1978年以来留学工作统计(单位:万人)

☐ 1978—2002	58	15	43	27	16
☐ 1978—2003	70.02	17.28	52.74	35.66	16.08
■ 1978—2004	81.5	19.8	61.7	42.7	19

☐ 1978—2002　☐ 1978—2003　■ 1978—2004

据统计，1978 年至 2004 年底，中国各类出国留学人员总数已超过 80 万人，达到 81.5 万人。其中学成回国留学人员总数已接近 20 万人，达到 19.8 万人。目前在外留学人员总数为 61.7 万人，在学人数为 42.7 万人，尚有约 19 万留学人员在国外工作。随着中国经济的飞速发展，人民生活水平的提高，出国留学人数正在以惊人的速度增长；出国留学已成为中国教育事业的一个重要组成部分；出国留学在中国经济发展进程中扮演了愈来愈重要的角色；大批留学人员的学成归国离不开国家有利于人才发展的大环境；人才本身的需要和国家需要的充分结合；让人才为国家整体战略目标服务已在进程中，外来文化对我国人口的影响越来越深广。

表1　2003—2005 年度世界留美学生人数排名统计（前 10 名）

排名	来源	2003—2004	2004—2005	2004—2005 年度占总数的百分比	变化（百分比）
	世界总量	572509	565321		−1.30
1	印度	79736	80466	14.2	0.9
2	中国	61765	62523	11.1	1.2
3	韩国	52484	53358	9.4	1.7
4	日本	40835	42215	7.5	3.4
5	加拿大	27017	28140	5	4.2
6	中国台湾	26178	25914	4.6	−1
7	墨西哥	13329	13063	2.3	−2
8	土耳其	11398	12474	2.2	9.4
9	德国	8745	8640	1.5	−1.2
10	泰国	8937	8637	1.5	−3.4

资料来源：Opendoors 2005 Fast Facts. http：//opendoors. iienetwork. org/file

根据上表可知：2003—2004 年和 2004—2005 年度，印度、中国、韩国和日本留美学生人数代表了国际留美学生的主要趋势，来自这些亚洲国家的留学生人数占全美世界留学生人数的 42.2%。中国留学生人数巨大，并且呈现增长趋势，年增幅达到 1.2%。

2. 留学渠道多元化，自费留学比率增加

据统计：2002 年度各类出国留学人员总数 12.5 万人，其中国家公派 0.35 万人，单位公派 0.45 万人，自费留学 11.7 万人。与 2001 年度数据比较，2002 年度出国留学人数增加了 49%，而自费出国的留学人数占全部出国留学总人数的 94%。进入 90 年代以来，自费留学人员的数量增长加快，高层次人员的比例也越来越大。据统计，北京地区具有大专以上学历申请自费出国留学的人员，以年均 20% 的增幅逐年递增，其中硕士以上学历申请人数年均增长率为 20.5%，博士学历人数平均增长率约 78.3%，同时，出国做博士后研究的申请人员也在以较快速度增加。（见下表）

1978年以来留学渠道分析(单位:万人)

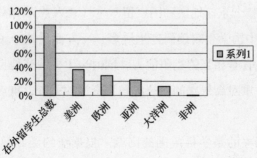

2003年度留学生分布情况

3. 留学生分布更加广泛、均衡

自 1978—2003 年底，各类出国留学人员总数 70.02 万人，留学回国人员总数 17.28 万人，留学国别 108 个。目前仍在外的 52.74 万留学人员中（其中美洲占 36.45%、欧洲占 28.06%、亚洲占 22.01%、大洋洲占 12.89%、非洲占

0.59%）有 35.66 万人仍在国外学习、合作研究、学术访问。虽然主要留学地区仍为美国、日本、加拿大、澳大利亚、英国、德国等，但与以前相比，显得更加广泛和均衡，遍布全球各大洲 108 个国家和地区，攻读的专业几乎涵盖了现有的全部学科门类。这样的格局更加有利于全面地吸收世界优秀文明成果。

4. 学位层次更丰富、学科范围更广泛

表 2　1994—1995 学年度东亚国家和地区留美学生学位分布情况

国家/地区	本科生	研究生	其他	总人数
中国	5287	32679	1436	39402
中国台湾	12344	22247	1817	36407
中国香港	10041	2465	425	12935
中国澳门	328	52	5	385
日本	32825	8033	4418	45276
韩国	14828	15310	3461	33599
朝鲜	35	77	2	114
蒙古	29	15	1	45
其他	26	0	0	26
合计	168190	75743	80882	11565

资料来源：Open Doors：Report on International Education Exchange（1994/1995）New York：Institute of International Education，p. 43.

根据上表统计，仅 1994—1995 年度，中国在美国各大学学习的总人数为 39402 人，其中本科生只有 5287 人，研究生 32679 人，其他 1436 人，三者的比例为 15：82：3。而整个东亚地区和国家留学生（总人数为 168190）的学位层次的比例为 45：48：7。中国学生攻读研究生居多，一方面反映中国学生在国内接受了较好的本科教育、具有相当的竞争能力，同时也十分恰当地反映出现代中国留学运动的特点，即注重对高层次的科技和教育资源的引进，重点针对先进文化，而不是泛泛而学。

与学位层次相关的是学科范围的问题。根据纽约国际教育研究所对 1993—1994 学年度在美国攻读研究生的 18418 名中国学生的调查，学农科（Agriculture）的学生的百分比为 2.8，商科（Busines）为 8.7，教育（Education）为 2.5，工程（Engineering）为 23.9，艺术和美工（Fine &Applied Arts）为 2，医学（Health Professions）为 3.5，人文学科（Humanities）为 2.6，数学和电脑

（Mathematics &Computer Science）为 12，物理和生命科学（Physics &Life Science）为 31.5，社会科学（Social Science）为 6.3，其他为 4.5。[①] 近十年来，原有的以自然科学为主的模式依然存在，但其比值有下降的趋势，呈现更加全面的局面。中国学生学科选择的变化在一定程度上反映出留学生在学科选择与中国社会和经济发展之间的密切关系。

除了中国留学生走向世界之外，接受外国留学生到中国学习，也是吸收外来文化的一条重要渠道。外国留学生的思想观念、消费方式、行为方式等等会在中国学生中产生重要影响，鉴于篇幅，本文不再赘述。总之，留学工作对我国先进文化的影响是清晰可见的。据有关方面统计，目前，中国科学院院士的81%、中国工程院院士的54%、教育部直属高校校长的77.61%、博士生导师的62.31%都有过留学经历。可以说，留学工作打开了一条最重要的中外文化传播渠道。

媒介渠道

从 1990 年代开始，我国媒体机构开始由事业单位向产业实体转型的过程，作为文化传播渠道的媒体行业开始自上而下的调整与整合。传媒业的内外部环境发生了很大变化，对中外文化交流的作用也更加重要。按通常的理解，媒体产业的发展是以"文化的产业化"为内在基础的。媒体产业和文化产业/内容产业是互为表里，相互表彰的。我们可以从传播与文化产业的成长轨迹中看出中外文化交流渠道的建设过程。

根据中国证监会颁布的新版《上市公司行业分类指引》，传播与文化产业被定为上市公司 13 个基本产业门类之一。其中将传播与文化产业分为出版、声像、广播电影电视、艺术、信息传播业 5 个大类（见表1）。本文根据进行外来文化进入中国的渠道研究的需要，对上述分类作了一些适当调整，并主要考察改革开放以来，图书、报纸、期刊等印刷媒介、音像制品媒介、广播影视媒介、宽带网络媒介，以及其他新媒介，比如广告和服装服饰等在中外文化交流与传播中的渠道性作用。

---

① Open Doors , Report on International Education Exchange（1994/1995），New York：Institute of International Education），pp. 56—57。

表3　中国传媒业分类明细表

大类	出版业	声像业	广播电影电视业	艺术业	信息传播服务业	其他信息传播业
细类	书、报、杂志、资料出版业	声乐制品业	广播	剧团	数据处理业	/
	软件出版业		电影	/	/	/
	其他出版业		电视	/	/	/

（一）中国正式加入WTO，传媒市场面临开放压力。根据世界贸易组织协定的《服务贸易总协定》，服务界被界定为"除政府当局为实施职能所需的服务外，所有部门的一切服务"，其中，与媒体相关的报纸发行、特约代理服务、市场调研与民意测验等都包括在内。目前虽然我国仍可利用市场准入、国民待遇等方面的较少承诺将传媒业的开放限定在一定范围内（见表2），但是到2005年以后中国传媒业开放的具体承诺表制定出来以后，中国传媒将正面应对国际、国内的竞争。独占性行业经营和政府严格的市场保护等局面必须调整，才能在更大的范围内迎接国际传媒业的竞争。

表4　中国入世有关传媒业的主要具体承诺减让表

领域	承诺条款
广告服务	允许外国服务者仅限于以合资企业形式在中国设立广告企业，外资不超过49%；中国加入WTO两年后，将允许外资拥有多数股权，中国加入四年后，允许设立外资独资公司。
录像录音制品分销服务	自加入起，在不损害中国审查音像制品内容权利的情况下，允许外国服务提供者与中国合资伙伴设立合作企业，从事除电影外的音像制品分销。
电影	在不损害与中国关于电影管理的法规一致性的情况下，自加入时起，中国将允许以分账形式进口电影用于影院放映，此类进口的数量应为每年20部。
电影院服务	自加入时起，将允许外国服务提供者建设或改造电影院，外资不得超过49%。

（二）境外传媒集团对中国市场的渗透。目前在中国有限度落地的境外卫视频道数量已经增加到34家，而已经获得落地权的卫视频道的落地范围在不断拓宽。以2001年为例（见表3）。

表5 2001年新批准落地或落地范围拓宽的主要境外卫视频道

落地境外卫视	母公司背景	落地范围
华娱电视	AOL华纳时代	广东有线网落地
香港凤凰卫视	新闻集团	广东有线网、珠江三角洲落地
新建综合频道（新闻除外）	新闻集团	广东有线网落地

报刊方面，中外合资的报纸杂志数量不断增多。从1980年由电子工业部科技情报研究所与美国IDG集团合资创办的《计算机世界》报，到《财源》、《国际广告》、《商业周刊》、《视点》、《时尚》等外资背景的杂志，合资媒体遍及科技、财经、生活休闲等领域。国际出版巨头贝塔斯曼集团还从印刷等下游环节展开对我国出版市场的渗透。香港李嘉诚旗下的Tom.com就一口气收购了羊城报业（香港）广告公司、鲨威体坛网、风驰广告、上海美亚在线等一系列传媒公司，占据中国户外媒体市场的半壁江山。

（三）国内主流媒体加强与境外传媒集团的合作。在中央政策的鼓励下，中国主流传媒业开始积极主动地与境外实力传媒集团展开合作。中央电视台宣布与香港电视广播公司成立合资公司（中央电视台持股40%），以透过香港电视广播公司的海外卫星平台以及其他网络发行中央电视台的节目；其旗下的中国国际电视总公司与香港凤凰卫视签署《战略合作协议》，双方宣布将以平衡持股方式在英属维京群岛共同组建合资公司开拓全球华语电视市场。以中央电视台在国内电视台中的权威地位，其频繁地与境外传媒集团结盟合作的做法，刺激了国内地方电视媒体，从而形成了中外媒体合作的潮流（见表4）。

报业方面，广州羊城晚报集团与香港侨鑫集团组建了中外合资报业公司，合营《新快报》，其中侨鑫集团投资4000万元人民币，占49%的股权。虽然侨鑫集团只是负责发行、广告等业务，不参与编辑事宜，但已经表明中国报业进一步向境外资本开放的信息。

表6 2001年下半年中央电视台及下属企业与境外媒体集团合作案例表

国内媒体	境外媒体集团	合作方式	合作领域
中央电视台（CCTV）	香港广播电视公司（TVB）	合资公司，中央台持股40%	电视节目播放与发行
中国国际电视总公司	香港凤凰卫视	合资公司，平衡持股	频道捆绑推广、合作合拍电视节目
央视传媒	香港凤凰卫视	项目合作	电视节目制作

从以上分析可知，跨国传媒集团已经全面渗透到我国的媒介市场。由于跨国传媒集团的出现本身（表面上更主要）是经济全球化的一部分，尽管它的影响是深远而复杂的，但是我国现阶段对于这一现象的研究，还主要是从经济、产业和应对策略等角度展开的。对于跨国传媒集团的扩张在中西方文化交流渠道建设方面的贡献，相关的研究则相对较少。其实，跨国传媒集团对我国政治文化和传媒业本身的影响是同样深刻的。

从政治角度看，跨国媒体的扩张不仅是传媒文化产品的输出，同时也是一种制度输出，在跨国传媒集团的传媒产品之外，隐含着一整套政治经济和产业体制。同时，跨国传媒集团的传播活动不仅仅是商业活动，还隐含着意识形态话语。"电影、广播电视节目、书籍、新闻报道等随处可见的文化产品或服务，它们所提供的不仅仅是消息和娱乐，同时也是传播社会价值或政治观点的工具，最终它们对社会的精神结构产生深刻的影响。"传媒文化产品的这种特性不仅表现在其内容上，还表现在其所有者的观念上。比如默多克既是媒体全球化的最大受益者，也是美国政治经济体制坚决的支持者，他在进入中国市场时，为了迎合中国政府，暂时放弃了"政治原则"。但是不能否认他作为商人的"权宜之计"背后隐含的意识形态追求。

从文化角度来看，跨国传媒集团的扩张使得全球文化传播越来越被控制在少数人手中。世界上最大的七家跨国媒体集团和第二层级的 70—80 家传媒公司加起来，控制了全世界媒体中的大部分书籍、杂志和报纸的出版、音乐电视产品、电视台和有线网络、卫星电视系统、电影制片和动画工业。[1] 不少学者把这种媒体集团化，以及相应的传播强势国家文化的主张称为"媒介帝国主义"，担心高度垄断所形成的信息单向流通会造成世界文化的单一性。当然，也有研究者表明，跨国媒体集团（最受欢迎的媒介）产品"都是和当地文化紧密结合的"，"受欢迎的媒介产品往往是来自邻国的，因为文化具有相似性"。由于跨国传媒集团在进入其他国家时经常采取本土化战略，利用当地文化资源，结合其拥有的雄厚资金、人才、管理上的实力，制作出反映当地文化的优秀节目，从而推动了文化的多元化。[2]

---

[1] Ben Davis: From Concentration to Manipulation. Interview in Elmundo, Madrid Spain. March 4, 1994.
[2] 牛春颖：《本土化：传媒经济的重要话题》，《中华新闻报》2004 年 10 月 29 日。

总之，我们既要关注文化流通渠道（媒介）的建设过程，又要关注渠道中流通的内容及其成色，才能准确把握外来文化对我国自身文化建设的影响与贡献。

印刷媒介

印刷媒介种类繁多，主要有书籍、报纸、杂志三种。在各种大众传媒中，书籍的历史最悠久，也是传播知识和思想，积累人类文化最重要的工具。报纸和期刊在文化传播方面则具有实效性强、反应即时、信息量大、伸缩性好，便于深度引导和选择阅读等优点。1978 年之后，我国图书出版业经历了三个阶段：70 年代末到 80 年代中期的高速增长，80 年代中期至 90 年代中期的滑坡与调整，90 年代中期至今的再度繁荣。下面以图书版权的引进和输出为例进行分析。

自 20 世纪 80 年代以来，我国版权贸易的发展已经有了 20 多年的历史。但是直到 1991 年我国正式实施《中华人民共和国著作权法》，1992 年加入《保护文学艺术作品的伯尔尼公约》和《世界版权公约》，国务院颁布《关于实施国际著作权公约的规定》，我国出版界的版权贸易才进入一个全新的发展阶段。1996 年 2 月，国家版权局首次公布上一年度我国图书版权贸易的相关数据，此后每年都对图书版权贸易进行年度统计。在这期间，我国进行版权贸易的组织也逐渐发展起来。1988 年 4 月我国第一家国家级综合性版权代理机构——中华版权代理总公司成立；1991 年，国家版权局批准成立全国第一家省级版权代理机构——陕西省版权代理公司，随后又批准一些地区性和专业性的版权代理公司。截止 2002 年 11 月 30 日广州中商版权代理公司正式挂牌，国内已经有 28 家版权代理公司从事版权代理的中介服务。

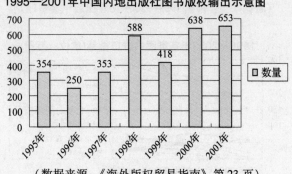

1995—2001年中国内地出版社图书版权输出示意图

（数据来源：《海外版权贸易指南》第 23 页）

1995—2001年中国内地出版社图书版权引进示意图

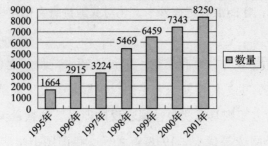

（数据来源：《海外版权贸易指南》第24页）

1999—2003年各类图书进口种次统计

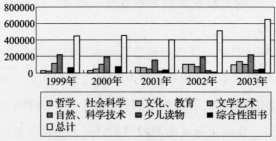

（数据来源：根据1999—2004历年出版年鉴整理）

1999—2003年出口图书总数统计

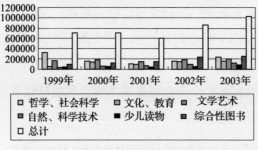

（数据来源：根据1999—2004历年出版年鉴整理）

1999—2003年各类图书进口总量(单位：万册)

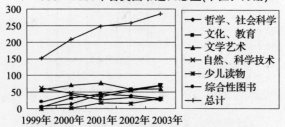

（数据来源：根据1999—2004历年出版年鉴整理）

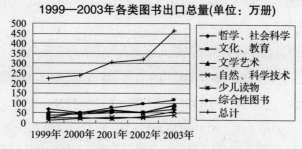

1999—2003年各类图书出口总量(单位：万册)

（数据来源：根据 1999—2004 历年出版年鉴整理）

我国可以较为确切地掌握版权贸易情况的时间是 1996 年。另外，国家版权局在 1989 年对全国翻译出版外国图书情况进行统计、对 1995 年全国翻译出版外国图书情况进行统计、对 1991—1996 年全国各出版社对外输出图书版权情况的统计、对 200 家出版社 1990—1999 年十年间版权贸易情况的统计，再加上 2000 年之后历年的《中国出版年鉴》或《中国图书年鉴》的统计可以作为目前最权威的统计。虽然各种统计数据之间，因为各种原因会与实际情况有些差距，但仍然能够反映出十多年来我国图书版权的引进和输出情况：在 1990—2000 年十年间，我国通过出版社开展的图书版权贸易数量超过 30900 种，其中引进超过 25700 种，输出超过 5100 种；十年间，引进与输出的总体比例约为 5∶1。引进与输出比的变化可以 1991 年为线。1991 年引进和输出大体持平，1991 年之前，输出大于引进，1992 年开始，引进大于输出；1992 年以后又可以 1996 年为线来划分比例变化，1996 年之前，引进与输出之比在 4∶1 之内，1996 年之后，引进与输出之比大体维持在 10∶1 的状态。

总体看来，中国图书版权的引进和输出事业呈现出快速、持续增长的趋势。1991 年到 1995 年，年引进数量以平均约 29% 的速度增长，属于平稳增长时期。1995 年引进数量为 1664 种，1999 年为 6495 种，平均年增长率为 57%。到 2004 年呈现出更加活跃的势态，以 2004 年 9 月举办的北京国际图书博览会为例，博览会期间共达成版权贸易合同和意向 8250 项，比上届的 8129 项又有提高。其中引进 5583 项，输出 2494 项，合作出版 173 项。引进和输出数量之比为 2.24∶1。出版物进出口和版权贸易增长速度都远远大于我国出版业整体发展速度，显示我国出版业的国际化发展十分迅速，开放的速度远远大于发展速度。出版业对外开放进程的加快，是我国对外开放政策的结果，外来先进文化的大量进入，必将影响到我国自身先进文化的发展。

音像制品媒介

音像制品媒介，也称视听媒介，是文化交流与传播的重要渠道，是当今文化产业中重要的组成部分。中国音像媒介的结构在百年的历史发展中，经历过三个重要的发展阶段：第一阶段（上世纪初—1949年）、第二阶段（1949—1979年）和第三阶段（1979年—今）。从理论上讲，90年以后，以CD、VCD、DVD为代表的光盘，告别了电子模拟技术，开始了激光读取数据和音视频数字化的高科技时代。但是根据实际的统计分析，盒带仍然在中国音像市场占据重要的地位。盒带与以CD、VCD、DVD为代表的光盘构成我国音像媒介的主要载体奠定音像媒介市场的主体结构。鉴于国家对早期相关统计数据缺失、以及最新相关统计数据尚未公布等原因，研究者这里以1994年至2003年间的统计数据为准，进行相关的整理、比较和分析。

1. 盒带　盒带的市场份额持续下降，由1997年的66%，下降为2001年的31%，下降幅度达53%。虽然市场份额在缩小，但是盒带的发行数量却仍然高达1.76亿盒，仅次于2002年创历史记录的1.97亿。说明盒带仍然是中国音像市场上的主要载体，还有广大的消费群，特别是以使用随身听的青年消费者。盒带的引进版品种基本保持了占品种总量的10%左右，而引进版的发行量则已经降低到总发行量的8.45%。

1997—2003年盒带发行品种数量统计(1999年以后包含其中引进品种)

	1997年	1998年	1999年	2000年	2001年	2002年	2003年
数量(万盒)	13760	11234	10424	11128	12057	19662	17464
品种(个)	7695	6262	6456	6175	6449	8598	8502
引进数量			2440	2174	2953	2508	3493
引进品种			796	757	645	790	710

□数量(万盒) □品种(个) □引进数量 ■引进品种

2. CD　CD的市场份额基本保持低速发展，自1997年以来，连续7年CD的市场份额保持在5%~8%。2003年发行销量达到4340.53万张，比2002年增长了48.85%，市场份额也达到8%，而进入市场仅仅4年的DVD－V的市场份额也达到8%。CD引进版的比例无论品种还是数量都比盒带要高，2003年CD引进版品种占CD品种的22.52%，发行量占总量的26.31%。我国原创音乐不景气，流行音乐和经典音乐都受国外音乐的影响很深。高质量的国外音乐受到广大音乐爱好者的欢迎。

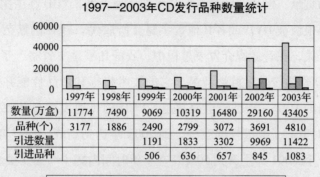

1997—2003年CD发行品种数量统计

	1997年	1998年	1999年	2000年	2001年	2002年	2003年
数量(万盒)	11774	7490	9069	10319	16480	29160	43405
品种(个)	3177	1886	2490	2799	3072	3691	4810
引进数量			1191	1833	3302	9969	11422
引进品种			506	636	657	845	1083

□ 数量(万盒) □ 品种(个) ■ 引进数量 ■ 引进品种

3. 录像带　录像带为一种重要的音像媒介，在中国一直没有得到很好的发展。主要原因有三点：第一，80年代，我国电影电视市场还没有开放，国外的影像产品很难进入中国，到电影院（或者露天电影）看电影以及看电视仍然是人们视觉消费的主要形式。作为80年代最重要的影像媒介的录像带似乎没有发展的迫切性。第二，受到第一点原因的影响，中国没有建立一套完整的录像带销售租赁体系。加上录像播放机和录像带的价格相对较高，超出中国老百姓平均的消费水平，除了在某些单位、机构以及少数家庭之外，家用录像放映设备一直没能得到普及。第三，到了90年代中期，价格相对低廉的VCD播放机和以VCD为载体的影像产品投放市场，除了价格因素之外，VCD便于保存与携带等优点也加快了其取代录像带的步伐。录像带的发行量自1997年以来大幅下降，2003年只占总发行量的0.0035%，6年来下降幅度达到95.7%。录像带在中外文化交流中的历史使命快要结束了。

1997—2003年录像带发行品种数量统计

□ 数量(百盒)　■ 品种(个)

4. VCD VCD 在我国音像市场上的繁荣发展，成为我国第一大音像产品媒介，这在世界音像媒介发展史上是独一无二的现象。VCD 在中外音像文化交流中做出了巨大的贡献，但是，随着高新技术的飞速发展，VCD 在中国音像市场上的龙头地位也将很快被 DVD 或者其他数字媒介所取代。VCD 的繁荣与我国录像市场的不发达有关，在音像媒介发展过程中，我国几乎是"省略"了录像带这个环节。但是 VCD 作为技术过渡性产品，它的技术指标和产品性能并没有明显超过录像带，而新的 DVD－V 已经全面超越。VCD 的飞速发展是从 1996 年开始的，进入 2000 年时就有了突破性的改变，到 2003 年达到高峰。1997 年 VCD 的市场份额是 26%，到 2001 年上升到 50%，在 4 年时间内翻了一倍。虽然在 2002 年略有下降，但在 2003 年又突破 50%，达到 53%。VCD 在价格上接近于平民消费者，在内容上也更加大众化，不像 CD 以音乐为主，DVD 以故事片为主。VCD 的内容选择面非常广泛：包括音乐（卡拉 OK）、电视剧、电影、百科类和教育类的文化专题片等等。所以 VCD 的发行量也非常高，2003 年达到 3.05 亿张。我国引进的很多故事片和电视剧很多都是在国内以 VCD 为载体发行的。正因为 VCD 的技术含量低，价格便宜，所以盗版市场很猖獗。盗版产品使国外的音像产品像洪水一样涌进中国，对中国文化生产与消费的影响非常巨大，也非常复杂，应当予以严谨而深刻的评估。

1997—2003年VCD发行品种数量统计(1999年以后包括引进品种数量)

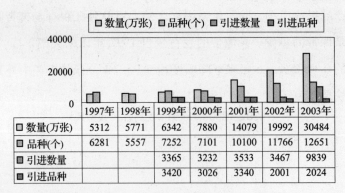

	1997年	1998年	1999年	2000年	2001年	2002年	2003年
□ 数量(万张)	5312	5771	6342	7880	14079	19992	30484
□ 品种(个)	6281	5557	7252	7101	10100	11766	12651
▨ 引进数量			3365	3232	3533	3467	9839
▪ 引进品种			3420	3026	3340	2001	2024

5. DVD DVD 是在 2000 年以后才引起研究者广泛注意的音像媒介。2000—2001 年，DVD 的市场份额只有 1%，到 2002 年增加到 4%，2003 年增加\到 8%。2004 年 DVD 播放机大幅降价，强烈刺激了 DVD 市场的发展，特别是有关外国电影的 DVD 光碟大行其世，对我国家庭观影人群的影响非常巨大。DVD 引

进品种和数量也呈急剧增长的趋势。DVD - V 的品种、数量连续两年大幅增长，2002 年，发行品种比上一年增长 249.7%，发行数量增长 614.8%，达到 1809.69 万张；2003 年品种增长 69.49%，数量增长 168.26%，达到 4851.92 万张。这其中，引进版是 DVD - V 的重要节目来源，2003 年引进版品种占总品种的 51.54%，发行量占总发行量的 47.62%。无论品种还是数量都占了一半左右，说明 DVD 在引进国外音像文化产品时的重要渠道作用。

2000—2003年DVD发行品种数量统计

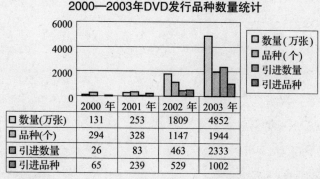

	2000 年	2001 年	2002 年	2003 年
数量(万张)	131	253	1809	4852
品种(个)	294	328	1147	1944
引进数量	26	83	463	2333
引进品种	65	239	529	1002

　　除了上述音像媒介（内容）版权的引进之外，音像媒介交流渠道的扩大还体现在外资音像媒介企业的建立方面。文化部等 5 部委联合发布的《关于文化领域引进外资的若干意见》明确规定，在不损害我国审查音像制品内容权利的情况下，允许外商以合作且中方占有主导地位的方式设立除电影之外的音像制品分销企业。

（陈犀禾　上海大学影视学院副院长、教授）

（刘宇清　上海大学影视学院博士生、西南大学文学院讲师）

全球背景下的欧洲文化策略

查振科

内容提要　本文从欧洲制定文化政策的社会背景入手，探讨欧洲社会制定文化政策的战略思路、文化政策的基本框架，以及文化政策的落脚点与出发点和文化产业所面临的严峻挑战。认为欧洲文化政策是在欧洲文化中心论失去原有地位、冷战结束、美国文化大举入侵等因素综合推动的结果。从对文化传统自信和培养民族创造精神立场出发，确定创造性地面对未来的战略思路。本文重点从文化体制与机构、文化投入政策、文化保护政策、对外文化政策诸方面介绍了欧洲文化政策的基本框架，并从分享与参与的文化、文化产业两个角度阐述了欧洲文化政策对于未来的意义所在。

关 键 词　欧洲文化政策　文化投入　文化保护　文化产业

数世纪以来，欧洲世界在对外扩张的同时，欧洲文化也被带往世界各地，以强权为支撑，并形成文化的强势地位，欧洲文化中心论几乎左右着世界文化发展格局，欧洲文化对世界各国的影响随处可见。而随着两次世界大战的爆发，越来越多欧洲殖民地走向独立，其强势地位也逐渐被削弱。而民族主义国家的崛起，致使欧洲文化中心论不得不面临挑战。

自 20 世纪始至 70 年代，已有不少国家意识到文化的重要性，并开始制定局部的文化政策，但欧洲包括整个西方世界，并没有系统完整的文化政策。直到八九十年代，电子时代、信息时代的到来和经济全球化打破了原先闭关锁国的局面。确立本国文化发展目标、发展战略已成为各国政策价值取向的大势所趋，越来越多的欧洲国家已将制定战略性文化政策提到政府管理的议事日程上来。

制定文化政策的背景与思路

在当代，文化政策的制定越来越超出一时一事的考虑，即不是出于局部管理、协调的需要，而是站在国家全局利益、国家安全的高度，着眼于未来。在新世纪，国家利益、国家安全已不只是战争和来自外部侵略的威胁，而是来自被同化的隐忧。

文化作为民族精神、思想意识的历史积淀，是一个国家除了政治、外交等手段之外的国家意愿的表达。文化的被同化意味着一个国家（民族）精神、自我意识的消解与缺失。欧洲无疑是认识到这一事态严重性的先觉者。他们早先进行殖民扩张的时候，也曾用自己的文化同化殖民地，并以此方式征服、统治那里的人民。步入经济全球化时代以后，各国文化也都遭受着全球同一化的威胁。联合国教科文组织也不失时机地提醒世界各国制定各自的文化政策以保护世界文化的多样性。欧洲对此当然倍加小心，必然要采取相关措施和对策以对应未来的文化全球化灾难，守卫自己的文化国界。

必须承认，昔日的欧洲文化中心正被美国所取代。美国这个欧洲移民派生出来的、还不到300年历史的新型国家，现在已是世界的头号霸主。随着其军事、经济实力的一步步提升，文化也在迅速向外扩张，并逐渐取得全球霸权地位。美国文化产业的产值已占其国民生产总值的1/4，其音像业出口已超过航天工业的出口额。美国的文化产品正在占领世界各地市场，尤其是欧洲这个主要市场。当然，对欧洲来说，经济贸易的差额还不是最大问题，更让他们担忧的是美国的意识形态随着他们的文化产品侵入与传播的事实。尽管欧洲世界政治制度与美国本质相同，欧美拥有共同价值观念，但欧洲同样不能容忍美国的文化战略。"未来的世界文化一定要以美国文化居于支配地位。"这一目标是有着悠久文化传统的欧洲无论如何都无法接受的。在1998年法国的1.7亿人次的电影观众中，观看美国电影者占63.5%，而观看本国电影者仅占27.4%，其他欧洲国家显然并不比法国这个昔日的电影强国情况更好，欧洲有理由为此忧心忡忡。"如果世界趋向一种共同语言，它应该是英语；如果世界趋向共同的电信、安全和质量标准，那么，它们应该是美国的标准；如果世界正在由电视、广播和音乐联系在一起，节目应该是美国的；如果共同的价值观正在形成，它们应该是符合美国人意愿的价值观。"（美国商务部高级官员大卫·罗斯科普语）这已不是暴发户的目中无人、咄咄逼人，而是世界主宰者的睥睨一切、舍我其谁了。曾经拥有过"欧洲文化中心论"黄金时期的欧洲，面对来势汹汹的美国文化，即使它是同源的变种，也是不愿意看到它在其祖先的土地上恣意而为，因此，欧洲不能不奋起保卫自己的文化地位。

除了率先意识到经济全球化可能相伴而来的文化全球化，意识到文化与经济结合所产生的能量，意识到文化所具有的更广泛、普遍的意义，以及与民族国家之间的重要关系，加上直接的美国文化产品对欧洲市场的占领，刺激欧洲不得不奋起保卫本国文化外，欧洲自身深厚的文化底蕴，及其惯有的保护文化的优良传统，也是欧洲制定文化政策的原因所在。欧洲保护文化的态度，以英国作为代表。英国可谓是欧洲认识到制定国家文化政策重要性的先觉者。这也许部分是出于比其他欧洲国家更直接感受到来自美国——这个曾是自己的殖民地、使用同一种语言的后裔们创造的文化的压力。早在 1965 年，英国就有了《艺术的政策》政府白皮书。1982 年实行电影分级制度。1984 年制定了《关于刺激企业赞助艺术的计划》。1985 年颁布《电影法》。到了 1990 年，英国艺术和图书馆部大臣委托英国艺术委员会会同其它文化艺术机构，起草一份跨世纪的国家艺术发展战略。1992 年英国成立了国家文化遗产部，将之前的艺术和图书馆部，还有其它一些部门管理文化的职能集中起来，统一管理全英的文化艺术、文化遗产、新闻广播、体育旅游等事业。1992 年国家艺术发展战略完成并在 1993 年以"创造性的未来"为题正式发布。这是一个完整的纲领性文件，从文件的标题可以看出英国对文化重要性的认识非同一般的高度重视。它宣称了创造性的未来——无论是英国的未来还是人类的未来，在于文化！此后，英国又颁布了一系列关于艺术的法律、法规和条例。

欧洲在制定全面文化政策时，除了美国的触动、对自身历史沉思中产生的新认识，还有一个重要的背景，即联合国教科文组织的作用。1982 年联合国教科文组织在墨西哥召开了"世界文化政策大会"，敦促各国政府重视文化发展，把人文—文化发展纳入经济、政治和社会一体化进程之中。这个会议的深远意义如今看来显然已日益凸现出来。那时，冷战还没结束，经济全球化也没有像今天这样牵动着任何一个国家的发展，主要是意识形态的对抗左右着人们的思维。在这之后，1997 年教科文组织又出台了《联合国世界文化发展 10 年（1988—1997)》，1998 年再次召开政府间会议（"斯德哥尔摩会议"），督促各国政府从可持续发展的高度重视文化政策的制定和修改。这个会议及其发表的文件《世界文化发展报告》真正引起了欧洲社会对制定文化政策的普遍关注。首先是欧盟理事会借用英国"创造性的未来"的概念提出"创造性的欧洲"文化战略目标，并在这一目标指导下提出欧盟文化政策的思想框架。这个思想框架吸收了英国文化艺术发展战略的基本思路。在英国的文件中，在"创造性"这个大概念之下，明确提出这样一些基本思想：1. 文化艺术不是仅供人们娱乐和休闲，它的地位比这重要得多，应该居于个人和社会生活的中心；2. 创造性带来文化、艺术的多样化，应该保护文化艺术的多样化，支持、鼓励艺术创新，使人们从不同的形式中选择进而增进相互了解和尊重；3. 通过教育使人们学会欣赏和理解艺术，这是必要前提和文化间沟通交流的基础。艺术应该成为正规和非正规教育工作的中心；4. 保护和利用文化遗产，使之成为人们欣赏艺术的重要场所，从而使传统艺术保持活力，与今天的生活密切相关；5. 艺术成果应该为整个社会所共享，社会应该为每个人欣赏艺术提供机会和参与到艺术活动中来；6. 文化艺术国际间交流与合作：文化艺术应是跨越地区与国界的，应促进英国的艺术家、作品和组织的国际化，换言之，应将世界作为英国的艺术展示和活动的舞台，同时也使英国能够欣赏和了解全世界多种多样的艺术。1998 年在欧盟的倡导和推动下，欧洲主权国家全面进入了一个制定文化政策年。在"创造性的欧洲"（Creative Europe）这个主旨之下，法国、德国、希腊、爱尔兰、匈牙利、斯洛伐克等十多个欧洲国家相继制定和颁布了自己的文化政策，包括东欧以及俄罗斯。甚至还影响到远在欧洲之外的加拿大和澳大利亚。

　　欧洲乃至整个西方世界在制定文化政策时不约而同地选择"创造性"这个词是意味深长的。欧洲文化历史的辉煌是举世公认的，他们也常对自己的文化历史引以为傲。但是，在文化保护的今天，他们摒弃了以前用的"文化复兴"一词，显然是要积极地卸去历史的包袱，突出文化的本质性特征。一方面，将"创造性"与"未来"相联系，专注于"创造性"的本身含义和面向未来的开放价值。另一方面，今天的任何一个国家在试图发展自己的文化时，都无法不与文化产业、文化市场这两个概念相联系。而产业、市场以开发再生为特征，以消费为手段，以利润为目标，在某种意义上，它必须无视文化个性，无视文化的创造性品格。因此，既然当今文化的创造、发展不能够摆脱与文化产业、文化市场、文化消费的干系，那么，强调文化的创造本质，以矫正、补救文化产业对文化内涵的损害，并以此与美国文化工业生产的趣味文化、快餐文化区别开来，是欧洲国家发展本国文化的首要出发点。

欧洲文化政策构架

欧洲各国大都在中央政府设立文化部，法国是较早的国家之一。1957 年，法国成立了文化部，全称叫文化和通讯部。政府是这样宣称它的使命的："使最大多数的法国人接触全人类的，尤其是法国文化的精华；使法国的文化遗产拥有最广泛的群众基础，促进文化艺术创作，繁荣艺术园地。"意大利是文化遗产大国，所以文化部全称是"意大利文化遗产和文化活动部"，简称文化遗产部。英国 60 年代时设立艺术部，隶属于教育部，后来才扩大为艺术和图书部，1992 年又有了大文化概念的文化遗产部。德国则在联邦总理府里任命一位主管文化事务的国务部长，在保持各州文化主权的情况下统辖各联邦在文化政策方面的管辖权和职权范围，在欧洲和国际社会代表德国文化利益，而在对外文化方面，则由外交部及文化机构统辖，实施对外文化交流活动。

（一）体制与机构

在此比较一下法国和英国这两个有代表性欧洲国家文化管理机构设置，以便于我们了解欧洲国家在文化管理上的异同。

法国

法国文化和通讯部是全国文化事务的管理机构，部机关职能司局的设置是：

1. 部长办公厅。下设 3 个单位：a. 行政总检察署；b. 国际事务司；c. 新闻通讯司。这三个单位主要职能分别为协调和检察部内工作；负责国家对外文化工作；国家文化政策、文化活动的新闻发布。

2. 行政总司。负责部内人事、财务、行政以及国有资产、文化法规、文化科技工作。

3. 发展与地方文化司。负责协调中央与地方文化部门关系以及群众文化工作。

4. 档案司。负责中央及地方文化档案资料工作。

5. 博物馆司。管理全国公共博物馆及文物工作。

6. 建筑和文化遗产司。负责全国古建筑保护工作，考古及历史遗址保护工作。

7. 图书和阅览司。负责管理全国公共图书馆，图书出版发行和出口工作。

8. 造型艺术司。促进造型艺术创作，管理美术作品收藏和美术教育。

9. 音乐舞蹈和戏剧司。负责全国舞台艺术创作管理工作，包括国有院团管理、资助表演艺术、艺术教育和普及工作。

此外还有法语总局和国家电影中心。

英国

英国文化部全称从文化遗产部后又改为文化新闻和体育部，这是一个真正的大文化概念的政府文化主管部门，不仅管理着全国的文化艺术，还包括新闻、体育、旅游等领域的政策制定和行政管理。英国文化部下设5个部内局，2个部外署和2个直属处。

1. 文化遗产和旅游局。下设两个处，文化遗产处和旅游处（处下设科）。文化遗产主要是指历史建筑、宫廷建筑、皇家园林等。作为文化部的职能局，负责制定遗产保护政策，同时，真正将国家文化遗产变为公众财富，促进和引导公众欣赏和了解遗产的历史内涵。在文化部之外，还有一个英格兰旅游局和英国旅游委员会，文化部的旅游职能机构，旨在协调相关部门制定政策，以及共同合作开发旅游产品和服务。

2. 广播和新闻局。下设广播政策处、新闻处、广播法案处。负责广播、电影、电视和新闻方面的法律和政策的制定，监督行业竞争，推动技术开发，保护新闻自由和公众利益，以及国际间合作交流。

3. 艺术、体育和彩票局。下设政府艺术品收藏处、国家彩票处、艺术处、体育和娱乐活动处。其职责为：管理国家高水准文化艺术和体育活动、艺术品收藏和保护，鼓励、促进艺术创新和艺术欣赏，推动社会对艺术事业的投资。

4. 图书馆、博物馆和美术馆局。下设图书馆处、大英图书馆新馆处、博物馆和美术馆处、文化资产处。负责国家图书馆、文化艺术遗产的利用、保护和向社会提供服务的水平效率管理。

5. 资源和服务局。下设财务和公司计划处、设备管理和战略与体制审查处、人事处。主要属于机关内部管理的机构。

另外还有皇家管理署和皇家公园管理署，前者负责管理皇室建筑，后者负责管理皇家公园。两个直属处为信息咨询处和政策研究处。

法国和英国分别代表了欧洲文化管理两种主要模式。法国各大区设有文化局，局长在法国文化部的直接领导、委派下，执行文化部的工作要求和协调与大区政府的关系。法国文化事业采取的是政府集权的分散管理方式。分散政策是指：一是部分管理权限下放到各大区文化局，如文化事业经费，部分由文化部各业务司直接掌握，部分则分配到各大区由文化局掌握，决定投放到何种文化项目。二是把部分文化活动项目、资金和文化设施分散到全国各地，而不集中在首都。文化事业经费的 2/3 用于外省。

而英国实行的是分级管理制度，即在政府文化主管部门和具体文化单位之间有一级十分重要的中介机构，这级机构组织属于非政府性质，在英国被称之为Quango，为各种文化艺术委员会。这类机构独立于政府之外，不受政府领导。政府主要职能在于制定文化政策和划拨文化经费，中介机构则是文化政策的执行组织，并将政府划拨的经费分配给使用经费的单位和个人。这些组织机构与政府虽无行政领导关系，但要接受政府的指导，并向文化主管部门提供咨询。这个运作框架就是著名的"一臂间距"原则。他们最初在文化上实行自由放任的政策，文化艺术领域都建立了行业自律组织，在这个基础上形成了现在的介于政府与文化艺术单位之间的中介组织。中介组织有两类，一类属于公共执行机构，如英格兰、苏格兰、威尔士、北爱尔兰艺术委员会，英国电影协会、英国广播标准理事会、英国遗产委员会等等，也有相应的这类的地方机构。它们除了将政府经费发放到申报者手中，还组织、参与和协调所属领域内的各项活动。另一类属于公共咨询机构，就政府决策方面提供专业咨询，如政府艺术品收藏咨询委员会图书馆和信息委员会、皇家美术委员会等。在这两类之外，还有民间社团组织。

德国文化管理模式与法国类似。德国文化管理权在地方各级政府手中，与具体文化组织直接构成工作关系。虽然德国也成立了艺术理事会，但并没有从政府那里得到授权，所起的作用只是对艺术行业组织提供一些咨询意见。

比较法国模式和英国模式的优劣是很困难的，表面上看英国模式更易于与市场接轨；给政府资金使用单位和个人自由发挥创造力提供了更大的空间；中介机构的活跃、成熟、规范，减轻了政府工作压力，使政府文化主管部门腾出更多的精力用于文化立法和制定政策等宏观战略方面。法国没有起这样作用的准政府机构，而实行直接管理。所以法国有一个庞大的文化公务员队伍，高达 1.4 万多人，仅部机关就有 1100 多人。法国这样做是有其深层动机的。法国文化地位举世公认，法兰西人以自己的文化为自豪。但是，随着美国崛起，英语风靡全球，法国文化影响力日见萎缩，法国人认为，如果把文化命运付与美国所希望的全球自由贸易市场，后果更不堪设想。政府不仅要有坚定不移的本土文化保护意识，更应依赖国家行政力量，使国家文化战略思想得到有力实施。与法国比较，英国有语言媒介方面的便利，国际化英语语言背景是英国文化生存发展的大环境，所以英格兰人在处理国家文化事务方面显得比法兰西人从容不迫得多。

我国的情况与法国类似，相比较，我们似乎比法国人更在意市场，尽管我们还没有成熟的市场观念，没有比法国文化更好的市场环境。我们的文化公务员队伍远比法国要小得多。此外，在欧洲模式和美国模式之间，我们更注重美国经验，尽管我们也许还要 100 年才会有美国那样的文化市场环境和条件。

（二）投入政策

文化战略、文化发展目标的实施，其强有力的保证就是财政投入。政府在文化上的投入主要用于：1. 历史文物和建筑的保护；2. 文化艺术团体和艺术家的资助；3. 文化艺术活动；4. 艺术品收藏；5. 信息、数字等高新技术的研究开发。尽管近十年来欧洲经济不十分景气，但对文化的投入从未减少，总量维持在财政总支出的 1% 左右，并逐年略有增加。

英国本土由英格兰、苏格兰、威尔士、北爱尔兰 4 个地区组成，中央政府对文化事业的年平均预算为 10 亿英镑，而在 1987/1988 财政年度是 3.68 亿英镑，1993/1994 财政年度增长到 5.7 亿。四大行政区的年文化投入还要大于中央政府的投入。

表1　2000/2001 年度各地方政府公共文化艺术支出

地区	支出额（英镑）	所占百分比
英格兰	1088597965	85.76
苏格兰	134174000	10.57
威尔士	23464000	1.85
北爱尔兰	23097000	1.82
总计	1269332965	100

表2　2002/2003年度各地方政府公共文化支出

地区	支出额（英镑）	所占百分比
英格兰	1002183000	79.26
苏格兰	118400000	9.36
威尔士	90100000	7.13
北爱尔兰	53700000	4.25
总计	1264383000	100

表3　2002/2003年度英格兰地区各门类公共文化支出

领域类别	支出（百万英镑）	占百分比
英格兰地区国家博物馆、画廊、图书馆（包括档案馆）	379.8	37.90
艺术	296.1	29.58
历史建筑、纪念碑和遗址	153.7	15.34
广播、媒体	113.1	11.29
国家彩票委员会	0.001	0.00
运动和艺术场馆设施	50.4	5.04
文化网站	8.1	0.81
未分配的储备金	0.3	0.04
总计	1002.2	100.00

表4　2002/2003年度苏格兰地区各门类公共文化支出

领域类别	支出（百万英镑）	占百分比
苏格兰地区国家博物馆、画廊、图书馆等机构	65.00	54.90
苏格兰艺术委员会	37.20	31.42
其他门类的艺术	16.20	13.68
总计	118.40	100

表5 2002/2003 年度威尔士地区各门类公共文化支出

领域类别	支出（百万英镑）	占百分比
威尔士地区国家博物馆、画廊	24.40	27.08
国家图书馆	13.50	14.98
威尔士艺术委员会	21.60	23.97
语言	7.50	8.32
其他类别艺术和图书馆	6.90	7.66
皇家古代历史博物馆	1.80	2.00
威尔士千禧年中心	14.40	15.98
总计	90.10	100.00

表6 2002/2003 年度北爱尔兰地区各门类公共文化支出

领域类别	支出（百万英镑）	占百分比
教育和图书馆费用	2.87	11.23
图书馆及其他文化设施维护	0.29	1.13
北爱尔兰艺术委员会	10.80	42.25
博物馆	11.60	45.39
总计	25.56	100.00

表7 2001/2002 – 2002/2003 英国 4 个艺术委员会直接用于艺术的人均消费统计

艺术委员会	年度	人口	财政支出（英镑）	百分比
英格兰	2002/2003	49138831	290400000	5.91
英格兰	2001/2002	49138831	249044000	5.07
威尔士	2002/2003	2903085	21759000	7.50
威尔士	2001/2002	2903085	15171000	5.23
苏格兰	2002/2003	5060211	36812000	7.26
苏格兰	2001/2002	5060211	33706000	6.66
北爱尔兰	2002/2003	1685267	8770551	3.41
北爱尔兰	2001/2002	1685267	7564659	4.49

从以上表格可见英国政府对文化艺术的财政投入规模和资助方向。2002
年英国国内生产总值为 7970 亿英镑，而 2002—2003 年度文化艺术的财政支
出中央和地方相加 20 多亿英镑。欧洲在文化财政投入方面采取中央和地方
政府共同分担政策，如芬兰 2000 年国家对艺术创作生产投入的经费中央和

地方各占一半，对文化产业的财政支持中央政府占 58.6%，地方政府占 41.4%。

法国作为一个文化保护意识十分强烈的国家，在文化方面的政府投入一直维持着一个较高的财政支出的百分比。

表 8　1995 年至 1999 年法国文化经费预算（单位：亿法郎）

年份	1995	1996	1997	1998	1999
文化预算额	134.55	155.42	151.00	151.46	156.69
占总预算比	0.95%	1.00%	0.95%	0.95%	0.97%

表 9　1998 年至 1999 年法国文化经费预算支出分类

项　　目		1998 年	1999 年
基础设施投资		34.20	35.43
其中：	国家直接投资	15.20	15.67
	对地方的资助	19.00	19.76
对文化活动的资助		46.18	47.84
其中：	对地方政府拨款	9.15	9.41
	文化部活动	16.46	14.73
	地方活动资助	18.01	21.12
	购买艺术品	2.55	2.56
行政开支		71.06	73.42
其中：	职工工资	30.62	32.08
	行政费用	5.69	5.73
	修缮和维护	0.77	0.79
	直属单位拨款	33.97	34.81
总计		151.44	156.69

英法两国在经费上对文化的投入政策稳定，较少受到国内经济形势的影响，不因为经济的不景气而波动。所不同的是，英国政府将文化预算的资金拨付给相对独立的艺术委员会，由各艺术委员会根据使用资金的单位和艺术家个人申请的预算核拨给他们，并审查监督资金使用执行情况。而法国则直接由政府文化主管部门拨付，所以法国的政府文化主管部门机构相当庞大。由于政府直接审查拨付，虽然任何从事文化活动的企业和个人都可向政府直接申请财政支持，但申请手续繁复，经常变化，这常常使那些使用的企业和个人不满。

文化事业投入的另一个重要来源就是其他社会企业对文化的赞助。欧洲国家几乎无一例外地都通过制定优惠的免税政策来鼓励企业赞助文化事业。法国的企业对文化赞助可享受3%左右的税收优惠，由于政策优惠，法国企业对文化事业的赞助非常踊跃，总是高于对其他社会事业的赞助。法国的文化名牌的背后几乎都有一个其他产业名牌作为后盾。企业从赞助文化事业中获得好处不仅仅是免税部分的经济利益，还通过这一行为提高了企业的知名度，以及为企业进军文化产业提供了进入的通道。英国关于工商企业赞助文化艺术活动的政策尤其别有新意，除赞助企业可以获得免税等优惠，政府还规定按照赞助金额的一定比例，陪同企业赞助。因此，在英国，企业赞助文化事业也很踊跃。

欧洲国家对文化艺术事业进行投入，但在艺术创作上，无论是国家所有的院团还是私立文化艺术单位或个人，政府概不干预。如德国有个鲁尔剧院，就是个很小的私人剧院，40余名演职员，每年的经费支出650万马克左右，政府资助50%，其余由剧院演出收入来平衡。这个剧院在科索沃战争时期，创作反对政府参与战争的政策、鲜明表达人道主义立场的戏剧，政府并未因此而减少或终止投资。政府投资基本上由艺术委员会这样的中介机构来操作。艺术委员会对申请政府资金的单位和个人所报预算进行审查，决定投资规模，在一个预算周期结束后，对预算执行情况进行审查。

（三）保护政策

任何一个对欧洲世界有过直观了解和接触的人都知道，欧洲城市至今仍能保持昔日的风貌，在鳞次栉比的古老的建筑物之间、在触目可见的各个时代的艺术雕塑中徘徊流连，可以尽情想象、追忆过往的历史。这正归功于欧洲各国的保护政策。欧洲对民族文化的保护可以说是不遗余力的，除了战争破坏这个不可逆因素外，在其余情况下，无论政府更替、社会动荡，都不会对文化产生破坏性结果。欧洲在文化保护方面的经验尤其值得我国潜心学习、借鉴。

当今世界民族文化保护问题日趋严峻，这不仅仅是有形的文化遗产——建筑、文物等等的保护，更为重要的是国家文化资源——生活方式、历史传统、风俗习惯、语言等等的保护。尤其像美国这样经济发达而文化资源贫乏的国家，在继对世界能源、矿产资源、商品市场的掠夺之后，借助自由贸易规则，开始对发展中国家的文化资源的掠夺攫取，以追求最大限度占领世界文化贸易市场。国际社会及一些世界组织早已意识到问题的严重性，并提醒关注。1964

年通过的《威尼斯宪章》明确提出："把历史遗存看作人类共同的遗产，认识到为后代保护它们，并将它们真实地、完整地传下去是我们的共同责任。"1976 年联合国教科文组织通过《内罗毕宪章》，告诫世界各国政府，为有效阻止文化遗产在现代化扩张的借口下被人为破坏的可能，必须通过法律的形式，在经济政策、技术和保障措施上对文化遗产予以保护。1998 年联合国教科文组织《世界文化发展报告》中再一次警告各国政府，文化资源的廉价出口和高价进口，将会丧失自己的文化解释权、民族文化认同感和遭遇文化遗产意义变异的危险。这将比丧失领土主权来得更为深刻。

有一个小例子颇能表现欧洲国家强烈的文化保护意识。2003 年法国文化部下了这样一道令：禁止政府一切部门、文件、出版物、网站使用"E - mail"一词。由于法国民众多喜用"courriel"（courrier electronique）代替"E - mail"，于是法国文化部要求一律使用法语合成词"courriel"。为维护法语的纯正，1994 年法国政府通过议会两院颁布法令，严格限制在法语中使用外来语特别是英语，对于那些在广告等语言行为中使用"英法混合语"的人，必须接受送进监狱的惩罚。政府还通过法律要求法国互联网中的广告必须是法文。

欧洲人绝不会因为经济目的而损害文物建筑，在欧洲的许多城市，不同时代的建筑风格各异，一齐呈现在今天人们的眼前，可以想象，也完全会呈现在后人的眼中。在罗马、巴黎、雅典、伦敦、布鲁塞尔、马德里、巴塞罗那，在所有具有独特风貌的城市中，人们没有为了今天生活的便利而去改变古老的城市格局。希腊的雅典，为保护卫城的历史风格，周围的现代建筑被逐渐拆除。雅典大力发展地铁交通，目的是为了减少汽车尾气的排放量，把废气对古建筑的损害减低到尽可能小的程度。在希腊的萨洛尼卡市有一座造价高昂的旱地大桥，长达 1000 多米。之所以要在城市中建这样一座大桥，是因为桥下是古罗马时代的古迹。历史古迹是无价的，对于社会公民特别是青少年，这座桥的存在就是在告诉他们，应该如何对待自己的文化历史。

欧洲人在文化保护方面尤其是文化遗产的保护构建了自己的体系。这个体系囊括了有关的各个方面，由一系列的法律、法规、条例、政令组成。保护对象一旦确定，就有一整套的体系跟上。这一整套系统包括行政管理体系、资金保障体系、监督体系、公众参与体系，从而保证了保护工作有法可依，有章可循，按部就班，有条不紊。欧洲许多国家的法律条文规定，文化遗产部门管理遗产，其他相关部门根据自己的职责范围协助或监督保护工作，城市规划部门负责保全保护历史文化景观，旅游部门负责历史文化遗产的开发利用。政府对文化遗产保护对象的资金投入额度数量都用法律形式固定下来。政府还制定了社会资金投入的配套政策，包括免税、贷款、发行彩票等等有利于各种社会资金进入历史文化遗产保护领域的政策。

在历史文化遗产保护方面意大利最具代表性。这个面积 30.13 万平方公里，人口 5700 万的国家，到 2004 年为止，共有 37 处文化古迹、考古遗址和自然景观被联合国教科文组织列入"世界遗产名录"（尚有 46 处等待申报）。还有一个让世人惊叹的数字：意大利国土面积只有我国 1/30，却有 48% 的国土被划为景观保护区！意大利历史文化资源极其丰富。据联合国教科文组织统计，意大利拥有全世界大约 60% 的历史、考古及艺术资源。面对如此悠久、辉煌灿烂的历史文化，意大利政府明确将保护、开发和利用文化遗产作为长期的基本国策。在文化方面的战略思想是：焕发传统文化的生命，以此提高一代代国民的精神文化素质；以文化树立意大利的国际形象，抵制文化霸权对意大利的侵蚀；以文化促进经济的全面发展。意大利对文化遗产的保护非常严格。政府规定，在景观保护区内，任何开发建设项目，都必须得到文化遗产管理部门批准。50 年以上的建筑受国家法律保护，房产交易只是房屋的内部使用权，而外部结构属于政府，拥有使用权的单位和个人，按国家法律对房屋进行维修，不得进行整体改造。未经批准对登记在册的特殊建筑物实施拆除和改扩建，均为触犯法律行为。

意大利在保护文化遗产方面形成独特的模式被称之为"意大利模式"。政府和公共机构负责保护，其工作范围在于制定法律法规，监督检查和部门之间协调，比如通过制定优惠的税收政策鼓励企业和私人对文物修复保护进行投资。企业和个人从政府那里获得古迹、建筑的经营权，在有效保护的前提下加以合理适当的开发利用，保护仍是最高目的。通过适度利用文化资源，可带动一些相关产业的发展，比如餐饮、酒店等服务性行业等，即文化经济的发展。意大利旅游业十分发达，旅游营业额高达 714 亿美元，占国民生产总值的 6%，成为弥补贸易逆差的重要来源。尽管旅游业给国家经济带来丰厚的回报，但意大利人仍然小心翼翼地保护着自己的文化遗产。这些年意大利经济发展并不尽如人意，政府财政入不敷出，每年尽最大努力也只能拿出 60 亿欧元用于保护，从上面提到的数字可以推测到，如此大面积、数量巨大、持久性的文化遗产保护任务，60 亿欧元显然不是理想的投入。但是由于"意大利模式"形成了一个文化遗产保护的良性机制，从而为文化遗产保护提供了保障。意大利保护政策实施中显现出这样几个显著特征：1. 以文化遗产为中心的相关经济链发育成熟，拉动了无污染的第三产业的经济发展，促进了劳动就业。2. 由于政策优惠，企业赞助文保事业十分踊跃，如著名的达芬奇油画《最后的晚餐》修复费用就是由一家公司提供的。企业和社会的赞助大大弥补了政府资金的不足。意大利用于修缮、文物保护的资金65% 来自政府，其余则是通过发行彩票和接受捐赠获得。3. 保护与利用相得益彰。如此大量的文化遗产，采取消极保护显然是不划算的。在不损害文物的前提下进行开发利用，是明智之举。在意大利北部维罗纳市中心的维罗纳露天剧场，是公元 1 世纪的建筑物，这个能容纳 2.5 万名观众的剧场至今依然保存完好。每年 6 月至 8 月间的维罗纳歌剧节，许多最优秀的歌剧都在这里上演。古典剧场、歌剧之乡，人们在这里不仅欣赏到真正的歌剧，同时还感受到置身文化与环境浑然一体的忘我之境。

意大利成功地保护了自己的祖先遗产，也从经营中获得可观回报，但意大利人并没有忘记利用这些来教育子孙后代。意大利的博物馆、画廊、公园、考古遗址、历史建筑物、景点一直实行低门票制度。在意大利文化部还专门设有一个门票价格管理委员会，管理、制定门票价格。因为各种情况（景点历史价值发生变化、水电等消耗过大等）需要调整价格，须报委员会批准。古罗马竞技场票价才6 欧元，最贵的票价也不足人均月收入的 1%，门票之低可见一斑。同时委员会还规定，未满 18 岁的未成年人、65 岁以上的老人，以及从事艺术建筑考古的学生和教师、文物保护专业研究的学者实行免费。18 至 25 岁的青年（包括欧盟成员国）可享受半价优惠。在欧洲，虽然各国门票价格高低有所不同，但是实行类似的免费和优惠政策是基本相同的。节假日期间也实行普遍优惠，如五一期间，意大利所有国家公园景点门票价格一律 1 欧元。5 月意大利还有一个"文化与遗产周"（5 月的最后一周），在此期间所有参观点都免费向公众全面开放。还有"残疾人日"也同样实行全面免费开放。

英国在 90 年代以前参观博物馆和公园的门票受市场调节，此举受到保守党政府鼓励。布莱尔政府上台以后，向公众承诺"建设一个更美好的英国"，其重要举措之一就是实行国家主要博物馆和公园免费开放。英国人认为，博物馆是人一生中最重要的文化体验场所。据统计，1999 年实行儿童免费时，儿童观众参观博物馆人数增加了 1/5；2000 年实行退休人员免费，老年观众增加了 40%。在我国，各种门票价与工资比高于欧洲各国，但是像杭州这样的城市却也开始试行免费制度。

欧洲文化保护政策决不只是在文化遗产方面，也不只是个体的国家致力于文化保护。欧洲联盟在欧洲文化保护之战中起着越来越重要的作用。当美国影片正变本加厉地充斥着欧洲的影院，吞噬欧洲电影市场时，欧洲联盟及其成员国不得不采取措施。1989 年欧盟开始支持欧洲各国实施"无边界电视指令"，要求成员国之间相互播放生产的影视作品。并对成员国片和美国片在电视台播出实行时间和时段配额。1999 年又启动若干个为期 5 年的"媒体计划"。这个计划帮助欧盟成员国生产的作品从内部走向市场，支持其发行和推广。通过扶持成员国作品，较好地实现资源共享，同时对从业人员进行数字化新技术的培训，使之更好地普及推广本国的新作品。

（四）对外文化政策

对外文化政策是一个国家文化政策的重要组成部分。欧洲国家十分重视对外文化交流，尤其是英、德、法这样的欧洲传统大国。在这些国家辉煌的海外扩张时期，包括葡萄牙、西班牙、比利时、荷兰、意大利、奥地利等国，都不忘记将语言和宗教带到殖民地和属地，因为一旦语言和宗教流行开来，殖民统治就轻松多了。今天，宗教作为对外文化输出的内容已远没有当年重要，在主权国家之间，宗教变成一个敏感话题，尊重对方民族宗教信仰和习惯，是双边交往中的一个前提。但语言、教育方面的对外文化交流的重视有增无减。而科技、学术、艺术、体育方面的文化交流作为扩展的内容则日益增加，成为国际间政治、军事、经济、贸易合作的重要辅助手段。甚至，影响来得更为深远。可以这样说，政治、军事、经济等方面的合作，在双边关系中具有明确的功利性质，文化交流虽然也具有功利性，但是两国间人民发自内心的友好，是对对方文化的欣赏和深层沟通了解。

从宗旨上说，对外文化工作就是使各国人民之间增进了解和相互尊重，进而在文化方面实现合作。从文化殖民到文化合作，两次世界大战教会了欧洲在对外文化方面观念的进步。其实正是从殖民经验中深切体会到，一个民族文化对另一个民族的影响巨大而持久。所不同的是，将过去强制性的殖民文化输出改变为平等友好的相互学习，至少在表明的态度上是这样的。

德国对外文化交流工作是由政府机构之外各种独立组织来完成的，这些组织在政府划定的范围内工作。以前有两个重要机构：歌德学院和德国学术交流中心。为了节约开支，2001 年将这两者进行合并。歌德学院在世界近 78 个国家和地区设有 144 所分支机构，国内还有 18 个分院。这些分支机构主要负责开展各种级别的德语课程，提供各种信息资料。德国学术交流中心则主要负责科学家与留学生的国际交流。此外还有亚历山大·冯·洪堡基金会，资助国外资深科学家在德国进行研究活动。而国际交流中心，则组织接待外国政府客人并通过各种视听媒体、书刊等向国外全面介绍德国情况。对外关系学会，在德国举办国际展览和在国外组织德国展览。德国政府在文化外交上是舍得花钱的。2001 年德国外交部的报告称，2001 年文化外交财政拨款 22.3 亿马克。这些经费用于大学生和专家学者的交流项目，海外德语教学以及其它有关文化项目。

英国的对外文化工作主要集中在外交部的对外文化关系司和英国文化委员会。对外的英语教学是这个委员会的主要工作任务，包括英语考试、教学、培训。在世界 109 个国家设有 118 个英语教学点，同时有 18 万学生在其中学习。其他文化外交工作如展览、信息咨询和技术服务等，这一领域还有丰厚的市场回报。有关艺术方面的对外交流工作则由隶属于文化委员会又相对独立的英国艺术来访署负责组织实施。外交部还设有奖学金计划，每年资助 4500 名左右国外研究生来英国学习。不是任何人都可申请这种奖学金，只有那些政局动荡的国家和地区的潜在领导人才有可能获得。英国对外文化工作还有一个重要使命，那就是维护和加强对联邦成员国、属地的文化影响力。

法国对外文化政策的制定和执行的职能部门也是外交部，在外交部有一个庞大的对外文化机构，叫做国际合作与发展总司，在这个总司下面设有战略、计划与评估司，文化合作与法语司，发展与技术合作司，科学合作、大学与研究司，视听与通讯技术司。这个机构是政府外交政策的执行部门，领导整个国家对外文化工作。此外，还有一系列的其他机构组织构成一个各司其职的对外文化交流网络。外交部艺术行动委员会，这个部门不仅实施、落实国家对外文化交流项目，同时还负责对外文化资助、协调地方政府和大公司对外开展文化交流以及艺术院校对外艺术教育。法国在外的文化机构有：驻外使馆文化处、法国文化中心、法文协会、社会科学研究机构、考古工作队、法国学校等，组成一个十分庞大的法国对外文化宣传、交流网络。目前，法国在全世界有 152 个文化处，代表国家负责组织协调对外文化工作；134 个文化中心，开展各种法国文化活动；1000 多个法文协会，向所在国进行法语教学（学生达 40 余万人）；14 个研究所，11 个科研中心和 3 个科学之家，与所在国合作，对所在国的古文物、历史、语言、民俗以及当代政治、经济、文化开展研究工作；在数十个国家派有大量的考古工作队；在 120 个国家开设了法国学校。这个庞大的对外文化网络，每年耗费的经费也是巨大的，仅艺术行动委员会每年就需要 1.5 亿法郎。

对外文化政策从来都是一个国家外交政策不可或缺的部分，都是为其国政治目的服务的。文化的影响力深刻而持久，通过文化交流，塑造国家的国际形象，影响他国人民对本国的情感态度。比较英、德、法三国的对外文化政策，英国较注重文化影响的实用性，德国看重文化影响的深刻性，而法国则比较在意文化影响的广泛性。

发展的文化

众所周知，一个民族的文化之所以成为绵延不断的传统，根本在发展，在不断的创造之中。

（一）分享与参与的文化

在传统社会，文化的生产与消费都只是极少数人的事业，尤其是高雅文化。在极端的社会情势下，并且形成文化垄断和文化特权。当代文化生产与消费与传统社会完全不同的是：由于社会人群受教育的程度日益提高，经济生活水平日益提高，文化消费需求成为社会普遍的精神需求，并且使这一需求的满足成为现实可能。这一点特别在欧洲社会鲜明地凸现出来。在物质生活需要得到满足之后，精神文化需求作为高级需求，成为人类存在和发展的目的性需求。社会与个人两方面都产生一个共同的积极意识：从社会角度论，希望最大限度地让每个个体人分享到人类文化成果；就个体而言，同样渴望最大限度地分享到全社会的文化成果。这是迥然区别于传统社会的新型的社会与个人的关系互动。

这种"分享的文化"思想在欧洲得到富有成效的体现。法国人口 6200 万，而市立图书馆就达 2486 个，几乎人口达 1 万人的市镇就有一座图书馆。新国家图书馆规模巨大，阅览室座位 3600 个，藏书 1000 多万册，还有数十万种报刊杂志，数十万种音像资料供各种读者借阅。仅市立图书馆城市人口每年人均借书就达4册。而德国的图书馆更多，向公众开放的各类公共图书馆达13500个，藏书超过1.29亿册，最大的德意志图书馆馆藏1400万册。欧洲人爱读书举世公认，通过图书馆这一古老的文化场所，分享民族文化乃至世界文化成果。

分享也即是参与。一方面是政府和社会组织机构主动"给予"，一方面是个人积极参与其中。这构成一个观念体系，它表示着：每个个体都有接受文化艺术教育的权利和机会，包括学校教育和社会培训；欣赏艺术、文化遗产的权利和机会；发挥文化艺术创造才能的机会和条件；参与各种文化艺术活动的权利和机会。

这些观念通过政府文化政策在国民文化生活诸多方面得到切实而具体的体现。如前文提及的欧洲各国文化场所的低廉票价和各种优惠政策。走进欧洲剧场，无论是话剧、歌剧，还是芭蕾、交响乐，这些严肃高雅艺术，票价都是控制在一定的限度内。如德国的柏林歌剧院是世界著名的歌剧院之一，其上演的话剧票价在50~150马克，音乐会30~80马克，芭蕾20~70马克。巴黎新歌剧院歌剧票价档次分别为650、350、250、150、60法郎；舞剧405到30法郎，音乐会245至45法郎。而对学生票价要优惠2/5，甚至1/2。这是因为有国家对艺术表演团体雄厚的财政投入作为保障。1999年法兰西喜剧院国家投入1.4亿法郎，巴黎国家歌剧院国家投入5.7亿法郎，国家投资占剧院财政预算的70%。欧洲还有一种普遍做法，就是所有的艺术表演团体每年都要安排相当多的时间，用来进行艺术教育，这是一项列入工作计划的常规内容，而不是临时性的，并且要任命一位艺术教育总监来负责这项工作。在这项工作中，不只是让学生们欣赏到艺术表演，而且让孩子们进入到实际的操作中，在实践活动中培养对艺术的知识、欣赏能力，更重要的是，这样做非常有利于诱发孩子的创作欲望，从而自小把一种创造的精神根植于他们的心中。艺术教育不仅仅是针对青少年，对成年人进行艺术教育也被纳入工作的内容中。欧洲艺术表演团体的艺术教育远远不只是我们对国有艺术表演团体所要求的单纯的公益性演出。它是全方位的，与整个教育系统一起，构成一个教育的有机整体。其理念是，教育的本质是将创造力的培养贯穿始终。艺术教育正体现了这一根本。这一思想成为社会共识而形成对艺术分享与参与的普遍重视。欧洲社会对艺术的作用尤为强调其情感力量和创造力的培养，而把娱乐和休闲功能更多地赋予流行、时尚文化形式。

下面的表格可以显示出一些重要信息，欣赏艺术、参与多种多样文化艺术活动在人们生活中占有的比重。

表 10　英国 15 岁以上（含 15 岁）居民参加文化活动的百分比

年代 领域	1986/1987	1996/1997	1998/1999	2000/2001	2001/2002	2002/2003
电影	31	54	57	55	57	61
话剧	23	24	22	23	24	24
艺术画廊/展览	21	22	21	21	22	24
古典音乐	12	12	11	12	12	13
芭蕾	6	7	6	6	6	7
歌剧	5	7	6	6	6	7
当代舞蹈	4	4	4	4	5	5

表 11　英国人在 12 个月及 4 周期间参加各种文化艺术活动的百分比

文化活动	最近 12 个月（%）	最近 4 周（%）
在电影院或其它地点观看电影	55	19
话剧或戏剧	27	5
音乐剧	24	4
访问图书馆	23	－
狂欢、街头艺术或新马戏	23	4
美术、摄影或雕塑展览	19	6
流行艺术或摇滚	18	4
工艺展览	17	4
参观博物馆	13	－
哑剧	13	－
各种实况舞蹈表演	12	－
文化节	10	2
古典音乐	10	3
其它音乐	9	－
与书籍或作品相关的活动	8	2
录像或电子艺术活动	7	2
歌剧或小歌剧	6	1
爵士音乐会	5	2
乡村和西部音乐	3	－
人口基数	6042	6042

这些文化艺术活动形式几乎都是属于严肃、高雅文化范畴。参与各种文化活动的不止是本土的英国人，其他族裔人口同样也有很高的参与比例，只是文化艺术形式的喜好方面稍显差异。

表12　2003年英国参与各种艺术活动的种族人口分布的百分比

艺术活动	参与者					
	白人	亚洲人	黑人	混血人种	华人及其他种群	平均百分比
在电影院或其它场所观看电影	56	66	63	82	60	58
话剧或戏剧	28	16	24	36	21	26
狂欢、街头艺术或新马戏	23	20	28	43	28	23
艺术藏品、摄影、雕塑等展览	19	12	18	27	22	19
工艺品展览会	18	7	8	11	8	15
文化节	9	32	14	14	21	13
哑剧	14	4	10	15	5	12
与书籍、写作相关的活动	8	7	13	22	7	8
电视和电子艺术	7	7	9	12	10	7

表13　英国到电影院看电影的不同年龄群组观众的百分比

年份	年龄群			
	7～14岁	15～24岁	25～34岁	35岁以上
1984	10	16	4	1
1985	16	22	7	2
1986	14	25	8	2
1987	12	26	7	1
1988	12	27	10	2
1989	17	30	11	2
1990	18	34	11	3
1991	14	33	15	3
1992	16	45	14	4
1993	22	35	18	5
1994	26	50	25	5
1995	30	38	19	8
1996	25	38	19	6
1997	34	52	34	10
1998	39	53	33	11
1999	37	58	25	12
2000	32	54	31	14
2001	38	50	29	15

据统计，1998 年英国人人均看电影 2.3 次，法国人是 3 次，西班牙人 2.8 次。德国有 4300 家电影院，1997 年进电影院观看电影为 1.42 亿人次。稍低于英、法、西班牙。但是德国人进剧院看戏和听音乐会的肯定不会比它们低。10 万场各种演出至少吸引上亿观、听众走进了剧院。

欧洲人的文化分享与参与还体现在各种艺术节上。在欧洲任何一个国家，大小不等、形式内容多样的艺术节此起彼落，连绵不断。英国有 650 多个（种）艺术节，德国仅不同的音乐节就有 100 多个。歌剧之乡意大利每年都有很多大型歌剧艺术节举行。法国艺术节更是多得数不胜数。法国文化部 2000 年出版的《2000 年文化艺术界指南》标出的大大小小的文化艺术节竟有万余。既有知名度很高的国际性大型艺术节，如法国的戛纳国际电影节、阿维尼翁艺术节、巴黎秋季艺术节、世界明日杂技节暨世界未来杂技节，英国的爱丁堡国际艺术节，德国的国际贝多芬节，意大利维罗纳歌剧节，奥地利的萨尔茨堡音乐节等等，不一而足。更多是地区性艺术节，包括电影、音乐、戏剧、舞蹈、杂技、美术、工艺、服装等，内容十分广泛。有的是综合性艺术节，有的是单项的特色艺术节。这些艺术节规模不一，大型艺术节如"巴黎秋季艺术节"从 9 月到 12 月，长达 4 个月，演出达 200 多场，有十几国家的艺术团体应邀参加。"阿维尼翁艺术节"更为庞大，包括戏剧、舞蹈、音乐、电影、展览等，世界各地的艺术团体都赶来参加。"爱丁堡国际艺术节"演出达 3 星期，有 150 个艺术团体参加。既有官方举办的，也有民间的，资金来源首先是政府，大小不等的艺术节政府视情况都给予一定资助，再就是企业和个人赞助。20 世纪 70 年代以前，欧洲的艺术节为数还不多，到了 80 年代，开始蓬勃兴盛起来。欧洲的艺术节都具有鲜明的狂欢性，艺术节期间，各种街头艺术活动十分活跃。第二是群众参与程度高，充分体现了广泛性。法国南特市举办的合唱艺术节就是因为这个城市有数十个业余合唱团。每当合唱节举行，这些业余合唱团竞相登台一展歌喉，而台下观众也是热烈同声附和。艺术节的组织者也往往都是一些志愿者。第三个特点是多样性。不同宗教背景、不同民族、不同风格的文化艺术同时会聚一处，各展风采。

（二）文化产业

在上个世纪以前，文化的概念从来就是与商业以及与之有关的诸如市场等概念隔离开来的，也就是说，文化是远离商业、市场的一个特殊领域。而资本主义的力量就在于使商业利润、市场的思想意志、价值观念统治一切公共领域。20

世纪 30 年代中国作家沈从文就对商业化写作表示深深的厌恶。有意思的是，"文化产业"这个词就是由著名文化批判学派——法兰克福学派在对流行文化进行批判时创造出来的。葛兰西、哈贝马斯等人发展了这一思想。流行文化产品来自文化车间，通过复制生产出"同质文化"，与"真实的文化"对立。流行文化、同质文化破坏了公共舆论空间，让人们习惯于放弃思考，放弃自由、民主的意识，通过灌输而达到操纵、控制人们思想的目的。

无论清醒而深刻的学者们持怎样批判的立场和态度，文化产业还是在政府坚定的鼓励、支持下蓬勃地发展起来，走进现代工业生产的行列，进入文化标准化生产的时代。部分精英知识分子开始妥协，开始为之推波助澜。现代科技与文化毫无关系，这样的想法让那些千方百计从文化的身上榨取高额利润的人们无论如何也不能接受。不管你是否乐意，文化产业已获得其他领域产业共同的特性。在经济全球化时代，文化产品已成为国际贸易中的精锐部队；越来越多国际金融资本青睐于文化产业；跨国公司已成为文化产品生产最具竞争力的生产商；高新科技在文化产业领域正大显身手。

面对现实，任何一国的政府都无法对此漠然，谁都不愿意看到本国的文化空间变成他人文化的跑马场。当外来文化产品铺天盖地、呼啸而至，在国际自由贸易法则面前，设置壁垒拒之门外已无可能。唯一可选择的就是，强身健体，发展自己的文化产业。文化产业已是各国不得不走的文化发展之路。其实，到目前为止，几乎没有一个国家完全开放自己的文化市场，从维护国家文化安全的需要出发，各国在不同程度上采取了文化保护政策，在这个前提下，大力发展自己的文化产业。只有美国除外，美国文化产品正虎视眈眈地觊觎着整个世界，试图称霸全球。美国最大的 400 家公司中，有 72 家是文化公司，文化产业为美国提供了庞大的就业机会，文化产业的产值已达数千亿美元，占 GDP 的 18% 到 25%，其音像制品出口已超过航天工业。以电影为例，美国电影生产量占世界的 6%，却占有 80% 的全球市场。美国人的用意是通过文化产品影响他国人民的思想，间离、疏远与自己文化传统的关系转而认同美国的价值观念。这无疑是一种极具颠覆性的战略手段。

欧洲奋而与之抗衡。虽然在电影行业，美国同样也占领了欧洲大部分市场，占市场份额 60% 以上。但在其他文化领域，美国没能取得这样的地位。比如流行音乐，流行音乐专辑的前 1000 名中，英国占了 70%。德国音乐演出市场，

48%是本土的演出。西班牙本国音乐市场消费能力10亿美元，绝大部分由本国和拉丁美洲音乐主导。而美国每年要从西班牙进口价值20亿美元的音乐制品。法国的摇滚乐队也占有本国的一半市场。而在舞台表演艺术领域，欧洲普遍采取政府高额财政补贴政策，美国几乎无所作为。虽然曾有《西区故事》、《西贡小姐》风靡一时，而英、法两国的当代音乐剧《猫》、《歌剧院的幽灵》、《悲惨世界》，爱尔兰踢踏舞《大河之舞》更让人久久着迷，受全球观众青睐。芬兰作为被世界公认最具竞争力的国家，其信息技术产业优势地位将文化与经济紧密联合在一起，依托国际市场，将数字技术大规模引入文化内容生产。

欧洲意识到积极制定与文化产业发展相关政策的迫切性和欧洲世界联合行动的重要性。欧洲文化产业局部优势力量正在整合，组成联合阵线。针对欧洲电影市场被美国电影占领的严重性，2003年8月威尼斯电影节期间，欧盟各国文化部长在这里召开一个振兴欧洲电影的研讨会并形成了一个文件。这个文件就欧盟各国的电影制作与发行提出了相互协作的方案。一是电影制作的投资和人才方面的合作形成一个有效的网络。二是在电影发行方面，欧洲各国的电影产品在欧洲市场要有切实的保证，通过建立共同发行条约，以保障各国电影在欧洲市场的权利。并且欧盟要承担起开发数字传输和放映等方面的新技术。这些做法既不违背市场原则，又使欧洲电影业得到发展，降低成本。当美国在线——时代华纳与在全球占有绝对市场地位的美国电脑软件技术公司一起持久企图独霸电视传播的全球市场，欧洲开始建筑壁垒防堵美国的入侵。前面提到的欧盟"电视无边界指令"就是旨在通过成员国之间自由选择转播电视节目，促进欧盟内电视节目的自由流动，从而扩大欧洲内部电视节目在欧洲市场所占的份额（前提是不违背播放国的法律）。并明确规定，欧洲节目不少于10%的播放时间。为更好协调各成员国这方面的事务，还成立了欧洲广播联盟（The European Broadcasting Union），以及制定了一系列的政策和计划：欧洲共同体广播指导原则（The European Community Broadcasting Directive）、视听尤利卡计划（Audio Visual Eureka）、欧洲共同体传媒计划（The European Community Media Programme），等等。欧盟正努力在文化方面制定出更多的统一政策，以推动欧洲在文化资源上的整合和文化产业的发展。

（查振科　文化艺术出版社总编辑）

境外卫星电视节目落地对中国传媒的影响

张敬华

内容提要 欧美电视起步早、市场化程度高这已经是公认的事实，目前境外电视频道已经通过合法的和非法的两种渠道进入中国内地。本文从境外卫星电视落地的环境、频道分类研究及对内地文化的影响、发展与对策四个方面，论述了境外卫星电视频道在中国内地的生存环境与发展环境，分析了其对中国传媒业以及内地观众的文化影响，指出了中国电视对抗与生存的发展和对策。

关 键 词 境外卫星电视 落地 文化影响 传媒 文化环境

境外卫星电视在国家政策层面的意义上被控制在"三星级以上涉外宾馆饭店、专供境外人士办公居住的涉外公寓"等特定的区域中，国家广电总局作为具体执行部门，每年都对落地的境外电视频道进行资格审批工作。同时，境外卫星电视还以一种非法的状态蔓延生存，那就是家用卫星接收装置的非法接收。国家法律规定，生产、进口、销售、安装和使用卫星电视设施实行许可制度。通俗一点的解释就是，国家不允许私自生产卫星接收装置，更不允许私自接收和安装卫星电视装置。但是在实际情况中，我们知道，随着家用卫星电视接收装置的日益隐蔽化与超小型化，国家政策与非法使用之间形成了无休止的博弈。在这场拉锯式的博弈中，我们发现中国官方公布的境外电视频道数量与实际的接收数量之间存在着一个巨大的灰色区域，对中国内地文化影响巨大。

境外卫星电视进入中国概况

（一）政策环境

在境外卫星电视的相关政策中，最引人注目的就是 1993 年 10 月 5 日颁布的《卫星电视广播地面接收设施管理规定》，被业界简称为国务院"129 号令"。这则规定中明确指出："国家对卫星地面接收设施的生产、进口、销售、安装和使用实行许可制度。生产、进口、销售、安装和使用卫星地面接收设施许可的条件，由国务院有关行政部门规定。"① 从国家行政管理的高度明确表示了国家对卫星电视的重视与关注。同时文件还规定了卫星地面接收设施的生产、进口、销售、质量认证、安装及使用的相关负责部门和单位，这是一个涉及信息产业、工商管理、海关、广电等十多个部门的协同工作与管理体系，国务院 129 号令从政策到执行层面都做了具体的分工与职责划分。

国家广播电影电视总局先后于 2001 年 12 月颁布了《境外卫星电视频道落地审批管理暂行办法》（8 号令）、2003 年 12 月颁布了《境外卫星电视频道落地管理办法》（22 号令）、2004 年 6 月发布了《境外卫星电视频道落地管理办法》（27 号令），最近的广电总局 27 号令十分具体地对境外卫星电视频道落地的接收范围、审批条件、境外卫星电视申请落地的申请时间、申请程序及其播出的内容和违反规定的相关处罚做了详细的规定。

广电总局的一系列相关法规中，具体规定了境外卫星电视频道的落地范围为："三星级以上涉外宾馆饭店、专供境外人士办公居住的涉外公寓及其他特定的区域"②，并且规定境外卫星电视节目落地每年批准一次，有效期限 1 年。

（二）商业环境

1993 年 12 月，美国休斯公司做出了世界上第一个采用数字压缩技术的电视直播卫星系统，在这个利用大功率 Ku 波段卫星转发器的系统中，卫星第一次真正有可能直接面向个人用户开展业务，用户只需要安装 0.45m 口径的卫星接收天

---

① 引自 2006 年 8 月 14 日 163 新闻，http://news.163.com/06/0814/16/20GIJE2E00011247.html
② 引自国家广电总局网站：2004 年 6 月发布的《境外卫星电视频道落地管理办法》http://www.gov.cn/gongbao/content/2005/content_ 63224.htm

线，就可以收看上百套节目。并且，由于带有加密和扰频技术，有条件接收和付费收看成为必然。成本的降低和物质生活水平的提高，使卫星直播到户（DTH—Direct To Home）的商业梦想变成了现实。同时，互联网也从科研部门飞入寻常百姓家。迄今，全球 30 多个国家和地区开展了卫星电视直播业务，付费卫星直播频道超过 3000 个，通过有线电视网转发的卫星频道还有 3000 多个。全球卫星直播产业的总产值，已经达到了近 500 亿美元。

环绕地球赤道 360 度、正上方约 38500 公里的地球同步轨道上，是广播电视卫星的最佳轨位，有限空间弥足珍贵。国际电联（ITU）为卫星规定了广播业务的专用频段（BSS），数字卫星直播有了两种技术选择，其一是利用固定通信卫星（FSS）开展 DTH 业务，其二是通过专用大功率广播电视专用卫星开展 DBS（Direct Broadcast Satellite Service）业务，除了 Ku 波段之外，还有更适合传输高清电视信号的 Ka 波段。DBS 是一个针对广播电视的技术特征，比普通通信卫星更有利于保护国家信息安全，其覆盖范围受到国际公约的保护。DBS 也成为我国计划发展的直播卫星电视业务形式。

作为全球电视大国，我国拥有电视机 3.6 亿台，其中有线用户 1 亿户，计算上城镇家庭每户拥有多台电视的情况，依然有至少 2 亿用户都是卫星电视的潜在市场。在地形复杂、人口密度分布不均的广大地区，直播卫星更是方便、便宜的数字电视传输手段。根据国家相关规定，卫星不能直接面对家庭用户，但依然在全国有线电视以及地方卫视的大发展中扮演了相当核心的角色。通过卫星转发器进行节目传送，各地有线网络获得了充足的节目源，能够上星的电视台，也一下子将影响力和受众覆盖面从省内扩展到全国，影响力和广告收入成倍地增长。截至 2005 年的 5 月，10 颗通信卫星上的 35 个转发器（亚太 1A、亚洲 3S、鑫诺 1 号、亚太 2R、泛美 8 号、泛美 9 号、泛美 10 号、泛美 1R、银河 3R 和热鸟 3 号），织成了一张"分配式"的广播电视大网。这张空中网帮助全国有线电视网络积累下约 2000 亿元的资产规模和 1 亿用户。

（三）监管环境

目前，已经有 400 多个境外卫星频道的信号"飘"在中国疆域上空，[①] 这些节目中大部分为纯外文频道，对国内受众的影响力有限。面对巨额的利润，境外

---

① 数据来源于 2005 年央视索福瑞调查报告。

电视媒体、国内卫星电视接收设备的生产厂商以及这个产业链上的众多有利润关联的团体都跃跃欲试。由于普通受众对境外卫星电视节目的接收仍然受到种种限制，一部分国内非法的接收设备生产与安装机构蚕食着巨额的市场利润。普通受众用这些不具备市场流通性质的设备接收、选择境外电视节目，这是一个有待规范、管理的市场。

中国目前共有31个境外电视频道通过鑫诺卫星平台向国内特定区域播送电视节目。这些获得合法落地资格的境外电视频道的节目需遵守2004年6月广电总局发布的《境外卫星电视频道落地管理办法》（27号令）的规定，并接受广电总局指定机构的监督与管理。目前，境外卫星电视频道落地节目需接受国家广电总局安全播出调度指挥中心与中国国际电视总公司的监督与管理，前者主要负责技术方面的管理，后者负责内容方面的管理，24小时全程监控境外卫星电视频道落地节目的内容，通过延时等方法控制境外不良信息的传播。

电视节目解析

截止到目前，经政府批准可以在中国规定区域落地的境外卫星电视频道达到31个。自2003年起，境外卫星电视在我国的发展已经呈上升趋势，全国市场占有逐年扩大，2003年一年比上年扩大了2.4倍，到2005年境外卫星电视所占全国收视市场份额为0.7%。[①]

表1　获国家广电总局批准落地的境外卫星电视频道一览表[②]

序号	转发器	获批准落地境外卫星频道名称	所属公司或关联媒体集团	国家或地区
1	1A	澳门卫视澳亚台	澳亚卫视有限公司	澳门
2	1A	凤凰卫视资讯台	凤凰卫视控股（开曼群岛）有限公司	香港
3	1A	彭博财经电视亚太频道	美国彭博资讯集团	美国
4	1A	星空卫视	美国新闻集团	美国

---

① 谢耘耕：《2005中国电视媒体竞争报告》，引自人民网2005年12月26日。
② 国家广电总局2006年11月内部资料。

序号	转发器	获批准落地境外卫星频道名称	所属公司或关联媒体集团	国家或地区
5	1A	欧亚体育新闻台	法国布伊格集团	法国
6	1A	阳光卫视	阳光文化网络电视（百慕大）有限公司	香港
7	1A	法国电视5台	法国国家电视台	法国
8	1A	［V］音乐台	美国新闻集团	美国
9	1A	卫视体育台	美国娱乐体育节目公司/美国新闻集团	美国
10	1A	全球音乐电视台［MTV］	美国维亚康母集团	美国
11	1A	凤凰卫视中文台	凤凰卫视控股（开曼群岛）有限公司	香港
12	4A	美国有线电视新闻网	美国在线时代华纳集团	美国
13	4A	家庭影院亚洲频道（HBO）	美国在线时代华纳集团（非控股）	美国
14	4A	CINEMAX 亚洲频道	美国在线时代华纳集团（非控股）	美国
15	4A	全国广播公司亚太财经频道	美国通用电器－全国广播公司/道琼斯公司	美国
16	4A	娱乐体育节目网亚洲频道	美国娱乐体育节目公司/美国新闻集团	美国
17	4A	索尼动作影视娱乐频道（AXN）	美国索尼影视娱乐公司	美国
18	4A	探索亚洲频道（DISCOVERY）	美国有线电视公司/美国舵手传播（COX）	美国
19	4A	贺曼娱乐电视网电影台	美国贺曼娱乐公司	美国
20	4A	国家地理亚洲频道	美国新闻集团	美国
21	4A	卫视国际电影台	美国新闻集团	美国
22	5A	香港世界网络频道（NOW）	香港盈科集团	香港
23	5A	天映频道	澳传媒控股（开曼群岛）公司	澳门
24	5A	英国广播公司世界频道	英国广播公司	英国
25	5A	亚洲新闻台	五星卫视控股（英属开曼群岛）有限公司	澳门
26	5A	华娱电视（CETV）	美国时代华纳集团	美国
27	5A	新知台	香港九龙仓集团/香港有线电视公司	香港

续表二

序号	转发器	获批准落地境外卫星频道名称	所属公司或关联媒体集团	国家或地区
28	5A	香港无线八频道	香港电视广播公司卫视娱乐（百慕大）有限公司	香港
29	5A	香港无线星河频道	香港电视广播公司卫视娱乐（百慕大）有限公司	香港
30	5A	NHK	日本广播协会	日本
31	5A	凤凰卫视电影台	凤凰卫视控股（开曼群岛）有限公司	香港

表中所列的 31 家境外电视机构每年都需根据广电总局 27 号令的要求，在 9 月左右在其一年的资格有效期满后重新申报审批。对比 2005 年年中的资料，我们可以看出两年间落地的境外电视频道变化。日本减少了一家日本娱乐电视频道，美国增加了华娱电视频道，香港新增了新知台。可以看出，娱乐电视频道的更替所占比例较大，日本在减少日本娱乐频道后，在中国获得批准落地的电视频道只剩下一家，而两年间电视频道总量只增加了一家（由 30 家增长为 31 家），数量上保持基本稳定。

（一）频道分类解析

据以上资料显示，2006 年总计 31 家电视频道落地中国。其中美国电视频道 16 个，法国 2 个，英国 1 个，日本 1 个，香港 8 个，澳门 2 个。从电视频道传播的节目类型来分类，我们可以简单地如下表所示：

表 2　境外卫星电视频道内容分类

	总数	资讯	综合	娱乐	财经	体育	音乐	影视	其它
美国	16	1	2	1	2	2	2	4	2
法国	2		1			1			
英国	1	1							
日本	1		1						
香港	8	1	4	2				1	
澳门	3	1	2						

由上表可以看出，在中国获批准落地的境外电视频道中，美国占据数量第一位，内容覆盖面也最全，涵盖了新闻、娱乐、体育、科教等全部方面。美国、英国是电视传媒市场化程度最高的国家之一，电视节目在立意创新、编排、市场化运作方面均引领着全球电视业的潮流，美国的某些电视频道市场定位准确，在国

内相关人群中很受欢迎。

数量其次的是香港，频道节目主要涉及资讯、娱乐和电影。香港是亚洲地区娱乐节目制作的优秀原产地之一，凤凰卫视在中国内地的受众虽然有限，但其制作的节目已经形成品牌效应。凤凰卫视总裁刘长乐曾这样向媒体介绍，2005 年凤凰卫视仅覆盖 20％ 的地区，而中央电视台和各省级电视台上星频道则覆盖了大陆 80％ 以上的地区。中央电视台的广告收入是 20 亿元人民币，凤凰卫视是近12 亿元港币，在各省级电视台上星频道中，效益最好的是湖南卫视，广告收入也仅为 5 亿元人民币。[①] 他以凤凰卫视的文化定位来解释凤凰卫视的成功之道：凤凰卫视以香港为基地，将全球华人纳入收视目标；"民间"立场，在报道时突出"快"与"新"；建立在中华民族传统的道德与文化观基础之上的人道主义观的文化基准。正是基于这种文化与观念的保持一定距离的相近，使凤凰卫视的电视节目在内地形成一定规模的稳定受众群。从凤凰卫视的迅猛发展我们可以预计到境外卫星电视与国内卫星电视之间将会有一场多么惨烈的交锋。

综合所有落地的境外卫星电视频道的所播出内容，我们可以在总体上分析得出这样几个特点：首先，新闻资讯频道相对较少，只有 CNN、BBC 以及凤凰卫视资讯台等 4 个频道；其次，娱乐类节目占据绝对数量；第三，财经、体育、音乐等针对某一相对固定观众群播放的频道数量较多。由此，可以看出，国家在政策上对新闻类频道持谨慎态度，而娱乐类频道在政策上则相对宽松得多。在中国，电视剧、新闻、专题、综艺、电影、体育等 6 大类节目是中国电视观众收看最多的电视节目。据央视索福瑞数据资料显示，2004 年这 6 大类节目合计市场份额超过了 74％。境外卫星电视目前还处于一个灰色的收视地带，但其影响力却不容忽视。

（二）地域分类解析

广东曾被喻为传媒特区，由于其特殊的地理位置，2001 年香港凤凰卫视被正式批准在广东播出；2002 年 2 月美国在线/华纳公司旗下的华娱卫视正式在广东播出；同年 4 月，美国新闻集团所属的星空卫视正式在广东播出；7 月，香港亚洲卫视本港台、国际台两个频道被获准在广东播出；2004 年，美国维亚康母

---

① 摘自凤凰网 2005 年 7 月 18 日传媒观察《凤凰卫视主打文化牌》http://www.phoenixtv.com/phoenixtv/74610660037623808/20050718/590122.shtml。

公司所属 MTV 频道正式在广东落地。加上之前早已事实输入广东有线电视网的香港翡翠台、明珠台两个频道，在广东面向公众播出的境外电视频道达 8 个。①下面三个图表分别为在不同时期对广东地区观众收看率进行过调研。

1997 年至 1999 年澳门大学教授陈怀林在广州进行了大规模的受众调查，发现香港电视已经在广州地区形成了某种优势。两家香港的 4 个频道在广州的收视份额高达 80%—83%，而国内的几十个频道分享剩下不足两成的市场。1997 年到 1999 年香港电视台同内地电视台在广州地区市场占有率基本稳定在 80% 对 20%。而内地自身不同电视频道间此消彼长的态势却显示了竞争的激烈。1997 年香港无线和亚视在广州的收视率颇为接近，比例为 4 : 3，两年后扩大到 7 : 3。内地电视台之间的竞争也此起彼伏：央视 1997 年的市场占有率是 4.7%，一年以后锐减为 2.9%，但是 1999 年又重返 4.2%。（表 3）②

2001 年—2002 年华中科技大学教授石长顺、研究生薛江华等就境外电视落地广东的有关情况进行了调查③。这次调查显示香港的 4 个频道在广州的收视份额下滑为 37.6%。指出在观众最常收看的电视频道中，境外频道处于首位，其次是中央电视台的节目。而在境外频道中，香港的两大粤语频道翡翠台和本港台在被访者中受欢迎的程度最高，娱乐与新闻资讯节目最受欢迎。长期以来，香港电视在广东地区的收视率居高不下，据央视索福瑞媒介研究 2002 年 7 月的调查，在珠江三角洲地区，香港无线电视翡翠台和亚洲电视本港台两台的收视率之和，占据了过半的市场份额。其中新闻资讯类节目在珠江三角洲地区拥有稳定的收视人群。

表 3 广东省各卫星电视频道收视年度比较

收视情况 各电视台	总计收视率（%）			平均收视时间（分钟）			收视市场占有率（%）		
	1997 年	1998 年	1999 年	1997 年	1998 年	1999 年	1997 年	1998 年	1999 年
内地台									
广东卫视	9.3	10.1	4.6	39.4	40.9	32.9	2.8	2.8	
珠江台	16.5	18.3	14.8	45.1	40.2	38.9	5.7	5.3	

① 谢 毅等：《境外电视频道对广东本地电视新闻媒体和节目的影响》http://media.people.com.cn/GB/22114/44378/
② 陈怀林：《另一类型的本土化——试析香港电视在广东收视态势》，见《南方电视学刊》2003 年第 2 期。
③ 石长顺、薛江华：《境外电视频道落地广东的调查报告》，见《现代传播》2002 年第 6 期。

收视情况\各电视台	总计收视率（%）			平均收视时间（分钟）			收视市场占有率（%）		
	1997 年	1998 年	1999 年	1997 年	1998 年	1999 年	1997 年	1998 年	1999 年
广州台	14.9	21.2	19.6	39.3	35.9	37.2	4.5	5.3	
广东经济台	3.6	3.3	2.7	46.1	35.4	33.1	1.3	0.8	
内地有线台	1.0	9.9	5.7	65.7	45.1	74.4	0.5	2.2	
香港台									
无线翡翠台	62.3	82.5	84.3	87.3	90.2	95.6	40.8	47.6	52.1
亚视本港台	57.2	63.3	71.5	69.0	60.1	51.2	30.3	24.8	23.6
无线明珠台	14.7	14.8	12.2	68.8	61.8	60.7	7.4	6.4	4.7
亚视国际台	4.8	5.7	3.4	58.7	53.6	43.5	1.3	1.3	0.9
凤凰卫视台			5.7			44.1			0.6

图1　广州地区各频道市场占有率对比图

（2002 年 6 月 3 日—6 月 9 日）

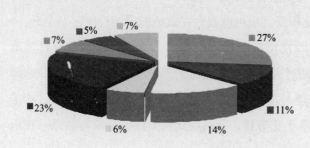

- ■香港无线台（翡翠台和明珠台）
- ■香港亚洲台（本港台和国际台）
- 中央台（1 至 11 套）
- 广州台（含广州、16 频道）
- ■广东电视台（卫星、珠江、体育和公共频道）
- ■南方电视台（6 个频道）
- ■广东有线频道（6 个频道）
- ■其他台总和

27%　11%　14%　6%　23%　7%　5%　7%

2005 年谢毅先生等人组织课题组对《境外电视频道对广东本地电视新闻媒体和节目的影响》做了广泛调查，本次调查截取了从 GDTV（广东卫视）网站公开的一组数据（时间为 2005 年 2 月 7 日至 2 月 13 日）①：

由上面三个图表可以清晰地看出境外电视台在广东地区的发展态势，以及广东省本地电视台的采取市场应对策略所产生的积极效果。陈怀林教授在 1997 年至 1999 年的调查显示，当时两家香港电视台的 4 个频道在此地的市场份额高达 80%～83%，当时香港两家电视台的 4 个频道在广东电视屏幕上形成收视垄断。

---

① 谢　毅等：《境外电视频道对广东本地电视新闻媒体和节目的影响》http://media.people.com.cn/GB/22114/44378/

图2　广州地区电视频道一周市场占有率

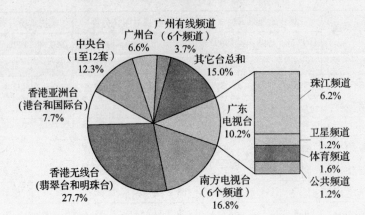

到2002年石长顺教授等人的调查数据中，两家电视台的市场份额已下降至37.6%。广东本地地方台积极发展本土节目，尤其是新闻节目，突出本土化特征，紧贴百姓生活，运用这一境外电视频道无法相比的优势，到2005年2月谢毅先生等人组成课题组进行广东电视节目调查时，香港两台的市场份额之和下降为35.4%，在这一下降趋势中，亚视两台的市场份额下降较多，由1997年的30.3%降至现在的7.7%，与此相反，境内电视台在此地的市场份额逐渐上升。

从广东地区境外电视节目收视情况变化可以看出，境外卫星电视节目落地后，经历了由高峰到逐步回落的过程，观众也经历了一个从盲目追捧到理性选择的过程。广东电视台经过了与境外卫星电视的较量后，也逐渐找准了自己的定位，努力发展自身优势，推广本土化节目，寻找观众所关注的视角与焦点，在市场中历练、成长起来。

对内地文化的影响

（一）对受众的直接影响

境外卫星落地电视节目由于其制作市场化程度高、娱乐性强的特点，容易形成相对稳定的观众源，在一定程度上造成对央视以及其它本土电视台原有观众的分流。按区域来划分，分属于各电视台及频道的中国本土电视节目分别在4个不同的层面上争夺市场、聚集不同的收视群体。这四个层面是：以CCTV为代表的全国性电视传播平台，以省级卫视为代表的区域性电视传播平台，以中心城市电视台为代表的本地性电视传播平台，以境外电视媒体为代表的特定区域电视传播平台。普通观众的选择一般在前三个层面展开，而与这三个层面不同的第四种力量：境外电视媒体以卫星电视落地的方式进入的电视传播的市场空间，在广州，中国电视传媒竞争相对成熟，境外卫星电视则选择面向高端的电视消费群落，它们以另类的视角、迅速的信息播放以及全新的娱乐方式一下吸引了观众的注意；虽然以节目形式进入市场的境外节目受播出时间和时段的控制，而且最为高端人群所器重的新闻资讯类节目当前落地的节目还比较少，但其对观众的分流趋势却不可小觑。

（二）对传媒业的影响

新闻意识增强

在当今社会，向世界各地发布的国际新闻中，90%以上由美国等西方传媒大国掌握着先机，在当今的信息为王的社会里，谁率先报道了最新的消息，谁就掌握了先机，同时也就拥有了话语权。因此在国际新闻的传播领域，西方近50家媒体跨国公司占据着世界近90%的信息来源，因此西方传媒巨头们几乎垄断着电视新闻的市场，其中，美国控制了全球近3/4的电视节目的生产和制作。中国电视媒体严重依赖于西方的信息源。无论是CCTV还是凤凰卫视，其国际新闻节目的信息来源大多是西方的通讯社、电视台，缺少自身独家产品。

近几年，上海、北京、广东等地的电视台都通过加强新闻节目特别是国际新闻节目的制作，而且取得了不错的反响。如广东电视珠江频道《630新闻》每年花费百万获取最新国际新闻，国际新闻成为《630新闻》节目一大特色，成为广东省新闻资讯节目中收视率最高的电视栏目。东方卫视《环球新闻站》2003年开播后，邀请前中国驻法国大使吴建民等著名外交人士、国际问题专家担任特约评论员，一些重大的国际新闻都做了连线，有的还派出了记者，在国外已经产生了一定的影响。现在东方卫视每年要向CNN提供一百多条时长超过两分钟的英语新闻节目，在CNN每年进行的优秀新闻节目评奖中，东方卫视都有节目上榜。国外的一些媒体，正基于东方卫视的英语新闻独特视角与特色，有意与东方卫视洽谈节目输出事宜。

面对普通受众的国内新闻栏目，由于其播送内容的本土化特点，成为与境外媒体相抗衡的一个有利之处。各地方台都在打造着属于本地的特色新闻栏目，比如2002年元旦，江苏电视台开始播出的新闻栏目《南京零距离》，直播60分钟的栏目定位于"民生的内容、民生的习尚、平民的视角"。这类新闻，境外电视媒体与央视都不可能详尽报道，栏目具有贴近实际、贴近群众、贴近生活的本地化特色，而且在报道角度与报道手法等方面更符合地方观众的口味。经过两年历练，栏目从内容到形式逐步成熟完善，2004 年广告以 1 亿元的价格被买断而成为国内身价不菲的电视新闻栏目。广东电视台的《新闻日日睇》其貌不扬的主持人陈扬更成为广东的明星人物。

有本地化特色的电视新闻栏目还有如《阿六头说新闻》，是杭州电视台西湖明珠频道 2004 年元旦开办的本地新闻栏目，栏目不仅在形式上用杭州话方言播报新闻，得到本地观众青睐，而且新闻内容的选择上尽量贴近老百姓的生活，贴近他们的情感，开播不久就深受好评。2004 年，《阿六头说新闻》的时段贡献达到 11.8%，对于日播节目 16 个小时的杭州电视台西湖明珠频道这档不足 20 分钟的新闻栏目已经形成了品牌拉动效应。

直播意识增强

境外卫星电视节目中有相当数量的体育与音乐直播节目，如 ESPN 不仅在当地而且在国内吸引着大量的观众时时观看。直播节目的现场感受是吸引电视观众的重要原因，国内的电视媒体也增强了在直播方面的力量。

CCTV 作为国家级电视媒体，具有遍布全国甚至全球的记者网络，而且拥有与世界各主要电视机构建立的新闻交换机制和两个国际频道的资源优势，同时作为政府的喉舌，许多重大的国家政策和权威消息的发布首选央视，相当于独家享有诸多重大新闻事件的第一手报道机会。近年来增加了不少直播的节目，三峡截流、"神六"发射以及各项体育赛事的直播节目。如"神六"发射的电视直播权由央视一家独享，央视"神六"发射全程独家直播优势吸引超过 5 亿观众的同时，广告收入 5 个多亿。央视广告部直播"神六"的套播广告价格分别为 5 秒 146 万元、15 秒 266 万元和 30 秒 532 万元。

（三）对电视节目形态的影响

由于境外卫星电视的收看还未放开限制，而广东省作为电视传媒的前沿，已经有境外卫星电视节目与内地节目的市场较量，因此，以广东省播放的新闻节目为例，作相应分析，此部分内容的数字资料部分来源于关于广东卫星电视情况调查的三份报告。

对节目类型的影响 境外电视台的"脱口秀"节目很受观众欢迎，尤其是凤凰卫视的新闻类"脱口秀"节目，如《锵锵三人行》、《有报天天读》是新闻娱乐化的成功典范，而《小莉看时事》、《鲁豫有约》、《时事开讲》等节目则在新闻的深度和广度上为内地电视台所不及。境外电视"脱口秀"节目的成功有它特殊的土壤，是境内电视媒体不可同日而语的。但近年来，广东卫视等华南电视新闻媒体的"脱口秀"节目也逐渐增多，其中不乏新闻类的"脱口秀"节目。如广东卫视台的《天下聊斋》、《前沿对话》，南方卫视的《城事特搜》，广东电视台的《新闻日日睇》等。《天下聊斋》以国际时事为话题，邀请国际问题研究专家和知名驻外记者当嘉宾，主持人为资深记者，节目采用多种电视手段增强可视性，将演播室谈话、事件图像、境外采访、街头百姓对国际事件的看法、字幕、主持人评论等电视元素按观众的收视心理进行恰当组合，节目节奏鲜明，张弛有度，颇能吸引观众。

对节目主持方式的影响　受新闻娱乐化的影响，一些新闻节目一改照本宣科式的播报，代之以"说"新闻的方式进行主持，这种方式可以充分张扬主持人的个性和风格，发挥主持人体态语言的作用，有助于主持人对新闻事件进行生动形象的诠释，从而使受众在轻松收看新闻节目的同时，产生愉悦感。2004年新诞生的广东电视台新闻节目《新闻日日睇》开办时收视率只有1%，2005年初，平均收视率最高已超5%，在该台所有节目中排名第三，[①] 是一档非常成功的新闻节目。

从形式上看，《新闻日日睇》最初是模仿凤凰卫视的《有报天天读》。但是在内容定位上密切结合了广州本地观众的习性，融入了广东地方的文化特色。广州的观众，超过九成（92%）被访者认为新闻频道节目应该以"多关注市民生活"为特色，接近七成五（74%）的人认为应该"多反映广州变化"。[②] 可见，广州观众对与自己的生活息息相关的新闻内容更为关注。该节目"粤味"十足，自启播之始就一直坚持"粤味"，关注广州市民的生活和广州城市的变化，使广州人看起来非常有亲切感。

从主持方式来看，《新闻日日睇》的主持人陈扬是个其貌不扬、相貌比实际年龄要老得多的"老头"。其主持风格非常"亲民"，无论从形象还是对新闻的

---

① 《广州电视台节目评议收视汇总》（内部资料2005年1月6日—2005年1月12日）

② 广州市新闻出版和广播电视局、广州市城市社会经济调查队：《2004年度广州城市居民电视收视特点分析》，2005年2月。

点评,都跟普通民众站在了一起,而不像一些节目那样老是用一种专家的态度去指指点点。据调查,80%的被访者认为"敢为百姓说话"是《新闻日日睇》最吸引自己的因素,75%的被访者认为是主持人"陈扬风格独特"。该节目主持人陈扬现在甚至已经成为很多观众心目中的另类偶像。

结　语

境外卫星电视目前绝不仅限于国家文件所规定的范围内被接收和收看,这是不争的事实。在这个收视的灰色地带中,已经存在着境外电视频道与国内电视频道之间的收视争夺战。中国加入 WTO 后,虽然电视制作方面政策还未完全放开,但是电视市场却是完全开放的,在这个开放的市场中,国内电视媒体如何提高自身品牌实力,充分占有广告市场,积极开拓多层次产品销售渠道,提升竞争力,才是立足之道。

（张敬华　中国艺术研究院文化发展战略研究中心助理研究员）

中国文化发展与和谐文化建设

主　编　赵维绥　王文章
副主编　韩永进　贾磊磊

Chinese Cultural Development and Harmonious Culture Construction

（下　册）

文化艺术出版社
Culture and Art Publishing House

中国国家公共文化服务体系的建构

论国家公共文化服务体系的命题背景

王列生

内容提要 在中国语境提出国家公共文化服务体系命题，乃是历史情境合力生成的必然结果，有其深刻复杂的命题背景。本文重点分析了政府转型、国家责任、公共生活方式和和谐社会建设等四个方面的背景力量维度，从而间接证明命题的真实性、合法性与必然性。

关 键 词 政府文化治理 服务型政府 公共文化服务体系

一

国家，在古典概念里，是至高无上的权力存在主体，是利益聚集、利益均衡、利益配置的边界内总体力量，是民族作为现实共同体抑或作为想象共同体的极限政治形式。当柏拉图憧憬"很可能凡希望组织一个国家的人，像我们刚才说过的，必须去一个民主城邦，在那里选择自己所喜欢的东西作为模式，以确定自己的制度"①，当墨子焦虑"以七患居国，必无社稷；以七患守城，敌至国倾。七患之所当，国必有殃"②，尽管代表古代东西方完全不同的利益身份遭遇国家命题，其所表达的也是完全不同的政治诉求，但却共同流露出对国家的无限崇拜以及深层心理的国家恐惧意识。正是这些诉求和意识的普存性和积淀性，所以东

---

① 柏拉图：《理想国》，郭斌和译，商务印书馆 1986 年版，第 332 页。
② 《墨子·七患》。

西方就都从不同的文化境遇产生一种共同的国家生活的精神支柱，那就是自古及今的爱国主义，这既可以从西塞罗的笔下读到古罗马时代的"当这种爱国主义以更大的愤怒再次喷发时，昆图斯·马克西姆也不能减少它的重要性，马库斯·马塞卢斯也不能将之粉碎；普布利乌斯·埃米利安努斯也无法将之与这个城市，无法将之约束于敌人的城墙之内"①，也可以读到荀子笔下的"贤士愿相国之朝，能士愿相国之官，好利之民莫不愿以齐为归，是一天下也。相国舍是而不为，案直为是世俗之所以为，则女主乱之宫，诈臣乱之朝，贪吏乱之官，众庶百姓皆以贪利争夺为俗，曷若是而可以持国乎"②。总之，这是一种神圣的集体体验，集体体验的无限神圣性最终导致国家崇高的无条件性及其存在的伟大躯体。

经年累月中，国家崇高演绎为不乏亢奋和激荡的国家神话，在那些古老的叙事里这一神话甚至被神秘化、妖魔化、恐怖化，由此而使一切依附者没有足够的勇气去进行哪怕最原始的追问，而是跟随白发苍苍的柏拉图一道去追逐神话中的"理想国"，追逐那"在国家之内，它表现为不同阶层之间的'几何对称'，根据这种对称，社会实体的每个部分都接受它的应得权益，并协助维护整体秩序"③。这就给了那些所谓东方形态的"德又大者"或西方形态的"智者"一种获取神话力量的社会机遇，他们在得到神话代言人身份后也就得到了国家的统治权，所有宫廷、朝廷、皇权、君权都无不是他们利用国家神话的产物，尽管形态各异，但有一个共同的本质，那就是在国家神话的光环下未经任何合法性证明就使国家结构二元化为主奴结构关系，然后就在这个基础上无穷无尽地铺陈符合统治者利益取向的说辞，即各种各样的命题、拟设、价值首肯或意识导向，最终也就成为非常成熟而且体系化的国家意识形态和基本社会思想状况，对其中的演绎转折秘密，马克思、恩格斯一语道破为"统治阶级的思想在每一时代都是占统治地位的思想。这就是说，一个阶级是社会上占统治地位的物质力量，同时也是社会上占统治地位的精神力量"④。

实际上，国家神话的破灭是从启蒙运动开始的。维柯认为在神的理性之外就

---

① 西塞罗：《国家篇》，沈叔平译，商务印书馆1999年版，第11页。
② 《荀子·强国》。
③ 恩斯特·卡西尔：《国家的神话》，范进译，华夏出版社1999年版，第83页。
④ 马克思、恩格斯：《德意志意识形态》，《马克思恩格斯全集》第3卷，人民出版社1960年版，第52页。

是国家的理性，这也就意味着他开始从分析的角度质疑国家的神性存在或神话性光环，但从他首肯乌尔宾的"不是一切人都自然懂得的，只有政府里能辨别什么才对保存人类生存为必要的那些少数专家才能懂得"①来看，其理性和质疑本身显然还处在朦胧的萌芽状态。稍后的卢梭才站立到根本性转折的历史解读位置，国家观念在他那里被详细地追问至最初约定的"多数表决的规则，其本身就是一种确定的确立，并且假定至少是有过一次全体一致的同意"②，然后从社会契约的角度、从人类不平等起源的角度来解读国家和政府的存在真相，最后一直理会至没有一种政府形式适合于一切国家，总之，这意味着真正现代意义上的国家释义的开始。从这一释义脉络开始，国家理性对国家神话的置换获得了存在论的根本转折意义，由此而延展出政治分析、经济分析、阶级利益分析、法律分析、历史递变分析或者人类学族群分析等不同国家理论向度，国家存在于是也就在这些不同知识维度的国家理论分析中受到充分的意义解读和存在价值评估。例如约拉姆·巴泽尔定义的"国家包括以下两个部分：（1）一群个体，这些个体臣服于一个使用暴力执行合约的单一的终极第三方；（2）一个疆域，这是这些个体居住的地方，也是实施者权力所及的范围"③，就主要是从经济权利和法律权利的存在意义去规置国家的存在范围，而这与文化人类学家在"民族国家"议事原则下对诸如"农业国家"或"工业化国家"之类的命名，或者在那种定义方式下的所谓"国家概念常常被人类学家用来描述源于社群、种族或部落结构差异所形成的广阔社会边界"④，就几乎是风马牛不相及的意义确立方向。正是这些不同维度的现代国家释义，形成了整个形而上学的国家论知识谱系，使人们即使处在全球化背景下也依然坚信"按照形而上学的观点，主权国家乃是人类组织的最高成就"⑤，并且在这种坚信的同时保持对国家作理性分析和现实对待的清醒姿态，而非国家神话状态下的意识盲从。

马克思主义国家学说以知识综合的姿态在 19 世纪出场，代表了国家理性和国家释义过程中科学性在那一时代的先锋地位。恩格斯在《家庭、私有制和国家

---

① 维　柯：《新科学》，朱光潜译，人民出版社 1986 年版，第 476 页。
② 卢　梭：《社会契约论》，何兆武译，商务印书馆 1980 年版，第 22 页。
③ 约拉姆·巴泽尔：《国家理论》，钱勇译，上海财经大学出版社 2006 年版，第 31 页。
④ Raymond Scupin, Cultural Anthropology, Prentice-Hall, Inc. New Jersey 2000，第 235 页。
⑤ L. T. 霍布豪斯：《形而上学的国家论》，汪淑钧译，商务印书馆 1997 年版，第 134 页。

的起源》中所说的："国家是怎样部分地靠改造民族制度的机关，部分地用设置新机关的办法来排挤掉它们，最后全部代之以真正的国家权力机关而发展起来的；受这些国家权力机关支配的，因而也可以被用来反对人民的，武装的'公共权力'……"① 以一种历史唯物主义特有的犀利，在借鉴人类学知识成果的基础上，把国家的起源真相表述得既清晰又淋漓尽致。而马克思在《〈政治经济学批判〉导言》中所陈述的"国民财富这个概念，在 17 世纪经济学家看来，无形中是说财富的创造仅仅是为了国家，而国家的实力是与这种财富成比例的，——这种观念在 18 世纪的经济学家中还部分地保留着。这是一种还不自觉的伪善形式，在这种形式下财富本身和财富的生产被宣布为现代国家的目的，而现代国家被看成只是生产财富的手段"②，则显然是从经济学的知识维度，理缕现代国家观念以及隐蔽性实质的转型脉络。至于恩格斯在《法学家的社会主义》一文中讨论到的"每个正在进行斗争的阶级都必须在纲领中用法权要求的形式来表述自己的要求。但是每个阶级的要求在社会和政治的改造进程中不断变化，在每个国家中，由于各自的特点和社会发展的水平，这些要求是不同的"③，无疑又是从对国家的法权存在形式的思考中探讨国家形式的多样性。总之，马克思主义国家学说不仅涉及国家的起源、本质和未来发展方向，而且对国家进行理性的存在梳理，使其从无条件崇拜的国家神话中揭去神秘的面纱，呈现为变化多样的，体现各种利益诉求的，牵缕着政治、经济、法律和文化等关系的，一种既维系平等同时又强调不平等的人类组织形式或者说最高组织形式。当国家的真相在马克思主义国家学说中被多维知识剖析揭去神秘面纱之后，国家神话就彻底被国家理性所颠覆和置换。

二

颠覆和置换之后，国家高论就被政府具议的话题所替代，问题就转换为，获

---

① 恩格斯：《家庭、私有制和国家的起源》，《马克思恩格斯全集》第 21 卷，人民出版社 1965 年版，第 125 页。

② 马克思：《〈政治经济学批判〉导言》，《马克思恩格斯选集》第 2 卷，人民出版社 1972 年版，第 111 页。

③ 恩格斯：《法学家的社会主义》，《马克思恩格斯全集》第 21 卷，人民出版社 1965 年版，第 568 页。

得国家授权或国家出场形式的政府究竟以何种存在形式在国民生活治理中发挥其功能。但是在传统情境中，国家概念更具有对外关系的主权意义而政府概念则更具有对内统治的权力意义，所以马克思所说的"武装的公共权力"在一定程度上就兼顾了对内和对外的不同意义重心。

尽管西方资本主义国家自文艺复兴以来就把人类普适价值中诸如"自由"、"平等"和"博爱"等义项宣布为其政府治理中追求的最高价值目标，但实际情况却并非如此，哈耶克甚至认为"法国大革命自始至终从未触及惟——件事物，那就是行政当局的权力。正如托克维尔一针见血地指出的，它历经后来数十年的风云变幻而原封不动。实际上，在法国已为人们所接受的分权原则，由于被走极端地加以解释，反而对加强行政系统的权力起了推波助澜的作用。它被广泛地用来保护行政当局免受法院的任何干扰，这就对国家的权力起了加强而不是加以限制的作用"①，而这与民主价值的实际命运基本上处于平行线位置，也就是说，西方发达国家的政府在其治理过程中也时常会出现与那些伟大的自拟价值目标背道而驰，例如萨尔沃·马斯泰罗内就认为掌控自由民主制度的政府在20年代以后不仅没有有效建构自由民主价值，反而在自由民主制度的政府治理框架下促成了极端主义价值代表的法西斯势力的成长，最终也就导致"墨索里尼以统治党领袖的身份凌驾于议会之上"②。这从一个角度说明，至少到"二战"以前，宪政框架下的政府模式从本质上说依然还是"武装的公共权力"，政府还是一种以统治力量为主要角色定位的官方，它实际上还在程度不同地延袭着"国王的权力是双重的：普通的和绝对的。它们有多个规律和目标……普通的权力是为个别臣民的利益……国王的绝对权力……其合适的称呼应是'政纲和治理'"③。实际上，就西方思想背景的20世纪实际状况而言，不断地有强势人物和有影响的命题出现，旗帜鲜明地为政府的统治化和权威化提供理论层面的知识支持，除了因此而在全球范围内严重地影响了人类的公共生活进程之外，不时逞强的"新干预主义"甚至还把"统治论"或"权威化"粗暴地从本国移置于有利可图的它国，

---

① 弗雷德里希·奥古斯特·哈耶克：《自由宪章》，杨玉生译，中国社会科学出版社1999年版，第303页。

② 萨尔沃·马斯泰罗内：《欧洲民主史——从孟德斯鸠到凯尔森》，黄华光译，社会科学文献出版社2001年版，第349页。

③ C.H.麦基文：《宪政古今》，翟小波译，贵州人民出版社2004年版，第105页。

从而在加深别国生活水深火热的同时，也使人类社会的全球化进程在向前推进的同时变成一堆理缕不清的乱麻，这是世界新秩序的设计者们始料未及的后果。

"统治化"价值理念在获得政府合法性认同之后，必然导致"官僚化"的政府结构以东西方不同的文化形态表现出来。"官僚制"曾经是韦伯社会学理论中的一个关键词，这个关键词甚至是在肯定意义上指代职业行政官员身份确立以后政府治理的一种进步，韦伯在《支配社会学》中将其叙述为"官僚制组织之得以有所进展的决定性因素，永远是其（较之其他形式的组织）纯粹技术上的优势性。拿发展成熟的官僚制机构跟其他形态的组织来比较，其差别正如机器生产方式与非机器生产方式的差别一样。精确、迅速、明确、熟悉档案、持续、谨慎、统一、严格服从、防止磨擦以及物资与人员费用的节省，所有这些在严格的官僚制行政（尤其是一元式支配的情况）里达到最理想状态"①。这种政府绩效计算方式及其观念导向，无论如何都是古典公共管理意识参照中的产物，与马克思命名的"武装的公共权力"处在同一概念层级，而克里斯托弗·胡德概而议之的"与儒家思想和中华帝国体系一样，官房学派和政策科学为一个具体的政体类型提供思想基础"②，就是以马克思式"武装公共权力"或叶卡杰琳娜式"帝国公务委员会指令"为所指背景的。而我们的议论重心是"官僚化"，官僚化与官僚制具有概念的现代语境与古典语境的存在分异，因为前者着力表明的是官僚制在实际延续过程中其进步性早已耗损殆尽，并且在这一严重事态之后其躯壳已然就是为贪官和腐败提供栖身之所的地方，它是对后者新一轮的存在合法性否定。对不同生存情境中的国家而言，政府官僚化的弊端及其体制障碍，所表现出来的特征往往并不一致，或者侧重于"具有讽刺意味的是，这个旨在设立脱离政治的官僚机构的制度现在却受到强烈批评，因为在职业官僚机构与英国政府的政治中心间的界限已经模糊"③，或者侧重于"官僚制同时表现出笨拙的无效率和咄咄逼人的权力这样两种相互矛盾的形象。一方面是无能、官僚主义和人浮于事，另一方面是操纵、拖延和拜占庭式的阴谋诡计"④，或者干脆就在发展中国家和转型社会阶段中侧重于"官商勾结"，亦即官员个体对政府职能进行直接分权并在权

---

① 韦　伯：《支配社会学》，康乐译，广西师范大学出版社2004年版，第45页。
② 克里斯托弗·胡德：《国家的艺术》，彭勃译，上海世纪出版集团2004年版，第88页。
③ 斯科特·戈登：《控制国家》，应奇译，江苏人民出版社2005年版，第431页。
④ David Beetham, Bureaucracy, McGraw-Hill Companies, Inc. London 1996, 第1页。

力寻租中出卖政府和公民社会的双重利益，所以 D. B. 杜鲁门慎劝"不考虑革命和腐败政治的可能性，不足以理解政治过程"①。从特定的线性维度而言，官僚化意味着官僚制的功能有效性程度不同地消失，意味着那些特定的官僚个体对政府利益和公民社会利益的背叛，意味着贪腐已经在制度层面成为不可遏止而且臭名昭著的不良社会风气。

从统治化延伸至官僚化，不可避免地延伸出负面意义中的贪腐、投机、个体膨胀、潜规则、低效率、政策变异与利益贴现以及加大行政成本等等，严重者则会导致政府失灵和政府失信。所有这些负面意义不仅存在于诸如中国和印度这样的发展中国家，而且同样也存在于美国和日本那样的发达国家，由此而使问题的普同性为世界各国认可，并导致问题穿越呼声在学术界和公共生存领域的同步呐喊，这一高亢有力的同步呐喊就是震惊世界的"再造政府"（reinventing government）。戴维·奥斯本规则的十条原则，即所谓（1）起催化作用的政府（Catalytic Government），（2）社区拥有的政府（Community-Owned Government），（3）竞争型政府（Competitor Government），（4）有使命感的政府（Mission-Driven Government），（5）结果导向型政府（Results-Oriented Government），（6）顾客驱使的政府（Customer-Driven Government），（7）企业化政府（Enterprising Government），（8）预知型政府（Anticipatory Government），（9）分权的政府（Decentralized Government），（10）市场导向型政府（Market-Oriented Government），与新管理主义或者新服务主义浪潮具有一系列内在的意义叠合，那就是一方面充满政治改革突进锐气地摒弃官僚制，充分认识到"人们对政府的普遍态度不断恶化。许多加拿大市民对政府愤愤不平、充满敌意。人们普遍认为，政府只是为自我利益服务、效率低下、毫无效能。显然，这种负面情绪历时已久，难以将它表述为愤怒的特征。否则，这种情绪愈演愈烈，必将成为一种公愤"，②另一方面则是雄心勃勃地致力于服务型政府的转型，使政府治理（1）促进公共服务的尊严和价值；（2）将民主、公民权和公共利益的价值观重新肯定为"公共行政的卓越价值观"③。显然，时势正迫使无论发达国家还是发展中国家，都必须从统治化、官

①　D. B. 杜鲁门：《政治过程》，陈尧译，天津人民出版社 2005 年版，第 559 页。

②　戴维·奥斯本：《摒弃官僚制：政府再造的五项战略》，谭功荣译，中国人民大学出版社 2002 年版，第 18 页。

③　珍妮特·V·登哈特：《新公共服务》，丁煌译，中国人民大学出版社 2004 年版，第 17 页。

僚化的政府治理状态中走向服务化的全新治理模式，从而使政府存在本身体现出
"公共行政在治理中的角色，也许是公共服务功能中最重要的方面"①，从统治到
服务，官僚体制及其栖身受益的官僚们不能不审时度势地重新设计自己的存在方
式和合法性条件。

三

如上所述都是基于国家边际内的转型张力的讨论，就其上升为政治考量层级
而言则是所谓特定民族国家政府治理的自闭状态，但是对现代社会来说，这种完
全自闭状态的政府治理实际上已经不复存在，全球化浪潮迫使一切自闭性游戏成
为世界在场的公共事务，从而也就迫使政府的体制功能必须以敞开的姿态去适应
形势变化以追求治理的有效化，那些政治学家表述为寻求"国家间的权力均衡"
（the balance of power among the nations），即所谓"有关国际性在场的权力斗争可
以概括为两种类型"②，也就是暗含着自闭式政府治理将不得不以一定程度的权
力让步以面对国际化的公共事务和国际性公共生活领域。

齐格蒙特·鲍曼所说的"全球化是不可逃离的命运和无法逆转的过程，它以
同样的程度和方式影响着我们，我们都在不自觉中被全球化"③，之所以成为普
遍的心态、情绪和处事之际的一种必不可少的参照，是因为有一个不可回避的经
济事实为"不包括金融银行业的 100 家跨国公司在 1992 年的资产已达到 4 万亿
美元的规模，其中 40% 存留在客国分公司"④，是因为一系列经济变化表象下面
隐存着更为深刻的诸多人类生存方式的变形，例如生存原则变形中的所谓"人类
利益构成了全球化人类主义研究中全球政治的主要焦点。对于我们的所处时代，
尤什卡乍·萨卡摩图教授将其限制性地表述为四个关联性的世界聚焦，那就是人
权、参与性（民主）、冲突和欠发达（包括环境重建）"⑤，而且更加意味深长的
是，对当代的具有民族责任感和改善国家生活水平使命感的政府而言，无一不面

① B·盖伊·彼得斯：《政府未来的治理模式》，吴爱民译，中国人民出版社 2003 年版，第 156 页。
② Hans J. Morgenthau, Politics Among Nations, The McGraw-Hill Companies, Inc, 1993，第 188 页。
③ Zygmunt Bauman, Globalization：The Human Consequences, Blackwell Publishers Ltd. 1998，第 1 页。
④ World Bank, Global Economic Prospects and the Developing Counties, D. C. , 1994，第 175 页。
⑤ Mel Gurtov, Global Politics in the Human Interest, Lynne Renner. Publishers, Inc. Colorado, 1999，第 76 页。

临着极具挑战性的"只要承认全球化是一场社会文化变革，就有可能认识到潜在的、依据种种新情况来重新建构政治学的必要性。这种认识，最终将扩展成为一种对代议制民主政治和民族国家政府的根本性重新估价"①。这一事态尽管在《共产党宣言》中就被预见为"过去那种地方的和民族的自给自足和闭关自守状态，被各民族的各方面的互相往来和各方面的互相依赖所代替了"②，而且恩格斯在《1847年11月30日在伦敦德意志工人教育协会的演说》中还具体地指出过"稍后，我们看到，中国这个一千多年来一直抗拒任何发展和历史运动的国家现在怎样被英国人、被机器翻转过来，卷入文明之中"③，但中国政府以完全主体性的自觉姿态涉身全球化进程，却是上世纪70年代末80年代初全面改革开放进程开启以后的事情，并且这个进程到目前为止就制度层面而言还主要限制在经济体制的世界接轨和现代化推进，对于政治体制和文化体制来说，一切还在谨慎摸索和渐缓渐进的轨迹上滑行，但问题的遭遇性却在于，不管我们谨慎到什么程度，有一个铁一般的事实我们无法更改，那就是全球化不可能不深刻地反映到我们的制度建设中来。

这个反映当然不是非理性激情中的西方化或者发达国家制度模式，而是理性设计中的既具制度普适功能可换算性，又确保文化特性与国家利益立场的制度创新，在全球化事态下，制度创新就必然要包括全球治理的越界意义和人类利益理念。那些主张全球治理的全球化研究专家常常流露出极端性的超国家治理理念，把本来很现实的国际化公共事务中的全球治理措施升华到极为理想的虚拟价值状态，离开民族国家和具体政府的全球化出场主体大谈乌托邦形态的全球化，从而使问题不同程度地失真、失重乃至失信。无论是所谓"全球国家意识"治理理念下的"纽约正在成为日趋重要的跨国政治中心"④，还是所谓"无权力国家"治理理念下的"技术变迁带来的高度依存性和极端脆弱性，使得新型全球政治权威

① 马丁·阿尔布劳：《全球时代》，高湘泽译，商务印书馆2001年版，第271页。
② 马克思、恩格斯：《共产党宣言》，《马克思恩格斯选集》第1卷，人民出版社1972年版，第271页。
③ 恩格斯：《1847年11月30日在伦敦德意志工人教育协会的演说》，《马克思恩格斯全集》第42卷，人民出版社1974年版，第472页。
④ Robert Smith, Transnational Migration, Assimilation and Political Community, in the City of the World New York's Global Future, Council on Foreign Rotations Press, 1977, 第111页。

和全球治理的必要性日渐增大"①，都是漠视人类社会现代进程的既有递进史，那就是"自十九世纪中叶以来，我们早已生活在高度世界化的国际贸易和文化交流之中"②的现代生存情境。我们选择的理性化全球治理，必须从一开始就自觉地规避那些"全球国家意识"或者"无权力国家"陷阱，既坦然面对全球公共事务和全球化公共生活空间，同时又在维护国家利益立场的前提下确保国家参与全球化进程的自觉性和支持力度，从而也就既可以防范全球化神话编织下政治强制主义、经济霸权主义和文化倾销主义的风险，同时又不致重新回到闭关锁国的自闭性政府治理的老路上去，所以也就是要全面、清醒、真实地审视全球化的大趋势，也就是在大趋势的潮流下不致被抛弃、被淹没、被钳制，从这个意义上，反映的状况直接影响到我们的未来命运。

总之，全球化的双刃剑如今就高悬在我们的头顶，中国能否在全球公共事务中保持积极的出席姿态而非缺席姿态，能否延展我们的公共生活空间以及改善我们的公共生活方式，使中国与世界的在场性和融会性能在全球化提速时代得到更加充分的体现，尤其是在政府文化治理中充分体现出我们的文化制度有效性，就成为我们迫在眉睫的现实提问，就成为良好的机遇和严峻的挑战。这一机遇和挑战，构成问题解读的强大背景压力，而在这个压力背景下提出国家公共文化服务体系的命题，使之成为理论把握和实践操作的文化制度目标，或者说文化制度设计的一种全新思路，表明我们能够在全球化浪潮下与时俱进，表明我们能够以主体性驾驭的积极融入方式科学应对全球化事态，表明我们能够在坚持核心文化价值的原则下有效拓展公共文化空间和公共文化生活方式。

四

《中共中央关于构建社会主义和谐社会若干重大问题的决定》指出"团结一切可以团结的力量，调动一切积极因素，形成促进和谐人人有责、和谐社会人人

---

① John Vogler, Regimes and the Global Commons, in McGrew, Lewis, edal., Global Politics, 第 118 页。

② Paul Hirst, Globalization, the Nation State and Political Theory, in Political Theory in Transition, ed. By Noel O' Sullivan, Rutledge, London, 2002, 第 178 页。

共享的生动局面"①，把"人人有责"和"人人共享"作为构建和谐社会的一个重要原则，作为和谐社会总体价值诉求的一个基本价值维度。毫无疑问，和谐社会不是一种社会形态或者社会发展阶段，而是一种社会发展的价值目标和价值理想，与此相一致，和谐文化同样也不是一种文化形态或者文化存在范式，而是一种文化理想和文化价值诉求。从这个意义上说，和谐文化观就是和谐社会观的文化陈述。当执政党、政府和全体人民在国家界面作这样的价值向度调整之际，实际上也就意味着社会发展观念及其相应的社会治理理念出现了一定程度的转型，而这种转型也就迅速体现到政府文化治理的制度设计与体制创新之中，否则就不能适应新的形势与新的历史使命的文化治理要求，就不能推动强大的和谐文化建设以支持伟大的和谐社会建设的时代重任。

和谐是人类存在的一种普适价值。无论是和谐社会观还是和谐文化观，作为一种普适价值追求乃是亘古久远的事情。就中国社会发展史而言，远在《尚书》的记事时代就显示出非常丰富的和谐社会治理要求，《尧典》之所谓"百姓昭明，协和万邦"②，《舜典》之所谓"帝曰：俞，往哉汝谐"③，《大禹谟》之所谓"禹曰：於。帝念哉。德惟善政，政在养民。水、火、金、木、土、谷，惟修，正德，利用，厚生，惟和"④，皆无不说明中国的社会治理早在有夏一代之前亦即社会治理的初始阶段就已经成为一种基本的治理原则，这段历史较之先秦的诸子百家倡议"和"、"谐"、"同"、"合"之类的古典关键词还要早出几千几百年。与那些先贤们处在叙议的相同时间层级的，是古希腊的思想家们的和谐意识，诸如赫拉克利特的"结合物既是整个的，又不是整个的，既是协调的，又不是协调的，既是和谐的，又不是和谐的，从一切产生一，从一产生一切"⑤，诸如柏拉图的"一个性格和谐的人，既不贪财又不偏窄，既不自夸又不胆怯，这种人会待人刻薄处事不正吗"⑥，诸如亚理士多德的"所有共同体中最崇高、最有

① 《中共中央关于构建社会主义和谐社会若干重大问题的决定》，人民出版社 2006 年版，第 8 页。

② 《虞书·尧典》。

③ 《虞书·舜典》。

④ 《虞书·大禹谟》。

⑤ 赫拉克利特：《著作残篇》，北京大学哲学系外国哲学史教研室编译《古希腊罗马哲学》，商务印书馆 1961 年版，第 19 页。

⑥ 柏拉图：《理想国》，郭斌和译，商务印书馆 1986 年版，第 232 页。

权威、并且包含了一切其他共同体的共同体，所追求的一定是至善"①，都是古希腊和谐意识在关于国家、个人乃至世界存在议题中的自然流露，而这些流露给我们带来的结论是，和谐价值追求并不是只有中国人或者说中国文化所独有，而是人类历史轨迹中的普适价值意愿，对人类的生存价值而言甚至带有终极意味。

从这个意义上说，我们今天选择构建社会主义和谐社会的社会建设道路，充分表明我们对人类社会普遍规律和普适价值的尊重，是改革开放进一步深化和中华民族伟大复兴宏伟目标日益清晰的重要理论成果，意味着我们已经与民族的发展命运和人类的幸福向往完全处在相同的社会合力结构之中。在和谐社会对和谐文化的内在要求，或者在和谐文化对和谐社会的内置托重中，和谐社会建设对和谐文化发展提出了具体的制度导向，那就是《决定》中"逐步实现基本公共服务均等化"命题下的"健全公共财政体制，调整财政收入结构，把更多的财政资金投向公共服务领域，加大财政在教育、卫生、文化、就业再就业服务、社会保障、生态环境、公共基础设施、社会治安等方面的投入"②，在这里，文化被列入公共服务均等化主要领域，这一事态本身，就对政府文化治理的公共文化服务导向指明了清晰的未来性目标，同时也就对未来文化建设的出发点和着力点做出了政策界面的基本定位，恰恰就是这一定位，使我们的文化建设能够真正从极端意识形态的限宥与阴影中大踏步跨越。

大步跨越之后，或者说文化的公共生活形态及其政府文化治理的公共服务均等化之后，国家公共文化服务体系理念及其建构主张的脱颖而出就不仅具有合法性，而且是文化建设与文化发展的有效途径。在国家公共文化服务体系的命题理念中，开放性公共文化生活空间乃是政府文化治理的前提性存在条件，从前根本不可能的"一个直接的证据来自广播中的一条新闻，它告诉我们中国将要在21世纪在北京附近建立一个圣诞节主题公园"③，如今之所以完全有可能，就在于保护公共文化生活方式，也就意味着对"多元文化主义"（multiculturalism）或者"多元文化社会"（multicultural society）的极大宽容，只要这种宽容的刻度没有达到妨碍国家文化安全的严重程度。而且，除了类似的公共文化生活延展或拓

---

① 亚理士多德：《政治学》，颜一译，中国人民大学出版社 2003 年版，第 1 页。
② 《中共中央关于构建社会主义和谐社会若干重大问题的决定》，人民出版社 2006 年版，第 18 页。
③ C. W. 沃特森：《多元文化主义》，叶兴艺译，吉林人民出版社 2005 年版，第 78 页。

值效果之外，新命题的提出还对国家的文化责任或者政府文化治理绩效测评提出了更高的要求，威廉姆·H·怀特科所说的"社会福利不仅要帮助人们维持日常生存，而且还要帮助社会进行变革，从而使每一个人不仅能够生存下去，而且还能取得发展"①，如今就会充分体现在国民公共文化需求和公民基本文化权益要求之中，也就迫使政府必须一方面最大限度地提供公共文化产品和公共文化服务，另一方面最大限度地组织文化再生产以扩大公共文化生活空间和有效缓释不断升级变化的结构性文化供需矛盾，同时还能够最大限度地为公共文化生活的规模、质量、秩序、层次以及满足特殊需要等提供积极有效的政府干预和监管支持。在如此高的要求下，通常所谓"福利国家"设定的"福利制度的目标，如同其他经济政策一样，要求实现效率、平等和行政管理的可行性"② 的制度功能提问，就既对中国情境的国家公共文化服务体系具有规范意义，同时这种规范又有着严重的功能缺失和义项不足。从更深层的背景来说，和谐社会建设目标下的中国公共文化服务其制度要求已经远远超出了福利国家观念的时代背景和社会土壤，因此也就必须在福利国家理论与实践的基础进行新的制度设计和制度创新，并且这种设计和创新具有建基地位。

五

恩格斯指出："人们自己创造着自己的历史，但是到现在为止，他们并不是按照共同的意志，根据一个共同的计划，甚至不是在某个特定的局限的社会内来创造这个历史。他们的意向是相互交错着的，因此在所有这样的社会里，都是那种以偶然性为其补充和表现形式的必然性占统治地位"③，从这个意义上说，我们在新的历史条件下提出国家公共文化服务体系的命题，并努力从理论上给以清晰把握，在实践中予以有效建构，就是顺应历史发展必然要求的科学发展观的充分体现，就是在文化建设中坚持科学发展观和和谐文化观的现实选择。之所以在全面讨论国家公共文化服务体系之前先行讨论命题背景，是因为我们由此就可以

---

① 威廉姆·H·怀特科：《当今世界的社会福利》，解俊杰译，法律出版社 2003 年版，第 89 页。
② 尼古拉斯·巴尔：《福利国家经济学》，郑秉文译，中国劳动社会保障出版社 2003 年版，第 8 页。
③ 恩格斯：《致瓦·博尔吉乌斯》，《马克思恩格斯全集》第 39 卷，人民出版社 1974 年版，第 199 页。

认识到其实我们并没有退路，要么继续被动下去，要么变被动为主动。中国文化体制改革的成功与否，进一步则中国人的文化生活状况与未来文化命运，都取决于我们处于背景焦点位置所采取的应对态度和处置方式，总之，我们正与转型背景遭遇并与严峻的拷问直接照面。

（王列生　中国艺术研究院文化发展战略研究中心研究员）

当代社会基层
公共文化服务体系建设中的政府角色

——以农民工、农民为对象的政府
公共文化服务机制探析

傅才武　陈　庚

内容提要　农村文化和农民工文化是我国公共文化服务体系建设中必须要充分关注的重点内容。对农民和农民工群体来说，其文化生活现状、文化需求和相应的供给状况、文化生活的满足程度如何，以及如何基于农村和农民工群体的差异发挥政府的作用，同样是一个政府和学界十分关注的重要话题之一。本文立足于农民群体和农民工群体文化需求的差异，提出当前基层公共文化服务体系建设的对策。

关 键 词　农民工　农民　文化　政府

从中国现代化的发展进程看，中国社会将在一个较长时期内存在着农民及农民工这样一个社会底层群体。① 作为"三农"问题的主体，农民和农民工问题近年来受到党和国家的高度重视，从农民减负增收、取消农业税到农村义务教育免

---

① "农民是相对于城市来限定自身的。如果没有城市，就无所谓农民，如果整个社会全部城市化了，也就没有农民了。"参见［法］H. 孟德拉斯著：《农民的终结》李培林译，社会科学文献出版社 2005 年版，第 7 页。

收学杂费，推行农村合作医疗等，农民群体的经济生活和文化生活、权益保障都不断得到提高。而农民工作为"新三农问题"①的主体，近年来也成为学界关注的焦点。针对农民工的工资拖欠、农民工权益保护、农民工子女就学、农民工生存生活状态、农民工身份认同和心理适应等问题，中国的社会学界、经济学界、政治学界的专家学者都取得了一系列重要的理论成果。可以说，在社会各界的关注和努力下，农民、农民工的物质生活、权益保障等方面已经取得了可喜的成果，但他们的精神文化生活却仍然重视不够。

当前，我国的文化建设已经提到了新的高度。2005 年 11 月，中共中央办公厅、国务院办公厅发布了《关于进一步加强农村文化建设的意见》，对加强农村文化建设进行了全面的阐述。2006 年《中共中央、国务院关于推进社会主义新农村建设的若干意见》又明确提出了繁荣农村的文化事业，加大农村文化投入、加强公共文化设施建设，构建农村公共文化服务体系的任务。2006 年 10 月中共十六届六中全会提出了构建社会主义和谐社会，建设社会主义和谐文化的任务。2006 年 9 月，我国第一个文化发展"五年"计划《国家"十一五"时期文化发展规划纲要》发布了完善公共文化服务网络，加强农村文化建设的任务。国家公共文化服务体系建设已经成为我国新时期文化建设的重点，而基层农村、农民文化的建设又是重中之重。

2005 年 9 月到 12 月，华中师范大学农民工文化生活状况调查课题组受国家宣传文化部门的委托，在全国 14 个地区就农民工文化生活问题进行了专题调查。2006 年 3 月至 5 月，财政部教科文司与华中师范大学联合组织了全国农村文化调查，对 19 个省（市、自治区）的 70 个县（市）200 个乡镇进行了问卷调查和实地调研。两次大型的调研课题主要是涉及农民工群体和农民群体的基本构成、区域分布、工作、经济收入、居住、社会交往和文化生活等诸多方面，着重调研其文化生活方面的状况。通过对比，我们发现农民工与农民这一同一社会群体、不同身份赋予的群体整体上文化生活贫乏，二者在文化生活方面又存在着较大的差异，基于这种差异发挥政府的调节作用，是新时期政策的出发点。

---

① 李培林在《农民的终结》一书序言中提出的"新三农问题"是指"农民工、失地农民和村落终结"。参见［法］H. 孟德拉斯著：《农民的终结》李培林译，社会科学文献出版社 2005 年版。

农民工、农民群体文化生活现状、差异及其政府角色

（一）城市农民工群体的文化生活现状及其满足程度

根据调查显示，农民工群体文化生活的总体特点是：文化生活贫乏，文化消费不足，文化需求不能得到基本满足。

农民工文化生活贫乏，文化活动单一。打工之余，农民工做得最多的是睡觉（35.0%）、看电视（34.7%）和聊天（25%），此外还有15.1%的人读书看报，15.1%的人将闲暇时间花费在打牌或打麻将上，11.7%的人听收音机。较少农民工上网（9.1%）、看电影（5.3%）、看录像（3.9%）和上歌舞厅（2.8%）。他们最喜欢做的是看电视（33%），其次是睡觉（19.9%）、聊天（18.4%）和读书看报（18.2%）。可见，睡觉、聊天这类休闲活动都已成为农民工的主要业余生活，电视更是成为他们文化生活的轴心。

其他农民工的调查结果也支持这一结论。21.59%的农民工会将时间打发在喝酒消遣上；23.54%的农民工就酷爱打牌；13.3%的农民工迷恋上了网络；53.2%的农民工在一天劳累后选择了看电视、碟片或者电影来放松一下疲惫的身心；36.21%农民工会利用这点休息时间再"充充电"，看些报纸、杂志；无聊了就约上工友去逛街，31.34%农民工有这种打算；53.34%农民工觉得聊天也不错，既可以增进感情，又不用花钱，真是一举两得。①

文化消费低，有效需求不足。根据调查显示，农民工在文化方面的开支非常小，每月不足10元的文化消费占29.7%，50元以下的文化消费则占了83.8%，每月超出100元文化消费的农民工仅占5.8%，而没有任何文化方面开支的农民工高达31.4%（见表1）。农民工的文化消费水平低，一方面在于生活在社会底层的他们在物质生活方面尚未得到根本的保障和提高，收入水平低，舍不得花费；另一方面在于社会提供不足，尤其是免费或是便宜的文化供给短缺。两方面的原因造成了他们精神文化消费的停滞不前。

文化生活满足程度低，文化供给短缺、错位。在企业文化对农民工文化供给方面（见表2），农民工所在企业提供的文化设施或文化项目从多到少依次是电

---

① 张　戈：《农民工生存状况调查》，《浙江人大》，2005年第1期。

表1　农民工的文化消费水平

每月文化消费	频数	百分比（%）	累计百分比（%）
0元	1871	31.4	31.4
10元以下	1770	29.7	61.1
11—50元	1355	22.7	83.8
51—100元	625	10.5	94.3
101—200元	232	3.9	98.2
201—500元	79	1.3	99.5
500元以上	33	0.6	100.0
总计	5965	100.0	100.0

表2　工作单位（企业）对农民工文化生活的满足情况（%①）

文化项目	需求		供给		差位	
	应答人数百分比	排序	应答人数百分比	排序	百分比	排序
扑克、象棋	16.1	7	13.1	3	-3.0	9
羽毛球、排球、篮球	15.3	9	9.8	5	-5.5	8
电视	37.4	1	30.2	1	-7.2	7
卡拉OK	15.8	8	7.4	6	-8.4	6
图书、报纸	27.0	3	16.1	2	-10.9	5
看电影、看戏	17.2	6	4.6	9	-12.6	3
文化活动	19.1	5	6.7	7	-12.4	4
电脑	23.2	4	6.5	8	-16.7	2
技术培训	33.4	2	12.0	4	-21.4	1

视（30.2%）、图书报纸（16.1%）、扑克象棋等（13.1%）和技术培训（12%）；而农民工对企业的文化需求中，电视（37.4%）、技术培训（33.4%）、图书报纸（27.0%）、电脑（23.2%）的要求最多。在企业给予农民工文化生活满足上，其供给的主要文化产品（电视、图书报纸、扑克象棋）是一种普适性的

① 此处的百分比是应答人数百分比，指选择该项的人占所有接受调查者的比例，如选择对电视需求的2205人占所有接受调查者5897人的37.4%，即有37.4%的农民工希望企业提供电视，因此总和超过100%，后面超过100%的原因相同。

大众文化消费品，对企业来说相对便利和便宜，但仍不能满足需求。在供需矛盾上，技术培训（21.4%）、电脑（16.7%）这类利于农民工素质提高的文化资本供需矛盾最大，其次是文化艺术活动。由此可见，企业所提供的有限的文化产品和服务是一种基本文化品，显得过于单一、贫乏，仍不能满足农民工基本需求，而农民工对于特殊文化服务的需求（技术培训、电脑）则凸显出更大的供给空缺。

在政府和社区对农民工文化生活的满足方面，与企业具有相似性（见表3）。技术培训的供给矛盾仍然最大（28.4%），其次是电影（19.4%）和文艺活动（18.3%）。政府和社区是国家公共文化服务体系建设的重要主体，在本次调查中，充分展示了政府和社区对农民工文化生活的服务欠缺。

表3　地方政府和社区对农民工文化生活的满足情况（%）

文化项目	需求		供给		差位	
	应答人数百分比	排序	应答人数百分比	排序	百分比	排序
阅报栏	26.3	6	22.7	1	-3.6	6
图书室	29.7	2	11.7	3	-18.0	4
电视、录像厅	27.5	4	17.8	2	-9.7	5
免费电影或便宜电影	27.9	3	8.5	5	-19.4	2
免费或便宜文艺活动	26.5	5	8.2	6	-18.3	3
技术培训	39.5	1	11.1	4	-28.4	1

（二）农村农民群体的文化生活现状及其满足程度

农村农民文化生活的主要特点是：文化需求大，需求项目多，文化活动供给不足，文化生活相对贫乏、单调。

文化活动以自主型为主，集体性文化活动较少，文化生活单调枯燥。农民在劳动之余，从事较多的文娱活动主要是自主文化活动：看电视（27.35%）、打牌（12.69%）、读书看报（11.15%）、下棋（7.25%）、听广播（7.11%），而杂技表演（0.53%）、舞龙舞狮（0.68%）、演戏（0.72%）、演奏乐器（0.69%）、民间工艺活动（1.03%）等5项则是农民业余从事较少的项目。看电视是农民群体文化生活主要消遣方式，人均每天看电视时间约为2.76小时。

从文化设施的供给与使用来看（见表4），我们设计了多达15项文化设施选项，而政府都不同程度地提供了相应的文化设施，而农民的使用情况与政府供给的多少基本上呈正相关，政府供给较多的文化设施，农民使用也较多，供给较少的使用率也较低。由此可见，农村农民的文化活动仍然是一种供给主导的局面。其中，提供最多的依次是电视差转台（29.7%）、文化活动室（25.6%）、寺庙（22.2%）、老年活动室（18.6%）、体育场和体育器材（18.0%）和有线广播（17.0%），戏台戏楼（14.3%）、阅报栏（12.3%）的提供也相对较多；农民使用情况也基本与此对应，使用最多的是文化活动室（13.2%）、电视差转台（10.6%）、寺庙（7.4%）、体育场和体育器材（7.3%）和戏台戏楼（5.8%）。由于家庭电视、DVD 的普及，录像厅的提供数比例较低（提供 5.5%、使用 2.0%），祠堂（提供 7.7%、使用 2.4%）等传统文化场地也逐渐为新兴的活动场所替代，而由于农民文化素质不高，现代化网络技术的公共电子阅览室（4.5%）和个体网吧（6.6%）在农村普及度也较低。

表4 地方政府供给的文化设施及农民使用状况

文化设施名称	政府提供			农民使用		
	频数	应答人数百分比	排序	频数	应答人数百分比	排序
文化活动室（或图书室）	4602	25.6	2	2371	13.2	1
电影放映室/电影院	1708	9.5	10	899	5.0	8
录像厅	988	5.5	14	358	2.0	14
戏台/戏楼	2569	14.3	7	1037	5.8	5
有线电视/电视差转台	5338	29.7	1	1913	10.6	2
有线广播	3059	17.0	6	781	4.3	9
公共电子阅览室	804	4.5	15	285	1.6	15
体育场和体育器材	3243	18.0	5	1318	7.3	4
阅报栏	2213	12.3	8	946	5.3	6
老年活动室	3349	18.6	4	911	5.1	7
文化大院	1438	8.0	11	546	3.0	10
个体文化室/个体网吧等	1181	6.6	13	368	2.0	13
祠堂	1385	7.7	12	425	2.4	11
寺庙	3986	22.2	3	1334	7.4	3
教堂	1837	10.2	9	377	2.1	12

从文化活动的供给与需求来看（见表5），农民最为需求的是文化下乡活动（22.7%）、电影（17.8%）、民间艺术（16.6%）、劳动技能比赛（16.0%）和民俗旅游（14.3%）；政府提供最多的文化活动是文化下乡活动（14.0%）、电

影（12.5%）、演戏（10.1%）、民间艺术（8.4%）和花会灯会（5.4%）。农民的需求和政府的供给基本对位，放电影、演戏、文化下乡、庙会4种活动形式基本满足了农民群众的文化需求。但是，对民俗旅游、劳动技能比赛、民间工艺活动，政府供给显得不足。

表5　农民对政府文化活动的需求及其满足情况（%）

文化活动形式	政府供给			农民需求			位差
	频数	百分比	排序	频数	百分比	排序	百分比
放电影	2253	18.16	2	3203	14.28	2	+3.88
演戏	1810	14.59	3	2309	10.30	7	+4.29
民间艺术	1512	12.18	4	2986	13.31	3	−1.15
民间工艺	257	2.07	9	1652	7.37	8	−5.30
花会、灯会等	930	7.49	5	2569	11.45	5	−4.04
劳动技能比赛	750	6.04	7	2870	12.80	4	−6.76
文化下乡	2516	20.28	1	4077	18.18	1	+2.10
民俗旅游	446	3.59	8	2565	11.44	6	−7.85
庙会	904	7.29	6	504	2.25	9	+5.04
其它	90	0.73	10	76	0.34	10	+0.39

基于农民工、农民群体文化生活差异的政策建议

（一）城市农民工群体与农村农民群体文化生活的差异比较①

尽管有部分学者赋予其工人的身份，生活在城市中的农民工群体其本质仍然是农民，是农村农民群体中衍生出来的一个特殊群体，因此农民工与农民在很多方面具有同一性。但由于二者由于工作环境不同，造成了他们在生活状态、收入水平、文化消费、文化心理等方面的差异，同时也造成了文化生活方面的差异，主要体现为：自有文化设备差异、需求期望差异、文化活动类型喜好差异、文化消费支出的差异、满足程度差异等。

自有文化设备差异。从农民自有的文化设备情况来看，普及率最高的是电视机，约90.5%的农民家庭拥有一台或多台电视机，62.4%的农民家庭拥有一台或

---

① 两次调查所设置的选项不同，在对农民调查时增加了多个文化项目，因此在对比过程中，只是一个宏观的描述性比较。

多台 VCD/DVD 机。随着电视机在农民家庭中的普及和国家广播电视"村村通工程"的快速推进，调查结果显示，约74.0%的农民所在村庄已连通有线电视网络，另有24.1%的农民家庭安装了卫星接收设备。农民工是城市的短期居民，回乡是其最终的选择。加上居住条件、工作压力和休闲时间的限制，他们拥有的文化设备相当少。根据我们实地调研的结果，农民工最常拥有的文化设备为扑克、象棋、收音机和书报刊，消费最多的文化活动电视也主要是由企业或是包工头提供。

需求期望差异。农民工群体对文化活动的需求和期望并不高，主要集中于基本的文化消费和关系自身发展前景的技术培训。农民工对企业的文化需求中，电视（37.4%）、技术培训（33.4%）、图书报纸（27.0%）三项的需求最多，对地方政府和社区的文化需求中，技术培训（39.5%）、图书室（29.7%）、免费电影或便宜电影（27.9%）三项的需求最多。对农民而言，由于其自有文化设备较为充足，自主文化消费是主导方式，因此对文化活动的期望大为不同，主要是文化下乡（22.7%）、放电影（17.8%）、民间艺术（16.6%）、民俗旅游（14.3%）等不能自主满足的文化活动。

文化活动类型的喜好不同。由于经济、环境、劳动条件的限制，农民工最喜爱的文化活动依次是看电视、睡觉、聊天、读书看报和打牌这类休闲消遣的娱乐形式。而农民的文化消费约束条件相对较少，所以最为喜好的文化活动是文化下乡、放电影、民间艺术、劳动技能比赛、花会灯会等传统艺术形式，当问及"村里同时在放电影和开展传统娱乐项目你们作何选择"时，39.9%的农民选择传统娱乐项目。同时，由于工作劳动的要求，农民工对技术培训的要求更多（对企业和政府的需求为33.4%和39.5%）。

消费支出差异。农民工的收入水平不高，每月收入500～1000元的占44.9%，月收入不足500元的占20.2%，而月收入在1000～1500元之间的占23.1%。而且他们的日常开支也较小，每月生活费开支在300元以下的占41.3%，300～500元的占35.6%，500～700元的占14%，而超出700元的不足10%。而农民工在文化方面的开支就更小，每月不足10元的文化消费占29.7%，50元以下的文化消费则占了83.8%，每月超出100元文化消费的农民工仅占5.8%，而没有任何文化方面开支的农民工高达31.4%。在农民工的家庭收入中，打工收入占了较大的比例，占七成以上的为26.3%，五到六成的为20.5%，三到四成的为 19.3%，他们省吃俭用，尽量将结余的工钱节省下来带回农村去消费。而农民的家庭支出中，文化消费的比重也最小，年平均文化支出仅为 871.77 元。相比而言，这一数字要高于农民工的年文化消费支出，这些文化消费支出则主要用于家庭自有文化设备的开支和自主文化消费。高达 90.5% 的农民家庭拥有一台或多台电视机，62.4% 的农民家庭拥有一台或多台 VCD/DVD 机；就图书、杂志、报纸的消费渠道来看，44.2% 的农民是自己花钱购买的。

满足程度差异。根据前文对农民工、农民群体各自文化需求和政府供给的情况分析，农村有相对固定的阵地，可以通过一些自我文化活动形式和政府组织的文化活动予以部分地满足；农民工群体由于工作性质、劳动强度、城市的供给条件的限制，他们的文化活动更为贫乏。在文化设施的提供上，农村文化场所和设施供给要相对好一些，但使用率都不是很高，其中存在政府和社会组织不力所导致的使用率低。而农民工的文化场所和设施尚未列入城市或社区提供的范围，他们只能使用一些为城市居民提供的公共文化设施（阅报栏、广场等）。

归结起来，农民工的文化生活相比农民群体的文化生活而言，更加贫乏。农民工群体在我国兴起的短时期内，社会尚不能及时为他们提供足够的物质、精神关怀和保障，更多的问题有待逐步解决。

（二）农民工群体与农民群体公共文化产品供给范围的界定

作为公共文化服务体系的重要组成部分，农民工群体和农民群体所需的公共文化产品是政府的重要提供对象。因此，必须对群体对象的提供范围作出界定。

关于公共产品，有纯公共产品、准公共产品之分，公共文化产品也是如此。按照二者的区别，纯公共文化产品是具有效用的不可分割性、消费的非竞争性和受益的非排他性的文化产品，如基础文化设施、免费的文化活动等；准公共文化产品是介于私人文化产品和纯公共文化产品之间的产品范围，具有相对的市场性和公共性，如农村广播电视信息系统、便宜文化活动等。纯公共文化产品是政府供给的主要范围，而准公共文化产品则可以寻求多样化的供给方式。

同时，政府的文化产品供给又受文化需求结构的影响，农民和农民工文化需求可以分为基本需求、享受型需求和发展型需求三个类别和递进层次。基本文化需求是提供满足农民和农民工的基本文化生活产品，解决其日常化的文化需要。享受型文化需求是一种较高层次的需求，是在基本需求满足之后产生的需求层次。发展型文化需求则是指在基本型和享受型的文化消费外，渴求发展自身文化技能和文化素质的需求。与需求相对应，农民工和农民的文化产品供给应当是基本文化产品、享受型文化产品和发展型文化产品。基本公共文化产品，如电影、有线电视、图书报刊杂志、录像厅、图书室、扑克等；享受型公共文化产品，如演戏、花会灯会、民俗旅游、民间艺术等；发展型公共文化产品，如文化技术技能培训、劳动技能比赛等。

根据前面对农民、农民工文化生活差异的分析，农民工的文化需求层次主要停留于基本文化需求，有较少工作在政府机关、事业单位或部分从事服务业的农民工能够上升到享受型和发展型需求层次。而农民群体内部分化差异较大，各个层次都有较强的需求，这在我们的调查中得到了充分的证明。农民的基本文化需求在政府和自我提供情况下已能基本满足，而享受型和发展型需求是当前农民群体文化诉求的重点范围。

根据以上分析，农民工公共文化产品的政府供给范围主要是基本文化产品，兼及享受和发展型文化产品；农民公共文化产品的政府供给范围涉足更广，基本文化产品、享受型文化产品和发展型文化产品三个类别都必须顾及。

（三）农民群体公共文化产品供给过程中的政府责任

我国的农村文化建设已经取得了一定的成效，目前政府的主要责任在于转变职能，创新方式，构建完备的农村公共文化服务体系。根据农民公共文化产品的纯公共性和准公共性区分，公共文化需求三个层次的差异，政府应实行差异供给的不同责任措施。

1. 以中央为主导、地方为主体建设农村公共文化基础设施，提供基本文化产品，满足农民的基本文化需求。中央政府应当不断加大对农村文化建设的投入力度，健全农村广播电视、文化信息和电影服务网络，为农民的基本文化需求的满足提供有力的保障。在中央的主导下，推动县乡村公共文化设施和阵地的配套建设，构建县以下面向农村基层的公共文化设施支撑体系。地方政府着重加强基层文化服务主体的建设，改革基层文化站文化馆的服务供给机制，不断完善文化大院、文化科技屋等活动场所的建设，提供丰富的文化产品。在基本文化需求的满足中，政府应充当供给者的角色。

2. 以政府为引导，市场为提供主体，引导地方政府和社会资金参与农村文化建设，满足农民群体的享受型公共文化需求。享受型的文化产品是能够满足农民较高层次需求的产品，具有多样性和易变性，机会成本难以估量，所以单由政府渠道供给操作起来困难重重。如果以市场化的方式来加以提供不但可以满足农民的多样文化需求，降低行政成本，更能促进农村文化市场的有机形成，更快地应对农民文化需求的变化。在这一过程中，政府充当外部监管者的角色。政府的责任是为市场化的文化活动行为创造良好的政策法规条件，扫清传统计划性文化体制障碍，划拨出市场化运作的文化产品范围（主要是准公共文化产品），为市场主体的准入降低门槛，引导多重主体、多样化的资本性质运作农村准公共文化产品的供给。

3. 以政府奖励为推动力，鼓励农民自组织举办文化活动，满足发展型文化需求。发展型文化需求是农民消费水平提升、消费趋于理性化的高级层次，是农民提高自身文化素养、增加文化内涵、学习文化技能的再教育形式。发展型文化需求的满足，对农民来说，可以积累农民自身文化的习得，对社会来讲，农民就成为了社会文化的传承、延续和保护者，是一种文化的可持续发展形态。对农民的发展型文化需求，政府应扮演推动者的角色。政府的责任是根据农民具体文化产品的需求情况，鼓励农民自办文化，通过奖励的方式，扶持民间文化的成长；重点支持农村文化精英人才的培养，引导地方培养基层文化队伍；设立专项基金支持地方传统文化特色的保护、开发和研究。

（四）农民工群体公共文化产品供给过程中的政府责任

农民工的文化需求主要停留于基本的文化生活层面，调查研究成果和现有经验表明，农民工问题的解决，必经依赖于党委政府的强力推动。政府既是新制度的供给者，也是传统制度的改革者。农民工阶层文化生活问题因为涉及到计划体制框架内的一些根本性的制度设计，因此，解决农民工文化生活缺乏问题根本是建立一种系统的改革方案。针对目前农民工群体的整体需求层次特点，借鉴农村文化供给的相关经验，需要建立一套政府主导、社会参与、企业主体的文化供给模式。

1. 将农民工文化生活纳入政府公共文化管理范围，建立从中央到地方的农民工文化生活服务体系。相比农村文化、农民文化生活的政府强势供给不同，农民工的政府文化供给尚未引起足够的重视。近几年，农民工问题业已引起中央政府、地方政府的高度关注，工资拖欠、权益保护、子女就学等问题正成为政府部门着力解决的重点，但政策措施很少涉及到文化领域。近两年才散见的一些改善农民工文化生活的零星举措，也仅是文化部门、宣传部门以及地方政府的孤立行为，虽能解决部分农民工的文化生活问题，但不能规模化、大范围地解决根本问题。因此，建立一套较为完整的农民工文化生活保障和促进机制是解决农民工基本文化生活的根本途径。

2. 以政府及社会各部门"送文化"和用工单位"种文化"为主要举措，提供基本的公共文化产品。政府拥有社会公共文化产品的分配权，通过政府的有效调配，定期定时地向农民工送戏、送书、送电影等，主要满足农民工节庆假日的文化生活需求。用工单位是农民工依附的主体，在农民工文化建设中具有相当重要的作用。政府应通过各种配套政策，扶持、奖励和经费补给用工单位为农民工提供基本文化产品，如电视、电影、报纸、图书等，让用工单位成为农民工日常文化生活的供给主体。尤其要积极扶持和鼓励自办文艺表演团体，发展业余演出队，鼓励农民工自主提供各种各样的文化活动，实现文化生活的供应。

3. 以地方政府为引导，社区为主体，将农民工的文化生活纳入社区文化建设之中，提供基本文化设施、场所和活动。户籍制度的刚性制约导致了农民工在城市中的尴尬地位，摒弃这一消极影响的主要策略就是将农民工作为社区居民对待，赋予其基本的居民权益。在政府的政策支持、财政扶持下，应以社区文化建设为中心，加快农民工社区文化基础设施建设，开展多种多样的农民工文化活动，培育农民工的文化自组织，开展"文化自救"行动，加强对农民工的社区教育培训，提高农民工的文化素质水平。

（傅才武　华中师范大学国家文化产业研究中心教授）

（陈　庚　华中师范大学国家文化产业研究中心）

互联网个人空间的文化导向

王　路

内容提要　本文根据近年我国互联网的发展状况统计、信息资源调查及现状调查等方面的资料，通过对我国网络文化特征及我国互联网个人空间类型、发展趋势、表现形式的研究分析，针对我国互联网发展状况，从网络文化建设与管理方面对互联网个人空间进行文化导向提出建议。

关 键 词　互联网　网络文化　个人空间　文化导向

从 2007 年 1 月中国互联网络信息中心公布的第 19 次《中国互联网络发展状况统计报告》来看，中国的网民人数的发展非常迅速，从 1997 年 10 月的 62 万人发展到 13700 万人，9 年的时间内增长了 200 倍，已达我国人口总数的 1/10。但是，从我国与世界发达国家互联网渗透率（网民占人口总数的比率）的比较来看，欧盟国家和美国的互联网渗透率分别达到了 49.8% 和 68.6%，日本和韩国的网民约占到人口总数的 2/3，[①] 可以看出我国的互联网渗透率较之发达国家还有很大的距离。根据我国的经济发展速度，国民生活水平的提高，工作、生活节奏的加快，在工作、生活、娱乐等各个方面对互联网服务需求的增加，可以预测，今后我国上网人数还会有很大幅度的增长。

2004 年 9 月，党的十六届四中全会《关于加强党的执政能力建设的决定》中明确提出，要"高度重视互联网等新型传媒对社会舆论的影响，加快建立法律

---

①　中国互联网络信息中心：第 1～19 次《中国互联网络发展状况统计报告》，www.cnmc.net.cn/index

规范、行政监管、行业自律、技术保障相结合的管理体制，加强互联网宣传队伍建设，形成网上正面舆论的强势"。

2007 年 1 月，胡锦涛总书记做出重要指示，强调"必须以积极的态度、创新的精神，大力发展和传播健康向上的网络文化，切实把互联网建设好、利用好、管理好"。

面对网民人数的大幅增加及网络技术的快速发展，我们对于互联网发展的速度和发展的趋势，应有明确的认识，进行前瞻性的研究和预测，以便能够采取相应的对策和管理措施。

本文专门针对互联网中个人空间的发展及特征进行相应的文化导向研究。

我国互联网资源状况

据《2005 年互联网络信息资源调查报告》显示，截至 2005 年底，我国全国网站数约 69.4 万个，网页总数约为 24 亿个。网站按性质分类，企业网站数的比例最大，占网站总体的 60.4%；其次为个人网站，占 21.9%；第三是教育科研类网站，占 5.1%；随后依次为政府网站占 4.4%，其他公益性网站占 3.8%，商业网站占 3.5%，其他网站占 0.9%。①

图 1　2005 年不同性质类型网站分布图②

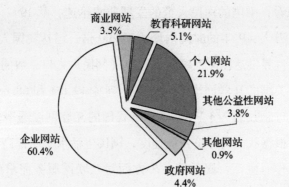

---

① 中国互联网络信息中心：《2005 年互联网络信息资源调查报告》，2006 年 3 月，www.cnnic.net.cn/index
② 同上。

图2　2004年不同性质类型网站分布图①

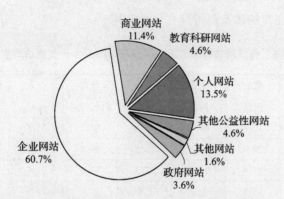

图3　2003年不同性质类型网站分布图②

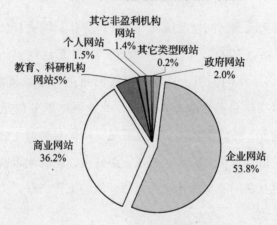

　　根据报告可以看出，目前在我国互联网上网站类型的比例中，企业网站占了主要比例，超过60%。企业网站所提供的主要信息服务包括：企业介绍、产品/服务介绍、企业动态/新闻、售后服务/技术支持、行业新闻、招聘信息、友情链接、行业解决方案、行业报告、电子期刊等。由此来看，企业网站的主要目的是从经济利益出发，加上商业网站，二者比例达63.9%，可见我国前一时期网络信息资源的发展主要还是受到经济的引导。

　　从另一个方面来看，企业网站与个人网站二者比例高达82.3%，可以肯定其中会有较为丰富的信息资源。但是，作为企业网站，其目的是为企业和企业服务对象服务的，因而内容多局限于企业的经营范围；个人网站的内容也往往受到个

---

① 中国互联网络信息中心：《2004年互联网络信息资源调查报告》，2005年2月，www.cnmc.net.cn/index
② 同上。

人知识、能力和喜好的局限与影响。因此，这两种类型网站的信息资源内容是分散的，很难构成完整的体系而得到充分的利用。

表1　各类网站每天页面访问情况（Pageview 页面访问量）

Pageview ＼ %	政府网站	企业网站	商业网站	教育科研网站	个人网站	其他公益性网站	总体
50 个以下	17.6	51.5	27.3	36.2	35.5	7.0	39.6
51～200 个	29.4	23.5	15.6	29.8	20.0	23.3	22.5
201～1000 个	31.4	16.4	22.3	17.0	21.6	30.2	20.2
1001～5000 个	11.8	5.1	6.8	4.3	12.3	18.6	8.8
5000 个以上	9.8	3.5	27.3	12.8	10.6	20.9	8.8

从各类网站每天页面访问情况统计（表1）分析，网页日访问量最高的应该是其他公益性网站（1000 个以上达 39.5%）和商业网站（1000 个以上达 34.1%）。根据报告所作的说明，其他公益性网站主要指除教育科研外的医疗、图书馆、博物馆等提供公益性服务的网站；商业网站服务包括有新闻、搜索引擎、邮箱、网上商务、在线游戏等。由此可见，网民对类似于公益性网站所提供的系统性、知识性信息有很大需求。加强资源建设，系统地丰富和完善网上文化信息资源，正是对互联网的文化导向中亟待开展的工作之一。

互联网个人空间的类型

众所周知，互联网诞生的历史不长，但是发展的速度非常快。早期的互联网是一个连接和共享的系统，今天互联网上的个人空间是随着网络技术的发展逐步产生和发展的。截至目前，互联网上以个人为中心的交流形式大概可以分成四类：

1. 邮件（Email）：类似于通信的沟通方式，是一种"点对点"的告知或反馈。至今依然是网民最常用的重要通信联系工具。

2. 即时通讯（Instant Messaging）：个人或小群体之间的对话。与邮件不同的是，参与即时通讯的人都是即时在互联网上，不仅可以进行文字间的对话，还可以通过辅助设备进行语音和可视对话。

3. 论坛、BBS、讨论组、聊天室：为网民提供的就某一主题随意发表意见的空间，参与者以文字形式发布自己的意见，并可根据他人的反馈发布新的内容。与即时通讯不同的是，对话内容是完全公开化，互联网上所有人都可以看到。

4. 个人主页空间、博客（Weblog）：个人主页空间是独立存在于互联网上的个人信息发布与传播空间，建立个人主页空间需要个人申请网络空间、应用软件的购置、页面设计、日常维护等诸多工作。博客是由网站提供的个人主页空间，其中也包括相应的软件、设计、维护等服务。网民可以很简单地得到自己的个人主页空间，进行个人信息（包括文字、图像、声音、影像、电子媒介等各种内容）的发布，并可以就别人发布的信息发布自己的评论与观点。

根据以上四类网络交流形式，从交流内容的公开性上可以分成三种类型：1. 邮件是具有私密性质的交流方式，以一对一或一对多发送，局限于信息发布者所确定的目标。当然也有广告式的发送，利用专门的软件进行群发，但受众也只局限于所涉及到的邮箱用户；2. 即时通讯则是具有私密或半私密性质的交流方式，个人之间或几个人之间的交流信息具有私密性，而个人向群体发出的信息具有半私密性，群体之外的人是看不到的；3. 论坛、BBS、讨论组、聊天室和个人主页、博客上的信息是公开的，互联网上的所有人都可以看到。

值得注意的是博客和即时通讯，一经出现便迅速为网民所接受，并快速发展起来。这两种网络形式是随着互联网的普及和互联网技术的发展而产生的网络应用形式的巨大变化。

即时通讯是在互联网普及的基础上，网民上网后即与个人或群体保持联系，随时传递信息。目前，即时通讯则从一种随时保持好友间通讯联系的时尚潮流，发展成为一种新的人际交往形式，进而发展为新的群体交流方式。

博客是由只能供网民阅览的 Web1.0 技术演变到网民可以自由添加文字、图片及多媒体内容的 Web2.0 技术后，产生的个人网页形式，于上世纪 90 年代末迅速发展起来。美国《华尔街日报》记者佩姬·努南曾提出：博客是每周 7 天，每天 24 小时运转的言论网站，这种网站以其率真、野性、无保留、富于思想而奇特的方式提供无拘无束的言论。技术上的低门槛与"把关"的缺失使得博客迅速成为一定社会群体释放自我的工具，成为一种日常行为方式。①

①　李　明：《博客文化价值观分析》，见《新闻界》2006 年第 4 期。

可以说，博客、即时通讯等网络功能为网民个人观点、言论的发布并同网友深入交流提供了便捷条件，由此产生了一种与现实社会深度融合的网络文化现象。

互联网个人空间的发展趋势

1. 互联网技术的发展推进个人空间的发展

从2003年到2005年的中国互联网络信息中心的《互联网络信息资源调查报告》① 中网站类型分布图可以看出个人网站的增长速度。

表2　个人网站的增长速度

年　　度	2003	2004	2005
个人网站所占比例	1.5%	13.5%	21.9%

而根据中国互联网络信息中心的《中国互联网络发展状况统计报告》② 内容显示，2004年以来我国网民中经常使用的网络个人空间服务/功能情况如下。

表3　用户经常使用的网络服务/功能（多选题）

功能/时间	2004.1	2004.7	2005.1	2005.7	2006.1	2006.7
收发邮件	88.4%	84.3%	85.6%	91.3%	64.7%	64.2%
论坛/BBS/讨论组等	18.8%	21.3%	20.8%	40.6%	41.6%	43.2%
即时通讯				44.9%	41.9%	42.7%
网络聊天室	39.1%	40.2%	42.6%	20.7%	23.1%	19.9%
个人主页空间	5.0%	4.4%	4.9%	16.6%	14.2%	24.3%
博客				10.5%	14.2%	23.7%
网民人数（万人）	7950	8700	9400	10300	11100	12300

从以上两项调查可以看出，2003年以来，尤其是博客进入中国之后，我国互联网上的个人网站迅速发展。另据2006年12月百度网站发布的《2006年中国博客发展报告》中发布的统计数字，截至2006年11月3日，全球中文博客站点

---

① 中国互联网络信息中心：《2005年互联网络信息资源调查报告》，2006年3月，www.cnmc.net.cn/index

② 中国互联网络信息中心：第1~19次《中国互联网络发展状况统计报告》，www.cnmc.net.cn/index

数量达到 5230 万，博客用户数达到 1987 万。同时也可以看出，即时通讯自出现以来也被广泛应用，网民使用率均在 40% 以上。

这一发展的重要原因，是网络技术的发展，尤其是 web2.0 的出现。在 web2.0 的技术下，互联网和网络经营者将许多便捷的工具提供给网民，使他们能够方便地创建个人的信息发布空间，同时也可以随意选择同自己情趣相投的网友或群体进行交流。

互联网技术从 web1.0 到 web2.0 是一个巨大的飞跃。web1.0 时代的互联网对网民来说，像一个橱窗中的大千世界，网民仅仅是一个受众，只能隔着玻璃观望。Web2.0 则开创了互联网和网民融合的时代，使网民能够走进大千世界的网络，创造性地发挥个人的才华，充分展示自己，或是利用互联网的资源与工具改变、升华自己的工作和生活的方式或水准。

2. 互联网技术的发展引起网络表现形式的多样化

Web2.0 技术的出现，使得网民从互联网的受众转化为参与者和创造者，其结果不仅仅是令互联网上的信息量迅速膨胀，更重要的是改变了传统的信息传播与交流方式。尤其是在博客诞生之后，出现了大量的个人主页，从而使得网民从单纯的信息受众转化成为信息传播与交流中的互动单元——既是受众又是发布者。这将会对现实社会产生巨大的影响。

互联网的发展将会出现多样化的趋势，但是从网民的需求分析，主要还是分为虚拟和现实两个方面。

A. 网络的虚拟空间是网民精神追求的需要

互联网虚拟空间是现实社会的延伸，"真实与虚幻并存是网络空间的基本特征，网络空间人际交往方式不仅改变了传统的人际交往模式，更重要的是它对人与人之间的关系模式和群体结构的重塑"①。网络中的人际交往，功利性弱化而情感性增强；同时，交往中大家相互关系是平等的；在虚拟空间，隐私得到保护，使得人们可以最大限度释放自我。因此网民往往将网络视为相对自由、平等和公正的理想空间，希望在这里得到情感的释放和心灵的寄托。

随着在互联网上交往的加深，志向、性情相投的网民们逐步结成交流的群

---

① 韩克庆、吴忠民：《网络空间的人际交往方式及其影响》，见《哈尔滨工业大学学报》2000 年第 12 期。

体。目前,这种群体在网站中已经很普遍,形成了虚拟网络社区的形式,兴趣相近的网民聚在一起,对共同关心的问题进行交流和探讨。这种虚拟社区的成员有可能来自很远的地方,不同城市、不同的省份,甚至不同的国家,成员中互相之间可以进行任何思想、情感、见闻等的交流,也可以将自己的各种困难、困惑提出来,寻求大家的帮助。因为互不相识,大家可以无所顾忌地提出自己感兴趣的问题,并能畅言思想和观点。这样的环境对社区成员的观点和思维方式会有很大的影响;对现实社会来说,这种网络社区文化现象也会产生很大影响。所以,在互联网个人空间发展中,传播正确的文化导向将是一个重要课题。

B. 网络的真实空间是网民现实生活的需要

技术的发展,使互联网已经深入到人类现实生活的各个层面,不仅仅能为人们提供信息与交流的平台,而且同其工作、生活、学习、社交等各种社会活动建立了密不可分的联系,成为人们现实生活中的必需品。这就是网络的真实空间,是人们现实生活的辅助设施或工具。在这样的空间中,网民要求的是网络完善的服务和安全的保障,网民之间则需要有真实的身份与诚信的保证。例如在韩国,电子商务已经非常普及,为了网络交易的安全,大多数网民都是支持互联网实名制的。

C. 网民将是网络经营者争夺的重要资源

在互联网上,网民自由度是很大的,可以选择自己喜爱的网站注册用户、加入社区,也可以随时更换。正因如此,随着网络技术和软件功能的发展,网站的服务功能一方面要继续向广泛、普及的方向发展,另一方面又会缩小范围,向服务更周密、更深入的方向发展。也就是说,网站会根据各种不同需求,在网站内建立不同的社区,提供特色服务吸引网民。互联网的社区结构会使网民相对稳定地加入到社区中,而这样的网民越多,给网站带来的商机和收益就越大,因此,经营者会设法创建各种具有特色的社区模式和提供各种完善便捷的服务,以吸引更多的网民加入并稳定下来。

随着互联网结构的发展与完善,互联网上信息量的不断丰富,网民将是网络经营者争夺的重要资源。

2006 年 11 月 12 日,《参考消息》以《万维网迎接 Web3.0 时代》为题转述了美国《纽约时报》2006 年 11 月 4 日的文章《企业家瞄准受常识引导的网络》,文中提出了 Web3.0 的概念,并指出"一些人致力于创造一个巨大的新结构以代替现有的万维网；其他人正在开发一些实用工具，从现有万维网中提取有意义的信息"。从互联网的发展预测，Web3.0 的时代，网络将成为一个巨大的数据库，同时网络将具有人工智能，能够从浩瀚的信息中进行分析、判断，选出有价值的内容。这时的网络将深入到现实社会和民众生活中，网民与网络的联系不仅是参与互动，更重要的是网络可以根据每个网民的不同需要，回答和解答各种问题、满足各种需求。

从 web1.0 到 web2.0，技术的发展给互联网带来了巨大的变化。随着 3G 进入移动通讯网络，高速的宽带互联网将延伸到无线网络中，web3.0 的技术也将付诸应用，将来的互联网会产生什么样的变化？对社会会带来怎样的影响？对此应该进行前瞻性的研究，并要有充分的思想准备和对策。

互联网的特征与互联网个人空间的特点

互联网的功能是在网络技术基础上形成和发展的，技术所能实现的各种功能和应用都会在互联网中体现出来，由此产生了众多不同的特征与特点。在此结合本课题，重点列举与互联网个人空间相关联的特征与特点。

1. 全球信息一体化与文化本体化、个体化的统一

互联网的发展已经将世界的各种信息连接到一起，也就是将全球不同社会、不同种族的文化信息汇聚到一起。同时，这种全球连接带来的信息发布又能使最小群体的文化特性得到保留与传播，乃至每一个个人都可以将自己的信息在互联网上发布。这种文化信息一体化的结果，不是将所有文化样式统一成一个模式，而是让每一个独立的群体都可以有信息展示的空间，从而最大限度地保持了各种文化的特征，使文化的个性更加鲜明。

2. 虚拟空间与现实社会的结合

互联网技术为人类的交往创造了一种全新的方式，大家相互之间不用见面就可以进行深层的信息乃至思想与情感的交流。这就是网络的虚拟空间，网民多以虚拟身份加入其间，可以很轻松地将自己较为隐私的思想、情感与生活经历公布出来，不用担心别人将自己发布的隐私与真实身份联系起来。

处在这种虚拟空间中，很多网民会将此看作一种理想化的生存方式，从而唤起人性与良知的回归，能够激发个人或团体的创新智慧以及对社会的奉献精神。

事实上，这种虚拟空间是现实社会的延伸，同时也会对现实社会产生巨大的影响，网络文化、网络中的信息、虚拟空间中的人际交往等等，潜移默化地影响着网民思维和在现实生活中的行为方式。这种影响有正面的，也有负面的。

3. 个人在网络空间中的独立性与依附性

网络文化传播是网络人以多对多的方式进行沟通，其核心是互动。与传统文化单向性传播不同，网络上的文化信息传播是双向的、具有交互性的。每个人既是文化的参与者，又是文化的制作者。[①]

网络技术和服务的发展，尤其是博客的出现，使得网民在互联网上申请建立个人空间变成非常简单易行的事情，过去建立个人网站的繁杂制作过程，完全由网站服务商提供的框架模块取代，网民可以在很短的时间内建立自己的主页，并可在使用中不断地丰富和美化自己的主页。

网络零门槛的进入，给予个人在网络中发布个人信息的独立性。但是，网民进入互联网的重要目的之一，就是为了交流。从在网络中的聊天，或加入论坛探讨大家关心的问题，到建立博客发布文字或多媒体的信息，都是为了达到交流的目的。自己发出的信息，希望得到别人的关注与回应；看到别人发出的信息，自己感兴趣的题目也想参与讨论，发表自己的看法。在这样的环境下，网民的独立性和群体性得到了发展和融合。

在博客网站中，网民根据自己的爱好选择各种不同的群体，如"影视"、"文学"、"情感"、"家居"、"宠物"等等众多特色主题的群体。由于网络空间的虚拟特征，群体成员可以是来自相隔很远的四面八方，其交流轻松，且较为理想化，对于共同关心的问题，可以根据自己的理解和感受直言探讨和争论，对一些故意夸张的言词、粗口可以给予宽容。群体成员有困难和问题可以发帖求助，大家都会施援或提供解答。

对于网络的群体，经营者希望吸引更多的网民，因而不断地进行改进，提供更多的技术服务和支持；而群体成员则出于理想化的追求，不断地为完善和发展群体空间而努力。这是一种合力，将会使网络中的群体结构有很大的发展。

互联网为网民提供了充分展示能力和个性的条件和空间，也造就了互联网个人空间的诸多特点。

---

① 鲍宗豪：《网络与当代社会文化》，上海三联书店 2001 年 7 月版，第 299 页。

1. 自由开放性

互联网是开放的网络，网民在互联网中享有极大的自由性。这种自由性体现在网民可以按照自己的意愿和需求浏览信息、使用资源、发布信息、进行交流等各个方面；同时，网民还可以按照自己的意愿和需求建立自己的个人空间、进入一个或多个群体，并以真实的或虚拟的各种不同身份进行网络活动等等。随着网络技术的不断发展和服务的不断完善，网民进入和使用互联网变得越来越容易，这也更加大了网民的自由性。

这种自由开放性为网民提供了一个充分发挥个人能力、展示个人才华的空间。

例如许多网民将互联网的虚拟空间理想化为一种纯真、美好的虚拟社会，抱着一种纯真的理想与愿望加入其间，充满正义率直，希望能够直白地表现自我，真诚地对待别人；他们无偿地为社会做各种公益工作，为别人提供帮助，将自己的作品、成果提供出来，供大家分享；同时，他们对于现实社会中的各种时弊与恶习、不道德、不合理的事物、现象也会给以激烈的抨击，这种抨击由于网络的作用会产生连锁效应。这一点从许多博客文章和跟帖留言及论坛讨论中可以看出来。对于网民的理想、热情与正义感应给予鼓励与保护，如能正确地引导，对于推进现实社会发展，树立良好风气，铲除弊端，会起到积极的作用。

但是也有网民将这种自由开放看成是一种无约束空间，或将虚拟身份看成是一种隐身形式，可以做各种猎奇、发泄、恶作剧等等，因此就出现一些不负责任的行为，如发布虚假或低俗的信息、猎取和公开他人的隐私、侵害他人的名誉或成果等等。这种内容的信息中，有些迎合了网民的好奇心，因此还会吸引相当多的关注和造成很大的影响。更有极少数人出于各种目的，利用互联网的特征从事违法活动，例如发布淫秽或损害国家、社会利益的信息，利用网络诈骗对他人进行情感、人身侵害或谋取财物，采用技术手段发布网络病毒、盗取信息软件对他人的侵害等等。

这些负面效应的产生是有多方面的原因，不应该简单归结于互联网的自由开放性。深究起来，也有我国社会的法制建设正在逐步完善的过程中，公民的守法意识需要逐步形成的原因，所以一些网民进入互联网后感觉可以不计后果地为所欲为。在一些社会法制较为成熟和完善的国家和地区，其公民无论是在互联网上还是在现实生活中，随时随地都会有一种自我约束的守法意识。对此我们首先应该加强道德与法制教育，提高我国网民的守法自律意识；其次要完善相应的法律法规，以规范网民的上网行为；同时也应该加强监管，对于网络中的违法犯罪行为依法行处。

2. 群体互动性

前面提到，网民在互联网中的独立性与依附性，这种依附性是对群体而言。互联网对网民的吸引力，很重要的一点就是互动效果，这种互动效果是通过网民间的沟通与交流产生的。互联网为网民的交流与沟通提供了最大的便捷，通过互联网，天南海北、互不相识的网民可以一起讨论问题、沟通信息。久之，意趣相同者便形成群体。

网民群体化是互联网的一个重要特征，也是互联网时代的一种特殊的文化现象。网民结群的目的是多种多样的，群体的活动方式也是多种多样的。有些群体的活动甚至产生了很大的社会效益和影响。

例如，互联网上名叫"字幕组"的群体，"以翻译国外电视剧为乐，语种遍及英文、日文、韩文，其中又以英文势力最大。他们以论坛为核心，靠 MSN/QQ 联系彼此之间，自发形成一个严密的组织，从片源、时间轴、翻译、校对、压片，到最后的 P2P 发布，每个环节都有专人负责，他们勤奋工作，效率奇高，却分文不取，行事低调，很得网民的敬重"[①]。如果暂时避开版权问题，"字幕组"确实是一个优秀人才组合的群体，优质、高效、无偿地为网民们服务。

当然，互联网中，"字幕组"一类的群体还有很多。但是，这毕竟是较为特殊的群体。更多的群体是与网民的上网活动联系在一起，像人们生活中的朋友圈，但又比朋友交流更频繁，联络更紧密。网络技术特征与网民自由性等各种因素，使网民群体趣味、思想、对问题看法趋向统一。这对社会有着非常巨大的潜在影响，良性发展会对社会发展起到巨大的推动，反之，副作用也是可想而知的。

如何对互联网中网民群体进行正确的导向，发挥其对现实社会的良性优势，是我国互联网发展的重要课题之一。

3. 新闻性和舆论导向性

由于网络文化信息传播的双向特征，每个网民既是文化的参与者，又是文化

---

① 陈　赛：《"越狱"第 13 集：16 点零 2 分的竞速》，《三联生活周刊》2006 年第 47 期。

信息的制作者。尤其到了博客时代，网络上出现了大量个人发布的信息，其中有些是网民或公众较为关注的信息，在网上传播快且流传广，已具有了新闻的趋向，并产生了很大的影响力。在美国德拉吉和"9·11"事件报道就是典型的例子。1998 年 1 月 17 日深夜，德拉吉在他的网站上发布了"克林顿绯闻案"，成为世界上第一个报道克林顿和莱温斯基绯闻的人，在整整半年时间内，引领了美国的"舆论导向"。"9·11"事件爆发后，对其报道最真实、最生动的描述不是《纽约时报》，而是那些幸存者的博客日志。①

在国内，2003 年王吉鹏等人在博客中国掀起了一场互联网的"扫黄"运动，并取得了网络"反黄"的阶段性成果，一般认为这是国内第一次引起关注的博客事件。同年，在伊拉克战争中，新华社驻中东站女记者周轶君的博客也吸引了众多的中文读者。这一年的另类事件就是木子美在多个博客网站上刊登性爱日记所引发的一场全社会伦理道德争鸣的浪潮②。

随着网络技术的发展，网站为网民的个人空间提供了越来越多的便利条件，个人在网络上的信息发布出现了多样化的趋势，不仅局限于文字、图片，还出现了音响、影像、动画等形式，使得个人信息发布的新闻性逐渐增强，而由于网友的跟帖讨论，使其舆论导向性的影响也越来越大。这是一个非常值得关注的问题。

从如上特点，我们可以看到在互联网个人空间所蕴含的巨大潜力和能量，对此如果能够正确地引导，将会对我国文化发展与社会进步起到重要的推动作用。

措施及建议

2007 年 1 月，胡锦涛总书记的重要指示中将加强我国网络文化建设与管理的意义，提到关系到国家和社会发展的高度，并对这项工作的开展明确提出了五项要求："一是要坚持社会主义先进文化的发展方向，唱响网上思想文化的主旋律，努力宣传科学真理、传播先进文化、倡导科学精神、塑造美好心灵、弘扬社会正气。二是要提高网络文化产品和服务的供给能力，提高网络文化产业的规模化、

---

① 童小玲：《中国博客的新闻化发展初探》，见《中山大学学报论丛》2006 年第 5 期。
② 董天策、刘　琛：《博客文化解析》，见《当代传媒》2006 年第 3 期。

专业化水平，把博大精深的中华文化作为网络文化的重要源泉，推动我国优秀文化产品的数字化、网络化，加强高品位文化信息的传播，努力形成一批具有中国气派、体现时代精神、品位高雅的网络文化品牌，推动网络文化发挥滋润心灵、陶冶情操、愉悦身心的作用。三是要加强网上思想舆论阵地建设，掌握网上舆论主导权，提高网上引导水平，讲求引导艺术，积极运用新技术，加大正面宣传力度，形成积极向上的主流舆论。四是要倡导文明办网、文明上网，净化网络环境，努力营造文明健康、积极向上的网络文化氛围，营造共建共享的精神家园。五是要坚持依法管理、科学管理、有效管理，综合运用法律、行政、经济、技术、思想教育、行业自律等手段，加快形成依法监管、行业自律、社会监督、规范有序的互联网信息传播秩序，切实维护国家文化信息安全。"

互联网个人空间的文化导向，是加强我国网络文化建设与管理工作的一项重要任务，也是我国文化发展战略的重要内容，各级政府应给予充分的重视，发挥政府部门的主导作用与功能，调动全社会的力量，全力做好这项工作。

1. 加强我国网络文化建设与文化导向

对互联网个人空间的文化导向，最重要的是要有丰富的网络文化资源。然而，从本文第一节中 2005 年我国互联网上网站类型的比例中可以看出，企业网站、商业网站的比例达 63.9%，如果再加上个人网站，比例则高达 85.8%，可见前期我国互联网信息资源的建设与发展主要还是受到经济因素的引导。这种情况在我国互联网发展的早期是可以理解的，为了完成网络基础设施的建设，同时也是为了普及和推广互联网的使用。但是，发展到一定程度，网络文化资源缺失的问题就会凸现出来。

华东师范大学特聘教授陶宏开从 2004 年 9 月到 2006 年，两次做全国调研，发现"众多的网民中，90% 以上是在玩……网吧里面，80% 左右是青少年，95% 以上都是在玩。我们中国的网络文化发展方向出现了很大的问题。我们是把它当成一个游戏发展，误导了中华民族青少年。青少年的概念中，电脑网络就是玩"①。我们总在强调电脑和互联网是最先进的信息工具，却被众多网民用作玩具，深究起来，网络文化资源的匮乏和混乱是一个重要原因。我国互联网的信息量虽然很大，系统、完整、准确的信息却很少，多数是一些残缺的内容，或是被不断复制的重复内容。查询信息会遇到很多空白或不准确的内容，更谈不上利用网络知识资源进行系统的学习了。

由此来看，对互联网个人空间的文化导向，首先要从搞好我国网络文化资源的建设入手。

A. 深入调研，了解需求，制定我国网络文化资源建设的架构

面对我国互联网的现状，政府应加大对网络文化建设的关注与投入。应委托或设立专门机构，对我国网民的信息需求和我国互联网上现有的文化信息资源进行深入调研和分析评估，以制定我国网络文化发展策略。同时应对网络技术的发展及对网络文化产生的影响进行预测和前瞻性的研究，随时掌握网络文化发展动向，以对国家管理决策及法规的制定提供依据。

近年来，我国互联网在高速发展，信息量和网民人数都在快速增加。却很少有人从网络文化的角度对我国互联网发展状况和资源情况进行深入系统的调查和分析。例如，从《2005 年互联网络信息资源调查报告》② 中我们可以知道，截至2005 年底，我国全国网站和网页的数量以及各种类型网站的比例。但是，却无从得知这些网页和网站内容中知识结构情况，及其完整性和准确性。2007 年 1 月中国互联网络信息中心的第 19 次《中国互联网络发展状况统计报告》公布，我国的网民总数已达 13700 万人。根据该中心的定义，"平均每周使用互联网至少1 小时的 6 周岁以上中国公民"③ 即为网民。面对这样一个人数多、年龄跨度大的网民群体，却没有人进行深入系统的调查和分析，了解清楚每一个年龄段和各种不同职业、不同文化程度的网民对网络信息的需求。

从国内相关的机构发布的各种互联网调研数据和分析报告来看，都是带有很强的目的性，多是为技术发展或商务发展服务。而从文化的角度出发对我国互联

---

① 《建设和谐文明的网络文化》，人民网强国论坛，2006 年 7 月 28 日，http：www.people.com.cn/GB/32306/54155/57487/4646201.html

② 中国互联网络信息中心：《2005 年互联网络信息资源调查报告》，2006 年 3 月，www.cnmc.net.cn/index

③ 中国互联网络信息中心：第 1～19 次《中国互联网络发展状况统计报告》，www.cnmc.net.cn/index

网上信息调研、分析工作确实少有人做。至今还没有见到全面、系统地对我国网络文化资源内容、结构、数量以及我国网络文化需求等方面的较为系统的调研、统计、分析、评估等工作的报告。这种基础工作的缺失，很难让政府相关部门对网络文化发展做出正确的判断和引导，难免使网络文化信息的发展陷于盲目的状态。

只有在对我国网络文化基本状况进行深入调研分析的基础上，才可制定出适合我国国情、切实可行的网络文化资源建设架构和发展规划。

B. 政府出面，文化主导，加强我国网络文化资源建设

由于前一时期我国互联网上信息主要受到商业发展的引导，网站上发布的信息内容多是以吸引网民、获取高点击率的经济利益为目的。造成了我国网络文化资源的匮乏，网上信息的不完整、不成系统，甚至是不准确，网民产生对网络信息的不信任感，大大削弱了互联网作为学习和求知工具的用途。

为了正确引导网民上网，必须完善和丰富我国互联网上的信息资源，以满足网民获取信息的需求。这就需要加强我国网络文化资源建设，系统地规划我国网络文化的内容架构，有计划、有目的地完成和推出高质量的文化产品，逐步建成和完善我国互联网上的文化信息体系。

对此胡锦涛同志已经做出了明确的指示："要提高网络文化产品和服务的供给能力，提高网络文化产业的规模化、专业化水平，把博大精深的中华文化作为网络文化的重要源泉，推动我国优秀文化产品的数字化、网络化，加强高品位文化信息的传播，努力形成一批具有中国气派、体现时代精神、品位高雅的网络文化品牌，推动网络文化发挥滋润心灵、陶冶情操、愉悦身心的作用。"

我国网络文化资源的建设工作，必须由政府出面，从国家文化发展战略的角度制定规划和进行实施。政府应出面组织各领域的管理、科研、教育等权威机构制作并发布本领域准确、完整的信息，对于国家组织完成的重大文化项目以及国家各博物馆、图书馆以及学术、科研、教育等机构的资源也应该有计划、有选择、有步骤地进行数字化、网络化，同时采用先进的网络技术和科学的分类方法将所有信息连接起来，形成我国互联网上的完整、准确、具有权威性的文化信息体系。有了这样的体系才能真正实现对网民进行的文化导向，同时对于面向世界宣传和弘扬中华民族优秀文化也具有重要意义。

C. 发挥专家作用，利用数字化和网络技术，有效整合网络文化资源

随着互联网的发展，与之相关的技术在不断更新。我们的政府管理机构应该注意发挥专家作用，采用先进技术，为网民提供服务，有效地整合、利用网络的信息资源，方便网民上网，满足网民各种不同的阅读需求，帮助网民便捷地查询、浏览信息，以实现对网民上网行为的引导。

今天的技术可以给我们的信息处理带来极大的便捷。按照传统的出版方式，一本书不可能面向所有的读者，因为有人要求通俗，有人要求严谨，有人要求简洁，有人要求完整，不同层次读者的阅读需求，无法在一本书中得到满足。但是采用数字化技术对图书进行再加工，就可以达到这些要求。举历史图书为例，以年代排序的目录加工成历史年表，就可以满足读者对年代查询的需求；每一章节的摘要和简介可以加工成知识性、普及性读物；若读者继续点击选择，则可以阅读全文或相关的学术、理论性内容。

网络技术的发展和网络信息发布形式也在改变着网民的阅读习惯，希望网页内容既丰富又便于查找，文字直观、明了，图文并茂，段落简短且要加注标题等等。

互联网为网民带来了海量的信息，许多内容利用搜索引擎检索，瞬间就会出现成千上万，甚至上百万的网页排列，面对如此大量的信息，多数网民对此都会感到无所适从，难辨真伪，更不排除有很多负面的内容夹杂其间。

对于上述类似问题，以及随着互联网发展出现的各种新问题，应该有专门力量进行深入的调研，随时了解各个阶层网民的需求及其变化，发现互联网上的新问题，提出相应的对策。同时也应随时掌握网络中的最新技术，加以利用。

另外，还应该组织各领域的专家，经常性地对互联网上的大量信息进行遴选，推荐出具有准确内容的网站或网页，做成信息查询的链接目录，并能随时更新，以此来帮助网民便捷地找到所需要的正确信息。

D. 完善管理机制，创建有序环境，保护网络文化资源

在进行网络文化建设的同时，还应注重完善网络的管理机制，创建有序的网络环境，保证我国互联网向健康的方向发展。

我们进行网络文化建设，丰富网络上的文化信息资源，首先要面对发布上网的信息资源如何进行管理、如何进行知识产权的保护，以及网络资源的管理和保护等问题。这些问题在几年前就凸显出来，但是至今仍未得到根本的解决。

例如，2000 年 7 月文化部主办了首届"中国优秀文化网站评估调查"活动，

调查发现当时文化类网站存在的一些问题，其中之一就是："网站中文名称混乱。赫然打着'中国历史××'、'中国拍卖××'或'中国文化××'、'中国文物×××'、'中国××博物馆'等行业名称旗号的中文网站实际上是个人或企业网站。这些网站由于人力、物力、财力等方面的原因，网上内容单薄、陈旧，更新速度慢，加上无人对其网上发布的信息进行审核，网上内容无法准确反映中国传统文化的精华，但因其名称较大，使海外人士误以为是政府网站，造成对中国历史文化的一些片面和错误的理解。"①

这个问题至今依然存在，我国互联网上网站名称没有管理机构，更没有详细的管理办法。创建一个网站只需在信息产业部备案网站域名和名称，备案时只需要提供个人身份证号码、电话和邮箱地址就可完成。这样的结果就是，到今天当我们规划我国网络文化资源的结构，准备进行相关网站建设时，却发现网站名称和域名都已经被占用或被注册。而占用了这些重要名称的网站，却不能承担发布准确相关信息的任务。

这些问题得不到解决，将对网络文化资源建设工作造成很大的障碍。同时，网站名称名不副实的情况，还会对网民产生误导。日久，会使民众对我国的互联网信息资源产生不信任感，甚至使网络沦落为消遣、娱乐、浏览小道消息、游戏等用途的工具。

对此，应该尽快完善网络管理机制，应该从国家网络文化建设的角度来考虑管理措施和法律法规的制定与实施。事关网络文化建设与管理的重大决策的出台应广泛征求各界，尤其是文化部门专家和管理者的意见和建议。

2. 加强教育，完善法规，建立自律与他律相结合的引导机制

由于互联网具有现实与虚拟的双重特征，在对网上出现的负面效应的监管问题上，应该考虑到互联网的特点。首先应该尊重网民的个人意志和愿望，加强道德理念的宣传，注意发挥网民的正义感与公益心理；其次要强化各种法律法规及管理条例的宣传，加强网民自身的自律和网民间相互监督的群体自律；再者，就是要加强管理，建立有效的监管机制，对网络中严重违法犯规案例及时采取措施，并进行严肃处理。

---

① 中华文化信息网《首届"中国优秀文化网站评估调查"活动揭晓》，2000 年 7 月 http：//www. ccnt. com. cn/news/news_ culture. php3？ c ＝20000710c

A. 加强道德理念和遵纪守法的宣传教育

前面提到，互联网虚拟空间是现实社会的延伸，网民在网络中的行为是现实生活思维方式的体现。今天，我国社会的法制建设正在逐步完善的过程中，公民的守法意识也还需要逐步形成。因此，对互联网个人空间的文化导向，提高网民的道德文明水准，普及法律知识，强化广大网民的守法意识，使他们能够加强道德理念，自觉地以法律准则约束自己的网上行为，是一项长期而且重要的工作任务。

实际上，许多网站都在力求用中国的传统文化创建一种文化与道德的氛围。在 2003 年木子美事件后，博客中国网站发出了《博客道德规范》倡议书；2004年，中国互联网协会制定了互联网站禁止传播淫秽、色情等不良信息自律规范和中国互联网行业自律公约；2006 年，北京千龙网等 14 家网站提出的文明办网、文明上网的倡议，同时全国范围内展开了文明办网、推进网络道德建设的大讨论等等活动，取得了较为显著的成效。

互联网中网民的道德理念和守法意识，也是我们今天现实社会的一种反映。十年"文革"对传统文化的割裂，经济大潮对传统道德理念的冲击，我国向法制社会转变过程中的法律法规的滞后和守法意识薄弱等种种问题，都会在互联网中体现出来。因此，加强网民的道德理念和遵纪守法教育，也应该同今天我们弘扬与传承中华民族优秀文化与传统道德、建设我国的法制社会等工作结合起来，互动起来。

B. 完善法律法规，规范上网行为

互联网与现实社会既有密切的联系，又有不同的特点，而且随着技术的高速发展，互联网的特征与表现方式也会随之变化，在处理与互联网相关联的矛盾与问题时，常会遭遇法律和法规的空白，网民行为也会有一个适应时期，因而大家会感觉到网络中的混乱局面，这将是互联网发展中越来越凸显的问题。

国外互联网发展也有类似的问题，对其法制法规的建设经验，我们也可以参考和借鉴。例如美国为保护儿童的身心健康免受成人网站的毒害，从 1996 年起总共通过了《通信内容端正法》、《儿童在线保护法》、《儿童网络隐私规则》、《儿童互联网保护法》等 4 部相关法律，对成人网站进行限制。法国则在 1998 年6 月对《未成年人保护法》中有关制作、贩卖、传播淫秽物品的定罪量刑做了部分修改，从严从重处罚利用网络手段腐蚀青少年的犯罪行为。我国的互联网上也有很多色情的内容，对青少年上网造成很大危害。其中有些是出自网民的个人空间，尽管作者是出于各种不同的目的，表现程度也有所不同，但在我国网络信息没有分级的情况下，是会产生很多不良影响的。对此，国家应尽快采取相应的管理措施，建立和完善相关的法律法规，以保护青少年的身心，规范网民的上网行为。

类似的情况还有很多，例如知识产权的问题，涉及到如何保护国家、团体、个人在互联网上知识产权不受侵害。限制太紧，有可能违背互联网资源共享的原则，不利于互联网发挥人类智慧和创新精神的优势；限制太松，会给侵害他人者以可乘之机，起不到真正的保护作用。

对于互联网的立法问题，国家应有专门的机构和专家研究网络技术发展、对互联网带来的影响，互联网中出现的新问题、新动向，使政府能够尽快采取相应对策，完善相关法律法规与管理措施，规范网络活动行为，保障网民的利益，创造一个健康、有序、和谐的网络环境，引导我国的互联网向良性的方向发展。

（王　路　中国艺术研究院非物质文化遗产
数据管理中心主任、副研究员）

中国文化产业的发展政策与策略

关于北京文化产业发展的若干思考

张会军

内容提要 文化的产业化和市场化是一种不可避免的社会趋势和发展方向，是我们国家文化未来发展的重要目标。本文对北京文化产业研究进行了深入思考，在加深对文化产业的全面理解基础上，力求认清文化产业发展的特殊性。进而对北京文化产业发展提出若干建议，并涉及到北京文化产业发展的若干研究与思考。

关 键 词 北京文化产业 规划 发展 思考

现代社会的经济发展和社会发展，经常是不按我们的计划和意志出牌，而是按市场出牌，现代产业也经常是要精心规划、系统研究，要做到宏观发展，细节丰富，其结果也经常是出其不意，预想不到。所以，我们提出要进行文化产业领域发展和开发问题的时候，就要像进行经济体制改革和经济建设那样，也要求我们要有前瞻性、预见性、科学性、务实性，更为重要的是，今天社会发展和取得成果的根本原因经常是不在于你做什么，而在于你怎么做。

全面加深对文化产业的理解

当今世界认为，所有在当今社会具有可持续发展、可以产生社会连锁反应的想法我们都可以叫做创意，可以拉动市场、产生社会经济效益的我们都可以叫做产业，所以，现在我们经常谈论的是创意产业、创意文化产业、文化创意产业、文化产业，但是，这其中的核心是文化、是产业。我们用文化产业的提法比较科学。

现在除了在未知的科学技术领域，已经没有什么没有开拓和涉足的领域，所以，在宏观协调的意义上，已经没有什么源自个人的创意、技巧和才华的东西了，只是在一些内容和细节上有所不同，使这种创意、技巧、才华具有内容、细节的魅力，关键是可以形成产业，形成市场，形成知识产权，通过对这种知识产权的开发，能够形成巨大的经济潜力，所以，我们说，现在的问题不是形式，而是怎么样的内容和表现内容，也就是一些人说的创意。

创意文化产业（也有叫文化创意产业）：专家认为，所谓创意文化产业是指源自个人的群体的知识、智慧、技巧及才华的构思、创意，通过市场的实施、知识产权的开发和运用，具有创造财富、发展生产和增加就业潜力的产业，是与知识经济、市场经济、产业经济相适应的一种新兴产业形式。有人说：创意文化产业经济就是智慧经济、构思经济、内容经济，化腐朽为神奇就是创意文化产业的核心。

文化产业：文化在传统的意义上是一种历史的浓缩和传承，是一种精神的折射，是一种个人和群体的行为，是一种特色的印记，是一种思想的愉悦，但是，近年来在进入知识经济时代的发达国家，文化生产已经成为一种工业生产，成为一种链条型的现代产业，它成为了整个链条的高端，由此产生一系列外延发展的末端，在这个过程中，重视将文化经济化，将文化产业化，与传统的历史、民俗、技术、产业相结合，以增加文化的经济附加值，以增加产业的文化附加值。

作为文化产业中的文化制作、消费、娱乐、传播、交易等，在今天之所以可以产生如此大的社会效益，首先是因为文化的社会属性、精神属性、市场属性和娱乐属性所引起的，这是一个精神追求和文化消费的年代。

我们在经济改革开放的20多年以后提出要"振兴文化产业"，实际上已经成为和"建设新农村"同等重要的国家产业的战略转移，符合我国经济现阶段社会的发展和要求。关键是我们要抓住现代文化产业的核心，调整现代文化产业的方向，使其从单一的个人（小众）精神消费需求，转向于服务社会（大众）的物质消费、娱乐消费和精神需求，服务是文化产业领域的核心新思路。

我们的决策人要清醒地认识到文化产业规划的重要性、政策性、科学性、广泛性、针对性和适应性，我们应该在科学、务实、发展的观念指导下，全方位地制定文化产业制度、政策、法规，对文化产业与传统产业做经济规律上更加整体性的思考。

有的人提出，我们要探索出一条具有中国特色的新型文化产业发展的道路，我觉得这种提法缺乏科学性，现代文化产业在其他国家和城市已经有现成的发展模式和成熟经验，我们不用探索，我们只要拿来运用并进行局部的调整就可以了。

近几年国内外文化产业不同领域发展的事实证明，对文化产业的市场前期发展和后续发展的前景，怎么估计也不会过高。例如：美国电影《哈利波特》1—3、《泰坦尼克号》，韩国的电影和电视剧，日、韩版游戏《三国演义》，美国动画片《米老鼠和唐老鸭》、《木兰从军》，张艺谋的《印象·刘三姐》，电视栏目《梦想中国》、《超女》，歌舞《云南映象》，芭蕾舞剧《大红灯笼高高挂》，音乐演出《女子十二乐坊》，文艺演出《少林雄风》，中国电影《英雄》、《天下无贼》、《十面埋伏》，国内外各种各样的畅销的小说和数字唱片，都是由于利用了传统的文化平台、文化影响和其商业的影响，利用了最大限度地满足人们的精神追求为核心，通过接受与传播、文化与娱乐、生理与心理的作用和外延，社会效益、市场效益和经济效益分别达到了一个巅峰的数字（数字往往可以说明一些东西，但是，也不能说明所有的东西）。但是，我们国家像这样"好创意、好作品"还比较少。现实已经证明，由于创意文化和文化产业的特殊地位，其已经成为全球最有前途的产业之一。中国的悠久的历史、文化的深邃、地域的博大、众多的人口，国际市场已经把对中国的经济战略目标，逐渐发展到文化产业目标，成为他们发掘的新领域，他们的这种重心转移，已经紧紧地锁定在与中国传统文化有关的发展上，这个现象应该引起我们警觉和思考，我们要迫切地关注这些现象后面的实质。

认清文化产业发展的特殊性

文化产业是最具"无烟窗"特点的工业，基本上具有占地少、耗能少、知识型、专利型、辐射广、传播快、投入少、产出多、娱乐强、跨国界、影响大、收效快等主要的特点。

（1）文化产业是物质生产和产品生产，具有精神、历史意义和影响。首先，在满足人们的物质需求的同时，还要更大地满足人们的精神需求，要求这种更高层次的需求具有长久性，一般说来，物质消费的能力越强，对文化产品过程消费和精神消费需求就越多。

（2）文化产业的产品一般具有自主创新、开发的特点，其产品的生产者，必须是文化知识、文化资源、文化智慧和文化人才的拥有者和创造者。他必须有无穷的创造和想象，对专业有深入的研究，对经济市场有比较大的融入性，产业发展还必须有一套科学的管理机制和办法。

（3）文化产业的劳动是建立在物质劳动基础上的脑力、智力型劳动。文化产业的生产，同时具有劳动力松散型和密集型、智力开发型、资本开发型、创意拓展型、个人智慧型的特征，但是，其脑力、智力的劳动是其主要的特征和形态，对人才的需要具有比较高的专业要求。

（4）文化产业的发展和繁荣，是通过创造概念、提出构想、供给产品、培育市场、娱乐群体、创造消费需求来实现的。文化产业的策划、发展，需要对市场进行缜密的研究判断，需要对文化细节进行研究，文化产业投资具有比较大的针对性和市场机制，同时也有比较大的风险。

（5）制作文化产品，先期关键是需要个体的创造和创意。当然，有的也需要群体的完成者，既需要创作的智慧和灵感，也要对市场进行分析，规划者、投资者要对产业本身的专业特殊性进行研究，也要对产业的发展、定位、需求进行理性思考。

（6）文化产业的市场行为和结果是潜在的，具有不可前瞻性。其过程不一定是直接的，就是说，开始不可能有明确的消费对象和细化的市场定位，关键是它有比较大的不可预见性，但是，全面、综合考虑后，会产生良好的市场效应和经济效应。

（7）文化产业的生产必须兼顾文化的品位和个性的创造，也要考虑市场的对应和非标准的特性。必须是要使文化产品具有原创性、研究型、发明型的自主知识产权的特征，使文化产品具有不可替代性和唯一性，具有长时间的生命周期。

（8）文化产业的产业本身和产品具有比较大的影响力，无形资产、产业效应、品牌效应具有不可估量性，关键是产业链经营过程中策划和执行细节，这样产生的后产值和后价值具有产业成倍增长的可能性。

（9）文化项目发展有可能按照艺术发展的规律，但是也有可能走别的思路。借用专业的思考，产业发展的过程中，文化会与其他产业产生渗透性和交融性，文化产业最终，都会融入不同的文化意义，我们既要考虑文化的独特性，也要考虑文化的安全性。

（10）文化产品和产业要极具个性。文化产业，要生产有形物质产品，创造、积累有形和无形的资产。品牌是有形的质量和无形的信誉的长期积累，表现为其特点和特征非同一性、非标准性、个性化和不可替代性。

文化产业同其他产业比较，有着其特殊性，我们要考虑文化的特殊性和产业的独特性，考虑到文化产品和文化服务的特殊意义，将其在大观念上，定位于第三产业和新兴产业，我们要准确地进行市场定位，积极培育和推动其发展。北京文化产业的特殊性包括：历史的丰富性、内容的多源性、人才的集中性、资源的优异性。

北京文化产业发展的若干建议

2006 年，在北京十二届人大四次会议上，北京市市长王岐山做了《关于北京市国民经济和社会发展第十一个五年规划纲要》的报告，明确提出要把大力发展文化（创意）产业作为北京未来的战略发展重点。而且，在经过充分论证的基础上，北京发展文化产业的目标是把北京建成文化文艺演出、出版发行和版权贸易、影视节目制作和交易、动漫、游戏和网络艺术、文化会展、古玩和文物艺术品交易等六个方面的中心，这是一个非常英明的决定。

文化产业是智慧和点子的产业，是一个系统的工程，具有任何人都意想不到的连锁反应，一是要具备创意点，二是要具备系统性，三是要具备持续性。现在，所有人都估计文化产业是 21 世纪全球最有前途的产业之一，是因为我们已经看到了这个产业已经具备了社会环境，也具备了产业结构，更具备了完整、科学的产业发展机制，在我们国家能不能成为中国经济的支柱产业，则完全在于我们的运作和发展。问题是，我们国家的文化产业还处于起步阶段，文化产业从规模、管理、人才、资本都还不能和发达国家比，我们还没有相应的文化法律作为产业的支撑和保证，这必须引起我们的足够认识。

（一）北京市在发展文化产业中目前需要思考的几个问题

1）确定北京市文化产业规划发展的布局；

2）制定支持文化产业发展的若干产业政策；

3）研究文化产业发展的主要内容和领域；

4）加强对文化产业发展的服务和支持；

5）加强对发展和管理文化产业专业人才的培养；

6）制定文化管理的法律和进行体制的改革。

国外统计的数字表明：韩国电影《生死碟变》一部影片的票房，超过我们的全部国内票房。美国电影所创造的经济价值超过 155 亿美元。2001 年，英国的与创意文化产业有关的产值为 1125 亿英镑。2002 年，创意文化产业成为了英国第二大产业（仅次于金融服务业），注册商业机构 12.2 万家公司，从业雇佣人数为 190 万。从这些简单领域和产业的数字中，我们应该感受到一些什么，应该知道这个产业的未来有可能发展的规模。

首都的文化产业发展要紧紧围绕北京历史的发展，契合北京城市文化的底蕴，针对北京的区位优势和人才优势进行考虑。北京是全国的政治中心和文化中心，但是，如果不进行科学的规划和优势利用，不能保证就可以成为文化产业的中心，北京有比国内任何一个地方都合适的条件，关键是北京有比较多的人才和培养文化产业人才的资源。

北京在发展文化产业的时候，我们要防止和纠正一种错误的认识和倾向，不是要我们开始新的一轮的规划、设计、炒作、圈地、谈判、贷款、融资、建楼、引资、进人，而是要关注一个关键的问题，现代服务业是现代产业发展中的最大的产业和最有活力和生机的产业，所以，文化产业发展中的核心是文化服务。文化服务作为一种保护和支持，其主要是对文化精髓和知识产权的服务，应该体现平台、硬件、制度、法律、契约关系的保证。

今天，我们对文化产业的认识已经到了一个相当的程度，甚至认为可以救中国、救城市，是万能的钥匙。中国有"一窝蜂"的传统和"竞相模仿"的劣根性和无聊性。据悉，全国不少城市目前都在将文化产业或者是文化创意产业确定为自己的主业，从 2006 年开始，预计中国将开始新的一轮以文化建设和文化产业为名目的大规模经济项目开发，将会出现新的一轮当年的"经济开发区圈地热"。

北京市的文化产业发展，市场的开放和总体的发展应该是分步骤、分阶段、有计划、逐步式的。分阶段地开放，是对前一阶段成就教训的总结，文化市场也是需要消化的。但是，怎样防止新的文化产业发展的计划经济的模式出现，北京市已经发布了一些城市文化产业发展指导目录，分成放开类、鼓励类、限制类、禁止类，需要研究，其中还包括了文化投资怎样办手续？哪些手续是需要核准的、审批的、备案的？特别是对一些耗能高、用人多的项目应该控制，其目的是想让准备进入的资本心里有底，这一点非常重要。但是，这些会不会对文化产业发展产生新的束缚和门槛？我们要进行比较全面的思考。

我们如何管理我们现在的文化企业？我们怎么样进行新的文化公司组建？多种形式的股份制文化公司如何结构和发展，怎么样用股份制的办法把一些小的文化公司组建起来？如何鼓励非公有制的民营和私人资本进入文化产业？如何鼓励有资本、有实力的集团、企业、公司进入北京市的文化产业领域，推动文化产业的发展？

文化产业可以"做好做大"，是一个现实，也是一个概念，但是，这是有条件的，是需要科学的管理和科学的态度。

我们承认：发展北京文化产业的计划已经呼吁、酝酿了十多年，这次的决策和讨论，我们应该多讨论我们怎么干，不是要再在这里论述半天发展文化产业的重要性和必要性，在首都"十一五"规划制定完成以后，讨论我们先做什么？后做什么？注意什么问题？关注什么现象？响亮地提出一种主张，给人们一个明确的信号。

（二）北京市在发展文化产业中需要开展的几项工作

北京大力发展文化产业，形成首都经济支柱，是北京市在特定历史时期对产业结构进行调整的关键时刻，在北京发展文化产业中，北京要在利用中央资源发挥潜力，在服务、合作、整合等方面下功夫，应该和北京资源相互对接、相互利用，进行统筹规划。

从目前来看，我们北京文化产业还没有一个整体的空间布局和科学规划，政府的态度不坚决，文化产业发展的决心不大，文化的特色和区域特性不明显，充分利用北京的资源优势程度不高。我们北京目前已经有了很多传统的、自发的文化项目和文化内容，但是，仍然处于原始的自发状态。政府应该加强规划和服务意识，应该整合资源，积极建立孵化文化产业聚集地。

1）北京具有全国电影电视剧制作的人才优势，应该尽快规划出若干个类似怀柔飞腾影视基地这样的以制作电影电视剧为中心的大型基地，统筹规划拍摄基地的民族风格和定位功能，进行必要的产业支持、税收优惠和政策倾斜，吸引国内和世界重要的电影电视剧制作机构来北京进行制作。

2）充分利用北京地域、历史等传统文化优势，加快形成以高碑店、潘家园等地为中心的文物、文化市场，积极发展和拓展北京古旧家具制作、文化制品生产、古旧字画交易、文物珍品拍卖、民俗产品制作等项目的经营基地，形成以北京为中心的文物书画交流、拍卖基地的建设。

3）积极拓展北京的数字技术、高新科技等的传统文化优势，建立以中关村科技园为中心的数字技术的硬件和软件的研发、网络利用、媒体互动、创意设计、加工制作、人才培训的基地。也可以考虑以上项目的对外合作与异地加工，例如：软件研制、产品开发、产品制作。

4）充分利用学院和各个大学的教学、技术、艺术平台，在条件比较成熟的高校设立文化产业学院，在其他高校设立相关的文化产业专业，进行前期的人才培养和储备。也要在一些比较成熟的院校中进行产业人才培养的对外合作和输出，充分利用资源、区位、教育的优势，与相关省市进行教育、文化、人才的合作，特别是在外地培养为北京市文化产业、创意产业发展的人才。

5）整合、利用北京现代社会各种各样的媒体资源优势，进行首都强势媒体资源建设，我们要发挥和利用北京主要大型报纸、网站、杂志，建设全国的主流网络、电视、媒体中心，利用新建的中央电视台、北京电视台，建设全国以电视为媒介的影视交流、制作、发行、播出、销售的产业基地。

6）发展北京的地缘优势，推进"文化立市"进程，筹划北京国际性、综合性的文化博览会，主管部门来具体实施北京文化博览会的召开，要鼓励竞争机制，向市场化要文化博览会品牌，在政策上给民营企业以国民待遇，尽快进行规划实施，加快建设高品位首都文化城市。

7）利用北京现有的文化设施优势，利用国家博物馆、故宫博物院、电影博物馆、首都博物馆、国家图书馆、首都图书馆等系列文化硬件设施及其在北京的文物古迹，进行旅游资源的整合，形成历史、文化人文、民俗旅游的主要基地。

8）挖掘北京文化院团和演出的独特优势，提升北京戏剧、交响乐、舞蹈、话剧等演出的国内和国家地位，在北京国际音乐节、北京青年音乐会等标志性品牌文化活动的基础上，与各个国家合作，打造大批脍炙人口的文化精品，建立国际化演出的都市品牌。

9）建立艺术电影院线，在北京扶持艺术电影和培育观众；建立合理布局的、票价合理的城市和小区电影院线；建立合理的剧场院线，推广和进行一些小众的戏剧演出；特别是建立北京的大学电影院线、农村的电影院线和剧场系统；建立农村的图书馆系统和知识技能培训体系。

10）北京未来可以发展的文化产业的几个重要方向有：广告制作、艺术设计、电视产品、广播媒介、数字技术、娱乐产品、电影制作、录像交流、音乐演出、表演演艺、出版发行、软件开发、计算机、书法字画、艺术画廊、游戏生产、动漫艺术、博物馆、图书馆、艺术品、古旧文物、演出经济、网络应用、艺术教育、展览博览、新媒体艺术、艺术经济人、历史文化遗产。

我们要意识到，北京文化产业的发展，改革是一个根本的问题：我们要从经济体制改革的经验和教训中学习，关键是要解决生产关系的问题，否则生产力的解放没有办法实现。

北京文化产业的发展，关键是要抓好文化规划、文化创意、文化特色、文化制造、文化人才、文化传播、文化消费、文化管理、文化服务、文化交流等产业链条中的重要环节。文化产业发展的要素是资源，是人才质量和产品质量，这是文化竞争力的核心要素。

在全世界的范围内，文化作为一个独特的产业，太年轻，没有比较现成的经验可以借鉴，关键是体制、人才、内容、运作的问题。不可否认，文化产业是中国经济的新增长后的又一个增长点，已经显示出生命力。北京的文化产业，要像当年我们规划经济特区和沿海开放城市那样，详细计划先抓什么？再抓什么？注意优势项目和特色项目。政府要高度重视文化产业的环境建立、政策制定、服务保证，其他的不用包办、不用操心，政府支持、民间投入，千万记住，政府不要对经营性的文化产业投入，但是，对公益性的文化产业要加大投入。

北京文化产业发展的若干研究与思考

全球化经济过程将会马上使发展中国家的经济基础、文化基础受到"侵略"，受到发达国家某种经济和文化霸权的"威胁"。一定意义上，在全球化环境下会对传统文化行业有极大的冲击，但这是历史发展的必然过程。重要的是我们要全面地研究，审慎地参与。全球化成了目前学术界的重要话语，从已经发表的围绕全球化的论著和观点来说，参与这场讨论的学者分别来自政治学、经济学、哲学、伦理学、教育学、社会学、心理学等社会科学各个领域，实际上并没有引起我们文化学学者的关注。

中国的文化领导者和文化人必须充分认识到以发达国家为主导的全球化文化趋势的双重效应，即机遇与挑战并存。全球化过程将会导致世界各个国家的文化公司和资金以及文化产品进入中国的市场，必将会在中国建立独资文化公司、合资文化公司，会形成全面的文化生产和消费的局面，会在机制上影响和改变中国的文化环境和文化企业，会推动中国文化的进一步市场化和国际化，并逐渐使中国文化企业在构成上、在制作上、在机制上与世界文化体制的接轨，为中国文化产品的提高质量，并进入全球市场提供历史契机。

世界竞争的范围从经济转向了各个领域，文化产业的竞争日趋白热化。文化作为一个产业，其竞争表面是一个市场问题，而实质是文化观念和文化人才的竞争。文化产业及其市场的整体链条中，产品是市场中的重要组成部分。中国文化市场的竞争态势始于90年代初，最明显的就是出版、电影、电视、演出进入我们国家所产生的竞争，其次是其他文化产品对我们市场的影响，占据了大众娱乐市场的主要份额，我们的文化企业和产品则由于文化体制本身、从业人员的经营观念、对文化产业和产品的片面理解、制作创作专业水平等的诸多问题，在日益发展的国际文化公司面前无所适从。这种状况更加明显、剧烈和动荡。文化呈现的是逐渐滑坡和日趋增多的警告，也呈现出一片虚假的繁荣和整体水平的低下。

全球化经济的结果是经济并没有怎么样多元地在根本上促进经济的发展，反而是文化产业、大众传媒得到了突飞猛进的发展，所以，更加证明了现代社会的经济发展和社会发展经常是不按我们的计划和意志出牌，而是按市场出牌，尤其是一些国家的文化产业改革与发展走在了经济的前列，夹击的气势和发展的速度已经到了我们必须深入思考和全面重视的程度。文化、电影、娱乐、媒体的飞速发展，大众艺术大潮的出现，文化和经济之间的此消彼长，时而火爆、时而低迷的现象，促使我们思考和寻找新的战略对策。中国文化产业遇到了"世纪文化岔路口现象"已经成为事实。在无可阻挡的现实面前，我们对文化产业的感慨颇多：中国文化产业怎么样发展？文化的体制和机制怎么样的管理和加强？文化产业从业人员水平需要怎么样的提高？文化产业政策如何对应市场的需求？什么时候组建真正意义上的文化集团（股份）公司？怎么样彻底解决文化产业发展中的羁绊问题？如何保护文化产业和文化市场投资利益？怎么样建立区域化、专业化的文化市场？

1. 对文化立法和管理的思考

我们都在本质上认同对中国文化产业的操作缺乏实质性的法律管理，缺乏计划和措施，所以，文化在全世界都可以成为产业、都可以赚钱的事情，在中国却是另外一种情景。造成总体的感觉是结构强于细节，教条大于计划，表面多于实际，理论盛于实践，炒作淹没制作。把中国文化、艺术、娱乐作为产业和市场整体来分析，文化绝对具有极大的市场潜力和前景，在产业发展、机制结构、市场运作、制作生产、制度管理、法律法规、理论研究等几个方面依然需要进行全面的建设和比较细化研究，国家急需制定一整套完整的文化产业政策，才能适应当今文化产业的发展。

根据目前世界文化的产业发展，为了保持我们国家文化产业的地位，保证我们国家在世界文化格局中的地位，我们必须尽快制定和通过一系列的文化法律，我们目前关于文化方面的法律只有《著作权法》和《文物保护法》。由于我们国家已经有了相关的经济方面的法律，所以，只要在加快其他产业政策、法规的同时，也考虑相关文化产业政策的法律制定。我们认为，我们国家文化法律的全面实行和管理的时机已经成熟，而且，越快实行，对支持和保护我们国家的文化产业，越为有利。

西方主要国家都有相应的文化产业法律及相应的管理措施，对保护投资方、生产方、观众群及各个方面的权益都有十分大的促进作用。另外，通过法律的形式，可以规范、界定、管理文化产业发展过程中的所有问题，依法管理，对文化的产业发展、行业管理、世界接轨、市场控制有很大的促进作用。

我们的文化主管和行业部门应该研究什么是制约我们文化产业发展的原因？也可以分析一下是什么原因使中国的经济迅速发展？经济可以做到的，文化也可以做到。经济怎么管理，文化就怎么管理。经济可以繁荣，文化也可以繁荣。

2. 强化竞争机制，加速文化体制建设

我们要根据中国进入 WTO 以后的形势，认识到文化产业所面临的处境和问题，建立现代文化产业和企业制度，使文化企业的经营全面进入市场化的运作。文化主管部门的主要工作是进行文化的法律制定，制定和调整符合文化产业发展的政策，依照国家的法律和文化法规监督文化企业。借鉴世界各国文化产业的管理经验，对文化企业进行规范的公司制改革。彻底进行改革和重组，精简机构，裁减人员，打破"吃大锅饭"的体制，使文化企业真正成为市场法人实体、市场经营主体和市场竞争主体。确立现代文化企业的自主经营意识，投资看市场，效益靠管理，经营按法律。

3. 加快和深化文化企业的改革

我们必须深化文化企业的改革，合理调整文化产业结构，使中国文化产业的发展和结构关系，适应我们国家社会主义市场经济体制转变的变革。建立中国自己的文化投融资体系，开辟安全有效的文化投融资渠道，提高文化资本运作的效率；要强化文化企业自主经营，自主决策的观念。进一步明确文化企业策划、制作、发行、销售企业的性质，真正做到"产权清晰，权责明确，政企分开，管理科学"的现代企业制度和经营机制。

4. 合理调整文化产业结构

我们要制定相关的文化产业政策，成立大型和跨地区的文化产业集团并进行跨地区的经营模式；允许民营机构成立文化公司投资文化产业；独资或者合作成立文化投资公司和文化制作公司，并在相关经济政策上给予倾斜。鼓励多种形式的资金投资文化产业，鼓励民营资本以入股的方式介入国营文化机构和管理。鼓励现有的国营文化企业与国外的文化公司组建新的文化股份公司。开放目前文化领域的投资渠道和文化领域的经营机制。制定后文化产品开发的政策和鼓励机制，全面带动文化经济下的相关产业发展。拓展民营文化公司与外国文化公司合作生产文化产品的渠道；鼓励独立文化制作人运作的非国家的文化项目，鼓励各种形式的民营资本的文化投资机制；鼓励小成本的文化制作。

5. 建立北京市的文化产业战略研究发展中心

综观世界文化产业的进程，文化产业发展的每一次重大进步，都是由于观念上的革命所造成的。现代文化观念将会对传统的文化产业和制作方式产生革命性的变革。北京市政府主管部门要像国家建立 863 科学课题组一样，成立北京市的文化产业战略研究发展中心，在北京市的政治、文化、经济环境和背景下，调动中央和北京的学术力量，进行文化产业的全方位定位、战略、市场、发展的研究。

6. 利用宏观调控机制成立跨行业的文化机构

北京市要充分利用北京的地缘优势，制定正确的文化发展战略。在北京文化产业的宏观规划下，鼓励建立各种形式真正意义上的、人员精干的文化机构。进行一切以市场为导向、以发展为主旨的，全方位项目策划、资金运作、经营管理、制作生产、发展营销的现代文化企业的运作。利用政府宏观调控机制成立跨行业的文化机构，真正体现以市场为主体的文化资源最佳配置与优化组合。全方位、多角度地进行一体化的大文化经营，从管理体制、产品结构、经济结构上发挥优势互补、资源共享、综合开发的作用。

7. 强化文化专业复合人才的培养

未来北京市文化产业发展的两项重要的问题：1）培养更多的德、智、体全面发展的文化专业高级专门人才；2）极大地提高现有文化从业人员的专业水平。利用北京地区的所有文科大学、综合大学、艺术院校中的与文化产业发展有关的专业学科，开设一些文化产业和艺术专业的课程，招收部分文化产业策划、管理和制作方向的研究生。

北京市应当继续重点支持、办好有重大影响的文化专业院校，支持重点的文化学学科和重要的文化专业。应该在宏观指导上对学生的文化、修养、素质上进行脚踏实地的教育。北京市要适度扶持几个大学文化专业中的重要学科。在宏观上要加强艺术创作、理论研究复合人才的培养。未来文化产业化革命中，谁拥有了人才谁就拥有了市场，在诸多的因素中，人才的因素是最重要的因素，而培养出大批适应社会文化发展、新技术、新观念的文化专业人才，是北京市从现在就应该着手进行的重要工作。

8. 建立鼓励和扶持文化制作的文化基金

鉴于文化制作性质的群体化、专业化特点，建立文化专项基金，重点鼓励和扶持文化公司制作具有国家传统特色和具有市场前景的文化产品，继续保持对重大文化项目和规划作品的支持。对有一定社会、历史、文化、教育意义的文化产品，一经论证，在制作资金上、推广上给予必要的扶持和支持。政府应该把此作为一个明确的产业政策。

北京市应当通过和利用建立的文化基金，资助具有市场开发前景的文化产品，扶持北京市认为重要的文化题材和项目。从鼓励和扶持的角度建立专项的文化基金，研究文化发展、制作中的问题，给予宏观的指导，对于制作中形成比较好的市场效益、社会效益的文化产品进行量化分析。

9. 对文化产业实行优惠政策

北京市应该重视文化产业的建设和扶持，率先对文化产业实行优惠政策，我们应该像对待高新技术产业开发区一样来对待北京市的文化产业。我们可以学习韩国政府对其电影产业所制定的优惠政策，对北京市的文化产业实行相应优惠税收政策和产业金融政策的支持，对文化产业的各个产业环节给予全面的支持和帮助。

10. 建立专项文化产业研究基金

鉴于文化产业是未来北京市的新兴产业和支柱性产业，北京市应当建立"北京市文化产业研究基金"，由北京市专门机构和委员会或者其他组织通过各种各样方式提供这项奖励基金，进行文化产业研究。这样做的根本是为了提高国民和国际对北京市文化产业发展的重视，加强北京文化产业及相关政策的基础理论研究；同时促进国内、国际间对北京文化的学术交流。凡是与北京市文化产业相关的技术、艺术、理论、政策、制度、法律等的产业理论研究课题，都可以按照基金委员会的要求进行申请，这项申请完全是开放的，研究计划包括国人和任何外国个人，只要有意以中国语言对北京市文化产业进行系统研究的，都可以申请这项研究基金。

11. 扩大文化产品数量与市场份额

扩大文化产品数量与市场份额是文化产业发展的根本。北京文化产业的总体估算有这样几个基本的因素：文化生产的产值、文化产品的利润、文化产业的比例、文化市场的份额、文化流通中主要的市场指标参数。

消费文化的人数变化情况会受到文化产品相关因素和文化产品投放、文化产品质量的影响，实际文化产品的数量，决定了文化的市场份额和产业发展。

在根本上，文化产品消费的人数、文化产品数量会持续影响产值和市场份额。应该研究文化产品总收入和各个地区市场份额之间的关系，研究文化产品数量、布局和档次的关系。未来发展文化市场应该越来越重视质量，无论是规模、档次、地域、密度、所属、产权等各个方面的因素都应该进行研究。

12. 开展文化产业结构研究

北京市应当进行文化产业结构研究，关键是对北京市文化产品的制作成本及产值结构进行研究，特别是要研究文化产业结构中投入产出的各项指数。在文化产业中，每年的总投入是多少？文化产品的总产量中，独立、合作产量的数字及每年平均生产多少？总制作费用（成本）是多少？单一最高成本是多少？最低成本是多少？平均成本估算是多少？扣除物价上涨因素，实际成本应该是多少？发展变化的趋势是什么？相对于前年、去年是一个什么样的比例状况？对于个别的高成本和低成本文化产品的差值是多少？每个文化产品的成本、平均成本与总投入是一个什么样的关系？文化制作成本上的变化，或者是相对迅速（缓慢）增长的原因是什么？怎样对每个文化产品的制作、发行成本进行宏观控制？如何严格执行制作计划与预算？如何控制当前文化产业的格局？在文化多元化的市场和媒体情况下小成本文化产品如何保证收益和吸引观众？怎样使文化制作成为一个理性和科学的过程？我们应该怎样系统研究局部和全国文化产品的销售？我们怎样把文化产品生产许可的费用设定为一个基本的基数？北京文化产品的投资规模比例与国民收入应该控制在一个什么样的程度？文化在"恩格尔系数"中达到一个什么样的消费比例和额度？WTO后进口北京文化产品的控制应该是一个什么样的程度？北京文化市场依赖进口的程度是多少？国外文化产品在扩大观众群和激活市场方面的显著作用是什么？北京文化产业对国外的依赖是一种什么样的态势？文化产业发展不稳定的各种因素是什么？

为使北京市文化产业不断发展，产业格局布局均衡、稳定，必须制定新的文化产业结构政策，培育和发展文化市场，培养新的观众群以及实行长远的合理的经营模式。从宏观经济的角度分析问题，现在正是文化产业中各个文化艺术投资机遇的大好时机，也是对文化投资风险和文化产业拉动进行研究的极好时机。

13. 定量进行文化产业市场数据分析研究

北京市应该有专门的机构每年进行文化产业和市场数据的定量分析和研究，在宏观和微观的管理上，为北京市的文化产业发展和决策提供重要的数据。

1）分析各个国家（包括港澳台地区）文化产品的进口数量、发行数量、宣传力度与市场占有率之间的关系；细化各个文化领域的产品大约每年占据了我们北京市多少的市场份额？考虑每年所增长的部分是一个什么样的状态？

2）我们可以分析北京市观众对外国各种各样不同类型文化产品的喜欢倾向，

甚至具体分析同一类型文化产品的具体产值数据。这些研究对于我们的文化产业化、对于我们研究市场细分，会有比较大的帮助。

3）分析文化产品的市场占有率情况变化。成为比较有竞争力产品及其操作方法是什么？营销技巧和途径是怎样进行的？非文化公司是怎样进入文化产业的？如何利用市场、媒体、宣传等方法进行文化推销的？

4）分析各个文化、影视、娱乐、传媒公司在市场操作过程中，是怎样对"研发—投入—制作—发行—销售"这一体系完善和进一步加大投入力度的？

5）分析效益比较好的各个文化集团、公司，在市场占有和利润扩大化的过程？

研究他们是如何规划着其商业计划以取得他们之间的合作？文化集团、公司是如何针对个别市场和项目进行投资和推广的？他们以期实现文化产业多元化的具体商业计划细节是什么样的？

6）分析这些文化公司获得利润的方法是什么？靠小成本投入？靠市场的融资与预售？依靠媒体的宣传方法和宣传攻势？依靠文化产品的价格、上座率、营销方法获得较大利润？依靠文化后产品和相关产品的直销与分成？依靠海外市场的发行与海外分账的方式进行利润增殖化？

7）分析个别国家文化产品在境外销售的时间、收益。分析文化产品本身的性质、内容、题材对所在国家的观众影响。文化产品对外、对内的销售方法是分散？集中？是单一市场？还是多元市场？价格、成本因素在其中的影响？有什么规律？有什么趋势？

8）分析文化产品国内、国外市场的利润比例关系。研究文化产品在对外出口市场过程中的营销渠道和基本方法，开发市场的方法，研究各个国家文化产品在海外市场所呈现的各种各样的趋势。

9）分析文化产业的制作成本与收入的比例关系。具体细化不同产品形式带来的市场成功和变化。具体讨论大投入、大回报；小投入、小回报的关系因素，分析大成本文化制作与投入应该如何做，才能拓展更多的观众和市场？

文化的产业化和市场化是一种不可避免的社会趋势和发展方向，是我们国家文化未来发展的重要目标。首先，我们要创造一种适应的环境，文化产业化的过程应当细化和具体化，我们在实践上本来研究就不系统，在理论上探讨又有点浮于表面，所以我们应该深刻反省。在文化这个广泛的产业领域中，我们已经清醒地认识到，我们既缺乏深入的实践，也缺乏扎实的理论总结。

本文旨在对北京文化产业研究做一个个人思考，并力图提出一些比较具体的问题，建立一种参照系数供我们深一步研究。在实践上，我们需要全面的铺开战线，走得更远一些；在理论上，我们需要全面的对应现实，树立更大信心。

（张会军　北京电影学院院长、教授）

大众文化品牌的创建及传承策略[①]

汪献平

内容提要 在当今的消费时代，品牌战略已成为大众文化产品占领市场和保持生命力的最有力手段。本文从具体品牌的考察和调研出发，对品牌的确立、品牌的创建及其文化传播等方面进行了较为系统的分析，总结了大众文化品牌创建及传承的相关策略，并指出在中国实行大众文化品牌战略的意义所在。

关 键 词 大众文化品牌 创建 传承

当今社会已到了一个后现代的消费文化时代，大众文化正以其咄咄逼人的声势，占据着全球市场。"它们来源于普通人的创造力，并根据人们的兴趣、偏好和品位流传于人们之间。"[②] 大众文化的第一特征——商业性决定了它无法再像精英文化那样高高在上，而必须参与竞争，从中获取生存与发展的机会。面对激烈的市场竞争，如何变被动为主动，既维护原有的文化地位，传承中国文化精髓，又打开新的市场局面，树立自身的品牌形象，传播品牌文化，已成为大众文化品牌转型中最急迫也是最根本的问题。

无论在文化传播的领域内还是在产业发展的格局中，大众文化品牌的创建、传承都具有重要的战略意义。在市场经济发展过程中，近年来，大众文化品牌越

---

① 参与本课题调研工作的有以下同志：贾磊磊、尚娜娜、李 莉、莫林虎、费云芳、段运东。

② ［美］詹姆斯·罗尔：《媒介、传播、文化——一个全球性的途径》，董洪川译，商务印书馆2005年版，第190页。

来越成为一个备受关注的领域。为此，我们对具有品牌效应的一些单位进行了调研，其中既有饮食业老字号的"狗不理"集团，也有传承千年佛教文化的少林寺，还有由国家事业单位改制而来的旅游业的"红岩"联线、IT业新兴的"爱国者"、一炮走红的舞蹈节目《千手观音》、大型桂林山水实景演出《印象·刘三姐》等，并结合国内外已有相当影响度的品牌，如可口可乐、IBM、"恒源祥"等名牌的分析，进行大众文化品牌的创建及传承策略分析。虽然这些品牌分属于不同行业，但通过总结它们的经验，发现它们之所以能赢得较好的市场空间，具有较高的市场附加值，获得较高利润的回报，其最根本的基点都是从确立自身文化的属性入手，从改变传统的思维观念出发，确立大众文化品牌战略。它们将树立良好的文化品牌形象作为出发点，借助于专业的品牌传播策略，在文化品牌认知的基础之上逐步实现著名品牌的发展空间。

品牌战略，顾名思义，是企业以品牌的营造、使用和维护为核心，在分析研究自身条件和外部环境的基础上所制定的企业的总体发展计划。良好的品牌形象是企业在复杂多变的市场竞争中占据有利位置的重要因素。它不仅是企业难以估量的无形资产，能给企业带来直接的利润增长和长远的经济效益，而且是宝贵的社会精神文化财富，对大众的思想意识和生活观念产生重要的影响。成功的品牌经久不衰，就是因为它的良好形象在消费者的心目中确立了稳固的地位，即使其商品已历经改良或充实，不断提高品牌内在的文化内涵和完善外在的形象，其物质价值和精神价值就会不断提高。正是通过对品牌的重视与打造，这些大众文化产品一次又一次获得发展机会，创建了良性市场，从而成为大众文化成功转型的时代典范。

品牌确立：从市场定位到品牌挖掘

毋庸置疑，在这个消费主义主导的时代，一切事物都在趋于商品化。有形的实物在商品化，无形的信息、知识、文学、艺术也在商品化。处于这样的消费时代，产品能否受到消费者的欢迎，并不全部取决于其使用价值，还受到许多因素的影响。在这种情况下，是坚守其优秀品格拒绝商品化、拒绝市场，将优秀产品"养在深闺人难识"，还是顺应时代趋势，走出闺房，步入市场，主动出击，"一朝成名天下知"！这成了摆在大众文化品牌面前的首要问题。

面对生存困境，很多企业都从现实出发，增强了市场意识，将建立商业语境下的市场观念作为首要任务，从中确立品牌战略，进而采取各种积极的应对措施，力求创新。

1. 立足自我优势，顺应市场需要

在市场经济的大潮中，任何产品都必须具备明确的市场意识，进行准确的市场定位，产品才能更符合市场需求，才能适销对路。而对文化产品来说，光有市场意识远远不够，它还必须有自己的特色，将人无我有的优势进一步发挥，进一步做大做好，才能产生市场效应。

位于重庆市的红岩革命纪念馆，因其很强的政治性与教育性，在旅游市场中曾一度被冷落。据统计，从上世纪 90 年代初到 2003 年，红岩纪念馆平均年接待游客量只有 30 多万人次，基本上是依靠财政拨款艰难度日。是关闭纪念馆，还是转变原有"守株待兔"的观念，努力挖掘其中的商业因素，变"要人看"为"人要看"！重庆市政府凭借着敏锐的市场意识，建立了重庆红岩联线文化研究发展中心（现已更名为重庆红岩联线文化发展管理中心），整合歌乐山革命纪念馆和红岩革命纪念馆，并进一步辐射重庆周边区县的革命文化纪念地，联点成线，形成旅游市场，打造红色旅游品牌。

"红岩联线"的决定并不是凭空生发出来的，它建立在对旅游市场正确的认识和精准的市场定位基础上。整合之前，他们首先对市场进行了调查：谁需要走近红岩？到红岩来看什么？通过调查，在分析研究自身条件和外部环境的基础上，他们得出三条结论：第一，红色旅游虽然政治规定性极强，但其历史真实性是吸引观众的首要因素。第二，以红岩为代表的革命文化具有其他旅游资源不具备的励志与教育作用。第三，红岩革命文化的主体内容一旦被外化出来，就会形成强大的社会感召力。在对消费者心理有了准确清醒的认识后，他们以满足消费者心理需求为出发点，将以前那些形式主义的东西抛弃掉，还原历史本来面目，来吸引、感动观众。对没有经历过革命战争却又充满好奇的当代人来说，领略革命过程，感受革命豪情，在想象中满足自己的英雄情结，会带给他们精神上的愉悦感。因此，"红岩联线"在对历史资料进行整理时，高举"红岩"的文化大旗，推出的产品充分考虑观众的心理需求和接受程度。他们采用丰富多彩的形式，以直观可感的影视作品、舞台剧、巡回报告等方法展示革命精神，从而吸引了更多的旅游者前来参观，在提高经济效益的同时也真正达到了"以革命的理想激励人"的目的。

这种立足于自身资源优势创建文化旅游品牌的思路当然并非"红岩"才有。随着新世纪以来日益见长的文化观光势头，开发本地的历史文化资源，推出特色旅游，发展区域经济，已成为各地旅游的法宝。其中，广西阳朔凭借着桂林山水和歌仙刘三姐的美丽传说，开发出《印象·刘三姐》的大型山水实景演出节目，投资创建了锦绣漓江、刘三姐歌圩，便是一个典型案例。它从广西原有的文化蕴含（刘三姐）出发，充分利用了誉满天下的自然景观漓江和刘三姐的巨大感召力，并请来张艺谋做节目总导演，将这三大品牌形成一股合力，随着 2004 年国庆期间《印象·刘三姐》的正式公演隆重步入市场，成为阳朔及桂林旅游最大的亮点。其实，锦绣漓江·刘三姐歌圩的投资者广维文华旅游文化产业有限公司并非桂林、阳朔的本地企业。刘三姐的故事曾因一部电影在全国家喻户晓，广维敏锐地认识到它对外地游客的强大吸引力与较高的利润回报率，加上树立和推广本区品牌的家乡情感因素，他们果断地接手了费尽周折、奄奄一息的刘三姐歌圩项目，显示出认识本区资源的眼光与魄力。正是这种对本地资源的正确认知和对市场的准确定位，才发挥了"刘三姐"的品牌效应，造就了广西旅游的新热潮。

与这些新兴的项目比较起来，那些老字号无疑有着更为急切的入"市"需要。中华几千年的文明传承在各行各业都诞生了一批又一批的老字号。新中国建立后，这些老字号往往被并购为国有企业。据有关部门统计，"我国约有老字号企业数万家，经国家正式认证为'中华老字号'的有 2000 多家，主要集中在医药、饮食、食品等行业。其中，生产经营有一定规模、效益好的仅占 10%，几十年来保持原状的占 70%，而长期亏损、面临倒闭、破产的占 20%"。① 老字号企业普遍存在生产规模小、技术落后、设备陈旧、观念老、产品科技含量低等特点，使得它们在市场经济中普遍面临着严峻的挑战。拿天津"三绝"之一的"狗不理"包子来说，作为津门最具代表性的老字号品牌之一，它在全国食品界都享有盛名，已被国家商标局认定为中国驰名商标，受到国家保护。随着时代发展，它日益与市场拉开差距，品牌效益开始萎缩，企业利润开始下滑。为了让它适应市场竞争，发扬光大自身品牌，2005 年 2 月，"狗不理"正式在天津产权交易中心进行公开拍卖。这就直接将"狗不理"抛入市场大潮之中，迫其在市场中

---

① 温 韫:《老字号品牌发展之路》，http://brand.doyao.com/2006/05/18/20060518－12387－1.shtml。

学会自我保护，谋求发展。经过一番较量，最终天津同仁堂以一亿六百万的高价买下了"狗不理"的国有产权。天津同仁堂的这一举措也充分表现了天津人对本地老品牌强烈的保护意识，他们认识到"狗不理"这一品牌中所蕴含的深厚的津门文化，而这种文化只有在本地才能继续发展和延伸，才能走上健康的市场道路。

中国有悠久的文化传统和丰富的自然、文化资源，但这并不等于这些资源能够自然而然转化为文化产品，更不意味着中国必然拥有大量的，被世界广为接受的大众文化品牌。从文化资源到文化产品，还有很长的路要走。从自身的资源优势出发，面向市场，主动迎合市场需要，是其发展的不二选择。

2. 进行升级换代，实现多元延伸

老字号品牌要想发展壮大，除了要进行市场观念的调整外，一般还要实施新的市场战略，对品牌进行新的规划或创新。在传承和发扬原有品牌优势的基础上，应当努力求新图变，吸引新兴消费群体，保持品牌的生命力。"狗不理"在被天津同仁堂收购后，就开始了多元发展的市场转向。它不仅在原有的餐饮行业继续前进，而且逐渐涉足其他行业。目前，"狗不理"旗下拥有以高档酒店为主业，经营领域涉及中式快餐、物流配送、速冻食品、养殖基地、新品开发等多种业态。其特许加盟店实行十二统一原则，更提高了其品牌的专业度，做到了强化品牌、扩大品牌。

在市场的开拓上，"红岩联线"充分重视产品的多元化，不断地根据市场的需求进行产品的升级换代。目前，它们已经形成了六大系列产品：一、红岩魂展览；二、红岩魂报告；三、红岩魂展演剧；四、红岩魂夜游；五、红岩魂书刊资料；六、红岩旅游车队。六大系列产品构成了一个产业化的链条，保障着红岩联线的顺利运作，取得了很好的社会效益和经济效益。其中，在全国297个城市举办《红岩魂》展览，观众高达3300多万人次。发行销售《红岩魂》书刊光碟资料4249万册（盒）。《红岩魂》展演剧在北京公演的时候，场场爆满……2005年，"红岩联线"的参观人数突破300万，年收入超过1000万元，获得了极高的市场效益，充分证明了走市场化是条康庄大道。

这种及时进行产品升级换代，多种产品齐头并进的方法，就是一种品牌延伸战略。它使一个品牌从原有的业务或产品延伸到新业务或产品上，多项业务或产品共享同一品牌。品牌延伸是多元化经营面临的最重要的战略问题。其好处是企业的所有产品都使用同一个品牌，在推出新产品时省去了命名的麻烦，降低了消费者在接受新产品时所遇到的阻力和风险，为企业节省了大量的营业推广与广告等促销方面的费用开支。1990 年，濒临破产的老字号企业"恒源祥"拿出了 18 万元做广告，及时进行老品牌的新传播。在见到效益后，它们又进行了多元化经营，将原先的产品从绒棉线生产扩展到制作羊毛衫、羊绒大衣、西装等，很好地完成了品牌的延伸，在企业发展壮大的同时，也使"恒源祥"品牌更加丰富、更具内涵。到 1996 年，产量已从 75 吨增加到 1 万吨，成为名副其实的"绒线大王"。

但是，在某些条件下，产品延伸也并非品牌战略的唯一最佳策略。如果在企业所生产的众多产品中，有某一个产品出现了问题，则立即会殃及全体，使整个品牌蒙受惨重的损失。2001 年"南京冠生园月饼事件"的发生便是明证。"城门失火，殃及池鱼"，此后南京冠生园集团一蹶不振，所有产品不得不退出食品市场。

3. 主动拓展项目，营造市场商机

光有市场意识还远远不够。在竞争激烈的社会环境中，如何将眼光放远，主动拓展产品项目，创造良性的市场环境，实现产业的可持续发展，是实行品牌战略的另一关键所在。那么，就必须分析现有产品和现有市场的发展趋势，以顾客的潜在需求倾向研究为目标，创造新的需求市场，引导消费潮流，从而使自己在该新市场占据有利地位。

在接受课题组调研时，"红岩联线"的负责人说："红岩联线之所以能发展到今天这个地步，它不光是面向市场，它还要培育市场。"为了培育市场，他们主要做了以下几个方面的工作。第一，每年门票收入拨出 50 万元，利用红岩品牌和周恩来的人格魅力在大中小学里面建红岩班和周恩来班。第二，每年举行一些以红岩为标志的演出。第三，利用黄金周策划各种活动，每年要举行 20 次以上。第四，培养义务讲解员。第五，投资建立红岩文化室。在重庆市每个区市县投资 5 万元，把红岩展览和书刊资料送出去，由当地文化部门负责卖票，所有收入红岩分文不取，但每年每个红岩文化室必须完成 5 万观众的参观指标。这种种方法都不是着眼于现在，而是培养将来的潜在观众群，其影响力持久而强大。

强生公司本是专门主打婴儿清洁保健护肤产品的市场，但是在市场策略的检查和对顾客需求变化的研究中，强生发现成年人对保护皮肤越来越重视，甚至一些化妆品在广告宣传中追求"像婴儿皮肤一样柔滑、白皙"的效果。于是它们决定将产品来一次大胆的细分，打出"宝宝用好，您用也好"的广告，市场诉求"像呵护婴儿的皮肤一样使您的皮肤获得细致深层的护理"。此举大受成年消费者的追捧，从而一举成为护肤品的新宠。这就成功地制造了新的商业机会，找到了新的卖点，赚取了新的分割市场的利润。

但是，在拓展品牌项目的时候，如果产品过度延伸超越了自身原有的优势，或者卖点诉求偏离了目标顾客的核心需求，往往会走到新的误区。虽然海尔进军PC时的豪气曾让许多人对其项目拓展产生很大的信心，但后来却悄然隐退。主要原因在于其家电品牌的核心中缺少了必要的强化元素，在原有顾客和众多潜在顾客看来，海尔依旧是以一个专业家电领域的著名品牌，很难在心理产生与互联网、与高科技信息化相关的联想。而"娃哈哈"试图打进童装市场，将一贯高举的"健康"旗号打了出来，无疑是想当然的自说自话。无论是对作为产品使用者的孩子们还是产品购买者的家长来说，认同"娃哈哈"饮食类的产品有营养有健康并不困难，但是对于通过穿衣服能够健康却难以认同。市场诉求偏离目标受众的核心需求和喜好，不仅不可能取得好的市场拓展效果，甚至还有伤及原有品牌品质的危险。

总之，无论是新兴的产品还是流传久远的老字号，在市场经济的大潮下，要想获得新的发展，就必须始终贯彻面向市场、立足市场、开拓市场的决策经营理念。根据市场需要推出新的产品，打造新的形象，弘扬或传承产品中蕴含的文化精神。最重要的是，通过这一系列的市场举措，初步确定品牌战略规划，挖掘品牌发展的多种、深层可能，解决观念、属性、结构、范围、内容等方向的基本问题，为品牌的长期发展道路扫清种种障碍。

品牌构建：从品质提升到形象塑造

要使大众文化品牌在市场环境下生存，关键是建立市场化的生产体系和市场化的营销网络。高质量是拥有市场的核心保障，也是构建品牌的基本因素。因此，在确立了品牌战略之后，当务之急是将品质保障作为一种最基本的市场策略，塑造出自己的品牌形象。"品牌形象是消费者看待品牌的态度，是消费者品牌消费经验的积累，优秀的品质能为消费者提供愉快的品牌经历，塑造良好的品牌形象。"① 通过塑造良好的品牌形象,提升品牌价值,增强品牌个性,才可能获得更强大更持久的竞争力。品牌形象的塑造过程,不仅是制造出物理属性和使用价值优秀的产品的过程,也是将产品由名称、符号变成一个具有鲜明文化内涵、个性饱满、具有人格魅力的情感体。可以说,企业品牌的构建过程,也是品牌形象的塑造过程。

1. 推进体制创新,实行连锁经营

推进体制创新:改革开放虽然进行了 20 多年,但原先"大包干"的诸多弊病仍会存在。改革需从源头开始,原先模式化的封闭单一的管理体制必须改变。就"红岩联线"来说,其品牌确立正得益于不断的体制改革与创新。"红岩联线"负责人说得好:"创新是一个民族的灵魂,'红岩联线'在发展革命事业、营造红岩文化的过程中必须创新。所谓创新就是抛弃过去不合时宜的方法,按照现在市场的要求来做一些经营决策。"② 他们从上世纪 80 年代建立烈士墓、白公馆、渣滓洞等,参观片区实行区域中心责任制,到 90 年代实行目标责任承包管理,再到 2000 年的全员聘用合同制的管理,营造了内部竞争取胜的运行环境;从部门承包营销到个人承包经营中总结出了"风险利益共担"的合作模式、"保底承包"的直销方式、"突出社会效益包直接费用"和"资助扶持贫困边远地区"的四种方法,不仅健全了管理机制,也极大调动了职工的积极性,为今天成熟的市场运作积累了有益经验。

比较起来,天津"狗不理"的改制则更为彻底。当"狗不理"集团国有产权被天津"同仁堂"买下时,职工们所面临的不仅是从国有到非国有的身份转换,更是管理体制上的根本变化。在这方面,同仁堂采取了"稳定"、"和谐"的基本方针,使职工顺利通过改制一关,步入高效有序的管理正轨。经过改制、重组、扩张,"狗不理"集团已发展为一个多元化企业集团,确立了天津市餐饮业的龙头位置。改制之前,"狗不理"年营业额 600 万—700 万元。改制后仅一年经营的年销售额就达 1.6 亿元,加上特许加盟店,年销售额有 4 个亿。改制之前年利润总额 200 多万元,而今年年利润总额则高达 1400 万—1500 万元,真正实现了多元化、跨越式的升级发展。

---

① 朱 立:《品牌文化战略研究》,经济科学出版社 2006 年版,第 90 页。
② 厉 华:《"红岩联线"对红岩文化的实践》,《中国文物报》2006 年 6 月 16 日第 6 版。

加强资源整合：在经济全球化的时代，孤军奋战毕竟力量有限。合理化的资源整合不仅实现了资源共享，优势互补，还取得了事半功倍的效果，大大增强了市场竞争力。长期以来，文博行业条块分割、相互阻隔。"红岩联线"针对重庆市红岩革命遗址分布较多较广的特点，将分散的各参观点联线、研究、开发并整合起来，打造出了重庆红色旅游的核心线路"红岩文化大全程"。它包括红岩村、周公馆、《新华日报》营业部、刘伯承纪念馆、陈独秀故居等 19 处参观点。成立"红岩联线"以后，原来地处偏远、交通不便、参观人数少的陈独秀故居因其"资料最全、研究资料最广、展览场所最符合实际"受到人们的青睐，自 2004 年8 月开放已有 1 万多人次参观；最贫困的城口县以突出重庆第一个苏维埃政权所在地、8 万人口中有 3 万红军和 900 多名烈士特点而新制作的《巴山星火》展览，一年参观的人次就超过了两万。资源整合使"红岩联线"从"散兵游勇"变成了"连锁经营"，实现了社会效益和经济效益的双赢。

《印象·刘三姐》的演出策划更是有效整合资源的典型。它将桂林、阳朔举世闻名的两大旅游、文化资源——桂林山水和刘三姐留给人们的印象进行巧妙地嫁接和有机地融合，让自然风光与人文景观交相辉映，成为集漓江山水风情、广西少数民族文化及中国精英艺术家创作之大成的独特作品。这种演出不仅是一次演出的革命和视觉的革命，更是一种全新概念的文化产业革命。

而天津"狗不理"被"同仁堂"合并以后，也无疑占据了两个老字号的双重优势，真正实现了"强强联合"。既能发挥原有的饮食业的优势，又可以结合"同仁堂"的医药特长，开发了一系列药膳营养食品。

实行连锁经营：连锁经营作为一种现代经营方式，在流通领域得到广泛的应用。它不仅有效解决了流通领域追求规模经济的问题，也降低了交易费用，从而实现对市场的替代，并从产权角度刺激了主体的积极性。因此，从经济学角度而言，相比别的经营形式，连锁经营更具有竞争力。正是对连锁经营的认可，新兴的企业往往采用这种方式，降低成本，扩充市场。

以华旗资讯为例，1996 年推出其自有品牌"爱国者"。十年后，"爱国者"已成为消费者尤其是年轻人无人不知的品牌。当初这个从柜台前发展起来的一人企业是如何发展为员工 1800 余人的大公司呢？追溯华旗资讯的创业过程，不难发现，除了自身技术的创新与过硬，连锁经营是其迅速攻占市场的一大原因。2001 年 10 月，华旗资讯通过国际标准化组织的 ISO9001 质量体系认证及 UKAS

英国皇家皇冠认证后，就开始在世界各地建立分公司。2003 年 10 月，华旗资讯正式成立新加坡分公司。2005 年，华旗资讯法国公司、印度公司相继成立。目前，除了北京总公司之外，它们在全国及国外共拥有 17 个平台机构，以及多家全资或控股子公司，形成以北京华旗资讯数码科技有限公司为主体，多家分公司及子公司为组成部分的中型企业集团。分公司及子公司的建立不仅扩大了华旗资迅的影响，也便于其产品远销法、德、英、美、加、澳、丹麦、东南亚等国家和地区，形成了良好的国际市场态势。

对已经成型的企业来说，乘着企业健康发展的态势，进一步将品牌做大做强是其必然趋势。"狗不理"集团副董事长张文忠先生的想法便是下一步打造产业链条。他在接受我们的采访时说："对于未来，我们也有很多设想，可以做狗不理品牌的酱制品；可以在酒楼旁开个超市，顾客吃完饭顺便买点东西回家；为了统一店面装修，可以开个装饰公司；可以开个服装厂，生产员工服装等等。总之可以充分利用'狗不理'这一品牌做大文章！"这种链条式的生产方式相互强调，互惠互利，经济过程更加高效，无疑是扩大企业的最佳选择之一。

2. 继承本土传统，提升个性品质

任何品牌只有将本国、本民族独特的文化意识融入其中，才能打动本国消费者的心理，也才有可能成为一道别致的景观吸引国外的注意。从历史的、民族的、民间的各种人文奇观中发掘出具有浓厚文化内涵和底蕴，打造本地的文化品牌，是当今市场品牌塑造的一大法宝。越是本土的，就越是世界的。没有本土化，难以谈及国际化。中国有非常丰富的文化资源可以开发利用，我们的品牌要想取得卓有成效的业绩、塑造贴近消费者的形象，就一定要深度挖掘中国历史文化的宝藏。因此，继承中国传统文化，保留本土的文化精髓与祖传技术，对中国品牌来说不仅必要，而且必须。现在已经有不少企业注意到这一原则，有意识地将传统文化中的精髓与新产品紧密结合，以源远流长而深受大众信赖的本土文化打动消费者。上海家化在 1991 年推出"六神"花露水，就是凭借中国传统中草药祛痱止痒、清热解毒且少副作用的功效来打开市场的。至今，"六神"仍是夏季个人护理用品的第一品牌。随后，家化的"美加净"、"清妃"、"笛诗"女用香水，"高夫"男用护肤品等，无论是在产品定位诉求还是产品外包装上，也都始终被赋予了明晰的东方色彩。而于 1997 年推出的高档化妆品品牌"佰草集"，更是推出了纯中草药提取、中国宫廷古方、汉方 SPA 会所等一个个极具中国特色的品质定位与营销理念，从而将"佰草集"塑造成世界上第一套中草药系列个人护理用品。

不仅品牌塑造如此，品牌的营销也是同样的道理。对一个国际品牌来说，要想占据全球市场，就必须尊重各国的当地文化传统，消除文化隔阂，实行本土化营销策略。本土化和国际化并不矛盾。本土化实际上是在保持、巩固国际化产品、服务基本特质内涵的前提下，对经营形式做适当的处理，以创造一种与所在地区自然、人文环境相近的经营氛围。因而，很多国际品牌进入中国市场后，都相当重视中国的民俗风情、生活习惯、消费方式等文化差异，在产品、公关、营销、广告活动中采取本土化策略，迎合中国特定的时代环境和市场需要，赢取消费者的信赖。如"宝洁"公司在进入中国市场后，首先开发出适合东方人发质、展现黑发魅力的"飘柔"打开市场，接着又以一系列各有特色的新产品"海飞丝"、"舒肤佳"等产品，而且他们在做完市场调研后，针对中国大众实际收入主动进行降价来占领更大市场。

在商品资源日益丰盛、品牌林立的今天，除了要有本土特色外，若想进一步吸引、打动消费者，企业必须赋予自己的品牌和产品某种个性。品牌个性代表这一个品牌与其他品牌的差异性，是现今繁杂的市场上最重要的优势来源。国内许多厂商都喜欢用产品属性来展示其差异性，但这种建立在产品上的差异性是基于技术的，一般比较容易仿效。而由品牌个性建立起来的差异性则深入到消费者的意识里，它提供了最重要、最牢固的差异化优势，给予品牌一个生命与灵魂，能让消费者轻易地把它与竞争品牌区别开来。品牌个性也是品牌文化的集中表现，它源于品牌的精神，又表现了其特征。我们一提起某些品牌，其个性特色就跃入脑海，如激情浪漫——轩尼诗；浓烈甘醇——威士忌；豪放狂野——伏特加；健康快乐——娃哈哈。这些品牌个性已深入人心，强烈吸引了消费者。百事可乐在品牌创建活动中所展示出来的个性——年轻有活力、特立独行和自我张扬迷倒了新新人类。新一代年轻人饮用百事不仅仅是喝饮料，而是认可、接受其品牌个性，他们通过百事可乐来展示与上一辈（他们喝可口可乐）不一样的个性。正因为百事可乐有意塑造出非凡的品牌个性，避免与可口可乐产生类同感，获得了青少年一代的高度认同，才能在激烈的饮料大战中与可口可乐相抗衡。

在塑造品牌个性的时候，还应该认真区分对象，把握文化个性，并根据原有品质和文化内涵进行创造性发挥。被天津"同仁堂"收购后的"狗不理"集团充分发挥了其优势，不仅保持了原有特色，还得到了进一步的发展，在产品的开发上走上了一条独特的个性化的道路。他们结合二者的特长，将饮食文化与药膳营养联系起来，专注于膳食营养和餐饮文化的研究，推崇健康的绿色消费，积极探索和引进先进的餐饮理念，使其市场竞争力和综合发展能力都得到快速提高。如今，"狗不理"的品牌价值已高达7.57亿元，在全国1000个老字号品牌中名列第18位。它的成功转型正是我们如何保护老字号，发展老品牌的一个范例。

饮料业的龙头老大可口可乐近些年的市场开拓却没有把握好品牌构建和发展的这两大基本原则。为了适应全球饮料市场的变化，可口可乐重新定位，要成为全方位的饮料公司。但是，他们为此推出的几个茶饮料品牌，却在中国屡战屡败。如1998年推出的主要针对追求现代生活的年轻人"天与地"茶饮料，以及定位于成功及年轻女性饮用的"岚风"茶饮料。这两种茶饮料虽然口味不俗，但在产品的开发上并不具备特别优势，一直在市场上不温不火，最终不得不退出市场。其原因在于：其一，中国本土的茶文化源远流长，本地即饮茶品牌众多，消费者在心理并不认可外来茶。其二，可口可乐虽然在碳酸饮料方面操作驾轻就熟，但在茶饮料销售没有太多经验，其针对年轻消费者所设定的高档价格无疑并不符合中国国情，加上其饮料缺乏鲜明的个性，被人淡忘也是势之必然。

3. 不断创新产品，实行持续发展

在当今追求时尚、品位的现代品牌经济时代，如何能够让顾客对品牌确信不疑，甚至让品牌升华为顾客的一种信仰，培养起消费者的品牌忠诚度，是每一个品牌必须面临的最难的问题。华旗资迅以不断创新产品为基点，终于找到了解决这一难题的根本途径。华旗以"成为令国人骄傲的国际性企业"为奋斗目标；以自主创新、产业报国为宗旨，自创建自有品牌"aigo爱国者"之后，一直坚定地走自主创新的道路。1999年，"爱国者"引进了国外硬盘技术，并自主研发了5G和10G的移动硬盘，至今已经连续5年保持移动存储市场占有率第一。2003年，"爱国者"开发出自己的MP3产品后，又先后推出全球首款彩屏MP3、手表式MP3等一系列新产品。2004年由华旗独立研制的、具有跨平台的新一代组合型数字水印系统——"爱国者版神"成功应用于新华社，突破了近20年的数字作品版权保护与内容保真难题的困扰。2005年初，"爱国者"承担了神舟六号录音和存储装置的研发任务及设备提供，并圆满完成任务。正是这种持续的技术升级和产品创新，华旗入选信息产业部"中国电子信息百强"，"爱国者"被国家工商总局认定为中国驰名商标。而这些荣誉也反过来为品牌传播带来实实在在的支持点。

产品的创新对老字号显得更为紧迫。由于几十年甚至上百年都一个样，老字号产品普遍老化，缺乏活力，已经越来越难对年轻人产生吸引力。面对品牌消费者断层的危险，一些老字号紧跟时代，不失时机地设计出新的品牌标识并导入全新的形象识别系统，使其适应市场需要。一向以秘制蚝油著称的"李锦记"，历经了110多年的风吹雨打，不但未被现代市场的大潮淹没，反却老当益壮。原因在于它凭借旧装特级蚝油和虾酱两种产品打天下的同时，还适时推出XXO酱、辣椒酱、鸡粉、瑶柱蚝油等酱料以及豉油鸡汁、卤水汁等一系列新产品，创新使"李锦记"在市场上站稳了脚跟。为吸引年轻的消费者，北京同仁堂在其崇文门药店举办了为期六周的"丽人养颜节"，主题分别是"丽人护肤周"、"丽人美容周"、"丽人养颜周"等，增添美容养颜的理念，扩大消费针对面，突出经营健康的新概念，成功地将服务对象扩大到年轻时尚的一代。

其实，大众品牌的确立往往在品质上都具备了一定的技术优势，但是，很多顾客并不以性价比作为购买的决定因素。随着产品技术含量的增加，竞争产品增多，消费者越来越多地依赖产品的形象而不是产品的实际属性做出购买决定。"产品在消费者心中的形象即它的定位可能比实际的特征对最终的成功更重要。"① 因此，品牌形象的塑造至关重要。它不仅需要不断提升质量把对手抛在脑后，更需要持久的差异性战略使得形象独特，才能实现大众文化品牌的可持续发展。

品牌传播：从品牌认知到文化认同

对一个品牌来说，除了要在系统的资源整合的基础上形成品牌的核力，在自身的品质上多下功夫之外，对品牌传播策略的精心策划，也是打响品牌需特别重视的一个方面。在精确选取媒介策略的基础上，最大效益地利用传播媒介，来广泛高效地传播品牌文化，以便为后期的品牌文化认知铺垫良好的基础。而从营销

---

① ［美］L. G. 希夫曼、L. L. 卡纽克：《消费者行为学》，华东师范大学出版社2002年版，第191页。

的角度来看，大众文化品牌的创造和维持也主要是依托于大众传播媒介来进行的。它以消费对象和社会大众为重要指向，充分利用媒介，具体生动地阐释和宣传品牌的深层意义，弘扬其中的人文内涵和精神财富。正是在这种不断的传播过程中，它逐步塑造起受众的思维和行为方式，教育和引导大众的消费观念、生活方式和文化意识，从而逐渐建立和巩固起一种文化品牌。品牌的意义正是帮助消费者认识、维护和建立了社会的自我，这种通过选择品牌来实现的自我认同其实也就是一种文化认同，反过来也推动品牌文化的进一步衍生。可以说，是文化品牌造就了品牌文化，而品牌文化同时也在延续文化品牌的发展。

1. 利用媒介资源，传播独特信息，提高品牌知名度

今日的中国企业，已经越来越重视品牌的传播策略问题。大众传播媒介的传达范围广、强度大、社会效应突出等优点，使越来越多的品牌借助于媒介资源，在广阔的传播平台上尽情展示自身的魅力，不断提升品牌自身的价值。利用各种媒介进行产品广告已成为品牌塑造、品牌销售的主要手段。

充分利用高效的传播途径：

步入 20 世纪后，新的传播手段不断出现，多媒体技术、光纤通信技术、数字化技术层出不穷。正如麦克卢汉所说的那样，每一种新媒介都超出了早期媒介所能触及的经验范围，且带来了进一步的变革，大大提高人类的传播能力。而媒介资源的多样化在为信息传播提供了有利条件的同时，也为它提供了多种可能。无论是电子媒介还是印刷媒介，只要是适合广告宣传的，都可以进入大众视野，成为重要的信息传播渠道。"因为大众传播工作逐渐处于中心地位，假如要对公众有充分的影响，就要有高质量、适当的传播工具来满足人与公共（与商业）生活有关的公共人物和事件的日益增长的需要。"① 在这种情况下，结合自身产品特色，选择最有效的传播途径，就成了品牌传播的首要问题。

首先不能不提的便是这个影像时代中电子媒介的强大作用。电影、电视、网络，这三大媒介以其无处不在的广泛性与信息传达的迅速及时性使得以前的传统媒介黯然失色。它不仅改变了整个社会的节奏和秩序，也打开了人类的视野，丰富了人类认识生活和表现生活的方式和手段，充分拓展了人类的想象力和创造

---

① ［美］丹尼斯·麦奎尔：《麦奎尔大众传播理论》，崔保国、李琨译，清华大学出版社 2006 年版，第 92 页。

力。同时，它利用高新技术和商业原则将文化变成人类日常生活的一种仪式和景观，使人类的传统审美方式受到了挑战。美国现代社会学的奠基人库利曾言："如果我们不能感知现代传播领域旨在为我们建立新世界这一富于创造性的革命方式，我们就根本不能理解现代。"① 回想一下我们对"刘三姐"和少林寺的认知与向往，不正是通过上世纪的电影《刘三姐》、《少林寺》奠定起来的吗？拿中国残疾人艺术团的《千手观音》来说，之所以能一炮走红，除了舞蹈的艺术品质及聋哑演员的特殊身份外，最根本的原因也正是凭借了中央电视台这个权威性的电视平台，并且是在春节晚会上推出，十几亿人同时收看的巨大市场无疑直接推动了它自一堆常见的文艺节目中脱颖而出，一跃成为品牌节目。

对于华旗资讯来说，利用电子媒介大打广告是其由一个无名小辈成长为知名品牌的直接动力。它充分利用电子媒介广告的巨大威力，在全国迅速铺展开来，占据了各个空间。新产品不仅会在电视、网络上及时推介，中关村的大电子屏更是一天 24 小时不停刷新，灌入消费者的耳目。华旗还常常采用出人意料的传播方式创造营销良机。2005 年情人节前期，华旗打出大幅广告"爱国者彩屏 MP3送给最爱的人"，密布中关村，又与新浪星空、女性频道、搜狐短信频道合作推出情人节的主题活动，促销活动延续了一个月左右。此后，2005 年的"七夕"节时，他们又举办了以"中国人自己的情人节"为主题的大型促销活动，皆获得极大成功。从中可以看出，华旗资讯之所以能保持营业额连续十年 60% 的稳定增长，除其自身的品质保障外，与其广告手段多样、方法不拘一格不无关系。

在广告横行的今天，文化产业若想获得进一步发展，也应走好广泛传播的康庄大道。充分利用电子媒介的影响，传播自身发展动态，持续品牌影响。在这方面，少林寺的作为可谓明智。它充分利用了媒介资源来宣传、打造自己的品牌形象，高效地将少林文化与武术传播到世界每一个角落，使得"少林"二字深入人心，屹立不倒。自从 1982 年的电影《少林寺》在全国迅速掀起了学习武术的高潮后，他们充分认识到影像媒介的巨大魅力，从而主动携手新兴媒介，走上了影视传播的大道。他们热情欢迎中外电视台和剧组来少林采访创作，宣传少林。这几年来不仅接受了国内和韩国、美国等多家电视台和影业公司的采访，还自己投拍宣传片对少林文化进行宣传。他们也积极参与各种影视剧的拍摄，借影视作品

---

① ［法］阿芒·马特拉：《世界传播与文化霸权》，陈卫星译，中央编译出版社 2001 年版，第 31 页。

来展示少林寺的历史变迁及宝贵文化，大型功夫卡通片《少林传奇》、电视剧《少林寺僧兵传奇》等多部作品已在国内外播出。此外，他们还主动参加各种电视节目，用大众娱乐的方式，与社会进行互动，让人们更近距离地了解宗教文化与中华武术。2001 年 3 月少林寺网站的开通，则标志着少林寺采用更先进的方式面向全球宣传少林。在多种传播渠道的合力下，少林寺的名气越来越大，接待国内外领导及友人的参观与交流次数也越来越多，这些事件通过电视台的及时新闻报道，进一步扩大了影响。2006 年 3 月 22 日下午，俄罗斯总统普京赴少林寺参观，并观看了武僧的精彩表演。此报道全球播出以后，少林寺更是全球瞩目。

当然，新传播手段的出现并不代表着否定旧的传播形式，在电子传媒的巨大威力面前，传统媒介也并未停下发展的步伐。原先的媒介除了以报纸、杂志、书本与舞台、戏剧等形式继续发挥作用外，也出现了印刷媒介的新型变体，它们铺天盖地，占据了地铁、公交、电梯、路牌、灯箱等一切可以利用的空间。这种传播媒介效应的发挥虽然比不上电子传播那样迅速可感，但通过长期的宣传与培养，却起到了潜滋暗长的渗透作用，其品牌效应也更为持久。

对于"红岩联线"这样以宣传革命文化为重心的旅游业来讲，印刷媒介所起的作用当然更大。除了通过景点展览、多媒体演示这些有限而又必需的手段外，他们更多是依靠出版发行的方式来达到更大范围的传播。通过《红岩风范》、《红岩魂纪实》等图书和光盘在全国发行，不仅培养了少年儿童的革命精神，也起到了宣传红岩的作用。"红岩联线"还计划在重庆市 40 个区县都建立红岩文化室，由区县提供场所，他们提供红岩书刊音像资料和各种设施，目前这样的红岩文化室已建立了 6 个。这种传播方式无形打开并培育了一个潜在的市场，其效应会随着时间的推移而日益显现。

一般说来，由于不同媒介的传播影响领域并不完全相同。做好品牌宣传，应该不拘一格，组合多种媒介形成合力，力求比较全面占领市场，这种多媒介组合的手法往往被企业青睐和使用。

准确传播特有的品牌信息：

消费是作为社会生活的一面，它也是展示人们个性的重要行为。品牌的意义首先体现在商品形象的独特性上，为了在市场竞争中给消费者留下深刻的印象，就必须将品牌的内在本质和精神充分地表达出来，给商标品牌创造独一无二的个性形象，贯穿于整个宣传营销的过程中。万宝路的广告表现了策马纵横、驰骋山河的壮丽画面，它抒发的是男子汉气概和个人主义英雄气概，给品牌创造出一种具有鲜明个性、充满阳刚之气的男性气质。消费者在购买万宝路时实际上买的是气概，买的是人格象征，买的是心理满足。

再拿华旗为例，企业创业的初衷就是希望成为中华的一面旗帜。他们巧妙地将主打品牌叫做 aigo 爱国者，其中包含了两层含义：一层是代表对自己祖国的热爱；另一层则是 all inspiration goes into one！（所有的灵感汇聚在一起）的缩写，即以消费者的需求为核心，不断研发出充满了灵感、让消费者满意的高科技数码产品和内容。这样的命名意味深长，它传达的是当代年轻人追求科技时尚却又不忘支持国产工业的时代特色与爱国精神，定位明确且极具情感煽动性。通过各种广告传播，不仅提高了"爱国者"的品牌知名度，也在消费者意识中不断强化品牌概念，使消费者对品牌耳熟能详，提醒消费者对品牌的购买，有力地刺激了消费。

准确独特的品牌信息传播能够起到事半功倍的作用，但是反过来，不当的信息传播也会影响品牌的原有形象，甚至损害已有的市场。当年，"恒源祥，羊、羊、羊"这句广告语巧妙地将"恒源祥"这个企业品牌与自己的核心生意羊绒联系在了一起，既向顾客传达了致力于开创民族羊绒产业的愿望，又传达了始终坚持做最好羊绒制品的信息，可谓是一举两得，从而在消费者心目中屹立多年。但是，"恒源祥"经过市场调查，认为这一品牌给人是一个 45 岁以上的成熟男人的形象，品牌老龄化成为突出问题。为了打入年轻人消费圈，他们于 2006 年将广告词改为"恒源祥，牛、牛、牛"，意图以"牛"字引发对"年轻、酷、潇洒"的相关联想。但是，这种广告诉求不仅没有透露出任何与年轻相关的内涵，而且距离恒源祥品牌的核心生意越来越远，很容易造成消费者对产品的误解，冲淡本已在消费者心中树立起来的"专业羊绒制造商"的品牌记忆。

此外，品牌传达的信息应该充分考虑社会大众的期待视野，考虑到人们的思想观念、道德情操、审美趣味和接受水平，激发人们的文化意象和向上精神。早些年在平面和电视媒体广泛传播的孔府家酒，在阐述品牌的意义时，通过"孔府家酒，叫人想家"的主题，采用生动的感情诉求方式，以亲人团聚为背景，表现了离乡背景的游子思家、思乡之情，强化了具有民族特点的极富人情味的家庭观念，不失为一个成功的传播案例。

2. 树立文化品牌，增强品牌的文化底蕴，打造核心竞争力

从品牌的传播过程来看，需要的条件主要包括两个方面："一是品牌意义的商品专属性，一个品牌往往是某个商品信息的载体，通过品牌认识商品，又通过使用商品理解品牌的含义。另一个是品牌意义的文化共享性，用文化的眼光来审视品牌，它又是负载有特定信息含义的人文符号，消费者通过对品牌意义的认同得到心理的满足和精神上的快感。"[①] 品牌是商品的象征，促使品牌为大众认同和接受的重要因素，除其过硬的质量与独特的形象外，还有最重要的一大原因就是其文化内涵。品牌必须加强自身的文化底蕴，"品牌文化是品牌价值提升的源泉，是品牌形象塑造的核心元素，品牌不具备文化就失去了生命力"[②]。品牌中的文化内涵不仅是构建品牌的核心，也是凸显其个性的最佳载体，它提升了品牌价值，使其获得了最核心的竞争力。

2005 年春节晚会上的《千手观音》能在短短的 5 分 54 秒的舞蹈表演中带给观众强烈、长久的精神震撼，不仅是因为这群聋哑演员通过肢体语言创造出健全人也难以达到的完美境界，表现了新一代残疾人强大的生命力和乐观精神，更是因为它蕴含了丰富的佛教文化内涵：千手表示遍护众生、千眼表示遍观世界，千手观音表达度一切众生，广大圆满无碍之意。正是舞蹈中传达的这种健康向上的思想和丰富的宗教文化内涵，它在带给观众艺术享受的同时，也满足了观众的精神诉求，启发人们自发联想，获得了情感上的鼓舞与慰藉。

这样的例子举不胜举，像孔府家酒、娃哈哈、蒙牛等品牌的广告都充分宣传颂扬了家庭本位的观念，就是将感情、习俗、文化观念诸因素聚合起来，迎合中国人的传统观念及文化需求。它有力地证明了：人们接受某种东西，不仅是简单的对物质的接受，同时也是人们文化需求与文化认同的直接和间接的表现。品牌文化通过对产品名称、符号、色彩和包装等，反映商品特有的文化价值，使之具备了最核心的竞争力。它可以是民族的，如长虹、长城等品牌；可以是传统的，如云南白药、同仁堂等。源于文化、融入文化的品牌天然具有亲和力。

当消费者在做选择的时候，除了要受到对产品品质和功能认同影响外，还有

---

① 朱健强：《论品牌的人文意义与社会价值》，http：//publishblog. blogchina. com/blog/tb. b？diaryID=970401

② 朱　立：《品牌文化战略研究》，经济科学出版社 2006 年版，第 30 页。

一种力量会对消费者的选择进行影响，这种力量就是品牌文化内涵的作用。品牌文化通过建立一种清晰的品牌定位，利用各种内外部传播途径形成受众对品牌在精神和文化上的高度认同，从而形成一种文化氛围，通过这种文化氛围形成很强的客户忠诚度。它代表了消费者独特的生活方式、价值观和个性，不仅仅给消费者提供产品或服务，还帮助消费者产生相应的联想，从而寻找自我，实现梦想。台湾的"左岸咖啡"就是利用人们对法国莱茵河畔的想象，塑造出一种法国的文化艺术氛围，提供给消费者一种美好的想象，坐在咖啡馆中犹如坐在塞纳河畔岸边一般。而"星巴克"咖啡就其品质而言绝不是最好的咖啡，但它们塑造的"星巴克文化"，却使人感受到一种崇尚知识、尊重人本位的文化特色。坐在"星巴克"里，可以一边惬意地喝着咖啡，一边用随身携带的笔记本电脑上网，从而成为"小资"们的最佳去处。这种心理上的满足才是品牌为消费者接受与认同的最重要原因。

品牌的文化内涵，往往是由广告宣传和行销流程传达塑造出来的。广告传播的创意和媒体策略对塑造品牌形象、宣传品牌的文化内涵有着重要的影响。其实我国有很多质量过硬的老字号，往往因为忽略赋予产品更多的文化内涵和精神支持，失去借助品牌行销三级跳的机会。比如说我国盛产茶叶，很多茶叶不仅有悠久的历史，质量上也通过了严格的认证，却由于没很好地将产品外在的消费价值提高到消费者的自我归属的内在价值层面，纵使是流传数千年的历史名茶也一蹶不振。究其原因是，顾客对于老字号的认知仍停留在它具有质量保证上，而这点别的茶叶同样可以满足。同等条件下，为什么要选那些没有名气的茶叶呢？

3. 扩展品牌文化，关注长远效果，提高品牌附加值

虽然说，品牌在传播媒介的推广进程中，通过对媒介认知策略的利用，能够有效地宣传自己，在较短的时期之内获得明显的效果。但是，作为时尚的消费主义时代的大众文化，它具有消费性商品的一切特征，亦无法逃脱商品的宿命。何况，在这个时代流行之后就意味着模式化和被仿制。大众的趣味总是在好奇和逆反之间震荡，好奇心一旦得到满足，很快就会丧失兴趣。因而，要想品牌不被遗忘，要想达到长远的保持效果，就需要不断保持品牌的活力，需要"不断地说，坚持地说"，继续其在媒体上的提升率，甚至需要创新的媒体与持续更新的话题来完成其传播任务。

众所周知，大众媒介在制造和不断维护着品牌，而品牌中的文化内涵也反过

来不断帮助大众认识和解释自己。在品牌的文化营销中，对于媒介认知的利用，最为有效的是让消费者以自己全身心的精力参与到品牌文化的认同之中去。"文化作为商品在广大的市场上买卖与交换，它是通过传播'硬件'制造出来的，并为硬件服务的'软件'。"① 品牌的"文化"、"价值观"作为进行品牌营销的重点方面，一旦被消费者集体认同，就具有了持久的生命力。"集体认同具有持久性，不易改变，尽管已经存在的认同仍然需要持续性地进行表述、强化与传递。基于这个理由，接近使用传播媒介并且取得媒介的支持，显然是很重要的。集体认同这个概念大可用到关于国际论战中所谓的文化认同上，因为它假定了一套由人们所共享的种族、语言、生活方式等文化特征，这些人也共享时空。"② 除此之外，文化认同的最大好处是使一个比较成功的品牌可以在被识别和区分的基础上，以某种方式增加其自身的意义与价值，也使消费者获得不同的、可以延续的附加价值。"最强大的品牌提供的不仅仅是对商品的理性追求，更多的是情感上的诉求。"③ 对于品牌来说，其竞争力的根本不是品牌的知名度，而是源于这种附加价值的顾客忠诚度。品牌忠诚是品牌文化价值的最终实现，它保持品牌关系稳定，强化消费者的品牌意识。

我们常常能看到，一些品牌虽然是明日黄花，但是，只要它在传播中塑造出消费者的文化认可，其附加价值的影响照样存在，往往是瘦死的骆驼比马大，一个名称照样可以拍卖折现几百万元。这就是品牌文化的延续赋予它的经济价值。因此说，"品牌文化是品牌发展的最高阶段，品牌文化不但赋予品牌更多的文化价值理念、消费情感，而且强化了产品功能"④。品牌文化建设是一个持久的过程，它需要不断地维护与更新，才能维持最持久的竞争力。

因而，真正有远见的品牌传播不仅紧紧抓住当下，更着眼于未来，由塑造文化品牌着手形成品牌文化，使其健康地、可持续地发展，为培育一个更为广阔的潜在市场打下基础。像我们前面提到的"红岩联线"所采取的种种做法，无论是频繁举办各种活动，义务培训讲解员，还是在中小学建立红岩班和周恩来班，在

---

① ［美］丹尼斯·麦奎尔：《麦奎尔大众传播理论》，崔保国、李琨译，清华大学出版社 2006 年版，第 79 页。

② ［美］丹尼斯·麦奎尔：《麦奎尔大众传播理论》，崔保国、李琨译，清华大学出版社 2006 年版，第 196 页。

③ ［美］菲利普·科特勒：《营销管理》，上海人民出版社 2003 年版，第 468 页。

④ 朱　立：《品牌文化战略研究》，经济科学出版社 2006 年版，第 102 页。

社区成立红岩文化室，都是宣传其红岩文化，延续其红岩精神的高明传播手段。它吸引了一代又一代的人们前去游览与体会，将上个世纪的革命精神延续下来，甚至会形成一个民族的心理积淀。同样，少林寺借着自己现有的影响，与外界频频互动，不仅经常迎接各国领导人及各界名士的参观，还常常出外表演少林武功，与各地及各国展开文化交流，都在进一步扩大与延续少林的影响。正是通过这些持续的，一系列交流活动，它无形中传播了少林武功才是中华武术的代表，少林寺才是佛教文化中心的信息。长此以往，世界各国只要一提到中国功夫，首先想到的就是少林武术；一提到佛教，就不由想到了少林。这一点，从80年代后前来少林拜师求学的洋弟子逐年递增的现象就可窥见一斑。少林寺已经成功地将它的武术及文化传播到世界各国，牢牢树立了自己的宗师地位。

总之，在今天的文化消费时代，利用媒体传播策略，建立品牌文化认知，已成为进行品牌传播的一致认同的主导价值观念。对于我们中国的大众文化品牌来说，在这个策略上的重视程度与否，势必会影响到品牌传播和品牌文化认知的最终效果。而经验告诉我们，只有在转变观念、明确市场定位、提高产品质量、塑造良好形象的基础上，充分利用大众媒介进行品牌的文化传播，实现媒介策略和品牌文化认知的双赢，才能获得更大的发展空间，更好的市场未来。

（汪献平　上海师范大学讲师）

论传统文化品牌的法律保护

李丹林　徐　明

内容提要　本文所论传统文化品牌具有抽象和具体两种不同含义。两种不同含义的传统文化品牌有着内在密不可分的联系。对于不同含义的传统文化品牌进行全面协调的法律保护，不论是在保持文化多样性、身份认同方面，还是在提升国家软实力、增强创新能力方面都具有重大战略意义。但是，在现行的传统文化品牌的法律保护方面，两大主要法律领域还都存在较大问题：现行知识产权制度有其功能缺失的一面，而文化遗产保护制度方面的立法还远远不够，二者还缺乏应有的相互协调。因此，笔者认为，应该对现行传统文化品牌的法律保护进行协调完善，健全不同含义的传统文化品牌保护的法律制度。在这一制度建设过程中，应将保存、传承传统优秀文化作为更高目的，对于发生在这一领域的价值冲突的协调作出合理的制度安排。

关 键 词　传统文化品牌　知识产权　文化遗产　法律保护

当今世界全球化程度不断加剧，在西方发达国家强大的经济和军事实力的影响下，以民主、自由、个人主义、市场经济、有限政府、法治等价值理念为核心的西方文化影响日渐增强，不少非西方国家纷纷走上了效仿西方的现代化之路。我国在现代化建设的进程中，面临的问题是：如何尽快地提高生产力水平，缩短与发达国家的差距，形成持续持久的发展态势。同时，我们还要凸显自身的文化影响，展示民族自身的魅力，以实现中华民族的伟大复兴。因此，在知识经济时代，利用知识产权制度不断促进自身经济实力的提升，同时，还要思考本土文化的价值和文化多元的意义，弘扬和强化自身文化的价值和影响力，就成为摆在我们面前必须要回答的问题。在这样的宏观背景下，本文着重探讨传统文化品牌的法律保护以作为对于上述问题的核心内容的思考。

传统文化品牌的不同含义

传统文化品牌在不同层次和不同角度可以有不同的理解，在本文研究的语境中，有两种含义。第一种含义的传统文化品牌，也可称之为抽象的传统文化品牌，是指作为一种文化的象征或代表的某种文化现象，如作为我国非物质文化遗产的孔子思想、中医，作为物质文化遗产的故宫、长城、少林寺等等。这些都是民族世代传承的文化资源，由于其浓郁的民族特色和历史底蕴，成为一个民族或国家的代表性符号。其实，这种含义的传统文化品牌就是传统文化的精华表现。

第二种含义的传统文化品牌，也可称之为具体的传统文化品牌。这种含义的传统文化品牌又包括两类：一种是在一个民族的历史发展中，形成的具有市场价值并且至今仍然被市场所接受的商业品牌；另一种是当前社会利用传统文化元素开发的可进行市场推广的文化活动的商业品牌。前者即一般说的"老字号"。根据有关规定，"老字号"是指那些"历史悠久，拥有世代传承的产品、技艺或服务，具有鲜明的中华民族传统文化背景和深厚的文化底蕴，取得社会广泛认同，形成良好信誉的品牌"①，如"同仁堂"、"全聚德"、"张小泉"等；后者从形成时间来说，一般不长，但因其经营内核为传统文化，因此也将其归入传统文化品牌，如利用了传统文化中有关刘三姐的民间传说而创作的进行商业演出的大型山水实景表演《印象·刘三姐》，再如展现了彝族、苗族、藏族、傣族、白族、佤族和哈尼族等多个民族文化的大型原生态歌舞集《云南映象》等。

区分不同含义的传统文化品牌的意义在于，抽象的传统文化品牌与具体的传统文化品牌的保护目的和保护机制有着非常显著的不同。保护前者的目的，是为了更好地保护本民族的文化的生命力，宗旨是强调本民族文化的特质、其发展历史的不被断裂，从而被这一文化孕育和滋养的群体和个体生命，能够在其中清晰

---

① 见商务部制定的《"中华老字号"认定规范（试行）》第二条"定义"。

地寻找到自身的精神家园。因此这种传统文化品牌的保护机制和方法是确认、立档、研究、保存、保护、宣传、弘扬、传承（特别是通过正规和非正规教育）和振兴，① 保护后者的目的，是为了保证品牌的持有者获得经济利益。保护的机制和方法是依法赋予权利人商业利用的垄断权，建立许可使用和转让制度等。只有对不同的传统文化品牌的法律保护的不同之处予以充分认识，才能结合传统文化品牌的特殊性采取有针对性的适当保护措施，才能保证具体传统文化品牌的适当利用，才能对于抽象传统文化品牌乃至以其为代表的包括所有文化遗产在内的传统文化有更加有效的保护。

保护传统文化品牌的意义

两种不同含义的传统文化品牌，有着内在的密切关系。无论哪种含义的传统文化品牌的合理有效保护，都直接或间接具有以下意义。

（一）强化身份认同的意义

身份认同说的是"我们是谁？"这个问题，特别是在欧美强势文化冲击世界的今天，在废除中医呼声不绝于耳、圣诞节情人节等洋节风靡中国的时候，我们更需要思考我们的根，或者借用学者朱学勤的话说，"我们的精神锚地在哪里？"②

特有的风俗习惯、生活方式、传统技艺、民间文艺等传统文化，可以帮助我们回答前面的疑问，它们都是活态的民族精神，是一个民族安身立命的方式，是该民族在长期生活中所创造的传统知识、传统经验的总结，也是一个民族与其他民族区别的标志，即身份认同标志。假如这些传统文化破坏殆尽，不难想见，随之带来的就是民族身份认同标志的丧失。我们的来路将不再清晰，不仅民族身份认同出现危机，甚至民族的存在价值也会发生危机。面对着西方文化冲击，对传统文化的保护，正是对一个民族文化意识的唤醒和加强，也是一个民族延续和发

---

① 见联合国《保护非物质文化遗产国际公约》第三条。

② 朱学勤：《我们的精神锚地在哪里？》，载《中国新闻周刊》总第 298 期，2006 年 10 月 30 日出版。同样的问题在该期另一篇题为《我们是谁》（作者：秋风）的文章中也进行了探讨。一系列涉及身份认同的疑问是："究竟怎样才算一个中国人？中国人是什么形象？一个人是不是只有过一种特定的中国式的生活方式才算中国人？假如一个人说的是英语、过的是西方的节日、穿着西式服装，甚至信仰来自西方的宗教，那他还算不算中国人？"

展的必要条件。对于抽象的传统文化品牌的保护更直接具有这样的意义。

（二）保护文化多样性的意义

正如联合国教科文组织《世界文化多样性宣言》第 1 条开宗明义所宣称的："文化在不同的时代和不同的地方具有各种不同的表现形式。这种多样性的具体表现是构成人类的各群体和各社会的特性所具有的独特性和多样化。文化多样性是交流、革新和创作的源泉，对人类来讲就像生物多样性对维持生物平衡那样必不可少。"《宣言》以生物多样性对生态平衡所起重要作用的类比揭示出文化多样性在文化生态中的重要价值。

正是在历史绵延过程中，由于特殊的自然、人文环境，才形成了各具自身独特性的民族传统文化。这一独特性既是身份认同的标志，同时也是对世界文化丰富、多样性的贡献。假如没有各民族不同文化的独立持续发展，文化生态便会失去平衡，其结果便是使得文化失去其内在的创造力和生命力，最终造成世界范围内，人类文化整体的萎缩和衰落。那么，没有了其他文化的存在和参照，一种文化也就失去了它存在的意义，人本身也就失去了存在的条件和根据。

通过对传统文化品牌的保护，以促进民族传统文化的传承，促成文化多样性发展，从而最终形成多元文化之间的"各美其美，美人之美，美美与共，天下大同"① 的局面。

（三）提升国家"软实力"② 的意义

与"硬实力"不同，国家"软实力"主要强调政治、思想、文化和政策的吸引力。文化的吸引力即是国家"软实力"的重要内容之一。

和谐、仁爱、孝弟、忠诚等这些传统文化的核心价值，在历史上曾经具有巨大的辐射作用，奠定了我们传统文化在中华文明圈的核心地位。在很多个世纪中，我们的思想文化和制度建设是整个东南亚地区效仿的对象。近年来，随着经济交往和文化交往的逐渐增多，外部世界开始更多地接触、了解中国，特别像通过"孔子学院"等汉语言文化推广教育机构的建立途径，使更多的外国人感受到

---

① 费孝通：《反思·对话·文化自觉》，载《北京大学学报（哲学社会科学版）》1997 年第 3 期。
② 软实力（soft power）这个概念最早是由美国学者约瑟夫·奈（Joseph S. Nye, Jr）于 1990 年提出的。也有国内学者译作"软权力"。"软实力"是相对于那些军事、经济实力等有形具体的"硬实力"来说的，其一般是指无形的、抽象的、非物质性的力量，包括文化、价值观、意识形态等方面。

中华文化的魅力。这些都是增强我们在国际竞争中的软实力的必由之路。因此"软实力"的提升，就必须保护和弘扬独特的、具有吸引力的民族传统文化。同样"软实力"的提升，也有助于提高具体传统文化品牌的国际接受程度，从而促进一国硬实力的提升。

（四）增强创新能力的意义

传统文化品牌中蕴含着世代劳动人民的智慧，凝聚着在长期生产生活中总结和提炼的经验，这是不断改进创新必不可少的基础。因此，传统文化品牌中的各种优秀元素，在现代社会中越来越显示出其社会效益和经济价值。从传统文化中汲取创新的元素，利用知识产权制度进行垄断性地保护，是新的文化产品获得巨大市场价值的一个有效途径。同样对于吸收传统文化形成的商业品牌进行知识产权保护，对创新欲望的催生也具有良好的示范效应。同时通过知识产权保护，可以使得具体传统文化品牌附着的产品，具有更大的商业市场，这恰好应和了对于传统文化弘扬和传播的需要，在当今中国这本身也是一种创新。

传统文化品牌法律保护模式分析

由上述分析可知，传统文化品牌既是一个反映着商业价值、市场表现的经济概念，同时也是一个有关民族身份认同，体现文化多样性，反映着国家软实力的政治概念、文化概念。对于传统文化品牌的保护所具有的深远意义也越来越为世人所认识，近年来对有关传统文化、文化遗产保护在全球范围内被日益重视。我国不仅制定并颁布了大量的法律法规，[①] 采取了一系列的相关保护工程，[②] 而且也加快了对相关国际条约的批准加入的步伐。[③] 同时，我们还应该冷静地看到，

---

① 近年来有关重要法律法规包括：《文物保护法》（2002）、《世界文化遗产保护管理办法》（2006）、《国务院关于加强文化遗产保护的通知》（2005）、《关于加强我国世界文化遗产保护管理工作的意见》（2004）等，《非物质文化遗产保护法》也已列入全国人大 2007 年的立法计划。

② 如"民族民间文化保护工程"、"振兴老字号工程"，分别见文化部、财政部《关于实施中国民族民间文化保护工程的通知》（2004）、商务部《关于实施"振兴老字号工程"的通知》（2006）。

③ 1985 年 12 月 12 日我国加入《保护文化遗产和自然遗产国际公约》；2003 年 10 月联合国教科文组织通过了《保护非物质文化遗产国际公约》，2004 年 12 月中国递交《保护非物质文化遗产公约》批准书，中国成为第 6 个递交批准书的国家；2005 年 10 月联合国教科文组织通过了《保护和促进文化表现形式多样性公约》，2006 年 12 月全国人大常委会批准加入。

传统文化品牌保护所面临的严峻现实：许多具体传统文化品牌没落、流失；一些抽象传统文化品牌被过分地商业开发所侵蚀、变异。因此，思考如何对传统文化品牌进行有效保护，特别是在我国现代化和市场化程度不断提高的当下，就显得非常必要和紧迫。

国际国内对于传统文化及传统文化品牌的法律保护，主要是通过两种既相互关联，又各不相同的法律制度进行的。一种是知识产权法律制度，一种是文化遗产法律制度。知识产权制度包括著作权法、专利法、商标法、商业秘密保护法等。文化遗产法律制度包括物质文化遗产保护、非物质文化遗产保护的法律制度等。

当前，对于传统文化品牌的保护，更多地是侧重于对具体传统文化品牌的保护，即通过知识产权制度来进行保护。国家主要通过对有关商标权、专利权、著作权以及商业秘密等私权的创设，明确权利主体和义务主体之间的各自相应的权利义务，通过对义务人的侵权行为予以法律制裁，以保护权利人的相关权利不被侵害。这种法律保护以私有权为前提，以禁止他人侵犯为保护目的。其充分反映了私权领域保护模式的特点，国家对个人权利的充分尊重，不能有太多的干预，只有在个人权利受到损害寻求法律救济时才能介入。这种法律保护模式是伴随着近代以来机器大工业的发展应运而生的，所形成的现代工业知识产权保护体系可以说基本满足了现代工商业活动对无形财产保护的要求。如通过商品或服务标记的商标权注册保护，维护了企业品牌的专属性和稳定性；通过对文学创作、影视作品、计算机软件等进行版权保护，促进了企业对智力成果的开发；通过对高新技术的专利、工业品外观设计、商业秘密等的保护，也促进了发明创造和科技进步。

现行知识产权制度对传统文化品牌的保护在某些方面具有一定的促进作用。如通过前述商标权、专利权、著作权、地理标志、商业秘密等权利的设定，将符合有关现代知识产权形式或内容要求、适合生成现代知识产权的传统文化部分转化为法定权利，最终获得现代知识产权制度的保护。

但是，我们也不难发现这一保护模式的缺陷。如前所述，抽象的传统文化品牌乃至整个文化遗产和具体的传统文化品牌差异巨大。现代知识产权制度无法根据前者的特殊性对其进行有针对性的保护。比如，某种文化现象，难以有明确、具体的权利主体；很少具备能够符合现行知识产权制度保护所要求的法定条件。

如专利法上的新颖性条件；著作权法上的作品的种类和形式的要求等。此外知识产权保护还有时间性、地域性的限制等。问题的关键在于，知识产权制度的旨趣在于刺激创新，而不是强调传承和维持。而对于抽象文化品牌的法律保护也不以生成知识产权制度所认可的权利并获得相应财产利益为宗旨。作为公法领域的问题，需要规定政府的相关义务，以政府为主导，采取相关措施，抢救、保护、传承、发展、弘扬才是文化遗产法律所要追求的根本目标。最为致命的是，知识产权制度是以促进财富的创造和增加为基本宗旨和运行机制的。因此，这种法律制度在为权利人带来滚滚财富的同时，往往也会导致人们对于可资利用的传统文化资源的过度利用。犹如对于自然界的过度开发导致生态恶化一样，对于传统文化的不当利用和开发，带来的后果则是传统文化的变异、破坏或是徒具其名，那么传统文化所具有的那些对于一个民族或人类所具有的本体意义就会消逝。

当然，我们还要注意到问题的另外一个方面。一种文化，如果它没有更大更强的辐射力，没有更大更强的影响力，显然，它在民族之林中的价值就不能更充分地体现出来，它在丰富文化多样性、在民族身份认同方面的作用就要大打折扣。因此，对于抽象文化品牌，以及整个文化遗产，对其保护也不能机械地理解为维持原状，在保护的基础上弘扬传播才是其最高价值。而往往通过商业途径进行传播是非常有效的途径，在利用商业方式进行传播时，相关知识产权制度的保护又是必不可少的。

完善我国传统文化品牌法律保护的思考

对于传统文化品牌的保护，是一个需要从宏观、统筹的现实视角，深邃、超越功利的历史视角来审视的问题。应该在完善现代知识产权法律制度的同时，不断加强和完善对于抽象的传统文化品牌以及整个传统文化的法律保护，以使我们这个有着最悠久历史而且没有断裂的文明长河流域里的各种文化源流都能够永不枯竭。要实现良好的法律保护，我们应该从以下几个方面入手，做好相关工作：

（一）观念的启蒙和更新

扭转对于传统文化保护的无意识的状态，进行有针对性的启蒙教育和宣传。也许是因为我们有着太悠久的历史，对于俯拾皆是、随处可见的物质文化遗产司空见惯而不知珍惜。还有由于"左"的思潮、历史虚无主义观念作祟，以及贫困或逐利的短视的影响，使得许多文化遗产在政治和经济因素的冲击下，变得异常脆弱，以至于消失或消亡。我们的教育和宣传，应该使政府和民众都认识到这种保护的价值，知晓这种保护既不是单纯的政府行为，也不是某一个主体、某一类群体的行为，它是关涉到整个中华民族的每一个个体、每一类群体的价值、意义的问题，是关涉国家的命运和人类命运的问题。我们应该通过媒体所提供的公共领域进行更多更有意义的相关讨论；应该通过学校教育，使新一代公民真正树立起传统文化保护的意识。在进行这种保护意识的宣传教育时，要将依法保护作为其题中应有之意，特别是要将"宪法至上"的观念根植于其中。我国现行宪法，有诸多条款的内容都涉及到传统文化的保护。① 只有树立起对于宪法的信仰，从宪法层面寻求保护的法律根据，才能在各种具体法律制度中，对于传统文化提供具体有效协调的保护。

传统文化保护的观念的更新要包括：强化对于侵犯知识产权和破坏传统文化的反道德性的认识，强化对于这类行为必须依法严惩的认识。同时还要注意在更为具体的层面上，强化寻求具体的法律保护的意识。改革开放以来，在社会发展和经济建设过程中，由于寻求具体法律保护的意识不强，导致利用法律维护权益的能力不强，结果使得许多可以通过现代知识产权保护的传统文化，没有通过利用具体传统文化品牌获得法律保护。比如有的可以申请专利而不知申请，有的可以申请商标注册而不去注册，有的可以通过驰名商标、地理标志的途径更好地保护权利主体的利益，而权利主体并没有去做。

我们还需要在观念上理清开放与保护的关系。由于开放，必然会使传统接触到其他文化，会出现不同文化间的相互交流、影响、融合，会有强势文化对于弱势文化的同化。但是不开放，弱势文化不能通过自身的力量来改变某些不符合人类本性、人类福祉、人权保障的要求的因素，这种文化也就不能更新和成长。因此，只有通过开放通过借鉴他人，才能知道自身的特别之处和价值所在，才能知道如何珍惜自己所拥有的东西，才可以制定出更完善的法律来保护自己。

（二）要理性认识两种法律保护制度的相互关系

现代知识产权制度，强调是通过垄断的方式使权利人获取利益，可以说是一

---

① 如《宪法》第十二条、第十三条、第二十二条、第四十七条、第一百一十八条、第一百一十九条、第一百二十条、第一百二十一条的规定，这些条款的内容对于现行的文化活动，传统文化遗产的保护，涉及生活方式和价值观念的文化，个体的人身利益和财产利益直接相关的文化活动等都有规定。

种重商观念的体现。特别是现代著作权法律制度，只"保护表达，不保护思想"的原则，更使得人们注重追求能够为其换来经济利益的新的表达形式。但是，传统文化恰恰由于它一直保留着不新颖的形式——这种形式可能已经持续了短则近百年、上百年，多则几百年乃至上千年、几千年——才具有价值，而这也正是它不能得到知识产权法律保护的原因。同时，知识产权的保护期限的有限性，对于基于多样性、多元化本体需求，应该持久保护的传统文化来说，也是无能为力的。而且，正是由于知识产权制度的保护机制的引导，各种社会主体为了寻求自身的利益，往往会过度利用传统文化资源，加上以往知识产权制度在传统文化保护方面的协调不够，使得我们的抽象传统文化品牌，在知识产权保护的过程中反而被破坏。如长城，作为中国文化的象征，其字样和图形被注册到各种商品和服务的标记上。以至于"长城"成为各种工商业产品和行为的代名词。长城所具有的文化意义、精神意义被极大地稀释、淡化、扭曲。再如少林寺，改革开放以来，商业表现活跃，如组织武僧团跨国巡回表演、"功夫之星"选秀、舞台剧《风中少林》、投拍影视剧，更有甚者竟有企业利用少林寺来为猪肉火腿肠做广告等等。凡此种种，让我们深思，在现代市场经济发展过程中，在激励社会组织或个人创造积累财富的同时，如何协调两种法律制度之间的关系，避免法律的引导作用导致传统文化资源的滥用，比如寺庙沦为企业，其内涵的精神和文化变异为商业招牌。因为，从人类自身存在的意义来说，民族精神的根更接近于终极价值，所以在商业利益面前，对于优秀传统文化的合理有效保护具有价值优先地位。

当然，这两类法律制度作用的领域并非截然分开，而是互有交叉和重叠。因此，这两类法律制度也要在确定一定的价值准则的基础上，互相协调、互相配合，才能真正做好对于传统文化品牌的保护。比如地理标志的保护，不仅涉及到知识产权的保护，而且也涉及到更为深刻的传统文化遗产的保护问题。因为一种地理标志的形成，往往是一个漫长的过程。在这个漫长的过程中，特定地区的自然环境和人文传统水乳交融、互相孕育，形成了某种产品或服务的特有地理标志。如果构成这一标志的人文传统的要素消失了，那么这一标志所表示的某种特定产品或服务也就失去了原有的品质，进而失去其在市场上和人们心目中的魅力。因此，如果不注重对于构成那种人文要素的文化遗产的保护，作为知识产权保护的对象也就消失了。相反如果没有知识产权的保护，地理标志被随意使用，那么这一标志同样会由于被滥用，发生"劣币驱逐良币"的情形，一种独具人文传统的商品会因为被淹没在虚假品牌的泛滥之潮中，从而失去其所具有的强大的文化传承、传播和辐射功能。

（三）完善现行法律保护制度

20 世纪 90 年代以来，我国在传统文化品牌保护方面制定了为数不少的各种效力等级的法律文件，也加入了许多相关国际条约。但是，在有些领域立法还不够完善。比如处于知识产权和文化遗产交叉保护领域的民间文学，现在还没有相应的立法文件。属于保护物质文化遗产的《文物保护法》还存在许多缺陷。对于纯粹属于非物质文化遗产的各种社会实践、观念表述、表现形式、知识、技能等，如何保护的经验还很缺乏，相应地在立法上也表现为法律层次上的专门文件的空缺。

完善现行的法律保护制度，要从两个方面入手：一是尽快填补立法空白；二是对于已有法律进行相应修订。

1. 填补立法空白

目前，我们已制定有《文物保护法》，但这只是针对物质文化遗产方面进行的保护，所以亟需制定有关属于传统文化中的非物质文化遗产保护的专门的法律。尽管我国已经加入了联合国《保护非物质文化遗产国际公约》，但是在国内没有相应的法律来对非物质文化遗产的保护作专门的规定。已有一些专门的行政法规和规章、地方性法规和规章，由于在我国的立法体系中，效力等级较低，这对于任务更为艰巨的非物质文化遗产的保护来说，是非常不够的。

世界上很多国家都制定有专门的法律以对传统文化进行保护。如巴西、印度、南非、泰国等已经或正在制定专门的有关传统文化的保护法。在国际社会，已经注意到了将传统文化的保护和知识产权的保护结合起来的意义，世界知识产权组织与联合国教科文组织于 1982 年制定了《制止非法利用民间文学艺术表达及其他非法行为的国家示范法》。虽然这只是一个示范法，没有强制约束力，但是其所昭示的理念和提供的示范作用仍然具有相当大的积极意义。另外，联合国土著人口工作组在土著人的权利框架内，详细列出了"保护土著人遗产的原则和指南"，也属于国际层次上专门立法的一个例子。①

我们在制定有关非物质文化遗产保护方面的法律时，除了要规定保护的机制，保护主体的权利和义务外，应该特别规定，对于利用传统文化资源进行商业活动的主体所承担的反哺义务。因为这些文化资源的产生和形成，某个区域的某个族群功不可没。但是这种文化资源又是进入公共领域或者是无法用现代知识产权制度保护的。因此，无法通过知识产权的保护机制对于形成这一独特传统文化的特定地区的居民或特定族群带来利益。而那些经营者利用此资源依据知识产权法律，获得了相当的财产利益，却不对传统文化的源头进行回馈，这是非常不公平的，而且这对文化的传承也是非常不利的。因为一种文化都是由无数人以其整个生命的历程赋予其中而形成的。恰恰正是那些构成这种文化的个体生命和群体生命，其生存状况更需要关注和关怀。因此，规定传统文化资源的商业利用者的"反哺"义务，是公平正义原则的必然要求，也是保护和传承传统文化的必要途径。当然这种义务的具体承担方式的确定、回馈机制的建立，与知识产权制度中的支付许可使用费的机制会有极大不同，其过程和涉及的利益关系会更为复杂，但这是必须要在立法中解决的制度问题。

2. 修订现行立法

我们应该对于现行立法中的不适应传统文化品牌的保护的部分进行修改。

比如《文物保护法》中对于不可以移动文物的保护的规定，按照行政区划的归属进行保护，而且对于文物的确定标准也是如此。这就导致一些跨地区的区域性遗产不能得到有效保护，使得处于不同行政区域的文物，虽然具有同样的价值，可能会由于不同政府的认识不同，确定为不同的级别。作为周秦汉唐的经济政治中心，陕西西安留下了汉长安城、唐长安城、大明宫遗址等众多文物保护单位，但它们的命运却因地方政府的不同认知而不尽相同。其次，在现行《文物保护法》第六十九条的规定，又有让人哭笑不得之后，满心痛楚之处。该条规定："历史文化名城的布局、环境、历史风貌等遭到严重破坏的，由国务院撤销其历史文化名城称号；历史文化城镇、街道、村庄的布局、环境、历史风貌等遭到严重破坏的，由省、自治区、直辖市人民政府撤销其历史文化街区村镇称号；对负

---

① 引自朱雪忠：《传统知识的法律保护初探》，载《华中师范大学学报（人文社会科学版）》2004 年第 3 期。

有责任的主管人员和其他直接责任人员依法给予行政处分。"《文物保护法》的立法宗旨，是为了更好地保护属于传统文化中的这些具有文物价值的遗产。对于已经受到破坏的，只能是尽可能使其获得恢复，对于不可恢复的也要尽可能保护好遗存，而不是加速其损毁和消失。可是，该条规定的"撤销……称号"的做法，是对这些被破坏的历史文化名城和历史文化街区、村镇的惩罚，难道不就是等于火上浇油吗？这里立法的重点应该是对于负有领导责任的主体，依据相关法律从重追究其法律责任的问题。我国刑法对于国家工作人员玩忽职守、滥用职权造成严重后果的都有承担刑事责任的规定，而《文物保护法》只规定"依法给予行政处分"，这显然是不恰当的。

在现行《商标法》中，对于商标设计的禁用条款和具体审查的标准上，要明确对于不利于传统文化品牌的保护的内容作为不予通过的标准。比如《商标法》第十条第八项的表述，可以加上"传统优秀文化的传承"的内容。

总起来说，我们现行的法律规范，由于在立法时，对于知识产权和传统文化遗产保护的重要性还缺乏深刻的认识，因此对于侵权行为和破坏行为的惩罚力度方面都显得不足，这些都是需要在今后的法律修订时予以充分注意。

（四）要形成立体的法律保护机制

到目前为止，我们无论在知识产权领域还是在文化遗产保护领域，在具体的法律保护机制上，全社会还没有形成一个有效的立体保护网络。比如我们现有的法律规定和政策，对于国家和政府之外的社会力量的作用就没有给予充分的重视，因此利用社会力量来进行保护做得非常不够。在知识产权领域，涉及到证明商标、集体商标、地理标志保护、著作权保护、反不正当竞争方面的问题，对于各种行业协会、社会团体等各种民间组织的力量发挥得不够。比如有很多具体传统文化品牌，没有及时注册，或被他人恶意抢注，或目前仍处于一种未获法律专有保护的状态，就是因为相关的行业自治组织、维权组织没有建立起来，或者没有很好地发挥作用所致。同样对于文化遗产的保护，虽然要强调政府的积极作为，但是也更需要借助社会的力量，否则，仅仅有了立法，也是"徒法不足以自行"。因为文化是由每一个具体的、生活在这种传统熏陶浸润之下的、能够思维、具有情感并且会形成各种行为习惯，具有特定文化倾向和表征的个人所体现和传承的。因此，由这些个体中的有识之士或利益的突出代表所形成的各种自治、专业性的团体加入到对于某种文化品牌的保护中来，才能使保护变得具有实际意义。

同样不可偏废的是，对于属于私权范围的具体传统文化品牌，政府也不能袖手旁观。为了更好地保护这些品牌，政府也要发挥应有的作用。政府应对传统文化品牌中那些效益不高但又具有很强的历史意义和文化意义的品牌进行特别保护。如"老字号"中那些制作经济效益不高、但艺术价值很高并且面临失传的一些传统工艺品牌，政府应当采取必要措施，给予扶持和帮助。

结　语

在我们构建和谐社会、实现民族伟大复兴的过程中，对于传统文化的保护，是我们文化发展战略非常重要的一个环节。从品牌的视角，探索相关的法律保护，又是这一重要环节中的关键之点。对于传统文化品牌的保护，道路漫长，任务艰巨，意义重大，我们要不断深化认识，更加努力。

（李丹林　中国传媒大学社科学院副院长、教授）

（徐　明　中国传媒大学硕士研究生）

论文化产业命题的语义指令及其误区

傅 莹

内容提要 文化产业作为一种特殊的产业门类，文化与产业缺一不可。但是在中国知识界，当前却存在着文化内容谈得多，产业经济谈得少的问题，这一误区从根本上影响和制约着中国文化产业发展的理论建构和实践推进。

关 键 词 文化产业 语义指令 范式错配 中国误区

文化产业（cultural Industries）不是文化形态、文化类型或文化规置，而是产业形态、产业类型或产业规置。在中国语境把文化事业和文化产业作为对称性概念来使用，既不是文化存在的必然逻辑，也不是文化在场的天然分界景观，而是政府文化治理过程中公共管理层面的语义指令。文化产业是以文化作为创意、生产、销售、资本运作渠道和社会消费对象的产业领域、产业平台，从产业经济学视点而言，这一领域起根本制约作用的乃是现代产业经济的基本规律。从这个意义上说，对文化产业最具知识兴趣和事态关注责任的是那些经济学家，尤其是那些消费问题专家、产业经济专家乃至资本运作与金融操控专家，然而在当下中国，众声喧哗者反倒是文化学家、文艺理论家或者公共文化政策执行官员，在他们从传统的意义和价值研究转型为关于文化、艺术的外部研究之后，就完成了他们的文化产业学家的身份重铸，这种简单而粗暴的本体置换显然与文化产业的意义真相和事态进展构成紧张对峙，而言说之际所形成的中国误区尤其会隐忧遗患于中国文化产业的健康发展，所以特别提示出来给予力所能及的学理辨析。

一

文化产业的语源学线索较为明晰，它缘起于文化工业这一特定称谓，原因在于这种称谓产生于资本主义工业化历史情境。工业主义及其相应的工业崇拜在19世纪演绎为一种覆盖整个西方的思想时尚，工业化不仅成为进步的坐标，而且成为那一时代各种思想的逻辑起点。按照乔治·H·米德在《十九世纪的思想运动》一书中的看法，工业革命不仅导致"在这样一个时期中，经济上的扩张随着大型市场的发展和满足这种更大需求的生产方法的逐渐发展而产生了"①，而且还导致亚当·斯密、大卫·李嘉图和马尔萨斯及其经济学家体系的问世，当然，其影响也同样会波及到诸如哲学、政治学、法学乃至文学等精神意识领域和知识学界面，工业意识实际上已成为一种具有时代标志的整体思维特征。

尽管有人认为文化工业概念在法兰克福学派之前就已经被议及，但这个概念的意义完形和社会普遍性接受却无疑主要是法兰克福学派之功。很显然，他们当初是从批判理论的学理维度来予以概念操控的，无论是霍克海默所说的"对投资在每部影片上的可观资本的快速周转的经济要求，阻止着每件艺术作品内在逻辑的追求——即艺术作品本身的自律需要。今天，叫做流行娱乐的东西，实际上是被文化工业所刺激和操纵以及悄悄腐蚀着的需要。因此，它不能同艺术相处，即使它装作与艺术相处得很好"②，还是本雅明所说的"技术复制达到了这样一个水准，它不仅能复制一切传世的艺术品，从而以其影响经受了最深刻的变化，而且它还在艺术处理方式中为自己获取了一席之地"③，都是从某种特定视角切入其文化工业批判的。对于艺术的文化工业生产方式，前苏联的学者甚至痛斥为"艺术生产在现代资本主义世界中的地位的特点，是艺术越来越强烈地、广泛地和堕落地受商品资本主义生产的规律支配。画家们受到画商的无情剥削，没有这些画商的中介，就不可能组织艺术展览，不可能出售艺术作品，不可能发表和宣传它们，艺术家就不可能得到社会的承认"④。

① 乔治·H·米德：《十九世纪的思想运动》，陈虎平译，中国城市出版社2003年版，第209页。
② 马克斯·霍克海默：《批判理论》，李小兵译，重庆出版社1989年版，第273页。
③ 瓦尔特·本雅明：《机械复制时代的艺术作品》，王才勇译，中国城市出版社2002年版，第7页。
④ 莫·卡冈：《卡冈美学教程》，凌继尧译，北京大学出版社1990年版，第518页。

就在批判维度从 20 世纪初一直延伸到 21 世纪初的百年轨迹上，还有平行以及不断发生交叉碰撞的另外一个正面价值描述维度也在延伸，在这一延伸事态中，文化工业被作为基本知识概念指代着社会存在域的某种普遍事实。无论西美尔"当代文化中的货币"之议时所谓"现代性的智力与社会文化使伟大与均一的生活进程与中世纪和古代社会有了决定性的对立，货币规律在此发生作用，它支持这种进程，也同时为这种进程所支持"①，还是克兰"都市媒体艺术"之议时所谓"文化工业一般受到少数几家大公司的支配，它们控制了大部分文化产品市场"②，都是把文化工业概念当作无须存疑和争执的肯定性前提来使用的。这种正面价值叙事对批判维度而言简直就是反文化的判逆，例如，凯夫斯倡导艺术的商业之道，指明寻租途中"传媒集团和娱乐集团追求提供创新产品所获得的租金，因为这些家族企业把创新产品形成的市场和那些终极消费者获得这些产品的市场连接在一起"③。又例如托玛斯·沃尔鼓吹"为盈利而出版"，声称"假如出版公司要盈利，要继续承担传播思想文化的使命，唯一的途径就是要把书卖出去，要赚钱"④，几乎就意味着问题本身或者说命题概念的公共语义已经超越了情绪对立的知识事态，事实和概念都已经获得中性价值和意义。

在意义的性质滑动前行之后，文化工业或者说译义细微变化的文化产业其所指便广为延伸，而且使用者的兴趣已不再纠缠于形而上僵局的价值判断，而是充满热情地把文化产业与文化资本、文化消费、文化市场、文化管理、文化营销这类相关性概念作意义链接，由此形成全新的知识谱系，文化产业概念在这个知识谱系中重新界定自己的语用风格和语义边际。对电影产业研究专家而言，关键词已经转移到诸如"市场结构"、"准入壁垒"、"规模经济"、"跨业经营"、"生产成本"、以及"LRAC 曲线测量"等，产业生存能力所关涉的"一种生存的技巧就是比较每年电影发行的平均数量和通过运营收入和现金流利润算出的平均收益率"⑤，足以引起任何电影人的关注。当文化产业的合法性得以确立以及概念所指大面积延展之后，思考问题的具体语域实际上就发生了明显的移位，例如移位

---

① 齐奥尔格·西美尔：《时尚的哲学》，费勇译，文化艺术出版社 2001 年版，第 108 页。

② 戴安娜·克兰：《文化生产：媒体与都市艺术》，赵国新译，译林出版社 2001 年版，第 50 页。

③ 理查德·E·凯夫斯：《创意产业经济学：艺术的商业之道》，孙绯译，新华出版社 2004 年版，第 296 页。

④ Thomas woll, Publishing for Profit, Chicago Review Press 2002，第 2 页。

⑤ 巴里·利特曼：《大电影产业》，尹鸿译，清华大学出版社 2005 年版，第 30 页。

到从文化消费的叙议角度来讨论文化生存而非文化存在，意识形而上学由此转型为载体社会科学，于是诸如文化消费与日常生活的关系也可以成为新语域中的问题焦点，约翰·斯托瑞所说的"在文化消费中，一方面显示出文化生产的创造自由，一方面也反映出对文化产业的依赖。文化产业为我们提供文化创造力的工具和条件"①，就是在文化产业合法化以及概念新语域的背景下展开叙议的。这意味着文化产业事态已成为普遍性遭遇，文化的现实生存迫使专业性文化问题专家`进行问题移位和知识转型。

二

真正完成这一命题的问题移位和知识转型的，并不是文化研究专家而是经济学家。当文化产业成为西方发达国家的支柱产业之后，不仅是大批金融资本、产业资本甚至风险资本向文化产业大量涌入，而且大批的宏观经济学家、微观经济学家、市场分析学家、产权研究专家、计量与统计分析学家、成本与效益研究专家等等也朝这一领域汹涌而至。文化的温情脉脉从此消退，代之而来的是严肃而冷酷的经济分析和利益计算，文化产业的中心词和概念重心真正托重于"产业"二字之中。

文化产业之作为产业，不管它的特殊性究竟置于何种地步，一旦进入经济学家的视野就必然首先会有一个意义悬置的过程。实际上，好莱坞电影制造工厂之所以在导演制度之外叠加一个更具资本操控能力的制片人制度，很大程度上就是意义悬置的社会行动后果在美国的产业结构中。作为文化产业的电影娱乐业是与诸如农业、石油业、烟草业、汽车业甚至啤酒业等经济门类处在平行结构位置的，这种所处和编序意味着，文化产业在遵约产业规置和经济规则方面乃是超越于那些文化意义定律的。例如它在绩效性方面就同样会出现"如果一个行业有集中的市场结构、协调价格的行为、明显的进入壁垒和无弹性的需求，那么结果是消费者将支付高价格，公司可获得超额利润"②。正因为如此，那些宏观经济学家在思考和设计文化产业发展战略时，就更加关心资本如何能够源源不断地向文

① John Storey, Cultural Consumption and Everyday Life, London, Arnold 1999，第 1 页。
② 沃尔特·亚当斯：《美国产业结构》，封建新译，中国人民大学出版社 2003 年版，第 188 页。

化产业转移并获得巨大的布控力量，产业组织如何能够有效地建立并在扩大再生产的道路上始终符合组织经济的最优原则，以及产业结构如何在均衡性稳态系统内进行分工和配置并具自衍调节功能，如此等等。产业经济学家们则更细心于生产组织、运营成本、效益核算乃至新技术运用等等，其目的在于追求生产环节的绩效最大化，一种文化产业意识的锐利目光，使进入他们视野的一切文化产业过程和文化生产细节都成为效益工具，就仿佛媒体经济学知识域中，考虑在线新闻的盈利模式之际最棘手的是"迈耶式担忧"，即所谓"新闻本来就难以按其真正的成本价来销售，在因特网上也许更加难以销售。就提供的信息而向因特网用户直接收费的做法已经遇到了很大的阻力"[1]。

当经济学知识谱系置换掉文化学知识谱系并有效进入文化产业议题之后，文化产业的生存结构在外部链接中主要显示为两个方面，第一是资本布控，第二是技术支持。文化消费时代应运而生的文化产业从一开始就是资本和技术的合谋产物，这只要从电影制造业的起源就可以一目了然。电影之初，从"法拉第轮"、约翰·赫歇尔的"视觉玩具"一直延伸至卢米埃尔的"活动电影机"，经历了一个漫长的技术完善和演进的过程，即使到了基本成熟的技术发明层级，它与电影制造业以及巨大的文化商机还有遥远的距离，真正实现电影制造业产业催生的是资本的介入。作为资本家的格里伏拉斯和资本掮客的百代兄弟，对于电影产业的兴起是具有历史杠杆意义的，之所以后来被电影史家叙事为"1903 年到 1909 年期间，在电影史上是一个'百代时期'。查尔·百代那种非凡的企业精神，在五年之内把梅里爱手工业式的企业变成了一个庞大的工业，樊尚——这个电影的首都，由此支配了这个世界"，[2] 就是因为他们代表了资本布控的力量以及这种力量的产业奠基之功。但反过来，过度强调资本而忽视与技术之间的均衡性，同样是对电影产业乃至文化产业的误读，所以刘易斯·雅各布斯才明确认为"作为一种商品来说，电影首先要依靠资金才能存在下去，作为一种未来的工艺品来说，它需要新的技术；作为一种社会力量来说，它既从商业方面又从艺术方面再度贡献出与它本身特点和持久性相称的影响作用"[3]。所以，面对文化在各种新兴业

---

① 布赖恩·卡欣：《传媒经济学：数字信息经济学与知识产权》，常玉田译，中信出版社 2003 年版，第 64 页。

② 乔治·萨杜尔：《世界电影史》，徐昭译，中国电影出版社 1995 年版，第 53 页。

③ 刘易斯·雅各布斯：《美国电影的兴起》，刘宗锟译，中国电影出版社 2002 年版，第 22 页。

态中的载体化生存，面对所谓"人类创造了计算机网络，然后计算机网络又创造出新的人类"[1] 的妖魔化技术推进态势，演化经济学就在一种当代性压迫之下愈来愈重视新技术在产业结构变迁中的地位，强调在理解"熊彼特增长周期"的基础上关注"产业内部新技术的引入将改变竞争条件并导致产生新的进入和退出壁垒、暂时垄断资金、一系列准损失（quasilosses）和准租金"[2]。

但是外部链接并不是文化产业生命攸关的全部，其生存活性还有赖于产业框架边际内的是否能够良性循环和高效率运用。这在微观经济学层面遍撒出一系列细节问题，每一个细节问题对于文化产业的存在状况都会发生致命影响。例如，产权学派之所以强调"产权的一个主要功能是引导人们实现将外部性较大地内在化的激励"[3]，或者强调"经济学的问题，或价格如何决定的问题，实质上是产权应如何界定与交换以及应采取怎样的形式的问题"[4]，就在于他们认为产权是否明晰和理顺在很大程度上决定产业发展的动力，就在于他们进一步认为产权状况决定寻租中的竞争游戏规则和合法性，所以任何规模的文化产业在产权专家那里都必须遭遇产权追问，而非因其为意义生成特殊性的文化产业而逃离所议的必要。又例如，产业经济学家们进入文化产业之际，产业结构问题就被放大，而且会依照通行的产业规范进行编目、分类、关系评估和均衡性建制，从而能够实现明晰的经济学定位与产业内置绩效评估，以决定其理性姿态的产业运营方式和发展战略模式，而对有线产业描述的"尽管有众多小型运营系统的存在，但零售式的有线运营模式已一去不复返了。大部分有线系统都属于那些拥有大量资源的大型公司。这些多系统运营商（MSO）在有线产业中形成了占统治地位的所有权结构。在美国，600 多家 MSO 控制着超过 90% 的有线系统。大多数当地有线用户都被前 10 名或前 20 名的大运营公司控制了"[5]，则无疑既是计量经济学知识介入的结果，同时又是对有线产业进行有效经济分析的可靠前提。总之，经济学家视野中的文化产业已然就是产业经济学的普适对象，其经济事实远远高于文化事

---

[1] Mark Poster, The Mode of Information, The University of Chicago Press, 1990，第 4 页。

[2] 克瑞斯提诺·安东内利：《创新经济学：新技术与结构变迁》，刘刚译，高等教育出版社 2006 年版，第 96 页。

[3] H·登姆塞茨：《关于产权的理论》，引自《财产权利与制度变迁》，刘守英译，上海人民出版社 2005 年版，第 98 页。

[4] E·G·菲吕博腾：《产权与经济理论：近期文献的一个综述》，同上，第 205 页。

[5] 阿尔伯特·格雷柯：《媒体与娱乐产业》，饶文靖译，清华大学出版社 2006 年版，第 176 页。

实，其客观自衍性远远超过了主观虚拟性，所以常常会以微观经济学的实验方法进行事实陈述，甚至所谓"许多国家采取多种措施来促进它的故事片和电视节目的生产，其中三个主要的办法是：直接补贴、减税和进口配额或关税"①，那也不是由简单而粗暴的政府意志决定勘定的，而是周密计算的科学决策思路的选择结果，例如非线性经济建模的"存在计算程序时，值得建立以下几个简单非线性模型：神经网络模型、一项或两项的投影追踪模型、简单区间转换模型"②，就是无数有效的经济计算技术中的一种，与文化学家对文化产业的社会关怀或人文体验已经完全不在同一个意义界面。

总之，就文化产业语义指令而言，它总体上经历了文化批判、文化事态正面价值叙事和特定产业类型三个概念演绎阶段，前二者属于文化学概念的语义范畴，后者则属于经济学语义范畴。现行公共政策层面所要探讨的，实质上就是经济学语义指令的文化产业，因为它成为国民经济运行整体格局中的一个重要组成部分和当下性关注焦点，而我们通常所谓要大力发展文化产业，就是这一语义指令的经济学概念和产业经济事实。正因为如此，那些娱乐营销学家便训导营销团队必须牢记"品牌塑造是一项非常严肃、意义非凡的使命，是一项需要营销团队认真策划和切实参与的商业系统工程。参与其中的营销团队必须能够预测未来，不畏惧来自艺术层面的任何压力"③。这意味着我们在最终要充分考虑文化产业的意义存在方式的特殊性之前，必须首先建构其产业经济学的普适理论框架，使其从理论和实践两个层面都严格规置于产业经济规律和产业经济知识域，必须按经济学的方法、原则、关键词和语用范式来进行问题解读并形成关于文化产业概念把握和学术研究的主流话语方式，尽管这并不排斥一些学者仍然可以用文化批判或文化事态正面价值叙事的言说风格从事其文化学语言游戏。我们必须确立的一个前提是，只有在经济学语言指令的范式下理解和使用文化产业这一概念，才与当前的文化产业现实及其所谓发展文化产业具有拟议一致性或者本体叠合关系。这个问题之所以在当代中国语境形成一定程度的认识误区，最大的现实根源

---

① 考林·霍斯金斯：《全球电视和电影：产业经济学导论》，刘丰海译，新华出版社 2004 年版，第 26 页。

② 克莱夫·W·J·格兰杰：《非线性经济的建模》，朱保华译，上海财经大学出版社 2006 年版，第 142 页。

③ 埃尔·李柏曼：《娱乐营销革命》，谢新洲译，中国人民大学出版社 2003 年版，第 14 页。

在于长期以来政府文化治理的极端意识形态背景，造成对文化产业的挤压和限制，从而也就在国民经济宏观运营的产业门类中压根儿就没有文化产业排序的一席之地，不仅编制"十五"规划之前没有发展文化产业的动议，即使"十五"规划之后在编制文化产业发展方案时也仍然是语焉不详，更谈不上当作国民经济支柱产业来编制规划方案。正因为如此，就文化产业作为产业门类来说，它到目前为止实质上还没有明晰的产业边际、完整的产业政策、系统的产业规范、详尽的产业目录、有效的产业法规、科学的产业结构、法理的产权组织，如此等等。更为严重的是，我们甚至没有确立起整体运营综合协调的政府主体，政出多门，不仅使其政策法规建设受到阻碍，而且形成在各自为战中不断地进行简单重复再生产的混乱局面，事业行为和产业行为在具体单位的混杂性生存更使这一事态扑朔迷离。制度设计和体制安排的功能缺陷，并非呼唤几声体制创新或者体制改革就能解决问题，而是必须从认识误区和事实离位中回归才能寻找到根本出路。

（傅　莹　暨南大学文学院副教授）

我国文化产业的梯级开发和利用初探

祁进玉

内容提要　随着全球化的进一步扩张，一种全球文化消费的观念逐渐成形。世界各国相应加大对文化的保护和开发，物质文化与非物质文化遗产的保护和开发也提上政府的议事日程。适时将文化作为一种产业进行规范的开发和可持续利用，也是今后各级政府工作的重中之重。

关键词　文化产业　梯级开发　可持续性　全球文化经济

近年来，随着经济全球化和文化全球化的悄声袭来，文化全球化消费的大潮也逐渐成形，有由西方发达国家向第三世界进一步扩张的趋势。世界各国近年来也相应加大对物质文化和非物质文化遗产的保护和申报工作，充分说明了各国对本民族文化的重视。有很多学者就文化作为一种产业进行了相关的研究。受他们的启发，笔者就有关文化产业在我国的梯级开发和利用的设想，围绕国家在其中所行使的功能和义务；各级地方政府和民众的作用；东部经济优势产业区所应扮演的角色等问题进行初步的论述。

文化与文化产业的概念界定

（一）关于文化概念的建构和界定

文化，可以说是一个十分富有包容性的也是众说纷纭的概念。古今中外很多人曾经都使用过这一概念，然而，只是在人类学（或者它的某个分支学科）中最经常地使用并已获得最精确的定义。像所有的抽象观念一样，人类学的文化概念也是逐渐建构起来的。伏尔泰曾使用了"moeureetesprit"（风俗和精神），这似乎涵盖了当代人类学中"文化"一词所具有的相同现象。"文化"一词在西方来源于拉丁文 culrura，在拉丁语和中古英语中，它通常具有"耕耘"或"掘种土地"的意思。[①] 从"农业"（agriculture）和"园艺"（horticulture）两词可以看出，在18世纪的法国，像沃格纳格（Vauvenargues）和伏尔泰这样的学者，开始在法语中以一种完全的意义使用"文化"一词。对他们来说，"文化"意指训练和修炼心智的结果或状态。良好的风度、文学、艺术和科学——所有这些都被称为"文化"，被认为是通过教育能够获得的东西。在中国，"文"指文字、文章、文采，又指礼乐制度、法律条文等。"化"是指"教化"、"教行"等。关于文化的定义很多，绝对不能设定。美国文化人类学家 A. L. 克罗伯和 K. 科拉克洪在1952年发表的《文化：一个概念定义的考评》中，列举了161种定义。西方学者对文化的经典理解首推英国人类学家 E. B. 泰勒，他指出："文化，就其在民族志中的广义而言，是个复合的整体，它包含知识、信仰、艺术、道德、法律、习俗和个人作为社会成员所必须的其他能力及习惯。"而马林诺斯基在其《文化论》中，把文化分为物质设备、精神文化、语言和社会组织四个方面。[②]

一般意义上，通常认为文化有广义与狭义之分。广义的文化指人类创造的一切物质产品和精神产品的总和。狭义的文化专指语言、文学、艺术及一切意识形态在内的精神产品。作为一种生成性概念的文化，不是先天的遗传本能，而是后天习得的经验和知识；也不是自然存在物，而是经过人类千百年来有意或无意加工制作出来的东西。在考察文化的同时，我们也要看到，"文明"一词有一个几乎完全类似于"文化"一词的发展过程。起初，文明意指个人修养的过程，也许它比"文化"一词更侧重于社会的风范。直到今天，有许多人类学家仍偏爱"文明"一词，如汤因比便是其一。"文明"一词有倾向于要回到它似曾相识的旧含义，它似乎指一种较高级的、较发达的文化形态，或者较特殊地指城市文化。美国学者麦基佛和莫顿曾将两者进行了区分，认为文明应被定义为"一个实

---

① ［美］菲利普·巴格比：《文化：历史的投影》，上海人民出版社1987年版，第87页。
② 黄　平、罗红光等编：《社会学·人类学新词典》，吉林人民出版社2003年版，第162页。

践的和理智的知识实体和控制自然的技术手段的总和"，而"文化"则被限定为
"价值、规范的原则以及观念的结构"。而近数十年中，美国人类学家因为急于避
免"文明"和"原始"术语中的价值特有内涵，开始采用"有文字的"和"无
文字的"文化的说法，借以暗示，每一种类型的文化在其自己的方式中都是有价
值的。[①] 不过，在本文中笔者无意于做这种有关"文明"与"文化"的详细区
分，只是对将要深入论述的文化产业精心做一概念的界定，稍做"文化"的溯源
而已。

（二）文化产业的概念

文化产业是一个外来的概念，最早由法兰克福学派的霍克海默和阿多诺在
20 世纪 40 年代合写的《启蒙的辩证法》中提出来的。文化工业即文化产业
（Cultural Industry）是随着科技的发展，文艺作品制作的手段日渐普及，文艺创
作转变为以建立在科学技术之上的机械化、自动化生产为前提，进行大规模成批
生产和复制，是为"文化产业"。文化产业的产品，是一种适合于大众口味的、
方便面式的精神消费品即所谓的"大众文化"。而这种"大众文化"却是与"精
英文化"和"贵族文化"相对而言的。此种趋势，充分说明了今天经济全球化
和文化全球化对科技强大的力量的借用与拓展，这也将会极大地拓展文化以一种
产业化运作的速度和张力，其直接后果必然是拓宽消费全球化的文化市场的领
域。也势必会相应地引起现代"文化"概念的内涵和外延的歧变。正如杰弗里·
哈特曼（Geoffrey Hartman）在《重大的文化问题》中指出的，我们现在拥有
"照相机文化、枪炮文化、服务文化、博物馆文化、聋子文化、足球文化、健忘
症文化等等"。一个局部的、相当有限的关于文化的概念已经开始到处扩散。这
一切充分表明，在我们现今的时代，较宽泛和较狭窄意义上的文化之间的冲突表
现为一种格外自相矛盾的形式。然而，自 20 世纪 60 年代以来，"文化"一词一
直在它的轴上旋转，表达几乎完全相反的意义。它现在的意思是对一种特殊身
份——国家的、性别的、种族的、地域的——肯定而不是超越。简而言之，文化
已经由解决办法的组成部分一跃而成了问题的组成部分。[②] 特瑞·伊格尔顿认为：
文化不再是解决政治争端的一种途径，一个我们纯粹地作为人类同伴在其中彼此遭

---

① ［美］菲利普·巴格比：《文化：历史的投影》，上海人民出版社 1987 年版，第 191、193 页。
② ［英］特瑞·伊格尔顿著：《文化的观念》，方 杰译，南京大学出版社 2003 年版，第 43、44 页。

遇的更高级或更深层的维度，而是政治冲突辞典本身的组成部分。爱德华·萨义德写道："文化远远不是具有古典美的上流阶层的一个平静的领域，而甚至可以是各种动机自我暴露在光天化日之下并彼此斗争的战场。"①

不过，今天在谈论文化产业的概念时，可能完全背弃了当初霍克海默和阿多诺等法兰克福学派的初衷。毕竟法兰克福学派对现今这样一种文化产业发展持否定态度，认为：（1）文化产业尽管表现出一种符合需求的表象，实际上仍然是由不合理的社会力量所控制的。（2）文化产业面对的接受主体是文化消费市场的大众，是一个单一同质的集合单位；因此就决定了文化产业所生产的产品，其类型、内容和风格日趋单调和雷同。（3）文化产业已丧失了艺术的超越性精神，立足于世俗的基础。他们认为，文化产业的存在和发展是资本主义社会衰退的标志，是一种严重的异化现象。当然也有学者就阿多诺们的观点进行批评，认为法兰克福学派对大众文化的观点过于绝对，没有认识到大众文化中也有艺术性和创造性，另外，大众作为一种文化的接受者也不是单一被动和无选择能力的。但是，今天的我们已经分明感到的已经发生变化的不仅是文化的内容，而且是其地位。用杰姆逊·詹明信的话来说，正在发生的是"文化向整个社会范畴的一种大规模的扩张，直至我们社会生活中的一切——从经济价值和国家权利到实践到心理结构——可以说在某种原始但却未曾理论化的意义上已经变成了'文化的'"②。

我们对文化产业进行上述界定时，不能忽视一个至关重要的问题，那就是有关文化产业概念的内涵，在本论文中主要指的是一种生产文化、供应文化和使用文化的活动过程中表现出来的经济现象，而不是文化本身。因此，这种对文化的经济学视角主要关注的是文化生产力诸要素的合理配置、文化经济结构的有效调整和文化经济运动规律的考察上。

文化发展与经济增长的关系

一般而言，经济是文化的基础，决定文化的发展；文化是经济基础的上层

---

① Edward Said, *Culture and Imperialism* (London, 1993), P. xiv.

② Fredric Jameson, "Postmodernism, or the Cultural Logic of Late Capitalism", New Left Review no. 146 (July, 1984), p. 87.

建筑，支配和影响着经济的历史运动。在考察长期的人类社会的历史发展过程发现，文化与经济有其演进的同步性，文化结构与经济结构在质的规定性上呈现出一种力的同构关系：农耕文化与自然经济相适应，工业文化是以蒸汽机革命为代表的大工业经济的产物。而与服务业经济相适应的是商业文化以及现代以知识性服务为基础的传媒产业的兴起，随之出现的是现代意义上的"文化产业"。由高技术和高文化联姻的知识经济步入以艺术和文化产业为基础的经济是消费全球化的不可避免的趋势。20 世纪 50 年代随着电子媒介的出现使民众对媒体的需求普及化、批量化、广泛化，而且技术本身的发展也在一定程度上改变了文化的创作、传播、收藏方式等的极大变化。而近年来在数字技术和数字革命领域获得的进展也使通讯、传媒、网络等趋向统一和汇流，对文化体制的管理方式也提出变革的要求，对产业格局也势必要进行重大的调整和制度上的变化。相应的进行文化产业的分工和文化市场的全球细分也是今后发展的必然趋势。

文化增长对所在国的经济总量增长的影响是显而易见的，也是不可低估的。就文化本体论意义而言，任何形态的文化增长首先是对人类在精神层次上所获得的一种历史整体性提升的过程趋势及所达到的文明高度的描述，而这种增长无论是就自身的物化成果所创造的价值，还是就它通过对人力资源素质的整体提升后转变为生产力（实质上是对生产力主体的结构性革命）所创造的价值，它都是可以给社会带来直接的经济数量的增长。这就使文化增长本身在意义上具有双重属性。[1] 在 20 世纪 90 年代后期，英国文化产业年产值接近 600 亿英镑，平均发展速度是国民经济增长率的两倍；澳大利亚文化产业年产值约占国内生产总值的 2.5%，美国则在 1993 年以文化产业为核心的版权业产值就达 2386 亿美元，占国内生产总值（GDP）的 3.7%。从 20 世纪 90 年代起，国际社会普遍加大了对文化产业政策和产业结构的调整，纷纷制定文化产业发展战略。1997 年美国制定了《北美行业分类系统》（NAICS），突出强调美国以"信息为依托的经济"战略，出版、电影、音像录制、有线电视节目分销等当代文化产业的核心成分全部包括在内；1997 年作为欧盟轮值主席国的芬兰，成立文化产业委员会，1999年发布《文化产业的最终报告》，2000 年在芬兰的倡议下，欧洲文化产业发展的

---

① 胡惠林、李康化著：《文化经济学》，上海文艺出版社 2003 年版，第 5 页。

框架性合作计划启动。① 我国也在 2001 年 3 月批准的第十个国民经济和社会发展五年计划纲要中，明确提出了发展我国文化产业的战略目标。

我国文化产业梯级开发和利用的初步构想

虽然，文化产业化在后现代和后文化殖民主义的层面加以考察，也许会对发展中国家的传统文化进行侵入和渗透，甚至会造成民族传统文化面临将来的文化断裂或文化缺失。20 世纪 80 年代以来的有关全球化的讨论，已经不仅仅是侧重于经济方面，在人类学中，有学者还特别关注与经济活动相关的文化全球化。阿普杜莱讨论全球文化经济（global cultural economy），他认为：当今全球互动中的中心问题是文化同质化和文化异质化之间的张力。新的全球文化经济必须被理解为一种复合的、重叠的、分裂的秩序，它不可能再被按照核心——边缘的模式来理解。当前全球经济的复杂性，与某些经济、文化和政治之间的基本断裂有关，对此我们几乎没有形成理论。② 但是，文化全球化也带给我们，尤其是给发展中国家经济发展带来新的契机。全球化是个双刃剑，就看你如何利用，如何获得利益最大化而成本最小化。

所以，本文针对全球化背景下的我国文化产业的合理开发和利用，就一种并非十分成熟的关于"文化产业梯级开发"的构想，进行论述和初步说明。

（一）文化产业的梯级开发和利用的基本架构

这种文化产业梯级开发的战略主要包括三级区域性文化产业带。根据全国的区域经济发展和国土分布的特征，初步分为东部产业开发地带、中部产业开发地带和西部产业开发地带三级区域。东部地带主要包括长江中下游地区和珠江三角洲、沿江、沿海地带，这一地区主要以北京、上海、广东、浙江、山东、江苏、福建等经济发达地区。这一地区的特点是经济高度发展，文化产业已经初具规模，与国际间的文化交流和交往也是十分频繁，现代媒体以集团化运作以及资金、人员和观念的整合也逐步趋于完善。可以说是我国的文化产业优势区和技术

---

① 参见 2001 年 5 月 22 日《中国经营报·论坛导刊》。

② Arjun Appadural, Disjuncture and Difference in the Global Cultural Economy, Global Culture. Mike Featherstone ed., London, SAGE Publications Ltd., 1990, PP. 295—310.

优势区。中部产业开发地带主要包括我国的中部省区，有湖南、河南、湖北、江西、安徽、山西、东北三省等地区，这些地区经济较为发展，文化产业也已经开始或即将大规模的开发，有其便利的财力、人力和物力上的储备和积累。本身也有较为浓厚的历史积淀的文化遗产以及丰富的从业人员。与国内外的联系也相当密切，有开展文化交流和交往的很好氛围。本文中的西部产业开发地带主要是指我国的国土地理概念上的广大的西部地区。也和中央政府提出的"西部大开发"概念上的西部相契合。主要包括：青海、甘肃、宁夏、新疆、内蒙古、西藏、四川、陕西、云南、贵州和广西等省区。这个地区的特点是经济发展相对较为落后，文化产业尚未具备规模化运作的准备，包括资金、技术、从业人员的素质和知识储备，以及缺乏一种文化的产业化开发的观念。但是，西部产业开发带内部也有很大的差异，需要分别做很多相关的前期准备工作以及从业人员的培训。从东部到中部然后到西部文化产业带，文化产业的规模和收益率呈东部宽大西部窄小的梯形分布。当然，这只是一个大概的文化产业区的划分，甚至不很科学，但论文的主要目的在于引发一场有关我国文化产业开发和利用的讨论而已，具体的开发方案的制订，还需要相关专业的专家学者以及管理部门的仔细研讨。而且，我们也可以看到，这样划分出来的三个区或文化产业带的内部各省之间的实力也很不平衡。但是，基本情况较为近似。虽然，我国的东部和中部地区相对西部文化产业带，在经济、文化和社会等方面有较大的优势，甚至是绝对的优势，但就一种"原生态文化"的丰富性上却是无法与后者相比。西部地区有着大量的原生态文化和多样形态的文化，尤其是广大的丰富而多样的少数民族文化，亟待保护和合理开发。但是，由于经济发展相对落后，科技、文化的发展也较为滞后。加之，这些少数民族聚居地区的文化面临着被破坏和毁坏的倾向，其生存的脆弱环境面临经济全球化所带来的旅游热的冲击。所以，我国的文化产业化的过程中，要加大东、中部对西部文化产业带的扶持，尤其是政府的文化产业政策的大力扶持。各级政府在招商引资的同时，要制定相应的文化产业规则和规范化体系的建设。

（二）我国文化产业梯形开发、利用的步骤、措施

由于我国中部和西部地区，在经济、文化、科技和教育等方面相对于东部发达地区其发展要滞后许多，但是，这些地区的居民的文化消费需求不断呈增长的态势，而本地区又无法提供足够多的文化产品。因此，势必会出现文化需求与消

费的不平衡状况。文化产品供给与需求的地域性矛盾，主要表现为城市与农村、经济发达地区与经济落后地区、中心地区与偏远地区在文化商品的供求的质、量与"贫"、"富"的差异。国家如果只是重点着眼于东部经济发达地区的文化产业的发展，因而会加大地区间文化消费的制度性失衡。无疑也会人为加大地区间的经济、社会、文化的差异和差距。而这种做法是不公平的，也会造成很多负面效应。

如何化解这种文化产品供给与需求的地域性矛盾，就需要制定相关的文化产业规划以及扶持政策。重点在于中央和地方两级政府部门做出科学的论证与规划。由于我国东部地区是文化产业优势地区，所以，今后政府工作的重心应该转移到重点发展中部和西部，尤其要重点扶持发展西部。中央提出的西部大开发主要在于经济、教育和科技以及基础设施建设，相关文化产业方面的规划和项目很少涉及，或者尚未纳入政府决策的议事日程，显得相对较为滞后。当然，教育和科技也包含在广义的文化产业的框架体系内。

1. 调整我国文化产业政策和战略规划，积极适应文化消费全球化的大趋势。从西方发达国家近年来的迅速发展的文化产业的轨迹来看，文化消费已成为拉动国民经济增长的重要力量。文化消费的边际增量超过了物质消费的边际增量。一是教育投入（包括学校教育、校外培训、家庭教育）的增幅很大；二是家庭文化投入（包括报纸、杂志、书刊等阅读物和家用电器及其附件）；三是家庭用具（包括服饰、家具、家用交通工具）的文化技术含量在提高；四是饮食消费支出相对降低；五是用于观光、考察、旅游方面的文化开支逐渐上升。[①] 我国由于现有文化产业结构与文化经济发展的不平衡，作为政治、经济、文化的中心城市、经济发达地区或中心地区由于优越的地理位置和经济历史背景、文化产业结构（包括人才结构）和文化经济发展相对比较繁荣和合理。而在中西部地区，尤其是在西部少数民族地区和农村、牧区这种文化产品的供给与需求出现地区性失衡，严重制约着这些地区的发展和居民的文化消费。进一步拉大中西部与东部和大城市之间的本已明显的差距。而一种全球化的文化消费趋势不可逆转。此种文化消费全球化是指消费对象的全球化共享、消费时尚的全球化蔓延以及消费方式

---

① 胡惠林、李康化著：《文化经济学》，上海文艺出版社 2003 年版，第 79、258 页。

等的全球化趋同。① 当然，全球化的文化消费也有其积极意义，它为各国文化建设提供了参照物，有关国家在对比中发展、完善本民族文化。其次，为文化资源的优化配置创造了条件，有利于文化消费质量的提高。但是，发展中国家目前处于被动、附属的地位，更多是全球化文化产品的消费市场和输入国。深受美国好莱坞影片冲击的中国电影市场和电影界就是一个极好的案例。更不要说日本的卡通片，西方的圣诞节、平安夜、情人节等西化的娱乐方式、节日节庆等，在一定程度上使我们的传统文化已经节节败退，而欧美为代表的全球化的文化浪潮却步步紧逼。有人会说这纯粹是杞人忧天，也该清醒清醒了，消费全球化已经悄然到来，国外的一些大型超级市场，譬如沃尔玛、家乐福以及快餐业的巨头麦当劳、肯德基等已经就在我们身边。所以，各级政府部门要制定和出台相应的文化产业政策和长远的战略规划，以应对文化全球化的到来。

2. 我国文化产业的梯级开发和利用，加强中央的宏观调控能力的同时，东部带动中西部的发展，优势互补，取长补短，相得益彰。要解决上述的文化供给与需求之间的地域性矛盾，就要加强中央政府的宏观调控能力，进一步加强对文化供给与需求的调节。文化供求的调节，因其发生的机制不同和性质的差异，可以分为自发的和自觉的两大类。所谓"自发的"，就是由市场调节；所谓"自觉的"，就是市场主体根据价值规律和供求关系的特点，自觉地通过某种手段对供求矛盾运动实行干预的宏观调控行为。前者主要使用经济杠杆来进行调节；后者则采用行政措施。主要包括下述措施：价格调控；税收杠杆；财政资助和行政立法。充分发挥东部经济、文化发达地区的优势，带动中西部地区的发展，优势互补，取长补短，相得益彰。

3. 在文化产业化运作和文化市场化的建设中，要充分发挥当地民众的积极性和参与性。各级政府部门要积极出台相关的文化产业的政策和措施，推动和鼓励民间力量积极参与文化产业的投资以及文化保护事业。尤其在中部和西部地区，有着我国最为丰富的民间文化的宝库，有着优秀的传统文化遗产，包括物质文化遗产和非物质文化遗产。有着天然的、丰富的人文景观和特色旅游、民族风情旅游以及面临濒危状况的民间宗教、艺术和艺人。而当地政府却无力也无法挖掘和保护，所以东部地区的民众和财团可以来中西部投资，多渠道筹集资金，大

---

① 李金蓉：《全球化文化消费的双重效应及我们的对策》，《消费经济》1999 年第 3 期。

家共同受益。当然，对此相关政府部门要尽快出台招商引资的举措。

4. 制定科学、有效的文化管理模式也是发展文化产业的关键。我国在制定适合我国国情的文化产业管理模式，可以借鉴西方国家的文化管理的现有运行模式。如以分配资金，提供服务为理念的美国模式。而法国模式的特点则是：大权集中，有序管理。我们的邻邦日本则是以直接扶持，间接管理为特色。而我国在文化管理中过于强调文化建设的政治目的，轻视文化的经济效益。在社会主义市场经济建设的今天，要充分发挥文化市场的作用，强化政府的宏观间接管理的能力。也要加强文化产业的规范化和法制化体系的建设。探索和建立适合我国国情的市场化发展的文化产业管理模式。

结　　论

随着全球化的进一步扩张，一种全球文化消费的观念逐渐成形，世界各国相应加大对文化的保护和开发，物质文化与非物质文化遗产的保护和开发也提上政府的议事日程。适时将文化作为一种产业进行规范的开发和可持续性利用也是今后我国各级政府工作的重中之重。2005 年 1 月 8—9 日第二届中国文化产业高层新年论坛在北京大学举行。文化部副部长孟晓驷致词时提出发展中国文化产业的三大战略举措：第一，关于中国文化的突破。文化突破，首先要突破行政壁垒，全面实行国有文化单位布局结构的战略性调整；其次要突破政策性障碍，全面实行国有文化单位体制的根本性改革；再次，对外开放应当优先对内开放，全球化应当优先全国化。第二，关于中国文化的换装。文化换装，是指用现代高科技和先进适用科技改造和提升文化产业，是推进文化科技创新的重要内容。第三，关于中国文化的出征。从过去单纯强调文化工作的政治功能，转变为应当从经济的角度把对外文化交流看作是文化外贸的手段之一。不但要适时扩大对外开放和文化交流，还要规避外来的文化反客为主，我们的企业不但要在文化内河航行，而且必须驶向蔚蓝色的广阔海洋。[①] 也有学者撰文指出，中国文化体制改革与提高文化产业的竞争力（花建，2005）[②]、产业集群（Cluster Industries）（迈克尔·波

---

① 孟晓驷：《发展中国文化产业的三大战略举措》，《北京大学学报》2005 年第 2 期。
② 花　建：《文化产业竞争力的内涵、结构和战略重点》，《北京大学学报》2005 年第 2 期。

特，1998）与文化产业竞争力提升等话题。考虑到文化产业竞争力的四大能力：整体创新能力、市场拓展能力、成本控制能力、可持续发展能力，以及文化产业竞争力的七大内容：产业实力、产业效益、产业关联、产业资源、产业能力、产业结构、产业环境。可以说，随着近年来学界和政府以及民间组织、企业等的积极参与，使文化产业的研究呈多元化和投资渠道的多样化态势，并且有逐渐深化、系统化的研究和规范化发展趋势。

在积极采取上述举措的同时，也要考虑到我国的民族传统文化的发掘和保护问题。美国学者约翰·奈斯比特曾指出：现代社会电子技术和民俗文化艺术的发展是并行不悖的。民族传统文化和民间文化遗产的传承和保护问题，在现代社会显得十分急迫和必要。诸如：民间文化的原生性（Authenticity）、综合性、生活性、现代性等因素，在文化产业开发和规划时，如何通盘考虑上述影响因子。类似于近年来蔓延各地的"文化搭台，经济唱戏"的地方政府急功近利式开发模式，不但单调，而且有害。近年来中国大地热情高涨的民族、民间文化或生态旅游热，也凸现一系列的问题，诸如：本已脆弱的生态不能承受之重，再造或新创新民俗，甚至伪造和抄袭的假文化、假民俗等比比皆是。所以，民族传统文化、民间文化遗产保护刻不容缓；此外，开发与保护的顺序问题，也是亟待商榷，切不可操之过急。

（祁进玉　西北师范大学西北少数民族教育发展研究中心副教授）

中国文化产业中信用体系的缺失与重建

——以中国出版产业为例

侯样祥

内容提要 新时期以来，作为文化产业的重要组成部分，中国出版产业获得了快速发展。但在市场化进程中，它也"危机四伏"。其中由企业间资金链生锈导致的出版产业信用体系的整体缺失即其突出表现。如何解决好企业间资金链问题，进而重建出版产业的信用体系，是业内外广为关注的大问题。本文认为，作为出版产业链中五大板块的核心板块的"出版商"和"发行商"理应成为重建中国出版产业信用体系的楷模与标兵。对出版商而言，做好品牌经营是关键的关键；对销售商而言，实施并经营好连锁经营是重中之重。

关 键 词 文化产业 信用体系 缺失 重建 品牌 连锁经营

文化是个历史悠久的概念，文化产业则是个全新的概念，特别是在中国。文化的价值和意义，经过全人类数千年的实践、研究与论证，已无需多言。文化产业的价值与意义，发达国家已有成功的实践。当文化与产业相结合进行产品化、商品化时，我们是否清楚，此时的文化已然成了产品、商品的"原材料"，在意识形态性、文化性与产业性、商业性之间，它似乎更多地倾向于后者，即是说它更多的不是文化行为、不属于意识形态范畴，而是产业行为和商业行为，虽然它仍然有别于其它物质产品、商品的"原材料"。因此，文化产业研究理应更多地集中在文化被产品化、商品化的原因、过程和结果上，即其生产、流通、消费的经济规律上。出版产业是文化产业的重要组成部分，它的特殊性虽然不可能对整个文化产业起到"概全"的作用，但作为相对完整的产业结构和相对成熟的产业形式，它对文化产业的整体发展一定会起到较大的参考作用与借鉴意义。

围墙越高影子越长

改革开放近 30 年来，中国出版业获得了突飞猛进的大发展。特别是上世纪八九十年代，中国出版业获得了三次惊人的高速发展的良机：一是，在上世纪六七十年代积蓄了近 20 年的潜力巨大的读书渴望与市场需求，成就了 70 年代末和 80 年代初中期的读书需求总爆发。这是新时期以来最典型的图书"卖方市场"时期。二是，从 1993 年开始的由纸张涨价引发的整个图书价格特别是中小学教材教辅价格迅猛上涨，给一大批教育出版机构，特别是依托于"地盘经济"划地为王的地方教育出版机构带来了巨额经济效益。这就是中国出版业被广为指责的利润仅次于"贩毒"和"军售"的"暴利时期"。三是，从 1999 年开始的大学大规模扩招，致使大学教材的市场需求量急剧增加，造就了一大批实力强大的大学出版社与专业出版社。[①] 仅以全国人均购书额的增长即可见一斑。权威资料表明，1990 年全国人均购书额为 6.71 元，1995 年全国人均购书额增加到 15.39元，即"八五"末比"七五"末增长了 129.36%，年均增长 25.87%；到 2000年，全国人均购书额增加到 29.77 元，说明"九五"末又比"八五"末增长了93.44%，年均增长 18.69%；通观"八五"和"九五"两个五年期，我们不难发现，"九五"末比"七五"末增长了 343.7%，年均增长 34.37%，大大超过了全国同一时期 GDP 的增长速度。[②]

进入新世纪以后，尽管中国出版业仍在继续发展，但是，随着读书生活早已成为诸多文化生活方式之一，甚至"沦落"为诸多休闲方式之一，而不再是一种必须的"生活渴求"。随着"地盘经济"优势和政府赋予出版业的行政资源优势的日渐消失，中国出版业"主要靠教材教辅打天下"的巨额利润时代已经一去不

---

① 参阅《中国出版年鉴》，1980 年至 2006 年。
② 文 东：《人均消费图书期待走出低谷》，载《中国图书商报》2007 年 4 月 10 日第一版。

复返。再加上先有电视等新传媒，后有多媒体、互联网等诸多新技术因素对传统纸质出版业"雪上加霜"的强大挑战，中国出版业"风光不再"。从此，告别了短缺经济时代的中国出版业，整体进入到以"买方市场"为主要标志的"微利时代"。"十五"期间，全国人均购书额增幅大大降低即是明证。权威资料显示，2005 年全国人均购书额为 37.72 元，比"九五"末 2000 年的 29.77 元虽有增长，但增幅却下降到 26.7%，年均增长才 5.34%。显然，它已经大大低于全国同一时期 GDP 的增长速度。①

其实，中国出版市场中的"买方市场"现象，早在上世纪 80 年代末期就开始显现，90 年代初期得到继续强化，90 年代中后期已经全面形成。② 虽然"地盘经济"优势与行政资源的特殊配置所导致的中国出版业长达 20 年的巨额利润，对实际已经产生并日益突显的图书"买方市场"经济，给中国出版业造成的危机感、紧迫感、恐慌感一再得到掩盖、延缓和延期，但是，遮掩一时不可能遮掩一世，而且"围墙越高影子越长"。所以，新世纪以来，中国出版业积蓄 20 多年的问题接二连三地爆发了。一时间，中国出版业不仅失去了昔日"朝阳产业"的气势，而且似乎成了所有文化产业中问题最多的行业。冷静地想，客观地讲，这是历史的必然，是中国出版业市场化、产业化进程中的必然结果。如何看待新世纪以来中国出版业的种种"危机"，业内业外进行了较为广泛的研究与探讨，也产生了许多不同的说法，但是，由于信用体系的整体缺失，造成整个出版产业链中的资金链有不断扩大和拉长甚至断裂的危险，是当下中国出版业面临的最重大、最迫切的问题，显然成为业内的共识。

纵观当今中国出版产业链，大致可以分成五大板块，即：著作者——出版商——制作商（印刷厂、纸厂）——发行商（批发、零售）——消费者（集体读者与个体读者）等。应该说，在中国出版产业链的五大板块之间，几乎可以说每个环节都多多少少存在着资金链问题。只不过有些环节问题较轻，轻到可以忽略不计；而有些环节问题较重，已经到了非解决不可的程度。现在，业内公认的最严重的资金链问题出现在发行商与出版商环节，它主要表现在四个方面：一是，出版社的应收款账期一再延期，回款周期一再拉长；二是，出版社的回款成本不

---

① 文 东：《人均消费图书期待走出低谷》，载《中国图书商报》2007 年 4 月 10 日第一版。
② 参阅《中国出版年鉴》，1980 年至 2000 年。

断提高，回款难度日益加大；三是，出版社的呆账、坏账、死账的比例有所提高；四是，出版社的退货率明显上升，库存急剧增加。

就目前发行商与出版商之间的资金链问题的现状而言，出版社的回款成本到底有多高、回款难度到底有多大？出版社的呆账、坏账、死账的比例到底是多少？出版社的发货与回款比例到底是多少？书业流通领域到底积压了多少出版社的存货和货款？出版社自备仓库中又到底有多少库存？都没有确切的权威数据支持。但是，早在2005年底，《中国图书商报》做的"图书营销渠道调查问卷"结果告诉我们，出版社中有88.2%的回复者认为，回款问题最为严重、回款问题也最为重要。[①] 至于多长时间才是合理的回款周期，更是个没有标准答案的问题。而且，社与社的差别、品种与品种的不同、店与店的差异，其答案都会是不一样的。但现行的回款周期是多长，业内的看法还是比较一致的：最为普遍的是一年，快的也有半年的，还有不少是两年、三年甚至更长的时间。其结果必然造成相当一部分账变成了呆账、坏账、死账。显然，这个回款周期是不正常、不健康的。它不仅大大长于日用消费品行业回款周期1个月的期限，而且远远长于发达国家图书行业回款周期15天的期限。至于在书业流通领域到底积压了出版社多少存货和货款，虽然一直没有权威的统计资料，甚至主管部门一直将它当成是"机密"材料，但是，民间对此并没有停止研究与估算。据中国出版科学研究所朱诠研究员估算：我国书业流通领域欠出版社货款总额累计超过200亿元人民币。[②] 即是说，若以全国573家出版社平均计算，书业流通领域平均欠每家出版社3500多万元人民币。另据外语教学与研究出版社社长助理王芳估计：2005年渠道存货400多亿码洋（2005年全国新华书店系统、出版社自办发行单位年末库存482.92亿元），而当年全国573家出版社总共生产图书632亿元码洋。[③] 粗算一下，当年生产总量的63%沉在渠道里。如果平均到每家出版社就是6980多万元码洋。凡此种种，结果必然严重影响出版产业链上游下游的资金链的有效运转。

---

① 转引自王　芳：《回款：什么时候不再让大家伤脑筋？》，载《中国图书商报》2007年1月12日第8版。

② 转引自赖德胜：《出版业资金链问题凸显表明什么？》，载《中国图书商报》2007年1月12日第5版。

③ 王　芳：《回款：什么时候不再让大家伤脑筋？》，载《中国图书商报》2007年1月12日第8版。

当现代信用体系缺失之后

有人将造成中国出版业如此严重的产业资金链问题的责任归罪于出版行业实行多年的"赊销制"。上世纪 90 年代中后期，随着图书市场渐渐进入买方市场，赊销制开始在出版领域实行。而买方市场的主要特征就是赊销制。赊销制是世界大多数行业的交易惯例。欧美企业采用赊销制的比例高达 90% 以上，因为赊销制比现收现付制更利于产业做大做强。从人类经济历史上讲，人类经济活动大致经历了自然经济、货币经济和信用经济三个阶段。自然经济的主要特征是以物换物，故其交易成本当然最高。货币经济虽然以货币作为物物交换的中介和桥梁，其交易成本较自然经济也有所下降，但与信用经济相比，仍有较高的货币成本。信用经济的特征是以信用取代货币作为物物交换的中介和桥梁，在三种经济形式中，信用经济成本最低，甚至从理论角度上讲，它根本就没有成本。所以，信用经济是现代社会企业交易的最佳方式。而且，从当今世界企业与市场的实际状况来讲，绝大多数商品都是过剩的，而资金又永远是短缺的，买方希望超越资金的限制更多地购买产品，以进一步扩大经营规模和效益，这也是卖方的愿望；另外，资金流动得越快，给企业带来的利润就越多，企业的盈利能力就越强。由此看来，我国出版产业链中日益严重的"回款危机"（西方叫"信用危机"）与符合现代信用经济特点的"赊销制"完全是"风马牛不相及"的两码事。

那么，造成中国出版产业链中日益严重的"回款危机"（"信用危机"）的罪魁祸首又是谁呢？是我们日益严重的信用系统的缺失。正如前文所述，赊销制是信用经济。但是，赊销制要成功运行有个大前提，那就是信用基础和信用环境很好，并有相关的制度做保障。否则，它不仅难以给企业带来好处与福音，反而有可能给企业甚至整个产业乃至国家造成无穷无尽的后患。据有关部门统计，我国每年因逃避债务造成的直接经济损失约为 1800 亿元人民币，由于合同欺诈造成的经济损失约为 55 亿元人民币，由于产品质量低劣或制假售假造成的各种经济损失约为 2000 亿元人民币，由于三角债和现款交易增加的财务费用约为 2000 亿元人民币。我国有 68% 的企业曾因信用问题而遭受到经济损失。我国企业平均坏账率高达 5%，而欧美企业平均坏账率只有 0.25% 到 0.5%；我国企业账款回收时间平均为 90 天到 120 天，而欧美企业账款回收时间平均为 37 天。[①] 这一连串的数据从一个侧面表明：信用体系的缺失与危机，在我国已经到了何等严重的地步；它给行业、产业甚至整个国民经济所造成的损失是多么的严重。

信用体系的缺失与危机所造成的危害性，严重恶化了中国出版行业的生态环境。众所周知，资金是企业的生命线，是产业的生命线，是国民经济的生命线。在现代企业运行中，一个产业运行是否正常、健康，在相当程度上取决于它的资金链运行是否正常、健康。因为在产业链中，资金流在不同企业之间的业务往来中的作用要远远大于物流。资金链状况是产业间企业运转优劣的晴雨表。如果资金流不动，或者流得不通畅，甚至流畅严重受阻，必然会造成物流的不通畅。而物流的不畅通，其直接受害者不仅是交易企业双方，更有可能殃及整个产业链，甚至间接影响相关行业与产业。因此，"现金流对企业来说，比单纯市场份额更为重要"。[②]

从出版产业链中的核心部位出版社来看，如果没有足够的资金，就做不了好选题，出不了好书，出版社必然陷入困境；图书销售店如果没有好书可卖，经营也必然恶化；出版社出不了好书、图书销售店卖不了好书，读者读什么？而且没钱，出版社拿什么支付作者的稿酬，又拿什么去支付排版费、印刷费、纸张费？因此，如果出版产业链中的资金流继续不畅，并继续恶化下去，导致整个出版行业的崩盘并不是危言耸听。对此，不少出版社，特别是一些大社强社，已经开始采取自己的"行动"，或正准备采取自己的"行动"。目前，较为普遍的做法就是"断货"。大家知道，"断货"的结果必然造成出版社和图书销售店的两败俱伤。现在，有不少图书销售店虽然回款不畅，但还是有经营能力的，有的甚至有相当强的经营能力。"断货"后，出版社的销售受损，图书销售店的销售也受损。毫无疑问，用"断货"来解决回款不畅的问题，虽然也是信用管理的基本手段之一，但绝不是最理想的手段，是不得已而为之的下下之策。

原美联储主席格林斯潘曾经说过，如果没有信用评估体系，美国的 GDP 会降低 5% 到 6%。而在我国，由于信用制度缺失所造成的经济损失可把 GDP 降低

---

① 转引自赖德胜：《出版业资金链问题凸显表明什么?》，载《中国图书商报》2007 年 1 月 12 日第 5 版。

② 赖德胜（北京师范大学出版社社长）语。

10%到20%。① 目前，还没有权威数据表明信用体系缺失后，中国出版业的GDP受损多大，但从前面的相关数据即可表明问题已经十分严重。如果中国出版业不想倒退到自然经济、货币经济时代，如果中国出版业还想继续采用最现代、最先进的赊销制而不受资金链的困扰，如果中国出版业还想继续健康地做大做强、成为中国文化产业的重阵、在世界出版界乃至文化产业界占有一席之地，就必须举全行业之力重建已然缺失的信用体系。这是中国出版产业迫在眉睫的当务之急。

在中国出版产业领域，就如何重建已经缺失的信用体系问题，业内外议论纷纷，观点也不尽相同。我们知道，作为经济范畴的文化产业，其实践性相对强于理论性。因而，在就如何解决出版产业领域信用体系的缺失问题时，相对于好高骛远的高谈阔论，脚踏实地地解决问题可能会来得更实际。从目前的政策性与可操作性来讲，在重建缺失的信用体系问题上，无论如何，作为出版产业链中五大板块的核心板块的"出版商"和"发行商"应首当其冲，理应成为重建中国出版产业领域信用体系的楷模与标兵。而且，解决好"出版商"和"发行商"问题，对整个中国出版产业链会起到画龙点睛、一劳永逸的效果。我们认为，对出版商而言，品牌经营是关键之中的关键；对销售商而言，实施并经营好连锁经营是重中之重。

理想的市场来自良好的品牌

无论是国际还是国内，没有品牌的企业和产品都不可能获得大规模的增长和发展。像中国的海尔、联想等，只有当其品牌有了足够影响力时，走向世界才有可能。然而，中国出版业的企业品牌形象又如何呢？北京开卷信息技术有限公司曾经进行过一次读者调查，结果非常令人尴尬：中国出版企业在大众读者心目中的认知度非常低，在读者对一本书的认知重要性中对出版社的企业品牌认知是很靠后的。尽管我们也拥有像商务、中华、三联这样在几十年甚至百余年的历史积累中形成的著名出版企业品牌，但即使这样的品牌也只是在特定的读者群中口碑

---

① 转引自赖德胜：《出版业资金链问题凸显表明什么?》，载《中国图书商报》2007年1月12日第5版。

不错，普通大众读者对其认知度仍然很低。① 同样的情况从 2007 年"第七届'深圳读书月'读者问卷调查分析数据"也得到反映："在影响购书的主要因素中，66.84%的读者以内容为第一选择，作者与作品知名度占 20.47%，出版社及版本和价格占很小比重，分别为 3.55% 和 3.53%，其它占 5.61%。"② 残酷的现实是：中国读者对中国出版企业的品牌认知不强烈，出版社的品牌在读者心目中不太重要。

之所以如此，既与中国的历史传统有关，也与目前中国社会、经济、文化发展的整体程度与整体水平有关，更与中国出版界长期疏于品牌的积累、塑造与建设有关。在中国出版界，经常会发生这样一些无奈而奇怪的现象：一个知名作者的作品会同时在很多家出版社出版不同的版本，其直接结果当然是作者的知名度得到大大提高。出版社虽然从中也挣钱了，但是出版社的品牌却丧失殆尽。它说明中国的出版社对出版资源的控制力很低，没有资源控制力的出版社怎么可能会有理想的品牌呢？另外，出版产业"新产品驱动性"的特征，要求出版社不断以新的产品来满足读者的新需求。于是，不少出版社就急功近利地"做"一些所谓的"畅销书"。当然，这些在短时间内"做"出来的"畅销书"，可能在短期内会有一定的市场并获得盈利，但绝大多数都是经不起时间考验的。试想，靠这些"做"出来的产品怎么可能为出版企业创造品牌呢？这只是中国出版界疏于品牌的积累、塑造与建设现状的"冰山一角"。

更为令人担忧的是，作为中国出版产业五大板块的核心板块的出版社，至今还严重存在着两大结构性问题：一是图书生产的总供给量大大超过了总需求量，二是图书生产结构的严重失衡。③ 这两大结构性矛盾，对中国出版企业的品牌积累、塑造与建设，有百害而无一利，它必将给企业乃至产业造成无穷的后患。

对于前者，即图书生产的总供给量大大超过了总需求量，是由总供给量急剧增加、总需求量相对减少两个因素造成的。总供给量急剧增加主要表现为：年出图书总品种增速惊人，2005 年全国出版图书竟然多达 22.2 万多种，④ 2006 年更

---

① 孙庆国：《出版业上游不可能快速做大》，载《开卷文摘》2006 年 12 月第 77 期。

② 《阅读成为市民的一种生活方式》，载《中国图书商报》2007 年 4 月 24 日第 5 版。

③ 参阅周蔚华：《当前图书出版生态的 6 个非和谐现象》，载《中国图书商报》2007 年 1 月 12 日第 6 版。

④ 《中国出版年鉴》，2006 年。

是有过之而无不及，高达 24.5 万种,① 用"泛滥成灾"来形容这种现象毫不过分；同一种图书的形式与内容的"同质化"现象日益加剧，跟风出版现象十分严重，如我国四大古典名著就出版有不少于 200 个版本；由于"著书"已不再需要"立说"，著书不再是专家、学者的专利，而是"人人均可著书"，因而一方面作者队伍迅速扩大、写作能力大大增强，另一方面图书的原创力却日益严重不足；随着现代高科技在出版领域的广泛应用，致使出版生产能力和效率迅速提高，为总供给量的急剧增加提供了必要条件；2006 年，我国互联网用户数达到 1.37 亿，其中网络杂志用户规模为 4000 万，约占网民总数的 29%，比 2005 年的 18% 有大幅度增长,② 个人或网上出版已经成为当今出版业不可或缺的重要组成部分，为总供给量的迅猛增加"火上浇油"，等等，等等。反之，图书市场的总需求量却相对平稳甚或在减少，其主要表现为：团体，特别是机关团体集团购买图书在逐渐减少；或许与网上阅读率迅速提高有关，大众阅读图书兴趣和阅读量都在呈逐年下降趋势，中国出版科学研究所 2006 年完成的第四次国民阅读调查显示，6 年来，国民图书阅读率持续走低，已从 1999 年的 60.4% 下降到 2005 年的 48.7%，识字者每人每年平均阅读图书仅为 4.5 册;③ 受中小学学生人数的减少，以及政策性减负、政策性减免学杂费、教材循环使用等多方面因素的影响，教育图书的总需求量也从根本上在日益减少。④

至于后者，即图书生产结构的严重失衡，主要是指教育图书、专业图书、大众图书等三大图书生产板块间，和每个生产板块内都存在着严重的结构性失衡。其突出表现是，长期以来对教材特别是中小学教材教辅的高度依赖，而一般图书尤其是大众图书和专业图书的生产和运作模式仍然没有形成，至少可以说其生产和运作模式并不成熟，致使这两大板块领域的产品开发远远不够，严重影响了整个出版产业的可持续发展。造成如此结构严重失衡的原因众多，如：竞争主体的缺失而导致的竞争不充分；产业集中度过低，属于原子型市场结构，企业规模普遍偏小，企业之间难以形成有效的竞争与合作关系；产品差异化程度很低，存在

---

① 邬书林（国家新闻出版总署副署长）于 2007 年 1 月 11 日北京"出版工作专题情况通报会"上通报的数字。

② 邓华东：《网络出版发展迅猛 我国将对其实行前置审批制度》，载《参考消息》2007 年 4 月 25 日第 10 版。

③ 转引自王海鹰：《网络时代我们还读书吗?》，载《参考消息》2007 年 4 月 24 日第 4 版。

④ 参阅刘志鹏：《内容产业正在经历一场深刻变革》，载《中国图书商报》2007 年 1 月 12 日第 6 版。

很大的替代性；市场进入壁垒很高，没有有效的进入和退出机制，形成了超稳定结构，等等。

众所周知，出版产业是内容产业，图书产品销售的不仅是品相，更是内容。而作为出版产业五大板块之首的出版社，其两大结构性矛盾竟然如此严重。它损害的不仅是产品的"品牌"形象，也是企业的"品牌"形象，还是整个产业的"品牌"形象。如此产品"品牌"形象、如此企业"品牌"形象、如此产业"品牌"形象，怎么可能增强大众读者的图书阅读兴趣、提高大众读者的图书阅读量、提高出版企业在大众读者心目中的"品牌"形象？从这个角度讲，在由资金链生锈导致的出版产业信用体系的整体缺失的过程中，出版社有着不可推卸的责任。

由此不难发现，出版社在重建中国出版产业领域信用体系过程中，责无旁贷。据此我们认为，出版社在积累、塑造和建设品牌的过程中，要有所为有所不为，一定要十分清晰"品牌"是由几代人长期地无微不至地精心培育与呵护出无数优秀产品后才能形成、产生的。因而，一定要摒弃品牌是简单的扩张和炒作的不正当想法，也要坚决摒弃品牌是通过几个战役即能实现的"一蹴而就"的错误思路，而要做好打"持久战"的思想准备，要从点点滴滴的小事做起。出版社在形成品牌的过程中，既要有明确的出书方向，在自己的专业分工中继续进行市场细分，又要有鲜明的出书特色，依靠独特性形成并巩固读者的忠诚度。出版社还应明白，品牌的积累不是一元化的，而是多元化的，在品牌形成过程中，绝忌贪多求大、盲目"跑马圈地"。有实力的大出版社可以根据自己的实际情况实施一个或几个品牌战略，走大而强之路，而诸多小规模的出版社则应该十分谨慎地选择和实施品牌战略，走小而专之路。只有这样，才能使自己的图书产品的不可替代性和"唯一性"得到不断凸显和增强，逐渐提高读者乃至图书销售商对出版社的产品品牌和企业品牌乃至产业品牌的认知度、敬畏度，一劳永逸地解决和避免由资金链生锈导致的出版产业信用体系的缺失问题，企业乃至产业才能获得较大规模的增长和发展。

连锁经营是改变"发行无能"的首选

在当今中国出版界，无论对产业发展充满乐观者，还是对产业现状担忧失望者，都有一个共识，那就是：中国书业流通渠道不完善、机制不健全，需要进行彻底的大改革，以逐渐构建覆盖全国城乡大小书店的图书流通网络体系，实现中国出版人一直的追求与梦想。然而，现实告诉我们，要实现众多出版人构建覆盖全国城乡图书流通网络体系的梦想并非易事。北京开卷信息技术有限公司曾经对多种新书在全国范围内的动销情况进行过调查。结果显示，在开卷监控的全国1000个书店中，如果某书能同时在40%的书店里动销，肯定能成为当月的畅销书。[①] 然而，几乎所有的出版社包括一些大社强社都缺乏在全国范围内同时大规模上市铺货营销的能力。它从一个侧面告诉我们，中国书业流通渠道生产力之低下，已经到了令人无法容忍的程度；一直被业内喻为"龙头"地位和作用的图书发行只是出版圈和出版人的一种"梦想"或"追求"。如果这种持续多年的"发行无能"的现象继续下去，是不可能从根本上解决中国出版产业链中日益严重的"回款危机"问题的，更不可能重建日益严重的信用系统。中国书业流通渠道的改革势在必行。

其实，说中国书业流通领域没有改革是冤枉之词。中国书业流通领域的改革其实很早，而且一直没有停止过。早在上世纪80年代中期，主管部门即已开始陆续批准了数千家二级民营批发商（近年来，又基于WTO的开放准入政策，全面开放了图书批发分销市场，已批准了十几家具有总发行权的批发商），希望通过"书商"进入批发分销市场，以改变当时令人不满意的图书流通状况。80年代末期，基于当时非常突出的"出书难、买书难、卖书难"三大难题，中国书业再次改革了流通环节。当时改革的原因是，计划经济体制下垄断图书经营的新华书店实行的征订包销制已无法适应图书品种急剧增长的出版需要。改革的办法是出版社自办发行，让产销直接见面。从此，新华书店系统在除教材之外的图书流通批发分销环节的垄断地位被彻底打破，并日渐式微。再后来，中国书业界又进行了建设图书批发市场（图书超市）的改革，将建设一批图书批发市场作为构建中国书业发行体系总架构中一个组成部分。[②]

面对中国书业流通领域这一时段的各种改革，今天回过头来看，不难发现，走的是一条不断探索、不断开放长期被垄断的图书流通领域的正确之路。对此，我曾经说过，为了做活书业流通领域，有关部门真可谓是绞尽脑汁、费尽心机，

---

① 孙庆国：《出版集团建设：三大整合创建服务平台》，载《开卷文摘》2006年12月第77期。
② 参阅《中国出版年鉴》，1980年至2006年。

值得敬佩。毫无疑问，中国书业流通领域的各种探索与努力，在当时都是正确的，它们在中国出版产业的市场化过程中都起到过不同程度的积极作用，尽管今天看来都或多或少存在着缺陷。如，出版社自办发行，一方面它成就了一些大型出版社，它们通过逐步建成和完善自身流通渠道网络，市场覆盖面不断扩大，市场份额也不断上升。另一方面，它却大大限制了众多小出版社。随着全国出书品种、数量开始大幅增长，一般图书零售市场开始发生变化，众多小出版社由于没有实力构建自身的流通渠道网络，其发行服务能力明显无法支持自身的出书需求，更无法应对零售店的多品种、小批量、分散随时的销售供货需求。结果是处境日益艰难：推销人员少了跑不过来，多了又养不活队伍。还有一个不可忽视的事实是，无论出版社还是图书销售店，其经营成本都在直线攀升。再如，"书商"产生之后，不仅在营销推广、搞活流通等方面发挥了重要作用，而且对出版社和新华书店长期存在的行政机关化作风是个有力刺激与挑战，促使它们必须进行改革特别是转换机制。但不得不承认的是，大多数"书商"后来都"变质"为变相的出版社，其真正的生存获利空间往往来源于自己做书，而真正能够为原有出版者的图书分销批发持续提供支持服务并卓有成效的微乎其微、少之又少。至于图书批发市场，尽管其运营模式本来就不符合作为内容产品的图书的传播方式，但在建设之初它也曾发挥过丰富图书市场的作用，特别是对一些小书店、书亭提供的采购服务意义不小。随着中国书业品种、规模的不断发展、壮大，实际总流通规模偏小的批发市场，已无法承担大流通的服务功能。加上图书批发市场的负面作用开始显现，成了屡禁不绝的盗版盗印的集散地和二传手，成了高定价低折扣违规图书恶化市场的发酵剂，等等。① 其退出历史舞台就是个时间问题了。

　　10 年前，中国书业流通领域为了建立统一、开放、竞争、有序的国内图书大市场，提出了建设大中盘的设想，开始了新一轮的流通领域的改革。当时，有关部门提出了政府将扶持建设五六个大中盘，以构成覆盖全国的图书流通网络体系，以此作为书业未来发展重要战略构想的一部分。近年来，中国出版产业的改革更是如火如荼，上游、中游、下游都在张罗自己的规模发展之路，都在造航母、组集团，甚至上市融资。一个个大出版集团、发行集团、连锁集团浮出水面，的确给发展中的中国出版产业带来了缕缕清新的空气。虽然从世界出版产业

---

① 参阅孙庆国：《书业中盘建设十年再回首》，载《开卷文摘》2006 年 12 月第 77 期。

发展大势来看，通过兼并将企业做大做强更为便捷、更易成功。上世纪八九十年代发达国家许多大型出版集团甚至超大型出版集团通过兼并成功做大做强的事实，表明通过兼并将出版企业做大做强是最好的途径。但是，从中国国家经济和出版产业的现状来看，通过兼并将出版企业做大做强并不现实，至少眼下不现实。因为实现兼并要有一个前提条件，那就是可以并允许跨区域兼并，而实际上目前中国的区域性经济壁垒并没有破除。区域性经济壁垒的形成与我国现行财政政策紧密相关，目前我国仍然是中央、省、县三级财政。区域性地盘经济与这种财政体制是相吻合的，而要想在短期内打破这种区域性经济壁垒是不可能的。因此，尽管目前我国有不少出版社和发行集团已经颇具实力，但是面对区域性经济体制仍然顽固地在起着支配作用，面对我们的市场对资源的配置能力仍然不够强大，试图通过跨区兼并实现出版企业和发行企业的做大做强至少今天是不现实的。据此看来，目前中国出版流通领域企业的做大做强，较为切实可行的做法是，先在一定区域内（主要是以省、直辖市、自治区为单位）完成连锁经营，机会成熟后再在更大范围甚至全国范围内完成连锁经营。

国际零售市场的最新发展、变化告诉我们，随着国际统一市场的不断形成，商业国际化与经营规模化已经成为世界零售业的发展主潮。连锁经营正是在高度市场化买方市场的登峰造极的市场环境下实现低成本、高市场占有率、高收益率的最有效的商业运作手段之一。面临外资强势抢滩与市场细分、买方市场萎缩的双重挑战，中国图书发行业实行连锁经营无疑是最理想的商业经营模式之一。其基本商业运行模式是，在一个统一"后台"即连锁总部的支持下，不断拷贝新的零售店。连锁总部是连锁经营的心脏、神经中枢，是商品选购、分销、配送、退货、结算的服务中心和投资、经营中心。连锁店的终端门市即零售店，是非独立法人的经营部门。连锁总部与零售店是投资的统一体，是管理经营关系。它们通过统一采购来降低进价，实现高效益低成本，从而达到整体的获利。[①]

值得欣慰的是，近年来，全国各省（直辖市、自治区）新华书店多已"移帜"为省或直辖市或自治区的发行集团。多年来，几经坎坷，在出版社自办发行的经营趋势的强大冲击下，各地发行集团面向全国的一级批发商的功能早已名存实亡，总发行权对于各地发行集团来讲已毫无意义。它说明，在我国，目前要打

---

① 参阅孙庆国：《书业中盘建设十年再回首》，载《开卷文摘》2006 年 12 月第 77 期。

破因行政性地域割据所造成的条块状态，生成面向全国的大型甚至特大型的一级图书批发商的条件基本不具备。然而，经过几十年的建设与经营，加上"地盘经济"所带来的利益，也使得各地发行集团积累了雄厚的势力，特别是区域分布均衡、数量可观的卖场（几乎每个地、市、县都有新华书店）是其最具价值的资产。它使其先在一定区域内继续占领和扩大零售市场，实现省（直辖市、自治区）内的区域连锁经营，进而走向更大范围的连锁经营成为基础和可能。而实际上，近年来，各地发行集团的建设，几乎无一例外地都在把建成连锁经营的运营体系作为近期改革的方向与目标。其中，四川、江苏、浙江、江西、重庆等发行集团的改革成果较为显著，① 一般图书销售得到较大幅度的增长。它预示着，在不远的将来，随着大多数省（直辖市、自治区）新华书店发行集团连锁经营运营体系的建成，进而形成更大范围、更大规模的连锁经营运营体系，中国图书市场"物畅其流"的局面将"可能"最终形成。届时，严重困扰中国出版产业链中的资金链问题将"可能"会得到顺利的解决，中国出版产业的整体信用体系也将"可能"② 再度建构。

"路漫漫其修远兮，吾将上下而求索。"

（侯样祥　中国艺术研究院研究员、编审）

---

① 萧　陵：《新时期社店关系：共有共赢共享共生》，载《中国图书商报》2007 年 1 月 12 日第 8 版。

② 这里之所以连续用了 3 个"可能"，是因为解决中国出版产业链中的资金链问题，进而重建中国出版产业的信用体系问题，是个综合性的大问题。它不仅涉及出版行业，也涉及全社会的信用体系的构建；不仅涉及"出版商"和"发行商"两个环节，也涉及整个出版行业。而且，即使"出版商"做好了品牌经营，"发行商"做好了连锁经营，也只为解决好这一问题提供了基础和可能。甚至，就"发行商"来讲，就各省（直辖市、自治区）的图书区域连锁经营来讲，它本身就是把双刃剑，它在较大幅度地增长一般图书销售的同时，也可能造成新的更顽固的区域市场的割据与垄断，（如果信誉不好）可能导致更加严重的资金链问题。如果那样，建立统一、开放、竞争、有序的国内图书大市场将永远是"水中月、镜中花"。

中国当代艺术与文化发展战略

中国戏曲的市场化道路与多样化发展

刘 祯 王 馗

内容提要 市场化之于中国戏曲发展，是这一传统文化能够发展的必须，戏曲的市场化道路不是片面地将演员和剧团抛向市场，任其生灭，而是在充分尊重中国戏曲的本质特征与历史实践的基础上，明确戏曲发生、发展的基础和生态，使其进入艺术的良性发展，合理保护，增加活力，优胜劣汰，长足发展。在当代，回归民间实际成为戏曲市场化的必由之路。在中华民族文化复兴的今天，在传统文化越来越焕发活力的今天，戏曲更应该在国家保护传统遗产、发展文艺事业的有利环境中，按照其自身的发展规律和艺术特征，充分探索戏曲生存、发展的文化空间。特别是在充分尊重中国戏曲古典性与现代性、层次性的基础上，积极寻求戏曲良性发展的市场机制，努力营造多层次的民间生态，在戏曲保护和创新中走出更多样化的道路。

关键词 戏曲发展 市场化 多样化 古典性 现代性

中国戏曲发展的辉煌，与其悠久的历史紧密联系在一起，从传统走入现代的中国戏曲，在当代必然面临着文化与审美的转型与变异，这是一条历史经验，也是一条必由之路。市场化的规则决定了中国戏曲在当代的发展，更多地需要摆脱传统的诸多束缚，成为这个古老民族在这个时代中的当代艺术；而中国戏曲积蓄的传统文化精粹，则更多地需要对其多元而悠久的传承机制加以保护，以呈现文化命脉的延续，以保证新文化的涵育。因此，中国戏曲发展的市场化道路便显得更加的复杂，这应该也是传统与现代相互结合必然会产生的结果。但是毫无疑问，市场化之于中国戏曲发展，是这一传统文化能够发展的必须，戏曲的市场化道路不是片面地将演员和剧团抛向市场，任其生灭，而是在充分尊重中国戏曲的本质特征与历史实践的基础上，明确戏曲发生、发展的基础和生态，使其进入艺术的良性发展，合理保护，增加活力，优胜劣汰，长足发展。

中国戏曲的古典性与现代性

近代以来，中国社会的急剧变迁，带来了前所未有的文化革新，戏曲正是在这样的时代潮流中，越来越显示出多样而各异的发展趋势。在明代王世贞《曲藻》所称的戏曲衍生规律："三百篇亡而后有骚、赋，骚、赋难入乐而后有古乐府，古乐府不入俗而后以唐绝句为乐府，绝句少婉转而后有词，词不快北耳而后有北曲，北曲不谐南耳而后有南曲"[①]，在多元变化的时代中，已然成为戏曲发展的一条重要规则。传统观念中将位列"小道"的戏曲纳入诗骚正统，既显示了戏曲与正统文学艺术割舍不断的联系，也表明戏曲日渐成为涵括传统文化样式的艺术综合体。特别是随着近代以来国门的开放，从宗庙祭祀与高台教化中走出来的中国传统戏曲，继承并发展了清中叶花部戏曲的传统，强烈地张扬着大众娱乐精神，成为民族文化最具代表性的艺术品种，附著着中华民族悠久灿烂的文化基因，迥异于世界其它民族戏剧形态。

毫无疑问，在当代世界文化中，中国戏曲已经成为识别民族个性的最显著的标志，也成为认识中华民族悠久传统的最显著的表征。中国戏曲的这种古典性，概括而言，包括了：一、多元性。宋元以降作为流行艺术的中国戏曲深深依附于丰富多样的社会生活，浓缩了多元而丰富的种族审美、地域差异、时代风尚、艺术品类等等，"中国戏曲"一词，实际成为中华民族的各个组成部分在历史变迁与时尚审美中，不断生发并发展、保存下来的一切戏剧形态；二、历史性。从悠久的史官文化中孕育发展起来的中国戏曲，依附着中华民族不断成长的历史经验，无论从其艺术形态，还是表现内容，都强烈地呈现出历史之于艺术的种种要求和规范；三、经典性。作为中国戏曲的任何一个组成部分，之所以能够长久地

---

① 《中国古典戏曲论著集成》（四），中国戏剧出版社 1959 年版，第 27 页。

保留在民众生活中，并成为其娱乐身心乃至表达心灵信仰不可或缺的内容，得益于在表演、音乐、文学、舞美等方面定型的经典作品和其表现形态，任何一种戏剧样式都拥有在时代层累中不断积累起来的经典创造；四、遗产性。时代生活的变化，特别是近代社会的急剧变迁，带来了中国戏曲与时俱进的文化品格，中国戏曲作为传统社会生活的艺术再现，不同程度地积累了中华民族在各个时期、各个地域乃至各种人群中的艺术创造，戏曲遗产性随着时代的向前推进也越来越显得突出。

正是基于以上诸点，中国戏曲作为中华民族的古典戏剧艺术，展现了古老民族辉煌灿烂的文明成就和民族审美情趣，构成了中华民族诸多艺术的结合母体。可以说，中国戏曲古典性的形成，正是基于在其历史发展过程中与之相对的艺术单一性、审美实时性、文化时尚性、趣味趋同性，彼此之间的优胜劣汰和相互吸收、提高，最终成就了这一民族艺术的最高典范。这种种对立的二元观念，实际成为戏曲古典性一体两面的特征，并在不同时代、地域、族群的戏剧发展中，显示出各不相同的作用和影响。

在世界三大古老戏剧文化体系中，与古希腊罗马戏剧、古印度梵剧不同，中国戏曲一俟形成，就具有一种稳定的结构和超强的代谢、革新机制，使得中国戏曲穿越历史时空，千百年不衰，步入当代，成为一种当代艺术，实现着传统与现代的历史转换。而古希腊罗马戏剧、古印度梵剧的辉煌早已成为历史记忆，残留的不过是斑驳、风蚀的剧场大石头和点点滴滴的遗响。邻国日本的传统戏剧歌舞伎、能乐、狂言也主要作为一种"博物馆艺术"而存在。中国戏曲不然，它依然是一种活的、流行的、大众的舞台艺术，尽管今天的时空环境已非昨日的生态环境。但是，从古典向当代迈进，迥异于古典时期不同阶段与朝代的代谢、嬗变，实现古典向当代的转型和过渡，不仅是戏曲的追求，也是传统文化当代发展的目标，而社会形态、历史传统、文化属性和审美取向的不同，使得实现这一转型和过渡具有其艰难性和复杂性。由农业社会向工业社会、信息社会的发展，科技的日新月异，人们的观念、思想发生着时刻的变化，文化多元，外来艺术及其欣赏观念的冲击，中国戏曲古典性同样呈现出多样复杂的内涵，其在当代发展的层次性亦显得较为突出。所谓的层次性，就是指中国戏曲在当下，面对着流行艺术的趋同，在发展创新和个性追求中所呈现的复杂特征：

层次性需要中国戏曲在摆脱了传统束缚之后，能够创造出属于这个时代的精品，精品性不但要求戏曲作为时代艺术拥有展示其存在和发展的艺术结晶，而且要求戏曲能够保持创新的机能，在文学性、艺术性上去粗求精，成为时代诸戏剧样式中的重要代表，在当代即在于以"国家舞台艺术精品"作为目标。

层次性需要中国戏曲拥有进入观众生活的活力和力量，即在市场经济条件下，借用流行文化发展的部分模式，将戏曲从业人员及剧团的艺术创造，与时代风尚、观众审美结合起来，避免艺术生产中盲目、无序、人为的诸多弊端。

层次性在强调戏曲拥有时尚性、市场性的同时，也对戏曲在当代的生存空间提出要求，文化性作为层次性的题中之意，要求戏曲逐渐营造出与民众生活息息相关的文化生态，与新时代的民风、民情紧密联系起来，成为当代生活中不可缺少的娱乐品类，以避免流行时尚带来的实时消费和消极影响。

层次性在努力保持中国戏曲遗产性的同时，积极地寻求建立戏曲保护和传承的机制，在国家非物质文化遗产保护的大好时机中，将中国戏曲文化遗产中属于"博物馆艺术"的部分充分保护，并将其潜在的历史、文物、旅游等价值发挥出来，这种内涵的文物性，既有效地保证了那些没有市场生存能力的戏曲遗产，能够成为后人的艺术参照，也稳妥地找到了戏曲艺术在民族文化建设中具有的独特定位。

中国戏曲的古典性与现代性、层次性，正是中国戏曲在历史传承与时代创新中呈现出来的经验，不尊重戏曲的古典性，就意味着对中华民族优秀的艺术遗产的漠视；不尊重戏曲的层次性，就意味着对中华民族成熟的艺术传承系统缺乏自信，只有充分理解中国戏曲的古典性和层次性，才能够建立健全中国戏曲发展、创新的机制，让古老的戏曲在新时代焕发新的生机。显然，在上个世纪将近百年的戏曲现代化的经验，颇能给与我们诸多启示。

戏曲现代化的经验与启示

上世纪 50 年代，中华人民共和国文化部先后成立了"戏曲改进局"和"戏曲改进委员会"，以组织和指导戏曲的创作和实践，之后，"戏曲"作为国家文艺样式的重要品种，成为文化管理部门发展文艺事业的重要内容，戏曲创作与实践的成就和经验，也成为国家文艺政策得以确定的重要依据，戏曲的现代化正是在这样的文艺环境中得以大规模地开展。

透过戏曲发展的历史，特别是近代以降戏曲密切贴近时代命脉的改革创造，就可以明白，中国戏曲一直不间断与时代风尚共时性的联系，南戏、元杂剧、传奇、弋阳诸腔、昆腔、花部……戏曲形态与时俱进的历史进程，本身就是戏曲与"现代"密切交融的最佳说明。20世纪初，以陈独秀《论戏曲》为代表，用鲜明的戏剧改良思想试图将戏曲定位到中国社会变革的背景中，由此拉开了近一个世纪戏曲现代化的序幕，在民国期间，其时的民国政府针对旧剧剧目、演出等所开展的一系列鉴别、删汰工作，实际成为戏曲现代化举措的先声。在解放区，针对其时革命形势，努力贯彻延安文艺讲话精神而对旧剧、秧歌等戏曲品种进行的文艺创新，无不是戏曲现代化的具体实践。1951年，由周恩来总理签发的《政务院关于戏曲改革工作的指示》，明确指出"戏曲应以发扬人民新的爱国主义精神、鼓舞人民在革命斗争与生产劳动中的英雄主义为首要任务"[1]，将戏曲与时代精神的新任务、新要求联系起来。显然，所谓的"现代化"，不仅仅附带着强烈的政治色彩，而且也紧密依附着近代以降的社会变迁对"现代"赋予的时代解释。戏曲现代化作为一项具有主观色彩比较强烈的艺术实践，暗合着中国戏曲发展规律，一直在之后的半个多世纪中推行、贯彻，并不断随着时代变化而被赋予新的内涵，当代中国戏曲也在这样的艺术实践中取得了重要的艺术经验。

戏曲现代化的重要成绩在于：行业观念的本质性变化，即戏曲从传统的"技艺"、"玩意儿"进入了现代"艺术"的评鉴观照。中国戏曲在传统正统观念中，一直被目为"小道"、"末技"，虽然明清以来的众多文人对其教化功能、娱乐功能、社会功能给予提升，但是在整个文化格局中，"小"、"末"的定位始终是戏曲摆脱不掉的执业特征。特别是戏曲优伶，承袭着先秦女乐奴隶的传统，被打入贱籍，另立户册。囿于世俗偏见和伦理道德评判，历代封建政府关于释放裁汰乐人的法令，每每流为空文。朱权在其《太和正音谱》中引用时人话语，称"非是他当行本事，我家生活，他不过为奴隶之役，供笑献勤，以奉我辈耳。子弟所扮，是一家风月"[2]。戏曲正是在"供笑献勤"的"奴隶之役"中，完成了从其初生至其辉煌的历程。戏曲的这一定位在戏曲现代化的整体观照中，得到了彻底

---

① 《戏剧工作文献资料汇编》，中国艺术研究院戏曲研究所《戏曲研究》编辑部等编，1984年版，第24页。

② 《中国古典戏曲论著集成》（三），第24—25页。

的改变，解放之初，中国戏曲的"艺人"第一次以人民艺术家的身份得到尊重，这在戏曲发展史中具有革命性的意义，而中国戏曲也第一次可以同传统的各种艺术、同世界各民族的艺术形式相提并论，开始了在艺术上的各种改革和创造。

与此同时，戏曲的生存空间被明确在人民大众的范畴中，这便不同于传统戏曲局限在文人私家的把玩和神庙祭祀的献礼。中国戏曲虽然一直不曾脱离开大众的欣赏，也具有较强的人民性，但是，来自于民众生活的戏曲形态，始终被排除出正统娱乐的行列。历览宋元以来中国戏曲走过的道路，可以明显地看到国家在施行教化的时候，从戏曲的人物语言、人物个性、表演规范、情节内容、风格特征等等方面，都有严格的限制和规范，带着浓重的国家话语的痕迹。只有到了清代中叶，这一面貌才得到较大的改变，但是民众戏曲与生俱来的鄙陋和粗浅，也影响了戏曲品格的整体提高。解放以后的戏曲现代化实践正是立足于此，将戏曲的题材内容、表现形式推广到更广泛的民众生活领域，传统戏曲在擅长的才子佳人、帝王将相、家庭伦理等领域之外，增加了更多时代特征鲜明的内容，立足于各行各业的人民大众生活，被展现在戏曲舞台上。与此同时，戏曲舞台呈现也与现代化的技术、理念结合，呈现出焕然一新的时尚风情。在戏曲舞台上普遍出现的工人、农民、解放军以及追求进步的妇女、流行时尚的青年……等等，不仅仅是时代的产物，也是中国戏曲贴近时代的最好反映。应该说，作为"艺术"的中国戏曲，在半个世纪的改革中，主动地选择了一条服务于大众的艺术创新之路，其理念本身是与激烈变化的时代是相吻合的。

基于戏曲艺术本体和欣赏主体的定位，50 年的中国戏曲所取得的成绩和与时相谐的宗旨，是令人瞩目的，也是令人赞叹的，无论是学术理论的研究探讨，抑或是艺术创造的推陈出新，都能够体贴中国戏曲的古典性和当代性、层次性的要求。但是，也在这样的转变中，戏曲现代化进程不可避免地受制于政治与人为的力量，出现了诸多辗转、徘徊乃至退后，其中对戏曲产生掣肘的即在于体制的固化和单一，即在于人为因素凌驾于戏曲艺术规律之上。

解放之初，当中国戏曲的从业者欣喜于艺术理想的高扬和当家作主的自主的时候，全国的演出团体基本选择了向公营剧团的转变，演出体制的单一消减了此前已经成型的多种经营模式，受演出市场调节的戏曲生态由此形成了依靠政府指令而进行的被动运作，国家在主动背负上沉重的经济包袱的同时，绝大多数的戏曲艺术表演团体也失去了自身活力。因此，许多具有积极意义的戏曲政策，被人为地肢解，例如现代戏、传统戏、新编历史剧"三并举"方针，到"文革"之时已经被粗暴地理解作现代戏一统天下的局面，乃至在众多剧种中最后形成唯革命样板戏马首是瞻的片面解读。不尊重戏曲文化的多元性、层次性的流风，至今在不少剧种中尚存。而在当代，随着文艺团体的改制，中国戏曲的生存模式再次遭到了片面化的理解，许多地方剧种被无情地抛入市场，与流行艺术相提并论，任其生死。从 80 年代以后，许多省市县级剧团生存艰难，甚至消亡。在中国艺术研究院所作的统计数据中，中国戏曲剧种从 50 年代统计的 368 个，到 80 年代初的 317 个，到 2005 年统计的 267 个，半个世纪减少了将近百种。除去统计数据的失误和以专业剧团作为统计标准的影响外，诸如目连戏、赛戏、锣鼓杂戏、夫子戏、八仙戏等依附着传统信仰生活的戏曲形态，渐渐退出了时代舞台；诸如罗戏、卷戏、清戏、汉调二簧、汉剧、祁剧等曾经有着广泛影响的声腔、剧种，其演出团体锐减，甚至已经完全消失。这种变化已经超越了艺术优胜劣汰的规律，而有着很多人为的因素，从单一的国营体制到单一的走市场，从服从于政治命令到服从于领导意志，都不能很好地顾及中国戏曲自身的特征和规律。而在新世纪，众多戏曲剧种不顾剧种自身演出规律，积极地投入到国家舞台艺术精品的打造，戏曲舞台上比比皆是大制作，艺术趋同的倾向十分明显，其背后的诸多因素不能不最终归结到传统体制与人为因素对于戏曲的作用。

回归民间与戏曲发展的市场化道路

戏曲现代化的目标有赖于健全的文艺体制和戏曲生态的建立，有赖于在保留现代化进程中积累的成绩基础上，充分尊重戏曲文化的内涵和特征，惟其如此，古老的戏曲文化才能够在变迁的时代风尚中获得新生。在当代，回归民间实际成为戏曲市场化的必由之路。

"民间"是与"官方"相对而言的概念，在传统社会中具有涵盖广大农民和城市市民阶层的范畴，而针对戏曲发展所指称的"民间"，除了继续维持这一传统解释之外，应该包括更为宽泛的群体，亦即是能够促进戏曲良性发展的基础环境。这种概念的扩大正是立足于中国戏曲这一艺术品种的独特性，和当代社会阶层的丰富性。戏曲的民间性本身就具有时代性和阶层性，在特定的历史时代，戏曲也更多地被局限在特定的阶层。例如明末至清中叶时期的昆腔，作为官方认可的戏曲声腔，固然在大众中获得尊重，但更多地局限在文人和官方社会，这一阶层的审美趋向和创作态度决定了昆曲艺术的整体风貌。再如，基层农村的目连戏，在清代官方被视作"村剧"，附着着浓郁的民间色彩，但是这一剧目却也非农民日常审美欣赏之必需，而带着强烈的宗教劝化色彩，是基层社会表达信仰的宗教剧，民间宗教的规范、禁忌为这一剧目敷加上特殊的演剧风格。因此，从本质上讲，中国戏曲的民间品格具有丰富的内涵，其阶层的多样性也成为理解戏曲的"民间"性的重要方面。而在当代，随着现代娱乐方式的多元发展，随着流行时尚的日新月异，戏曲能够保持其在社会群体的普遍认可，就必须将构成其文化生态的"民间"延伸到具有时代性的社会阶层，这其实也是"现代化"对戏曲提出的要求。

民间性也是决定戏曲生成环境的特定生态机制，即在传统官方意志之外的市民、农民、种族、阶层诸范畴之内生成的戏曲创作、发展、演出机制，这既是对50年来单一体制的补充，也是对传统戏曲生态诸要素的充分尊重。传统戏曲表现为两种形态，一种属于民间戏曲形态，一种属于精英艺术形态。长时期以来，政府与戏曲界参与进行的戏曲现代化主要针对后者，充分发挥其精致化的艺术特征，并尝试在戏曲表现形态与时代风尚之间的结合。这种努力对于中国戏曲的品格无疑产生着重要的影响和作用，但是，却无形之中忽略了戏曲更为厚重的民间形态。中国戏曲审美除了情感参与的要素之外，还有来自于信仰的宗教体验，来自于礼仪的行为表达，亦即戏曲古典性所涵摄的多元性、历史性对于戏曲欣赏的作用。这种属于文化形态的民间戏曲，具有质朴而非艺术化的倾向，表达的是文化的参与和共融，附带着强烈的实践性特征，这显然不同于艺术化的戏剧审美。因此，中国戏曲能够与民俗、民情密切交融于一体，形成了民俗接纳戏曲、戏曲参与民俗的独特的民族化特征。中国艺术研究院戏曲所承担的全国艺术科学"十五"规划重点课题"全国剧种剧团现状调查"，经过对山西、福建等十数个省市剧种剧团的调查数据表明：一方面那些依靠国营剧团维持剧种生存的剧种，在体制转变过程中，面临着剧团解散、艺术遗产流失、优秀演员转业的隐忧，另一个方面遍地开花的民营剧团由于尊重了地方文化对于戏曲的选择，特别是一些古老的剧种，如莆仙戏，近百个民营剧团每年演出 8 万多场，足以说明戏曲选择什么样的市场才能得到维持和发展，这恰恰是国营剧团面临市场化抉择之时应该首先考虑的。

回归民间决不是全部抛弃戏曲与官方、与文人的联系，而是在此基础之外，努力营建戏曲与当代生活、与当代社会阶层审美相互交融的文化生态。在戏曲现代化的过程中，把注意力集中在戏曲现代题材和思想内容的倾向，不是要全部放弃，而是在充分探索成熟的艺术经典的同时，密切关注中国戏曲艺术应该具有的多元风格和历史积累；把戏曲从属于官方投入的机制，不是要全盘改换，而是积极寻求多渠道的营销途径，谨慎处理好精品创作与世俗风格的协调；把戏曲服务于人民大众的理想，不是要机械理解，而是在充分尊重民众文化需求的基础上，把戏曲服务的对象具体化、细腻化。这些方面的补充和完善，既是对戏曲现代化进程中出现的局限和问题，进行必要的修正；也是对传统戏曲与现代社会审美相互结合时的不协调，进行积极的矫正；更是对中国戏曲数百年来积累的民族品格、生存机制的充分发扬。在此其中，回归民间力图达到的是戏曲在创作与演出、继承与发展、传统与现代中的良性发展。

英国著名的中国戏曲史学者龙彼得曾经总结中国戏曲起源于宗教仪式的观点，认为在中国民间社会，只要存在着民众认可的宗教仪式，不论任何时间、任何地点，戏曲都可能生发出来。这一观点在某种程度上肯定了民间基层社会作为中国戏曲原生态的价值和意义。在流行文化与传统文化交织的今天，戏曲文化得以丰富发展的条件变得更加优越。与中国地方剧种50年消失上百种形成强烈对比的是：从80年代以来，中国许多地域文化已经或者正在形成着新的戏曲形态，东北二人转、晋陕冀蒙二人台、苏鲁皖柳琴戏、赣粤采茶戏等等，都一改以往曲艺说唱形态，而转化为代言体的戏剧形态，并且以驳杂的包容性，在传统音乐、表演中吸纳当代流行元素，具有良好的生存态势。而曾经只在田间地头随口吟唱的小调民歌，例如粤东客家山歌、湘滇贵山歌、山东沂蒙小调、晋东南鼓书等等，则借助现代影视剧的方式，把说唱故事形象化，俨然成为独具特征的戏剧形态。同时，现代话剧、影视剧作也尝试着吸纳传统戏曲元素，丰富戏剧内涵，例如近年改编创作的话剧《白鹿原》引发出观众对陕西老腔的喜好；而部分演艺人员尝试用情节串连流行音乐，则暗合着中国戏曲的形态规则。反观那些"消失"的近百个剧种，除了与时代无法衔接的艺术品种外，其实许多剧种在国营剧团缺失或消减之后，在民间基层社会中，却找到了相对繁荣的道路。以成为世界非物质文化遗产的昆曲为例，全国7个院团勉力维持剧种的发展，在近年来国家投入增多的局面中，这些院团的艺术创新并不能完全尊重其文化品位与剧种特色，但是，在许多有昆曲欣赏传统的大中城市、高等院校，传统昆曲的业余曲社与民间机构却呈现出繁荣趋势，古老艺术作为时代新时尚已然在年轻一代中得到流行，借助影视传媒与网络，传统昆曲的文化遗产被张扬起来。这诸多在时代变迁中生发出来的现象，都说明在市场经济体制中的中国戏曲，一旦进入良性发展的状态后，文化品格在现代社会中必然也能够得到再次辉煌。显然，源远流长的戏曲文化正需要这样的民间生态环境，才能在传统和现代中创造出属于这个时代的戏曲品格。

文化振兴与戏曲发展的多样化

当代中国社会的文化转型与以往历史上的任何一次改革、变化具有本质区别，它不是对前此文化形态、文化观念的修补、完善，而纯粹是从古典到现代的历史跨越，其背后即是中华民族从封建农业社会、农业文明向现代工业社会、工业文明的跨越。因此，当代社会的文化转型也呈现出空前的艰难与复杂，对于中华民族而言，面对着科技时代、信息时代、网络时代所提出的诸多要求，人们的生活和价值观已经与前此社会绝然不同，人们对于文化的需求与适用也有了新的变化和发展；特别是随着世界经济一体化的进程，文化的趋同也越来越强烈，立足在经济强势而出现的文化霸权，对于众多民族文化必然产生推动或者毁灭的影响。因此，对于民族文化的自信、对于民族文化的振兴、对于民族文化的发展，应该成为解读传统与现代的前提。

进入新世纪，中华人民共和国文化部先后制定了"国家舞台艺术精品工程"、"国家非物质文化遗产保护工程"，用以发展、保护中国文化，戏曲当仁不让地成为两个文化工程涉及的主要对象。对于前者，中国戏曲充分发挥其密切贴近民众欣赏的特点，积极地借助现代舞台艺术的经验，完善戏曲艺术的表现；对于后者，戏曲充分张扬其遗产文物的价值，让一切有益于当代乃至后代的遗产，借助国家政策得到完整的保存。两项文化工程虽然不仅针对戏曲，但是却比较恰当地体味到了中国戏曲所具有的古典性与现代性，而中国戏曲在面对两项文化工程呈现出来的两种反应，代表了当代戏曲界对于戏曲的传统保护与现代转型的理性态度。在连续三届国家舞台艺术精品工程评选出的作品中，大批的戏曲剧种能够用贴近时代的新剧目、鲜明而具有个性的舞台新形象，呈现出剧种在当代的旺盛生命。例如承袭了古老南戏传统的福建梨园戏创作的《董生与李氏》，有着丰富艺术传统的川剧创作的《金子》、豫剧创作的《程婴救孤》，近代以来进行过艺术改革的闽剧创作的《贬官记》、眉户戏创作的《迟开的玫瑰》，近代新发展的剧种越剧创作的《陆游与唐婉》等等，都一再说明不同形态的中国戏曲在当代拥有的艺术活力。而在首批国家级非物质文化遗产名录中，传统戏曲占据了92项上百种，显示出中国戏曲作为民族遗产优秀组成部分的厚重品格。中国戏曲在当代的创新与保护，都成为戏曲在文化转型过程中、在寻求文化认同中所作的积极努力。

但是，面对两项文化工程，也出现了不少差强人意的趋向，中国戏曲的古典性与现代性没有得到充分理解，人为改变戏曲传统的现象多有发生。一方面，带有国家标准、官方意志的大制作，在提升剧种的时代品格的同时，也使剧种渐渐失去自身个性；另一方面，戏曲作为文化遗产在没有及时得到国家扶助的时候，在面临现代冲击的文化生态中独立维生，戏曲传统大量消失。这种艺术趋同的状况固然代表了戏曲在当代的发展，但毫无疑问也显示戏曲界在面对现代娱乐方式冲击时，对戏曲自身规律缺乏足够的自信，对传统进入现代缺乏足够的认识。同时，由于缺乏与这些文化工程相关的配套政策，对于戏曲传统予以保护和发展的具体举措，也将随着这些工程的继续推进变得日益迫切。

许嘉璐先生在强调世界文化的多元化发展时，认为"文化多元是人类进入文明时代以来的总规律，文化对话则是人类自觉总结出来的经验。无数事实已经证明，这是人类文化进步的必由之路，是求得世界和平稳定的必由之路"[1]。在当代多元文化格局中，戏曲的多样化发展同样是进行文化对话的保证，这不仅关乎中国戏曲与国外戏剧文化的对话，而且也关乎中国戏曲内部存在的各种文化的对话，我们不应该重复戏曲在封建时代自生自灭、优胜劣汰的局面，而应该更加理性、更能审慎地面对戏曲遗产的保护和开发。不能正确认识戏曲艺术的本质，就不能有效地发展戏曲文化的精髓。从历史上看，民族文化与异质文化、传统文化与当代文化、固有文化与流行文化的彼此交融，构成了中华民族文化发展的主线，戏曲正是在这样的文化交融中获得了长足的丰富和发展。当代中国的社会转

---

[1] 《用中华文化振兴中华——许嘉璐教授谈中华文化复兴问题》，见《人民日报·海外版》2004年12月21日，第5版。

型对于戏曲传统固然带来了强烈的冲击，但是无疑也成为极好的机会，在变化的时代审美中，如何发现中国戏曲的传统之美，既是发展、创新戏曲的基础，也是保护、传承戏曲的必要条件，更是挖掘戏曲文化遗产造福当代社会的前提。

在中华民族文化复兴的今天，在传统文化越来越焕发活力的今天，戏曲更应该在国家保护传统遗产、发展文艺事业的有利环境中，按照其自身的发展规律和艺术特征，充分探索戏曲生存、发展的文化空间。特别是在充分尊重中国戏曲古典性与现代性、层次性的基础上，积极寻求戏曲良性发展的市场机制，努力营造多层次的民间生态，在戏曲保护和创新中走出更多样化的道路，这应该是每一个戏曲工作者、每一个有责任心的文化工作者应该积极努力的。

（刘　祯　中国艺术研究院戏曲研究所所长、研究员）

（王　馗　中国艺术研究院戏曲研究所副研究员）

中国当代美术：繁荣与问题

张晓凌　杭春晓　朱　其　陈　明　董　雷

内容提要：中国当代美术的空前繁荣是近年来最令人瞩目的现象之一，具体表现为市场的极度活跃和近乎疯狂的成长，国际化程度的日益提高，多元主义艺术观念的盛行和多元生态格局的形成等等。然而，一片繁荣之声中，我们也看到了问题所在。从市场方面看，信誉的缺失、赝品的泛滥和低劣炒作的无所不在成为市场的梦魇；在当代艺术走向国际化并发生影响的同时，后殖民文化的价值观也导致了文化的迎合之风和取悦态度；对传统文化资源的发现和转换成为当代美术的创作态势之一，但也由此带来简单的复古意识；现实主义作为主流创作方法近年来有复归的动向和雄心，但在学理和创作上的作为非常有限。本课题以上述四个方面为主干，分析了当代美术繁荣及所存在的问题，并提出了一些设想与对策。

关 键 词　艺术品市场　后殖民生产　国际化　传统文化资源　现实主义

艺术品市场：兴盛中的忧虑

1. 艺术品市场的成长及其原因

近 20 年来，中国艺术品市场十分夸张地放大了中国经济神话。它似乎要把多年来郁积的艺术需求痛快地宣泄出来，艺术品价格被狂热的需求顶托着，涌向一个个高峰。内地六大拍卖公司 2005 年成交总额 52 亿元，比 2004 年增长 52%，是同期中国经济增长率的几乎5倍。但最典型的，还要数当代的油画市场。上世纪90年代，每场油画拍卖一般只有几百万元成交额，最差的时候甚至不到100万元。1997年，成交额上升到600多万元，以后几年一直维持着这样的水平。嘉德2004年春拍时，油画成交额2000多万元，秋拍时上升到4000多万元，而2005年春拍时又攀升到7000多万元，到了秋拍竟达到了1.2亿元。换句话说，中国油画市场在8年中成长了200倍①。

一般说来，艺术品市场的发展得益于三个因素。一是经济增长引起的财富积累。当一个国家完成工业化并积累了可观的剩余财富时，人们就会将注意力从物质财富的增长转向文化艺术。各类艺术品开始得到保护和追捧，艺术品价值得到新的认识，这时，艺术品市场就开始活跃起来。二是收入提高后引起的需求转型。当一个国家处于人均GDP的不同水平时，人们的需求结构是不一样的。从心理学上看，有马斯洛的需要等级理论，揭示了中国人"饱暖思淫欲"的道理。从经济学上看，恩格尔系数则说明人的钱越多，用于食物消费的比例越低的道理。这些需要转化和引导的需求，很大程度上冲向了文化艺术。三是相关投资领域的互动。多年来，国际上一直将艺术品与证券、房地产并列为三大投资热点。这三者之间，最大的共同点是，同样的物质载体可以承担相差多个数量级的价格②。一幅画，你可以说它值50元，也可以说它值5000元，也可以卖出50万元。土地的价格与证券的价格也是一样。这种似乎完全悖离常理的现象，连古典劳动价值论的集大成者大卫·李嘉图也很费解。他在其代表作《政治经济学及赋税原理》中写道："有些商品的价值，单只由它们的稀少性决定。劳动不能增加它们的数量，所以它们的价值不能由于供给增加而减低。属于这一类的物品，有罕见的雕像和图画，稀有的书籍和古钱，以及只能在数量极为有限的特殊土壤种植的葡萄所酿制的特殊葡萄酒等。它们的价值与原来生产时所需的劳动量全然无关，而只随着希望得到它们的人的不断变动的财富和嗜好同一变动。"

不同投资领域之间存在着复杂的关系。有此消彼长的替代关系，也有休戚与共的同进同退。当人们的投资需求一定的情况下，证券和房地产市场供给不足，或者价格上涨不畅，都有可能促使人们将投资需求转向艺术品。这是投资品之间

---

① 《中国当代艺术品市场现状分析》，《东方艺术·财经》2006年第5期。

② 王　芳：《物价对城乡恩格尔系数的影响分析》，《商业研究》2006年000（014）。

的替代关系。当经济出现整体过热或整体萧条时，艺术品市场也会与其他投资品市场一样潮起潮落。比如当经济"泡沫化"十分严重时，人们对市场前景普遍看好，乐观情结蔓延，使艺术品的需求不断增大，推动艺术品的换手率和价格上涨率都很好。反之，当经济不景气、银根收缩、资金回笼困难时，萧条的艺术行情将和悲惨的经济景气互为镜像。因此，对于艺术品市场价格持续上涨，不能仅仅从表象上进行判断，而要从更为宏观的经济背景中进行观察。

对于中国的艺术品市场，我们认为这是一种补偿性、恢复性增长，是艺术品市场的复苏，而不是泡沫。原因在于：其一，中国经济近30年持续增长，积蓄了无穷的市场需求动力。中国财富精英和中产阶层正逐步形成，他们对艺术品的需求将成为一个时代的风潮，将拉动艺术品市场不断攀升。其二，中国艺术品价格长期扭曲而低迷，被大大低估，即使今天中国人以为是天价的名家作品，在国际市场上也十分寻常。其三，从总量上看，艺术品市场的交易总额并不大。据业内人士统计，2004年我国艺术品收藏市场的总成交额大约100亿元，这对于当年中国136584.3亿元的国内生产总值来说，实在算不上什么。艺术品在社会财富构成中的比例还相当低，全社会家庭艺术资产保有率还相当低。由于国际社会对中国经济增长前景的乐观估计，以及中国的文化自觉，中国艺术品市场相信还会有进一步的发展，价格指数还将有一个往上走的趋势。

2. 艺术品市场的内在问题

然而表面繁荣的艺术品市场，在中国当下经济环境中却也存在着极为危险的矛盾。这种矛盾主要体现为市场的结构性倒置、购买群落的主体变异和投资风险、拍卖行信誉值与批评家良知的缺失。

A. 艺术品市场结构倒置

艺术品市场一般划分为一级市场和二级市场。一级市场的主要经营方式是艺术品经营者通过代理艺术品的所有权，将艺术品投入市场的营销方式。其主体是画廊。二级市场主要经营方式是艺术品经营者接受艺术品所有者的委托，将艺术品投入市场的销售方式。其主要的形式是拍卖。现代画廊是指经常举行美术展览、展卖的场所，是从事艺术品经纪代理企业。画廊是艺术品市场中的一级市场和基本环节，艺术品如何转化为商品要靠画廊的运作。严肃的艺术家只创造艺术品而不制作商品，画廊的职能是将艺术品通过流通渠道转化为商品，画廊的意义在于通过规范的商业运作为艺术家的成长和成功创造条件。与西方成熟的艺术品市场体制不同，目前国内拍卖行和画廊的角色是严重错位的。中国的拍卖公司顶替了画廊的角色，不管一个艺术家是否有画廊代理，作品是否有稳定持续的销售纪录，只要画有卖相，拿来就拍，有些画家就是在拍卖公司那里筹划自己的市场。而在国外，艺术品收藏者主要是与画廊打交道的，大收藏家更是与大画廊有长达十年或数十年的稳定关系。德国的艺术品拍卖法就限定拍卖行只能拍卖已经过世或者重要的艺术家的作品，其他属于画廊运作的范围。但是中国的拍卖市场却没有这样的规则，二级市场直接跳过一级市场，作品直接从画家的工作室出去，是我国艺术品市场种种混乱中最突出的特点。也正是这种结构倒置问题，导致艺术品拍卖行、拍卖活动、拍品过多、过滥，影响市场有序的发展。拍卖是一种纯中介行为，中介公司的多少应该根据市场发展的需要来确定。就目前看，艺术品拍卖发展过多过快。1997 年以前北京有艺术品拍卖公司 5 家，全国在 40 家之内。2006 年全国从事艺术品拍卖的企业暴增为 3000 多家，而且每年都在增加，2005 年全国有统计的艺术拍卖专场居然高达 800 余场①。在很多情况下拍卖秩序混乱、经营不规范，甚至在某些博览会、拍卖会上，收藏家、投资者和画商明显采用类似炒作股票的手法，雇托儿、哄抬画价，短期内将一位艺术家的价格"提起来"，制造出虚假的价格指数。虽然在目前整个市场走强的形势下，艺术家可以靠这种手段获得巨大收益，但是长期看，对于艺术品市场极具隐患。当经济环境稍有变故，藏家、投资者、画廊谁也无法承受如此高价，中国艺术品市场有可能步日本以及我国台湾之后，进入一个漫长的萧条期。

B. 购买群落的主体变异和投资风险

通常拍卖行为的买单者应该是谁？在西方，艺术品市场大致有两大主力：一是出于学术研究需要，通过合法途径取得艺术品的团体、机构，如博物馆、美术馆等。中国也有这样的例子，比如 2002 年故宫博物院以 2200 万元人民币收购《晋索靖书出师颂》，上海博物馆 2003 年以 450 万美元购藏《淳化阁帖》，都是这方面的典型例证。二是出于艺术作品本身所具有的美学功能，一部分人或群体长久地对这一特定领域有着真正的兴趣，收藏艺术品来获得知识、陶冶修养。文化知识和经济购买力一起，彰显着他们在这一领域的独特地位。德国收藏家路德维希博士和美国收藏家哈默博士，还有以收藏中国当代艺术品著称的瑞士前驻华

---

① 《中国拍卖业的机遇与问题》，《艺术》2006 年第 2 期。

大使希克（他大概是目前拥有最多中国当代艺术品的收藏家）都属此列。? 然而目前我国艺术品市场的性质已逐步从收藏为主向投资为主过渡了，部分艺术品投资者的"激情"正在挑战藏家的"理性"，甚至不惜贷款炒作艺术品。这股艺术品市场热潮的启动力量是惊人的，艺术品拍卖纪录不断刷新，一个个艺术品收益神话被呈现在大众眼前，上世纪90年代几千元的作品已经卖到几十万甚至百万元，艺术品投资显示出比股票和房地产更大的回报率。加上媒体的大量宣传和炒作，艺术品市场被描绘成一个低投入、高回报的梦幻投资舞台，收藏热迅速转变成艺术品投资热。2003年，股票市场已经萎缩50%，房地产市场在国家调控政策下，投资减缓。众多怀揣资金的投资者开始把眼光转向艺术品市场这个舞台。一些人将资金从股市和其他投资领域撤出，投入艺术品市场，大量资金的涌入使艺术品市场迅速膨胀。中国新生的一代商界领袖正在成为推动中国艺术品拍卖市场发展的主要动力。在交易前期的活动策划上，与其它如不动产、土地等的拍卖不同，近年的许多艺术品的拍卖常常不仅仅是一场拍卖会，而是一个逐渐升温的"秀场"。由于大量浙江商人跟进国际文物市场，频繁光顾世界顶级拍卖会，2004年10月，浙江一个县级市——慈溪的20多名民间企业家，收到了世界两大拍卖行——佳士得和苏富比的拍卖邀请函。曾有分析梳理了业界对"拍卖热"中资金来源的看法："一是跟洗钱有关；二是股市、地产操作资金入市；三是在股市设局，让不明市场真相的新藏家接盘；四是确实有新老藏家想拿下某些好作品，而且贫富分化后的国内新贵阶层目前已经取代外国收藏家成为主力，买艺术品一掷千金，钱来得快，在艺术品市场去得也快；五是不排除利用艺术品保值赌人民币升值的金融炒家的介入。"① 投资需要回报，从经济学角度说，高投入带来高回报，高投入也伴随高风险。新拍卖行只能经营二三类文物的限制，使得书画市场极速扩容。两年多来，包括内外游资在内的大量资金蜂拥而入艺术品市场，价格平均每年涨幅在20%以上，名家作品更是超过了40%，不少拍品价格已涨10倍以上。炒家们熟练套用炒股炒房的战略战术：选中目标低价吃进，制造概念，动用舆论壮声势，拍场哄抬，寻机抛售。价格拉高会吸引新的客户和新的资金，价位再被推高，如此循环往复。艺术品不同于股票和房产，其数量有不确定性。实际上，更大规模扩充的标的稀释了新涌入的资金，购买力迅速分化和消耗。一旦

---

① 《当代艺术这一次是不是泡沫?》，《艺术地图》2006年5月。

这种趋势加重，会导致投资者资金流断裂、枯竭，囤积的高价艺术品又无人接盘，市场的危险系数便会大为增加。

C. 拍卖行信誉值与批评家良知的缺失

拍卖行是依靠本身的信誉而生存的，虽然在国际上有拍卖行不负责拍品真伪的惯例，但一些著名的拍卖公司是很严肃的，通常上拍前会有专家、学者对拍品进行鉴定。我国的《拍卖法》中也延续了这个国际惯例："拍卖人、委托人在拍卖前声明不能保证拍卖标的真伪或者品质的，不承担瑕疵担保责任。"[①] 也就是说，即使买者拍得的是赝品，只要拍卖公司不是知情而故意隐瞒，就可免责。实际操作中有些拍卖公司据此知假售假甚至直接参与造假谋利，使艺术品拍卖的整体形象受损，艺术品市场的秩序也受到破坏。艺术品真假问题一直困扰着艺术品市场。近几年在拍卖会上收藏者买到赝品的事情也时有发生，当投资者上诉法院，大多数都无法打赢官司。这对艺术品收藏家和消费者来讲是不公平的。《拍卖法》这一规定，已引来了众多质疑：无论画作是真是伪，也无论买家在竞拍时是否知道作品是假的，成交后便可概不认账，这样的保证条款为拍卖行逃脱责任留下了漏洞，有高额利润刺激，又有法律漏洞可钻，假画泛滥也就成了自然而然的事。如前所述，由于中国艺术二级市场的购买群落的主体变异，现实的投资者往往处于专业知识资源的弱势，良好的拍卖行信誉愈发显得关键。

类比二级市场的信誉值，批评家也需要良知与责任心。如果我们仅仅把艺术品市场看作一种价格涨涨落落的经济行为的话，问题倒简单多了，因为盈亏只是那些居少数的投资者和收藏家的事情，但问题却不止于此，价格"暴力"还会在一个经济社会中时时动摇艺术的价值评价体系。职责需要批评保持它的独立性，不受市场的干扰，需要艺术批评家把艺术和艺术品市场看成两个问题，即一是不把市场上成功的艺术作为合理的价值取向，二是不以市场是否认可来衡量自身艺术判断的正确与否。但现实的状况是，艺术批评也被卷进了市场，由于市场的火暴，在金钱的驱使下，批评家甚至吹捧一些品位极低的"书画家"，造成误导投资者的事时有发生。此外，一些美术高等院校的艺术史家（艺术史与艺术批评是有区别的）、新闻媒体的记者也时常充任评论家，由于这些人在评价艺术品时，依据的只是朦胧的、感性的审美表皮，远未上升到确定性的审美经验和审美理论

① 《中华人民共和国拍卖法》第六十一条规定。

高度去审视把握，因此，也极易产生误导。

通过上述分析，我们再回顾中国艺术品市场的热闹，就不会再盲目乐观了。2005 年全国有近 80 个拍卖公司组织了各类艺术品拍卖活动，而 2004 年举行艺术品拍卖的拍卖公司只有 50 家，整个艺术品二级市场规模迅速扩大。新拍卖公司纷纷成立，加入到艺术品市场的淘金热潮中，拍卖场数的激增，也加剧了竞争，据不完全统计，2005 年约有 800 个拍卖专场，平均每天约有 2.2 个拍卖专场。这种繁荣的背后是中国艺术品市场的结构性矛盾。有鉴于此，作为国家宏观调控的首要任务是出台有关艺术品市场的法律规范，可以参考国外相关法律条文，切合中国市场之实际情况确定诸如拍卖公司资质以及拍卖场次与责任等条文；建立中国艺术品市场诚信与行业道德体系的监控系统；组建国家级的专家团队介入市场的运作监督之中，确保市场的有序发展。

当代艺术的国际化之路：后殖民生产与本土化

当代艺术在 90 年代真正开始了国际化进程。这个进程是指中国当代艺术进入国际展览、收藏和评论体系。1993 年的威尼斯双年展中国部分是一个标志，这个活动几乎影响了之后当代艺术与国际艺术圈的后殖民文化关系。

尽管 80 年代的当代艺术也在竭力进行对西方前卫艺术的学习，但西方和本土这一对后殖民文化概念几乎没有成为一种问题。这是由于西方现代艺术在 80 年代基本上是被看作一种先进的普遍意义的艺术，西方前卫艺术对希望更具前卫性的年轻一代的中国艺术家而言，被当作一种世界意义的先进艺术来接受。

随着参与国际艺术展览体系，艺术的主体性和语言的民族主义特征成为一种内在冲突，当代艺术在 90 年代对国际艺术展览的参与的一个直接后果，就是导致对西方当代艺术的重新认识，语言身份和本土化等问题开始浮出水面，关于当代艺术的后殖民生态和语言的本土化策略在 90 年代成为一个重要的艺术背景。

1. 西方的介入：国际艺术展览以及收藏

1993 年威尼斯双年展的中国部分"东方之路"是中国当代艺术第一次在国际的高规格艺术展览上的亮相。在这之前，当代艺术更早的出现在国际舞台上还可以追溯到 1989 年由马尔丹在蓬皮杜中心策划的"大地魔术师"展，黄永砅、顾德新、杨诘苍三个中国艺术家参加了展览。1993 年的另一次海外艺术展的预演是由张松仁策划的"后89中国新艺术展"。[①]

中国艺术家参加1993年的威尼斯双年展使当代艺术产生了90年代的新艺术生态模式，这个模式不仅是指西方的介入，而是当代艺术实际上在之后的十年，基本上绕开本土，直接国际化，并产生一条生态链。当代艺术在80年代的新潮运动，并不完全是一个边缘的地下艺术思潮，从《美术》杂志到《中国美术报》，所有新潮美术的观念争议的发源地几乎都来自核心的艺术刊物。1989年的现代艺术大展也是在中国美术馆举办。

到90年代初，由于市场经济带动的社会转型和文化政策调整，当代艺术在90年代初逐渐被边缘化，并成为一种地下艺术现象。1993年的"后89中国新艺术展"就是在这一背景下产生的。作为1993年威尼斯双年展的策展人奥利瓦，他当时选择中国艺术家并没有完全按照意识形态的标准。入选的大部分艺术家来自北京、上海两地，一小部分来自杭州和海外。除了王广义、李山、余有涵、方力均这样一些政治和意识形态特征比较明显的艺术家，也有一部分艺术家的艺术都还是比较观念艺术的，像丁乙、孙良、耿坚翌、徐冰等。

参加1993威尼斯双年展的艺术家无疑在当时的艺术圈掀起了一阵冲击波。所有参加过这一届双年展的艺术家头上都被套上了光环，随之而来的是各种机会和名利，不少艺术家在之后不断接到各种国际艺术展的参展邀请，欧美的重要媒体像专业的《美国艺术》、《Flash Art》以及大众媒体如《时代周刊》、《纽约时报》，都不断报道中国的前卫艺术或地下艺术。所有参与这次双年展的画家从第二年开始，不断有国际上各种买家收藏他们的艺术作品，到90年代中期，不少画家已成为百万富翁。

此后几年，欧美展览和收藏体系迅速对中国当代艺术圈产生磁吸效应，以至于在90年代中后期产生艺术圈争夺出国机会和迎合西方标准的视觉图像。最先参加国际展览的群体首先拥有了艺术权力，他们跟欧美的美术馆、双年展、画廊和策展人体系建立了联系，然后国际策展人来到中国，通过这些中国艺术群体认识更多的中国艺术家，挑选艺术家去参加重要的国际艺术展。这些展览在90年代中后期几乎包括了全世界各种重要的国际艺术展，像卡塞尔文献展、圣保罗双年展、光州双年展、横滨三年展等。国际展览机会就像一个生态链，参加了第一

---

① 任卓华：《后89中国新艺术》，《汉雅轩》1993年。

个国际艺术展，就会在这个展上认识其他正准备策划国际艺术展的策展人，然后就会有参加下一个国际艺术展的机会。如果一个艺术家一个国际艺术展没赶上，就会丧失一连串展览的国际机会。

除了在国际艺术展上结识更多的国际策展人和画商，从而有更多的国际展览和作品销售机会，国际艺术展的规格一般都会给中国艺术家提供来回国际机票、当地的食宿，有些甚至还提供一部分零用钱。这些待遇无疑对尚未成功的在90年代还处于边缘地位的艺术圈是一个巨大的诱惑。因此，最先和国际展览体系建立联系的艺术群体就形成一些以北京、上海、杭州等地为中心的兄弟会似的圈子，这些圈子实际上掌握了通向这些展览体系的通道，国内各艺术圈为此展开了对于这些通道的争夺。比如一个外国策展人来到中国，某个圈子就去机场接他，然后这个外国策展人在华期间，设法不让其跟国内其他艺术圈发生联系。

除了对于通向国际展览体系的通道竞争，另一个现象是艺术迎合西方标准。90年代的当代艺术实际上呈现多元化的发展趋势，在90年代中前期，当代艺术具有两种艺术思潮，一种是认为艺术应该回到纯艺术和媒介实验的领域，像观念艺术、装置艺术、新媒体艺术等；另一种则是强调艺术的政治反讽和意识形态的符号使用，像王广义、方力均等人。在海外艺术群体，还包括使用民族符号和象征材料的艺术，像徐冰、蔡国强、黄永砅等人。

国际艺术体系当然并不只是指欧美意义的西方，还包括日本、韩国、巴西、澳大利亚等地。但大部分的国际展览体系实际上就是以欧美为核心的西方艺术体系。1993年威尼斯双年展以后，一直到90年代末，被选入参加西方展览体系的艺术成一边倒的局面，几乎大部分作品都是以政治反讽、意识形态和中国符号为主，而纯粹的实验艺术和观念艺术则很少有机会入选。

在后来被国内批评界反复指责的艺术迎合西方标准的后殖民生产的现象，也并不能一概而论。像方力均、王广义、徐冰等人的作品风格实际上早在1993年以前就已形成，并不完全属于为迎合而作，但在1993年以后，大量的类似风格就重复出现，真正形成一股迎合西方展览体系图像标准的风气。中国当代艺术在西方主要被称作中国前卫艺术或者地下艺术，这实际上被看作是80年代前苏联的前卫艺术在西方走红后的一个新样板。西方展览体系对中国当代艺术的青睐，也出于89后的国际意识形态的文化背景，在90年代，几乎一切关于中国的文化和艺术现象，都要以1989年的政治事件作为解读背景。

政治和中国符号是 90 年代在西方展览体系的两个主要关注点，其他中国当代艺术在国际展览体系中几乎是被边缘化了。这在 90 年代后期才开始有所改善，但西方的展览和收藏体系对于中国当代艺术的磁吸效应有增无减，尤其是在 90 年代后期，瑞士驻前中国大使希克对中国当代艺术的大规模收藏和促使威尼斯双年展大规模接受中国艺术家，并设立私人艺术奖金颁发给中国年轻艺术家，使西方艺术体系对中国当代艺术的影响更加制度化。

2. 语言的身份策略和中国牌

1989 年实际上并不是八五新潮与 90 年代艺术的一个分水岭。从 1985 年到 1995 年实际上是一个前后联系的过程。这个过程基本上完成了对于西方现代艺术的观念和语言形式的学习。1992 年到 1996 年是这个学习过程的最后一个阶段，即观念艺术、装置和新媒体艺术的前卫性实践。这也意味着八五新潮模仿西方现代艺术的基本模式告一段落，它仍然无法解决西方化的艺术语言和中国社会的政治现代性之间内在的不一致性。

新一代的批评家和艺术家试图解决 80 年代后半期的一个心头之痒的问题，即语言的前卫性问题。90 年代的当代艺术在 90 年代中前期大量使用"前卫艺术"一词，到 90 年代后期由于大量的艺术家和批评家开始参与国际交流，"前卫艺术"一词逐渐弃之不用，开始大量使用"当代艺术"。

90 年代艺术最杰出的成就是真正开始了前卫艺术实践。它试图不再像八五新潮那样借用现成的西方艺术语言表现社会和政治现代性，而是转向纯艺术范畴的语言的艺术创新。当然这个前卫艺术实践不是以中国自身的艺术传统和语言谱系为反对和超越对象的，而是以西方为靶子进行的一场悲壮的反对之战。就像十年以后很多国际策展人和中国去海外的批评家告诫中国艺术圈，西方并不是铁板一块，实际上并没有一个真正意义的西方。但在 90 年代以来的当代艺术中，"西方"是一个几乎具有主宰性的想象性存在。但离开"西方"这个想象体系，就不会有 90 年代前期的一段前卫艺术时期。

在 90 年代中前期，国内和海外对中国"前卫艺术"一词的指涉实际上并不一致。国内的"前卫艺术"主要是指装置艺术、观念艺术、行为表演、摄影和 Video 艺术，海外则是指政治波普和顽世现实主义为主的政治题材绘画。90 年代前期的前卫艺术主要以装置艺术和观念艺术为主，加上后来的摄影和 Video 艺术。新媒介和综合材料的使用在中国艺术圈成为一项挑战性的举动，一些西方观念艺术和 Video 艺术的文献也被翻译传播。90 年代年轻的独立策展人现象也是与装置和新媒体艺术一起成长的，但装置和新媒体艺术一直处于叫好不叫座的地下和边缘处境。与此相比，政治和社会性题材的艺术整个 90 年代在国际艺术界一路走红。这一情况也反映在 1993 年的威尼斯双年展国际艺术界对于同一批中国艺术家此热彼冷的态度，王广义、方力均等人的走红，而像张培力、宋海东、丁乙等人从事比较纯观念艺术的艺术家受到了相对冷落。

1985 年以来的当代艺术其核心的问题还是要解决语言的前卫性创新。90 年代中前期的观念艺术思潮基本上脱离了社会思潮和国际主流艺术间的交流和互动，而是生活在中国当代艺术的这一原罪背景下，进行闭门实验。与这段短暂的前卫乌托邦实践的命运不同的是，中国大陆的另一部分当代艺术以及一批定居海外的中国艺术家的具有国际流浪主义风格的艺术在 90 年代中期开始走红国际艺术界。国际艺术界也称这批在海外走红的艺术为"前卫艺术"，这批前卫艺术主要包括以绘画为主的政治波普和玩世现实主义、行为艺术表演、以蔡国强的中国传统题材为代表的海外中国艺术等。

在某种意义上，国际艺术界所定义的中国"前卫艺术"不管是否在一个严格的定义上，它至少在社会和政治层面仍然具有一种前卫性。但这种国际艺术所认定的中国前卫性主要在于一种语言身份上的认定，这与 90 年代中前期的观念艺术运动的理想正好背道而驰。在国际艺术界引起关注的主要是两类艺术：一类是反映大陆政治和社会前卫性的或者反映个人另类立场的；另一类则是蔡国强等人用国际艺术语言重新包装中国的符号性题材。国际艺术界实际上从不探究这些艺术在语言前卫性上的类似激浪派的创造意义，只是强调这种语言用以表达的文化和政治的身份意义。

国内批评界在整个 90 年代中后期开始出现批评这两类艺术的声音，一是针对政治波普和玩世现实主义的社会和政治前卫性，批评其缺乏应有的人文深度和自我批判性，只是流于简单的政治讽刺和玩世不恭，缺乏知识分子的内在精神。另一类是针对蔡国强等人的民族题材的国际包装，批评其只是借用国际艺术语言进行传统符号的视觉改装，基本上缺乏对于传统的深度把握。①

---

① 《"拿肉麻当有趣"——西方殖民与中国被殖民文化政策中的蔡国强》，《镔铁——1979～2005 最有价值先锋艺术评论》，敦煌文艺出版社 2006 年 6 月。

国际艺术界在 90 年代中期对中国当代艺术的全面介入，形成了一个当代艺术的大转向，实际上使 90 年代中前期的当代艺术从一个语言内部创新为核心的观念艺术运动转向了一种走向以国际交流为核心的语言身份游戏。中国当代艺术在国际舞台上似乎生存的重要性压倒了艺术语言创新的重要性，这也就是当代艺术的"中国牌"策略。似乎只有通过打中国牌赢得国际空间和权力，才能为艺术的前卫性创新创造条件。就像一些旅居海外的中国艺术家和策展人所说的，如果在海外不打中国牌打什么牌。但是十年过去了，所有打中国牌的艺术家几乎都在这一点上成功了。

当代艺术对中国元素的强调，逐渐成为在 90 年代一个比较普遍的艺术实践。整个 80 年代几乎很少提及中国性，80 年代的艺术在思想上与整个精英文化运动的背景是一致的，就是让中国走向一个普遍意义的文明理想。但进入 90 年代，在与国际艺术体系真正接触后，反而试图退回本土身份，强调艺术语言的中国特征。

从 19 世纪末向 20 世纪艺术转换的时期，出于新文化运动大潮的影响，中国现代艺术实际上未能经历类似于达达主义那样的现代艺术的前语言阶段，而是直接搬用了西方似乎体系作为语言载体来直接进入现代艺术的表达。80 年代中后期，对于西方前卫艺术的观念和语言形式的直接模仿，更是达到一个高潮。自 90 年代以来，如何脱出西方艺术的语言躯壳，寻求中国性的当代语言，成为一个普遍的语言实践方向。

这个实践主要在于两个方面，一个是改造传统的艺术形式，比如修改文人画的图像语言。另一个是对革命文化的视觉语言的改造，比如对革命宣传画和革命电影的素材进行改造。这种对革命和传统的视觉形式进行改造，尽管因为改造了唯中国才有的视觉元素，使其图像形式开始具有本土的当代特征，但在语言方法上，实际上还是一种西方意义的后现代方式。到 90 年代末，这种对中国元素的语言改造告一段落，而转向一种对国家和个人变化的体验描述。

3. 关于后殖民生态的两次论争

90 年代末，当代艺术在国际的走红开始引发国内批评界的批评和争论，其最初的批评来自曾竭力推动当代艺术国际化的批评家栗宪庭，他在一次台湾的学术研讨会上提出中国当代艺术在国际展览体系中只是扮演一个"春卷"的角色。真正引起关于当代艺术的后殖民生态的广泛争论的，是蔡国强的"收租院"和

"河清的阴谋论"这两次事件。

第一次争论始于 1999 年，中国旅美艺术家蔡国强（Cai Guoqiang）在当年 6 月参加了第 48 届威尼斯双年展，他翻制《收租院》的作品获得了这一届威尼斯双年展的金奖。蔡国强在威尼斯创作获奖的题为《威尼斯收租院》，作品原型来自中国四川省由许多作者在 60 年代集体创作的大型雕塑作品《收租院》。这个创作团体之一的四川美术学院和一些当时参加创作的艺术家认为蔡国强未经他们许可使用了《收租院》作品进行现场复制表演，侵犯了他们的版权，表示要向法院起诉蔡国强。

关于版权的争论主要集中在蔡国强的行为是违反了著作权，还是一种借用别人作品的后现代艺术方法。蔡国强和一些批评家认为他的作品是一种展示"做《收租院》雕塑"过程的表演行为。[①] 作为第 48 届威尼斯双年展的艺术主持人哈洛德·兹曼，也认为蔡国强的作品没有侵犯著作权。他认为蔡国强的作品不是《收租院》的复制品，而是对雕塑性价值的一个重新解释，并没有任何商业利益。他还认为著作权在现代艺术中是一个开放性的问题，就像对影片和录像片断的使用。如果蔡国强的作品是侵权，那么安迪·沃霍尔和许多其他艺术家也都侵犯了著作权。

但是，中国艺术界围绕《收租院》展开的争论和不同看法似乎还不仅限于法律上的版权问题，不少艺术家和批评家在讨论蔡国强的侵权的同时，还在中国当代艺术和西方后殖民主义文化的关系上对蔡国强和其他一些旅居西方的中国艺术家进行了批评和指责。[②] 一些言词激烈的批评家和艺术家把蔡国强比喻为"香蕉人"（指黄种人的皮肤和白种人的内心）和"绿卡"（拿西方国家护照）艺术家。抨击蔡国强和一些在西方的中国艺术家利用中国的政治和传统题材迎合西方批评家对东方和政治意识形态的爱好，以获得参加西方的国际艺术展览的机会。

看来版权只是一个起因，而在 90 年代的十年，西方艺术界对使用中国政治意识形态和传统文化题材进行艺术创作的中国艺术家的特殊照顾，已经伤害了中国国内艺术界的情绪。在这次纠纷中，版权问题最后能否解决事实上已经不重要

---

① 蔡国强：《关于〈威尼斯收租院〉》，《今日先锋》9 期 75－78 页，天津社会科学院出版社 2000 年。

② 岛　子：《收租院的复制与后现代主义》，王　林：《收租院评论管见》，《镔铁——1979～2005 最有价值先锋艺术评论》，敦煌文艺出版社 2006 年。

了，在本质上，关于蔡国强的版权纠纷使中国艺术界积蓄已久的反西方后殖民文化的情绪得到了一次宣泄。从讨伐蔡国强的中国理论界的学者和批评家言论看，他们的言词似乎太民族主义化、太感情化、也太"文革"化，事实上，蔡国强被置于一种非常奇怪的位置，中国艺术界批判他为迎合西方，而西方批评界则将他的作品像《草船借箭》看作为"反西方的"、"民族主义的"。

另一次关于艺术的后殖民生态的争论是在 2006 年，该争议出自中国美术学院的教师河清的著作《艺术的阴谋》，① 此书一出即在艺术网上引起一片争议。河清的著作的基本观点实际上主要源自英国青年学者桑德斯的著作《中央情报局和文化冷战》② 的启发。桑德斯在考察了大量美国文化冷战资料后，向世人宣布曾经大名鼎鼎的美国抽象表现主义画派和英国"二战"前后的左派斗士乔治·奥维尔实际上背后都有中央情报局的暗中支持。

在桑德斯的书中，中央情报局在外交和资金上支持了抽象表现主义，使用抽象艺术这种纯艺术与前苏联不得人心的意识形态文化争夺文艺界的心灵，另外，乔治·奥维尔揭露前苏联极权统治的著名的政治寓言小说《1984》和《动物庄园》的出版，也受到中情局的暗中资助。除了列举桑德斯关于抽象表现画派被中情局利用的故事，河清将此论述继续扩大到 90 年代国际当代艺术的后殖民阴谋，他尽管没有证据表明 90 年代的国际当代艺术也受到中情局的资助，但强调整个当代艺术的国际体系实际上是一个后殖民的话语阴谋，甚至中国的当代艺术都已经陷入这个当代艺术的国际阴谋体系中。

河清假定了历史上类似现代国家的情报系统对于文化和艺术干预的可能性，以及"二战"以后西方艺术的展览体系强大的导向能力，但在理论叙事上，将这种体系性的生态预设了一个强大的统一指挥的控制集团和集体动机的存在，显得过于文学想象化。他的理论忽略了国家阴谋背后更大的一个实现背景，即任何一个主观的高超谋略都不可能是自主实现的，即使一个庞大的国家阴谋，它也只有符合这个时代对于民主和文化开放性的内在趋势的走向时，这个阴谋才可能真正实现。

---

① 河　清：《艺术的阴谋——透视一种"当代艺术国际"》，广西师范大学出版社 2005 年。
② 佛朗西丝·斯托纳·桑德斯著：《文化冷战与中央情报局》，曹大鹏译，国际文化出版公司 2002 年。

艺术和文化的开放和创造总体上是有普遍主义价值观的，但在语言和行动策略上是需要一定的民族主义的优先原则。这两者并不矛盾。即使有一个国家阴谋存在，它的胜利也必须建立在普遍民主和文化开放性的价值基础上。对于河清的另一个众多反驳集中认为，阴谋论把中国当代艺术的现象完全解释为国际艺术的后殖民现象，也略显武断。

4. 对策：理论和国家文化战略设想

当代艺术在当今国际文化格局的生态，实际上只能是一种夹缝中的前进，一方面，不能因为寻求普遍主义而进入由美国主导的美国化的国际体系，从而牺牲了民族优先；另一方面，也不能因为民族的文化优先原则，而回归文化保守主义。

在国际成功和国内文化政策走向开放性的背景下，当代艺术在最近5年开始了合法化进程，并建立起初步的当代艺术体制，包括国际双年展、私立画廊、民营美术馆、基金会等。尤其是中国开始在威尼斯双年展国家馆，并开始举办自己的国际双年展。这实际上是当代艺术经过边缘化、国际化之后的第三个阶段，这一阶段的意义在于，当代艺术开始越出艺术圈的专业范围，在中国经济成长和文化开放的背景下真正融入了本土社会。

前卫艺术的商业化，以及艺术品的资本化，导致中国艺术品市场在一年多的时间内走完了很多资本主义国家需要花费十年走完的道路，并以此完成了当代艺术对中国社会的启蒙，使得中国当代艺术的成长故事开始具有传奇色彩，并有可能在未来十年使中国成为与美国比肩的两大国际艺术中心之一。在这一轮金融和产业资本进入艺术领域的风暴中，尽管使当代艺术产生了一定程度的泡沫热，但不可否认的是，这是一次真正意义的本土力量在引导当代艺术，市场资本第一次扮演对本土艺术的基本推力，并迅速促使艺术和资本形成一个新的体制结。

尽管在30年的成长中，中国当代艺术自身存在诸多缺陷和问题，比如它早期艺术语言上的模仿性，90年代中后期在西方走红的后殖民倾向和对本土社会的疏离，以及新世纪以来的商业化和资本化。但不可否认的是，中国当代艺术的核心群体具有理想主义和前卫性的一面，几代艺术人为之付出了青春和自我牺牲，其核心理想是促进中国拥有自己的现代文化和艺术体系，如果没有这种内在追求和精神，几乎很难设想它会在国内外产生今天这样广泛而重要的影响。

国家应该在文化战略的高度重新制定出文化和艺术政策，推动当代艺术的本土化、社会化和国际化走上正确的轨道。这些文化战略包括：

（一）国家应该对当代艺术的国际推广和收藏进行战略投资，选择在过去 30 年在艺术思想和语言形式上受到国内外学术界一致认同的艺术家，进行国家性包装，成为国家的当代艺术代表，并建立当代艺术自己的标准。

（二）国家应该投资收藏一批当代艺术，利用国家资本和宣传体系的力量，促使中国当代艺术在国际艺术品市场上的价格继续拉升，从而获得真正意义的文化财富，有意识地系统收藏当代艺术作品。

（三）国家的政治和文化战略机构适当吸收"二战"后美国文化冷战的成功模式，动用一些国家力量，通过支持一批代表中国当代文化思潮又具有一定艺术实验性的符合国际艺术潮流的当代艺术，在海外做各种大型当代展览，出版当代艺术的英文著作和英文艺术杂志，使用当代艺术在最近 20 年的成果，改变中国对外宣传僵化、教条和官僚的形象。

（四）海外双年展国家馆的策展人的选择，应该吸收近十年学术界公认的有独立品格和学术才华同时对民族拥有自觉的文化责任感的独立策展人加盟，进一步提升当代艺术在国际的国家性展示空间的学术水准，而不是在正统的学院和学术机构选择人才。

（五）已有的政府国际双年展体制应致力于培养和扶持本土策展人和本土艺术，目前国内的双年展过于多的将资金和展览策划权力交给海外策展人，实际上是一种主动的后殖民化的表现。

传统文化资源的发现与转换

90 年代以来的近 15 年不同于建国后的任何一个时期。这一时期，中国开始把市场经济作为经济体制改革的目标。随着改革的进行，经济运行状态逐渐呈现出市场经济的特点。市场经济替代计划经济，是中国经济改革的必然，由此带来许多深刻的变化。市场经济意味着市场可以来直接或间接地对个人的贡献做出评价，而个人面向包含不确定性因素的市场，只能对自己的经济行为及后果负责。这一方面提供了市场经济特有的在生产和供给上的动力、压力和效率，另一方面也导致人们之间的收入差距和追逐利益的盲目行为。[①] 其中的一大特点是，消费成为人们生活中的主要方式之一，商品的极大丰富刺激人们消费的欲望，铺天盖地的广告充斥着生活中的每一个角落。在文化艺术界，80年代的各种运动与思潮在90年代几乎消失，取而代之的是各种利益群体的出现。当经济活动贯穿了所有文化行为之后，理想主义与崇高感悄然不见了。在绘画领域，前卫艺术彻底改变了传统艺术的面目，从技法材料、思想观念都与传统文化拉开了距离。传统的缺失引起的关注与讨论在90年代逐渐成为艺术文化界的自觉行为，在各种艺术潮流渐次平静之后，艺术家们发现，对传统的忽视实际是一种愚蠢的自掘坟墓的行为，对传统回归的认识与呼声日益为人们所重视。90年代以来，全球化浪潮席卷了世界各国，经济全球化带来的不仅是全球经济的一体化倾向，还使各国文化艺术面临着全球化的选择。世界上的每个民族无论大小强弱，都各有其文化存在，并也具有本民族文化的精华与贡献，但由于各民族的历史发展不平衡，不同国家、民族的国力不同，导致经济和文化交流中的利益要求也不同，因而在全球化过程中，超越平等互利的原则的"全球化"往往会导致国与国、民族与民族之间的经济、政治和文化的冲突，甚至会走向严重的单极化。[②] 在文化全球化的过程中，东西方文化的矛盾冲突是一个无法摆脱的问题。19世纪以来，西方文化是跟着军事的掠夺强势地进入到东方各国的，20世纪初，中国对于西方文化知识被动的接受，无论是"西学为体，中学为用"，还是"中学为体，西学为用"，西方文化的强大影响都是无法避免的，从世纪初以来的各种文化革命与运动都掩盖着一个事实：西方文化的强大渗透。在东西方文化的交流当中，主要是单向的西方"送来主义"，而东方文化除了可以掠走的物质文化产品之外，其余许多都是不被承认的"落后文化"。这种文化上的不平等，更体现为西方强势文

---

① 张国忠的《中国经济周期的试分析》一文中对中国现代经济的特征与发展方向做了较为理性的分析。

② 周 珉在《全球化的动因》（复旦学报，1996年第6期）一文中认为：从已有的众多理论来看，尽管理论体系各不相同，但几乎都认为，"全球化"并不否认民族和地区的差异，也不排斥国家主权，它只是指明科学技术和经济的迅速发展促成的一种世界发展的整体化趋势；是面对"世界正在缩小"的现实以及"不断增长的具体的全球的相互依赖的事实"提出的"将全球作为一个整体"来看待的一种"整体意识"。也就是说，是指一种"超越构成现代世界体系的民族国家的复杂多样的相互联系和结合"的现实运动。从狭义讲，是指"从孤立的地域国家走向国际社会的进程"；从广义讲，是指"全球经济、文化交流日益发展情况下的世界各国间的影响、合作、互动愈益加强，使得具有共性的文化样式逐渐普及推广成为全球通行标准的状态和趋势"。因而，"全球化"并不是一统化。

化的话语权力和文化霸权，对东方文化形成了西化的威胁。这种状况在 90 年代以后并没有实质上的变化。在此情形下，重视本民族传统文化，重建中国古典精神成为学界重要的文化思潮。这在绘画领域的各个门类中都有突出的表现。中国画从五四运动以来，一直属于被改造的对象，在西化思潮的影响下，中国画的面目与传统相比已经发生很大的变化，在此过程中，西化因素逐渐增多，传统因素逐渐减少。90 年代以后，有人提出对传统的重新审视与建设，比如曾被轻视的笔墨重新为人所重视，对古典作品的重新研究与诠释，关于中国画发展的讨论，对于试验水墨的争论等等。90 年代的中国画创作，基本上把传统回归为一种品评标准，无论是笔墨派还是试验派，抑或是学院派，都无法也不再回避对于传统文化价值的重新定位。油画的民族化道路早在 20 世纪初就开始了，油画传入中国以来，许多艺术家为其在中国的发展付出了毕生的精力。油画本来是一个西方艺术，但传入中国后，由于东西方在文化、社会、历史以及生长人群的差异，油画必然带有东方人特有的特点。油画的民族化在徐悲鸿时代就已经开始，到了 90 年代后，依然是一个值得重视而仍在研究的课题。中国传统资源在油画中的利用，在早期油画家如林风眠、董希文等人的作品中就有体现，但总体而言，他们的民族化探索还只是停留在西学为体、中学为用的阶段，对于形式与色彩的研究更甚于精神方面。但是 90 年代后对于传统资源的利用与转化不仅仅是停留在这一方面，还表现在对于传统艺术精神的研究。传统艺术精神的探索也会导致新样式的产生，比如意象油画。我们应该注意到一点：油画的民族化道路首先建立在油画语言的纯粹之上，没有长时间的探索，是无法达到的。对于前卫艺术来说，传统资源甚至成为作品的支撑点，虽然前卫艺术本身对于传统资源优势抱着利用的态度，但一旦抛弃了传统的精神，前卫艺术往往就成了一个没有灵魂的躯壳。我们在看徐冰的《析世鉴》、蔡国强的《草船借箭》、谷文达的《飞龙》系列作品时，无不是因其对于传统资源的巧妙运用与转化而成功。与其相反，中国当代许多行为艺术则从反面印证了，忽视中国传统只能成为西方话语权力的顺从者或代言人，而其文化价值也是极其低下的。

既然重建古典精神已经成为 90 年代以来学界的共识，那么，下一步的议题就是如何去重建，重建的意义又在哪里，其表现形态又是什么。正如一些学者所说的，一个民族的文化，既在展现该民族的内在民族心理，也在不断地塑造着该民族的心理。一个民族的文化，最终决定了一个民族以一种什么样的特质与别的民族区别开，也就是说一个民族的文化就是一个民族识别自己的标志。[①] 对于古典的价值，五四运动以来的评价一直是负面的，从新文化运动到文化大革命，古典的价值已经被漠视了。现在的问题是，文化脉络的断裂已经让我们不得不去从古典价值的重新诠释做起，而这也只是传统回归的必要条件。古典文化似乎距离当下很远，但实际上，古典文化的延续无处不在，只是各种原因造成文化的断层，使我们觉得古典离我们很远。华夏民族是个重视文化继承的国度，几千年的历史积累，使华夏文化具有丰厚的底蕴，就中国画来说，无论是试验水墨还是学院派水墨，就其本质而言，都存在着古典的基因，在某种程度上就是古典艺术形态的放大和重新组合。如果与传统的古典基因断然分离，那么这种艺术作品就不再具有民族性与价值，而失去了民族性的艺术断定无法在世界艺术史上占有一席之地。五四运动以来，西化的因素影响了中国的各个门类的艺术，甚至使我们无法认清一些民族艺术的本来面目，古典的价值不仅是体现在艺术方面。在纷繁杂乱的现代社会转型期，人们观念的急速变化，不安全感以及各种心理问题都不是可以完全依靠科学来解决的。我们在传统的经典著作中，已经有着诸多慰藉心灵、引导思想的经典论断，[②] 而长期以来，我们已经忽视了它们的存在，对其价值的重新诠释，意义是不言而喻的。从表现形态来说，古典符号的创造性转换是当代艺术延续传统的重要方式。古典艺术中的符号经历千年以上的演变，已经成为极其成熟的符号体系，在这种符号体系下的各种艺术语言已经达到烂熟的地步，我们很难用原有的符号创造出比大师还优秀的艺术，而原有的古典艺术符号也很难再有本质上的突破，因此，对古典符号进行创造性的转换，是摆在每一个艺术家面前的问题。中国画的笔墨语言早在南宋就已比较成熟，比如山水画中的皴法，在北宋时期就已经丰富，而历经近千年的不断完善，已经十分完备。但是，北宋的山水画法并不能照搬到现代来，现代人的审美心理、价值观念与之相比都已经发生很大变化，对古典符号的运用也会相应发生改变，现代社会的变化不仅是社会面貌的变化，而且在人类心理上也发生巨大的变化，因而艺术家在掌

[①] 王世保：《继往世绝学续中华族魂——论复兴儒家思想的必要性》。

[②] 如老庄思想就重视养生哲学，可知老、庄的养生哲学不同于世俗的观点，即在于其蕴含着人之精神生命，由泯除官能心知对自我形体生命的执着，而有一超越相应的境界，以不遵养为养，以不益生为寿，此中所蕴含着精神生命的辩证发展，即是老庄养生之道的特色。（李美燕：《老、庄养生哲学的流变与影响——以嵇康与葛洪的〈养生论〉为主》）。

握古典符号的同时，必须创造性地进行转化，符合当今社会，具有当代精神的艺术作品才能为人们所接受，如果一味地食古不化，只会带来艺术传统的固步自封，而其作品也必定缺乏生命力。清中期以后，"四王"在整理传统山水画的笔墨语言方面做出了很大的贡献，但是他们泥古之风太甚，几乎把经典作品当作至高无上的标准，自己的创作却不敢越雷池一步，结果反而导致中国画的衰落。相反，黄宾虹、齐白石对古典符号的继承的同时并没有自我封闭，加上对传统的深厚理解与对时代审美精神的认识，遂成一代大师。因而，对于古典符号的创造性利用和转换，是关系到传统艺术能否延续并取得发展的重要方面，这要求艺术家在花大力气研究古典的同时，必须注重时代精神、把握当代人的思想，否则只会重复前人甚至倒退。

随着全球化进程的加速，传统社会的价值观念、经济秩序、政治结构等受到猛烈的冲击。传统社会逐步丧失文化上的独立身份，经济上也被迫沦为"新殖民者"的附庸。[①] 作为被边缘化的群体，有着深厚传统历史的发展中国家的抗力也与日俱增。文化民族主义、贸易保护主义、文化多样性学说、人权理论等从不同的角度和层面迎合了不同的反抗人群的需要。传统文化，这些"来自过去的符号资源"，"在千百万人中同时激起一浪高过一浪的怀旧情绪"，[②] 自然成为传统社会在对抗西方经济文化入侵时所关注的首要目标之一。但是，我国在对传统资源的发现与转换上，面临的问题还有很多，这有历史的原因，也有现实原因。在对待传统上，20世纪初以来，我们一直抱着革命和改造的态度，而由此带来的各种弊病至今无法根除。20世纪80年代，有人提出中国画穷途没落的观点，近年来又有人提出"推倒中国画这堵墙"的论调。这都无法从认识上正确看待古典传统的价值，也谈不上创造性的利用了。当代的许多艺术家看到了本质问题，对上述观点也做出批评与建议，但具体到艺术创造上，却显得十分乏力。其中一个原因就是把创造性的转化变为简单的复古。中国画中的摹古之风古来有之，在当今的存在方式却发生了变化，我们在看许多作品时，总有一些似曾相识的感觉，不少简直就是古代经典作品的翻版。在山水画的笔墨上追摹黄宾虹，在花鸟画的用笔及构图上抄袭齐白石，简直成为一种潮流。这反映了一个事实：在对经典作品

---

① 詹姆逊著：《现代性、后现代性和全球化》，王逢振译，中国人民大学出版社2005年。
② 罗素·罗兰著：《全球化：社会理论和全球文化》，梁光严译，上海人民出版社2000年。

研究的同时，不肯花力气去思考自己的创作思路，在对古代大师研究的时候，不愿研究其艺术精神与创造缘由，只简单地移植其笔墨、构图，毫无新意。把摹古当作创作的画家不在少数，这实际犯了与"四王"类似的错误。油画创作上也面临这样的问题。油画语言特别是古典油画语言，有其严格的规范，而对于西方传统研究不深的画家只能照搬古典作品，无法从古典语言中脱离出来，又常常深陷其中而不能自拔。在这一方面，或许比中国画更加严重一些。中国油画在几百年的发展中，由排斥到学习，一直处于断断续续的发展当中。而再次提出重回西方传统是 80 年代以后的事，近 20 年来，出国学习西画的画家数量较之以前大大增加，对于西画语言的掌握也大大强于从前，但一些问题仍然存在，如片面看待西画的传统，或把古典当作全部，或把现代主义当作精髓，在这样的心态里，很难把握油画的本质与精神，最终只能陷于简单重复的泥沼中。对于如何将古典文化资源由旧翻新，由此构建一种具有文化传统文脉的现代性价值与话语体系，则是另一个必须面对的问题。在实际创作中，完全摈弃传统语言，以完全"新颖"的面貌示人的画家并不在少数，这一问题在中国画领域一度比较突出。对于传统资源的利用，需要长期对传统的浸润和研究，希翼不费吹灰之力就可以熟练掌握古典语言是不切实际的。传统语言功力的薄弱，使一些画家企图通过某一个捷径来绕过传统这座大山，轻易取得成功。正是对传统语言研究的缺乏，使某些画家偏爱于创造"现代语言"，① 把"现代语言"看作治疗绘画弊病的灵丹妙药，而结果要么已经偏离中国画的本质；要么非驴非马，形态怪异。还有的则把水墨用在装置艺术中，显得相当牵强，我们并不能断然否定水墨就不能运用在装置上，但运用是否合理，两者的融合程度如何，有何文化意义，却是评判此类作品的标准之一。80 年代以来，绘画界对于传统资源的翻新利用也有不少实践并取得一些经验。如新文人画对传统文人画资源的利用，上述的先锋艺术利用传统文化资源的条件的现象，当代油画对新中国历史资源和图像资源的利用等等。构建具有传统文脉的现代性价值与话语体系，首先要对传统文化进行广泛而深入的挖掘，20 世纪的两次文化革命使传统文化的研究处于断层状态，而 20 世纪末以来的后工

---

① 高 岭：《现代艺术精神与现代艺术语言——兼论现代艺术的理论基础》（《美术》1989 年第 4 期）一文中认为："现代艺术精神与现代艺术语言，是在以情理欲为动力的构型活动中联结起来的。这才是现代艺术精神与现代艺术语言之间的真正内在关系。"这个观点不免有些狭隘，但至少也说明了一点，即不假思索地照抄照搬他人的"现代语言"，无异于东施效颦。

业社会，也完全不同于传统文化的社会，使传统资源处于后继无人的地步。因而，古典文化资源的传承，必须得从基础做起，不仅需要深入研究者，还需要更为广泛的群体基础，否则，对古典文化资源的保护、发展、利用只会成为空中楼阁。另一方面，对于传统资源的挖掘还必须站在现代性的立场上。如上所述，传统并非绝对一成不变的，我们继承下来的传统资源，应该是优秀的、可以延续传统文脉的部分，而这些资源是在长期的演变中，在剔除糟粕的同时丰富自身的结果。也就是说，传统根据时代的变迁也是在不停发生着变化的。而我们现在所看到的传统文化资源，既有古代中国文化的老传统，又有近百年来的所谓新传统。因而，我们在将古典文化资源由旧翻新的同时，必须把握时代的脉搏，结合现代性，这样才能真正构建一种传统文脉的现代性价值与话语体系。

现实主义的回归与重建

现实主义概念在中国的出现与发展已有近百年的历史。自"五四"时期，现实主义开始出现在中国文学、艺术的范畴中并逐渐为人们所认知。[①] 20 世纪上半期，面对国家的内忧外患，早期留学海外的学子冀望以西方的民主与科学拯救处于风雨飘摇中的祖国。由此，以徐悲鸿为代表的一批青年艺术家，他们受到西方学院派艺术的影响，将写实性的绘画技巧传入了中国，并提出了艺术要面向自然、面向现实，要为大众所理解和欣赏的艺术主张。但是，由于受到中国传统艺术品评标准的拘囿，人们往往把现实主义的具象写实方式归类于匠人的技巧而难登大雅之堂。为此，在 20 世纪上半期，现实主义虽然经历了抗战硝烟的洗礼，为现代中国的启蒙和中华民族的救亡给予了形象上的有力支持和表达，也获得了国家政权的认可，但在真正意义上追逐现实主义理想的艺术家仍然是片羽零星。同时，艺术家在绘画实践中往往混淆现实与写实的内含，而将其简单化、片面化和同一化。可以说，此时的绘画与其定义是现实主义的，不如说是具有现实主义元素的客观写实，因为从一定意义上理解，艺术家只是借用现实主义的具象、写实特性为抗战宣传服务，但毕竟对客观事物的简单再现并不就是现实主义的全部

---

① 现实主义在"五四"时期通常也称为写实主义，主要意味着一种客观地真实地描写现实的态度和方法，这一时期也实现了现实主义文学思潮的勃兴。

内涵。

新中国成立后，在苏联社会主义现实主义模式的影响下，现实主义以"革命的现实主义与革命的浪漫主义相结合"① 的名义，在中国美术界占据了主流地位。20 世纪 50 年代，围绕现实主义与形式主义的关系曾展开了一场争论，以江丰为代表，在美术界进行了一场针对林风眠"新派画"创作中形式主义的批判，并通过 1951 年开始的"文艺整风"运动，肃清了在中国美术界初现端倪的抽象主义、形式主义和表现主义等创作风格。1953 年的第三届全国文代会确定以"社会主义现实主义"为中国文学艺术创作和批评的"最高准则"，中国美术家应"采取社会主义现实主义的创作方法和批评方法，努力发展为人民需要的美术工作"②，现实主义在中国美术创作和评价中几乎成为了第一和最终的原则。"文革"十年，受制于特殊的政治宣传需要和客观的社会条件，艺术创作缺乏真正的现实主义精神，并在创作形式上形成了具有中国特色的艺术样式，即"高大全、红光亮"③。此时，艺术家虽然具有较强的写实技巧，但却没有真正地反映现实生活，因为艺术家在自己的创作中并没有自由表现意志的权利，可以理解是"伪现实主义"的滥觞时期。"文革"之后，相对宽松的创作环境，使得艺术家可以借作品自由地反映自己地观念和理想，同时受到"伤痕文学"的影响，在美术界出现了短暂的"伤痕绘画"时期，主要是对"文革"期间的现象和事件进行批判性的反思，从一定程度上体现了真实的现实主义倾向。

20 世纪 80 年代，以往被视作洪水猛兽的西方现代艺术在全国范围内兴起，使传统现实主义的价值观受到质疑和压抑。在资讯相对闭塞的条件下，仅通过对西方现代艺术的零星了解，凭借批判现实、追逐精神自由的创作热情，使 80 年代的中国美术界仿佛置身于"革命的前夜"。以星星美展为代表的对西方现代派艺术的实践和探索，只能被视为以一种粗糙的表现主义和象征主义手法来表达对历史的批判和对现实的影射，他们在艺术上显然还不够成熟，但凭借涌动的创作

---

① 毛泽东同志在 1958 年 3 月的成都会议上首先提出"革命的现实主义与革命的浪漫主义相结合"的主张，他在谈到新民歌时指出："中国诗的出路，第一条民歌，第二条古典。在这个基础上产生出新诗来，形式是民族的，内容应当是现实主义与浪漫主义的统一。"后经周扬推动，使"革命的现实主义和革命的浪漫主义相结合"就被作为一个新的独立的创作方法在中国的文学艺术界占据了主流地位。

② 《中国美术家协会章程》，《美术》1954 年 2 月。

③ 通过对英雄、领袖人物艺术形象高大化、全面化的处理，表现具有革命性的、适合普通群众欣赏水平的、具有欢乐祥和氛围的绘画样式。

激情，表现出颠覆现实主义在中国画坛主流地位的决心。经历了一段时期在绘画形式和理论上的积淀，在 1985 年前后，中国青年一代艺术家对西方现代艺术的推崇、模仿和借用已达到一种普泛的程度，由此催生出的"85 新潮美术运动"①以不可阻挡的气势席卷了中国美术界，其以强烈的社会性和文化功能意识，伴随着西方传入的现代派形式迅速成为了这一时期中国美术界的主角。"85 新潮美术运动"广泛引进西方现代主义的艺术思潮，带有激进的色彩，特别是对以虚伪的理想主义、"红光亮"、粉饰太平，以及艺术创作方法的程式化和陈陈相因等为特征的"伪现实主义"的悖反达到了极端的程度。从"伤痕绘画"到"星星美展"，再到"85 新潮美术运动"，我们可以清晰的看到中国的现代派艺术是如何从现实主义逐渐走向现代主义的，这也呈现了现实主义美术被逐渐边缘化的过程。此时，具有叛逆性的前卫艺术家出于对官方提倡的社会主义现实主义的不满，借以西方前卫艺术挑战其权威性。但同时，又割舍不掉内心的写实情结，对高超的写实技巧怀有崇拜心理。因此，在新潮美术盛行的时期，中国的美术家也没有直接地抛弃传统，而是在努力地寻找一种新的手法来取代传统的现实主义形式，"新古典主义"和"新现实主义"承载了这份责任，它们以表现风格的个性化和表现手段、技法的多样化，以及对社会弱势群体的关注和表现等，体现了现实主义的一般性特征，也为现实主义的复兴保留了一份可能。

至此，虽然现实主义传统在中国美术创作中不再占据主流地位，但其也并未被"新潮美术"所扼杀。20 世纪 80 年代末期成为了各艺术流派"群雄并起"的时代，从现实主义的一支独秀，到其与现代主义各艺术风格样式的百家争鸣，二者始终保持相互影响、相互借鉴的形势。现实主义吸收现代主义虚幻的、意识流的艺术手法，丰富了自身表现的形式语言。而现代主义借用现实主义发生的事件和选择的题材，也为自身的发展增加了多样性的变化，两种艺术形式的相互伴生使 80 年代中国美术的创作呈现出多样性的审美面貌。

20 世纪 90 年代，中国社会进入转型期，市场经济带来的前所未有的消费意识袭荡着中国大地。几乎一夜之间，画家、批评家都显示出对消费文化的极大热情，纷纷推出自己的消费主义艺术文本。现实主义的艺术表达方式在消费主义的

---

① 泛指 1985～1989 年间的一系列美术现象。新潮美术的出现，改变了中国当代美术的格局，为中国现代艺术争得了一席之地，1989 年中国现代艺术大展是新潮美术运动的最后一次高潮。

神话里被各式各样的叙述策略所消解，丧失了曾有的辉煌。边缘化、弱势化成为90年代随着市场经济的发展和消费主义文化的出现留给现实主义的最深刻记忆。现实主义在这一文化背景下的取悦和迎合策略使现实主义成为一种表层经验。在这多元文化的需求下，现实主义的观念与方法与其他的流派相互辉映、相互交融，也出现了不少带有表现性、象征性的写实作品，以及一些超现实的、有些荒诞意味甚至调侃和嘲讽意味的所谓"新现实"的作品。然而，仍然有一批关注现实的艺术家固守着现实主义的底线，如刘大为在90年代创作的《晚风》，以艺术家的敏锐观察和细腻表现，既体现出对一位睿智领导者的无限敬仰，又表现了对一位慈父般长者的深刻感怀，堪称现实主义处于式微时期的佳作。

90年代后期，尤其是最近5年来，迫于中国社会的许多现实问题需要文化界给出答案，使现实主义回归的话题被重新提起，这也成为近年来文化艺术界颇受关注的重要现象。①

对于现实主义的回归与重建，虽赞赏附和者众多，而质疑诘难者亦存在。质疑诘难者以西方进入工业社会以来的艺术发展进程为例证，因为西方现代艺术抛弃了严谨的现实主义，转而投身表现、象征、抽象以及观念、行为、影像等现代艺术或后现代艺术样式。自上世纪80年代以来，以西方艺术样式马首是瞻的人在中国美术界不在少数，他们对被西方艺术界丢弃的现实主义嗤之以鼻，认为只有追随西方的现代艺术步伐才能实现中国艺术的繁荣。但是他们忽视了重要一点：西方现代艺术和后现代艺术流派的频繁更迭，是在工业社会高速发展的条件下，为适应审美需要的变化而进行的一场客观选择。而当代中国社会尚处于后农业化时代，因为与西方国家后工业化社会发展的不同步性决定了不能完全照搬西方的艺术样式去发展。而现实主义代表了社会最基本的审美需求，并且现阶段对现实主义的重新选择，也是由大众的审美要求所决定的。

缘于此，现实主义的重新回归，既体现了当今时代的审美诉求，同时也是社会发展的客观必然。现阶段，中国正处于伟大的历史发展时期，经济的迅速崛起

---

① 近年来，《文艺评论》、《文艺理论与批评》等重要的核心期刊都以专栏和组稿的方式对现实主义进行深层次的探讨，《美术》杂志也在2005年初召开了以"重振伟大的现实主义"为题的学术研讨会，一时间，有关现实主义回归的话题甚嚣尘上。

需要积极昂扬的精神动力与之相呼应，同时刻画各社会阶层中典型环境下的典型人物，既适应现实主义创作的需要，同时也符合歌颂时代精神的社会需求。而这种对典型人物的刻画，不再遵循"文革"时期"高大全、红光亮"的形式法则，也不再是片面的主流意识形态下所宣扬的主旋律风格。甚至，当今对现实主义含义的理解，也顺应社会时代的发展而有所变化。当代的现实主义更多地体现出对社会、文化和人的生存状态的关注，是在传统现实主义的基础上，根据自身感受，对中国当下的文化精神做实践性探索。"现实主义……最直接地紧扣着并解决着艺术的基本问题——艺术创作活动与客观现实生活的关系问题。"[1] 这突出体现在当代现实主义的表现对象不再仅仅是英雄主义和领袖人物，而将更多的关注目光落在真实的人物、事件和现象上，更多表现普通的群众，特别是生活在社会下层的弱势群体，从而体现现实主义的基本立场，即"精神关注人生，意识关注存在，个人关注人群，艺术关注社会，个体关注人类，生命关注宇宙"[2]。由此构成了中国现阶段现实主义的两个重要组成方面：英雄史实性的现实主义和批判性的现实主义。

对英雄形象的刻画和重大历史题材的表现一直是现实主义绘画承载的重要职责，在中国现实主义绘画的发展历史上也诞生了诸如《开国大典》、《血衣》等具有历史意义的经典作品，这种传统一直延续至今。2004 年末，第十届全国美展获奖作品展在中国美术馆举行，由陈坚创作的《公元一千九百四十五年九月九日九时·南京》获得了油画作品的金奖，这幅反映重大历史题材的现实主义油画，真实地再现了 1945 年 9 月 9 日中国人民抗日战争胜利后，日本军国主义向我国军民投降的场面。整个画面庄严肃穆，近似于真人大小的 200 多个人物栩栩如生，是近年来英雄史实性现实主义绘画的代表作品。而一直以来，批判现实主义的社会批判性都是现实主义一个非常重要的因素，因为只有对社会有批判，才能促进社会思维的进步和发展。在文学界，现实主义文学奉行独特的艺术立场，"对现实世界的真诚关注和对人类众多成员生存处境、生活命运的热烈关切与同情，注定了现实主义文学奉守积极入世的、有批判锋芒的、有理想追求和生活寄

---

① 王　仲：《新论现实主义》，《中国美术馆》2006 年第 4 期。
② 毕建勋：《以强烈的历史责任心和坚定的学术追求来振兴现实主义》，《美术》2005 年第 3 期。

托的艺术精神"①，这也使得他们对现实主义的批判性表现得更为强烈和直接。与之相比，美术界的现实主义批判性要含蓄得多。即便如此，在近年来还是诞生了一批关注社会下层生活的具有批判性的现实主义绘画作品。如徐唯辛的《工棚》，创作场面宏大，人物众多，并且直面"农民工"这一社会焦点问题，通过对社会底层人们生存状况的揭露，批判了社会存在的贫富差距过大和对弱势群体的忽视，情感真挚。王宏建的《阳关三叠》，画面视角独特，人物刻画生动细腻，他是将中国传统文化的审美精神和法则注入西方传统油画的写实技巧之中，由此表现当代中国最普通人的生活，并力图追求作品的史诗性，使观众通过画所传递的视觉情感进行一种哲理性的思考。此外，还有以反映北方农村现实生活，并具有强烈时代感的艺术家郑艺，其创作的一系列作品风格独特，人物形象质朴，反映了下层农民的生活面貌，并能够对生活于都市中的现代人产生一种心灵深处的触动。

对现实主义的回归与重建，在当下社会以及文化艺术事业的发展中具有重要的现实意义。第一，对现实主义的回归满足了大众审美的强烈渴求。由于现实主义写实性的表现特点，使其更易于被广大群众所接受和认可。近些年，由于现实主义被逐渐边缘化，使反映现实生活的作品越来越少。艺术家大多沉迷于现代性探索，使绘画走进了象牙塔，远离了大众的审美需求。对于现实主义的重新提起，就是力求使艺术真正贴近生活、贴近人民群众，回归到艺术为人民服务的社会主义文艺方向。第二，对现实主义的回归将对违背艺术发展规律的现象予以纠正。现阶段，商业化大潮和消费主义文化对严肃艺术带来的冲击和负面影响不可低估。艺术学院的美术教育也在这种功利主义思想的冲击下，逐渐丧失对绘画基本功的训练，使学生都企图通过捷径而一朝成名。而如何在深入观察、体验、思考和分析现实生活的基础上，沉下心来，在作品的思想深度和艺术语言方面深入挖掘，为社会大众奉献有价值的精神食粮，是现阶段所有艺术家们面临的严肃课题。第三，对现实主义的回归能够促进社会的和谐发展。现实主义美术有着天生的批判性，通过对社会存在的问题和假恶丑现象的表现，引发舆论关注，这对政策法规的制定和社会问题的纠正具有借鉴意义。同时，对社会下层人民生活的关注，能够激发这一群体的主人翁意识和自豪感，从而进一步消除社会的不和谐因

---

① 韩端亭：《重振的征兆——文学的现实主义动向》，《光明日报》1998年3月12日。

素。

对现实主义的重新关注,尤其是经过艺术理论和艺术实践两方面的挖掘与探索,加速了现实主义在当下时代的重新崛兴。经过近几年的发展,现实主义逐渐扩大了社会认知度和影响力,也出现了一批具有现实主义精神的绘画作品。① 但是,现实主义美术的发展现状还不能完全符合社会和文化的客观需求,也还存在一些亟待解决的问题。首先,当今的现实主义创作,还缺乏对当下重大问题的关注。这里所针对的重大历史题材和社会问题的创作,并不仅仅是主旋律式的歌功颂德,也包括对人们普遍关注的社会问题进行批判性的纪实和再现。如今,对社会中出现的人物和事件,无论是歌颂还是批判,现实主义都陷入一种失语的境地,这与文学和影视艺术相比存在较大差距。他们对矿工生活的真实记录,对社会底层农民的强烈关注,都能够激发整个社会的深刻思考,现实主义这种社会功能的缺失,使其游离于社会的整体评判体系之外。其次,现实主义创作缺乏对当代人精神生活的拷问,缺乏对社会现象深入、真实的剖析。现实主义者"要透过现象探求事物本质的真实,更进一步地追寻事物的真理性,反对虚假、伪造并努力识破表面'真实'的现象掩盖下的丑恶实质"②。而现如今,现实主义的道德训诫功能在艺术创作中已逐渐丧失,这集中体现在表现风格、手段的形式化和表面化,长此以往,现实主义将沦为社会现实表象的记录者,而最终被高速进步的社会所遗弃。第三,现实主义创作缺乏力作的产生,不能与当今快速发展的时代和社会相匹配。近几年,随着提倡现实主义的回归与重建,也诞生了一批具有时代特点的现实主义作品。但是,由于对社会以及人们精神生活认知和挖掘的相对浅薄,同时对具有时代特点的重要人物和事件缺乏深刻的价值判断,使类似于《开国大典》、《毛主席去安源》式的能够代表时代精神风貌的作品始终没有出现。

对现实主义的回归和重建反映了人们在文化艺术领域的强烈呼唤。历经20世纪八九十年代的现代性探索,不但没有让现实主义消亡,反而更增加了人们对其重要性的认知和其回归的迫切愿望。经过几年的发展,现实主义在社会文化和

---

① 如王宏建的《阳关三叠》(第九届全国美展油画金奖);郑艺的《凡心已炽》(第九届全国美展油画银奖);陈坚的《公元一九四五年九月九日九时·南京》(第十届全国美展油画金奖);徐唯辛的《工棚》(第十届全国美展油画银奖);袁武的《抗联组画》(第十届全国美展国画金奖)等等。

② 李天祥:《关于现实主义》,《中国美术馆》2006年第4期。

意识形态的影响下，逐步实现了自身的蜕变，形成了不同于以往现实主义的全新面貌。虽然现阶段的现实主义发展还不是尽善尽美，但"现实主义的创作道路紧扣着画家的社会理想和审美理想，系结着画家文化传承的使命感和历史责任感"①，其重要意义在整个时代的文艺发展中必将被越发地凸显。

（张晓凌　中国艺术研究院院长助理、研究生院院长、研究员）

（杭春晓　中国艺术研究院《中国艺术学》编辑部主任）

（朱　其　中国艺术研究院博士研究生）

（陈　明　中国艺术研究院博士研究生）

（董　雷　中国艺术研究院硕士研究生）

---

① 李人毅：《重振现实主义的社会意义》，《美术》2005 年第 3 期。

中国电影新世纪发展战略

尹　鸿

　　内容提要　本文系统和动态地分析了新世纪以来中国电影产业的发展状况。当前，中国电影产量、票房收入、国产影片市场份额、大电影产业收益都创历史新水平。市场潜力和产业潜力正在释放。但是，电影的生产与市场的脱节、电影产业的规模偏小、电影创新能力不足、电影产业活跃程度不高仍然制约中国电影的发展。中国电影产业改革进入了新的攻坚阶段。本课题提出了中国电影未来五年建设完整的电影管理体系、完善的电影产业体系、健康的电影市场格局、具有市场领导力的电影综合性大型企业，实现中国电影综合收入超过 250 亿元的战略发展目标。阐述了以国内市场培育和扩大为基础，建立巩固的国产电影根据地；以国际市场为补充，扩大中国电影的全球市场空间；以增强电影的市场适应性为手段，保证电影的有效市场供给；以强化发行能力为关键，建立中国电影的产业体系；以影院、院线的价格和服务竞争为基础，扩大观众规模；重视电影传播的新媒体新渠道，提高电影的规模经济；以垂直和横向整合为方向，建立以综合性大型媒介集团为主导的大电影产业；以电影新人培养为重点，促进中国电影的持续发展等电影发展对策。

　　关　键　词　中国电影　电影产业　电影改革　电影发展战略与策略　文化产业

　　电影是 20 世纪最流行的艺术形式。尽管随着电视和其他电子媒体的出现，进电影院看电影的人数从 60 年代以后有所下降，但是至今不仅全世界依然有大量的影院观众，而且即便在其他媒体上，电影也是最重要的传播内容之一，全世界的电影观众可以说难以数计。电影对于大众，特别是对于青少年往往具有重要的影响。电影在带给亿万观众以娱乐享受的同时，也深刻地改变着观众的社会认同、道德观念和审美观念。与此同时，电影作为一种文化产业，也为社会创造巨大的经济财富。同时，电影作为最核心的创意内容，往往能够为电视产业、音像产业、演艺业、新媒体产业和旅游休闲产业发展提供丰富的资源。而且，电影作为一种最具跨文化传播能力的符号形式，也是各个民族之间文化沟通、文化交流、文化贸易、文化影响的最重要的手段。因此，中国电影产业的发展战略，对于满足大众日益增加的文化娱乐需求，对于中国现代文化的继承创新，对于中华文化的国际传播和国际影响，对于中国文化产业的发展，对于中国国家实力的提升，都具有重要意义。

中国电影产业发展的战略目标

电影正在进入一个全球竞争的时代、一个多媒体竞争的时代。目前，美国在本国电影市场趋于饱和的同时，将电影产业的发展越来越多地寄希望于海外市场，继续千方百计地扩大自己的强势优势；而其他传统电影强国，如英国、法国、意大利、日本等等，一方面在努力抵抗美国电影的全面占领，另一方面也在积极地向其他国家渗透和发展。同时，韩国、印度等国家，也在大力发展本国电影产业，并把国际化作为重要战略目标。而在国内，随着娱乐方式的多样化和新技术的出现，观众能够更丰富更自由更方便更便宜地获得世界各国的电影、电视、游戏和其他娱乐产品，这种多媒体、泛娱乐的趋势对国产电影的市场也会产生严峻的挤压。在这种全球化、数字化大背景下，确立中国电影产业的发展战略，是中国电影发展的当务之急。中国电影高速的发展态势需要一个战略目标来引导，充分利用这种高速发展带来的增长惯性和后续力量。

国家广播电影电视总局在政府文件中，曾经为中国电影发展制定了一个发展方向和目标："适应广大人民群众多层次、多样化的精神文化需求，适应社会主义市场经济体制和先进文化建设的要求，适应高新技术迅猛发展的要求，适应全面建设小康社会和构建和谐社会的要求，面向群众、面向市场，加快产业化、数字化、现代化进程。在不远的将来，建立起完备的具有中国特色的现代电影产业体系；建成具有自主创新能力的电影科技创新体系；完善保障我国电影产业可持续发展的法规政策体系；形成全国统一开放、竞争有序的电影市场格局；建立一批规模化的现代电影企业集团和公司；培养一支高素质的电影人才队伍；创作一大批满足广大城乡观众需求的优秀作品；在农村建立起公共服务与市场运作相协调的发展模式，基本实现广大农村一村一月看一场电影的放映目标。"① 在以上这些官方目标中，既包含了政府目标，也包含了产业目标；既包含了公益目标，也包含了产业经济目标。而如果我们仅仅从电影产业的发展来看，可以将这些战略目标具体体现为：

第一，形成以"电影促进法"为核心的保障我国电影产业可持续发展的法规政策体系

在中国电影发展过程中，政府往往是电影行业绝对的支配力量和主角，中国电影的兴衰乱治，与政府的决策息息相关。在未来的发展中，电影管理体制尽管将从事业主导型向产业主导型转变，但在中国市场经济发展的大环境中，政府在电影产业发展中的决定性作用依然不会改变，改变的只会是政府在产业中的位置和管理方式。应该说，2000 年以后，电影产业自身的快速发展，迅速暴露出原有政策法规的弊端，而政策的及时调整反过来又促进了产业的健康发展，二者相得益彰。特别是 2004 年以后，中国推出了一系列的关于发展电影产业的"意见"、"规定"、"暂行规定"、"条例"、"暂行条例"等等，从电影审查到电影制片、发行、放映的准入资格以及电影行业的统计和审计、对外交流等一系列环节，都推出了新的管理规定和规范，尽力与中国电影产业化的进程配套。对于推动中国电影产业的改革和发展起到了重要作用。

但是，这些规章政策还具有明显的暂时性、临时性和应对性特点，前瞻性、稳定性和有效性都比较缺乏，而一些管理规定出台之后，在一段时期内又频繁出现补充规定，这也说明产业主管部门在制定产业规划时，在一些问题上还缺乏明确的战略规划。中国电影产业需要一部相对稳定和成熟的法律来为产业发展提供保障，减少人为的风险和变数，维持产业内的利益相关者对产业未来发展的信心。因此，尽快制定和颁布"电影促进法"显得至关重要和迫切。特别是与财政、税收、资助、基金等相关的电影促进措施，电影审查分级方式，电影与其他

---

① 赵　实：《弘扬传统 展望未来 开创中国电影的新纪元——在纪念中国电影 100 周年国际论坛上的讲话》，2005 年 12 月 10 日。

行业的跨领域整合政策，电影进出口政策，电影市场规范管理等方面，都还有待进一步规划。

这个体系主要应该包括这样几方面的内容：电影促进的财政、税收、补贴措施和基金管理方式；电影行业各个不同环节、针对不同市场主体的准入规定；电影产品的审查标准、方式、程序；电影知识产权的管理和保护；电影外贸政策规定；电影产业整合规定；电影产业公共服务信息平台的建设等等。政府的这些法规政策应该本着促进的原则，为产业的发展提供一个规范的游戏规则。通过法律渠道，保障电影投资者、电影经营者、电影参与者的利益，提供进入电影产业的优惠条件和激励机制，保护国产电影的发展，规范电影市场，为电影企业提供公平竞争的机会，为电影产业提供健康发展的保证，为电影消费者提供最丰富和便宜的产品。

第二，建立起产业环节贯通、产业整合完备的现代电影产业体系

目前，中国的电影产业各个环节和机构，由于所有制不同、行业不同、行政级别不同，往往市场待遇和市场地位也不同，缺乏自由进出、公平竞争的条件。所以，改革首先要把电影经营主体，从行政主体、事业主体改变为企业主体，政府管理部门应该从为行业服务转变为社会服务，为所有的电影经营主体创造相同的条件，共同建立现代产业体系。在这个体系中，一方面是形成多种所有制、多元主体的电影生产流通体系，一方面也是一个投资、制作、发行、播映消费的良性互动互利的体系。建立这个体系，就必须拆除环节与环节之间，行业内、行业外、国营、民营、合资、外资之间的不平等障碍和间隔，按照市场经济的规律来分配资源、优化资源、提高效益，增强电影的综合经济实力。

第三，形成以知识产权保护为前提的全国统一开放、竞争有序的电影市场格局

电影产业体系的建立，是以健康的电影市场格局为基础的。影响电影市场格局的一个重要原因是盗版猖獗、知识产权不能得到有效保护。政府相关部门要通过法律法规的坚决执行，遏止盗版，为电影产品留出充分的市场空间和消费时间。如果能够有效地解决这种不平等和人为间隔，遏止盗版，规范市场，中国电影的生产、发行、放映和相关服务环节才能实现良性运转、相互促进，中国电影产业才有可能积累、整合和扩大。

第四，通过竞争与整合，逐渐形成5—10家拥有一流电影企业的综合性大型

媒介集团

电影作为一种高投入、高风险的文化创意行业，倾向于高度的市场集中，倾向于以大企业为主导的垄断竞争的市场结构。2005 年，中国拥有国有电影制片单位 36 家，电影院线 38 条，民营的电影机构更多。但是，除了中国电影集团以外，没有任何电影企业的资产能够超过 20 亿元。电影企业的规模太小，限制了电影的规模经济。所以，中国电影产业的发展，必须打破现有的行业分割、区域分割、所有制分割的局面，逐渐通过市场的资源配置，形成具有产业垂直整合和跨媒介跨行业横向整合的大型综合性企业，这些企业应该以投资融资和发行为核心，成为电影行业的领导者和支配者，这样才能降低交易成本，增加边际效益，利用多种渠道、多种手段，扩大电影产品的经济效益，同时也提高电影产业的规划性和整体性。

第五，通过大电影产业的发展，将中国电影综合收入提高到 250 亿人民币

如果能够有相对完善的政策法规体系的保障，建立起相对完备的现代电影产业体系，形成统一开放、竞争有序的电影市场，那么中国电影产业的综合经济实力必将在未来 5 年，保持 2004—2005 年的高速增长的态势，在 5 年以内，中国电影产量能够在 200—300 部，电影总投资每年增加 30% 以上，达到 70 亿元人民币。中国电影的综合收入应该超过 250 亿元人民币，其中国内影院收入如果保持目前的 30% 的增长速度，超过 90 亿元（其中国产电影票房收入至少占 50%）；而随着中国的国际地位和国际影响的提高以及中国电影产品的国际竞争力和推广力的加强，中国电影的国际贸易收入（包括国外的影院、电视、音像、新媒体和其他版权收入）的增长幅度应该达到 40% 以上，超过 100 亿元；而由于付费电视、新媒体等多种渠道的出现以及知识产权保护力度的增加，中国国产电影的国内电视、音像、新媒体和其他特许经营收入也应该达到 60 亿元左右。

如果中国电影发展能够完成这样的战略目标，那么，无疑，中国电影产业在中国文化产业格局中，将成为最活跃、最有生长力的产业形态，为中国的电视产业、音像产业、新媒体产业、演艺产业、游戏产业、旅游业，甚至房地产业、休闲业等等，产生重大的拉动和推动作用。与此同时，中国电影也会成为传承、发展、创新中国文化传统的最重要的文化载体，成为传播中华文化、塑造中国形象、推广中国产品的最重要的国际传播手段。

中国电影产业发展机遇

中国电影的战略目标是宏大的，也是艰巨的。电影作为文化产品的特殊性带来的政府管理上的复杂性，中国市场经济秩序维护的艰巨性，中国电影观念、人才、技术上的滞后性，加上国外境外文化产品的竞争，应该说，都会对于中国电影产业的发展带来深刻和长远的制约和影响。

但我们也应该看到，伴随着中国经济的高速发展、中国国际地位的不断提高和中国文化产业的不断改革，中国电影产业的发展也面临一个难得的机遇。

第一，良好的宏观经济发展环境

良好的宏观经济环境是中国电影产业发展的基础。目前，中国国民经济正处于快速增长期。"十五"时期，中国应对加入世界贸易组织后的新变化，国民经济持续较快发展，经济增长速度年平均达到9.5%，综合国力明显增强，人民生活明显改善，国际地位明显提高。工业化、城镇化、市场化、国际化步伐加快，经济体制改革不断深化，对外贸易迈上新台阶，国家财政收入大幅度增加，价格总水平保持基本稳定，城乡面貌和人民生活进一步改善。

显然，随着改革向纵深推进，社会主义市场经济体制逐步完善，根据中共中央全面建设小康社会的总体要求，"十一五"时期中国经济仍然会保持高速发展的态势，国内生产总值年均将增长7.5%；要形成一批拥有自主知识产权的知名品牌、国际竞争力较强的优势企业；要完善市场经济体制，在行政管理、国有企业、财税、金融、科技、教育、文化、卫生等领域的改革和制度建设取得突破，提高市场监管能力和社会管理水平；要协调对外开放与国内发展，使开放型经济达到新水平；要继续提高人民生活水平，使城镇居民人均可支配收入和农村居民人均纯收入分别年均增长5%……

所有这些宏观经济环境的变化，对于电影产业来说，无论是提高百姓的电影消费能力和电影出口能力，还是促进电影产业的改革和电影市场的完善，都将产生深刻广泛的影响。中国经济的发展是中国电影产业发展的前提。

第二，独立自主的政治环境

独立自主的政治环境，是中国电影能够抗拒外来威胁、发展民族产业的重要政治保障。世界电影目前并非像其他贸易行业一样，被纳入完全"自由"的全球市场，许多国家和地区都通过对电影的"外部利益"的强调，采取种种行政手段和经济措施来保护本国的民族电影业。中国尽管也已经加入WTO，但政府对电影仍然提供了必要的法规政策的支持与保护。

90年代以来，国家对民族电影一直实行财政资助。如国家财政部要求电视台每年拿出广告纯收入的3%支持民族电影事业，估计每年在全国范围内总资金有数亿元用来扶持国产电影生产。同时，中国政府在国际贸易的过程中，对电影产品也采取了限制进口影片配额、特许经营进口影片和规定国产电影放映时间和奖励国产电影放映等措施，来促进国产电影的发展。根据2002年2月1日起施行的《电影管理条例》，在引进进口影片时，严格执行审查规定（第24条、第25条、第31条）；放映单位年放映国产电影片的时间不得低于年放映电影片时间总和的2/3（第44条）；允许每年以分账形式进口20—50部外国电影，但"这里的'允许'不是'必须'的意思"，"具体进口数量由中影公司按市场规律具体安排"；在引进时坚持多国别、多品种的原则，一般一个国家或地区的分账电影数量，不能超过年引进分账电影总数的1/2……①这一系列细化的操作，应该说一定程度上遏止了好莱坞影片对中国电影的集中冲击。

此外，中国政府在相当长的一段时间内，在逐步开放电影市场的同时，还会用各种形式对外国资金和人员进入中国电影生产、发行、放映和后影院产品开发等各个产业环节继续给予种种限制。目前，中国电影的发行环节仍然限制外资进入，制作环节也进行了股权限制，而《中外合资、合作广播电视节目制作经营企业管理暂行规定》刚刚在2004年11月28日生效，2005年2月25日，国家广电总局就下发了《关于实施〈中外合资、合作广播电视节目制作经营企业管理暂行规定〉有关事宜的通知》，规定每家外资企业原则上只能在中国合资组建一家影视制作公司。这项补充规定虽然似乎是为了"避免出现资源浪费，推动合营企业迅速形成品牌"，但在事实上却对外资的进入设置了新的限制，为国内影视企业赢得更多的发展时间。②

当然，在限制和保护的同时，中国的电影政策更强化了改革和促进的力度。

---

① 《国家广电总局局长徐光春谈WTO与广播影视业改革》，新华网，2003-01-25；http://news.xinhuanet.com/newmedia/2003-01/25/content-894305.htm
② 尹鸿、詹庆生：《2005中国电影产业备忘》，《电影艺术》2006年第2期，第9页。

中国电影产业的主管部门出台了一系列的技术标准、暂行规定和政策法规，不断降低中国电影业的投资门槛，让电影的投资者减少了以往所面临的政策风险，促使投资主体越来越多元化。

在通过政策力量在国内市场保护本土电影的同时，电影主管部门也通过其它一系列手段，推动中国电影在海外市场的成长。2005 年中国电影海外推广中心，组织会员单位重点参加了戛纳国际电影节市场、威尼斯国际电影节市场、洛杉矶国际电影节市场和香港国际影视展览会，集中推广宣传国产影片。据统计，2005 年以来已有 69 部影片销售到 24 个国家和地区[①]。应该说，国家利用政府力量来支持本土电影工业的生存、发展和成熟，来为本土电影开辟国际国内市场，客观上就是为中国电影自身的存在和发展提供缓冲的空间，也即是说，如果政府措施不仅是一种政治保护措施，而且是一种产业保护措施，那么中国电影就可能在这种国家保护下争取到发展的时间和空间。

第三，不断扩大的国内电影市场

在全球化过程中，中国电影有一个世界上其他国家和地区很难拥有的本土优势，就是中国潜在的巨大的本土电影消费市场。中国有 13 亿多人口，其中城镇人口 5.62 亿，如果达到年平均每个城镇人口看 1 场电影的频率（美国人 2000 年平均年观影人次为 5.7 次，2005 年平均年观影人次下降为 4.7 次），按照 15 元钱的平均票价计算，全年票房收入也能够达到 84 亿元以上，加上广大的农村人口，电影市场的空间还会有进一步的扩大。此外，中国还有一个巨大的后影院市场，2005 年中国电视观众达 12.38 亿，综合人口覆盖率 95.59%，全国有线电视用户 1.2 亿户。电影通过电视传送，特别是正在快速发展的付费电视业务，肯定将拥有广阔的用户资源。众多的人口、迅速发展的经济、人口素质的不断提高，人们生活方式的不断改变，都为中国电影的消费提供了越来越好的市场环境，也决定了中国电影具有香港、台湾、日本以及世界上多数国家和地区都不具备的本土市场的巨大潜力。因而，即便中国电影在相当一段时间里都很难具有好莱坞电影那样的国际性优势，但是广阔的本土市场仍然可以成为中国民族电影生存和发展的根据地。

此外，除中国大陆以外，台港澳地区，以及分散在东南亚各国和世界其他地区

---

① 童　刚：《继承百年电影传统 谱写新的电影篇章》，《中国电影报》2006 年 1 月 5 日，第 7 版。

还有数千万华人，而受到华语文化历史和现实影响的人口数量更是难计其数。虽然人们处在已经改变过的物理空间中，但共同的文化、语言和历史，仍然能够为他们带来或多或少的联系，正像有学者在讨论这种文化的亲同现象所指出的那样，"观众将倾向于选择那些与它们自己的文化最接近和更紧密的节目"①。应该说，这样一个巨大的已有或者潜在的消费群，对于中国电影的发展来说是一种重要的支撑。

第四，不断扩大的国际电影市场

全球化的推进，不仅突破了国际贸易壁垒，也推开了国家之间相对封闭的政治与文化的大门。世界文化市场原本就是一个多样性的文化群落，必然给中国文化产品留有一定的市场空间和机会。作为东方文化重要代表的华语文化，既为中国电影的创作和本土消费提供了必要的文化语境，也为西方文化提供了一个不可或缺的互补品和文化参照，从而可能进入西方电影主流消费市场，成为其中一支重要的外来力量。中国电影或者说以中国为叙事背景和主题的电影，在国际电影市场上存在一定的消费需求，而且这种需求近年来有上扬的趋势。《卧虎藏龙》、《英雄》、《十面埋伏》的票房表现验证了这一点，而最近内地和香港生产的电影《夜宴》、《满城尽带黄金甲》、《龙虎门》等等受到海外市场青睐，也表明了这种"趋势"。从 1980 年至今，美国市场上票房前 10 名的外语影片中，华语影片有 4 部，《卧虎藏龙》、《英雄》分列第一和第三。华语电影和中国电影现在已经可以进入好莱坞主流院线进行大规模放映，改变了过去艺术电影的小众市场。《卧虎藏龙》、《英雄》和《功夫》等华语影片比任何其他外语电影的发行（放映）范围都广泛。《功夫》有 2503 家影院同步上映，《英雄》2175 家，《卧虎藏龙》2027 家，《十面埋伏》1189 家。相比之下，美国市场上前 20 名中的其它外语影片，只有《美丽人生》在超过 1000 张银幕上上映过。这种强大的市场覆盖和渗透能力，使得"在美国市场上，华语电影已经比其他任何欧洲国家的电影更受观众欢迎，而欧洲电影曾经是美国市场上最成功的艺术影院电影的传统来源"②。而既往的一些数据也表明，中国电影在异文化的海外市场，也具有很大的市场潜力和文化优势。只要采用符合文化消费市场规律的策略，对中国的传统文化进行

---

① John Sinclaair, Neither West nor Third World: The Mexican Television Industry Within the NWICO Debate, Media Culture and Society, 12/3: 343–360.

② 骆思典著：《全球化时代的华语电影——参照美国看中国电影的国际市场前景》，刘宇清译，《当代电影》2006 年第 1 期，第 25 页。

合理的开发包装和输出，中国电影就既能在本土市场上占据主导地位，又能在海外市场上占据一个重要的位置。

当然，必须正视的是，作为具有中国文化内涵和艺术品质，甚至是仅仅包含中国元素的中国电影，在庞大的世界电影市场中，还只是作为一种点缀，暂时还不可能成为一支具有支配性的力量。

第五，丰富的历史和现实文化资源

从19世纪末以来，西方文化对中国产生了广泛影响。特别最近20年，尽管全球化进程加快、地球村逐渐形成，使得文化的民族疆界越来越模糊，但中国与西方世界毕竟有着巨大的文化传统的差异，这种文化差异不仅会带来文化消费上的错位，加大进口影片消费的不确定性，也会给在文化贸易市场上处于弱势地位的本土文化产品提供一个无形的保护屏障。在欧美国家轰动极大的《星球大战》、《哈利波特》、《指环王》等系列电影，在中国却没有得到同样热度的追捧和认可；冯小刚执导的《大腕》在中国拿下年度票房冠军，在西方却几乎无人问津。可以说，中国几千年的相对独立的文明发展历程，使中国人在生活方式、价值观念、语言使用方面都具有自己的文化特殊性。

所以，对中国电影产业，一个更加重要的优势就在于利用这种特殊性，利用独到的历史和现实文化资源。这些资源主要包括自然地理资源、人文遗产资源、民俗风情资源、历史故事资源、现实生活资源、生活方式资源、文化价值观资源等等，这些资源大多与西方国家的历史和现实形成了巨大的差异，如果能够通过艺术的手段传达，往往具有一种独特的文化特性和魅力。实际上，这些年，在国际上获得较好反响的电影，大多利用了这种差异性资源。如武侠功夫，宫廷传奇等等。《英雄》、《十面埋伏》和《无极》等高投入影片在海外获得较高评价，重要的原因就是将武侠等中国特殊的传统文化通过高新技术得到了奇观化的视听表达。

而从国内市场来说，这种差异性也造成了国产电影与观众的特殊的亲近性。对中国电影来说，这种差异不仅意味着好莱坞电影很难替代中国本土电影的文化亲同性，而且也意味着中国电影在亚洲、在世界的华人文化区，都可能具有好莱坞电影所不能替代的文化亲同性，给中国电影产业留下了巨大的市场想象的空间。因此，中国电影如果能够创造性地利用中国的文化传统资源，不仅是题材的资源，而且也是价值观、审美观的资源，中国民族电影就可能在中国自己的电影市场，甚至亚洲和世界的华人电影市场、乃至华人文化圈中获得广阔的位置。对本土传统文化的创新性表达和市场化开发，本土传统文化带来的亲近性和认同感都会为国产影片附加市场价值。《三国演义》、《水浒》、《雍正王朝》等传统文化和伦理色彩浓郁的电视剧，在亚洲地区受到广泛的关注，也说明了在文化产品的消费上文化亲同性的重要。而冯小刚电影在好莱坞电影的包围中仍然长盛不衰，也说明了本土文化所具有的特殊优势。

中国电影所有这一切条件和优势，在一定程度上，既为中国电影提供了一种承受压力的缓冲空间，也为中国电影提供了一种发展潜力。这些都是中国电影在未来全球化大潮冲击下发展的机遇，加上中国还有近30万的电影从业人员、100年的电影经验、一批在各种环境中都仍然能够生存和发展的优秀电影人才，这些都是中国电影的竞争资源。特别是由于中国的社会经济水平相对较低，因而电影的生产和管理成本远远低于好莱坞，作为一种积极经济策略，正如在家电、纺织等行业所证明的那样，"低成本"可能成为发展中国家与发达国家进行电影的产业和市场角逐的重要手段。再加上近年一些电影机构进行不断的改革调整，一些重要的电影集团如中影和上影等，又重新焕发了市场活力。中国电影产业的布局也越来越趋向合理，制、发、放等各个环节在硬件上增长很快，制作力量、影院建设、电视播映渠道建设、海外推广发行成效显著。电影市场在规模逐年扩大的同时，也逐步向开放竞争、规范有序的现代市场格局转变。所以，尽管好莱坞电影在世界范围内，对其它国家的民族电影发展都形成了严峻的挑战和威胁，但是，从韩国电影和中国电影近两年的发展情况来看，其它国家的民族电影并非必然走向穷途末路，相反还可能在外来力量的重压之下自救图存，借势用力，形成反弹。对中国的民族电影来说，关键在于需要发现、发掘、培养、扩大自己的优势以及利用自己的优势来改变自己的劣势，扶持壮大中国电影自己的生命力、生长力和竞争力。总之，一方面中国大众的文化消费需求正在不断增加，另一方面中国的国际地位和国际影响的不断提高也带来了国际市场对中国文化产品的需求的增加，这种内外需求增加的现实，对于中国电影来说，应该是一个难得的发展机遇。如果我们能够充分利用这个机遇，利用我们的传统资源、文化资源、市场资源和电影资源，将这种机遇变成中国电影发展的现实，对于中国电影的复兴，对于中国文化的复兴都具有重要的战略意义。

中国电影产业发展策略

中国电影在未来五年要建成积极的电影管理体系、完善的电影产业体系、健康的电影市场格局、具有市场领导力的电影综合性大型企业，实现中国电影综合收入超过 250 亿的战略发展目标，就必须选择正确的发展策略，必须充分利用国际国内的各种有利条件，利用自己的资源优势，加快改革步伐，保持持续发展。

第一，以国内市场培育和扩大为基础，建立巩固的国产电影根据地

尽管电影已经越来越成为一种跨国性文化产品，但是一方面是中国电影从整体上看目前还不具备国际化的条件，另一方面中国本身的电影消费市场潜力巨大，所以，中国电影首先必须依赖和开发本土市场，为本土市场服务，并以此作为根据地走出国门，逐渐扩大在全球电影市场上的份额。中国电影在发展策略上，首先应该继续实行对进口电影的配额审批；其次，通过优惠和鼓励政策，吸引外资、民营资本和其他社会资本投入国产电影的生产和发行、影院建设和渠道建设；同时，要强化电影产品的本土性和本土服务意识，拓展中国的电影市场，提高国产电影的国内市场份额。如果中国国内电影市场每年能够达到目前 30% 左右的增长幅度，而其中 50% 以上由国产电影获得的话，中国电影的整体实力将会不断提高，即便中国电影很难具有西方跨国媒体那样的国际性优势，但广阔的本土市场仍然可以成为中国电影生存和发展的重要支柱。在全球化背景中，中国电影并非没有自己的核心竞争力，关键在于中国电影需要发现、发掘、培养、扩大自己的潜在竞争优势，利用自己的优势来改变自己的劣势，扶持壮大中国电影市场的消费能力。

第二，以国际市场为补充，扩大中国电影的全球市场空间

在相当长的时期内，中国电影在国际市场上应该说还无力与好莱坞电影正面竞争，甚至在中国的本土市场，还会面临好莱坞电影的巨大冲击。美国电影的国际化道路已经经历了近 100 年，在产业规模、渠道控制、市场经验等方面都是中国电影目前望尘莫及的。最近几年，美国电影的国内市场虽然略有萎缩，但是海外市场却仍然在扩张，2005 年其海外电影票房达到了 142.25 亿美金，远远超过了其国内 89.9 亿万美金的票房收入。而中国电影 2005 年在海外市场的收入则为 16.5 亿人民币，相当于 2 亿美金，仅仅是美国电影海外票房收入的 1.4%。尽管

如此，随着中国电影对外合作的深度和广度的增加，中国电影的国际竞争力应该说正在迅速提高。尽管中国电影的海外收入不能与美国电影相比，但是与国内电影票房相比，却可能是相当可观的数字。中国电影相对的低成本优势，在国际市场上应该说仍然具有竞争力。3亿人民币已经是中国投资规模最大的电影，但是与美国每部电影9600万美金的平均花费相比，也仅仅是其1/3。所以，即便是有限的国际市场，对于中国电影产业来说，都会成为一个巨大的补充，增加中国电影的投资信心，提高中国电影的赢利空间。如果每年能够有5—10部中国（包括香港）电影能够进入全球主流电影市场，有20部影片进入部分海外市场，中国电影的整体格局都会产生重大改变。

当然，要开辟海外市场，首先必须加大与海外的合作力度，通过合作来更加容易地获得国际市场。这也是世界各国文化产品进行跨国贸易采用的通常手段。其次，除了与美国合作以外，还应该加强与韩国、日本这样的文化接近的亚洲国家，以及俄罗斯和其他与中国有历史渊源的东欧国家乃至正在逐渐对中国感兴趣的欧洲国家的合作，以进入不同的国际细分市场。同时，还应该建立具有国际发行、推广和交易能力的专业电影经营公司，吸收具有丰富国际经验的香港企业的参与，提高中国电影在国际市场上的交易能力。

第三，以增强电影的市场适应性为手段，保证电影的有效市场供给

目前中国电影产量增加很快，但却是一种粗放型的增加。相当多的电影无论是美学观念、制作水平，或是艺术质量、娱乐效果都根本无法满足电影市场的需要和观众的电影消费水平。由于观念局限和审查制度等等因素制约，中国电影的题材范围比较狭窄，类型也比较单一，武侠、爱情占据了商业电影的绝大多数。2005年的音乐片《如果·爱》是难得的类型突破，而2006年的《疯狂的石头》则是难得的新类型片的成功实验。社会性题材以及商业性的黑帮片、警匪片、历史片、人物片等都基本缺乏。喜剧片也仍然在冯小刚的作品以外，没有新的有影响力的作品出现。电影市场产品仍然不丰富。每年除2—3部大制作、大营销的电影以外，全国票房能够达到1000万元以上的影片屈指可数。即便那些在电影院线全面上映的影片，票房效果也相当不如人意，因此，单纯指责影院不为国产电影留出放映空间，显然是不公平的。

关键问题是必须按照产业规律来生产发行和推广电影。所以，在目前电影市场需求不足的情况下，将电影生产的重点从产品数量增长转向产品质量的提高，

推出适应市场不同需要而有序投资、精心制作、准确投放的国产影片，特别是要更新传统的类型电影观念，生产出像《疯狂的石头》、《伊莎贝拉》、《如果·爱》这样的中低成本的具有一定市场竞争力的现代类型片。2004 年韩国电影年产不过 60 部，却创造了相当于 120 亿人民币的票房，几乎是中国电影票房的 6 倍。因而对于中国电影来说，最为紧要的是在产量、规模适度增长的基础上，提升国产电影在观众心目中的信誉度、美誉度，提高电影产品的生存能力、赢利能力，与外国产品的竞争能力。

由于电影消费需要观众付出较高的时间和经济成本，电影消费依赖于大城市大影院的环境和条件，电影观众也更加偏向于青少年，所以，我们必须意识到，一部传统意义上的好电影，并不能成为吸引观众去电影院的理由。电影必须从可看性指标向必看性指标转变，电影要用远远超过电视剧的叙事和视听强度，用概念，用集体宣泄，吸引观众主动地去选择电影。所以，中国的电影生产应该充分研究观众的观影行为、消费方式和消费心理，要充分认识到拍摄一个"可看的电影"是不够的，必须要通过电影的集体释放功能和电影的强度创造一种"必看的冲动"，而且是第一时间必看的冲动，这样中国电影产品才能提供市场的有效供给。而且，电影只有在影院赢得了口碑和票房，才能在其他后续渠道创造更高的商业价值。

第四，以强化发行能力为关键，建立中国电影的产业体系

对于电影产业来说，制作是头而市场是腿，发行则是腰。电影制作因为发行才能获得资金，电影产品因为发行才能走向市场。所以，在美国，八大公司就成为了电影制作市场中间的支配性力量。而在中国，由于发行领域限制外资进入，而民营公司失去了发行进口电影的优惠条件，国营公司又缺乏体制动力，至今还没有出现像好莱坞八大电影公司那样具有电影投资融资能力、市场干预能力、国际市场拓展能力的大型电影发行公司。目前中国电影还只能依靠销售海外版权的方式获得海外收益。中国电影的发行作为电影产业链条的"腰"还相对软弱，这直接导致了中国电影生产与市场仍然存在明显的脱节，也导致了电影市场盈利空间的狭窄。

目前，许多具有市场潜力的影片不能发行或者发行得不成功，许多没有发行潜力的电影能够生产和放映，其实都是由于中国发行环节的薄弱造成的。但发行决定电影的命运，因为它支配着生产什么电影和为谁生产电影。《疯狂的石头》

投资虽然只有300万元人民币，但是中影华纳横店公司对发行的介入，却创造了1400万元人民币以上的票房，这充分说明了发行的重要性。所以，中国应该加大电影发行的开放程度，逐渐有限度地向外资开放发行领域，鼓励形成多元投资的以发行为中心的大型"投资—制作—发行"一条龙的电影企业或者媒介集团，提高中国电影海外市场发行和多媒体渠道扩展的能力和水平，提高中国电影产业链条中的"腰"的硬度。

第五，以影院、院线的价格和服务竞争为基础，扩大观众规模

目前制约中国电影市场规模扩大的因素主要有三个：首先是具有市场竞争力的影片片源不足；其次是影院条件和影院服务不能满足观众需求；第三是电影票价提高了电影观看的门槛。后两者应该说都与电影院和院线建设有密切关系。

电影院吸引观众的主要条件包括5个方面：地理位置、设备水平、影片数量和质量、舒适程度和服务水平以及电影消费价格。美国电影院的发展趋势表明，在80年代随着美国人居住的郊区化和生活的汽车化而兴起的汽车影院逐渐萧条，而与大型商业区、Shopping Mall相联系的多厅现代影院大量出现，中等影院和大型影院成为主流。5年来美国的影院数量减少了1400个。但每个影院拥有的平均银幕数量则在不断上升，由2000年的每个影院的5.3块上升到2005年的6.5块。在美国，2～7块银幕中型影院（Miniplex）、8～15块银幕的大型影院（Multiplex）、超过16块银幕的超大型影院（Megaplex），占到总影院数量的73%，单厅影院的比重仅为27%。多厅影院通过最大化观众规模来实现票房最大化。与此同时，这些多银幕影院也与人们的商业购物和休闲活动互动化，成为一种发展趋势。

在中国，类似的互动和联系也正初现端倪。现代化多厅影院所带来的文化效果和经济效益，使诸多房地产开发商纷纷在商场项目中规划影院建设。一些企业纷纷在大型商业地产项目中投资兴建现代化多厅影城，这些设施先进的现代化影城已经成为城市电影市场的核心力量。[①] 正如人们所意识到的那样，电影市场在不自觉地向大城市、大院线、大影院、大制作集中。

特别应该指出的是，高票价目前成为了限制电影观众规模扩大的障碍。美国

---

① 童　刚：《继承百年电影传统 谱写新的电影篇章》，《中国电影报》2006年1月5日，第6版。

电影 2000 年的平均票价为 5.39 美元；2005 年为 6.41 美元，[①] 而中国国产电影的票价在一流影院已经达到了 40—60 元，进口电影达到了 60—80 元，甚至超过了美国电影的平均票价。这对于平均收入水平远远低于美国的中国消费者来说，看电影成为了一种奢侈消费。2005 年 6 月中旬，电影主管部门倡议实行"周二电影半价日"后，统计数据显示，所有参加活动的影院，周二的观影人次和票房都有不同程度的上升，有的甚至超过了周末的成绩。经过一个暑期的培养，基本上形成了一个比较稳定的周二观影人群。[②] 这说明，虽然高质量的影片和影院还远远不能满足观众的需求，但过高的票价又抑制了一部分观众对电影的消费。要扭转这种局面，中国电影经营管理者需要探索合理的电影票价体系，让价格机制充分发挥作用，既促进群众的观影积极性，又保障影院的收益不受影响。目前，在电影消费需求上升的时机，电影院应该采用适度的营销策略和定价策略，加大电影对社会群体的渗透力，培养观众对电影的持续消费的热情，让电影更频繁的走进百姓的日常生活。

尽管与制作、发行环节相比，中国的影院市场可能是目前中国电影产业化发展中更令人乐观、进展也最为迅速的环节，但中国的影院市场还远远不能满足当前的观影需求。中国还需要继续推动电影院线、影院的建设和扩大市场竞争，尤其是加快多厅影院的合理布局和建设。继续推动电影院线、影院的建设和竞争。政府和有关行业协会应该鼓励通过灵活的票价措施和改善服务等方式，扩大观众群，培养观众的观影习惯，保持电影观众观影人次的大幅度增加，形成符合产业发展现状的供求机制和价格机制，使当前中国电影市场上的供给与需求达到有效的契合。

第六，重视电影传播的新媒体、新渠道，提高电影的规模经济

由于电影的投资高、风险大、影院市场有限，所以，电影已经越来越趋向于以影院作为第一市场向后续市场最大限度地延伸，来获得盈利时间和空间。而这种延伸依赖于两个条件：首先是足够多的渠道；其次，没有盗版。放映渠道之间的时间间隔与防止各放映渠道之间出现盗版将非常重要。[③] 尽管近几年由于资本的投入和技术的升级，在一定程度上改变了中国电影产业的结构和盈利格局，但

---

① 参见 MPAA 电影产业年度经济报告。

② 童　刚：《继承百年电影传统 谱写新的电影篇章》，《中国电影报》2006 年 1 月 5 日，第 6 版。

③ ［美］巴里·利特曼著：《大电影产业》，尹鸿、刘宏宇、肖洁译，清华大学出版社，第 74 页。

一方面中国电影的流通渠道过于单一地依赖于影院，电影企业在进入市场后，缺乏多点盈利的途径，面临着很大的市场风险。另一方面由于市场监管不力，盗版非常猖獗，即便影院市场也不能充分饱和，整个产业对票房收入的依赖依然很强。

中国电影产业的一个重要收入来源，是目前收入已达 11 亿元的电影频道（CCTV-6）以及其它电视播映渠道。目前已经有 5 个地方电影频道开播，地面影视频道更是数以百计。随着地方电影频道的陆续开播以及广电主管部门对地方影视频道的规范管理，还有数字付费电视的发展，中国电影通过电视播映渠道创造的收入至少可以达到 50 亿元。

根据有关文化产业报告的预测，目前中国音像制品销售的总额至少在 200 亿元以上，[①] 即便电影音像制品的销售额只占其中的 1/10，也可以达到 20 亿元，更何况，如果将目前流通在非法市场上的盗版电影音像作品合计起来，其数量要远远超过音像市场上音像制品总流量。如果有关部门加大对市场的监管力度，中国电影将来在音像市场上实现 20 亿元的收入并非不可能。

而在网络渠道上，电影也在广泛传播。2005 年底，我国上网用户总数为1.23 亿人，其中宽带上网人数达到 7700 万人，[②] 而 IPTV 在中国的呼声也日渐高涨，在这个"内容为王"的传播渠道上，正如数字付费一样，电影产品也是用户的首选。根据艾瑞市场咨询的市场调查，在 IPTV 所能够提供的点播类节目中，电影类最受欢迎，用户选择比例高达 75.3%。[③] 目前，这个如此巨大的潜在市场，带给中国电影产业的收入几乎可以忽略不计。但是，如果能够进行知识产权的有效管理，以每个网民平均每月通过正规网络平台看一次电影，一年看 10 次，每次花费 1 元钱，电影产业在网络渠道上的收入至少也会有 10 亿元。

在未来五年，随着数字媒体的发展，电影会有更多的盈利空间；而随着知识产权保护力度的加大，电影也会赢得更多的盈利时间。加强市场监管，保护电影知识产权，扩展电影的多级市场，才可能尽量扩大中国电影的市场空间，逐渐形

---

① 祁述裕：《中国文化产业国际竞争力报告》，载张晓明等主编《2005：中国文化产业发展报告》，社会科学文献出版社 2005 年版，第 6 页。

② 中国互联网络信息中心（CNNIC）：《第十八次中国互联网络发展状况统计报告》，2006 年 7 月 19日。

③ 中国电视网：《用户最希望 IPTV 能够提供的点播节目情况调查》，http://www.tv.cn/news/zxzx/szsq/1142218900.html

成"置入和贴片广告收入—影院票房收入—海外版权收入—付费电视点播收入—付费电视频道订购收入—新媒体收入（网络、手机、移动电视）—音像收入—开路电视播映收入—授权收入—演艺收入"的纵向市场链条和"内地—港台—亚洲—欧美"的横向市场格局。电影如果能够按照不同的市场顺序进行投放，确保生产商、发行商和放（播）映商在这些市场通道中的正常利益，增加电影的流通时间和空间，充分获取电影的边际效益，就能够用规模经济的最大化来强化电影的原创动力和投资信心。

第七，以垂直和横向整合为方向，建立以综合性大型媒介集团为主导的大电影产业

电影作为创意工业，必然趋向于规模经济，而规模经济也必然趋向于市场集中。尽管派拉蒙诉讼案强行终止了好莱坞的"制作—发行—放映"的纵向垄断企图，但是，美国电影产业一直都在向垂直整合和横向整合的目标努力，如今，好莱坞6大电影公司几乎都已经成为综合性大型媒介集团的一部分。而中国电影企业目前这种行业割据、行政割据、所有制割据、媒介割据的局面，造成了中国电影企业的规模小、体制复杂、运营艰难的局面。中国电影应该在政府放松媒介行业管制的基础上，推行现代企业制度，形成一批跨媒介、跨行业、跨区域、跨级别的以生产和发行为核心的品牌影视企业，自主经营、自我发展、扩大融资、整合资源，按照利益普遍性原则进行纵向和横向产业整合，形成理念、机制、资源配置和市场目标等各个方面真正意义上的集团企业。特别是需要组建几个经过所有制改造的具有国际营销实力的国际性的电影制片、发行机构，形成规模适当的符合现代企业发展规律的专业化、流水线化的国际性电影企业，这些企业既需要在本土有一定的市场控制能力，成为国产电影在本土市场取得绝对优势的中坚力量；也需要在国际市场上有一定竞争能力，作为中国电影参与国际市场全面竞争的主要力量。

第八，以电影新人培养为重点，促进中国电影的持续发展

无论是调整产业结构还是产品结构，中国电影产业面临的一个严峻问题是，人力资源的积累不能适应电影产业发展的需要。当前的电影市场上，具有市场号召力的为数不多的几个导演，已经是多年前就在中国电影业内占据主要位置的导演。虽然一些青年电影人开始步入创作第一线，陆续摆脱了以往拍摄"地下电影"的状态，力图融入主流电影体系，但他们要成为国产电影创作的主力还为时

尚远。而一些青年导演进入主流电影体系后，明显表现出对主流电影市场的不适应，作品并不能在市场上得到观众的认可。同时，随着电影的产业化转型，不仅在创作环节，在制作、经营、管理等方面也缺乏对市场有良好预判能力的人才。这种被动局面如果得不到改变，最终将影响中国电影的产业生态，给中国电影的未来发展带来深刻危机。

政府应该制定鼓励政策和提供资金支持，开展电影专业培训和扩大电影教育。对政府管理人员、行业骨干人员进行现代电影制作、经营、创作、管理方面的培训，鼓励更多的人到国外海外学习，鼓励艺术院校以外的综合大学参与电影教育，提高电影行业的整体素质。特别是应该通过一项基金，支持和培养一批有潜力的青年电影人进入电影第一线，扶持有艺术创新特色或市场运作空间的中小制作，培养中国电影经营、制作、管理、创作的后备力量，以保证将来中国电影的可持续发展。

同时，积极从国外和国内一流大学以及其他企业，吸收一批能够从事跨国经济贸易并具有电影专业素质的电影经营管理人才，投身到当前中国电影产业化转型和发展的过程中，为中国电影产业未来的发展布好局，打下一个良好的基础。

从总体来说，中国作为一个发展中国家，不仅没有积累足够的经济实力，而且也没有市场经济的生存经验和文化传统，这一切都意味着中国电影在以美国电影为代表的全球化扩张中，相当长一段时间里都会处于竞争劣势。这种劣势不仅仅体现为资金缺乏、设备陈旧、人才短缺，最重要的是中国电影还没有成熟的产业机制，也缺乏成熟的市场支持，还缺乏促进文化产业发展的体制保证。但是，高速发展的经济，不断增强的国际影响，电影产业改革的良好开端，国家文化产业政策的逐渐完善，应该说也为中国电影带来了难得的机遇。250亿元人民币的电影综合收入，世界第二大本土电影市场，全球电影贸易的一个重要成员，中国文化传播的重要载体，中国大众文化娱乐的重要形式……这一切，在未来五年，都可能成为现实，也应该成为现实。

（尹　鸿　清华大学新闻传播学院教授）

中国当代城市建筑文化精神的再塑造

黄　续　杨莽华　刘　托

内容提要　全球化背景下的中国城市发展迅猛异常，大拆大建的建设风暴、高层建筑的集群化浪潮，似乎一夜之间使城市改头换面，同时也使城市失去了记忆，建筑的"失语"现象亦日益严重。面对中国当代城市中建筑发展的困境，本文拟从文化角度重新审视中国当代城市发展的现状与走向，从城市特色的塑造、文脉与风貌的保护、文化规划等几个方面对当代中国城市文化发展战略进行探讨，唤醒当代中国城市建筑的文化精神，以期引导中国城市建筑文化的健康发展。

关 键 词　城市记忆　建筑文化　文脉保护　文化规划

文化是社会生活的产物，是民族精神的结晶。由于不同民族文化上的差异，使得我们今日的世界呈现出百花齐放、丰富多彩的繁荣景象。城市文化也是如此，多样性是城市文化的生命。尽管20世纪的"国际风格"在很大程度上削减了城市的特色，但每个城市仍然由于其独特的自然、历史和人文背景异彩纷呈。

全球化背景下的中国城市发展迅猛异常，遗憾的是大量的历史建筑被拆毁，一批批毫无特点和个性的新建筑突兀而立，形成了千城一面的城市建筑景观，大规模高层建筑的集群化更使城市失去历史记忆，建筑的文化"失语"现象日益严重。面对中国当代城市中建筑文化发展的困境，亟需重新审视中国当代的城市建筑文化，对当代中国城市建设发展战略进行深入的研究，从而引导中国城市建筑文化的健康发展。

城市文化的现状与走向

(一) 城市文化现状

在现时的全球化进程中,文化已然在城市发展中扮演着中心角色。一方面,文化是城市的本质和灵魂所在,是对当地地理、气候、民族生活方式的回应,具有时间延续性和持久性;另一方面,由于全球化所带来的全球产业布局调整,使得西方发达国家面临因工业衰退而出现的城市中心区衰退。作为对策和结果,在经济重建和城市更新过程中,文化成为了城市的"引诱资本之物"(Lures for Capital),即人们开始通过改善城市面貌来有效地吸引投资和人才。同时文化的经济潜力使得城市纷纷加大了对文化产业发展的重视。近年来各个地区、城市相继注意到文化对于城市发展的巨大动能,竞相制定城市的文化发展战略,并且加大了政府对于文化建设的投资,以期通过城市的文化特色来提高城市的竞争力,进而在全球城市竞争中占据有利位置。正是在全球经济大潮、国际建筑文化洪流的冲击与挤压下,捍卫和彰显自己的民族与地域文化,重塑自己的城市文化特色的呼声日益高涨。

以西方建筑话语为主的西方建筑文化长期以来在世界建筑领域占据着主导位置,当代盛行的全球化更是一个以西方世界的价值观为主体的"话语"领域,在建筑方面表现为城市空间的趋同和建筑文化的国际化。全球化给当代中国城市建筑的发展带来双重影响:一方面为中国当代建筑带来了新的理念和发展的契机,促使中国城市化的快速发展。在建筑设计领域,国际建筑师的参与乃至抢滩无疑也为中国建筑的现代化注入了新生力量,带来了新的设计思想、设计方法和建筑技术。但另一方面,全球化话语的影响不可避免也淡化了中国建筑及东方文化的主体意识,由此而引发了城市空间和形态的趋同。北京、上海、大连、杭州、香港……许多城市都失去了个性,彼此十分相似。城市空间与城市建筑的趋同化与无个性化,以及历史建筑和传统城市风貌的大量消失已经成为当代中国城市建设中最引人注目的问题。

面对全球化对地域文化的强烈冲击,著名建筑学家吴良镛曾呼吁:"面临席卷而来的'强势'文化,处于'劣势'的地域文化如果缺乏内在的活力,没有明确的发展方向和自强意识，不自觉地保护与发展，就会显得被动，有可能丧失自我的创造力与竞争力，淹没在世界'文化趋同'的大潮中。"[1] 在城市规划和建筑领域，如何建立现代中国建筑的理论，保护并发展中国的城市与建筑文化，设计出具有地域和时代特色的建筑，奠定当代中国建筑在世界建筑史上的地位，是摆在每一位中国建筑师和规划师面前的一项十分艰辛，然而又十分迫切的任务。

（二）城市文化走向

"二战"结束后，西方发达国家的经济高速发展，在城市建设方面进行了一系列的调整，进行了大规模的城市改造，开始出现逆城市化的趋势。其主要表现为新城建设和郊区化，城市中心区的居住人口和产业逐步转移到郊区，导致了旧城中心区的衰败。为了复兴中心区，振兴经济，各国通过城市历史的保护、创造以步行街为代表的人性公共空间，发展三产旅游和社区环境更新等措施，掀起了一轮城市公共空间环境改造的浪潮。

反观我国近年城市发展路径，城市化成为20世纪80年代以来中国城市发展的主旋律，各个城市都在追求城市化，城市化成为城市发展的重要指标。在社会逐渐资本化的过程中，追逐利润最大化和城市建设的短期行为已经将传统的城市改变为高密度、高容积的空间，城市现代化迅速改变了历史城市的空间结构，表现出一种形式追随利润的倾向。当前的规划设计越来越注重理性调控，注重城市的功利性、实效性，忽视城市中场所精神的把握与历史文脉的体现。"放射＋环路"的模式一统城市天下，棋盘式道路覆盖了大多数中小城市，道路红线越定越宽，广场越做越大。本来富有地方特色与人情味的旧城区，在新的规划红线划定后，不是正在拆除，就是将要改造。规划思想、设计方法、管理模式和规范标准单一与趋同，城市空间、街道面貌愈发变得千篇一律。城市公共交通的无序与私有汽车的泛滥也冲击着传统的城市街道空间，摧毁历史城市的结构。人们过多地在意城市化的统计关系而不是城市化的品质。

进入21世纪，随着申奥的成功与加入WTO，中国的经济进入高速发展期，我们借鉴了西方发达国家城市化的经验，城市化水平有了质的飞跃，逐渐从单纯

---

[1] 吴良镛：《〈中国建筑文化研究文库〉总序（一）——论中国建筑文化的研究与创造》，见《华中建筑》2002年第6期，第1页。

的粗犷式扩张转变为合理的规划与有序的开发。人们开始认识到，城市发展需要有一个城市形象和城市品牌战略的策划、设计、推广的问题，特别是对城市文化战略和地域文化及共有空间艺术的挖掘、提炼，进而塑造了当代城市文化的精神，提升了城市的综合竞争实力。从城市自身的发展来看，由单纯的物质空间的塑造，逐渐转向对城市文化的表现及建构；城市景观文化逐渐向自然景观、生态景观与美学空间及社会公共文化综合景观发展。由于过去 20 年我们片面强调城市化进程，以资源为代价换取经济发展和城市的扩张，带有很大的功利主义的色彩，使我们的城市缺少内在活力和文化魅力。经过近 30 年改革开放的实践的检验，人们逐渐发现真正推动城市发展的核心动力是城市的文化，是城市化过程中传达出来的区域文化的共性，它的内在表现形式将以精神方式作用于区域内的人们，增强着市民的荣誉感与向心力。

城市特色的塑造与文脉的保护

城市作为满足人们需求的人类聚居形式，存在于特定的区域，具有特定的人文背景，也就具有了地方的个性和特点，即城市特色。城市特色包含自然环境和人文环境两方面内容。对城市地域特色的自觉追求实际上是全球化时代本土文化的一种积极应对策略。美国学者 H. L. Garnham 在《维护场所精神——城市特色的保护过程》① 一书中，阐明了构成城市识别性的主要成分为：1）形体环境特征和面貌；2）可观察的活动和功能；3）含义或象征。并认为鲜明的特色与强烈的地方感受取决于：建筑风格、气候、独特的自然环境、记忆与隐喻、地方材料的使用、技艺、重要建筑和桥梁选址的敏感性、文化差异与历史、人的价值、高质量的公共环境、日常性和季节性的全城活动等等，可见城市特色问题涉及面之广。在城市设计中应把城市所处的地理条件、人文和社会环境、交通设施等，以及未来发展趋势作为限定因素，最终以建筑形体及空间环境来呈现其特色。

（一）城市特色的塑造

城市地方资源包括自然资源（湖泊、山脉等）和人文资源（主要指历史名胜文物古迹以及与地方性的社会活动及风俗相联系的城市空间等）。一般来说，

---

① 转引自陈立旭：《都市文化与都市精神》，东南大学出版社 2002 年版。

不同的位置地点和外部条件会产生不同的城市形态特征，它们是影响和制约城市形态形成和发展的基础条件。而人文环境的个性和特色则包含了城市的文化精神，体现了城市的内涵。如何体现城市的人文环境的个性和特点，是创造城市地方特色的重点。桂林利用秀美的漓江山水形成了著名的山水城市；张家界因开发了张家界国家森林公园，从一个不起眼的小山区一举成为举世闻名的旅游城市；而古城西安则以其气魄宏伟的古代城郭、整齐严谨的街道布局展示出古都风韵……在利用地方资源时，我们不仅要充分利用可见的资源，还要擅于发掘不可见的资源：如气候、特色材料、地方色彩甚至历史典故等。广州气候炎热多雨，顺应而生的骑楼便成为广州的一大特色；江浙一带居民喜爱轻淡的灰白调，因此粉墙黛瓦就成为这一带城市的特色之一。

人们在建构和组织城市生活空间的方式，也反映着人们对世界、对自己的文化和社会的认知方式。城市空间和建筑景观包含着丰富的社会内容，这种内容赋予城市空间以社会意义，并随着城市空间的利用或居住方式的变化而变化。城市中的建筑是城市共同记忆的贮存器，大凡有历史意义的建筑结构和空间，就有必要予以珍视和保护，老建筑、古街区可以使人产生怀旧情绪，而集体的怀旧情绪正是维系民族文化的基石之一，怀旧是一种特殊的记忆，是一种叙述自己和过去的关系的特殊方式，历史建筑的消失将必然导致城市记忆的消失。当然，对老房子、古街区和历史名胜的保护并不单是怀旧的结果，它还反映了现代人的一种文化理念，即利用历史参照物来辨认日新月异的生存环境，人们身边的建筑、街区环境和城市景观向人们提供了辨认自己家园的有形证据，通过这些证据使人们产生归宿感，成为人们心灵的慰藉。这些证据还将成为生动的社会史教材，让下一代人了解自己祖先的生活史和奋斗史，唤起民众对自己的城市特色的荣誉感和自豪感。

目前，我国许多城市在营造特色环境和景观的过程中，多是以形态塑造为主，追求表象的形式美，忽略了城市内在独特的文化传统，以致从南到北千篇一律，使居民心理上缺乏认同感。即使在一些重视传统保护与继承的城市，也多还是停留在对传统模式的模仿，追求"一层皮"的效果。我们应该在应用城市设计的理论和方法的同时，强调以人的需求为价值尺度，追求形体环境和行为感知环境综合构成的环境概念，创造出人们认可的、特色的美好环境，挖掘出该地区深层次的文化、社会价值。上海新天地的更新改造，是近年来国内城市建筑更新中较成功的典例。新天地的更新改造在充分尊重原有的石库门建筑形式和空间形态的情况下，根据现代人的审美习惯和生活要求，加入现代文明的气息，将传统因子与现代生活相结合，既创造了现代化的空间，又保留了传统建筑的精华。改造后的新天地在保存旧式里弄的文化精华的同时，也符合了现代人的审美和生活习惯，空间环境品质得到提高。如今的新天地已经成为上海新的城市标志之一，使昔日逐渐失去生命力的上海里弄也重新焕发了活力。

（二）城市文脉保护

中国特色的城市建设，必须坚持对城市文脉的保护。城市建筑及其所承载的文化传统、它所包裹的历史环境是城市特色中的关键因素。城市发展的历史性使城市在空间、功能、色彩、象征意义上都呈现出连续性特征，只有保留城市文脉的延续，才能体现城市的地域个性。强调建筑的文脉，在单体建筑方面，就更加强调个体建筑是群体的一部分，注重新老建筑在视觉、心理、环境上的沿承连续。每一个建筑都作为历史的、文化的反映而有机地进入环境之中，一幢建筑的功能及意义要通过空间与时间的文脉来体现，反过来又能支配文脉。在城市方面，注重城市文脉，即从人文、历史角度研究群体、研究城市。文脉，也是城市公共艺术追求的目标，它强调特定空间范围内的个别环境因素与环境整体保持时间与空间的连续性，即和谐的对话关系。在人与自然关系上，提倡人文与自然的协调平衡；在人文环境中力求通过对传统的扬弃不断推陈出新。今天，无论是发达国家还是发展中国家都十分重视城市文脉保护，并将其作为地方特色保护的基础。由于地域辽阔、气候多样及千百年来中国人所特有的理想聚居理念，为后人留下了丰富的城镇类型与空间肌理。北京胡同、上海里弄、广东骑楼、徽州村落、江南古镇、福建土楼等，这些个性化的空间形态，正是城镇的特色所在。在时下的城市改造进程中，如何认识这些文脉传统，使之保存下来并继续发挥它们的作用已然成为时下十分迫切的课题。一般而言，城市建筑和空间所携带的历史信息包含了从意识形态、人类审美趣味到体现社会生产水平、经济条件等多方面、多层次的广泛内容。这种历史信息的广泛内涵，使这些建筑不仅具有历史价值，而且还具有社会学、民俗学、经济学、考古学及宗教、政治、美学等多重价值。不同历史时期的建筑的集合必然会构成环境的历史深度感，这种历史深度感则有助于激发人们去认识、了解城市自身成长的过程，这是社会高度发达后，人类共同的感情要求。

（三）历史街区与历史风貌

作为城市文脉和风貌的载体，历史建筑和历史街区承载着大量的历史信息，既是物质文化遗产，又具有非物质文化方面的内涵。

中国城市历史文化传统的保护经历了由点到面、由浅到深、由部分到整体的发展过程。在保护内容上，从对单项历史文物古迹的点式保护发展到对历史文化名城传统风貌的整体保护，进而提出历史文化保护区及历史街区传统风貌保护问题。随着对城市历史街区保护认识的逐步深入，对历史街区保护内容的分析研究也越来越深入。人们逐渐认识到，城市中的历史街区是历史变迁的印迹与标志，是城市文化的积淀与佐证，同时也是城市生活的化石与折光，历史街区的空间环境是感知城市传统风貌的一个重要方面，反映了人们内心对城市发展的体验。对传统风貌环境的分析和研究正是为了激起人们对传统风貌的记忆、认同、归属，恢复和再现特定的文化和传统形象不仅是阅读传统历史街区的手段，还能成为历史街区保护与更新的依据。

历史街区是指城市中遗存较为丰富，能够比较真实地反映一定历史时期传统风貌或民族地方特色，存有较多文物古迹、近现代史迹和历史建筑，并具有一定规模的地区。在中国以文物古迹、历史街区、历史文化名城这三个层次为主的城市历史文化遗产保护体系中，保护历史街区是具有承上启下作用的重要环节。近年来，在历史文化名城中，对历史街区的保护空前重视。越来越多的城市意识到历史文化遗产就是城市发展的独特资源，是彰显城市特色和提高城市综合竞争力的重要因素。而历史街区是城市中最具代表性和最具规模的历史文化遗产，因此也就成为城市保护与发展的闪亮点。历史街区的保护与城市发展之间是有机关联、相得益彰的。只有将历史文化资源纳入到城市整体发展战略层面加以整合，才能创造出历史街区保护的最好机遇与条件。

我国历史城市是以旧城为中心慢慢发展形成的，城市的旧区一直是城市的生活和经济中心，有着很好的区位优势，往往是房地产商争夺的黄金地段，故而许多有影响的国内外投资者纷纷介入旧城改建项目。同时，旧区又是居住条件较差的地段，居民有着改建的迫切要求，这种需求和房地产商对经济效益的追求在这个特定的历史时期中结合在一起，形成一股很大的力量，对历史街区的保护和更新提出了严峻的挑战。

当前历史街区保护背后存在着两种不良倾向，一是对历史街区置之不理，任其衰败；二是急于求成。认识和方法上的错误将对历史文化遗产保护造成最大的损害，因此必须坚持"积极审慎的对待，求真务实的实践"的历史街区保护策略。大部分历史街区都存在着人口和建筑密度大、环境和设施条件差等物质环境衰败的现状，导致原有功能退化和社会结构解体，成为与周边环境有巨大反差的"角落"。历史街区的保护就是维护保护对象的原有价值不受损害，无论对文物建筑还是历史地段，都应该有明确的保护要求，利用一定要符合保护的前提。历史街区的保护是长期的、分阶段的，要循序渐进、步步推进，切忌急功近利。我们是历史文化遗产的托管者，历史街区的保护需要有正确的理念，否则就会把历史街区当成一般的旧城改造，采取推倒重建的方式，把历史街区新修成了仿古一条街；或是把历史街区当作是整个文物古迹，采取冻结保护的方式，拒绝对历史环境的必要改善；或是把街区内的居民全部赶出，任意改变原有街区功能，把历史街区变成布景的旅游景区。这些都违背了历史街区保护的基本原则。

历史街区的三个标准是历史真实性、生活真实性和风貌完整性。历史真实性是指历史街区内应保存有一定数量和比例的记载历史信息的真实的物质实体，如历史性建筑、构筑物等，它们是街区整体氛围的主导因素。这样才能体现传统街区的整体风貌、历史氛围及历史含金量。因此，历史街区中具有一定数量及比例的真实历史遗存是十分重要的。生活真实性是指历史街区不仅是过去人们生活和居住的场所，而且现在仍然在继续发挥它的功能，是社会生活中自然而有机的组成部分。风貌完整性是指该区域内视野所及范围风貌基本一致，有较完整和可整治的视觉环境；同时历史街区要有合适的规模。

历史风貌保护将确定历史街区保护更新的基本原则和策略，对该地区的发展建设要加以控制。保护应着眼于整个街区，而不是局限于几条街道立面或单体建筑的保护。因而要在对整个地区进行综合评价的基础上，对土地利用、房屋使用、房屋质量、建筑风貌、外部空间环境、基础设施进行深入的调查，对特定街区的城市环境和建筑环境做历史地、系统地分析，找出其共性方面以寻求该地区形成的稳定因素。对历史街区的保护还要着眼于历史街区商业、文化、居住、旅游活动的复苏和发展。着眼于整体传统风貌的提高，而不是对传统建筑形式的单纯修复和模仿。通过修缮整治，使作为历史文化遗产的文物建筑从内部设施到外部形象都恢复其原有风貌。对建筑质量和建筑结构尚好，又具有传统风貌的民居院落予以保留，对其内部设施予以改建，增加必要的生活设施。对建筑质量一般，传统风貌较好的建筑，对其内部及外部结构进行改造以提高居住条件或改变其使用性质，传统格局保持不变。对建筑质量差、品相一般的传统民居按传统民居风貌格局重建。对建筑质量完好、设施配套与传统风格不协调又难以马上拆除的新建筑，重新设计其外部形象和外部空间环境，达到与传统风格相协调。

从历史遗产保护和传统风貌保护的角度考虑，划分层次，不同层次内保护模式、高度控制、传统风貌形式有所不同。调整用地结构，降低地区内工业用地比重，增加居住、商业和旅游服务等功能，扩展旅游内容，体现传统街道空间结构和风貌。保持原有的街巷格局，兼顾现代化城市消防和交通便利，在尊重现状道路的基础上，适当拓宽和打通主要干道以及其他支路，明晰道路结构。保护与利用文化遗产，对历史建筑控制地带、资源保护线以及景观视野空间进行保护，适当开辟开放空间，吸引人参与领略历史街区的文化。

对城市历史街区与风貌保护的关注，表现出人们对一种可能消失的美学概念的眷恋，对一个正在逐渐褪色的民族特征的关切。无论是出于对蕴藏城市记忆的景观大量消失而产生的无奈和惋惜，或出于对现代城市化速度的敬畏和迷茫，还是出于对缺乏城市整体规划而造成房地产过度投资的抱怨，今日的社会已开始高度关注城市风格的取向和城市景观的变化，这种取向和变化将影响城市文化的未来。20 世纪 20 年代和 90 年代的城市文明的区别之一，就是人们重新树立起城市结构应该反映市民文化的信念，90 年代以旧城区改造为主旋律的城市环境的改变是城市变迁的主要内容之一。如今人们已经认识到遗产建筑是一种重要象征，是对免遭被千篇一律的现代商业城市淹没的一种保险，这些历史建筑是城市特征的载体，并且具有无形的商业价值，成为了经济发展的潜在基础。对遗产建筑的破坏，不仅破坏了历史的见证，而且破坏了城市未来繁荣的基础。

城市文化规划

今天的城市应该注重对城市空间形态与模式的研究，强化城市空间文化以及非物质文化遗产保护与活化。应该注重从传统的城市空间中吸取精华，注重历史文化上的可持续发展，运用丰富的城市空间要素和历史传统符号，采取灵活自由的设计重塑城市广场、街道和社区等城市空间。

今天的城市还应该强调以人为中心的人文主义回归和对人性空间的重视。人文主义的城市设计思潮从具体的生活体验和人对城市的实际感受出发，研究人的行为心理、知觉经验和城市环境之间的联系，强调以人为中心，以宜人的尺度构筑城市空间，以再塑21世纪当代中国城市文化的理念设计建造城市建筑，同时强调与当代城市生活的融合，批判现代主义刻板的功能分区和大尺度非人性的空间创造。我们今天的城市需要进行文化规划。

文化规划是20世纪70年代在西方兴起的一项新的规划内容，它是城市和社区发展中对文化资源战略性以及整体性的运用，一方面可以将文化规划理解为城市和社区战略性发展中不可缺少的一部分。它不仅仅同物质环境的规划相联系，同时也同经济与产业发展目标、社会资源共享、娱乐休闲、居住和公共活动等方面相联系。为达成长期的发展目标，需要众多的团体参与，要进行广泛而深入的协商与合作，并制定出不同阶段的目标分期实现。另一方面旨在强调城市的整体性，文化规划是各种规划中一个不可分割的部分，是对于城市生活的整体安排，因而它应当从开始就介入城市或社区的规划，与其他领域的规划密切配合，以促成城市的整体发展。

实际上，文化规划则是针对文化发展和文化资源的规划，是关于艺术文化及其设施的城市适宜度规划，或者说是文化作为一种"社会福利"在空间上的表达方式。它关注的是构成社会文化资源的活动、设施，以及宜人性，涉及的范围包括城市设计、公共艺术、交通安全、文化工作场所和文化产业区，以及与前者相关的文化产业链以及文化设施的不同层次等等。文化规划需要考虑以下一些重要因素：艺术与媒体的活动和机构；青年人、少数民族和不同利益社区的文化；地区的传统，包括考古成果、饮食文化、地方方言和节日典礼；对于一个地方本地居民的和外来者的感知，这些感知以文学、歌曲、神话、导游介绍、媒体传播等方式表达；自然环境与建成环境，包括公共开敞空间、特色地区、历史地区、绿化体系等；休闲、饮食、文化、娱乐设施和相关活动的多样性和质量。因此文化规划是基于物质空间与精神空间的双重塑造，在关注硬环境规划的同时也注重软环境的建设，通过文化环境与文化生活的良好结合来促进城市和社区的良性发展。

值得注意的是"文化规划"并不同于"规划文化"，因为文化意识先行，而不是规划意识先行。文化的精神价值及品质的获得，必须经过潜移默化、日积月累、自然而然的人文演进过程和量变积累过程。对一个具体城市而言，较易获得的是物质、形态塑造及时尚流转，而较难完成的则是精神培育、品质锤炼和境界提升。

未来的国家和地区之间的竞争，在空间上将越来越集中表现为城市之间尤其是特大城市之间的竞争；而在内涵上则将越来越集中体现为城市文化之间的竞争。一个成功的城市一定是在保持自己文化特色的基础上进行再创造的城市。因此，创新是城市塑造的灵魂，只有创新才能形成新时代的城市文化团。从某种意义上说，创新精神的塑造过程，就是城市与区域的打造过程。文化创新是社会裂变和进步的精神先导，通过文化创新，可以更好地弘扬本土文化，使城市与区域彰显本土特色；通过文化创新，可以借鉴外来先进要素，扩大民族文化的外延，使中外文化在碰撞中取长补短，吸纳融合，更好地体现本土文化中的先进性；通过文化创新，还可以增强文化力，培育城市与区域精神。把城市文化作为一种资本引入市场是城市文化经营的主要形式，是城市文化创新的一种方式。城市文化资本的经营不仅可以创造经济价值，还可以增强城市的凝聚力，提升其生活品质，对外扩大城市影响力，提高城市的知名度和美誉度。在具体的手段上，可以通过对文化资源的发掘、城市形象的构建，文化资本经营的策划、推广、投资以及文化产品的设计把城市文化资本最终转化为经济资本，为城市创造效益。

城市及建筑文化是一个永恒的课题，城市建筑文化的发展，势必与时代文化进程同步。我们对当代城市建筑文化的创新，意味着对传统城市及建筑文化的继承、丰富和发展，意味着对地域文化的深入发掘和综合运用。当代的中国城市文化应该是立足于中华民族传统文化和地域特色，结合现代社会人们的需要所创造出来的具有时代特征的文化。

（刘　托　中国艺术研究院建筑艺术研究所所长、研究员）

（杨莽华　中国艺术研究院建筑艺术研究所助理研究员）

（黄　续　中国艺术研究院建筑艺术研究所助理研究员）

中国电视剧中国家形象的认同与传播

王 滨 房 伟

内容提要 中国的电视剧市场混乱，产业进展缓慢，其中的一个原因就是缺乏鲜明定位的国家认同，这也是"中国影像"难以立足国外市场的一个重要原因。本文就如何有效运用传媒艺术来塑造国家认同中传播形象提出了自己的建议，认为在认识电视剧商品性和艺术性的双重特质的基础上，实现国家叙事、政治叙事、人性叙事和大众叙事的有机融合，是解决问题的关键。

关 键 词 电视剧 国家认同 形象传播

中国电视剧年产量巨大，2004 年国内电视剧总产量为 11500 部集，2005 年达到 12000 部集，而 2006 年电视剧产量超过 17000 部集。[1][2] 但电视剧的产业化进程缓慢，管理僵化、价值归属混乱、输出薄弱、粗制滥造、题材重复等问题，严重制约了中国电视剧的发展。其中，国家认同是一个不容忽视的问题。一方面，许多管理者、电视剧制作者和观众，将电视剧中的国家认同，简单等同于民族认同和政治认同；另一个方面，相对于日、韩、美等电视剧发达国家来说，中国电视剧又缺乏深入人心的国家认同精神，电视剧呈现出价值状态混乱的情况，严重影响了电视剧的教化功能。而国家认同的缺失，也造成了市场、电视剧制作

---

① 李春利：《国产电视剧在市场摇篮中成长》，见《光明日报》，2006 年 3 月 24 日。

② 本尼迪克特·安德森：《想象的共同体：民族主义的起源与散布》，吴叡人译，世纪出版集团 2003 年版。

者、观众之间隔阂的加深。官方叫好的戏，观众不买账，而观众喜闻乐见的电视剧，在传媒管理层和知识分子看来，又缺乏社会精神提升力和凝聚力，甚至对社会造成一定危害。而且，国家认同意识的混乱和匮乏，也恶化了我国电视剧传播形象，削弱了电视剧的意识形态功能，弱化了电视对于国家政治、经济、文化的"有效感染力"。

近些年来，世界各国对于电视剧中的国家认同中的传播形象问题都比较重视，有的国家甚至提到了国家意识形态战略的地位。例如日本前首相小泉纯一郎，多次利用韩国电视剧和电视剧明星，进行日韩之间的民间沟通活动。而韩国的历史剧（如《大长今》）、日本的青春偶像剧、美国的战争电视剧（例如《战火兄弟连》）和情景喜剧（例如《六人行》）、墨西哥的家族电视剧，都曾经在全球引起广泛影响，对传播文化意识形态、建构本土的民族想象与认同，树立本民族文化的国际传播形象，都起到了重要作用。那么，目前我国电视剧的国家认同中存在哪些问题呢？我们要如何有效运用传媒艺术来塑造国家认同中传播形象呢？我们认为，在认识电视剧商品性和艺术性的双重特质的基础上，实现国家叙事、政治叙事、人性叙事和大众叙事的有机融合，是解决问题的关键。同时，对电视剧中的国家认同与传播形象的研究，对于摆脱我国目前电视剧发展的困境，特别是在全球文化语境下实现影像的对抗与交流，都有着积极的参考价值。

我国电视剧国家认同中传播形象
存在的问题及正确的国家认同标准

按照本尼迪克特·安德森的观点，一切现代民族国家都是想象的共同体，而这种想象很大程度上要靠话语形象来完成。查尔斯·泰勒则认为，现代性意义上文化个体的"自我认同"，必须以"国家认同"为民族原型心理，才能完成一个国家实现"文化加冕"的意识形态整合。[1] 而这个"共同体"符号的想象塑造过程，和"国家认同"的民族塑造过程，影像符号无疑充当了重要角色。在电影和电视剧发展之前，这个角色主要由文学作品来完成，而在电影和电视剧形成真正的文化产业之后，在当今"文明冲突和国家竞争"（亨廷顿语）的国际大背景

---

[1] 查尔斯·泰勒：《自我的根源——现代认同的形成》，韩震等译，学林出版社 2001 年版。

下，如何利用电视剧这个传媒工具实现本民族的国家认同和国际传播形象，就成为 21 世纪更加开放、发展的中国的一个重要文艺课题。首先，国家认同是传播形象的重要基础。在全球视野中的影像世界，没有国家认同的电视剧，是缺乏民族特色的，也缺乏独特的个性和吸引力。其次，传播形象，对国家认同来说，又有着强烈的反哺作用。好的传播形象，有利于促进民族和国家内部的凝聚力和向心力，而不好的传播形象，则会给国家在外交、经济、政治、文化上造成不必要的阻碍和麻烦。可以说，优秀的电视剧总会利用电视剧冷媒介特点，寻找各种意识形态话语的缝隙和结合点，塑造符合国家认同的同时又具有强烈艺术吸引力的传播形象。

目前，我国电视剧在境外的传播不容乐观，甚至如某些传媒专家所说，处于严重的"影像入超"和"传媒形象赤字"的情况。随着电视剧市场的国际化，中国大陆电视剧从 80 年代末开始也陆续向国外和港台地区输出。《红楼梦》、《西游记》、《包公》、《武松》、《诸葛亮》、《努尔哈赤》等电视剧都相继在香港、东南亚，包括美国、法国等地区和国家播出。据有关人士介绍，香港亚视以每集 1500 美元的价格购买《红楼梦》的播映权，后来台湾和日本则以每集 8000 美元的价格购买了《三国演义》的播映权，到 1997 年《水浒》播映权在台湾每集价格则达到了 16000 美元，接近了国际电视台市场标准。[①] 此外，《北京人在纽约》、《唐明皇》、《末代皇帝》、《水浒传》、《雍正王朝》等电视剧都在不少东亚国家和地区播出。然而，我们电视剧的出口类型单一，主要以历史剧、武侠剧为主，且数量很少，和大量涌入中国的韩国和日本电视剧相比，根本不成比例。特别是我们国内十分叫好的许多现实主义题材的电视剧，在国外更是遭到冷遇。以韩国电视剧市场中的中国电视剧传播为例子，到现在为止，中韩合拍的电视剧《北京，我的爱》是唯一一部在韩国三大主流电视台黄金档播出的中国现代题材电视剧。韩国电视剧的播放主体是 KBS、EBS、SBS 等 3 家无线电视台。韩国政府规定，电视台必须把电视剧广告收益的 40% 以上用来投资拍摄电视剧，所以，各家电视台均为电视剧储备了丰厚的制作资金，形成了良性循环。韩剧在牢牢占

---

① 龙　耘、朱学东编：《走向 21 世纪的中国电视台：台长、专家访谈录》，北京广播学院出版社 1998 年，第 636 页。转引自尹鸿《意义、生产与消费——当代中国电视剧的政治经济学分析》，《现代传播》2001 年第 4 期。

据韩国国内市场的同时，还打入了中国、日本市场，甚至远销美国。目前，这 3 家无线电视台在黄金时间播出的剧集均为自家拍摄的国产电视剧，进口电视剧很少露面，即使登场也均在非黄金时段。2002 年 SBS 电视台引进了《还珠格格》，虽然观众们很喜欢小燕子，但是这部电视剧还是被安排在晚上 11 时与观众见面。[①] 这里，除了韩国的文化产业保护政策之外，中国电视剧本身也存在着许多问题。正如王卫平在接受《南方周末》采访时所说："中国电视剧的年产量是世界第一，但质量不高。为保护国产剧，国家出台了政策，包括进口剧不许在黄金时段播，但质量还是没有明显的提升。不说和美国、欧洲的电视剧相比，仅仅和韩国比，人家的制作水准够我们追几年的。韩国电视剧年产量不到 2000 集，但是人家能红遍亚洲。"[②] 那么，这个"质量"包含着什么呢？我们认为，除了资金投入、整体艺术水平、技术水平以及剧本创作水平、导表演水平等因素外，缺乏鲜明定位的国家认同基础上的良好的传播形象，也是一个重要原因。

在比较中我们发现，中国电视剧类型化发展不成熟、电视剧的国家认同缺乏，文化意识形态的大众化、人性化和通俗化不足，则是阻碍我们实现国家文化战略的重要瓶颈。许多外国传媒人普遍反映中国的家庭伦理剧、都市言情剧等类型，人物形象苍白单薄、故事粗糙而不真实、缺乏人性底蕴和民族特色。虽然这些年我国电视剧的技术、资金和运作模式在不断进步，然而，大量粗制滥造的电视剧，不但败坏了观众的胃口，而且不利于我们利用电视剧塑造传播形象。我们也可以看到，作为国内电视剧主要品种之一的"主旋律电视剧"，无论是定义和内涵，都需要实现国家意识形态战略和国际传播形象之间的有效平衡，这既可以说是目前我们实现中国电视剧的文化传播任务的重大课题，也是凝聚全球华人心理认同、实现中华民族伟大复兴的一个文艺着力点。

那么，在全球化的大背景下，什么是中国电视剧国家认同的标准呢？我们认为：首先，是大众的标准。因为，电视剧是商业和艺术的双重性的产物，也是通俗艺术和高雅艺术交叉的产物，必须经过大众文化市场的检验，必须具有良好的视觉观赏性、引人入胜的故事性、现实针对性，必须采用大众喜闻乐见的形式，符合文化市场的规律，反映大众关心的问题。否则，电视剧就会成了脱离大众、

---

① 《中国现实题材影视剧在韩国市场发展不佳》，《环球时报》2007 年 1 月 24 日。
② 《电视剧怎么管？》，载《南方周末》，广电总局电视剧司副司长王卫平专访，2007 年 2 月 1 日。

没有大众心理认同基础的空中楼阁。其次，人性的标准。这是不容忽视的。电视剧中的国家认同，必须建立在对人的认同，对个体生命的尊严、人性的复杂性和人性的批判性上。这样一来，国家认同，才能真正做到以情动人、以理服人，而不是将电视剧变成单纯的政治宣传口号，枯燥乏味的政治说教。再次，民族国家的现代形象认同。这是电视剧中的国家认同的重要基点。也就是说，在我们电视剧中的国家认同，不仅仅是对国家利益的维护，更是在现代意义上对国家内涵的认同，即建立在民族独立、自由民主的国家秩序追求、完善的国家文化品格的塑造的基础上的认同。只有建立在这个基础上的国家认同，才能成为一种对国家现代性的认同，而不是一种对国家的封建性的认同。在这里，特别要警惕以封建霸主的大一统形象的国家认同来占据电视剧国家认同形象核心价值观的做法。最后，政治叙事是中国电视剧的内在要求。由于中国的特殊国情和后发现代性的历史境遇，政治叙事要求我们突出共产党对国家和民族的历史使命感，但是，政治叙述，必须作为一种隐含的叙述出现，而不能以政治叙述代替人性、大众和国家大叙述，否则，就会违背电视剧的创作规律，出现不伦不类的情况。

如何实现电视剧国家认同中良好的传播形象

围绕着电视剧生产和消费，中国大陆的社会语境主要有四种话语：政治意识形态，知识分子诉求，商业心态，大众心理欲望。这四种声音分别代表着不同的社会阶层和群体，参与到正在进行中的社会文化运动过程之中，并做出不同方位的思考。虽然有的思想意识尚停留在模糊朦胧状态，甚至是潜意识状态（比如大众的社会心理欲望），但这并没有妨碍各方面不断地把这种思考加以不同程度的表述过程。从生产制作到发行播出，直到在观众群体中引起反馈，电视剧的全部实现过程，实际上包含着各方的观点、愿望，社会效益、经济利益不断撞击、融会的过程。

那么，我们电视剧中的传播形象，究竟如何在价值和形态层面，实现"国家认同"叙事策略呢？我们认为，人性叙事、国家叙事、政治叙事、大众叙事四种话语有机结合是问题的关键。国家叙事和政治叙事，负载着主流意识形态整合大众叙事和人性叙事的努力，而人性叙事和大众叙事，则负载了知识分子和大众整合政治叙事和国家叙事的愿望。更为焦点的问题在于，如何处理好各种话语力量的收与放、显与隐的关系，在国家认同的基调下整合各种话语的质量有多高。由于我们正处于社会转型期，各种话语冲突和融合的情况十分复杂，而作为国家传媒决策机关，在面对社会主义市场经济所引发的影视界的价值观混乱、水平粗糙和低俗化等等弊病，动用行政力量进行调控和干预，都是十分及时而且必要的。如果国家在此类问题上放松要求，从小处说将导致影视界的进一步的混乱，从大处说则会影响到国家价值观念的整合和意识形态的调整。但是，我们也要看到，我们缺乏的是一种强有力的整合，一种具有感染力、说服力、象征力和鼓舞力的整合。作为一种消费意识形态，电视剧最大的特点和成功并不在于行政命令，而在于冷媒介的面孔之后的对于人的情感和意志的"软"影响。这也是"电视剧"不能等同于"宣传"的地方。如果不能将政治叙事的意图蕴涵于人性叙事和国家叙事的结合之中，不但不能实现我们原有的话语目的，反而会造成对电视剧艺术的伤害。因为，在全球化的话语背景下，在艺术的内在核心规定法则之中，"人性叙事"都是一个无法回避的前提，而"国家认同"则是对全球化话语的一个重要的抵抗和表征。因此，这不但要求我们将政治叙事更为艺术化和人性化，而且也要求我们在强调文化的地域性时，更要实现文化传统的现代性资源转换，真正和人性化的国际大文化语境链接。在这方面，我们看到，韩国历史剧在人性叙事和民族叙事之间的粘合，成功地突出了韩国在全世界的民族主体的文化形象（例如《大长今》的"全球效应"），而日本电视剧对于改变本民族"侵略者"形象和树立本民族"强者"形象，也都起到重要作用（例如80年代《血疑》、《排球女将》等片在中国的广泛影响），美国电视剧中隐含的"自由"、"民主"和"人性"化的"美国叙事"，也是美国电视剧的重要成功因素。对此，都值得我们去好好思索和研究。在话语叙事的整合中，要注意以下几点：

1. 在大众叙事的基础性之上，实现艺术性、消费性和现实性的结合

电视剧作为一种冷媒介，不仅是一种大众娱乐和大众消费的手段，更是一种文化意识形态的载体。与电影不同，电视剧具有连续性强、即时性强、文化认同感强、意识形态隐蔽性强、传播形式通俗性强等特点。也就是说，它比电影更保守，更能客观地反映文化场域中各种意识形态的对抗、妥协、合作与融合。所以，我们在讲电视剧的国家认同和传播形象的时候，并不是说让所有人满意，而是力图在主流意识形态、知识分子、大众文化、消费市场、境外文化之间寻找到一种有效的缝合方式，对内促进国家认同的情感凝聚力，对外促进国家认同的号

召力，对内改善执政党和大众的关系，对外树立良好的国际文化形象。我们看到，所有叙事话语都是被塑造出来的。按照哈贝马斯的交往理论，如果要取得共赢，首先要实现一种经济学上符号资本的评估，其次要实现多重符号资本之间的结合。符号消费的特点就是，消费一切具有注意力关注的情绪点，例如性、颠覆欲、主宰欲、权力欲、窥视欲，也有英雄感、崇高感、自由感，中性的故事叙事消费。而作为大众叙事的文化消费，要求电视剧制作者注重电视剧的故事性和观赏性，不断创作出在国家认同和人性化原则下的新的传播形象。

同时，我们也看到，大众叙事的重要性还在于，在国家认同和人性化的原则下，实现艺术性、消费性和现实性的结合，真正激活电视剧接受主体的能量。如果只是注重了国家认同和人性叙事，而忽视了电视剧的消费特质和现实针对性，同样也会造成电视剧传播魅力形象的缺失。有了人性化原则，还要实现艺术性、消费性和现实性的结合，才能真正在电视剧的骨架上附着以丰满的血肉，成为活生生的、富有魅力的传播形象。在这方面，中国电视剧有很多成功经验，也有许多失败教训。例如，2006 年央视投资的大型电视剧《大明王朝》，导演是有着宏大忧患意识的优秀知识分子，他力图在该剧中展现大明王朝由辉煌走向衰落的深刻历史思索。应该说，该剧的人性叙事、国家认同、政治叙事都是不错的，但是，该剧的收视率却和同期上档的《武林外传》形成了鲜明对比（《大明王朝》播出之后，最高的收视率仅为 0.41%）。① 为什么会出现这样的尴尬现象呢？我们认为，正是对大众叙事，特别是作为接受主体的大众审美考虑不够，导致了该剧的处境。而这也是国家认同下的传播形象的一个重大问题，即如果观众不买你的账，再好的启蒙愿望、国家认同又到何处安放？又如何实现所谓的传播形象呢？不可否认，我国的历史电视剧已经形成了一定的套路，例如华丽的服饰、强大的演员阵容、宫廷政治、宏大的历史主题、国家主义下的政治诉求等等。但是，一旦这些元素对于百姓来说，都成为一种精神负担和审美疲劳的时候，喜新厌旧的市场规则就会毫不犹豫地抛弃它们。这就要求电视剧制作者，不但要在人性深度和历史深度上下功夫，而且要在观众审美心理上下功夫。例如，同样是主旋律片，《大染坊》却取得了收视成功。除了其他因素外，该剧对接受主体的历史消费心理的刺激，无疑是一个重要原因。在《大染坊》中，电视剧为我们塑造

---

① 田　磊：《爱〈武林外传〉不爱〈大明王朝〉》，载《南风窗》2007 年 3 月。

了一个忧国忧民的民族企业家形象，他并没有将陈寿亭这个人物形象简单化，而是写出了这个商界奇才复杂的、富有传奇性的人生。导演非常注重该电视剧的大众观赏性，在满足了大众英雄情结和传奇心理的同时，人物丰满传奇，故事紧张曲折，并注重摄影、灯光、场景、道具、化妆、音效等方面的设计，烘托气氛，渲染人物，特别是对中国传统的京剧等艺术形式的借鉴，都取得了很好效果。在观看该剧的时候，普通民众对故事性的渴望，知识分子对民族资本家形象的思考，政治叙事和国家叙事对影像的要求，都在大众叙事的基础上得到很好的实现。而《大明王朝》，导演"反映历史规律"的宏大意愿压倒了对于历史电视剧的消费心理考虑，"嘉靖"这样在百姓中知名度本不高的皇帝，无法引发大众的审美期待，而海瑞的形象则隐含着对反腐倡廉的所指，没有摆脱政治叙事的束缚，观众对历史剧产生了审美疲劳，这种说教的失败也就是必然的事了。

2. 在国家认同的背景下，以民族文化取胜，不以政治概念取胜

国家认同不能等同于传统认同，更不能等同于纯粹的本土认同、政治认同，而应该是一种文化和情感上的认同，是一种亲和力的建立。民族文化也不能简单等同于传统文化，而是中华民族在历史中形成的独特气质、神韵和风貌。在这里，所有政治叙事的企图，都必须在国家认同的背景下，隐含在电视剧的艺术之中，才能收到事半功倍的传播效果。其实，在我们中国的民族文化中，不仅儒家文化的伦理亲和性是我们优秀的价值珍宝，而且中华民族自强不息的拼搏精神、灿烂的文学和艺术成果、汉唐时期人类个性的自由和解放，都是我们应该珍惜的财富。而这些民族文化的珍宝，如果可以合理地整合入国家认同的背景，就会收到良好的效果。例如电视剧《渴望》在 90 年代初期获得了巨大的成功，其主要原因就是在人们厌倦了知识分子精英叙事的高调，而在该剧对普通百姓身上的人性美、人情美的挖掘之中得到了审美的冲击。虽然电视剧并没有直接展现重大的历史事件，却将这些事件化为了背景，而突出了刘慧芳的牺牲奉献精神和宋大成的善良和友爱，以及浓浓的中国家庭伦理对王沪生等人的影响和改造。在这里，民族文化就发挥了良好的作用，而中央讲求描写人的高尚美，用优秀作品鼓舞人、感染人、教化人，投身于社会主义建设的既定政治目标也得到了较好的实现。

但是，在目前的电视剧叙事中，特别是主旋律电视剧叙事中，有一个危险的倾向，就是以政治概念代替民族文化，例如盛世、团结稳定等等，而将国家认同

强制地归结于对这些概念的认同。这样做的一个直接后果就是，形成了国家认同和政治叙事的两结合，而压制了人性叙事、大众叙事，形成了传播形象学中的"话语形象遮蔽"。例如，在主旋律的历史剧《汉武大帝》中，制作者为了突出汉武大帝的英雄主义姿态，不惜以贬低司马迁形象和迁就独裁做法的方式塑造人物，将汉武大帝的英雄悲剧性和成功感，渲染得十分成功，而对汉武大帝的暴虐和残忍，例如逼死太子据、临终逼杀钩弋夫人等做法，则揭示和批判得不够。这种英雄主义姿态，先是被整合入了驱逐外敌、维护国家统一的国家认同之中，既而被"隐喻地"整合入当代中国的历史任务和政治秩序的合理性问题上。这种做法，无疑增加了传播形象交流的难度，并不容易得到认可。同理，我们也如此看待所谓"新红色经典"《激情燃烧的岁月》的得与失。该剧的成功之处在于，还原了红色战争英雄的一些本来的人性面貌，在"祛魅"的过程中，为红色英雄们重新赋予了亲民的、民间性的"英雄光环"。但是，如果从该剧的传播形象来看，无疑也是存在问题的。例如，如果从人性叙事的角度出发，"非攻"的反战的思想，不仅是西方，而且是东方的文化中都存在的。但是，在该剧中，我们却看到了对战争的美化和怀念，以及石光荣式的红色军事管理实践在家庭伦理中的成功。而这些怀念和成功，无疑都是被整合入国家叙事和政治叙事之中的。其实，如果我们看《兄弟连》、《拯救大兵瑞恩》、《太极旗飘扬》等外国的影视剧，就会发现，对国家叙事和政治叙事而言，完全可以有另外的叙事方式，既能反映人性叙事和大众叙事，又能整合国家叙事和政治叙事。韩片《太极旗飘扬》中，并没有用政治叙事话语扭曲北韩的形象，而只是在人性叙事的基础上真实地再现了战争双方的同等残忍的悲剧命运，而将浓厚的伦理亲情贯穿整部电影。但是，谁又能说，该片起到的巨大的政治整合作用和国家认同效果，是不存在的呢？继承这一逻辑，我们要问，为什么我们缺乏反映海峡两岸的电视剧？毫无疑问，这目前仍是敏感区，但是在中央强调两岸和平统一、提倡两岸国家族群认同的大政策下，不是更需要凝聚国家认同、树立传播形象的该题材的电视剧吗？（早些年还有《几度夕阳红》等琼瑶片间接地反映这些问题）这无疑是中国电视剧创作的遗憾，更是应当引起中央重视的地方。

这种民族文化要大于政治概念的看法，更可以在许多商业化的类型片中得到体现。例如，《北京人在纽约》描述了中国音乐家王启明在美的奋斗经历。它客观地反映了许多海外华人的经历，并激发了华人的认同感。但是，在该剧中，也存在着概念性大于文化性的问题。例如，该剧过分渲染了王启明的文化自卑心态（成功后在白人妓女身上撒钱等细节），并夸大了美国文化对中国文化的排斥性。而这种叙事策略的后果是，我们不过是宣传了狭隘的大中华民族主义和对西方文明征服与排斥、自卑又自大的畸形心理，而未能从对话和交往的角度，实现对两种文明的沟通和融合的努力。而王启明这种华人形象，无疑可以获得一部分人的称赞，但是，却丧失了国家认同在国际上的良好的传播形象的价值感染力。和《北京人在纽约》相比，《京港爱情线》（李亚鹏、吴倩莲主演）虽然成本要小得多，但是，在国际文化语境中的传播形象，却要好得多。李亚鹏的运动员的青春健康形象，和吴倩莲的香港白领丽人的形象，实现了很好的结合，在"如何拿冠军、为国争光"的叙事主线中，大陆和香港的不同文化心态和背景，都被有效地整合入国家叙事和政治叙事之中，并凸现了民族文化中的家庭伦理和拼搏精神。

3. 在国家认同的基础上，将民族文化与人性标准相融合

我们看到，民族文化和人性标准的融合，无疑是我们实现四种叙事整合的一个重要环节。在这里，人性标准不能被简单化、欲望化。而人性标准和民族文化标准会有冲突也有融合，关键是如何整合入大的国家认同之中。同时，人性标准不能等同于西方标准，而必须以民族文化为基础，否则就会掉入西方文化殖民主义的怪圈。

例如我们如何看待中国电视剧中"东方奇观"的后殖民性和民族性的问题。"东方奇观"，无疑是一个非常具有争议的话题。有的学者认为，无论是好莱坞的中国形象，还是我们国内某些导演刻意营造的民族影像，都是一种后殖民文化心理的结果。在这些影像叙事中，中国是他者的，神秘的，是刻意塑造的可疑的强者；又是女性化的，牺牲的；同时又非文明的，充满了封建性的，原始和野蛮的。其实，我们看到，他者化，是一种文明主体确立的心态。没有真正的中国，只有话语中被塑造的中国。我们看待西方，又何尝不是把纵欲、个人主义、野蛮的破坏、肌肉感形象和对西方文明理性的自卑感结合在了一起呢？所以，我们要真正树立中国主体形象，一方面，是要树立真实的西方形象，不能将之妖魔化；另外一个方面，更要在民族文化的基础上，积极摆脱西方对我们的话语塑造，去除阴性的话语形象，积极追求开放、乐观而雄强的文化形象。同时，我们更要注重和西方文明一些优秀的基本价值内核的联接。

　　那么，那些所谓的西方优秀的核心价值是什么呢？那就是人性论基础上的人道主义。这不仅是西方的，更是全人类的。尽管西方哲学从拉康、福柯到德里达、齐泽克，都在致力于对于宏大叙事的拆解，特别是西方启蒙叙事的拆解。但是，我们看到，无论是现代主义，还是后现代主义，西方的关注点，始终在于人的自由和精神解放。而作为后发现代性国家的电视剧传媒，我们所做的，就是要在本民族文化的基础上，融合这些精神元素，并在符合商业化和产业化的运作模式下，创造真正有中国特色的中国形象。我们儒家伦理中，对信义的坚守，对人性恶的谴责，对人与人情感性的认同，对人性的宽容和理解，家庭的温暖和呵护，这些东西是西方竞争激烈的现代社会中所缺乏的。也是我们文化中非常动人的东西。同时，我们的道家文化中，也从来不缺乏狂放恣肆的个性想象力，不缺乏个性反抗精神。同样，我们也不缺乏汉唐式的自信心和气魄，不缺乏《国风》般的爱国主义的勇气和荣誉感。关键在于，我们的电视剧在构建国家认同和塑造传播形象的时候，不能用国家认同等同于个人认同，更不能用帝王英雄观来抹杀人道主义精神。例如，韩国电视剧《大长今》、《明成皇后》同样是写宫廷的戏，我们不仅看到了宫廷的权谋，而且看到了韩国式的饮食和针灸，韩国充满仪式化的礼仪，更看到了韩国人温和、自尊和关爱的人性文化特质，而这些正是这些电视剧取得成功的原因之一。如果我们做到这一点，所谓的中国奇观，就不会再是阴沉而华丽的宫殿、变态的帝王、封建权力欲对个人自由的光明正大的剥夺，也不会再是电子游戏般的大场面的血腥杀戮和苍白脸谱化的人物的结合，更不会是国家认同对个人认同的淹没。而我们的导演，对于人性化的理解，就是给"英雄们"增加绯闻故事，增加三角、四角的花边感情纠葛，或者说是恶俗的欲望化，而在这些策略的背后，依然是对人性和人道的不尊重，缺乏对英雄人物平民化和人性化的理解。

　　当然，在这一点上，有的电视剧就做得比较好。我们注意到，许多成功的主旋律电视剧，正是在国家认同的基础上，巧妙地运用叙事和形象设计策略，在赢得了市场的同时，赢得了广泛的大众的关注和情感与价值的认同。例如《亮剑》，这部电视剧的成功不仅是因为中日关系的大气候，而是在于导演和演员，将国家认同与人性叙事、政治宏大叙事巧妙地结合在了一起。所谓亮剑精神，不仅是我党和我军的优良传统，也是中华民族不屈不挠的英勇斗争精神的体现。而这种积极奋发的民族精神，正是对中国中庸、隐忍的民族形象的一种反驳。而该剧的感染力，还在于导演和演员并没有人为地拔高这些勇武精神，也并没有把它抽象为一种概念，而是活生生、真实地体现在了中华优秀儿女面对国家生死存亡表现出的一种近乎本能的勇敢和力量。这便是一种真实的人性化的处理。电视剧中众多激烈而残酷的战斗场面，导演没有突出高尚的理想和战士的思想斗争，而是突出了一种人性中的勇敢是如何被激发的过程。而政治意识形态、国家认同，也在"党带着我们打鬼子、过好日子"的朴素信念下，去除了生硬的说教，变成了一种活生生的感人力量。

另外，敌人的形象也至关重要。按照哲学家拉康的"镜像理论"，任何主体的确立都要通过"他者"形象的定位，只有在他者的定位中，自我主体形象才能真正找到参照和二元对立性的合理逻辑。我们赋予了他者什么形象，我们就会赋予主体一种形象上相反或类似，在文化逻辑上却相同的形象。例如，在我国五六十年代的战争片中，都存在着将敌人简单化、漫画化和丑化的现象。这种建立在现代性基础上的反现代性叙事，正是要求我们在国家叙事中不断抽象出一种本质，并将这种象征性的本质赋予不断演绎的合理性。而在《亮剑》中，"鬼子"形象十分复杂，一方面，他们是我们民族最凶恶的敌人，另外一方面，他们又占有先进的强大的军事优势的；一方面，他们狠毒狡诈，另一个方面，他们又是勇猛顽强、有智谋的军官和士兵；一方面，他们是恶的，在战争中丧失了人性，另一方面，他们又是有着人类共同的情感的，有着乡愁和亲情。正是在鬼子新形象的塑造中，才更能衬托和突出我国军民的勇敢和力量，突出我们人性化叙事而非政治道德性叙事的真实性。而这种精神，不仅体现在中日之间的斗智斗勇，也体现在导演处理国共两党的关系的时候，机智地避开了政治意识形态的碰撞，而选择了国家民族认同的大前提作为基础，而将李云龙、楚云飞的英雄相惜的友谊，共同抗日的慷慨，融会入国共之间的合作、矛盾等等诸多细节中去，既突出了共产党代表人民利益和国家利益的合法性，又强调了"落地成兄弟，何必骨肉亲"的国家认同。

电视剧中的几个主要人物形象，更是体现了人性叙事和国家叙事、政治叙事的结合。比如李云龙虽是个大老粗，没多少文化，却意外地摆脱了政治话语概念化、抽象化的束缚，更能从普通人的、人性化的角度去贴近战争。他爱发牢骚，好讲粗话，为了赢得胜利不惜被降职；他敢恨敢爱，为了给枉死的警卫员报仇，不惜踏平已归顺的土匪窝；他冲冠一怒为红颜，为了抢回爱妻，率众攻打实力雄厚的县城。然而，在他的看似鲁莽的背后，却是有血有肉、重情重义的灵魂，是头脑灵活、机智开明的指挥员形象。这样，在人性叙事的真实性和平民性之中，在国家叙事的感染力和鼓动力之中，在政治叙事的高尚性和抽象性之中，人物完美地实现了多种叙事话语的有效缝合。与李云龙相对应，是团政委赵刚、国军团长楚云飞。从影像叙事的形象层面上讲，他们分别负载了有别于李云龙的人性化和平民化的叙事之外的形象，即红色知识分子的政治叙事和白色的国民党意识形态叙事。在此，导演和编剧的巧妙之处在于，既彰显了李云龙与二者的矛盾，也显示了李与二者的和谐之处。例如，李与赵之间存在着知识分子与平民身份的差别，也有着守纪与盲动、刻板与灵活等等矛盾，而李与楚之间更存在着意识形态的巨大鸿沟，但是，三者都能统一在一个共同的主题中——国家认同。正是为了民族国家大义，李和赵最终成了性格互补的生死之交，而李和楚也成了政见不同但英雄相惺的朋友。《亮剑》这个电视剧主题也就将军事之剑、共产党人的奉献之剑和国家民族的大义之剑结合在了一起。

4. 成熟的产业化运作模式对国家认同中的传播形象的影响

当我们考虑到叙事策略对于国家认同中的传播形象的影响，不应忽视另外一个重要物质因素，那就是电视剧产业的运作模式。可以说，成熟的电视剧产业模式，不但可以有效地宣传、推销传播形象，而且直接在策划、制作等等各个环节影响传播形象的塑造，影响传播形象的构成和接受定位。目前，一方面，电视台作为买方市场，已呈现出多元竞争的态势。另一方面，电视剧市场中的卖方，即制作者一方也已形成多元并存、彼此竞争的格局。此外，"导演中心制"向"制片人中心制"的演变，竞争加剧及资本的社会化，市场交易渐趋多样化，也促使电视剧产业的发展。但是，目前，我们的电视剧产业化过程中也存在着巨大隐患，这些隐患不仅影响了电视剧的生产和消费，甚至直接影响了电视剧的国家认同和传播形象。

具体而言，主要有：一是国家电视剧政策中过分关注政治叙事与大一统的国家叙事，导致了国家对电视剧意识形态管得太多、太死，使电视剧产业市场化特征不明显，而计划经济意味太浓厚，许多竞争都变成了对官方话语资源的竞争，成为了一种表面文章。无论电视剧拍得如何，只要央视要了，就有了效益的保证。反之，不论该剧再好，也有可能血本无归。这不但阻止了许多类型电视剧品种，比如涉案剧的发展，而且导致了电视剧产业投资方向更为拥挤在几个狭小的领域，造成了电视剧资源的重大浪费；不但无法有效组织电视剧叙事策略的整合，且导致国家政策对电视剧叙事的硬性干预，迫使电视剧的制作方不能按电视剧的艺术规则和市场规则办事，并直接造成了一些剧目的偏差和逻辑混乱。可以说，主旋律电视剧的尴尬状态，很大程度上由此而来。

二是目前电视剧产业，存在着严重的反市场规则和艺术规则的利益冲突。作为电视剧市场的管理方，主流意识形态对电视剧产业的某些硬性规定，不但扼制了良好的整合状态的国家认同的完成，而且造成了韩剧中一些价值状态模糊、文化认同性差的国外电视剧对本民族电视剧市场的冲击。而有的投资方，比如一些大的房地产商，将投资电视剧作为洗钱和追星的手段，使大量电视剧成为一种无法上市、又无艺术性的工具产品。有的制作方，将大量资金和心血，用在疏通关系和揣摩政策上，而作为电视剧产业的消费环节，各电视台的电视剧收购市场，依然存在着严重的权钱交易、拖欠款项等等非市场经济的问题。这些问题，都成为阻碍中国电视剧产业化发展，阻碍电视剧实现良好的国家认同的瓶颈。

三是电视剧产业类型模式的混乱，也是影响传播形象的一个重要因素。电视剧类型化，不但是电视剧艺术的表现，更是电视剧产业化的重要表现。好的类型模式，可以有效地突出传播形象，例如日本和韩国的青春偶像剧。目前，中国电视剧产业化过程中，类型化的发展也比较迅速，不但历史剧、现实剧、言情剧等门类发展较齐全，而且由于电视剧的题材种类多，目前逐渐呈现出一种题材综合化的趋势，比如反腐、公安、言情等题材的综合，古装、武打、言情等题材的综合。而在类型化的过程中，类型模式的形象混乱，是阻碍我国电视剧类型化的传播形象的主要问题。在这方面，主旋律电视剧的情况比较突出。男权气质、清官思想、歌颂加暴露的模式、新革命加恋爱的模式、大众通俗性"戏说"与严肃的意识形态性的矛盾、主旋律电视剧的伦理化、泛情化和商业化等等问题，都是主旋律类型电影在类型化的过程中，暴露出来的传播形象的问题。

一位学者曾说："在过去10年里，因为商业和军事目的而引发的关于所谓即将到来的'信息时代'或'信息社会'的争论，已经成为国际政治、经济和文化斗争的主要领域。"如今全球100家大音影企业集团85%都位于第一世界，特别是美国，其营业总额高达1100亿美元；1998年美国的第一大出口行业是影视和音像出版业，出口总收入达600亿美元；美国视听产业（影视和音像）在国民经济中的排位已由1985年的第11位跃居到第6位；在录像市场上，美国1997

年仅录像租赁收入就达 96 亿美元。① 然而，中国的电视剧要继续发展，除了面向广阔的本土电视剧市场以外，还将面向国际电视剧市场，特别是东亚的电视剧市场及全球华语电视剧市场。在亚洲地区，华语电视剧具有巨大潜力。中国大陆有13 亿人口，台湾还有 2100 多万华人、香港有 1400 多万华人，另外还有 2000 万华人在东南亚各国，400 多万华人分散在世界其他地区，而受到华语文化历史和现实影响的人口数量就更是难计其数，虽然人们处在已经改变过的物理空间中，但共同的文化、语言和历史仍然能够为他们带来或多或少的联系。应该说，这样一个巨大的已有或者潜在的消费群对于中国电视剧产业的发展来说是一个最重要基础，也是其实现国家认同基础上的传播形象的重要立足点。当我们讨论电视在当代文化发展中的地位，不能不提到经济全球化和文化全球化中的传播形象问题。电视不仅是信息传播和文化交流的媒体，而且本身就是一个大有可为的信息产业。以美国为首的西方发达国家在电视产业领域加速发展的咄咄逼人之势，不仅使人们看到了东西方电视文化的差异，而且强烈地感受到了东西方电视产业的差距。我们应当认清改革开放的过程，就是中国主动并逐渐深入地加入经济全球化进程的过程，也是中西方文化不断冲撞的过程。同时，也必须认识到，经济全球化不等于文化全球化，文化全球化虽然包含了各民族文化的交流、融合和互补，但这并不意味着各民族文化的泯灭，更不会产生某种普世文化，而有机融合大众叙事、人性叙事、政治叙事和国家叙事的传播形象，无疑是我们实现国家认同、实现全球影像竞争的重要手段。我们必须大胆交流、迎接挑战，通过电视剧国家认同中的传播形象，让中国走向世界。

（王　滨　山东艺术学院艺术研究所所长、教授）

（房　伟　山东省社会科学院副研究员）

---

① 尹　鸿、萧志伟：《好莱坞的全球化策略与中国电影的发展》，见《当代电影》2001 年第 4 期。

中国流行音乐的发展道路

付菠益

内容提要 流行音乐作为一种大众文化现象，成为整个大众文化传播的重要媒介，它犹如"一面镜子"影射出社会变迁与现代化发展的步伐。本文通过对中国流行音乐发展历程及其现状的归纳与总结，进一步探寻工业化大生产之下的大众文化生活、市场变化及传播媒体以及不同文化策略等方面对流行音乐形成与发展之间的相互作用力，从而试图解析流行音乐所具艺术品性之外的其它属性。

关 键 词 流行音乐 发展历程 行业评价体系 网络媒体 产业化

流行音乐，以悦耳的音调广泛流传于社会民众之间，成为整个流行文化传播的重要媒介，它犹如"一面镜子"影射着社会变迁与现代化发展的步伐。正如德国社会学家齐美尔（George Simmel）曾经指出：通过流行文化，社会各个成员可以实现个人同社会整体的适应过程，从而实现其个性的社会化，而社会整体结构的运作也可以借助流行文化作为桥梁和催化剂，将个人整合到社会中去。①

----

① 高宣扬：《当代社会理论》，中国人民大学出版社 2005 年版，第 9 页。

"流行音乐"① 一词来源于美国。伴随着殖民统治和移民现象出现，早期的流行音乐融合了美洲大陆移民及非洲黑人的音乐风格。通常认为，19 世纪末 20 世纪初在美国纽约黑人居住区产生的由"布鲁斯"（blues）、"拉格泰姆"（ragtime）以及"布吉·乌吉"构成的爵士乐（jazz）标志着现代流行音乐的开始。② 然而，伴随着市场经济和现代文明的不断跃进，数百年来流行音乐的发展早已突破了传统的建构，体现为一种"借助现代文化工业日臻完善的传播技术和复制技术手段"③，"由文化工业生产商操纵，以大众信息传播系统为载体，在特定的社会结构和意识形态之中建构起来的，为社会成员所接受的一种简单规范的音乐形式，是一种以公开的商业行为为目的、满足当代大众心理需求的大众宣传品和消费品"④。

因此，与社会物质文明高度发展的息息相关；与社会生产力水平、传播媒体的张弛力度和文化政策均衡适时地同期而遇及与时代气息的敏锐结合促使了流行音乐成为整体社会文化领域中最活跃的"因子"。

盘点历史——拿来主义的数次演练

（一）滥觞·断层·草创——中国流行音乐的初期发展

20 世纪 20 年代的黎锦辉被认为是中国流行音乐的奠基人。1927 年由他创作的《可怜的秋香》、《毛毛雨》、《桃花江》等作品标志着中国流行歌曲的产生。他在大量运用民间音乐素材的基础上倾向于吸收西方音乐的舞蹈性节奏，体现出题材上的平民化和音乐上的民间化。"九一八"事变之后，救亡歌曲日渐成为社会音乐生活中的主流。以冼星海、沙梅、张寒晖等为代表的音乐创作者谱写了大量进行曲风格的群众歌曲；同时还包括任光、贺绿汀、聂耳等以电影插曲形式创

---

① "流行音乐"（或"通俗音乐"），英译 pop，为 popular 的缩写，初期指能够吸引广大观众的音乐会。1958 年美国学者本尼迪克特（Benedict）创立了"伦敦流行音乐会"，一直延续到 1858 年。自 20 世纪 50 年代后期起，pop 一词特指非古典音乐，通常称甲壳虫、滚石、阿巴等音乐的表演者们所演唱的歌曲。因此又有"流行乐组"、"流行音乐节"之称。（［英］肯尼迪：《牛津简明音乐词典》，人民音乐出版社 2002 年版，第 752 页。）

② 弗兰克·蒂罗：《爵士音乐史》，人民音乐出版社 2000 年版，第 27 页。

③ 黄会林、尹　鸿编：《当代中国大众文化研究》，北京师范大学出版社 1998 年版，第 150 页。

④ 黄会林、尹　鸿编：《当代中国大众文化研究》，北京师范大学出版社 1998 年版，第 159 页。

作的《渔光曲》、《天涯歌女》、《铁蹄下的歌女》等广泛流传的作品。与此同时，以黎锦光、陈歌辛、姚敏、梁乐音、严工组成的"中国五人帮"① 为代表的创作队伍完成了《夜来香》、《蔷薇处处开》等作品，同时李香兰、白光、姚莉等人成为这一时期流行歌手的代表。

接踵而来的是 50 年代前后以群众歌曲为主体的音乐形式、以延安为中心的进步音乐工作者的创作梯队及为革命、为政治服务音乐创作意图的形成；60 年代以《东方红》上演为发端的一体化大众歌曲创作风潮的到来；70 年代以"八个样板戏"、"三歌颂"等革命歌曲的盛行……20 世纪中后期的中国音乐发展主要是以"革命性"、"政治性"为前提，并且在某种意义上其创作与欣赏具有一定的"强制性"、"政策性"和"目的性"，这也在某种程度上割裂了流行音乐在中国的发展，致使中国流行音乐出现了近 30 年的断层，而这一断层的续接直到 20 世纪 70 年代末期才得以实现。

20 世纪 70 年代末期随着改革开放的到来，中国社会步入了一个新的历史时期，1978 年也成为了中国流行音乐在当代的发端，成为在中国流行音乐发展中经历了 30 年断层之后的一个"焊接点"。1979 年底李谷一为电视片《三峡传说》演唱插曲《乡恋》，音乐中探戈舞曲节奏的运用以及"气声"演唱技法的演绎，招致了中国流行音乐界的一次重要"论战"；随后上海朱逢博演唱的《红杉树》、苏小明演唱的《军港之夜》等音乐作品均成为这场"论战"中的例证和焦点。这一时期的音乐风格除去音调本身抒情性的增强及音乐题材的拓展之外，歌词的时代特性加强，其中亦有少量作品吸收了新的音乐素材、音乐载体、创作技法以及演唱方法，显现出向流行音乐的靠拢。作曲家王立平创作的电影《浅海姑娘》以夏威夷吉他演奏的主题音乐、电视片《哈尔滨的夏天》中的《太阳岛上》东南亚船歌音乐素材的运用，毕晓世组建广州第一支轻音乐乐队"紫罗兰"且巡回演出，以及交谊舞热和电子舞曲的盛行……这些看似细微的变化却成为了日后流行音乐大阔步前进的"马前卒"。

伴随着商品经济的迅速发展，录音机、音像制品开始大量进入家庭和公众娱乐场所，其中最具代表性的即是"板砖"录音机及盒式录音带的出现。这一"先进设备"的引入不仅带来了异域的音乐文化，同时也拓展了境内大众娱乐的

---

① 梁茂春：《对中国流行音乐历史的思考》，载《人民音乐》1988 年第 7 期。

消费方式；基于当时国产录音带的空白，港台流行音乐作为被引入的主体部分迅速在国内蔓延，掀起了日后被称为流行音乐发展历程中"港台大潮"。邓丽君幸运地成为了这一"大潮"中的第一位"弄潮儿"①。同时台湾校园歌曲在此时也已经风行全国，与此相对应的国内电影乐团王洁实、谢莉思演唱的《走在乡间的小路上》、《外婆的澎湖湾》、《清晨我踏上小道》等校园民谣作品而轰动歌坛。此外，这一时期的音乐作品还包括电影及电视剧的主题音乐，如《拉兹之歌》、《边疆的泉水清又清》、《我们的生活充满阳光》、《万里长城永不倒》等。

早期的中国流行音乐的创作是从"模仿"开始的，"扒带子"成为这一"模仿"创作的初期形式。广州著名的"老三剑客"金友中、丁家林、司徒抗以及毕晓世、李海鹰等成为当时"扒带子"最早的一批成员。他们凭借自身的听觉将原声音乐以乐谱的形式一一对应出来，然后再试图根据所记录的乐谱进行重新录制，有时也会出现某种程度的改变或二度创作等，因此并未形成具有代表性的原创风格。此外，侯德健也给大陆带来了新的硬件设施、创作技法以及制作理念。

1984年春节联欢晚会纳入了港台流行音乐的阵容——张明敏的《我的中国心》、苏芮的《酒干倘卖无》、侯德健的《龙的传人》等港台音乐作品红极一时。1984年中央电视台还推出了专题栏目——《九州方圆》，"在某种意义上给了流行音乐一个合法的地位"②。此外，1985年《南腔北调大汇唱》及1986年的《民歌大汇唱》大型流行音乐会的成功举办，不仅在音乐风格上突破传统的创作与表演形式，将民间与流行结合、传统与现代相融，同时颇为丰盛的票房效应也显现了流行音乐社会价值的"公众化"，这种大型流行音乐会也成为后来流行音乐的重要传播途径之一。此外，应运而生的"走穴"日渐成为这一时期流行音乐的主要存在方式。大陆第一代歌星也就是在此时开始了艰苦的"走穴"生涯，从长途跋涉的路途艰辛、"穴头"们准"黑"化的经营机制，到一场演出数十元的演员个人所得，无不体现出早期奔走江湖的"血泪账"。"走穴"潮流的兴起不仅锻造了一代歌星，磨砺了技艺，同时也在一定程度上加快了流行音乐的普及。但由于长期以来一直缺乏有效的法律条例和管理手段，即使三令五申的口头政策对"走穴"的风行也无济于事，这也隐伏了日后流行音乐发展中的种种危机。

---

① 金兆钧：《光天化日下的流行——亲历中国流行音乐》，人民音乐出版社2002年版，第61页。

② 金兆钧：《光天化日下的流行——亲历中国流行音乐》，人民音乐出版社2002年版，第76页。

除了谷建芬、付林等作曲家之外，这一时期流行音乐的创作梯队形成南北呼应的阵势：广州"老三剑客"金友中、丁家林、司徒抗以及"小三剑客"解承强、毕晓世和张全复，北京的温中甲、李黎夫、许舒亚、徐沛东、张小夫等合称为"五大配"，他们南北对垒，建立了初期中国流行音乐创作的专业"平台"。此外，郭峰、陈哲、甲丁等人也开始自己的音乐创作，成为当时流行音乐创作的"新兴一派"。相比于早期的"抒情歌曲"、"模仿"等，此时的流行音乐创作日渐显现出一种"准原创"的风格特性。

从早期的"舶来品"到"地上"①和"地下"②的不同扩散，从早期的"扒带子"、"模仿"到"传统"与"现代"、"民间"与"流行"的融合，20世纪80年代初期以来的中国流行音乐渐进形成了自身的风格特性——流行音乐音像制品出版发行、流行音乐专栏在传播媒体的开设、大型流行音乐会的主办、传统因素在流行音乐创作中的介入……正是这些流行音乐的"事件"及"影响"显现出了中国流行音乐早期的发展轨迹，但"流行音乐"作为一种音乐文化类别并未完全成型。

（二）让世界充满爱·一无所有·"西北风"——中国流行音乐发展中的第一次高潮

随着1985年"天下一家"非洲赈灾义演以及1986年"让世界更美好"香港演唱会等各种大型流行音乐会的举办，郭峰等人在1986年也筹划了中国首届百名歌星演唱会——"让世界充满爱"，即成为当代中国流行音乐正式确立的标志。同时，此次音乐会上崔健的一曲《一无所有》为中国摇滚乐发出了第一声呐喊，《一无所有》也成了中国摇滚乐诞生的标志。这场百名歌星演唱会不仅为"流行音乐"公开表明了自己的身份，同时也宣告了中国当代流行音乐创作群体的崛起，为流行音乐提供了更丰富的题材——对于社会公益事业、主题思想等的关注，也由此产生了后来的《爱的奉献》、"亚运歌曲"、《渴望》等一大批音乐作品。此外，1986年由中央电视台主办的第二届"全国青年歌手电视大奖赛"

---

① "地上"主要是指一种公开化的传播方式，集中体现为各种电影及电视剧主题音乐的耳濡目染、校园民谣的登台演出。

② "地下"主要体现为以走私流入、相互转录的传播方式。

中第一次设置了"通俗唱法"① 的专项比赛；同年中国音乐家协会等单位主办的首届"孔雀杯"民歌、通俗歌曲大奖赛也设置了"通俗唱法"，这不仅表明了"流行音乐"在官方媒体及大范围公开赛事中"登堂入室"，也进一步印证了"流行音乐"从"地下"、"半地下"向"公开化"社会身份的转变。

以北京崔健的《一无所有》、广州解承强的《信天游》为代表，这一时期流行音乐的创作出现了一股"西北风"的热潮。作品大都以强劲有力、慷慨悲凉的北方民间音调为创作素材，音乐风格、编曲和演唱等方面借鉴西方摇滚乐的实践技法；在歌词内容的设置上也体现出对国家、民族以及自我的一种历史性反思和文化批判意识。随后出现的《我热恋的故乡》、《黄土高坡》、《心中的太阳》、《少年壮志不言愁》、《红高粱》中《妹妹曲》等流行音乐作品也成为"西北风"中的重要代表作。数场"西北风"专场演唱会的举办以及 1988 年"第三届全国青年歌手电视大奖赛"中"西北风"的主体地位等都加速了"西北风"的扩散，为中国流行音乐的创作带来了第一次高潮。基于这一风格出现了一大批青年词曲作家及优秀作品，从而开拓了以"原创"为主流的创作风格。

这一时期广州仍然成为流行音乐盒带的最大产出地，在制作技术上体现出较大的优越性；上海则成为当时音像事业的重要领地——上海中唱、上海音像、上海声像以及《音像世界》等成为流行音乐走向市场的重要"港口"；北京的流行音乐创作沙龙聚集了当时国内流行音乐创作、制作领域的专家和"高手"，促使相互之间的沟通加强。与此同时，歌手的培养也成为这一时期流行音乐发展中的重要组成部分，以孙国庆、王迪、田震为代表的"西北风"演唱风格的形成，谷建芬创办的歌星培养中心，以李谷一为中心的中国轻音乐团等等为日后培养了一大批流行歌曲的演唱者。至此北京的创作与实践、上海的宣传与出版、广州的制作与生产形成这一时期中国流行音乐发展中的"传输带"。

随着 1988 年"囚歌"、"知青歌曲"等俚俗歌曲的出现，"西北风"的主体地位开始发生转变。以迟志强的《悔恨的泪》为发端的"囚歌"风以及以"知青歌曲"为内容的音像制品的上市显现出继"西北风"单线性音乐思维之后在

① 关于"通俗歌曲"、"流行歌曲"早期曾引起争议且尚无定论，通常意义上各类比赛的"通俗唱法"专项中均体现为流行歌曲演唱及创作的竞技，这也似乎成为一种"约定俗成"的观念，因而近年来有关于"通俗"、"流行"等方面的名称之争已近平息，详情不再赘述，笔者在此处的写作倾向于"通俗"与"流行"的略同。

创作风格和音乐形式上的分流。

1989年海外音像制品开始正式引进、卡拉OK的引进、传媒的市场化成为中国流行音乐进入新时期的重要标识。从齐秦的《狼Ⅰ》和苏芮的《跟着感觉走》开始，政府审批下的引进版制度致使中国流行音乐开始了与"外面的世界"的交流和竞争。与此同时，卡拉OK开始出现并迅速得以普及，体现为一种以家庭为单位的个体化娱乐方式，从而在根本上改变了流行音乐受众群被动欣赏的消费格局，这也在某种程度上导致了日后许多歌手都是出身于卡拉OK，严重的"模仿"失落了自身的本质特色。这一时期大众传播网络也基本完成了商业化进程，从广东珠江经济台的改版到各类电台、报刊、杂志等娱乐专栏的开设，市场体制之下的商业运作使资本渗透进以往纯粹官方化的意识形态领域，从而加速了"文化产业化"的进程，这也为继"西北风"之后流行音乐发展提供了必要的市场平台。此外，1988年崔健在北京中山音乐堂举行第一次个人演唱会；1988年底陈蕾组织的"挑战——中国流行音乐走向世界"大型演唱会，融合"港台风"、"西北风"等不同风格的流行音乐作品；"新时期十年金曲"、"1988十大金星评选"、"改革十年优秀歌曲评选"……这一系列大规模的活动的举办和评选也似乎成为中国流行音乐发展第一次高潮的"总结报告"。

1986年"让世界充满爱"首届百名歌星演唱会的举行，由"西北风"引发的中国流行音乐第一次高潮，在经历了"囚歌"、"知青歌曲"等不同音乐风格的演化，在经历了两届"全国青年歌手电视大奖赛"以及数次流行音乐演唱会的"身份认同"，在经历了从演唱会等个体被动欣赏到卡拉OK演唱主动参与方式的演变……这些转变之后的定型成为第一次"高潮"所显现出的种种特性，然而它们的再度加深则成为第一次"高潮"最终陨落的真正动因。这一时期相关的学术研究仍然停留于空洞的理论之上，并未注意从文化到经济、从体制到观念上的种种冲击与隐患；法制建设、行政管理等方面的极度匮乏导致了流行音乐时刻处于无法控制的边缘地带；长期的"江湖"运行致使早已"先天不足"的流行音乐在后天的成长中也并未摄取"丰富的营养"，以求它的健康繁荣尚待进一步地调整。

（三）追星族·签约·94新生代——中国流行音乐发展中的第二次高潮

1990年初在北京首都体育馆，由"ADO"、"宝贝兄弟"、"眼镜蛇"、"呼吸"、"黑豹"、"自我教育"六支摇滚乐队举行了"1990 现代音乐演唱会"。同年崔健在北京展览馆举行了个人演唱会，而后又进行了亚运会募捐集资的全国巡回演出。伴随着这场中国摇滚乐专题演唱会的举行，为中国摇滚乐带来了新的发展，一时间各种小型的非营利性质的摇滚 PARTY 盛行，促使摇滚乐走向更广泛的人群，形成这一时期中国流行音乐发展大潮中的一支"生力军"。另一方面随着 1990 年《渴望》以及"女人"三部曲等电视剧的热播，其主题音乐《渴望》、《好人一生平安》、《篱笆墙的影子》等均成为当时脍炙人口的歌曲，从而也日渐形成了电视剧主题音乐的专业创作领域，雷蕾、徐沛东、温中甲、李海鹰、伍嘉冀等作曲家相继介入这一创作领域。再则，此时期各种电视晚会的盛行开始替换 80 年代中后期的大奖赛和现场音乐会，《冬天里的一把火》、《爱的奉献》、《北京的桥》、《好大一棵树》、《涛声依旧》等均是来自于电视晚会上的演绎。此外，1990 年"亚运会"也成为当时音乐创作的热点，征歌活动中相继出现《亚洲雄风》、《黑头发飘起来》、《不要说再见》、《光荣与梦想》等音乐作品。

除却上述的"更新"之外，此时却有另一股风潮正在悄然而起——港台流行音乐的再次登陆。1990 年北京工人体育场举行的"亚运前夜"音乐会上，赵传的《我很丑，可是我很温柔》又一次唱响了港台流行音乐的歌声，掀起了港台流行音乐在大陆的又一个浪潮。紧随其后的追星运动则成为这一狂潮中的一股"热浪"，"追星族"成为港台歌星得以迅速升温的"助燃剂"。

此时期内地的"造星运动"也开始有了初期的进展。1992 年香港音乐制作人刘卓辉在北京以"大地唱片公司"名义首先推出了歌手艾敬，黄燎原和张蕾一起为艾敬的《我的 1997》和《流浪的燕子》等音乐作品所做的地毯式新闻宣传成为中国最早的媒体"炒作"运动，这也在某种程度上宣告了国内唱片制作新时期的开始——"包装机制"的引进。随后广州的许多音乐人也纷纷依附于各大音像出版公司的支持开始实践这一发展模式，毛宁和杨钰莹在音乐制作人陈珞的"包装"之下成为当时歌坛的"金童玉女"；音乐制作人陈小奇对歌手甘萍、李春波、李进、陈明等进行"南征北战"式的流动宣传；北京的苏越以孪生兄弟楚奇、楚童和高枫为对象进行的全方位"打造"；"指南针"乐队、歌手罗琦的推出则应该归功于王晓京的用心良苦。此外还包括北京的王彦军成立赛特文化发展公司并且签约那英；李玲玉、景岗山等签约"大地唱片公司"；高林生走进"白天鹅唱片公司"；林依伦成为"新时代唱片公司"的歌手……这一时期的蜂拥而至的"造星运动"与摇滚乐阶段性的高涨一起构成了 90 年代初期国内流行音乐最为绚丽的景观,中国的流行音乐迎来了第二次发展高潮,人们将这一阶段所涌现出来的歌手统称为"94 新生代"①。"94 新生代"带来了一种新的制作理念——以北京、广州作为一南一北为主要音乐制作群体,结合市场和人文两大因素,引入先进的技术手段与合理的"打造"模式,从而形成中国流行音乐第二次大发展中的一轨"高速通道"。随着新人的大量涌现,许多"老歌手"也相继推出自己的新作。臧天朔的《我这十年》、屠洪纲的《霸王别姬》、田震的《野花》、李娜的《青藏高原》等音乐作品陆续成为这一时期流行音乐的代表作。此外,于文华和尹相杰合唱的《纤夫的爱》、孙浩的《中华民谣》、刁寒的《花好月圆》等作品均体现出一种"准"民歌的音乐风格;而《阿姐鼓》的问世则是将这种创作风格推向了极致。

由此来看,自 90 年代初期以北京为中心的摇滚乐的盛行、港台流行音乐在大陆的再度风靡、外来包装体制的引入为国内流行音乐带来的"签约热"以及"94 新生代"的形成等等为国内流行音乐的发展带来了一派繁荣的景象,然而这些"追星热"、"港台风"、"94 新生代"、"准"民歌风的出现也标志着 20 世纪 90 年代中国流行音乐发展的第二次高潮的到来。1994 年 4 月南京经济台策划主办了"光荣与梦想——'94 歌坛展示与研讨"大型活动,音乐表演与理论研讨并行的办会方式成为这次活动的"亮点"。同年 8 月 6 日北京音乐台主办了"年度颁奖"活动,成为了"光荣与梦想"的"续集",此次颁奖活动中出现了何勇及《钟鼓楼》、张楚及《姐姐》等摇滚音乐获奖作品,这也反映了中国摇滚乐日渐进入主流传播媒体的新动态。10 月由上海《音像世界》在烟台召开的"流行音乐与传媒"研讨会,成为流行音乐圈内人士的又一次大聚会。而年底在北京展览馆举办的"94 辉煌"马拉松式演唱会则体现出这一时期流行音乐发展的综合实力,成为第二次流行音乐发展高潮中的一次"大会师"。

随着歌手包装体制的"签约热"不断升温,潜藏于内部的种种制作机制及经济运作的弊端开始暴露。国内流行音乐在引入包装体制的同时,音乐本身制作成本开始提高,加之盗版的疯狂,许多唱片公司在商业运作方面遇到了资金周转困难,利润上的分配不匀成为日后歌手相继与制作人和公司发生矛盾的主要根源,

---

① 金兆钧:《光天化日下的流行——亲历中国流行音乐》,人民音乐出版社 2002 年版,第 187 页。

同时也在某种程度上恶化了音乐制作人与歌手之间的关系，顷刻间"解约"便成为"签约热"迅速冷却之后的一种"凝化"，映射出流行音乐内部机制与外界运作体系的不合理。

从港台流行音乐在大陆的再度风行到青少年"追星族"对歌星偶像的狂热；从"1990 现代音乐演唱会"的举行到摇滚 party、摇滚乐队在北京的盛行；从"南北征战"的"签约热"到"解约"现象的一度深化……中国流行音乐的发展显示出了又一次"抛物线"式的滑落。从"低谷"又一次回到"低谷"，不得不逼迫我们再次地深思——以"包装模式"的歌手"打造"、以媒体操作的音乐会体制、以"签约"形式牵制艺人等均体现出此阶段流行音乐商业化进程的加快，同时也日益凸现出流行音乐的发展与国内市场的变迁存现着一定的"时间差"。内部的技术工艺、制作模式、资源配置与外部的物质基础、商业运作、市场调整以及处于中间地带的政策管理和消费观念等并未达到一种最佳的"契合"，基于种种弊端的出现和危机的加深，中国流行音乐在经历了第二次的"巅峰时刻"之后又一次进入了"自我调整"的阶段。

（四）实体重组·市场化·多元化音乐格局——中国流行音乐发展中的第三次高潮

1997 年"零点"、"清醒"等乐队的出现为中国摇滚乐的发展带来了全新的音乐观念，除了创作题材和音乐风格上的更新之外，同时还建立一种"自我运作"的经营模式——自己创作、自己制作、自己宣传。这一时段出现的"花儿"乐队、"麦田守望者"乐队、"达达"乐队等也受到越来越多的关注，他们共同构成了中国摇滚乐第三代"接班人"。再者，有关"1997 香港回归"的音乐作品相继推出，《我的 1997》、《东方之珠》等均为广为传唱的流行音乐作品。与此同时，张亚东、小柯、浮克注重以新颖的创作理念和国际化的技术手段的融合，成为这一时期流行音乐创作和制作的主力。

1998 年开始的流行音乐制作实体改革和重组成为这一时期中国唱片产业的一次大变革。众多制作集体开始分化，各种内部机制的调整、发展方向与经营策略的探索显现出国内流行音乐的"产业化"步伐的加快。北京京文音像公司除制作发行众多国内音像品之外，同时注重国际化音像经营体系的接轨，在 2000 年引进发行了华纳、百代、环球、BMG 等五大唱片公司的优秀音像制品，推广

"探索"、"美国国家地理"、"美国历史"等品牌节目;① 摩登天空音乐工作室由"清醒"乐队组建,以制作与商业并重的经营机制,在国内音乐市场中打造出一个属于自己的品牌形象——卡通"乌达·菲比",其经营理念也渗透到杂志、图书等多种出版途径,开拓更为宽广的文化市场道路②……此外,2000 年 10 月 8 日,"反盗维权"大型公益演唱会在北京工人体育馆近 3 万观众的欢呼与沸腾中隆重闭幕。116 位知名艺人、40 多首脍炙人口的新老歌曲、12 家唱片公司首度同心合作,5 种不同版本的音乐形式,4 个小时的倾情演艺③……促使行业内部实现了积极合作与资源共享。

公益歌曲一直是流行音乐发展的重要组成部分,此时期刘欢的《从头再来》、陈红的《常回家看看》等均从不同的侧面体现出社会发展中特有的人文关怀。再者,"新民歌"和"新民乐"成为这一时期日趋盛行的音乐风格,它倾向于以开放性的创作思维和现代化的制作工艺相结合,在流行音乐中引入传统民族民间音乐元素,并且注重音调色彩、实践方式、乐队编制等方面的创新性,这也成为流行音乐界的主要发展方向之一。2001 年北京世纪星碟文化传播的王晓京组建了以 12 名女孩为核心的"女子十二乐坊"正是这种"新民乐"风格的具体体现。④江南歌手周艳泓的成名曲《又见茉莉花》则是"新民歌"的代表作品之一,歌曲的主旋律改编自著名江南民歌《茉莉花》。此外,这一时期流行音乐歌坛上出现了一系列大规模的颁奖活动,从音乐风云榜、雪碧原创音乐榜到各种电台、电视台、娱乐报刊等流行音乐排行榜的出现,不仅显示出流行音乐跨媒体、跨地区的联合,同时也在一定程度上推动了流行音乐创作、制作与实践的不断发展,以至于吸引更多的物力、人力等介入国内流行音乐的发展,这也成为后来国内流行音乐多元化格局形成的重要根源。"统一校园歌手闪亮新星"大赛、"威猛我的中国芯"创作歌曲比赛、"生力摇滚生力军"摇滚比赛……一系列由企业出资筹办的流行音乐赛事不仅为流行音乐新人新作的推出提供了更为便捷的条件,同时

---

① http://www.netandtv.com/newspage/htm2001-8/0181618351312588.htm

② http://www.modernsky.com

③ http://www.people.com.cn/GB/channel6/topic1655/1656/

④ "女子十二乐坊"是一支将中国传统乐器组合与现代流行音乐表演形式有机结合的流行艺术团体,她们以优美的音乐旋律和激情的现场表演表现一种民族乐器演奏与现代音乐的结合,不仅拓展了中国民族器乐的欣赏群体,同时也在国内外弘扬了中国的民族音乐,体现出一种全新的民乐表演形式。http://www.people.com.cn/GB/yule/8222/41867/41939/3044567.html

显示出现代企业与流行音乐互惠互利的紧密联姻，从而进一步加深了流行音乐的商业属性。

随着 21 世纪以来 IT 行业的不断发展，互联网的普及也为流行音乐发展提供了一个不可忽视的传播平台，自 1997 年音乐制作人陈哲开设的中国第一个音乐个人网站①以来，随后的许多流行音乐的创作和制作人员以及流行歌手纷纷也在互联网上拓展自己的个人空间；同时各种流行音乐网站中的图像视频、音像下载等链接的开通构筑了流行音乐的传播平台。

这一时期流行音乐的评论已出现新的动向。自 20 世纪 70 年代末 80 年代初期对于流行音乐"批判性"的接受以来，80 年代中期以后有关流行音乐的研究大都体现在创作技法上的探讨，此外也有部分报刊杂志的编辑与记者对于不同时段流行音乐事件的种种纪实性报道，其中略带有个人评述；直至"90 年代初乐评大为发展，北京、广州两地形成评论群落。其间，以北京戴方、王晓峰为代表的'愤怒乐评'最有特色，其后则有北京郝舫、武汉李皖的'文化乐评'，兰州颜峻的'愤怒乐评'……"②。无论是从乐评者构成还是从论述角度以及论文出版数量上看，较之前期均有很大的改观，但是由于大多数作者并非是音乐专业出身，身为文化编辑、新闻媒体记者以及唱片音像行业的宣传人员，乐评大多停留于文化层面的释读而音乐本身的专业解析略显浅薄，并且字里行间稍显功利性色彩。

综合来看，这一时期的国内流行音乐呈现出一种多元发展的态势——从摇滚乐队的纷纷建立到中国摇滚乐"第三代"的形成；从制作实体的改组、商业运作的调整到企划宣传与流行音乐赛事的联姻；从流行音乐网络空间的开辟到音乐评论的不断丰裕……无论是音乐本体的不断改观、运营流程的日渐完备，还是发展空间的逐步延伸、传播媒体的迅速扩张，均体现出一种多者并存的局面。再者，从社会层面上来看，音乐风格上的不断演化形成了更加细化的欣赏阶层——不同年代、不同风格、不同地域的流行音乐消费群……"合并"上述"同类项"，相互之间的繁荣构成了国内流行音乐发展的第三次"高潮"。然而，正是伴随着这种多元化格局的不断加深，内部所潜藏的危机日渐显露——流行音乐后备人才资

---

① http：//www.chenzhe.com
② 金兆钧：《光天化日下的流行——亲历中国流行音乐》，人民音乐出版社 2002 年版，第 228 页。

源的发现和培养机制依然不够完善，除去专业作曲家的音乐创作之外，流行音乐的制作人及歌手多半"自学成才"，数届的全国青年歌手电视大奖赛无不尽显出乐者们对于基础知识的匮乏，这一领域人才的培养亟待进入专业音乐教育体系之中；相比于这一时段流行音乐实践方面的不断"风起云涌"，有关理论方面研究的则是相对滞后，除去一般意义的纪实报道之外尚无学术视角的探索……由此来看，中国流行音乐的种种"先天不足"不仅需要一个长期的"调养"，更重要的是在不断的"成长"过程中调整自身的机能，以适应随时变化的环境。

（五）多元·多维·多重——中国流行音乐发展中的第"四"次"准高潮"

韩国音乐自 1999 年以来全面抢滩登陆，当年的"追星热"早已被如今的各种"哈韩族"、"哈日族"所替代。各类日韩风格的流行音乐即刻成为中国流行音乐市场中的"热卖品"，异地之间的文化交流也是越来越多。由中央电视台和韩国 KBS 电视台共同协办的"中韩歌会"自 1999 年至今已举办 8 届①；而国内的数名流行歌手如孙悦、罗中旭也纷纷尝试在韩国开拓自己的演艺事业。此时期网络最大概率的普及为流行音乐的传播带来了前所未有的传播空间，为流行音乐开拓了一个欣赏、下载的综合传播平台。

此阶段学术界开始关注流行音乐的理论研究，相关论著的出版体现出多学科、多视角的深入探索。音乐理论方面的专著主要包括有：付林的《中国流行音乐 20 年》、金兆钧的《光天化日下的流行——亲历中国流行音乐》、于今的《狂欢季节——流行音乐世纪飓风》、北京汉唐文化发展有限公司编辑的《十年——1986—1996 中国流行音乐纪事》等。此外，还出现许多以流行音乐作为课题研究的学位论文。这些论著主要是一种针对流行音乐相关领域实事性质的记载，行文大体都是以时间发展为序，体现为一种音乐史学的纲目，详尽记述了在不同历史时期、不同时间段中流行音乐界大型活动或者代表人物，框架性地阐释不同时期流行音乐风格特征的形成和演变，从而为读者描绘出中国流行音乐发展的基本道路。

……

回顾近年来国内流行音乐的发展趋势，相比于中国流行音乐发展在"第三次高潮"的经历，除却风格形式的多样化、理论研究的深入、网络传媒的推广等，

---

① http：//yule.sohu.com/2003/12/15/08/article216910894.shtml

并非显示出较大程度上的变革，可谓是一个"高潮"之后的"调整期"，但我们仍然可以体味到多元的文化格局、多维的发展空间、多重的创作理念及实践方式的日渐形成，它们也在一定程度上预示着国内流行音乐发展的第四次"高潮"的来临，这即是笔者称其为"准高潮"的真正用意所在。

从20世纪80年代中期的"西北风"直至21世纪初期多元化音乐格局的完善，20多年来的中国流行音乐在走过了"三起三落"之后又一次回到了它的起点。综观每一次的"起落"，可以肯定的是，"拿来主义"从来就是中国流行音乐所遵循的原则——从最早音乐创作、演唱技法上的"模仿"港台，90年代中期"追星热"、"签约"制，以及90年代末期"包装模式"、"市场打造"等海外运作机制的引入，均成为"拿来主义"在流行音乐发展中的功能再现。然而这种方法和手段上的"拿来"只能作为一种"催化剂"，并非成为流行音乐发展的根本动力——每一次的"高潮"都是来自于不同方式的"拿来"，而每一次的"低落"则是各种内部矛盾和外部冲突的恶化。

扫描现状——表里不一的形成

（一）复杂表征之一：热闹非凡的颁奖盛典、周期频繁的金曲排行榜、歌舞升平的原创大赛仍然掩藏不住当今国内流行乐坛的疲乏，流行音乐外在"人文规模"的不断扩建与内部"精品工程"的欠缺形成"表里不一"的症候。

近年来随着国内流行音乐的不断发展，无论是行业内部各种专业高科技硬件设施的引进与采纳、作品的创作制作及演艺队伍的逐步充裕，还是行业外围商业机制、市场运营及娱乐消费方式的进一步拓展，均体现出目前致力于流行音乐发展颇具规模的"人文力量"。其中，各具特色的颁奖典礼、传媒打造的"经典排名"以及引吭高歌的"原创选拔"更是力图成为流行音乐加速发展的"动力引擎"。每逢岁末年初之际，华语流行乐坛呈现为一派"繁荣景象"，从香港四大音乐颁奖典礼[①]，到内地华语音乐榜中榜、雪碧原创音乐流行榜、百事音乐风云榜、CCTV—MTV Channel［V］音乐盛典……成为年末流行音乐一张得以公布于

---

① 香港乐坛四大颁奖典礼分别为：新城劲爆音乐颁奖典礼、叱咤乐坛流行榜颁奖典礼、TVB十大劲歌金曲颁奖典礼、十大中文金曲颁奖典礼。

众的"成绩单"。然而，基于不计其数的作品入围、赛事纷呈的竞争机制以及琳琅满目的奖项设置，国内流行音乐发展中潜在的隐患与危机也在日益显露。

回顾2006年，在内地流行乐坛出版的100多张专辑中，90%以上销量没超过5万张。香港去年的唱片销量也仅仅限于2亿港元之内，相比于10年前全港年度唱片营业额的9亿港元，形成巨大反差。① 从香港四大音乐颁奖典礼的获奖分布看，"敬老"的传统仍是各颁奖典礼中十分重视的一个环节，古巨基、刘德华、陈奕迅、李克勤、容祖儿等均以"优于他者"的演艺水准成为不同类别奖项的赢家②；同时，综观国内历年来的各类榜单明细，例如百事音乐风云榜、雪碧原创音乐流行榜、内地华语音乐榜中榜等也一直成为诸多流行音乐老将们"轮番留守"的长期"战壕"。自2004年开始由湖南卫视主办的一年一度《超级女声》③ 大型综艺活动，已然成为广大民众所关注的娱乐"热点"。然而，在这场"唱歌"比赛的选秀节目中，选手们的参赛曲目大都集中于往日的流行经典，其中既包括有华语乐坛旧时的流行经典及历年来欧美流行金曲的翻唱，同时也对某些广为传唱的民间小调再度改版，整场比赛中入围选手演唱的原创音乐作品却是凤毛麟角。反观2006年内地唱片销量排行榜，榜单前3位的即是2005年"超级女声"冠、亚、季军获得者李宇春、周笔畅和张靓颖④，她们也一并成为此年度其他众多颁奖典礼上"小有收成"的"新面孔"。然而，随着这些"新面孔"自身原创单曲及专辑的录制发行，唱片销量上的日益攀升与其歌曲音调的鲜为人知形成鲜明的对比，这一事实莫过于体现为一种"偶像"的疯狂膜拜，而与音乐本身的品质无关。

伴随着流行音乐发展中商业机制的不断覆盖，各类榜单及赛制的主打歌手与获奖作品所带来的市场"卖点"也是日趋明显，成为一种赢取丰厚利润的捷径。正是基于这种商业利益上的过度追求以及相对匮乏的行业评判体系，随着各种音乐赛事及榜单的纷繁出台，获奖作品的含金量日趋下滑，受欢迎的原创作品也越来越少，最终导致了不仅流行音乐唱片的产量与市场状况越来越差，新作的质量也是江河日下。由此看来，热闹非凡的颁奖盛典、周期频繁的金曲排行榜、歌舞

① http://paper.sznews.com/tqb/20070209/ca2582195.htm
② http://music.yule.sohu.com/20070129/n247908048.shtml
③ 也称"超级女生"，为全文统一，笔者均采用"超级女声"，简称"超女"。
④ http://post.baidu.com/f?kz=169267146

升平的原创大赛致使当今国内流行音乐领域貌似"一派繁荣"，然而这种外在"人文规模"的不断扩建与内部"精品工程"的欠缺却是"表里不一"的。长此以往，只能带来流行音乐原创力量的逐渐萎缩、唱片产业的下滑以及流行音乐整体生态环境的日益恶化。

（二）复杂表征之二：互联网和新闻媒体等成为当今流行音乐加快发展的"高速公路"，娱乐媒体的互动与网络资源的共享成为目前流行音乐的主要消费方式。外围娱乐媒体的跟踪投入、网络资源的无限扩充与内部知识产权的争议、行业门槛的下移及专业团队的鱼龙混杂形成"表里不一"的症候。

随着现代信息科技的日新月异，互联网已经成为一种新兴的传播媒体，以其广阔的信息含量和频繁的刷新率，成为人们了解获悉资讯的重要途径。根据中国互联网络信息中心（CNNIC）发布《第 19 次中国互联网络发展状况统计报告》显示，截至 2006 年 12 月 31 日，中国内地网民已经达到 1.37 亿，其中宽带用户已经突破 1 亿，达到 1.04 亿，与去年同期相比增加了 2600 万人，增长率为 23.4%。中国网民总数占总人口比例为 10.5%，首次突破 10%，其中北京市网民普及率首次突破 30%，并且在中国内地网民中，男性网民占 58.3%，女性网民占 41.7%。此外，报告还显示，在中国目前拥有的 5940 万台上网计算机中，通过宽带接入互联网的计算机数为 4120 万台，使用宽带上网的占全部上网计算机中的 69.4%，中国互联网步入高速增长的宽带时期。此次报告还首次涉及了手机上网的调查数据，报告称通过手机上网的网民数已达到 1700 万人，占网民总数的 12.4%，这也显示出了中国网民上网方式、上网终端设备的多样化发展。[1] 伴随着互联网的迅速推广，它也日渐成为音乐创作、制作、演绎、交流与传播的重要途径，为流行音乐提供了一个巨大无边的"展台"。从初期仅限于各类音像资料的共享到目前各种流行音乐网站的建立、相关流行资讯的报道、网络原创音乐的发布、网络歌手的打造、网络音乐大赛的争相举办……流行音乐的网络发展道路得到了迅速开拓，互联网也已突破了原有单一性的传播功能，成为流行音乐除社会人文环境之外，又一巨大的"生存空间"。同时，也正是鉴于这一"生存空间"欠缺有序性与规范性、传播的广阔性以及交流的过于便捷性等为流行音乐的发展带来了诸多的障碍。

---

① http：//tech. sina. com. cn/i/2007 – 01 – 23/13291349228. shtml

随着流行音乐网络发展道路的不断开拓，行业内部的门槛也越来越低。目前，国内网络流行音乐大多来自社会音乐爱好者的创作，且大都是创作型"歌手"。由于缺乏专业性的指导和行业评判以及个人艺术涵养、审美情趣的不同，网络流行歌曲体现出参差不齐的艺术水准。许多网络歌曲在创作技法、制作工艺、演唱水准及词曲内容等方面相当地欠缺"规范性"、"健康性"，有的网络歌曲甚至被称为"口水歌"。然而，另一方面当今流行乐坛许多通过精心打造、为世人所广泛传唱的"上榜金曲"却频频暴露涉嫌抄袭。自 2005 年以来，各类报刊、杂志、电台、网络等多家媒体分别在娱乐专栏报道了数例涉嫌抄袭他人作品的"主打"歌曲。例如《吉祥三宝》被指抄袭 2002 年上映的法国电影《蝴蝶》主题曲；"超女"张涵韵的《酸酸甜甜就是我》涉嫌抄袭某挪威女歌手的《Pretty Young Thing》；周杰伦的《四面楚歌》中的一段大提琴旋律同样出现在另外两组欧美艺人的单曲中；S. H. E 组合其专辑同名主打歌《不想长大》被指抄袭韩国流行歌曲《TRIANGEL》；最近卷入"抄袭门"的花儿乐队，其主打歌曲《嘻唰唰》被指抄袭日本组合"Puffy"的歌曲《K2G 奔向你》①……难以确认是它们的"形似"究竟属于音乐创作中"拼贴"技法的运用、商家另类的"娱乐炒作"还是真正原创作品的"剽窃"，但是这些"抄袭"风波的平息通常体现为，在未获得最终定论之前，舆论的关注早已"风平浪静"或者事件本身的"不了了之"。

此外，互联网也为流行音乐带来了巨大的音像储备空间，网络音乐的下载为目前流行音乐的又一主要消费方式。相比于电台、电视台播放的被动欣赏，网络下载的自由选择更加便捷，加之即时的互动参与，在一定程度上促使了音乐本身的不断改观。伴随着流行音乐网络资讯平台的无限扩大，网络非法下载及盗版现象日渐攀升。根据相关统计，全球音乐产品销售额已从 1999 年的大约 400 亿美元降至 2005 年的 320 亿美元，其主要根源来自于盗版及网络非法下载，就世界范围而言，这也并非是孤立现象。据报道，去年美国唱片产业协会（RIAA）致函 7 家 P2P 公司，要求他们终止鼓励用户非法共享版权材料的行为；香港国际唱片业协会追踪在网络上点击下载歌曲的人，并警告其侵权行为；中国内地首例由音乐网站链接服务引发的著作权案于 2004 年 12 月在北京市高院作出终审判决，

---

① http://www.hebeidaily.com.cn/20060314/ca596787.htm

"CHINA MP3 音乐极限网站"所属的北京世纪悦博公司败诉，被判令立即停止侵权，并赔偿 10 万元；2005 年 6 月初，国际唱片业协会及其成员向百度网站发出了律师函，随后各公司分别针对百度提供歌曲 MP3 下载提起诉讼，一审判决百度赔偿原告上海步升公司（EMI 百代唱片公司的代理商）6.8 万元……直到现今，打击音像制品盗版和网络非法下载的各项活动仍在继续，但收效并非理想。①

时至今日，传播媒体的迅猛发展以及互联网的不断推广激发了流行音乐更加旺盛的"生命力"，然而，也正是伴随着这种参与互动环节的加强，促使这种"隐性"空间得以极度拓展，外围娱乐媒体的跟踪投入与网络资源的无限扩充与内部知识产权的争议、行业门槛的下移及专业团队的鱼龙混杂形成"表里不一"的症候，加之相对弱化的秩序维护，长此以往，势必出现媒体秩序的混乱，从而导致以初期的"鱼龙混杂"最终走向传播媒介的断层。

（三）复杂表征之三：以"超级女声"为主导引发了当前国内选秀大赛的风潮，民众参与、媒体炒作、市场运营等多方"打造"促使"超级女声"冲破了原有综艺节目的单线性娱乐功能。市场效应及商业利润的过度追求，"以唱为本"、专业技艺和自身潜能为核心的竞争取向开始逐步转变为商业"卖点"的追寻，形成"表里不一"的症候。

自 2004 年以来由湖南卫视主办的"快乐中国蒙牛酸酸乳超级女声"在长沙、杭州、广州、成都和郑州 5 个城市相继展开；淘汰制度的晋级以及"专业评委"、"大众评委"和"电视评委"的"三权鼎立"评选机制为主导赛制，并且"不限年龄、不限地域、不限唱法"和"无报名费"的独特之处吸引了全国 15 万名"超女"。同时伴随着"超女"们由"海选"、"地区决选"到"全国总决选"的 PK 过程，"超级女声"电视直播晚会的收视率呈直线上升，它不仅以其独特的魅力征服了中国 4 亿电视观众②，一并成为大众所关注且积极参与的文化现象——"超女现象"，由此也引发了风靡一时的"选秀"风潮。"超级女声"不仅为众多期望"实现自我"的女孩构建了一个"零门槛"的展示平台，同时它也改变了传统"量化性"和"专断性"的评选方式，除却"专业评委"的评审意见之外，"大众评委"和"电视观众"也一并参与选

---

① http://cci.cuc.edu.cn/Html/Cyzh/B4/2006-7/15/20060715110514285_2.html
② 项筱刚：《论"超级女声现象"》，载《黄钟——武汉音乐学院学报》，2006 年第 3 期。

手现场成绩的评判，显示出"专业评选"、"多方参与"、"娱乐互动"相结合的评判体系——基于"专业评委"的点评、"电视观众"的短信投票以及"大众评委"的现场投票才得以决定最后的赢家，从而在根本加固了"超级女声"的人文基础。

伴随着当前"娱乐经济"时代的到来，势必要求调整、改观甚至变革原有娱乐节目的制作流程和运作模式，以至于形成与之相适应的大众"消费方式"及"娱乐节目"，转变传统的"被动欣赏"，从而实现广大民众的"主动参与"。"超级女声"真是顺应了这一"娱乐经济"的发展趋势，不仅表现为一种"以唱为本"、专业技艺和自身潜能的激烈竞争，同时也为传播媒体、赞助商家赢取了丰厚的经济利润和市场效应。据报道，"超级女声"一档节目观众总投票数高达400万，网络评论及跟帖更是不计其数，每场短信互动参与人数已经超过100万人①，其手机短信收入超过1500万元，而冠名广告的市场业绩也得到高速增长。据主办者称，"超级女声"是由湖南传媒打造的选秀节目，决赛期间的平均收视率超过中央电视台"春节晚会"，栏目的短信和各类广告收入以亿计。②

趋于这种"主动参与"的迅速扩张，随着"超女"的这种社会及商业利润的不断攀升，继"超级女声"之后引发了国内选秀大赛的热潮，"网络超女"、"星光大道"、"梦想中国"及"快乐男声"等。这一热潮的不断"升温"，其间隐患与弊端也开始日益显露。随之而来的选秀活动大都沿袭原有民众参与、媒体炒作、市场运营等多方"打造"的制作模式，但同时限于市场效应与商业利润的过度追求、专业评委的欠缺规范、媒体炒作的极端性、评选标准的"模糊性"、评选流程的"非透明化"……促使"以唱为本"、专业技艺和自身潜能为核心的竞争取向开始逐步转变为商业"卖点"的追寻，以选拔后继人才、体现原创力量的流行音乐比赛成为相关媒体商家赢取利润的"展台"，热火朝天的赛事流程、纷繁众多的媒体报道、短信投票、网络跟帖等同样呈现出一派繁华的"文化景观"，然而，与其本质的偏离形成"表里不一"的症候。

（四）复杂表征之四：长期的"模仿"、"自学成才"等成为流行音乐后继人

---

① http：//ent.163.com/05/0827/11/1S5JKK2M00031H2A.html
② http：//www.china.org.cn/chinese/MATERIAL/951250.htm

才的主要"培养"方式，从业人员的不断增多与专业性教育体系的相对匮乏形成"表里不一"的症候，这也在相当程度上滞缓了流行音乐的发展。

目前我国流行乐坛最大的困境之一即是流行音乐专业教育体系的缺乏。我国的专业音乐院校多以西方音乐和中国传统音乐为主体教程，虽有少数音乐理论研究已开始关注流行音乐，少数艺术院校例如上海电影艺术学院、北京演艺专修学院、北京现代音乐学院等已设有流行音乐专业的系别甚至分院，开始着力于流行音乐专业人才的培养。然而国内流行音乐的专业教育体系尚未完全确立，这也成为流行音乐发展中最为薄弱的环节。历年来，众多流行歌手的成长大都来自于"模仿"他人的"成品"或在此基础上稍有突破的"自学成才"，对于某些专业理论、创作技法、演唱技巧等欠缺系统的学习，因此呈现出流行音乐创作的长期"准专业"、演唱风格的趋同、歌手素质的下滑等等，从而导致流行音乐整体人文素质的跌落以及前进步伐的滞缓。无可否认，近几年来，"梦想中国"、"超级女声"、"星光大道"等选秀节目确实为流行音乐的后继人才提供了"展现自我"的舞台，但就本身的长期发展还需要进行正规、系统的专业学习。

预警未来——若干建议与愿望

我们必须认识到，经济的飞快发展也在迅速地改变着人们物质消费与文化消费的格局。随着物质生活水平的不断提高，文化消费需求也在大幅增长，然而音乐尤其是流行音乐作为一种最具有大众性的文化类别，将在文化消费品中占据越来越大的份额。因此，对于流行音乐的全面透析不仅需要回顾其历史的发展脉络、了解其现状的基本格局，同时还应该切合实际地提出具有建设性的意见和建议，力图调整甚至改变现有的不合理格局，走出弊端与困境，使其顺应社会发展的大潮，从整体上推动社会文化事业的发展。

（一）结合时代语境对流行音乐投入更多专业性、学术性的关注，在一定范围内，建立客观的行业评价标准，加强行业规范，从而真正审评行业内部的次第等级。

就流行音乐目前的发展状况而言，迫切需要建立一系列规范的行业评价标准。最近几年，国内流行音乐的各种排行榜、颁奖典礼多如牛毛，但却未曾听闻相关"排行"、"主打"以及"最佳"的评判来源以及衡量标准，部分以短信投票或者网络评论为途径的"经典打造",欠缺相当的"透明度",难以得到业界和民众公认。同时,我们也应该注意到,音乐的题材来源、创作手法、演艺水准等看似一种相对"量化"的技术传统,但是它的组织原则、意境表达以及音乐实践的不同风格是与一定社会体验联系起来的,并且受众群的审美倾向也是联系着群体性的社会体验及时世环境。因此,不同的流行音乐排行榜及最佳奖项都在一定程度上体现流行音乐趋势的可能性,但是绝对"全面"、绝对"权威"、绝对"唯一"的排行榜是不存在的,建立单一、恒定、完美的评选标准也是不可能的。再者,近日讨论热烈的关于文化行业"持证上岗"的问题,正体现出力图加强行业规范、建立行业评价标准这一趋势。由文化部、劳动和社会保障部等部门筹备的文化行业职业技能鉴定工作即将展开,今后从事影视、歌唱、舞蹈等文化行当将需持证上岗。据参加文化行业职业技能鉴定工作会的相关人员介绍,由于职业资格证书制度仍在制定、讨论中,因此是不是每个民营娱乐公司的歌唱、影视艺人都需要持证上岗,港台艺人来内地演出是否需要持证上岗,暂时没有定论,但可肯定的是职业资格证书有效期是比较长的,就是说取得证书后可以工作相当长时间。① 因此,应该结合时代的语境,对流行音乐投入更多专业性和学术性的关注,从行业内部出发,融合宏观与微观的多角度审视,建立一系列由多个指标和参数构成、相对灵活和开放的评判体系;并且可供相互之间的自由组合,以满足不同的分类目标、风格倾向以及受众体的审美倾向,力图在一定范围内,建立客观的行业评价标准,从而逐渐规范行业内部的次第等级。

(二)强化知识产权意识,不断推进流行音乐创作知识产权的保护力度。

目前我国的著作权的保护主要依据《中华人民共和国著作权法》和《民法通则》,但现有的法律对于音乐作品的侵权界限并没有明确的规定,尤其是对于网络著作权保护尚未形成完整的体系。也正因为如此,加上音乐作品的"难以量化"性,随之便出现了五花八门的原创音乐"抄袭"案例,其终审却是尚无定论。由此,首先必须强化知识产权意识,使大家明白何以构成知识产权的侵犯行为;同时,在作品创作、制作及其最终成品发布之前都应该明晰音乐创作领域的"现状",否则,轻者造成"学科重复建设",重者构成"知识产权"侵犯。此外,著作权的集体管理组织即可成为知识产权保护方面的团队支撑。成立于1992

---

① http://news.zsnet.com/news/yl/20070420092718467.htm

年 12 月 17 日的"中国音乐著作权协会"正是由国家版权局和中国音乐家协会共同发起成立的目前中国大陆唯一的音乐著作权集体管理组织,是专门维护作曲者、作词者和其他音乐著作权人合法权益的非营利性机构。协会依据《中华人民共和国著作权法》第八条开展各项工作,权利来源于会员的授权;与海外同类协会签署相互代表协议;经国家版权局授权,承担音乐作品法定许可使用费的收转工作。凡具有中国国籍的音乐著作权人,包括作曲者、作词者、音乐改编者、音乐作者的继承人以及获得音乐著作权的出版者和录制者,均可成为协会会员。在国际合作方面,协会于 1994 年 5 月加入了国际作者、作曲者协会联合会(CISAC)。在 CISAC 的框架下,协会已与 41 个国家和地区的同类组织签订了相互代表协议。协会会员名单和作品资料已分别汇入 IPI(国际权利人数据信息系统)和 ISWC(国际标准音乐编码),从而将中国音乐著作权人的作品纳入国际识别系统,一旦在海外被使用,其权益便可及时得到保护。①

(三)加强不同行业之间的紧密合作,建立规范的市场秩序,结合市场需求力度、大众审美倾向等方面,不断提升流行音乐创作、制作、出版、发行、销售等环节的相互契合,建构完善、合理的产业链,加快流行音乐产业化道路的进程。

流行音乐作为一种大众文化娱乐的重要组成部分,其本身所特有的商业属性促使产业化的发展道路成为流行音乐前进的必然趋势。3G② 时代的到来、网络电视(IPTV)的商业试点③、数字电视的推进……各种高科技数码技术的迅速发展为流行音乐的制作工艺、传播途径等不仅带来众多硬性的变革,同时也在不同程度上改变了原有的流行音乐消费方式。数字技术的革新不仅为音乐创作者提供了更便捷、更多样、更先进的技术设备,也形成了更为多元化的表演方式。突破传统的媒体播放,从"购买音乐"到"下载音乐",网络下载成为目前人们消费音乐的主要方式,网络空间的不断拓展及其网络技术的日益更新也为流行音乐的发展提供了更加优质的"生存空间"。

---

① http://baike.baidu.com/view/770119.htm
② 所谓3G,其全称为 3rd Generation,指第三代数字通信。1995 年问世的第一代数字手机只能进行语音通话;1996—1997 年出现的第二代数字手机便增加了接收数据的功能,如接收电子邮件或网页;第三代与前两代的主要区别是在传输声音和数据的速度上的提升,它能够处理图像、音乐、视频等多种媒体形式,提供包括网页浏览、电话会议、电子商务等多种信息服务。
③ IPTV(网络电视)是基于 IP 协议的电视广播服务。显示终端为电视、PC 或者移动终端(手机)。用户通过机顶盒接入宽带网络,可以获得数字广播电视、VOD 点播、视频等多种服务。

相对于唱片工业来说，网络点击的不断攀升带来了传统音像产业的下滑，各种免费下载加之盗版的长期盛行，大大降低原版唱片的"卖点"。正是基于此传统的唱片产业与互联网相互合作，以网络媒体作为宣传和营销的又一途径，借助互联网的在线平台以单曲的形式构建网络的流行音乐"卖场"，同时结合相关的移动无线平台，以合理的收费标准，通过手机、网络银行、电子货币等完成娱乐消费的金额交易，以至形成唱片产业的又一个利润"增长点"，从而在唱片业与互联网之间形成一条新兴的产业发展道路。其前提必须是建立在健康的网络环境、规范的网络秩序之下，对于各种非法下载盗版现象必须立刻肃清。

因此，充分利用其他行业的优势，加强不同行业之间的紧密合作，建立规范的市场秩序，结合市场需求力度、大众审美倾向等方面，不断提升流行音乐创作、制作、出版、发行、销售等环节的相互契合，建构完善、合理的产业链，加快流行音乐产业化道路的进程。

（四）建立流行音乐的专业教育体系，大量培养专业性的人才队伍，同时确立流行音乐的学科理念，着眼于流行音乐专业创作与表演以及市场商业运营机制等多方面、综合性的学术关注，从而全面提高流行音乐行业的整体素质。

音乐教育一直成为文化事业不断发展的"重头戏"。历年来我国的专业性音乐教育，主要集中体现于对西方古典音乐及中国传统音乐各类理论知识的普及与乐器演奏技法的掌握，培养了大量专业人才。而对于流行音乐的专业教育则体现出相对匮乏，多年来的流行音乐创作技法大都来自于传统作曲技法变革，其流行歌曲的演唱多为"模仿"或者"自学成才"。因此，亟待开展流行音乐的专业教育，构建有关流行音乐的专题性质的创作技法、演唱方法以及理论知识等教学体系，提高流行音乐专业知识的普及，培养音乐创作、制作、表演等专业性的人才，从而壮大流行音乐的建设力量。鉴于目前已经开始涉及流行音乐的理论研究，应该进一步确立和完善流行音乐的学科理念，突破原有单一性质的本体研究，结合社会大环境的不断变更，兼及流行音乐商业属性的深入探讨，以至形成音乐专业创作与表演及市场商业运营机制等多视角、综合性的学术关注，从而全面提高流行音乐行业的整体素质。

（付菠益　中国艺术研究院博士研究生）

广告与大众文化心理导向

苏大伟

内容提要 本文不以大众文化视角来批评广告，也不单纯研究广告自身，而是着力于广告和大众文化心理之间的关系。首先是把广告看作一种文化，从这种文化的内部来看待它对于整个大众文化心理的导向作用。本文以五种不同类型的广告分类为基础来看待广告文化，指出不同层次的广告文化在引导大众文化心理上具有不同的作用。要而言之，则广告主要引导了如下一系列大众文化心理：一、通过制造奇幻而引导消费心理；二、通过消费而引导追求时尚和成功的社会心理；三、通过赋予符号价值而营造意义消费情结；四、在消费中建构现代社会的快乐人生；五、通过规划理想生活样态而制造消费社会的美好幻境。本文结合多种广告案例，对这五个方面的引导进行了分析。

关 键 词 广告 大众文化心理 导向

毫无疑问，广告已经不只是推销商品的一种依附性手段，它自身成为了商品和文化。当代社会，经济行为和文化行为已经无法判若两别。文化正向经济生活的一切领域渗透，从生产、流通、分配到消费，不再是单纯的工业过程，无不充满了文化的气息；同时任何一种文化形态也都散发着商业的气息。——这就是消费社会的降临，也就是大众文化的时代。

本文并不同于那些以大众文化视角来批评广告的研究，也不单纯是对广告进行研究，而是着力于广告和大众文化心理之间的关系。笔者把广告看作一种文化，从这种文化的内部来看待它对于整个大众文化心理的导向作用。

如何从文化的角度来理解广告？"文化"一词司空见惯，含义复杂。广义的文化是人类创造与应用符号及制成品的总和，它指的是特定民族的生存方式、行为方式和文学、艺术、宗教、哲学背后的价值体系，它构成了各种社会的生活方式。狭义的文化指的是与艺术相关的领域，包括广告、音乐、戏剧、绘画、文学、新闻出版、影视、信息技术、现代传媒甚至旅游休闲等等。英国文化学者雷蒙德·威廉斯（Raymond Williams）通过考察该词的历史，认为除了自然科学以外，"文化"这一术语通常在三个相对独立的意义上被使用：作为艺术及艺术活动的文化；作为一种习得的特殊生活方式的符号的文化；作为发展过程的文化。①

文化研究者普遍是把"文化"理解为"符号"的创造和使用，每一种符号都代表一定的意义。本文接受了这一看法，从符号的角度来理解广告，借鉴学者G. 代尔（G. Dyer）的观点，把广告看作一个意义层次复杂的符号系统，根据其传达的意义复杂程度不同分为五种类型：一，信息的（informational）广告。它们短小精悍，对信息的详细阐释很少，比如报纸上的分类广告；二，简单的（simple）广告。包含了对特定产品和服务的相对精确的信息，在一定程度上鼓励人们去购买，报纸上的广告多属于这类；三，复合的（compound）广告。广告中有更多的刺激，比较精致，图画更有说服力。杂志上的广告常常属于这一类型；四，复杂的（complex）广告。在复杂广告中，背景占据了很大部分，人们常常难以一下子辨别出所推销的商品，整个广告传达着关于身份、财富和权力的信息；五，巧妙娴熟的（sophisticated）广告。它们超越了复杂广告，通常试图用巧妙的联想来引发人们潜在的感情。它通常产生出一种深藏不漏的心理感召力。

当然今天广告已经变得异常复杂了，这五种分类方式与其说是不同广告的类型，不如说是广告传达信息的多层次结构：它既是传递商品信息的媒介，又是具有符号价值的文化形式，甚至还是制作精美的现代艺术品。它是商业和文化最直接的和最前沿的结合点。它一方面以推销商品为目的，服从于商家的利

---

① ［英］阿雷恩·鲍尔德温等：《文化研究导论》（修订版），陶东风等译，高等教育出版社 2004 年版，第 4 页。

益，另一方面要获得大众的认可和喜好，要对大众产生影响和作用，又必须符合大众的利益。我们以解读符合的方法来理解广告文化，广告所传达的不仅是关于商品的信息，还有生活方式、社会流行、价值观念、审美趣味、时代风貌等等的深沉内涵。因此，大众文化的研究者很早就把研究的目光集中在广告上，"符号被组织到传达意义的系统中……这些符码被研究得最多的一个领域就是广告"①。

在传媒资讯发达的现代社会，人们生活在一个由信息建构起来的环境当中，广告处于各类信息的最前沿，布下一张天罗地网：它无所不在又美轮美奂、悄无声息又绵绵不绝、无微不至又无坚不摧，对大众文化心理发生着颇具影响的导向作用。广告在不同层面上传达信息的方式和侧重点有所不同，从而会引导不同的大众文化心理。当然，在五种广告层次杂然并存的情境下，我们很难说哪种广告导致了哪种文化心理。笔者所言说明的是下列五种引导分类研究并非一一对应五种广告，毋宁说对应于广告中的不同侧重面。

创造消费的奇幻心理

有个广为流传的故事：南太平洋的一个岛屿上来了两个皮鞋推销员，一个是循规蹈矩，一个是富于想象力。在分别考察一天后，一个垂头丧气地发现这儿的居民祖祖辈辈都不穿鞋，根本没有对鞋的需求。另一个却感到巨大的惊喜，他发现了这个岛是一个巨大的市场！于是，他张贴了一张广告，画面上是岛民形象的壮年男子，脚穿皮鞋，肩扛老虎、豹子、狼、鹿等猎物，英勇又威武。岛民们纷纷打听哪儿能弄到那种新鲜玩意儿，一个市场打开了。我们且不管这个故事真假与否，但它确实道出了广告的本性：广告的真正功能并不是满足人们的消费需求，而是刺激人们的消费欲望。

从这个角度看，娃哈哈果奶的广告不无象征意味：1992 年版的广告词"甜甜的、酸酸的，妈妈我要喝——娃哈哈果奶"言简意赅，通俗易懂，既道出了果奶产品的特性（甜甜的、酸酸的），又以儿童和母亲作为诉求对象。儿童是果奶

---

① ［英］阿雷恩·鲍尔德温等：《文化研究导论》（修订版），陶东风等译，高等教育出版社 2004 年版，第 57 页。

的需求者，而母亲是购买行为的实施者，让孩子去说服母亲，构思奇特，因此大获成功。后来娃哈哈果奶又推出"今天你喝了吗"的广告词，据说有的儿童总会在看到广告后，如实回答今天自己有没有喝过。喝"娃哈哈"并非孩子的需要，而是广告赋予孩子的一种欲望。如果说"妈妈我要喝"还停留在一种天真的要求，"今天你喝了吗"则变成了一种不自觉的压力，没有喝就难免失落、沮丧、自卑。

广告喜欢以儿童为诉求对象，因为儿童心智尚不成熟，极容易被引导。当成年人沾沾自喜地嘲笑孩子们把广告当真的时候，殊不知在铺天盖地的广告海洋中，每个成年人也不过是沉溺其中的孩子而已。广告总是会那么恰到好处地抓住你的心理，让你无处可逃，它一方面把你潜藏着的消费欲望激发起来，另一方面又让你陷入到消费的美丽幻想之中，这是广告的狡猾之处。

为了引导大众消费心理，广告诉诸各类人性特点。如新奇，大卫·奥格威也说：在广告上合适的（图片）是能激起读者的好奇心的照片。[①] 这表明，新奇是广告关注的重要内容。七喜汽水广告的成功是一个很好的例子。当时美国市场，可乐饮料处于垄断的地位，七喜大胆反对流行消费观念，将饮料分为可乐型和非可乐型，将七喜定位于"不含咖啡因的"非可乐型饮料，引起消费者的注意与兴趣。也有些广告表现方式出奇。2000 年朝韩领导人在经历了半个世纪的对峙终于握手言和，震动世界。邦迪广告《朝韩峰会篇》敏感地抓住这个时机，在朝韩领导人金正日与金大中进行历史性会谈时，邦迪创可贴在"两金"碰杯的经典画面旁边打出自己的广告语："邦迪坚信没有愈合不了的伤口。"（图 1）处理手法却十分新奇，起到了极好的文化效果。

邦迪坚信
没有愈合不了的伤口

图1

---

① 大卫·奥格威：《一个广告人的自白》，中国友谊出版公司 1991 年版，第 185 页。

有些广告作品机智、风趣。如一则瑞士的广告，一个年轻、充满活力的女孩在家干家务，突然她灵机一动，把手里的抹布一丢，打开冰箱拿出几瓶啤酒。从家门口到卫生间，她把啤酒洒了一地，然后继续把啤酒洒在卫生间的浴缸里、脸盆里和地上。这时，门铃响了，她的男朋友回来了。他一进门，闻到自己心爱的啤酒味道，突然趴下身，一路舔着女孩刚刚洒过啤酒的地方，一直舔到卫生间，然后继续用舌头舔着浴缸和洗脸盆。被男朋友舔过的地面和卫生间非常干净，还闪着光，这时女孩得意地笑了，因为不用打扫卫生了。然后她脱下外衣，准备把啤酒洒在自己全身各处，她的男友开始变得疯狂起来，眼睛发亮，准备扑向女孩。可是，此时女孩手中的啤酒刚巧用完了，她使劲地摇，用力地洒，但还是没有几滴剩下来。她的男友开始用失望的眼神望着女孩……

上面这个广告已经涉及了许多广告喜欢用的主题：美色和性。广告常常是以美色撩拨人心。比如化妆品的广告因为和女性关系密切，非常喜欢用女性胴体来表达，这两幅广告就是很好的例子。（图2）这两则广告一个是化妆品，一个是丝袜，同女性有着密切的联系，如果说使用美色还可以理解，则下面 DIESEL 牛仔裤品牌的广告则完全暴露出这个时代广告文化的美色诉求。（图3）

图2

图3

新奇、幽默、美色这些广告文化在消费社会中创造出一种奇幻般的世界氛围，人们的心灵已经被现代社会高强度和快节奏的生活所磨蚀了。广告的作用似乎正是唤起了这些久远的人类欲望。正如一切大众文化都具有的麻痹性一样，当消费者沉醉在广告的丛林中不断感受到发自内心的欲望的刺激的时候，他实际上是被操纵和利用了。这就是广告的逻辑。

引导追求时尚和成功

除了激发人的天然心理，使大众在麻痹中获得沉沦于物质丛林之外，广告也塑造了一种群体心理，最明显的莫过于追求时尚和成功。

时尚就是当时的潮流和风尚。今天，时尚是和广告"生死与共"的，几乎每一个新产品投入市场，前期的策划定位包装都必须考虑时尚因素。如果一个广告不善于发现、把握、迎合时尚，那就很难摸准时代的"消费"脉搏。所以一个杰出的广告人光知道"外面的世界很精彩"还不行，还必须知道这世界到底精彩在哪里和为什么那里会出彩。他们运用时尚的概念对读者和观众的购买力实行诱惑和怂恿。雅柏石英表的广告词是"青春形象，时代趋向"。时尚总是和"青春"、"活力"、"前卫"密不可分。

现在随身听已经不新鲜了，反而显得有些过时了。可是在随身听问世之前，人们对于高质量的声音并没有需求。当索尼公司推出第一款随身听的时候，他们打出的广告口号是"声音进化了"，并且雇佣一些漂亮的女大学生穿着牛仔裤、体恤衫，骑着新潮的山地车，个个戴着随身听，在大街上招摇过市，塑造起一种新的青年形象，以吸引年轻人的追随。1972 年，索尼公司根据市场调研，推出了 walkman，它的核心理念是：将音乐从室内固定的存在方式变成运动的存在方式。当时市场上还没有能够轻便携带的音乐设备。索尼的这一广告充分宣扬了随身听音乐这样一种时尚理念（图 4）：

图 4

时尚不仅仅是新潮的含义，在深层次上还有"进步"的含义。消费者可以接受不时尚，但广告告诉你，如果不时尚，你就是落后了。一旦你赶不上消费的潮流，你就被时代抛弃了，就居于社会之外了。人是群居的动物，是害怕孤立和疏离的。这个时代人们被广告逼迫着紧紧追随时尚，不只是为了炫耀，也是为了不被抛弃。

除了追随永远翻新的时尚，广告也致力于对社会成功心理的塑造。

图 5

今天广告已经不只是推销商品那么简单了，它通过商品来推销一种生活理念，一种在变化的世界中，在消费品层出不穷的世界里如何保持生命的活力和尊严的生活方式。它以新商品、高档商品（非必需品、实用品、适用品）为归宿而对时尚和成功地进行了功利主义的和表象主义的诠释。广告人好像是在推销时尚，实质上他们是在暗中操控时尚心理，好像在给成功的人生进行装扮，实际上它们在定义什么是成功。五颜六色、琳琅满目、太多炫目的光环笼罩在我们的周身，很少有人能看破红尘。

营造意义消费情结

物质消费满足的是人的生理性需要，而符号消费满足的是人在一定程度上对意义的追求。两者都是消费社会中，大众阻挡不住的欲望。

意义的消费，正是一种"无中生有"的创造，如世界名牌 LEVI'S 牛仔裤的广告。（图 6）这是一个没有牛仔裤的牛仔裤广告，整个画面用照相写实呈现出一个全裸的充满古典浪漫美感的臀部，只用虚线勾勒出牛仔裤口袋的形状，传达了一种无与伦比的感受。这种创意表达了 LEVI'S 牛仔裤与人的关系，给人丰富复杂，难以说清，难以用理智把握的感受。以其诉说力称得上是艺术上品。性感、叛逆、自然、和谐……任由你想象。似乎上述任何一种美本质的观点都适合于它。仅仅一个牛仔裤口袋印，就可以将"无"变成"有"，将"有限"变成"无限"，将皮肤变成服饰、将性感变成美感、将物质变成精神、将最商业的广告变成最风雅的艺术。难怪它会被严肃的现代艺术博物馆收藏。

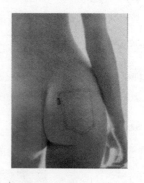

图6

　　美国学者菲斯克在《牛仔美国》① 对牛仔裤文化的经典分析可以帮助我们了解广告文化所带来的意义消费的丰富内涵。牛仔裤作为一种衣料而言，具有这样一些功能：实用、舒适、耐用、便宜、方便保养等等。这些只不过是它流行的浅层原因，它在全世界流行，更是因为它作为一种符号，具有文化上的复杂意义。首先，牛仔裤被视为非正式的、无阶级的、不分男女的、对城乡都适用的，因此穿牛仔裤成了一种自由的标记，意味着从社会所强加的限制中解放出来。而牛仔裤强健耐劳的特点又使得它同体力劳动和身体机能的活力联系在一起，它能够使一些远离真实体力劳动场景的人也表现出体力劳动所特有的一些健康的工作伦理，如生产能力、有力量、不拘小节，等等。牛仔裤还同美国西部的生活想象结合在一起，它是自由、自然、粗犷、勤劳，意味着开拓精神和个人英雄主义，因此成了美利坚精神的象征符号，牛仔裤因此而销行全球。而那些扎染花色、不规则漂白或者特意搞破的牛仔裤同时意味着对正统社会秩序的反抗，对商业社会逻辑的颠覆，如果完好无损的牛仔裤是包含了对共享的意义，则将之损毁、使之变形便是自觉地同那些价值观保持距离的一种方式。

　　牛仔裤的生产商们显然了解这些文化价值，或者毋宁说这些文化价值就是他们创造出来的。广告能够创造一种意义，就能够创造多种意义。于是，牛仔裤被赋予各种品牌，广告有意通过品牌的差异来构造出意义的差异，进而构造出穿着不同牛仔服的社会结构差异。于是，名牌和非名牌牛仔裤的差异不再于裤子，而在于下列这些对立的文化和心理暗示：

---

① ［美］约翰·费斯克：《理解大众文化》，王晓珏等译，中央编译出版社2006年9月，第二版。

普通牛仔裤	名牌牛仔裤
无阶级的	高消费阶层
乡村	城市
共同的	社会层面特殊的
单性的	女性的（很少一部分是男性的）
工作	休闲
传统的	当代的
恒常不变的	无常易变的
西部	东部
自然	文化

  广告在产品之外又创造了符号，在使用价值之外又创造了附加价值。意义消费最明显的表现莫过于"品牌"的魅力。可口可乐、肯德基、麦当劳……当我们在消费这些食物的时候，不仅仅是满足了对于食物和饮料的生理需要，同时也在消费着美国文化，甚至超越了美国文化。

  比如可口可乐，被认为达到了"品牌崇拜"的最高境界。可口可乐不仅仅是一种软性饮料，而且成了消费时代的一种信仰，一个神话。其前任总裁古斯坦曾这样形容说："可口可乐是魔法，无论我去哪儿，人们只要知道我是可口可乐的人，就对我十分敬仰，好像我是教皇派出来的使者。"可口可乐就像宗教一样，已经完全用一套象征性的符号不断地激发消费者的情绪和内在动力，让人着迷、眷恋、崇拜。美国社会学家西德尼·敏茨在其《甜蜜和权力》书中总结道："可口可乐把我们变成了消费狂。我们喝什么，并不是来自自身的选择，而是被动地接受可口可乐品牌的影响。"可口可乐公司持续一贯地进行品牌演绎、品牌体验、品牌传播，它的核心价值甚至代表了美国文明和文化的价值取向。一位传记作家曾这样描述可口可乐品牌："每个美国男人都向往的场景：一边看着橄榄球赛，一边吃着洋芋片，腿上坐着漂亮性感的女朋友，身旁放着熟悉的可口可乐。"[①]事实上，可口可乐的意义早就超出了美国本土和美国价值，"清凉一下、可口一下，抓住这个感觉"的品牌口号影响着整个世界的消费意义。

---

  ① 见佚名网文《可口可乐＆金六福的品牌崇拜情结》，全球品牌网。

图 7　从圣诞老人到韩国美女都要喝可口可乐

建构快乐人生指南

如果说广告在上述几个方面对于大众文化心理的引导尚属于简单的广告或复杂的广告或符合的广告所为,则技巧娴熟的广告在引导大众文化心理方面更是"润物细无声"。甚至于人性化到了这样的程度:消费者不再有被说服去购买某种商品或服务的感觉,而是自愿地接受了它的引导,认同了广告所营造的温馨生活场景。如今的广告艺术性越来越强,散发着"动人的魅力"。俨然已经成为当代人的快乐人生指南。

这种快乐甚至是从艰难困苦中升华起来的一种生命力。比如,有这样一则吉普车的广告(图8):

图 8

画面只是锈迹斑斑的一部分车身,jeep 标志异常醒目,它一反车身广告鲜花锦簇、美女云集的惯常的功利思路,没有说什么,我们也看不出这台车的整体面貌。但它仿佛一个真诚的朋友,一个历尽沧桑的忠实伴侣,通过这个广告,一辆有血有肉的"吉普"呈现在人们心中。这是一个多么富有生命质感的信号,它仿佛暗示了一段人生历练,那种颠沛流离、浪迹天涯却又矢志不渝的精神,吉普车就是一个忠实的朋友,无论白天还是黑夜、酷暑还是严寒、晴朗还是阴霾,也无论得意还是失意、希望还是绝望、幸福还是苦难,它永远是你最可信赖的朋友。因此,购买一辆吉普车,就是获得一个忠诚的朋友。这则广告宣扬着物欲时代中另一种理念:消费品不仅仅是被我们消费的物,也是我们最忠诚可靠的伙伴。

当然,快乐人生也是从学习开始。这是国内一则给妈妈洗脚公益广告——父母是孩子最好的老师。一个小男孩看见妈妈给她的妈妈洗脚的情景而生发联想,颤抖着、模仿着也端上一盆水给他的妈妈洗脚。母亲和善美丽的面容永远是孩子生命中最珍贵的东西，父母是孩子最好的老师。这一生动、自然并艺术化了的情景不断地感动着许许多多情感朴实的中国父母。这样的塑造健康成长的广告文化也体现在许多商业广告中，比如高露洁牙膏的广告总是选择一个教室，一群健康活泼的小朋友，充满幸福的笑脸，露出洁白的牙齿。"好习惯＋高露洁＝健康、快乐的成长"，这就是高露洁给消费者的印象。如果说"没有蛀牙"的个人成长之路是美国版的伦理精神，则雕牌肥皂善于宣扬中国伦理，当小女儿看到妈妈累得不行了，说出一句"妈妈，我能帮你洗衣服了"，这一瞬间是中国母亲最幸福的时刻，也是中国孩子最懂事的时刻。在国内广告文化中，雕牌洗衣粉是以真情美见长的。比如：中秋特别版广告"思念篇"，以一个在外独立、拼搏闯荡的女孩中秋节思念家、思念父母的简单故事情节，刻画了"雕牌"，从单纯的提供"物美价廉"的——"只选对的，不买贵的"日化产品为主的品牌升华为代表家，代表家的情、家的爱的"有情有爱有雕牌"的充满亲情的、几乎成为温馨的家不可缺少的成分的一个品牌。消费者在选用雕牌产品的时候，不只是用一种洗涤用品，也在享用一种美满的家庭和温暖的亲情。（图9）

图9

家庭的温暖成为个人心灵的皈依，现代广告文化却也把民族国家作为个人精神的支柱来阐释。当然，阐释的手法有高有低，"金六福"酒善于根据不断出现的振奋人心的事件作文章。金六福确定"福文化"核心价值之后，在其公司营销传播活动中，通过形式多样的对消费者的SP、PR等品牌体验营销活动，让消费者充分感受"好日子离不开金六福酒"、"喝金六福酒，运气就这么好"、"喝了金六福，年年都有福"、"中国人的福酒"等等美好的回忆。给消费者的体验"好日子"的品牌人文情愫。金六福作为新兴的文化名酒，其品牌的关系构建始终以"福文化"为主线，传承中华民族的美德，广泛宣扬"六福皆至、福气多多"的理念。让消费者处处感觉幸福的味道，让消费者时时体验到幸福就在身边的快乐。要让老百姓在亲朋聚会、逢年过节、结婚生子、国家节日、开张剪彩、生意丰收等日子里，感觉到没有金六福就缺少点什么；以"国有喜事，喝金六福酒"为口号，把足球队冲入世界杯、神州六号成功发射等等都作为销售产品的契机。

同借国势促销售相比，另有些企业似乎有更加宽广的胸怀和抱负。我们常见的不少广告文化就强调当代中国人的时代精神，激发奋发图强的爱国热情和民族自豪感。如表现爱国热情的长虹彩电，高扬"以产业报国为己任"的旗帜；非常可乐则倡导"中国人，当然要喝自己的可乐"；海尔电器旗帜鲜明地打上"中国造"的字样；美菱集团称"中国人的精神，中国人的美菱"。相比较这些过于张扬的民族精神宣传者，更有一些悄悄表达着民族大爱的广告或许显得更加温馨而有力。比如广东移动通信 2003 年有一个广告就非常巧妙。（图 10）

图 10

除了这类"家国叙述"手法创造广告文化之外。快乐人生似乎还需要其他方面的填补，比如爱心。爱有大小之分，却都落入广告之网。"只要人人都献出一点爱，世界将变成美好的人间"，农夫山泉是最成功地把这句流行歌词编成营销策略的，它针对希望工程的"阳光工程"总跨度为 7 年，从 2002 年起到 2008 年北京奥运会开幕。在活动期间，农夫山泉公司继续推出"一瓶水，一分钱"活动：即每销售一瓶农夫山泉饮用天然水，农夫山泉公司就代表消费者捐出一分钱用于"2008 阳光工程"活动，面向基层中小学校，关注基础体育设施的建设和基础体育运动的发展，为中国体育的未来培养一批生力军。顾名思义，阳光工程是希望体育精神之光照耀每一个角落，无论城市、乡村，无论富贵、贫穷，有阳光，就有体育精神；有阳光，就有运动的快乐。这个广告传达着一种"小爱成就大业"的内涵，而另有一些广告则塑造着大爱无声的人类关怀。从 1992 年起，贝纳通推出了以"United Colors of Benetton（贝纳通组合色）"（图 11）为主题的广告运动。它表现出人们普遍关注的社会问题——疾病、暴力、贫穷、战争、种族、灾害，向世人展示当今生活的冷酷和现实的矛盾。例如，《患白化症的黑人姑娘》的画面上，一群黑人少女正在列队前进，举行庆祝活动；一个患白化症的黑人少女自惭形秽，窘态油然而生，她似在躲避旁观者好奇的目光。作品运用反讽的手法，使种族歧视的偏见昭然若揭。《伸着舌头的不同皮肤的孩子》的照片上，"尽管他们人种不同，肤色不同，但她们的舌头都是一样的颜色"。而在1996年获嘎纳广告节金狮奖作品《心脏》的画面上，只有三颗一模一样的心脏，心脏上分别标注"WHIT（白）"、"BLACK（黑）"、"YELLOW（黄）"；图像似乎十分简单，诉求十分清楚，内涵却让人回味再三。人类皮肤的颜色大不相同，但却具有共同的本质，`正如我们的心脏相同。在种族歧视、民族矛盾、宗教仇杀此起彼伏，甚至导致灾难和战争的现实背景下，解读《心脏》，能够使人感悟到对于人类的多样性的宽容、容忍和尊重的强烈呼唤。对于战争，贝纳通广告往往以批判性的眼光审视着人类的冷酷和仇杀，促使社会公众直面和反省触目惊心的现实。它曾经创作了三例著名的反战广告。一幅是《浑身油污的鸟》：1992年海湾战争期间，数以百万桶计的石油漂浮在海面上，海边一只全身沾满原油、垂死无助的小鸟依然奋力挣开双眼，用火红的眼睛凝视着周围布满油污的黑色世界，似乎在等待死亡，它使人想到成千上万只美丽的鸟在飞向死亡，它们将带着浑身的油污被淹死或累死。这只鸟既是征战带来的环境污染的象征，也是交战双方牺牲品的象征。1994年贝纳通推出了《知名战士》（又名《血衣》）的广告。画面核心意象"血衣"的主人，是Zagreb农科学院的学生Marinko Gagro。他临近毕业只差两门课的考试，而且已经准备与交往多年的女友结婚。但是，他的所有的梦想和追求，都在波黑战争的炮火中化为乌有，只剩下他生前最后一刻穿过的那套血迹斑斑的军衣，静静地躺在白色的背景下。血衣和军裤的对比，通过直接的视觉冲击再现战争的残酷和对生命的毁灭。1999年4月23日，贝纳通又推出《科索沃》：在一摊血迹前，两位女人正在哭泣。两位哭泣的女人，正是战争中丧失了儿子、丈夫和亲人的千千万万妇女和母亲的象征。贝纳通以"崇高的社会责任者"的形象，赢得受众的瞩目而成就品牌。

图 11

如果说小爱大爱显得过于严肃和沉重，则广告文化还会宣扬另外一些更具个性化的主题，比如引导一种进取精神。中国移动通信的"全球通"品牌形象广告（图 12）：以一位自驾车旅行者——廖佳的真实经历为创意题材，金黄色的沙漠，渺无人烟的旷野……她始终坚信我能克服任何困难。正是"我能"直接表述出"全球通"品牌的核心价值：从客户的角度出发，呼出了客户的心声；代表他们的进取和自信："我能"是团队的协作精神，代表我能、你能、大家能！而非"个人英雄主义"；"我能"是坚忍不拔，超越自我的勇气；"我能"是自信、乐观和笑看人生的胸怀；"我能"是基于"全球通"值得信赖的实力，代表"全球通"与客户一起不断进取的决心，全球通是幕后推手，帮助客户实现"我能"。

图 12

广告文化所建立起来的人生瞬间场景中有挫折也有成长，有小爱也有大爱，有流浪的沧桑也有回家的温馨，有亲情的满足也有民族的骄傲。这些因素都已成为许多广告制作者的自觉追求，但是它又把所有这些都放置在推销商品的大背景中。一切吸引人的手段都服务于这个永不改变的主题。所以广告所描绘的快乐生活指南说穿了就是这样一个共识：我消费，故我快乐。

规划理想生活图景

当代的广告文化影响深远，不仅表现在对于消费者可能享有的快乐生活的建构中，而且表现在时时刻刻规划着不可能实现的理想生活图景。现代广告的直接功能是鼓励一种以对消费品及其意义的占有和享用为基础的人的欲望的满足。最为显著的特点是告诉你"买下这个吧，你会获得从未有过的享受"。它承诺给消费者一个灿烂的希望，它同时也塑造出另一个更加灿烂的希望。在这种沉迷和追求之中，人们不再思考这样一个问题：在消费社会里的日常生活状态是如广告所承诺的那样么？

自由

广告首先引导大众进入虚幻的"自由"之境。

对于人类而言，无论何时无论何地，自由是一个未曾改变过的心理追求。但是什么是自由？在消费文化语境下，就还原为某种欲望的经常性满足。广告正是使得"消费"在心理上成了身边之物，能满足你需要的东西就在你身边，甚至你还没明确意识到自己需要什么的时候，那些东西就已经到你眼前了。"绝对伏特加"是这方面最好的典范。绝对伏特加的广告以酒瓶的形状为其广告创意的基础和源泉，图形比文字更直观地表达广告的内容。

原先的消费者调查认为绝对伏特加的酒瓶比较丑陋：整个瓶子太透明了，瓶颈短，不易倒取，瓶贴也比较单一。美国的代理公司委托 TBWA 公司设计广告，该公司正式利用了酒瓶的特点，把它打造成了世界名酒。摄影师在"绝对完美"广告上加上了黑色背景的光晕，而这种光晕竟然成为绝对伏特加广告的一大特色（图13）。

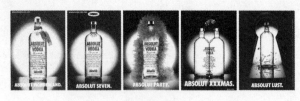

图 13

绝对伏特加此后又拍摄了近千幅的广告，它们的题材涉及建筑、音乐、文学、电影、政治、历史、军事、高科技、天文、地理、体育、时装……

图 14

上面是部分绝对伏特加的广告，它们的中心都是酒瓶，演绎出了绝对伏特加无所不在的神话。这个广告给我们传达了一种信息：只要你想喝，你随时都能喝到。这就是广告文化给大众的心理承诺：只要你要，你就能有。一个自由的幻境。

个性

广告是工业社会的产物，工业时代是一个高度复制的时代，任何消费品都是流水线上批量生产出来的，甚至艺术也成为复制品。恰恰是这个最难出现个性的时代，广告制造出了个性的神话。美斯特·邦威的广告词"不走寻常路"道出了个性的真谛。矛盾之处在于正是广告所宣传的产品才是高度复制的商品，这种以宣扬个性为特色的文化正是最没有特色的文化形式。美斯特·邦威的代言人周杰伦极具个性的音乐风格给他赢得了与众不同的形象，他总是在广告中宣扬一种个性鲜明的文化追求。在他代言的另外一个广告里，我们可以看到广告文化如何把对个性的追求塑造成为一个群体行为：

"动感地带"（M－ZONE）是中国移动针对年轻用户群推出的客户品牌，

有时尚、好玩和探索的品牌个性，而"时尚、好玩、探索"是它对新一代年轻用户群的核心吸引力（即品牌核心价值）。"动感地带"试图打造出年轻人的通讯自治区：在这里，没有繁琐的规章制度，只有流行又好玩的内容和个性化的服务。在这里，年轻人可以发挥自己的想象力，发挥自我的潜能。在这里，年轻人可以尽情表达自我，以自己的语言密码与同类沟通。在这里，沟通变得更精彩、青春闪得更灿烂。他们崇拜新科技；移动性高，走到哪玩到哪；有族群特定语言；图像文化、涂鸦文化；爱收藏玩偶；DIY，彰显自我。

图 15

展现个性展现年轻、时尚不可分离。意大利品牌 Diesel 的风格年轻而富有创意，恰如其分地应证了该品牌的年轻特性。DIESEL 的广告不仅倡导一种先进另类的生活观念，更鼓励全球的年轻人一起行动起来，抓住每一天。我们不难发现，像 DIESEL 这类的时装品牌，他们的形象广告更侧重于社会理念的表达，而不是产品本身的形象表现。正如有人说过：外表装扮的时髦未必是时尚，精神的、骨子里的时尚才是真正的时尚。其实，但凡是受到大众或小众欢迎的时装品牌，不论是顶级的大师品牌，还是大众成衣品牌，他们卖给顾客的潜在产品都是一种时尚的精神。（图 16）

图 16

无论广告制造出怎样的前卫、叛逆、个性，"我的地盘听我的"不过是一个通信地带，而且是每一个年轻人的公共地盘，它是商业服务，它对每一个消费者而言都是一样的。

异域风情

异域风情是广告引导的另一种大众文化心理幻境。要"生活在别处"总是很难，广告却可以使"别处的生活"主动来到你的身边。

典型例子就是"奥美广告"替"统一企业"做的策划。"左岸"原本只是对法国巴黎塞纳河沿岸艺术家聚集、咖啡馆集中的一个区域的统称，类似于英国伦敦的苏荷区和纽约的百老汇和格林威治村。"统一"在推出冷藏杯装咖啡时，曾翻阅法国针对160个美国观光客的调查：什么是巴黎最迷人的东西？不是巴黎的铁塔，不是巴黎圣母院，也不是巴黎的凯旋门，答案竟是巴黎的咖啡馆。据此，锁定富有人文气息的"巴黎咖啡馆"，以此为中心，其中又因塞纳河左岸为文人雅士聚集之处，遂以"左岸"作为品牌名称。左岸咖啡的广告主要是经营品牌，很少谈及商品本身。左岸咖啡1996年电视广告以漫步在巴黎塞纳河畔独自享受咖啡的女孩为主题，仿佛在叙说一段故事，"统一"炮制的"左岸咖啡馆"有如旋风般刮过宝岛。到现在的左岸咖啡"追求一种宁静，追求一种心灵"，左岸咖啡是一种情绪，一种感觉，一种诉说不尽的风情。它是艺术的、文化的、浪漫的、不羁的，不断刺激消费者内心欲望的"精神鸦片"。这是广告人利用台湾民众潜意识中对于法国的崇拜，以及法国概念连带出的时尚时髦品位一系列延伸概念，创造了"左岸咖啡"这个概念。有一段广告语写道："我喜欢雨天，雨天没有人，整个巴黎都是我的，这是五月的下雨天，我在左岸咖啡馆。"

图17

　　如今，冠以"左岸"的店面名称不计其数，从书店到网吧，无论是用这个名字的商家，还是进去消费的顾客，并非人人都知道左岸的原始意义，他们可能根本不了解法国，也没去过法国，更没听过"左岸"这个词，却被据称来自浪漫之都的名称醺得五迷三道。原因极其简单：消费者沉醉在法国时尚、文化、品位、时髦、情调等等的概念之中而忘记了"此地"的真实情境。

　　今天的中国人已经不满足于喝点"假左岸"的咖啡了，或者用点真正的洋货了，人们似乎恨不能生活在洋人的地盘上。于是，这样的房地产广告在中国各大城市随处可见。

　　广告一："威尼斯花园　创私人居住新纪元"，"威尼斯花园　水、景、宅有机组合的精品别墅　依水而居　尽享舒适贵族品质生活"。后来该楼盘的开发商又模仿意大利的民俗推出了新的促销活动："嘉年华会，威尼斯千年传统化装舞会，面具掩护下的激情，打破社会的传统规范，狂欢的气氛里，空气里只有音乐，没有语言，令人目眩，透露着舞者无限的魅力。"广告二：珠江骏景地产的楼盘取了个"北欧春天"的名字，宣称是这个建在古都上的楼盘是"欧式阳光板楼，我的阳光户型"，它的具体广告文案写道：欧式阳光板楼本身就是身份的象征，拥有的人更是让别人高看一眼。北欧春天户户采光通风、大面宽、短进深、通透宜人。更有钻石阳光室、多功能房、一步式阳光露台等功能空间，演绎真正阳光居所的高品位，映衬主人卓尔不群的鉴赏力。①

　　这两个楼盘都坐落在北京，位于干燥少雨的北方，却偏偏取了个水城威尼斯的名字。在欧亚大陆的这一头儿，却偏偏冠以另一头儿的名字。地理的错误不是常识的错误，空间挪移的背后是要可以制造一种生命的迷境，让人不知道生活在北京还是北欧。

　　自由、个性、异域风情，当然不是广告文化给我们的全部生活许诺。只要人的欲望没有停止的膨胀，广告的许诺就不会停止翻新。只要我们生活着，就到处都可见华丽的色彩、美艳的表情、优雅的环境、喧闹的繁华、高雅的趣味、精致的生活……这正是广告文化给我们带来的幻境，消费时代的公民不可避免沦为梦游仙境的爱丽斯。

---

　　①　见刘　岩《高脚杯情结与崇洋媚外倾向——大众文化视野中的广告》，见《承德民族师专学报》2006 年 11 月。

结　　语

现代社会的广告越来越成为一个复杂的文化现象。广告所传达的信息具有不同的层次结构，有简单的信息，也有复杂的审美趣味，还有隐含的价值观。这些不同层次的信息对于大众文化心理会产生或深或浅的不同角度的导向作用。我们从最基本的消费心理导向，到深层的意义消费导向，再到生活观念方面的塑造等方面分析了广告对大众文化心理的导向作用，以丰富的例子来说明这一情况。

当然广告与大众文化心理引导是一个可以深入挖掘的大问题，非笔者一篇文章能概括之。笔者上述的五类导向有意选取了大视角。所谓大而无当，在兼顾广告和文化、大论点和小论据之间，难免有所疏忽。特别要指出，有些疏忽是笔者有意为之的，如本文没有涉及分析广告中色情、暴力等因素对于大众文化心理的影响，这一方面是因为这些论题研究较多，同时也因为它们本身都是微观而重要的问题，值得专文另论。

同时，影响总是相互的。事实上，广告文化是大众文化的一个重要组成部分，大众文化也在影响着广告文化。广告并不是直接表现文化的，而是通过融合文化的各种因素，为我所用。如广告从一开始出现，就意识到自己必须和既有的文化成果相结合，才能深入人心。中国古代就出现了艺术广告，比如，酒肆的对联广告：铁汉三杯脚软，金刚一盏头摇。广告一路发展而来，又总是借鉴最新的艺术形式来表现自己。比如，在绘画的影响下，出现了手绘的海报招贴，摄影术的成熟带来了逼真的"难以置信"的摄影广告，广播、电视等媒介发达以后，出现了美妙的广播广告、精美的电视广告。另外，不同时期、不同艺术流派的观点也直接地影响广告创作。有些广告人本来就是当时的艺术家，不被认为是艺术家的广告人也必须汲取不同艺术风格的营养。艺术是文化的记忆，文化的结晶。广告正是借艺术形式和审美价值来表现文化，感染受众的。

从内涵上看，现阶段我国社会文化呈现出一种多元纠结的复杂局面。漫长的封建社会遗留下来的传统文化还占据着重要地位。比如现在《新闻联播》之前的茅台酒的广告语："茅台王子酒，王子尊天下！"还有"金野拉面"的广告语："皇上吃了都说好！"现代社会所提倡的民主、法制和知识的普及，还远远没有达到，大众文化并未得到充分发展。而此时，在率先进入后工业社会的西方资本主义国家，消费文化已经取代了大众文化的统治地位，并凭藉经济全球化之力，或多或少地对我国社会产生了影响。因此传统文化、大众文化和消费文化纠结共存，共同作用于社会生活。它们都对广告文化产生了巨大的影响，在后现代文化语境中，广告不但吸收各种文化因素，自身也成了文化之一种。一个个优秀的广告以不同的艺术风格、艺术追求共同构成了当前的大众文化的审美形态。

（苏大伟　吉林艺术学院设计学院副教授）

后　记

　　《中国文化发展与和谐文化建设》（上下册）的出版，是中国文化发展战略研究的一个重要成果。它使过去关于文化战略那种分散的、个别的、行业化的研究整合成为了一种集中的、总体性的、国家性质的研究。在这样一个高端的学术平台上，凝聚和体现了文化管理部门和人文艺术研究领域的专家、学者、管理者对于文化发展战略研究的理性思考。论文集的内容包括了文化事业和文化产业的发展政策与策略、文化核心价值观的承传与重构、非物质文化遗产的承传与保护、国家文化安全的现实问题、国家形象的塑造与传播、中国文化"走出去"战略、公共文化服务体系的建构等诸多重要的理论问题与现实问题，虽然论题的领域不同、各自研究的方法也并不一致，但是作者都把研究的宗旨与国家文化发展战略联系起来，都与推进中国文化的现实发展联系起来。不论是分析现实生活中的某种问题、研究文化领域中的某种现象，还是探讨艺术创作中的某些倾向——最终都是为了当今中国社会的科学、全面、和谐地发展，为了中华民族新的文化复兴……

　　作为国家级的研究课题，中国文化发展战略研究始终是在文化部领导和相关司局的重视与支持下展开的。2006 年 3 月 17 日赵维绥副部长主持召开"文化部关于落实中央领导同志批示加强文化发展战略研究工作会议"。会议决定在文化部组建文化发展战略研究课题协调小组。协调小组由赵维绥副部长挂帅，由中国艺术研究院院长、党委书记、中国非物质文化遗产保护中心主任王文章负责具体组织工作。成员由文化部法规司、外联局、计财司、社图司、科教司的领导成员组成。整个项目的运作依托于中国艺术研究院文化发展战略研究中心进行。教科司从全国艺术科研经费当中拨出专款，支持整个文化发展战略研究课题的实施。

　　2006 年 4 月 18 日赵维绥副部长批准了《中国文化发展战略研究》课题的实施方案，确定第一期课题共分为四个研究方向：［一］科学发展观与文化建设的指导方针和文化创新战略，［二］中华民族核心价值观与建构社会主义和谐社会，［三］中国文化"走出去"战略及政策，［四］构建公共文化服务体系。2006 年 8 月 1 日全国艺术科学规划小组正式批准"中国文化发展战略研究"立项为全国艺术科学规划特别委托课题（立项号为 06IG001），标志着整个课题的全面启动。2006 年 8 月 22 日，文化部在中国艺术研究院举行了"中国文化发展战略研究"课题论证暨学术讨论会。来自文化部、中宣部、国务院研究室、国家发改委、北京大学、中国传媒大学等机构和高校的领导和专家学者参加了会议。在此次会议上，课题组的具体组织者王文章院长进一步强调了课题的主要研究方向和指导思想。提出六点明确要求：加强针对性——所有课题的设定应针对文化艺术的具体门类和相关领域的具体问题，不搞抽象的概念演绎，不搞单纯的逻辑推理，不搞孤立的学术讨论。加强现实性——把对传统文化精神的研究与对中国现实文化问题的分析相互结合，使关于中国文化战略的学术研究充分"落地"，特别要注重发现在改革进程中出现的现实问题，并且尽量对涉及的问题提出改进措施、解决方案。加强科学性——课题研究要立足于用马克思主义唯物辩证法的基本原理和科学的研究方法，深入探讨问题的客观规律。加强学术性——所有的研究课题都要注重对历史事实的收集、统计、整理、分析。把文化发展战略变成一种言之有物、言之有理、言之有据的学术研究。在关注、分析、解决现实问题的同时推进整个文化发展战略的学术发展和学科建设。加强战略性——把不同领域、不同学科所呈现出来的各自的问题提升到文化发展战略的高度进行考虑。既针对具体艺术门类的问题，又能够提升课题研究总体的理论意义。加强建设性——不求面面俱到，对涉及到的课题不搞常规式的一般调查，而力图在重点领域内有所突破，使文化发展战略研究本身成为体现科学发展观的一次实践活动。

在国务院颁布的《国家"十一五"时期文化发展规划纲要》中明确指出："文化是国家和民族的灵魂，集中体现了国家和民族的品格。文化的力量，深深熔铸在民族的生命力、创造力和凝聚力之中，是团结人民、推动发展的精神支撑。"文化，至此被提升到一种推进国家历史发展的精神力量的高度。处于全球化语境中的中国社会，在不断向前发展的历史进程中面临着越来越多的文化挑战。这些挑战不仅仅反映在"高端"的国家文化政策、艺术创作和思想学术领域，同时也反映在"低端"的大众休闲生活即日常的艺术品消费领域。另外，随着互联网的迅速发展、传播，国家在文化发展战略与文化安全方面都出现了一系列新问题。在这种情况下，如何敬守与承传中国文化的优秀传统价值观，如何应对西方文化产品潜在的意识形态霸权，如何塑造中华民族先进的文化形象——所有这些具有重要意义的现实问题都必须进行科学的、深入的研究。为此，中国艺术研究院发挥在艺术研究领域的学术优势，调动专业研究人员在文化战略研究方面的学术特长，在完成课题组规定项目的基础上，中国艺术研究院根据不同的学科专业设定了与文化发展战略研究相关的自选课题。其中包括：中国互联网内个人空间的文化倾向、中国流行音乐与社会文化心理、中国当代美术：繁荣与问题、境外卫星电视频道对内地的文化影响、中国电影产业的文化发展战略、中国当代戏曲文化的市场化道路等。

2006年10月11日在党的十六届六中全会通过的《中共中央关于构建社会主义和谐社会若干重大问题的决定》中指出："建设和谐文化是构建社会主义和谐社会的重要任务，社会主义核心价值体系是建设和谐文化的根本。"为了贯彻执行党中央关于文化发展的这些重要指示精神，把国家发展的总体战略方针落实到文化发展战略研究的具体课题当中，2007年1月25日赵维绥副部长主持召开了"文化发展战略研究课题组"工作会议，调整整个的课题进展、研究逐步走向深入的实施方案。为"中国文化发展战略研究与和谐文化建设"学术讨论会做了充分准备。2007年5月9日至10日中国艺术研究院在北京召开了"中国文化发展战略研究与和谐文化建设"学术讨论会。文化部部长孙家正、副部长赵维绥出席大会并做重要讲话。来自全国的专家学者齐聚一堂，共同探讨中国文化发展战略研究与和谐文化建设等重大理论问题。此次会议的诸多论文被收入到《中国文化发展与和谐文化建设》（上下册）论文集中。随着课题在学术界的影响不断扩大，自愿加入课题研究的学者不断增多，在会议后，我们又收到了诸多有创新精神、有现实意义、有学术价值的论文。最终汇集成目前这样一部体现文化发展战略研究国家级学术成果的论文集。

《中国文化发展战略研究》课题的基本完成与这部论文集的顺利出版，始终是在文化部领导的直接指导和帮助下，在文化部有关司局的支持、合作下，在各位专家、学者的共同努力下进行的。没有大家齐心协力、脚踏实地地工作，本书的出版将是遥不可及的事。至此，课题组向每一位指导、支持课题工作的领导、向每一位参加课题工作的专家、学者与工作人员表示衷心的感谢并致以崇高的敬意！

坦率地讲，在目前这样一个商业化主导的图书市场上，本书并不可能成为一部畅销书。但是，我们依然期望着每个打开这本书的读者，都能够在阅读自己感兴趣的篇章之后，有所感悟、有所触动。在这种意义上讲，这是一部力图从心灵上、从理性上深度地影响读者的论文集，如果书中的某些观点能够对国家的文化发展和学术研究有所促进，能够为国家有关部门的决策提供有价值的参考意见，那将是我们所有课题组成员和作者的荣幸！

面对飞速发展的中国社会，我们深深地感到"文化发展战略研究"不仅是一个严肃的学术课题，而且也是一个现实的文化使命。它需要我们具有严谨务实的科学精神，赤诚无私的爱国热情，悠远深邃的历史目光与博大开阔的学术胸襟。作为国家艺术科学规划特别委托课题，其特别之处就在于它应当为落实科学发展观、为建设社会主义和谐社会、为坚持改革开放的基本国策提供学术支持与决策参考，为国家的未来发展提供特定的精神动力与文化导向。为了实现这个远大而宏伟的学术理想，我们课题组全体同仁愿意穷经皓首，笔耕不辍，为完成中国文化发展战略研究这个国家课题而奋斗！

"中国文化发展战略研究"课题组

2008 年 10 月